于游全集

于漪全集

（修订版）

第九卷

写作教学

上海教育出版社

20世纪80年代初,全国语言学会在武汉成立,会议期间与张志公(中)、罗竹风(左二)、史存直(左一)、李振麟(右二)四位前辈合影

参加国庆 45 周年盛典,在人民大会堂前留影

大学同班同学 50 年后重相逢

2017年，瞻仰中共一大会址，不忘初心，永远砥砺前行

20 世纪 90 年代，教育部语文教材审查专家聚会

校训牌前和学生谈理想

1989年国庆，应邀登上天安门观节日焰火

课后还要提问,学生学习的积极性十分可贵

出版说明

《于漪全集》是基础教育领域首部特级教师的全集，也是上海教育出版社为特级教师出版的第一部全集。自2018年8月第一版出版以来，在传承、弘扬和建设新时代社会主义文化、以教育自信创建自信的教育等方面发挥了重要作用，深受广大读者特别是第一线教育工作者的好评。

《于漪全集》收录了于漪在不同时期出版的专著以及发表于全国各类报刊的论文、讲话、序跋等作品。编辑过程中，虽尽力搜集，仍难免挂一漏万。部分文章的写作时间和出处未予注明，留待日后修订逐步完善。在此，也对原发报刊编辑部、图书出版单位一并致谢。

《于漪全集》第一版由上海市教师学研究会组织有关教师、专家编辑。于漪的教育思想植根于教学实践，是理论与实践有机融合的生动阐述。有时一材多用，是为了从不同角度阐释相关问题，为读者呈现丰富的不同历史阶段的思考成果。

《于漪全集》第一版以"一辈子学做教师"为线索，根据文章内容，分为二十一卷，从基础教育、语文教育、课堂教学、阅读教学、写作教学、教师成长、序言书信、教育人生八个方面多维度展现于漪来自教育第一线的理论研究成果，基本体现了当代教育家的典型形象。

于漪自2019年9月被中共中央授予"人民教

育家"国家荣誉称号以来,担当新的历史使命,坚持思想创新,特别是在中国特色教育学、教师学等重大理论建设上奋力探索,笔耕不辍,不断形成新的思想成果。鉴于此,上海市教师学研究会及时组织学术力量,对《于漪全集》第一版作了全面修订:一是补充了于漪教育新论述;二是增加了于漪教育活动年表;三是在版式、装帧上作了调整,从第一版的较小开本八类二十一卷改为较大开本的八类十二卷;四是对文字和内容错漏加以改正。

我们希望,《于漪全集》修订版能够继续为广大教育工作者学习于漪教育教学思想,探索中国特色教育学、教师学,为国育才,为党育才,发挥应有的作用。

目录

教你学作文

前言	3
一 拈笔伸纸，一吐为快	
——写作的冲动感	5
二 源头活水，生意长流	
——从生活中取材	21
三 开阔视野，广为采撷	
——勤于积累	36
四 裁云镂月，匠心独运	
——善剪会裁	48
五 上下求索，神游八荒	
——让思想插上双翅	67
六 情真意切，语重心长	
——用真情浇铸	81
七 立意高远，画龙点睛	
——确立"主心骨"	98
八 独具慧眼，别有洞天	
——精选角度	113
九 用意绵密，一片浑成	
——缜密构思	129
十 精工巧作，织锦成文	
——连缀组合	148
十一 娓娓动听，引人入胜	

——记叙的技巧　　　172
十二　条分缕析，探幽抉微
　　　——说明的特征　　　192
十三　惟妙惟肖，生动逼真
　　　——描写的艺术　　　217
十四　振聋发聩，谈笑风生
　　　——论辩的威力　　　241
十五　行云流水，精彩纷呈
　　　——锤炼语言　　　261
十六　即景即情，着手成春
　　　——把握题型　　　282
十七　字斟句酌，精益求精
　　　——不厌修改　　　301
十八　才思敏捷，倚马可待
　　　——下笔快速　　　318
后记　　　332

妙笔生辉
——于老师教记叙文

前言　　　337
一　写作材料从何而来　　　339
二　让思想插上双翅　　　355
三　文章要有主心骨　　　373
四　用真情浇灌　　　391
五　截取精彩的横断面　　　411
六　在尺水中兴波　　　430
七　精选表现事物的角度　　　451
八　连缀缝合组篇章　　　470
九　把人物写活　　　494
十　绘景状物求逼真　　　514

十一　在锤炼语言上下功夫	534
十二　文章不厌百回改	556

导论　中学作文教学

引言	571
第一章　激发学生写作的内驱动力	575
第一节　研究中学生写作心理	575
第二节　激发中学生写作兴趣	584
第三节　个性差异与重点突破	598
第二章　指导学生提高观察和体验能力	605
第一节　观察是学习写作头等重要的基本功	606
第二节　启发学生探求生活中的独特感受	622
第三章　发展学生思维能力、想象能力，开发创新意识	631
第一节　开启学生思维的门扉	631
第二节　让学生思想插上双翅	644
第三节　注意开发创新意识	652
第四章　引导学生广泛阅读，勤于积累	662
第一节　广泛阅读对提高写作能力的重要作用	662
第二节　激励学生以读促写，以写促读	670
第五章　指导学生提高运用语言表情达意的能力	691
第一节　语言能力的培养应贯串学生写作全过程	692
第二节　文章的语言应有活泼的生命力	714
第六章　总体把握写作教学诸多环节	728
第一节　写作教学诸环节巡视	728

第二节　指导学生反复推敲，不厌修改　741
  第三节　发挥习作讲评的独特作用　748
第七章　关键在教师自身综合素质与书面
　　　　表达能力的提高　764
  第一节　现代教育向教师素质提出新挑战　764
  第二节　教师写作长流水，促进写作教学
　　　　质量的提高　770
结语　781

教你学作文

由山东教育出版社 1994 年 3 月出版。

前言

中学生作文世界五彩斑斓，耀人耳目。它，蕴含着世情、亲情、师情、友情；它，抒写理想的追求、生活道路的选择；它，探讨人生的哲理、事物的奥秘；它，洋溢着青春的气息，透露出初生牛犊不怕虎的锐气。在相当数量的优秀习作中，时或闪现智慧的火花，令人惊喜，令人欣慰。

中学生作文世界又是稚嫩的、不成熟的，乃至粗糙的、残缺不全的。有时柔弱得缺少脊梁骨，站立不起来；有时东纠缠、西拉扯，说来说去说不清；有时红花忘了绿叶衬，有时画龙忘了点睛笔。在学习运用祖国语言文字表达情意、倾吐心声的过程中，有这样那样的缺陷和不足是极其自然的，也是不可避免的。认识它，扎扎实实进行训练，跨越过去，就可尝到其中的甘甜。柔弱的会健壮起来，稚嫩的会成熟起来，病态清除，文章将精神焕发，活泼生动。

这本指导写作文的书想在这方面给青少年朋友以具体的帮助。孟子说："梓匠轮舆能与人规矩，不能使人巧。"意思是木工以及专做车轮或车厢的人能够把制作的规矩准则传授给别人，但不能够使别人一定具有高明的技巧。写作文与制作车轮等工作有某些相似之处，总要有"规矩"。做任何事，学习任何学科，要做有成效，学有成效，都要有规矩，没有规矩，不能成方圆，写作文当然不例外。

要能让手中的笔听从自己的使唤，描绘大千世界中新奇的人和事，明辨人生征途中的顺与逆、是与非、强与弱、成功与失败，抒发胸中充盈的壮志豪情，都离不开懂得并逐步熟练掌握做文章的规矩。书中的"文心絮语"就是与青少年朋友谈一点写文章的基本规矩。从片段的写作实例引出某些写作道理，再用写作道理剖析写作实例，这样虚实结合，容易理解，容易入脑入心。

"能与人规矩，不能使人巧"，这似乎说得绝对化了。高明的技巧虽依靠自身的领悟、磨砺，但开启智慧的钥匙，点石成金的魔指，对成长中的青少年来说，也是十分重要的。青少年学生思维活跃，有旺盛的求知欲，美好的事物特别能打动他们的心。书中的"佳作借鉴"就是根据这一点设计的。佳作中往往寓含着丰富多彩的高明的写作技巧，如果一眼扫过，必不识其中真滋味。精细地剖析，探幽发微，挑明运用的某些写作方法、写作技巧，习作者思维的门扉就被开启。一点就明，一拨就亮，切切实实受益。再说，学作文与学写字一样，都要"取法乎上"。佳作、精品是榜样，对所悬的高标真正有所领悟，这一篇这一点，那一篇那一点，日积月累，久而久之，不仅懂"规矩"，而且得其"巧"了。

同龄人的作品最容易在同龄人中产生心电感应。相仿的经历，类似的探索追求的心理，写出来的作文虽有好差之别，但共同语言多，可比较，可参照，可从中吸收长处，可从中吸取教训。书里的"习作评说"就起这样的作用。也许某几篇特别好，会使同龄人羡慕；也许某几篇言简意深，令同龄人深思遐想；也许某几篇有种种毛病，使同龄人着急……在这里可能找到志同道合的同学，心心相印的文友，学到反映社会、描写自然、抒发感受等的写作方法。

书中的"要语一束"是每个部分教写作文的要领，它们犹如一束束鲜花伴随在习作者的身边，经常闻到它的芳香，笔下就会如行云流水，精彩的思想、丰富的感情就会涌现纸上。

希望这本书成为青少年学生的好朋友，更希望青少年学生勤学苦练，写作水平跃上新台阶。

一
拈笔伸纸，一吐为快
——写作的冲动感

　　学习写作的人在认识上常常会进入这样的误区：只要掌握写的技能技巧，作文一定高质量高水平。其实不然。学习写作，技能技巧固然重要，但最为重要的莫过于写作的热情，写作的冲动感。没有想写、要写的强烈愿望，没有非写不可、非写好不可的迫切性、责任感，再好的技能技巧也难以掌握，更不必说下笔千言，感人肺腑了。

【文心絮语】

　　热情是一种强有力的情感，它影响乃至决定人的思想言行，胸中写作热情似火烧，就会产生一吐为快的冲动感。写作冲动感一经形成，就会思绪纷呈，妙语连珠，进入最佳写作状态。写作热情、写作冲动不是自天而降，凭空产生的，而是写作的人频繁地接触自然、接触社会，对自然界的山水景物、花草鸟兽，对社会上纷繁的人和事认识、理解、感受的结果。

　　中学生都读过作家魏巍写的《谁是最可爱的人》，也都为之而感动过。这篇三千字的通讯在20世纪50年代初期曾经使亿万热血青年产生思想上的碰撞，曾经使亿万读者激动得热泪盈眶，一时间，热爱祖国、热爱最可爱的人的浓烈感情弥漫祖国九百六十多万平方千米的大地，植根于千千万万的人民心中。为什么这篇文章有如此动人的魅力呢？作者一番倾吐心潮的话语能给我们以极好的回答。他是这样说的：

在朝鲜的每一天，我都被一些事情感动着；我的思想感情的潮水，在放纵奔流着；它使我想把一切东西都告诉给我祖国的朋友们。但我最急于告诉你们的，是我思想感情的一段重要经历，这就是：我越来越深刻地感觉到谁是我们最可爱的人。

我能写出《谁是最可爱的人》，最基本的原因，是我们的战士的英雄气魄、英雄事迹，是这样的伟大，这样的感人；而这一切，把我完全感动了。

在现实生活中的深入感受，对写作的人是多么重要！你感受得深了，写出来，也就必然有那么一股子劲，人家读了，也就感受得深；你感受得浅，人家从你这儿感受到的，也就浅；你根本还没有感受呢，那就用不着说了……你跟他们交上知心朋友，你对他们了解得深，他们的气质、思想、感情，就会感染你，使你也沉入到他们的情绪中。也就是说，才能使你感受得更深些。

从这三段话中，我们至少可领悟到以下一些写文章的道理：第一，作者思想感情的潮水放纵奔流，急于要说，急于要写，急于要告诉别人，正是这种写作冲动，正是这种难以控制的奔腾的写作热情，造就了这篇脍炙人口的文章。写作冲动是写作的内驱力，是使思维活跃、生活素材在脑中涌现的内部动力，写作的人如果蕴藏的思想感情不汹涌澎湃，如果没有一吐为喜悦、为愉快、为欢乐的表达情绪，下笔绝不会一泻千里，气势感人。第二，写作的热情与冲动来自对现实生活的接触与理解。作者全身心地投入保家卫国的火热的斗争中，和志愿军——指导员、战斗英雄、一般战士、干部、新参军的学生和过去曾经是落后的人交朋友，了解他们，沉入他们的情绪中，理解，感受，深深地感受，因而有一吐为快的热情。学习写作的人要能激情满怀地表达自己的爱憎，歌颂美好的事物、高尚的情操，鞭挞丑陋的人和事，必须认真地生活在社会生活之中，用眼观看，用耳倾听，用心细思，事事留意，处处积累，培养写的热情。如果对生活冷冷淡淡，视而不见，听而不闻，那无论如何也到达不了写作冲动的动人境界。第三，写作的热情与冲动还来自崇高的责任感。作者长期生活在部队里，战士伟大的英雄气魄，感人的英雄事迹不断撞击作者的心灵，震撼作者的肺腑，出于崇高的事业心和责任感，他要把战士纯洁的品质、刚强的意志、淳朴的气质、宽广的胸怀和英雄的业绩告诉给祖国的朋友们，让他们为有这样的英雄而骄傲，为以生在这个英雄的国度而自豪。学习写作的学生尽管与作家写通讯报道的目的不完全相同，但同样应该有一种责任感。正确理解和运用祖国的语言文字，写出言之有物、言之有理、言之有序的文章，是学习的需要，是日后工作的需要，是步入社会传递信息、交流思想的需要。学习写作的目的、意义越明确，肩上越有责任感，越能激发旺盛的写作热情，越容易孕育写作冲动。

写作冲动绝不是装腔作势，无病呻吟，而是客观事物作用于作者的耳目与心灵，激起作者内心的不平静，涌出要诉说、要呐喊、要歌颂、要鞭挞等强烈情感。伟大诗人杜甫的《茅屋为秋风所破歌》这千古传诵的佳作，就是心声的吐露，特别是末尾处：

床头屋漏无干处，雨脚如麻未断绝。
自经丧乱少睡眠，长夜沾湿何由彻。
安得广厦千万间，大庇天下寒士俱欢颜，风雨不动安如山。
呜呼！何时眼前突兀见此屋，吾庐独破受冻死亦足！

经过安史之乱的颠沛流离，杜甫在成都建造了一座并不十分坚固的草堂，好不容易有了个安身处所。谁知有一天突然暴风雨发作，江翻石走，草堂旁据说已经生长了二百年的高大的楠树尽管与雷雨抗争，但是根还是断了，被狂风拔起，像死了的龙虎一般倒在荆棘中。8月的又一天，秋风怒号，草堂顶上的三重茅草都被无情的风卷走，有的挂在林梢，有的沉入塘坳。黄昏时候，风虽停了，但乌云聚集，下起了密密麻麻的雨，雨不停地下了整整一夜，屋里已漏得没有一块干土。雨下到地上，下到屋里，也下到诗人的心上，漫漫长夜无法入眠。诗人思绪万千，心潮起伏，由自己遭受的灾难联想到流离失所的人们，联想到怎样才能盖上千万间的房屋，使天下寒士喜笑颜开，再不遭受狂风暴雨袭击之苦。诗人情不可遏，于是在无眠的长夜里唱出了茅屋为秋风所破歌。这种情感的冲动构成的千古绝唱，高潮在"呜呼！何时眼前突兀见此屋，吾庐独破受冻死亦足"的呐喊，在心扉的袒露，在生命的奉献。这种高尚而博大的情怀令读者激动不已，肃然起敬。

写作热情表现的方式不尽相同，有的是勤于笔耕，以流畅地表达自己的思想感情为快乐；有的是孜孜矻矻，长期坚持，力求文字能准确地表达情意。比如宋代大文豪苏轼曾这样说："某平生无快意事，惟作文章，意之所到，则笔力曲折，无不尽意，自谓世间乐事无逾此者。"意思是说：自己生平没有痛快、高兴的事，只有写文章，想到什么，笔下就能曲曲折折充分地加以表达，自己认为人世间快乐的事，再也没有超过写文章的了。这种炽热的写作热情、写作冲动，可说是到了登峰造极的地步。正因为苏轼把写诗作文升华到人生欢乐的境界，把人生欢乐融化于写诗作文之中，因而他的作品气势恢宏，畅达淋漓，挥洒自如。他的同乡唐庚也是宋代著名诗人，他写诗作文的情况就与苏轼迥然不同，苏轼是欢天喜地，唐庚是愁眉苦脸。唐庚说："诗最难事也！吾……作诗甚苦，悲吟累日，仅能成篇……明日取读，瑕疵百出，辄复悲吟累日，反复改正……复数日取出读之，病复出，凡如此数四，方敢示人。"这段话从另一角度揭示了持续高涨的写作热情。他说，写诗是最难的事，自己写诗非常苦，要痛苦地吟好些天，然后才能成篇。第二天拿出来读读，发现毛病百出，于是再痛苦地推敲好些天，反复修改。隔了一些时候拿出来再读，又发现了毛病，这样反反复复好多次。这种对写作执着追求的热情难能可贵。

从上面两个例子可以明白：写作热情可呈奔放的形态，也可呈含蓄、深沉的形态，但不论什么形态，其共同点是要写、爱写，要充分而准确地表达自己的情意。而这一点正是我们当代学生应该也必须具备的。

热爱是培育写作热情、激发写作冲动的基础。热爱生活，对生活中美好的事物爱慕、敬佩，主动地接受教育，以高尚的人文美、雄伟粗犷或雅致灵秀的自然美陶冶自己的心灵，知识增长，心灵丰富，心田里就会有绵绵思绪往外倾吐。热爱生活，对生活中假恶丑的东西充满憎恨、厌恶，同样有要说、要写的感情冲动。

在热爱生活的同时，还必须热爱我们祖国的语言文字。在都德的《最后一课》中，韩麦尔先生说法国语言是世界上最美的语言，学生读到这一内容，心中很不服气，认为我们祖国的语言最优美。我觉得我们学生的认识、感情是可贵的。我们伟大祖国的语言生动优美，宝藏极其丰富：它的表达情意的准确程度、细腻程度在世界上是罕见的。只有怀着热爱它的深情，孜孜不倦地探求、挖掘，才能体味其中的奥妙，领略其中的无限风光。语言文字是交流思想的工具，要掌握工具，熟练地加以运用，须坚持不懈地认真地进行训练。只有满怀浓厚的兴趣，满怀浓郁的深情进行训练，才会以写作为乐事，才会有旺盛而持久的写作热情。

无数写作实践的经验告诉我们：写作热情越高涨，写作情感越激越；语言编织的文章越情真意切、内容丰厚，习作者越能享受到成功的喜悦。年青的学生风华正茂，豪情满怀，只要有学好祖国语言文字的强烈愿望，不断培育写作的热情，必会出现拈笔伸纸，一吐为快的动人佳境。

【佳作借鉴】

一句话

有一句话说出就是祸，

有一句话能点得着火。
别看五千年没有说破，
你猜得透火山的缄默？
说不定是突然着了魔，
突然青天里一个霹雳
爆一声：
"咱们的中国！"

这话教我今天怎么说？
你不信铁树开花也可，
那么有一句话你听着：
等火山忍不住了缄默，
不要发抖，伸舌头，顿脚，
等到青天里一个霹雳
爆一声：
"咱们的中国！"

　　这首诗爱国主义感情如火山般的喷发，震人心魄。为何能有如此巨大的感人力量？那是因为这首诗是作者在感情极端冲动下写成的。作者闻一多是现代著名诗人、学者。他在国外受到了民族歧视，而国内民众又被反动军阀罪恶统治，他悲愤满腔，胸中燃烧着炽烈的爱国热情，正如他写给诗人臧克家的信中把自己比喻为"没有爆发的火山"。1925年夏，他回到祖国，正是反帝运动处于高潮的时候。这时他不仅看到了帝国主义反动派对人民血腥的统治与镇压，也看到了中国人民不屈不挠的英勇斗争精神。席卷全国汹涌澎湃的反帝怒潮，说明了"谁是中国人"，反映了我们"民族的伟大"，胸中的火山爆发了，他大声喊出了一句话："咱们的中国！"在胸中积蓄已久的话迸发而出。诗人察觉到缄默的中国蕴藏着惊天动地的巨大力量，坚信一旦火山忍不住缄默，就会突然间青天里一个霹雳，到那时帝国主义反动派就要"发抖，伸舌头，顿脚"。这是多么深厚的爱国主义感情！

《一句话》是一首响彻着中华民族庄严的最强音的诗,激情奔放,语言凝练,它由诗人对祖国命运满怀的深情浇灌而成。炽热的爱国情感燃起了势不可当的写作热情,这种写作热情浇铸的诗句铿锵有力,能唤起读者由衷的共鸣。

写作冲动、写作热情并不都是像火山岩浆般的喷射,有时它的表现是细微的、平和的、素静的,甚而是含蓄的、难以觉察的。李广田的散文《花潮》就另有一番风味。

花潮

昆明有个圆通寺。寺后就是圆通山。从前是一座荒山,现在是一个公园,就叫圆通公园。

公园在山上。有亭,有台,有池,有榭,有花,有树,有鸟,有兽。

后山沿路,有一大片海棠,平时枯枝瘦叶,并不惹人注意,一到三四月间,真是花团锦簇,变成一个花世界。

这几天天气特别好,花开得也正好,看花的人也就最多。

星期天,我们也去看花。不错,一路同去看花的可多着哩。进了公园门,步步登山,接踵摩肩,人就更多了。向高处看,隔着密密层层的绿荫,只见一片红云,望不到边际,真是,"寺门尚远花光来,漫天锦绣连云开"。这时候,什么苍松啊,翠柏啊,碧梧啊,修竹啊……都挽不住游人。大家都一口气地攀到最高峰,淹没在海棠花的红海里。后山一条大路,两旁,四周,都是海棠。人们坐在花下,走在路上,既望不见花外的青天,也看不见花外还有别的世界。花开得正盛,来早了,还未开好,来晚了,已经开败,"千朵万朵压枝低"，每棵树都炫耀自己的鼎盛时代，每一朵花都在微风中枝头上颤抖着说出自己的喜悦。"喷云吹雾花无数，一条锦绣游人路"，是的，是一条花巷，一条花街，上天下地都是花，可谓花天花地。可是，这些说法都不行，都不足以说出花的动态，"四厢花影怒于潮""四山花影下如潮"，还是"花潮"好。古人写诗真有他的，善于说出要害，说出花的气势。你不要乱跑，你静下来，你看那一望无际的花，"如钱塘潮夜澎湃"，有风，花在动，无风，花也潮水一般地动，在阳光照射下，每一个花瓣都有它自己的阴影，就仿佛多少波浪在大海上翻腾，你越看得出神，你就越感到这一片花潮正在向天空向四面八方伸张，好像有一种生命力在不断扩展。而且，你可以听到潮水的声音，谁知道呢，也许是花下的人语声，也许是花丛中蜜蜂的嗡嗡声，也许什么地方有黄莺的歌声，还有什么地方送来看花人的琴声、歌声、笑声……这一切交织在一起，再加上风声，天籁人籁，就如同海上午夜的潮声。大家都是来看花的，可是，这个花到底怎么看法？有人走累了，拣个最好的地方坐下来看，不一会儿，又感到这里不够好，也许别个地方更好吧，于是站起来，既依依不舍，又满怀向往，慢步移向别处去。多数人都在花下走来走去，这棵树下看看，好，那棵树下看看，也好，伫立在另一棵树下端详一番，更好，看看，想想，再看看，再想想。有人很大方，只是驻足观赏，有人贪心重，伸手牵过一枝花来摇摇，或者干脆翘起鼻子一嗅，再嗅，甚至三嗅，"天公斗巧乃如此，令人一步千徘徊"。人们面对这绮丽的风光，真是徒唤奈何了。

老头儿们看花，一面看，一面自言自语，或者嘴里低吟着什么。老妈妈看花，扶着拐杖，牵着孙孙，很珍惜地折下一朵，簪在自己的发髻上。青年们穿得整整齐齐，干干净净，好像参加什么盛会，不少人已经穿上雪白的衬衫，有的甚至是绸衬衫，有的甚至已是短袖衬衫，好像夏天已经来到他们身上，东张张，西望望，既看花，又看人，洋气得很。青年妇女们，也都打扮得利利落落，很多人都穿着花衣花裙，好像要与花争妍，也有人擦了点胭脂，抹了点口红，显得很突出，可是，在这花世界里，又叫人感到无所谓了。很自然地想起了龚自珍《西郊落花歌》中说的，"如八万四千天女洗脸罢，齐向此地倾胭脂"，真也有点形容过分，反而没有真实感了。小学生们，系着漂亮的红领巾，带着弹弓来了，可是他们并没有射击，即便有鸟，也不射了，被这一片没头没脑的花惊呆了。画家们正调好颜色对花写生，看花的人又围住了画花的，出神地看画家画花。喜欢照相的人，抱着相机跑来跑去，不知是照花，还是照人，是怕人遮了花，还是怕花遮了人，还是要选一个最好的镜头，使如花的人永远伴着最美的花。有人在花下喝茶，有人在花下弹琴，有人在花下下象棋，有人在花下打桥牌。昆明四季如春，四季有花，可是不管山茶也罢，报春也罢，梅花也罢，杜鹃也罢，都没有海棠这样幸运，有这么多人，这样热热闹闹地来访它，来赏它，这样兴致勃勃地来赶这个开花的季节。还有桃花什么的，目前也还开着，在这附近，就有几树碧桃正开，"猩红鹦绿天人姿，回首夭桃恼失色"，显得冷冷落落地待在一旁，并没有谁去理睬。在这圆通山头，可以看西山和滇池，可以看平林和原野，可是这时候，大家都在看花，什么也顾不得了。

花潮描绘得如此有声有色，情趣盎然，关键在于作者心潮起伏，汹涌澎湃。作者如果走马观花，对海棠无千种情，对观花人无万种爱，无涌上心头要表述这花景、人景的强烈欲望，笔下要能如此风光绮丽，花潮荡漾，显然是不可能的。

作者的心潮融合在花潮的描写之中，咏花的热情在字里行间细细渗出。潮，铺天盖地。往上看，"只见一片红云，望不到边际"，攀到高峰，"淹没在海棠花的红海里"；每棵树炫耀千朵万朵的鼎盛，每朵花诉说自己的喜悦。总写，分写，群体，个体，花的气势已伴随着作者的热情生动地铺展开。然而，仅仅凭此细说，还远远不能表达心潮的起伏。于是，进一步在花潮的动态上着笔。"有风，花在动，无风，花也潮水一般地动"，"就仿佛多少波浪在大海上翻腾"，"你越看得出神，你就越感到这一片花潮正在向天空向四面八方伸张，好像有一种生命力在不断扩展"，行文至此，花潮铺天盖地、汹涌澎湃的气势毕现。

单从形态、色彩角度刻画尚不能充分表达歌颂之情，于是又诉诸听觉，从声音方面着笔。以风声、蜜蜂嗡嗡声、黄莺歌声，看花人的琴声、歌声、笑声，天籁人籁，交织成如海上午夜的潮声，把花潮的气势，花潮的生命力深入一步地铺展，把视觉形象和听觉感受糅合起来，达到淋漓尽致的地步。

美景须靠人添意，景中有人，景就活起来，洋溢生意。人潮因花潮而汇集，流动，二者交融，画卷就更为波澜壮阔。作者在人潮的描绘方面，同样倾注了极大的热情。他仍然用铺陈的手法来描绘观花人的种种形态和心态。尽管观花人有坐，有站，有大方，有贪心，但共同的特点是陶醉，陶醉于花巷、花街、花海、花潮之中，面对绮丽的风光，只得"徒唤奈何"了。

总写了观花人的形态、心态，还未尽情，还未达到一吐为快的境地,于是又分笔写老头儿、老妈妈、青年们、青年妇女们、小学生们、画家、摄影者等观花的情景。尽管这些人表情不同,动作各异,但都聚焦在"花"这个耀眼点上,沉浸在花潮的欢乐之中。"喜欢照相的人,抱着相机跑来跑去,不知是照花,还是照人,是怕人遮了花,还是怕花遮了人,还是要选一个最好的镜头,使如花的人永远伴着最美的花",这些句子只要稍加思量,就可感受到作者的写作热情如暖流奔泻。作者把"人"与"花"交织起来写,巧妙地选择了照相的角度,把花与人、人与花胶合在一起,一"照",一"遮",一"伴",气象万千,意味无穷,深化了花潮的意境。作者的心潮调动了手中的笔,极其生动地描摹了圆通公园的花潮,绘声绘色绘形,给读者以美好而深刻的印象。

【习作评说】

黑土地上的忏悔

爷爷去了,带着深深的遗憾和期待,带着我的忏悔,走进了自己耕耘了一辈子的黑土地。

窗外,下着淫雨。风直灌进我的脖子,我一哆嗦,蓦地一抬头,看见屋檐下的燕巢在冷风中微微摇动。

……

"爷爷,这鸟儿叫啥名字呢?"我曾经这样问爷爷。

"噢,它是燕儿呀!"

"燕儿?"

"是呀,你可记得'燕子归来寻旧垒'吗?它是吉祥的鸟儿啊!"

唉!怎么能忘呢?小时候,我常常依偎在爷爷身旁,听爷爷讲"九死而不悔"的屈原,精忠报国的岳飞。然而，给我印象最深的，则是"燕子归来寻旧垒"这句诗了。每当讲到这里，爷爷总是深情地对我说："孩子，这就是我们祖国啊！人，不能忘了本土啊！"

屋内，悲悲切切，我木然地望着门外的小河，蒙蒙细雨飘落在河面上。

……水乡的夜，是那么美，黑黝黝的山峰像屏障，萤火虫一闪一闪，满月在河面上撒下了一把银波。

"这么晚了，您老还在打鱼？"

"噢，孙女咳嗽，打些鲫鱼治嗓子。"

第二天，我刚起床，爷爷就端着一碗热气腾腾的鲫鱼汤走进来，"喝了吧！"

鱼汤真鲜啊！干渴的嗓子仿佛一下子就好了。

"爷爷，真好喝！"当我抬起头来，才看见爷爷眼里布满了血丝。

"爷爷，您的眼睛……"

"没事，歇歇就行了。"回答得很轻松。

为了我，爷爷通宵未眠……

在爷爷身边，我度过了五年的小学生活，该上初中了。一天，爸爸从城里来了，要接我回去读书。我急哭了，我怎么舍得离开这曾给我无穷乐趣的故土？

"爷爷，我不去，不去嘛！"我几乎是在哀求。

"孩子，在城里能学到更多东西，若真想爷爷，放假时回来看看，不也挺好吗？"

就这样，在一个清晨，我告别了老屋，告别了爷爷，告别了蜻蜓、蚂蚱。

"上学堂要认真，莫惦记着爷爷。"我倏地发现，爷爷眼里也含着眼泪。走了很远，还依稀看见爷爷站在门口。

噢，爷爷……

时间，像飞梭，编织着日月星华。我离开老屋已整整三年了，带着久别后重逢的喜悦和激动，回到了爷爷身边。

可是，当我风尘仆仆踏上这片黑土地时，却失望了，满腔的喜悦顿时被莫名的压抑代替了。在我的记忆里，故土的一切都是那么有吸引力。现在，却觉得那么狭小。村庄的南北两端相隔不过两百米，几个小孩在跑着玩风筝，脚下扬起一阵尘土。

这就是我日思夜想的故土吗？

蜻蜓、蚂蚱我已失去了兴趣，小河已没有往日的光彩，老屋，长出了枯草，爷爷——老了。

现实与想象相差太远了。

我第一次怀念城里的一切，柏油马路，高大的楼房，以及永远被妈妈拖得干干净净的棕色地板。

"渴了吧？喝一口井水吧！甜着哩。"爷爷从水桶里舀了一杯井水，递给我。

我接过杯子，抿着嘴喝了一口。

随即，又吐了出来。

"怎么了？你！小时候不是很爱喝吗？"爷爷吃惊地望着我。

"谁爱喝啦？土腥味！"

"……"爷爷手中的杯子失落了，水汩汩流进了黑土地的缝隙里。

"爷爷，您……"我拾起了杯子。

"爷爷很累，去歇会，一个人玩吧！"

我分明望见，爷爷深深地叹了口气，摇了

摇头。

从那以后，爷爷总是从商店里买汽水给我解渴。

……人们的悲哭声，把我从回忆中惊醒。后院，有一口井，我叹了口气，走过去，按住摇把，向下压了几下，没有水涌上来，而我的手却沾满了灰尘。好久没人使用这口井了。几经周折，我终于望见了井水从井口涌出，舀出一杯，清明透亮的，杯中似乎又出现了爷爷吃惊的样子。心一酸，仰起脖子，一口气喝下，是那么清甜。唉，三年的城市生活，改变了我对这片黑土的眷恋之情。

此时，我明白失去的太多，太多……

爷爷，您若在天有灵，能原谅我吗？

黑土地，曾哺育过我的土地，能饶恕忘了本土的子孙吗？

那天，我刚进门，爷爷就怒气冲冲地问我："这本书是哪儿买来的？"我一愣。

"《霹雳舞入门》，是你看的吗？"不等我回答，爷爷又说了第二句。

几天别扭的生活，已使我觉得不适，今天忽然被爷爷说一顿，我不禁反问了一句："凭什么不能看？娱乐有什么不可以？"

"你会耽误正业的！"

争论的结果是那本书锁进了爷爷的柜子，我也负气离开了故土。

……

现在想起来，太后悔了。要是我登上火车的一刹那看看黑土地，一定会回到爷爷身旁；要是我好好地、设身处地为爷爷想一想，我也许不会离开爷爷。

留给爷爷的是怎样的痛苦啊!

晚上,躺在床上,想了很多。我难道忘了本土?

"人,不能忘了本土啊!"爷爷的话,在我耳边响起,犹如一声霹雳,把我震醒了。

在爷爷遗像面前,我陷入了沉沉的反思中。相片上的爷爷那么消瘦,但精神矍铄,我仿佛听见爷爷正在对我说:"作为一个炎黄子孙,最重要的莫过于热爱国土了!"

"姐,这是爷爷给你的。"堂弟递过一个包。我颤抖着揭开外面包着的报纸,里面是《霹雳舞入门》这本书。扉页上,有爷爷用毛笔写的一句诗:"燕子归来寻旧垒。"

堂弟落泪了。我也禁不住热泪长流。

龚霁芃

情动于中而言溢于外。显然,习作者面对爷爷的永远离去有说不尽的遗憾,有无穷尽的忏悔。这份真挚的亲情,这份由衷的爱戴,冲开了记忆的闸门,往事如潮水一般涌上心头,不吐不快,不痛痛快快表达,难以平抑心头感情的波涛。正因为感情上波澜起伏,才掀起写作上的冲动,也才可能写出这一波三折的文章。

文章下笔点题。谁"忏悔"?谁和"黑土地"为伴终生?为什么是"黑土地上的忏悔"?习作者用了十分简单而平静的语言来述说。然而,在这简单而平静的背后却蕴含着十分丰富的内容——遗憾、期待、悲哀、悼念、忏悔……一下笔,就揪住了读者的心。

写作冲动促使习作者把眼前景与昔日事交织起来写。由屋檐下的燕巢在冷风中微微摇动眼前景的触发,勾起了孩提时代爷爷深情教导、疼爱备至的往事。黑土地上的无穷乐趣,是爷爷亲手撒播;三年后返回故土的失望、冷漠,使爷爷伤心而无奈。鲜明的前后对照,使内心的忏悔之情极其自然地升腾。习作者又从记忆中土腥味的井水引出眼前的汲井水、喝井水，以"清明透亮""清甜"的井水寄托对爷爷的哀思，表述对爷爷的忏悔、对黑土地的眷恋。正当用呼告的手法请求爷爷原谅、请求黑土地饶恕时，笔锋一转，又从眼前景引出了往事的诉说。一本《霹雳舞入门》惹得爷爷暴怒，而爷爷离开前在这本书的扉页上写的"燕子归来寻旧垒"的诗句，更似重锤叩击习作者的心窝，愧疚之情不能自已。

写作冲动并不是想到哪里写到哪里，漫无边际，杂乱无章。尽管习作者由于内心的激动，一会儿眼前景，一会儿昔日事，一会儿昔日事，一会儿又眼前景，但并不杂乱，因为全文有一条中心线贯串，那就是"燕子归来寻旧垒"。祖孙之间的亲情凝聚在对故土——黑土地的热爱、眷念中，而热爱故土又与热爱祖国紧密相连，这就使"黑土地上的忏悔"寓有深刻含义，不是一般地寻找"旧垒"，对爷爷的怀念，不是一般的亲人之念，而是在向一位爱国老人表达哀思。

毕竟是习作，有些语句拖沓，省略号用得过多，结尾"堂弟落泪了"完全是赘笔。

【要语一束】

写作冲动是写作的内驱力，是使思维活跃、生活素材在脑中涌现的内部动力。

文章是心灵的轨迹，有旺盛的写作热情，有一吐为快的冲动感，一行行文字就会从火热的心头奔腾而出。

写作热情、写作冲动来自对自然、对社会的频繁接触。热爱生活，投入生活的怀抱，眼看，耳听，潜心思考，体验感受，情感获得孕育，思维得到锻炼，想写、要写的冲动就会奇迹般地出现。

正确使用祖国语言文字表情达意的崇高责任感，是形成写作冲动的最根本的动力。作为中华民族的儿女，肩负着跨世纪建设伟大祖国的重任，有责任也有义务从小学习祖国的语言文字，主动、积极而又精心地练习。经常练，持之以恒地练，笔端就能生花。

二
源头活水，生意长流
——从生活中取材

众所周知，巧妇难为无米之炊。无论怎样能干的媳妇，没有米，也是做不出饭的。写文章同样道理。没有充分、生动和质地优良的材料，只在技巧上兜圈子，翻花样，写出来的文章必然是内容干瘪，面目可憎。文章不应当是"做"出来的，而应该像汩汩的清泉从心坎里流出来。心坎里的清泉来自何方？来自五光十色的生活，来自从生活中汲取材料的本领。须懂得：生活中源头活水流淌，笔下的文章就生意长流。

【文心絮语】

"理论是灰色的，而生活之树是常青的。"这是德国大文学家歌德的一句名言。确实如此，生活之树常青，生活是取之不尽、用之不竭的写作源泉。任何体裁的文章，都是一定的社会生活的反映。写文章，也就是写生活，学写文章的人，要在生活这一关上认真下功夫，关心、了解、发现、寻觅、感受。大脑中采集的自然与社会的信息越多，写作的素材越丰富。

要身入生活、心入生活，才会了解周围的人和事、景与物，才会有所发现。每个人都生活在"生活"之中，可从生活中获得的认识与感受却大相径庭。有的人目光敏锐，善于观察，不仅像摄像机一样能把客观的物象摄入自己的眼帘，印入自己的脑海，而且能在极其普通极其平凡的事物中发现一般人所看不到的、生动的、带着生活露水的新鲜东西；而有的人身在生活，心却游离，再有特点的事物，再有价值的细节，都视而不见，听而不闻，虽然也用眼睛看，但浮光掠影，至多只有模模糊糊的印象。二者比较，关键在是不是"身入""心入"。"身入"而"心"不"入"，生活中大量有趣的、有意义的、有价值的材料，就会从眼皮底下溜走；至于"身"不"入"，不认真生活，不认真实践，那就更谈不上从生活中取材了。

怎样才能身入、心入呢？要对接触到的人和事有浓厚的观察兴趣，学会观察的方法。观察，不只是用眼睛，还要用耳朵，用鼻子，不仅用感觉器官，更重要的是用心，用心去看、去听、去想、去感受。鲁迅先生《社戏》中月下行舟的几段文字就是身入生活、心入生活，从生活汲取生动材料的典范。文中是这样描述的：

> 我的很重的心忽而轻松了，身体也似乎舒展到说不出的大。一出门，便望见月下的平桥内泊着一只白篷的航船，大家跳下船，双喜拔前篙，阿发拔后篙，年幼的都陪我坐在舱中，较大的聚在船尾。母亲送出来吩咐"要小心"的时候，我们已经点开船，在桥石上一磕，退后几尺，即又上前出了桥。于是架起两支橹，一支两人，一里一换，有说笑的，有嚷的，夹着潺潺的船头激水的声音，在左右都是碧绿的豆麦田地的河流中，飞一般径向赵庄前进了。
>
> 两岸的豆麦和河底的水草所发散出来的清香，夹杂在水气中扑面的吹来；月色便朦胧在这水气里。淡黑的起伏的连山，仿佛是踊跃的铁的兽脊似的，都远远地向船尾跑去了，但我却还以为船慢。他们换了四回手，渐望见依稀的赵庄，而且似乎听到歌吹了，还有几点火，料想便是戏台，但或者也许是渔火。
>
> 那声音大概是横笛，宛转，悠扬，使我的心也沉静，然而又自失起来，觉得要和他弥散在含

着豆麦蕴藻之香的夜气里。

　　稍加分析,我们就可从这几段文字中获得以下启示:第一,调动感觉器官和思维器官认真观察,材料就入目、入耳、入心。"碧绿的豆麦田地"、水气里"朦胧"的月色、"淡黑的起伏的连山"等景物用眼观察所得;"说笑"、"嚷"、"潺潺的船头激水的声音"、"歌吹"、"宛转,悠扬"的笛声等是用耳观察,通过听觉而采集的;"豆麦"和"水草"散发出清香,这个材料靠嗅觉所获;"清香""夹杂在水气中扑面的吹来"、"弥散在含着豆麦蕴藻之香的夜气里"的材料又是借助触觉。而"忽而轻松""身体也似乎舒展到说不出的大""心也沉静""自失起来""弥散在夜气里"等的内心感受又与对景物观察所得胶合在一起,使入目、入耳的材料更有分量。通过感觉器官去获取材料无不需要用心思考,把心扑上去。观察包含着思维,渗透着思维,思维能力决定观察的深浅与正误。第二,观察忌笼统,忌大而化之,要拆开来看,拆穿来看。"拆开来看,拆穿来看"是朱自清先生在《山野掇拾》中的经验之谈。对描写的对象不能只看整体,要善于一部分一部分拆开来看,还要由此及彼、由表及里地看。如月下开船情景,正因为拆开来看,所以材料十分具体。先写"跳下船",再分开说"拔前篙""拔后篙",又把"坐在舱中"和"聚在船尾"分别述说。这是一层意思,写开船前的准备。第二层意思是开船。"点""磕""退""上前""出了桥"。如果不拆开来看,不把一个一个动作、一个一个细节收入眼底,就不可能有如此具体、生动的材料。因此,分析的方法是观察中的重要方法。

　　老舍先生说:"观察事物必须从头至尾,寻根追底,把他看全,找到他的'底'……不知全貌,不会概括。"观察如只注意一鳞半爪,那就只会在记忆中留下破碎不全的事实,难以形成质地优良的写作材料。观察事物,不管是观察环境还是观察人物,都要既注意整体,又注意局部,还要注意细部;都要捕捉特征,按一定的顺序;都要既观其静态,又了解其变化。多角度、多侧面地对事物进行观察、分析,就能采集到丰富的写作材料,把握全貌。冰心《观舞记》中写印度舞蹈家卡拉玛·拉克希曼舞蹈的场景可作生动的说明。

> 她用她的长眉，妙目，手指，腰肢，用她髻上的花朵，腰间的褶裙，用她细碎的舞步，繁响的铃声，轻云般慢移，旋风般疾转，舞蹈出诗句里的离合悲欢。
>
> 我们虽然不晓得故事的内容，但是我们的情感，却能随着她的动作，起了共鸣！我们看她忽而双眉颦蹙，表现出无限的哀愁；忽而笑颊粲然，表现出无边的喜乐；忽而侧身垂睫，表现出低回婉转的娇羞；忽而张目嗔视，表现出叱咤风云的盛怒；忽而轻柔地点额抚臂，画眼描眉，表演着细腻妥帖的梳妆；忽而挺身屹立，按箭引弓，使人几乎听得见铮铮的弦响！像湿婆天一样，在舞蹈的狂欢中，她忘怀了观众，也忘怀了自己。她只顾使出浑身解数，用她灵活熟练的四肢五官，来讲说着印度古代的优美的诗歌故事！

显然，这里描绘的是飞动的美，而这种飞动的美如此活灵活现，除高超的语言修养外，基础是扎实的观察本领。第一，观察有序。从头部的长眉、妙目到手指到腰肢，自上而下。衣服、装饰，从髻上到腰间，也是自上而下。第二，观察细致而全面。"双眉颦蹙""笑颊粲然""侧身垂睫""张目嗔视""点额抚臂""画眼描眉""挺身屹立""按箭引弓"，种种情态尽收眼底，而这些情态又在瞬息之间变化，六个"忽而"准确地传递了这方面的信息。如果没有敏锐的目光和敏捷的思维，要看得那么全面，辨别得那么细微，是不可能的。第三，观察有独特的发现。一般说，观看舞蹈，多注意舞姿、舞步，四肢的舞动是重点。而这儿不仅写四肢，更写五官，"灵活熟练的四肢五官"讲说优美的诗歌故事。"无限的哀愁""无边的喜乐""低回婉转的娇羞""叱咤风云的盛怒"等都是作者通过对舞者面部表情的观察后独特的发现。而"花朵""褶裙""铃声"和"四肢五官"糅成美妙的整体,刻画出诗句里的悲欢离合。正因为有这些独特的发现,因而材料充实,形象丰满,构成了飞动的美。独特的发现不会送到你的身边,而是靠用心观察,用心感受与体验。

一个人的生活范围有限,因而,除了观察自己的所见、所闻外,还要注意主动寻觅。曹植在《与杨德祖书》中说:"夫街谈巷说,必有可采;击辕之歌,有应风雅。匹夫之思,未易轻弃也。"他告诉我们老百姓当中必有可采集的有价值的写作材料。《聊斋志异》的作者蒲松龄就是这样的实践者。他曾背着席子到乡间道路旁边摆设茶摊,遇到野老村夫,便请他们说古道今,讲述各种故事,他一边听,一边记录,广为采撷。老舍先生创作《骆驼祥子》时就是花许多功夫去寻觅有关素材。他在《我怎样写〈骆驼祥子〉》一文中说:"记得是在一九三六年春天吧,山大的一位朋友跟我闲谈,随便的谈到他在北平时曾用过一个车夫。这个车夫自己买了车,又卖掉,如此三起三落,到末了还是受穷。听了这几句简单的叙述,我当时就说:'这颇可以写一篇小说。'紧跟着,朋友又说:有一个车夫被军队抓了去,哪知道,转祸为福,他乘着军队转移之际,偷偷的牵回三匹骆驼来。……我只记住了车夫与骆驼。这便是骆驼祥子的故事的核心。"老舍先生十分明白,单凭这故事的核心是不可能写成小说的,于是,他有意识地寻觅材料,寻觅有关人力车夫的各种材料,不仅自己搜集,而且请朋友了解、记述。由于材料十分丰厚,一个个人物栩栩如生。

学生写作虽不是进行文学创作,但同样应有意识地寻觅材料,开阔视野。趁假日之闲、课余空隙,就某些问题做一些调查访问,广泛地接触社会,接触各类人物,可超越自己生活的狭小圈子,获得更多更有价值的材料。

法国大作家福楼拜要求初学写作的莫泊桑,"首先要练练你的眼睛",要把眼睛练得明亮,把耳朵练得敏锐。俄国小说家契诃夫说:"作家务必要把自己锻炼成一个目光锐敏、永不罢休的观察家。"无数成功的作家都把观察看作学习写作的头等重要的基本功,我们初学写作的学生当然应借鉴这些经验，锻炼观察的本领，兴味盎然地从生活中汲取材料。

【佳作借鉴】

泰山一片月

泰山月，是很美的。那空明澄碧的月色，令人想起潺潺的清泉。坐在泰山极顶的观月峰上赏月，云淡风轻，玉盏般的圆月，悄无声息地悬在空中，那样的清，那样的静，恰似一泓蓄满琼浆的晶亮亮的湖，恍如一伸手，就可以掬下一杯清洌洌的甘露哩！

我见过西子湖畔的平湖秋月。十里荷花，一派烟云。月儿刚露脸，漫天就抖下迷迷蒙蒙的雾，那月色总是潮润润的，妩媚中颇有几丝缠绵。泰山月的韵致，却迥然不同。万里平畴，独尊一岳。那月光，明朗得很，干净得很。上了南天门，便是"天街"，凡尘淘尽，一碧如洗。"天街"两侧，庙宇、古道、高楼、绿树，剔透玲珑，纤尘不染，全浸润在脉脉的月色里。极远的地方，有一缕洁白的云霓，轻盈而扶摇直上，欲乘风飘去，那便是中华民族的摇篮黄河吗？游目骋怀，你不得不赞叹古人创造的"月华如水"的妙喻。泰山一片月，消融了山的险峻、树的苍凉，消融了古庙的寂寞、峡谷的幽深。白日里，"云端挂天梯"的"十八盘"，此刻，也完全失却了峭拔和威严，而幻成泛着银晕的飘带，宁静而温柔地飘浮着、飘浮着。万籁俱寂。

泰山山腰的柏洞，月景又是另一番韵味。这

里是古松古柏的世界。涧水清清，滋润着满山森森的古树林。两三百年的老树，只能屈居小字辈。莽莽苍苍的树林中，极少野草和杂生的小树。勤快的山风，就像是不辞辛苦的清洁工人，洒扫庭除。月光遍地，树影婆娑。细细看去，斑驳陆离的坡地上，仿佛还有扫帚留下的痕迹，给人一种如返古朴故园的暖融融的感觉。从山上俯视，月下松林，一派素装，高洁，雅致；从山下仰望，浓墨如泼，虚实相间，恰似一幅气势磅礴的写意画。泰山的月亮，也贪恋这块净土，从浩渺遥远的天庭中，竟忘情地落在那剪影似的逶迤的山脊上。走着、走着，仿佛只要紧走几步，就可以走进明镜般的月亮里去。

泰山山脚，有一座普照寺，曾是冯玉祥先生隐居过的地方。当年，正值国家民族危亡之秋，冯先生深明大义，在张家口组织抗日同盟军，力挽狂澜，不幸屡遭暗算，失败以后，便来到这里。一页悲壮苦涩的历史，永远镌刻在这块土地上了。寺中筛月亭，是赏月的佳处。逝者如斯夫，只有一轮明月，深情而依恋地辉映着一片琼楼玉宇。一棵相传是六朝老僧种植的千年松，虬枝弯曲如盘龙，英气逼人，枝枝丫丫，旁逸斜出，松叶如针，令人肃然起敬。月行中天，丝丝缕缕的月光，从枝繁叶茂的缝隙中筛落而下，骤然间，掠过几丝晚风，树梢一阵沙沙的颤动，摇落的月光，似片片雪花，使人通体生凉。待定神看时，杳无踪迹，树影又恰似凝住了。那一棵棵历经沧桑劫难的古树，竟看不到一丝枯枝败叶，它们抖擞精神，悄然屹立着，是独享这圣洁的佛国之乡的清幽和恬静，还是悉心期待着那日出东方、普照大地的气势恢宏的一幕？

曾听一位青年散文家说过：我们的时代，是一个月亮的时代。乍听起来，新奇之中未免有点茫然。上了泰山，才真正理解这话中的诗味和哲理：月亮是美的，美化着山，美化着水，美化着严峻的历史和人人向往的未来，也美化着一颗颗纯真不泯的心哩！

这篇文章选自1984年9月14日《羊城晚报》，作者沈世豪。古往今来，名家描写泰山日出壮丽景象的佳作不少，写泰山美妙月色的却不多见。而这篇文章把月下的泰山描绘得画意浓郁、诗意盎然，令人心醉。且不说其选择角度的别出心裁，单是在生活中观察景物、择取写作材料的功力就值得学习、借鉴。

作者着力描绘了三个月下景点：一是泰山极顶月景，二是山腰柏洞月景，三是山脚普照寺中月景。三个月景貌似独立成篇，实则作者足迹的移动隐含其中，是动点观察的反映，移步换景。

泰山极顶赏月，一绘形态，二描月色。在观月峰定点观察，月如玉盏，悬在空中，背景是淡淡的云、轻轻的风。因为在极顶观月，故而有伸手可挽月的感受。尽管重在绘形，但又将"色"胶合起来刻画，"恰似一泓蓄满琼浆的晶亮亮的湖""清冽冽的甘露"比得绝妙，把月色融融的景象刻画得如在眼前。写"天街"月色，先用"凡尘淘尽，一碧如洗"概括，再以月下景物"剔透玲珑，纤尘不染"渲染；既绘近处的月华如水，万物白日状态被消融，又绘远处欲乘风飘去的洁白的云霓；既有真，又有幻。看得真切，感受独到，泰山月的韵致在笔下具体而生动地展现出来。

山腰柏洞月景围绕古松古柏展开，以"月光遍地，树影婆娑"总揽，凸显"斑驳陆离"的特征。极顶赏月的感觉是清冽、宁静，此处是暖融融，如返古朴故园，赏月者的感受随着眼前景物的变化而变化，外在的物与内在的情巧妙结合，更能引读者入佳境。为了多角度多侧面描绘柏洞月景，除平视外，又以俯视和仰视的角度观察，出现了高洁、雅致的素装，与气势磅礴的泼墨写意画迥然不同的景色。

如此着笔，丰厚而不单薄，奇妙而不平淡。

如果说极顶赏月是较为广泛地写景物，柏洞月景是对松柏群体进行粗笔勾画，那么普照寺的月景就是聚焦在一棵六朝千年松身上了。虬枝、枝丫、针叶，各具其态；从繁枝茂叶的缝隙中筛落的月光，静时"丝丝缕缕"，动时"似片片雪花"；忽而"摇落的月光"使人通体生凉，忽而"片片雪花"杳无踪迹。静中有动，动中有静，把月光下千年松动动静静、静静动动的美姿刻画得惟妙惟肖。而冯玉祥先生深明大义的历史材料，更给普照寺月景增添了万般情意。

作者通过三个月景的具体描绘，总绘了泰山一片月的诗意美、哲理美。笔下美景得力于观察的准确、细致、有深度、有层次。第一，定点观察和动点观察结合，还插入散点观察。为了突出泰山月的韵致，作者采用了跳跃观察的方法，打破位置的顺序，从山上、山下不同方位观察，使柏洞月景更为动人。第二，观察中注意比较。作者选择了十分有个性的平湖秋月月色作比较，以"潮润润""妩媚""缠绵"的特征与眼前泰山月对比，使泰山月的"空明澄碧"更富有神韵。第三，主体与背景和谐地组合。"玉盏般的圆月"有"云淡风轻"的自然背景，"普照寺""筛月亭"有冯玉祥组织抗日同盟军失败而隐居于此的悲壮而苦涩的历史的人文背景。这样处理，景物清晰，情洒泰山，使写景的文章寓含人文的活力。第四，主观感受逐层深化。泰山极顶赏月，有伸手可掬甘露之感；柏洞观月，虽离天庭"遥远"，但有走进明镜里的错觉；山脚观千年松屹立，猜度其独享清幽和恬静，抑或悉心期待日出的心情。凡此种种，如不用眼精细观察，用耳仔细聆听，用心深入感受，是不可能见之于笔墨的。当然，相关的知识，文字的功夫也十分重要。

【习作评说】

乡情浓郁话豆干

亲戚从海外归来，一进门就念叨起豆干来：

"孩提时就跟豆干结下不解之缘了。那油花花、热腾腾的油炸豆干，上锅后切成小块，蘸上辣椒盐水，又香又辣，真把舌头都嚼断了！"还说，华侨几乎都喜欢吃豆干，嚼上一口豆干，乡情油然而生，唤起几多回味啊！

潮乡吃豆干，少说也有几百年历史了。豆干是老少咸宜的食品，无论城镇还是乡野，处处都可见到。村口榕树下，一摊子油炸豆干，围满腰束水带的村汉。他们边品尝边谈农事家常，这种乐趣实在不可名状。村头大巷几家卖生豆干的摊子，摆满白色、黄色的生豆干，顾客买上几块，抹上盐粉香料，切开煮熟，就成款待客人的上菜。至于市井街头，更有豆干街、豆干亭、豆干圩，其规模之大，令人耳目一新。架起竹篷的油炸豆干摊子，一摊连一摊，几十上百个摊子一起炸开，烟气弥漫，香味四溢。那些享尽口福的豆干客，抹抹油腻的嘴巴，舔着舌头，恋恋地离去。还有好酒者，带上一瓶酒，蹲在摊子边，切了两块豆干送酒，喝得醉醺醺的。

潮乡豆干有好几个品种：有纯大豆的正宗豆干，有以薯粉制成的薯粉豆干，也有大豆和薯粉混合制成的豆干。按含水分多少分，有干豆干，专供油炸的半水豆干，水豆干；按制作方法分，有蒸熟晒干的豆干脯，有油炸得酥脆可口的豆干片，有用香料腌制的乌豆干等：真是五花八门。

至于豆干的烹调，除了油炸、煎片之外，还可用白豆干切片煮鲇鱼、鲤鱼头，加上香菜，南乳汁，色泽鲜红，味道香醇，是色香味俱佳的菜肴。用生豆干对角切成两半，在斜边切个口子，填入用肉糜、咸鱼肉、香菜制成的馅料，下锅煎熟,这就是遐迩闻名的"酿豆腐",令人见之垂涎欲滴。豆干切成丝条,还是制作饼馅的配料。将豆干碾压成泥,加进鸡蛋、猪肉、面粉,用豆腐膜卷成肉卷,蒸熟切块油炸,这是筵席上不可少的下酒料。

豆干的制作颇见功夫。先磨豆、洗浆、煮浆,加进适量石膏,装进大木桶内,让它慢慢凝结。待结成浆糊状时,可舀入包格。包格是木制的架子,每框架分成许多小方格,底部垫上木板,格子铺上纱布,小格子内装满豆浆凝固体,把纱布包起来,架上再加上一块木板。这样叠成几架后,顶部压上石块去水。待豆浆凝固体凝结成块,拆去纱布煮熟,就成应市的"生豆干"了。

豆干虽小,却是潮乡群众喜爱之物。今天,它已远传异乡,为群众生活增添色彩,更让海外赤子一睹豆干就萌生缕缕乡情。

肖 苑

这是写岭南风情的一篇短文,介绍的对象是小小的豆干,但内容具体充实,使人长知识长见识。

有些材料是耳闻目睹所得,如村口榕树下村汉品尝豆干谈农事,村头大巷卖豆干小景,市井街头炸豆干盛况等;有些材料显然是追踪观察,做了一番调查研究的结果,如豆干的品种,从原料的质地、配置的成分和制作的方法等方面,条分缕析地加以说明,如不做仔细的调查,难以说得具体、准确。

观察切忌浮光掠影,浅观即止。如果这样,所获材料不是残缺不全、一鳞半爪,就是不够真切。本文着重写了三种豆干烹调的方法,就是精细观察的反映。豆干怎么切,怎么碾压,加哪些配料,怎么制作,色香味如何,一一道来,清楚明白。

文章有两个明显的不足。一是标题中的"乡情浓郁"未在文中充分体现。除文章开头与结尾一引一收煞之外,关于豆干的介绍未能有意识地照应,因而出现文章开头、结尾与文章的主体部分缺乏有机联系的毛病。二是文字上有些地方欠准确。比如:"那油花花、热腾腾的油炸豆干,上锅后切成小块……""上锅后"怎么"切"呢?可能操作程序未理解真切。又如:"其规模之大,令人耳目一新。""耳目一新"不够妥帖,改为"惊讶"比较恰当。再如:"更让海外赤子一睹豆干就萌生缕缕乡情。"全句已以"它"为主语,再用"一睹豆干"就累赘而不通了。尽管如此,习作者观察本地风情,从生活中汲取生动而丰富的写作材料的做法,值得我们学习。

有人说:中学生的生活圈子很窄,哪会观察出什么名堂?其实不然,不要说观察校外的大千世界了,就是学校生活的某一丁点,只要用眼用耳用心,也会取得极其有趣的活泼泼的材料。如若不信,请看:

燕子在我们教室门前做窝

一对燕子在我们教室的走廊里做窝。从侦察环境,到选择位置,到清理地基,到衔泥构筑,五天时间便告竣奏凯了。有人赞美窝儿精巧,有人赞美燕子勤奋,我更钦佩的却是这小小的一对竟在我们教室门前安家落户的勇敢、见识和自信。

试想,我们这些十四五岁的中学生,既好奇,又好动,还有出名的"弹弓手",一下课,便蜂涌到走廊上跑跳打闹,即使有个小粉蝶飞过来,也会掀起一阵扑捉的狂热,而这对小燕子却全然不怕,何等勇敢。

然而,它们也一定知道,我们这里虽然人多不安静,可都是有文化、讲文明、守纪律的中学生,对人类的"益友"岂肯加害?而且,正由于我们"不安静",在这里才没有猫的出没,蛇的暗算,各类天敌的威胁。这对小燕子之所以勇敢,正是因为有这个见识。

说它们自信,是说它们相信自己"行得正"。"爱人者,人恒爱之;害人者,人恒害之。"小燕子有益于人而无求于人,终生扑食蚊蝇,美化环境,能得万物之灵的人之爱,岂不是最大安全?和人做伴,与人为邻,便在情理之中了。

由此想到麻雀,麻雀自知"行不正",所以只好偷偷摸摸住墙洞;鹦鹉虽"行不邪",却又太过娇爱无大用。而燕子,在益己中益人,在益人中益己;于功无所恃,于利无所争,怎不深得人的喜爱而加倍尊重它们自由选择的生活呢?

这对小燕子在我们教室门前飞来飞去,虽然那矫健的身影、呢喃的话语常使我们在课堂上禁不住向外张望,却使我们受到不少启迪,学到了书本上没有的知识。我担心学校卫生大扫除时有人把它们的窝捅掉,便写了这篇小文,希望登在班报上,也希望有更多的同学能就"燕子为什么敢在我们教室门前做窝"这件事,写写自己的观感。

张海霞

这篇短文写的是教室门前的小事,尽管出于十四五岁的中学生之手,但活泼生动,生活气息浓,又耐人寻味。

首先,习作者善于从生活中捕捉材料。发现一对燕子,便连续观察,于是燕子"从侦察环境,到选择位置,到清理地基,到衔泥构筑,五天时间便告竣奏凯了"的材料进入文中,过程清晰,要言不烦。

其次，善于把眼前从生活中的观察所得与往常在生活中的观察所得结合起来运用。下课时走廊里跑跳打闹和扑捉小粉蝶的狂热情景为日常学习生活中的常事，习作者看在眼里，记在心里，与眼前发生的事沟通、联系，使眼前材料寓含的深意极其自然地得到揭示。

再次，观察的对象不拘泥于某一点。既观察燕子如何做窝，又观察它们飞来飞去矫健的身影和呢喃的话语；既观察同学对燕子的赞美，又观察同学在课堂上禁不住向外张望的情景；既表露自己观察燕子做窝的感受，又猜度燕子的心情与胆识。对人与物，人与人，个体与群体，彼此之间的关系，均作了认真的观察，进入文章，构成有机的整体，各自发挥作用。

最后，善于调动知识储存为眼前材料服务，从而深化材料的价值，突出文章的主旨。燕子的"行得正"，"终生扑食蚊蝇，美化环境"，麻雀的"行不正，只好偷偷摸摸住墙洞"，鹦鹉虽"行不邪，却又太过娇爱无大用"。这些知识都储存在习作者的脑海里。由于眼前燕子做窝的事儿触发，这些知识从脑中小仓库里跳跃而出，通过比较，展开议论，赞美勇敢、有见识和自信的主旨就突显在读者眼前。

文章思路清晰，语言简洁（除结尾稍有孩子气之外）。个别句子中有别字，如"蜂涌"的"涌"应是"拥"。

【要语一束】

生活是丰富无比的宝藏，其中有取之不尽、用之不竭的写作材料。

要从生活中有效地汲取生动活泼的写作材料，必须身入生活，心入生活，用"眼"看，用"耳"听，用"心"感受，使所接触到的自然景物和社会生活中的人与事入脑入心。

要激发观察兴趣，学会观察方法。对所接触的人、事、景、物，有浓厚的观察兴趣，就能见别人所未见，闻别人所未闻，获得发现的欢乐。观察要注意位置，定点观察最基本，动点观察和散点观察是定点观察的连续和发散。观察要注意顺序，方位如上下、左右、里外、远近等顺序要理清，不可杂乱；类别顺序、逻辑顺序同样要理清，否则就会杂乱无章。

观察既要把握整体，认清局部，更要在拆开来看，拆穿来看上下功夫。一部分一部分拆开来看，才能洞悉细微之处；前前后后、左左右右拆穿来看，才能由此及彼，由表及里，透过现象，抓住观察对象的实质。

观察事物不仅要注意形态，而且要注意其发展变化，不仅要注意现状，而且要善于调查采集，追根究底，洞悉过去，预测未来，在深度上开掘，在广度上延伸。

三
开阔视野，广为采撷
——勤于积累

写作上的"有米之炊"单靠在生活中观察、搜寻是远远不够的，还要勤于积累。尽管丰富多彩的生活是写作的不竭源泉，但一个人的生活范围毕竟有限，要打开写好作文的广阔天地，须学习、掌握更多更广博的知识，了解古今中外天下事，为此，在青春年少之时，要广泛阅读，涉猎方方面面的知识，以开阔视野，实实在在地下一点聚沙成塔、集腋成裘的细功夫。人不可能事事都有直接经验，都亲目能睹，亲耳能闻，亲身实践，通过阅读，能懂得许许多多个人无法接触到的事物，冲破个人生活的局限。须记住：阅读是吸收，吸收得越丰富，表达时笔下越有神。

【文心絮语】

《岳阳楼记》是范仲淹的传世名篇，中学生都读过。它不仅以"先天下之忧而忧，后天下之乐而乐"的高尚思想情操给后人以深深的启迪，就是对洞庭景色的描绘，也是景物描写中的一绝。"朝晖夕阴"的万千气象，"淫雨霏霏"的阴风浊浪，"春和景明"的上下天光，把巴陵胜状刻画得有声有色，如在眼前。然而，你是否想到：范仲淹据说没有到过洞庭湖，也没有登过岳阳楼，笔下所描绘的巴陵胜状，非亲眼所观，而是虚拟的。既是虚拟，为何又写得如此逼真，使人拍案叫绝？原来他有生活上的积累，再加上读画所得，笔下便出现绝妙好景。

范仲淹是苏州人，从小熟悉太湖景色，后来又贬官饶州（现江西上饶），又对鄱阳湖的景色十分了解。生活上有太湖景、鄱阳湖景的积累，再从滕子京那里得到《洞庭秋晚图》的画，仔细阅读，把直接经验与间接经验巧妙地糅合，笔下洞庭湖的景色就活灵活现了。

上面这个例子清楚地告诉我们，生活积累对写作是多么重要。深知其中道理的年轻人常以作家为榜样，勤奋地把生活中撷取的朵朵浪花记下来，如春意盎然的美景，扣人心弦的场景，精彩纷呈的对话，鞭辟入里的议论，均可做点手记。生活手记是写作素材的仓库，经久不息地储存，必然富足。

也许有学生认为：我们的记性好，这些事物看在眼里，记在心里，忘不了，何必一丁点儿的东西都要麻烦"笔"呢？其实不然。人类确实具有惊人的记忆力。据研究，人脑可以储存 10^{15} 比特的信息，容量巨大，保持的时间也很长。巴金说过，有两百篇文章储存在他的脑子里。日本索尼电器公司职员友寄英哲能背诵圆周率到小数点后两万位。然而，任何一个人不可能做到事事有清晰的记忆，遗忘会悄悄跟随着每一个人。因此，写作材料的仓库不仅靠记忆，更靠手勤。

《文心雕龙》的作者刘勰说得好："积学以储宝，酌理以富才。"要提高写作能力，还须勤于从书刊阅读中采集，善于积累多种材料，凡材料厚实的文章，或启人深思，或拓人视野，都可看到作者勤学、积累的功力。众所周知，马克思为了写《资本论》，每天到大不列颠博物院图书馆去翻阅书刊，他前后翻阅了 1 500 多种书籍，做了大量笔记。他在图书馆习惯坐同一个位置，有时一天在图书馆里坐十几个小时，他座位下的地板不知不觉被踩出了两个脚印。当然，中学生习作所要求的无法与如此的巨著相比，但写巨著的这种废寝忘食、苦苦积累的精神是我们学习的榜样。

精读，撷取有价值的材料。有些佳作，不仅语言好、内容好，材料也很丰实，能增进知识，增长见识。阅读时应精细、精心，反复咀嚼，在理解、体会的基础上摘录备学备用的材料。例如唐弢的《作家要铸炼语言》一文以十分丰富的材料论证自己的观点，对学习语文的中学生来说，很有摘录的价值。有的可直接摘录，如：

高尔基说："语言是文学的基本材料，文学是语言的艺术。"

"平字见奇，常字见险，陈字见新，朴字见色。"（引自清人沈德潜著的《说诗晬语》，全句是"古人不废炼字法，然以意胜，而不以字胜，故能平字见奇……"）

贾岛诗云："两句三年得，一吟双泪流。"（相传他在《送无可上人》诗"独行潭底影，数息树边身"句下注的一首小诗："两句三年得，一吟双泪流。知音如不赏，归卧故山秋。"）

卢延让说："吟安一个字，拈断数茎须。"（卢延让，唐朝范阳人。他的《苦吟》诗前四句是："莫话诗中事，诗中难更无。吟安一个字，拈断数茎须。"）

福楼拜对他的学生莫泊桑说："无论你所要讲的是什么，真正能够表现它的句子只有一句，真正适用的动词和形容词也只有一个，就是那最准确的一句、最准确的一个动词和形容词。其他类似的却很多。而你必须把这唯一的句子、唯一的动词、唯一的形容词找出来。"

有的自己作简要的概括，如：

文学语言同时要具备绘画和音乐的特点，有色彩、有音响地来描写生活和反映思想。

王安石的"春风又绿江南岸"的"绿"字多次更易，先后用过"到""过""入""满"，最后才选定"绿"字。

宋祁《玉楼春》中"红杏枝头春意闹"的"闹"字，也经过多次改动，著名学者王国维说："着一'闹'字，而境界全出。"

必须向生活汲取，从人民的口头采集语言。普希金跟奶妈学语言，列夫·托尔斯泰一接触到民间语言，就立意改变自己的文风和语法；契诃夫听到有趣的谚语立即记下；阿·托尔斯泰从法院里审问犯人的一本记录中感受到活生生的俄罗斯语言，并依靠这个宝藏写出了小说《诱惑》；高尔基说："从16岁开始，我就是作为一个别人私语的旁听者，一直活到现在的。"

社会急遽变化时，新事物不断涌现，旧的关系不断改变，语言受到冲击，随着发生变化。此时语言会出现大矿藏。尽管这种语言显得幼稚、粗糙，乃至混乱，但其中确实埋藏着"语言的金子"。

请看，一篇短文中容纳了多少有关锤炼语言的材料，稍加摘录，就有十条，如果不注意积累，就会从眼皮底下溜走，从记忆中消失，有时至多留下个模模糊糊的印象。

博览，同样要注意积累，勤于动笔。在现时代，科学技术飞速发展，更要博览群书，文史哲、数理化、音体美等书籍均要涉猎。阅读面广，智力背景丰富，如蜜蜂采花，采过许多花，就能酿出蜜来。

积累的方法很多，常用的有：

摘录式笔记。如上文所举例子。可录名言佳句、精彩段落，可对书中、文中主要论点、主要内容摘其要记录下来。

做卡片。可摘录，可提要，可批注，可写心得。

索引。如果要记的内容多，可采用索引的方法，把文题、书名、作者、页码等记在笔记里或写在卡片上，备日后查用。

报刊剪贴。把报纸或杂志上具有价值的简短文章，剪下来贴在活页本上备阅读、运用。

积累时可铺开一定的"面"，广为收集，也可先列若干专题，如理想、志向、道德、情操、学习方法、名言警句、科学天地等，定向积累。

无论用哪种方法积累，有两点特别要注意。一是积累到一定阶段，要进行分类整理，千万不能糊成一锅粥，如果眉目不清，材料再好，也难以及时而充分地使用；二是忌烂，积累的材料确有意义，确有价值，评注、心得也是真有独特见地的，如果一般性的都捡到仓库里，拉杂不堪，把"宝贝"淹没，也成不了写作的宝库。

积累要持之以恒，锲而不舍，三天打鱼两天晒网，是不可能有成效的。明末清初大学者顾炎武、近代学者梁启超等都在读书积累方面下过大功夫。法国著名科幻小说作家儒勒·凡尔纳为了积累写作材料，曾写了几百本读书笔记，摘录了两万多张卡片。

【佳作借鉴】

柿叶满庭红颗秋

我家庭园正中偏东一口井的旁边，有一株年

过花甲的柿树,高高地挺立着,虬枝粗壮,过于壮夫的臂膀,枝条特多,大叶四展,因此布荫很广。到了秋季,柿子由绿转黄,更由黄转为深红,一颗颗鲜艳夺目,真如苏东坡诗所谓"柿叶满庭红颗秋"了。

柿是落叶乔木,高可达二三丈。每年春末发叶,作卵形,色淡绿,有毛,叶柄很短。夏初开黄花,花瓣作冠状,有雌性和雄性的区别。雌性的花落后结实,大型而作扁圆形的,叫作铜盆柿;较小而作浑圆形的,叫作金钵柿。我家的那株柿树,就是结的铜盆柿,今秋产量共有五百多只。可惜未成熟时,就被大风吹落了不少,成熟以后,又被白头翁先来尝新,又损失了一部分;然而把剩余的采摘下来,除了分赠亲友外,也尽够我们一家大快朵颐了。在柿子未成熟的时候,皮色尚未转黄,而孩子们食指已动,那么我就先摘下一二十颗,浸在盛着鸳鸯水的钵子中(把沸水和冷水混合起来,叫作鸳鸯水),四面用棉絮包裹,过了十天至半月取出,扦了皮吃,甘美爽脆,十分可口。至于皮色转黄而尚未转红的柿子,味涩不堪入口,必须用楝树叶捂熟,或放在米桶里过几天,也会成熟。柿子成熟之后,又酥又甜,实在是果中俊物。

古人对于柿树有很高的评价,说是有七绝:一长寿,二多荫,三无鸟巢,四无虫蛀,五霜叶可玩,六嘉实,七落叶肥大。这七点柿树确兼而有之,为他树所不及。只因落叶肥大,曾有人利用它来练字。据说唐代郑虔任广文博士,工诗善画,家贫,学书而苦于没有纸张,因慈恩寺有大柿树,树叶可布满几间房子,他就借了僧房住下,天天取柿叶来写字，一年间几乎把整株树上的叶片全都写遍了；他的书法终于大有成就，被夸为"郑虔三绝"的一绝。

成熟的柿子称为烘柿，晒干而皮上生霜的称为白柿。据李时珍说：烘柿并不是用火烘熟的，只须将青绿的柿子收放在容器中，自然红熟，好像烘过一样，涩味尽去，其甜如蜜。白柿就是生霜的干柿，做法将大柿压扁，日晒夜露，等它干了之后，藏在陶瓮里，到得皮上生了白霜才取出来，这就是柿饼，那白霜称为柿霜。据说患痔病的常吃柿饼，可以减轻；将柿子和米粉做糕饼，可治小儿秋痢，那么食物也可作药用了。

这是现代作家周瘦鹃的一篇说明柿树、柿子的短文，从这篇短文中，我们可清楚地感受到作者积累的丰富。

首先是园林知识的丰富。对柿树的枝、干、叶、果、生长情况、结实情况了如指掌，因而说明时具体、明白、准确、细致。特别是柿子转色的叙说，不仅具体，而且给人以美感。这是由于作者一边从事创作和翻译，一边以相当多的精力从事园艺工作，从亲身实践中积累了栽培花木、种植盆景的经验。

其次是文学知识的积累。柿树叶子肥大，可利用它来练字，非停留在一般性的叙述水平，而是举唐代画家郑虔的事例加以说明，更有说服力。举例又不拘于用叶写字，而是顺带介绍郑虔的官职——广文馆博士及三绝——诗、书、画（郑虔与杜甫为诗酒友，工诗善画，书法出众），使所举例子更为丰满生动。又如文章标题，引的是"柿叶满庭红颗秋"的诗句。全诗是"柿叶满庭红颗秋，薰炉沉水度春篝。松风梦与故人遇，自驾飞鸿跨九州"。诗题是《睡起》。该诗一般不为人引用，且作者一说苏东坡，一说黄庭坚。由此也可见周瘦鹃文学方面积累之深。

再次是古代科学知识、古代文化的积累。如古人对于柿树的

"七绝"的评价；又如柿子未成熟时，孩子们食指已动的用典（《左传》记载，春秋时，楚国人送给郑灵公一只大甲鱼，公子宋见了，食指忽然自己摇动，以为一定可吃到好的东西），增添了情趣。

医药知识丰富，也是一特色。柿饼可减轻痔病，和米粉做糕饼，可治小儿秋痢等。

至于修辞手法的运用，如形容柿树"年过花甲"；用词的生动、准确，如"大快朵颐"（"朵"是动义，如手之捉物叫作"朵"，"朵颐"，就是动颐，嚼。"大快朵颐"形容吃得十分开心）等。真可谓用得得心应手。

这篇短文选自周瘦鹃的《花木丛中》一书，如果有兴趣读一读，就会发现书中所反映的花木知识是何等渊博，有趣的典故，美丽的诗词，俯拾皆是。读了，能大大增添学养。

【习作评说】

尾巴趣谈

动物有尾巴，这个结论童叟皆知。猫有尾巴，那黑白相间的尾巴，就像一根钢鞭，给猫增添了不少威风；鱼儿有尾巴，那片月牙儿似的尾巴灵活地摆动着，鱼儿便悠闲地穿行在水草之间；松鼠有尾巴，那条红棕色的尾巴几乎和身子一般大，每当松鼠在树上活蹦乱跳时，这条尾巴也随着身子一起一伏，高高地翘在后，看上去还挺可爱。

可是，动物们长了那么多大大小小、形形色色的尾巴，作什么用呢？首先，尾巴能帮助动物活动。就拿我们熟悉的鱼来说吧，鱼的尾巴就像船上的桨和舵，它左右摇摆时，可以产生一股反冲力，推动鱼身的前进。金枪鱼的速度之所以能达到70公里/时，还是尾巴起了重大作用；另外，鱼尾也能控制前进的方向，当它向左偏时，能使身体两侧的水压不平衡，于是，鱼儿就会向左转弯；反之，则会向右转弯。另外，尾巴还能保护自身并成为一种武器。在烈日当空的夏天，牛常常会受到一种叫牛虻的小飞虫的袭击，它们专门在牛、马的皮肤上吸血，牛为了避免受到袭击，往往会拿自己的尾巴在身上拍打，以便赶走牛虻。还有一种动物——鳄，它在地球上已经生活了两亿多年了，之所以没有在茫茫的生物界中消失，主要是由于它的尾巴，它的尾巴几乎有身长的一半，且表皮十分坚硬，当它猛一转身甩开尾巴时，有几百公斤的力量，可以把一棵大树打断。连"百兽之王"——老虎，也惧它三分，一般的羚羊、牛、马等动物更谈不上挨它一下子了。所以鳄鱼凭着尾巴几乎可以打败除了人以外的一切动物，使它历经沧桑，在两亿年中没有被淘汰。

这就是一般动物的尾巴的主要功能。可是，还有些动物的尾巴具有一些特殊的功能，使尾巴成了这些动物在生活中不可缺少的部分。在澳大利亚有一种大家颇为熟悉的动物——袋鼠。袋鼠一般高达2—3米，它前肢特短，生在胸前，后肢特长，这样的结构十分有利于跳跃，使它能以60公里/时的速度向前跃进；可当它站立时，由于前肢很短，不能支持到地面，很容易摔倒。可是袋鼠长了一条1米多长的尾巴，平时跳跃时，尾巴也一上一下地摆动，保持袋鼠的平衡，当它站立时，尾巴又好像"拐杖"似的，直挺挺地支撑着地面，以防摔倒。要是没有尾巴啊，它真的要"寸步难行"了。

绵羊大家一定很熟悉，它的尾巴也有特殊功

能。当绵羊来到水草丰盛的地方,它就会"开怀畅饮",吃得饱饱的,然后把养料都储藏到尾巴里面,就好像骆驼把养料藏在驼峰里一样,那条尾巴一下子会长粗2—3倍,好像胡萝卜一样;在行走的途中,绵羊就利用尾巴中的养料过活。当它再来到水草丰盛的地方时,那条粗大的尾巴已经变成了细细的一根了,接着,它又大吃大喝,把养料再储藏进去……

除了以上几种以外,有些动物的尾巴具有报警的功能,当它们把尾巴外面深色的地方竖起时,就表示"没有敌人",当它们把尾巴里面浅色的地方竖起时,就意味着"危险,快逃"……

看到这里,你知道了吧,别看尾巴大小不同,功能各异,可是对动物来说,也是不可缺少的重要部分了。

这是一篇初中学生参加作文比赛的当堂作文,尽管文字上有缺点,但从知识积累的角度看,还是颇具特点的。

参赛者对动物尾巴的形态、功能有所了解,并有一定的积累,把有关知识储存在记忆中,使用时信手拈来,毫不费力。

文中谈到的尾巴涉及的动物面较广,有猫、松鼠、鱼、牛、鳄、袋鼠、绵羊等;说明尾巴的功能,有一般的,有特殊的,并运用列数字和打比方的方法,使说明具体生动。如果平时阅读不认真,不注意积累,笔下不可能有如此生动的材料。

语言毛病比较多。有形容不当的,如鱼儿尾巴像"月牙儿";有以偏概全的,如猫的尾巴"黑白相间",其实猫的毛色多样,不都是"黑白相间";有说明欠准确的,如袋鼠的尾巴在于支撑地面,帮助袋鼠站立,而不在于助跑,不在于没有尾巴,就"寸步难行",又如绵羊到水草丰盛的地方吃水草,不能说是"开怀畅饮";有的不够明确,如尾巴的报警功能,未举例说明。此外,在说明的层次方面也可进行调整，使条理更为清晰。尽管如此，由于参赛者平时注意知识积累，故而文章有实实在在的内容，有可读性。

广为采撷，对中学生来说，也是做得到的，采撷越广，文章材料越丰富多彩。下面是香港一位中学生的习作，从中也可见到平日注意采撷的情况。

面谱说

昨天放学经过街角时，被一张夺目的戏曲海报吸引住。这并不精致，可是剧中主角那张涂满油彩的面庞，却深深地吸引了我，勾起了我的回忆。

小时候，婆婆常和我去看粤剧，每次当我见到那些开脸的艺人总情不自禁地想：好好的一张脸为何要涂得像个怪物似的？"哪！黑面的是包公、白的是奸鬼曹操、红的就是关公。面上涂了颜色，好让咱们看戏的容易辨别清楚嘛！要不然，我怎知谁是忠谁是奸呢？"这是婆婆的答案。可是我还不明白，为什么演古人要开脸，演现代人却又不开脸？婆婆答不上，总是说："从前又岂同现在？"于是我就识趣不问了。问题因此搁置，但对面谱的兴趣却更为浓厚了。

其实，不单是中国的京剧、粤剧等借助面谱来分辨角色，就是东南亚、非洲乃至西洋也用面谱。就以日本为例，传统戏剧演员均需涂上面谱。据说白色是代表武士，是忠的。表演时，他们除涂面谱外，还要穿上一套又笨又重的戏服。他们认为，这样才能表现出武士的威严和雄壮。至于东南亚、中亚及非洲一些部落在庆典时，喜欢以舞蹈助兴，舞者脸上也往往涂上面谱以助辨认角色。西洋一种历史悠久的表演者——小丑，也是涂上不同的面谱，使人辨别他们不同的表情。

从前，各地舞台表演者都用面谱来帮助观众辨别角色。现在，借助面谱的舞台表演已渐衰落，现代角色再不用涂得满脸花花绿绿的了。

你可能会问："这一来，面谱岂不失去了它的作用了吗？"不，面谱虽已从表演者的脸上取下来，但自古至今，它们从未从人们的脸上剥落。

无形面谱，正如演戏的面谱一样，出现在世界每个角落，不论欧洲人、亚洲人，还是美洲人等，都戴它。

文明与面谱，似乎有不解之缘。文化基础深的民族，面谱的花样自然繁多。比如粤剧，面谱的颜色与式样可说是多彩多姿。中国人是聪明的民族，历史悠久，文化深厚，对于戴面谱的学问自然更精通。一个人随时可以拥有多种多样的面谱，可真是世上罕有，一批精于此道的面谱专家纷纷出现了。一些落后部族，当然不甚了解面谱的妙用，所以一个人顶多只有一个面谱，于是文明人本着一片善心，企图改变他们，把"文明"带到他们那儿去，使他们也变成爱戴面谱的"文明人"。

可是你可知道，"面谱"实在有如毒品与病菌一般，是会毒害人间的！人们借助它，把病毒传染到世界每个角落，腐蚀人的本来面目，使人类走上尔虞我诈、互相仇恨的道路，长此以往，后果真是不可设想！

由此可见，无形面谱是一种不治之症。世人沾染日深，到头来只会自取沦亡。只有还未戴过面谱的孩子能保留纯真，我不禁想起鲁迅的一句话:"救救孩子。"真的,救救孩子吧!

这篇议论文有一定的深度,启人深思。它从一张夺目的海报引出议论的课题——面谱,然后从纵横两个方面展开论述。纵的方面是演古人开脸,以助辨别忠奸,演现代人不涂面谱;横的方面由京剧、粤剧的面谱论述到其他地区、其他国家对面谱的使用。对有形面谱进行论述后,进而对无形面谱展开论述,着力论述文明与面谱的关系,揭露文明人对落后民族的欺凌,揭露面谱对成年人乃至孩子的毒害,指出去除无形面谱的艰难,最后以"救救孩子"的呼声作结。文章有说服力,除见解鲜明、结构清晰、详略得当外,十分重要的在于材料比较充实。习作者既善于从生活中直接取材,如戏曲海报、小时候看粤剧、婆婆的言谈等生活中的材料,又注意从书报中取材,如日本的传统剧,西洋的小丑,东南亚、中亚及非洲一些部落的庆典等,都是间接获取的材料。

由此可见,兴趣广泛对材料积累能起积极的作用。

【要语一束】

头脑里"仓廪"充实,写的文章才会材料厚实,质地好。

"仓廪"充实要靠坚持不懈地储存。一是生活素材的积累,二是从阅读中积累。对中学生来说,精读、博览尤为重要。

积累须眼勤、手勤,多看、多读、多记录。背诵一些名言警句、精彩段落也是一种有效的积累手段。

积累的方法多种多样,可做读书笔记,可做卡片,可做索引,可剪贴,可自己创造好方法。不管采用什么方法,都要眉目清楚,讲究实用。

过一段时间,阅读积累的材料,既是吸收精神养料,也是一种乐趣。

四
裁云镂月,匠心独运
——善剪会裁

写文章必须有材料,材料是写作的基础,故而学写作的人须随时随地抓紧时机观察生活,向周围的事物学习,须博览群书,吸收知识,勤奋积累。忽视或舍弃这方面的基本功,不花大气力去占有材料,要提高写作能力,只是空中楼阁。然而,有了材料不等于就能写出好文章,还得有一番裁云镂月、善剪会裁的硬功夫。衣料质地再好,还是衣料,不按一定的尺寸剪裁,就不能制成合体的衣服。苏东坡有一句十分精彩的话,深刻地说明了材料积累和材料选用之间的关系,这就是"博观而约取,厚积而薄发"。"观"与"积"要"博"要"厚",而使用时要"约"要"薄",积累材料要充分、丰富,使用时要取舍、剪裁,做到少而精。

【文心絮语】

"着意原资妙选材。"任何一位善于写作的人都会用心地根据自己的写作意图选择材料,材料选得巧妙,文章就精美得体。事实上任何一个伟大的作家都不可能把自己所了解的或所占有的材料百分之一百地表达出来。列夫·托尔斯泰是世界文学巨匠,他所创作的《战争与和平》《安娜·卡列尼娜》《复活》等伟大作品在全世界经久不衰地传诵。他使用所积累的材料到什么程度呢?1864年他给裴特的信中说:"这秋天,我的小说写了颇不少。'人生朝露,艺术千秋',天天这样想到。如果一个人能把他所了解的写出个一百分之一就好了——可是只写了一千分之一!"使用的材料只是积累的千分之一,虽然这不是准确的数字,但从中可领悟到"约而用之"的道理。为什么要约用?要考虑作品的价值,作者的艺术良心。学生学写作虽然不能与作家写作的要求相比,但道理是相通的。

在材料的使用上有三忌。

一忌舍不得割爱。凡是沾一点边的材料,不分主次,不分巨细,捡到篮子里就是菜,都塞到文章中。比如食用一只鸡,尽管是花劳力饲养或花钱到市场上购买而来的,烧煮前必须去除鸡毛和肚内杂物,如果鸡毛和鸡一起煮,是无法下咽的。选择材料的道理相同,必须根据写作的主旨去芜杂,存精粹。写时间跨度比较大的文章,尤易犯这种毛病。记流水账,拖泥带水,什么都舍不得割去。

二忌添油加醋,添枝加叶。生活中撷取的某个素材或阅读中获取的某些材料,原本是好的,但使用时想充分发挥它们的作用,就过分渲染、扩大,添加许多枝枝叶叶。这种泡大材料的做法,不仅影响文章内容的真实性,而且大大降低所选材料的价值,给人以臃肿的感觉。

三忌马虎潦草,差错百出。材料要核实,如果是道听途说的,就应该作一番了解;如果是引用名言警句或引用某个事实的叙述说明,就应翻阅有关书刊、有关资料,进行核对;如果引用数字,就须调查核实,准确使用。有篇短文谈到芝加哥将再建世界最高楼时,说:"这幢形似宝塔的新办公大楼的高度为 160 英尺,比西尔斯高 49 英尺。"而另一篇短文却说:"新办公大楼的高度为 1 590 英尺,比西尔斯高 496 英尺。"同一幢高楼,高度竟相差 1 430 英尺!写文章如此马虎潦草,相信谁呢?其中必有一组数字是错的。

材料究竟应如何选择呢?

1. 须紧扣主题

所谓主题,就是文章所要表达的中心思想。任何一篇文章都表达一定的中心思想，而材料是中心思想的支柱。选择材料首先应紧扣中心思想。俗话说，"量体裁衣"，如果说文章的"体"是中心思想，那么就要选择与中心思想关系密切的材料，关系不密切的必须严格筛选，没有关系的应坚决删去，毫不可惜。例如吴晗的《谈骨气》，阐明了中国人是有骨气的观点，为了紧扣这个中心思想，作者对材料严加选择。仅摘引了孟子的"富贵不能淫，贫贱不能移，威武不能屈，此之谓大丈夫"，就阐明"骨气"的含义；什么样的行为叫有骨气，仅精选了南宋文天祥、不吃嗟来之食的穷人、民主战士闻一多三个事例，就从三个不同的角度有所侧重地证明中国人民有骨气，有"富贵不能淫，贫贱不能移，威武不能屈"的优良传统。所选用的材料不枝不蔓，以一当十，真正是表达中心思想的支柱，使中心思想鲜明、突出。

即使写同样的景、同样的物、同样的事、同样的人，由于作者写作意图各异，所选材料也会大相径庭。如同是以"海燕"为描写对象，高尔基的《海燕》和郑振铎的《海燕》在材料选择、剪裁上就很不一样。前者的写作主旨在于以海燕为象征，预言并呼唤革命暴风雨的来临，所以选用暴风雨来临之前的变化着的海景为写作材料，让海燕在狂风、乌云、闪电、雷鸣、波浪构成的广阔背景下搏击，以海鸥、海鸭、企鹅等猥琐的形象衬托，显示勇敢者的英雄气概。后者是被迫离乡去国，在海上航行，借托海燕表达思乡恋国情怀，因而选用了故乡春燕的材料。"燕子归来寻旧垒"，选用了万顷海涛中燕飞、燕憩的材料和海鱼飞窜的材料，两组材料融汇、结合，把思乡之情刻画得淋漓尽致。

契诃夫是了不起的短篇小说作家，他的创作特点之一就是严于选材，善于酌取，他曾这样说："一点多余的东西也不应该有。凡是与小说没有直接关系的东西都应毫不留情地去掉。"从中我们可深刻领悟选择和剪裁材料的必要性，与主题无直接关系、密切关系的材料，都要舍弃，毫不留情。

2.
应选有代表性的、能反映事物本质的

与主题有密切关系的材料并不都能入文章，有时类似的材料比较多，如果都入文章，仍会出现堆砌的毛病，从而影响主题的表达。因而，在有关的材料中还须精选，精选最典型、最有代表性、最能反映事物本质的。《谁是最可爱的人》的作者魏巍对这一点有深刻的体会。他在《我怎样写〈谁是最可爱的人〉》一文中说："在朝鲜时，我曾写了一篇《自豪吧，祖国》的通讯，里边写了二十多个我认为最生动的例子，带回来给同志们看了看，感到不好，就没有拿出去发表。因为例子堆得太多了，好像记账，哪一个也说得不清楚、不充分。以后写《谁是最可爱的人》，就只选择了几个例子，在写完后又删掉了两个。事实告诉我：用最能代表一般的典型例子，来说明本质的东西，给人的印象是清楚明白的，也会是突出的。"所谓"最能代表一般的典型例子"是指具有普遍意义的。文中最后精选的三个事例十分有力地表现了志愿军战士对敌人恨、对朝鲜人民爱和对祖国人民的深情。这种爱国主义精神、国际主义精神，崇高的使命感和英雄气概，正是志愿军战士身上最为本质的东西，因而能突出主题，震撼人心，在读者的胸中燃起热爱的火焰。

有时材料很细小，是生活中的细节，选择时同样要精心，选最为典型的。越典型，越有代表性，越能闪发光彩。《儒林外史》中作者吴敬梓对严监生临死前的描写，所选用的材料绝妙，可算是匠心独运。文中是这样写的：

> 自此，严监生的病，一日重似一日，再不回头。诸亲六眷都来问候。……晚间挤了一屋的人，桌上点着一盏灯。严监生喉咙里痰响得一进一出，一声不倒一声的，总不得断气，还把手从被单里

拿出来，伸着两个指头。大侄子走上前来问道："二叔，你莫不是还有两个亲人不曾见面？"他就把头摇了两三摇。二侄子走上前来问道："二叔，莫不是还有两笔银子在那里，不曾吩咐明白？"他把两眼睁的溜圆，把头又狠狠摇了几摇，越发指得紧了。奶妈抱着哥子插口道："老爷想是因为两位舅爷不在跟前，故此记念。"他听了这话，把眼闭着摇头，那手只是指着不动。赵氏慌忙揩揩眼泪，走近上前道："爷，别人都说的不相干，只有我晓得你的意思！你是为那灯盏里点的是两茎灯草，不放心，恐费了油。我如今挑掉一茎就是了。"说罢，忙走去挑掉一茎。众人看严监生时，点一点头，把手垂下，登时就没了气。

严监生是吝啬到极点的人，临死前因家里点"两茎灯草"而"不得断气"，死不瞑目，选这样的材料入木三分地刻画了这个吝啬鬼的丑恶灵魂，"两个指头"更是这个材料中的传神之笔。

3.
应选新颖的、生动的、富于时代气息的

社会在发展，时代在前进，新事物层出不穷。电视、电台、报纸、杂志传递大量的新信息，这些为写作提供了许许多多生动而新颖的材料。中学生不仅要具有敏锐的目光，善于发现，善于积累，而且要根据写作意图善于从中挑选出富于时代气息的、曲折而有情趣的。例如：改革开放中的新气象，教学改革新篇章，城市建设新面貌，科学技术新成果，文化体育新秀谱，等等。生动的材料数不胜数，选入文章，就虎虎有生气，有贴近感，可读性强。如果文章中用的多是陈芝麻烂谷子，那就死水一潭，毫无意义。别人用过的材料是不是就绝

对不能再用呢？也不是。有些材料确实典型，确实有价值，只要能选好角度，推出新意，选入文章，仍然会起积极的作用。

【佳作借鉴】

春夜的沉思和回忆

今年春节里的一个夕暮，我在四层楼一间房间里，等候一个年轻朋友的来访。约定的时间还早，我乃坐以等待，在悄悄潜入的夜色中坐了很久。

楼屋位处喧嚣的市区一角。窗外楼宇毗连，层层叠叠的屋瓦，宛如苍茫烟雾中的褐色的浮云。远处山头上的电视塔，年代久远的白塔和乌塔，个个耸立在城市的边缘，在晴朗的夜空中画出尖尖塔影。华灯初上，高楼霓虹灯的光芒影影绰绰照入窗户。室内没有开灯。这些日子以来，我习惯于在一壁厢的黑暗中沉思默想，面对着粉白墙壁上一幅很大的彩色照片。照片来自北京，我是在去年秋末从上海带回来的。配了特制的镜框，挂在我的屋子里，从此朝朝暮暮同我在一起。

这就是周总理那一幅有名的最后的照像，许多人都说它是一幅油画。画面的背景色彩是令人惊异的，乍一看，仿佛是黑色天鹅绒的垂帘，而在不同的光影下，却呈现出凝重的古铜色、高贵的紫色和深沉的栗色。最使人感动的是坐在沙发上的总理侧身头像，布满金黄色的柔和光辉，一绺白发闪亮如银丝，那长长凝视的眼神里，贮满了对中国以及对整个世界多少历史的回顾和瞻望！照片的左下角，浮雕般呈现一只洁白的细瓷茶杯，杯上一棵万古长青的苍松。总理胸前佩戴的毛主席像章上"为人民服务"五个金字灿然在目。整个画面是庄严的，肃穆的，安详的。感谢杰出的摄影艺术家给我们敬爱的总理留下永恒的画像！这幅艺术上造诣极高的摄影名作，捕捉了伟大人物不朽的一瞬间。

蓦地一阵暗香浮动，一年一度的漳州水仙花在春节时相继盛开。今年置于我室内的几盆水仙花分外繁茂。剔透玲珑的黄蕊白花，依偎着青葱的绿叶，在温馨的夜晚中静静飘着清香。这使我想起总理灵台前，那两盆端庄的水仙。玉洁冰清，纤尘不染。我永远不会忘记，两年前的春节前后，听说悼念总理逝世的电视纪录片立刻就要停止放映，我匆匆赶到市郊一个单位的礼堂去看最后一场。

那是一个阴冷的漆黑之夜。春寒料峭，风雨凄凄。在三部电视片连续放映中，两个多小时，人们经历了一生中最大的悲苦。低回的哀乐伴随着撕裂人心的呼唤，诉说不尽的怀念与哀思。泪水充满了哭泣的心灵。举行庄严的吊唁仪式时，在我们无限敬爱的总理遗体前，人面兽心的"四人帮"竟敢冒天下之大不韪，当众侮辱我们的好总理。丑恶的镜头推了出来。叛徒头上歪戴着帽子，真该有一根拐棍狠狠地把它打落在地！霎时，全场观众怒火万丈，黑暗中爆出连声咒骂和严厉的斥责。我心如火焚，却又觉得浑身一阵彻骨的寒冷。在那些沉闷的漫漫长夜，我真想大声呼喊，以减轻内心的压抑。两年前那个哀伤的春节犹在眼前，而猖獗一时的"四人帮"早已被历史的巨轮压得粉碎。多年来躲在阴暗角落里的妖魔鬼怪无不原形毕露。伟大的社会主义祖国如日东升，光芒万丈。

我默默地挑选了一盆开得最好的水仙花，呈献在总理遗像前。清清的水，碧绿的叶子，芬芳素馨的白花。总理生前也许喜欢这种纯洁的小白花吧。

钟响了。仅仅隔了几条街的那只大钟，敲起来的声音是很响的。而在春节夜，余音不绝的钟声则又显得很庄重。我打开收音机，电台播送贝多芬的传世之作《第五交响乐》，通常称之为《命运交响乐》。恩格斯高度赞誉这部壮丽的音乐作品。总理在世时，在一次音乐会上特意安排了这个演奏节目。这是一支战斗历程的颂歌。第一乐章以四个音符的乐句为先导，一开头就向黑暗挑战，出现了音乐史上有名的"命运叩门之声"。随着重复的叩门声，逐渐展开艰苦的探索。乐曲的主题不断加强。紧接着，管弦乐汹涌澎湃的巨浪由远而近，强有力的音响，宣告斗争已经开始。

有人叩门。我的年轻朋友恰好就在这时候来访。窗外的节日灯火照耀得如同白昼，并将斑驳的光影投入屋子里。总理遗像下的花影摇动，幽香四溢。贝多芬用生命谱写的音符时而升腾咆哮，时而低回不尽。无比强烈的旋律掀起撼天浪潮，反复冲击着人间的黑暗势力。受苦与希望交替出现。只有斗争！唯有斗争，才能达到胜利的彼岸。

我的朋友久久伫立在总理像前，有意无意把水仙花盆摆得更端正些。她说，她想起年前她到过闽西老区长汀。汀江穿城流过。水之滨，一座小楼。楼屋筑立在高高的石基上，昼夜俯临长流的江水。

难忘的历史小楼。风风雨雨数十载岁月如水流逝。总理住过四个月的楼屋至今犹在。一九三一年岁暮，毛主席的亲密战友周总理在上海主持中央军委工作，从黄浦江边坐船出发到汕头，在前往瑞金途中，来到长汀。这里是毛主席创建的中央苏区经济中心。总理到达后不久，一个冬夜，围着火红的炭盆，向干部们畅谈国内外形势，直至江上泛起青色的黎明。

翌年四月初，毛主席和朱老总同总理在一起，为开辟闽南的革命根据地，共同制定攻打漳州的军事部署。随后，毛主席和朱老总率领东路军，出师东征。总理留守长汀，统率一支庞大复杂的支前队伍，保证了漳州战役大获全胜。这江边小楼既是总理居住的地方，又是后方的最高指挥部。在那些战斗的夜晚，小楼上来往的人通宵达旦。多少个江上寒夜，总理留着胡子的面影，出现在烛光映照的楼窗前。

我的朋友说，每一次，她沿着江边慢慢走过，总举目眺望那砌在巨石上高高的小楼，出神地望着楼上紧闭的窗子。期待？想象？追思？都是，也不都完全是。她毕竟还不过二十多岁，理不完的万千思绪，真是说不清楚呵。

贝多芬的交响乐。奔放的热情渐渐转为温柔的低语，有若记忆的回声。严酷斗争中的短暂静息。感情更深沉了。内心的火花闪耀不已，信念是坚定的。向着光明的未来，回答胜利的召唤。战斗从未停止过。

照片中，总理坐在沙发上思索中国的命运，思索着人类最崇高的共产主义理想。是最后的照片，"最后的时刻"却也是永恒的时刻。

"那一次，我和总理坐在一起，就在他身边，两个多小时。"我的年轻的朋友悄声说。停停，她沉静地说下去："就像现在这样，总理坐在我旁边一张很大的沙发里。"

十一年前，一九六七年九月五日临近午夜时分。五个年仅十五六岁的男女学生，代表南方一个省里人数众多的"革命群众组织"，第一次走向人民大会堂一间小客厅。早一天，总理特意指定要接见这几个代表。几个入世未久的娃娃们，在警卫人员引领下，小客厅的门推开了。总理从沙发上迅速站起来，面色严峻，看看手里的一张名单，念着来访者的名字，逐一和大家握手。孩子们被邀请坐下来。我那个年轻朋友恰好紧紧靠着总理坐着的大沙发。那么贴近，疑是在梦中，做梦也没有想到同亲爱的总理那么贴近地坐在一起。总理仔细地倾听汇报，不断提问。总理为革命鞠躬尽瘁，日理万机，显然消瘦多了。真是不该让总理为一些"山头"操心呀。

总理说，你们是祖国的年轻一代，要警惕，在海防前线要特别警惕敌人的破坏，要严格区别两类不同性质的矛盾，要注意团结最广大的群众……

小客厅的窗帘严严地垂落在地上。长窗外是空阔的天安门广场。九月的北京夜空高极了，蓝极了。一眨眼，两个多小时过去了。临别时总理笑着对孩子们说，祝愿你们在大风大浪中锻炼成长。一席话，语重心长。大家尊敬地目送总理缓步出门，走向大理石走廊。

夜深了。从明亮的小客厅边门看出去，铺着厚厚地毯的大理石走廊上，灯光朦朦胧胧的。一片寂静。总理一个人渐渐远去……十多年来，这个伟大的背影始终长驻在一个女孩子的心灵深处。九月里那个秋夜，总理在人民大会堂幽深的长廊渐行渐远的背影，随着时光流逝，越来越清晰地在眼前浮现。

她双手掩着苍白的脸，垂下头来。一阵轻微的战栗流过她全身。她诉说着："那时我多么想要总理胸前佩戴的那枚'为人民服务'的毛主席像章。我不敢开口。不过我想，我还是带来了总理胸前那个纪念章，在我心里。"

她抬起头来，湿润的眼睛莹然发亮，深情地注视着墙上的总理遗像。含着泪，无声的告白，庄严的誓语，不尽欲言，不尽欲言啊！

邻近的一家电影院屋顶突然灯火通明，有如聚光灯照着总理栩栩如生的侧影。总理坐在那里，雍容慈祥，凝视远方。亭亭玉立的水仙花，供在总理像前，清香扑鼻。贝多芬的交响乐以雷霆万钧之势，轰然而上。华丽的长号吹响了。光明终于征服黑暗。正义战胜邪恶。进行曲高奏生命的凯歌，气象万千。欢呼吧，欢呼斗争的胜利吧！

曲终人未散。我和我的年轻朋友很久很久站在总理像前，默然无语。这个充满沉思和回忆的春节之夜快过去了，我们将去迎接一个阳光灿烂的明天，迎接未来征途上的光明岁月。

作家何为这篇散文写的是由周总理的一幅照片引起的沉思和回忆。周总理伟大而光辉的一生可写的材料是极其丰富的，"回忆"可以为脱缰之马自由驰骋，把众多有价值有意义的人和事聚拢在笔下。但作者未作这样的处理，因为一篇不长的文章难以容纳。作者着力选的材料是：一幅彩色照片，几盆飘香的水仙花，观看最后一场悼念总理逝世的电视纪录片的场景，贝多芬《第五交响乐》表现的战斗历程，闽西老区长汀历史小楼的风风雨雨，1967年9月5日总理在人民大会堂接见五个代表南方一个省里革命群众组织的男女学生的情景，房间外的景物，年轻朋友的来访，等等。为什么要选择这些看来似乎很零散的材料呢？其实，正是作者善剪会裁，"约而用之"的功力。

一幅彩色照片是作者文中所要表达的沉思遐想的引发物和附着物，也是总领全文的纲，不仅要选入，而且要详细描绘，诉之于读者的视觉，织入读者心中。画面背景色彩的凝重、高贵和深沉，浮雕般细瓷茶杯的洁白，杯上万古长青的苍松，簇拥着总理的不朽形象，也给总理颂歌定下了基调。

飘香的水仙花玉洁冰清，纤尘不染，是周总理高尚人格的写照。文中六写水仙花，有形有色，有香有韵，有眼前繁茂的水仙的实写，有回忆中总理灵台前水仙的虚写，精心裁镂，使幽香四溢，总理高洁品格永照人寰。

观看悼念总理逝世的电视纪录片的场景，是顺流而下的材料。由"最后的照像"想到"总理灵台前"的"端庄的水仙"，当然就极其自然地想到"电视纪录片"，倾吐对总理不尽的爱戴与哀思，对总理伟大人格的赞颂。选择有关场景材料，由个人的所思所感扩展到全场的共鸣，加深材料的寓意。

贝多芬《第五交响乐》的材料分散在文章的下半部分，依次在四个地方出现。首先是以四个音符的乐句为先导，叩击命运之门，向黑暗挑战；接着以无比强烈的旋律掀起撼天浪潮，反复冲击人间的黑暗势力；再接着是奔放的热情渐渐转为温柔的低语，是严酷斗争中的短暂静息；最后是以雷霆万钧之势，轰然而止，光明终于征服黑暗。音乐语言表现的艰苦的战斗历程正是总理革命征程的写照。正因为如此，该材料中又穿插着其他材料：

（1）恩格斯高度赞誉这部壮丽的音乐作品。

（2）在一次音乐会上，总理特意安排这个演奏节目。

（3）在乐曲表达受苦与希望交替时，插入年轻朋友述说长汀历史小楼的往事，展现总理与毛主席、朱老总开辟根据地的艰辛。

（4）在乐曲出现短暂静息时，插入11年前总理接见男女学生代表的情景，用语重心长的教诲，幽深长廊里渐行渐远的背影，展现总理信念坚定，从未停止过战斗。

（5）年轻朋友对总理胸前"为人民服务"纪念章的向往和领悟。

第三、四两个材料是对往事的回忆，颂扬总理以生命在战斗，第五个材料揭示旺盛斗志的源泉，而第一、二两个极简的材料表露对这部音乐作品的高度评价，从而有说服力地以此为总理生命凯歌的写照。

总起来说，文中主要的材料是周总理的照像、水仙花、贝多芬《第五交响乐》；由水仙花追述到观看电视纪录片的往事，由《第五交响乐》追述到长汀历史小楼和人民大会堂接见的两件往事。这些材料貌似零散，但组合得井然有序，鲜明地突出了文章的中心思想。总理是伟人，可歌颂的方面极多，但作者在本文要赞颂的是总理高洁的品格和与黑暗势力战斗不止的革命精神，因而精选了水仙花和贝多芬《第五交响乐》。写照毕竟是写照，必须有事实作为依托，故而追述了三件往事。围绕中心思想精心选材是特点之一。

特点之二是善于剪裁。照像虽详细描写，但并未面面俱到，突出的是总理的眼神、精神、衣着、手的姿势等虽在画面上展现，但都舍弃不说了。又如往事的回忆，开辟闽南的革命根据地错综复杂，但文中只取"历史小楼"这个"点"，突出总理在此从容指挥，保证战役获胜。至于怎样支前，怎样指挥，也都舍弃。因为不是具体地写斗争史，而是通过简述这件事，赞颂总理向黑暗势力冲锋的精神。再如午夜时分接见的情景，删除男女学生汇报的内容，总理提问的内容，突出伟大的背影和被接见者的感受。这样剪裁，以被接见者的心灵震动赞颂总理关怀未来、战斗不息的精神。

第三个特点是善于抓住照像、水仙花、《第五交响乐》等材料之间的内在联系，既将三者贯串全文，又交织起来写，达到深沉而优美的境地。

材料既诉之于视觉，又诉之于嗅觉，还诉之于听觉，眼前事与过去事穿插，窗外景和室内情映衬，作者确实是煞费苦心。

【习作评说】

小亭的思索

灰蒙蒙的天空下，空旷旷的小街口，一座古朴的小亭隐现在晨雾中，几角飞檐依稀可见，如几个小小的问号——它在思索吗？它在思索什么？

带着这种疑问，我询问了小亭旁一位儒生气十足的老者，才知小亭名叫"四望亭"，创建于明嘉靖年间，原名"文奎楼"，清雍正年间重修，名曰"魁星楼"。

"为什么现叫'四望亭'呢？"我兴致甚浓。

老者给我讲述了这样一段小亭历史：

清咸丰年间，太平军三下扬州，赶跑清军。太平军将士们以小亭作为瞭望台，监视驻扎在城外清军的动静。发现敌情，则在亭上吹角为号；战斗时，则在亭上击鼓助威。因而，大街小巷处处回响着这样的歌声："四望亭，三层阁，站在亭上探马脚。马脚到，吹角号，打得清军往回跑。"……

多么玄乎，多么遥远，但又千真万确，近在眼前。我不禁细细打量起眼前这既普通又不平凡，既缥缈又很真实的小亭来。

小亭位于古城扬州西门街东首。它是一座八面三级、砖木结构的楼阁式建筑；楼底层，于东西南北四面辟有拱门，每面与街道相连；楼的二三两层，周以窗栏格扇，建作挑角飞檐——很普通很普通的一座小亭！

为了亲身感受当年那血与火交织而成的情景，我举步踏入小亭。亭内阴暗、潮湿，给人以沉闷的感觉。内有一狭窄、破旧的木质楼梯。拾级而上，每踏一级，木梯便发生低沉、沙哑的"吱呀——吱呀——"的声音。它，是在为太平军将士的死难而啜泣，还是在为太平天国运动熊熊火焰的熄灭而叹息？

登上二楼，双手抚摸着当年太平军将士曾倚过的亭壁，双脚踏在当年太平军将士曾踏过的楼板上，恍惚间仿佛又听到了一百四十年前的声声号角、阵阵战鼓与"四望亭，三层阁，站在亭上探马脚……"的歌声，响彻天宇。

多么轰轰烈烈的太平天国运动！然而，最终却失败了。我不禁茫然。滚烫、殷红的鲜血曾在这里流淌；高贵、下贱的头颅曾在这里滚动！今天，却只留下几抔黄土，默默地埋葬了过去；只留下这座小亭，静静地作为历史的见证。哦，小亭，你这样无声地立着，是在嘲笑，是在惋惜，还是在沉思？

我也陷入深深的沉思。从太平天国运动，又想到辛亥革命。在漆黑的中国，多少中国人在苦苦寻求救国救民的道路，而最终，都没获得真正的胜利。为什么？为什么？

茫然无所得，心中越发沉闷了。推窗远眺，雾越发地浓了。天地茫茫，我也茫茫。然而，当我的目光向下移动时，我的心怦然而动了——我看到人群！顿时，我仿佛明白了。

人群，流动着，像一条川流不息的小河。它要流向哪里？它要去干什么？用无数双细嫩的与粗糙的手去垒起社会主义大厦，用无数双长满老茧与没有老茧的脚去踏出通向共产主义的道路。每个人，都是一滴小小的水，无数滴水便能汇成波浪滔天的河；每个人，都是一块小小的砖，无数块砖便能垒起击不倒的墙!

河,是的,一条伟大的河!牵着黄牛,推着小车,多少民众自愿组成送粮队,冒着生命危险把粮食送到前线——《大决战》中一个小小的镜头在我脑海中定格。这不是一条伟大的河吗?

墙,是的,一座伟大的墙!手挽着手,肩并着肩,多少人民自愿组成坚实的人墙,在激流中与洪水搏斗——抗洪救灾中一个小小的场面在我眼前晃动。这不是一座伟大的墙吗?

"一条伟大的河!一座伟大的墙!"我默默地念着,渐渐悟出了古人的哲理:

孔子曰:"道千乘之国,敬事而信,节用而爱人,使民以时。"

《大学》上说:"道得众,则得国;失众,则失国。"

唐太宗曰:"水,能载舟,亦能覆舟。"

太平天国后期,领导者争权夺利,大兴土木,扩大了等级制度,脱离群众,太平天国就成了无本之木,怎能不枯萎?辛亥革命,革命者没有积极向人民群众宣传革命,寻求他们支援。鲁迅的《药》不正是反映了这一情况吗?辛亥革命,无源之水,怎能不断流?

雾散了,一轮红日冉冉升起。我心中的迷雾也渐渐散去。中国,是人民的中国。只要她保持这一本质,何愁不能像这红日一样喷薄而出?

在这冉冉升起的红日里,在这川流不息的人群中,小亭静静地思索着……

陈 琳

这篇习作主题思想有深度，在材料的选择与剪裁方面很有特色。

"思索"是从"小亭"生发开来的，要写好这篇文章，须解答下列诸多问题：什么样的小亭？坐落在何处？为何能思索？思索些什么？仅仅是小亭思索吗？与习作者的关系如何？通过小亭的思索究竟想说明什么问题？选择哪些材料才能表达写作的意图？怎样使用这些材料才能把写作意图表达得鲜明、突出？……

从文章看，习作者是经过认真思考的。

文章即景生情，借物抒怀。眼前的景物就是"小亭"。于是围绕小亭选择材料。一是小亭的位置与构造，二是小亭的沿革与历史。这些材料是写好这篇文章的必备条件，如果省略或交代不清楚，思索就缺乏依据，飘在空中。

上述材料的使用十分讲究。一是注意剪裁，沿革仅作简单的介绍，而小亭的历史具体翔实。二是材料从亲身感受角度加以发展、丰富，比一开始和盘托出有深度、有感染力。从亲身感受角度写太平军将士血与火交织的情景，赋予小亭不尽的情意。

由小亭的沉思，引出习作者的沉思，进而扩展材料。从太平天国运动，扩展到辛亥革命，扩展到垒社会主义大厦的人群，追述《大决战》中支前的镜头，抗洪救灾中的人墙，引用古人三条富于哲理的治国名言，一系列寓含深意的材料伴随着语言倾泻而下，步步进逼，揭示文章的主旨。

材料的选择与剪裁紧紧扣住文章的主旨和中心思想。得民心就得天下，失民心就失天下，这是被无数历史事实所证实的真理。如此又大又深刻的主题要表达得具体鲜明十分不易。

首先是"点"选得恰当。小亭作为表达情意的"点"，角度小，容易生发。从"依稀可见"的"挑角飞檐"入笔，以比喻引路，引出文笔可上下游动、纵横千万里的"思索"。"思索"用得极其精当，给材料的选择和剪裁开拓了广阔的天地。

着力选用的材料是太平天国的兴与衰，而兴与衰的材料又经过严格剪裁，紧紧扣住小亭的作用、小亭的结构、小亭的变化进行筛选，大胆舍弃太平天国由兴盛而衰亡的具体事实。一叶知秋，这样精心剪裁、镂刻，太平天国兴衰情况如在眼前，小亭确实发挥了历史见证的作用。

辛亥革命的材料承接太平天国运动失败而来，侧重点在寻找没获得真正胜利的原因，是从小亭思索引发出来的，目的在提出问题，材料无须铺展。

前两个材料虽用来表达得民心得天下，失民心失天下，但侧重于失民心失天下；后三个材料，由流动着的人群，派生出《大决战》中支前的镜头和抗洪救灾的人墙，则侧重于得民心得天下。前后构成鲜明的对比，写作主旨也就从材料的运用中透露。

中心思想之所以鲜明、突出，得借助两个做法：

一是以议论穿针引线，把所选材料层次井然地组合起来，并揭示材料富含的深意。

二是引用古人名言的材料强化文章的中心思想。"道千乘之国，敬事而信，节用而爱人，使民以时。"这是从《论语·学而》中引来的孔子的话，意思是：治理具有一千辆兵车的国家，就要严肃认真地对待工作，信实无欺，节约费用，爱人，去役使老百姓要按一定的时间。引述这个材料与太平天国后期争权夺利、大兴土木、脱离群众，故而衰败的史实相呼应。"道得众，则得国；失众，则失国"引自四书中的《大学》，意思是：得到民众的心，就能得到整个国家；失掉民众的心，就会失掉整个国家。引用这个材料，既对前文所用的材料进行总结，又挑明了文章的主旨。"水，能载舟，亦能覆舟。"引自唐太宗的话，原始出处是《荀子·王制》。意思是：君主好像是船，百姓好像是水。水能使船安稳地行驶，水也能使船倾覆沉没。习作者引唐太宗的话，突出水载舟与覆舟的正反作用，是完全吻合这篇习作的寓意的。习作者引用材料的态度严肃，无任何差错；而且，三个材料的含义层层深入，不是随意拿来，罗列堆砌。一名高中二年级的学生能如此用心思选材，是难能可贵的。

【要语一束】

材料积累和材料选用之间的关系是"博观而约取，厚积而薄发"。

　　选用材料、剪裁材料的标尺是文章的中心思想，与中心思想关系不密切或无关系的材料，即使材料本身有价值有意义，也要坚决舍弃。

　　材料应是最典型、最有代表性、最能反映事物本质的，选入文章，能鲜明地表达主题，起以少胜多、以一当十的作用。

　　材料应新颖，有时代气息，能醒人耳目；用别人熟知的材料，力求推出新意。

　　选用材料有三戒：戒虚假，戒芜杂，戒差错。剪裁时须用心思裁云镂月，截取最精要、最精彩的部分。

五
上下求索，神游八荒
——让思想插上双翅

写作时，课堂上常发生这样的情况：有的学生文思枯竭，三言两语就把要说的倾倒完了，干干瘪瘪；有的学生却思绪绵绵，脑子里如有活水，或潺潺流淌，或波澜起伏，笔下洋洋洒洒。究其原因，与写作材料充足与否当然有密切关系，然而，切不可忽视另一重要因素，即想象力发挥得如何。

根据近代脑生理的研究，人的大脑可分为四个功能部位，即感受部位、判断部位、储存部位和想象部位。就多数人而言，前三个部位注意开发，想象部位比较忽视。据研究测试，一般人只用了自身想象力的15%，潜力很大。学写作，就要重视想象力的发展。人们说，科学是从想象开始的，如果人们不幻想能像鸟一样飞，像鱼一样游，哪来今日的飞机、潜艇？写文章也一样，发挥想象力，让思想插上双翅飞翔，就能上下求索，神游八荒，获得十分丰富的写作材料。

【文心絮语】

想象在写作中的重要作用，古人曾有许多精辟的论述。如陆机《文赋》中"其始也，皆收视反听，耽思傍讯，精骛八极，心游万仞……观古今于须臾，抚四海于一瞬"，意思是：开始写文章，往往是集中视线，不听其他，深入思考，广泛采集，心神可以飞驰在八方最远之处，遨游到极高极高的地方。运用想象于一瞬间就能观察到古今，奔驰于四海。又如刘勰《文心雕龙·神思》中"文之思也，其神远矣，故寂然凝虑，思接千载；悄焉动容，视通万里"，是说写文章要展开想象，想得很远很远，静静地专心思考，就会联想到千年的人与事；容颜隐隐地有所变化时，思路已扩展到万里以外了。从两段引述的文字中，我们可清楚地体会到想象的巨大功能。人坐在屋内握笔，心神可在天地之间任意遨游，贯通古今，横越四海，突破时间和空间的界限，开辟了十分广阔的内心世界，也开发了无穷无尽的新鲜乃至奇特的写作材料。

想象应选择不定向的、跳跃式的、自由自在的方式，也就是浮想联翩，不受限制地思考。一般地说，人们思考问题常常是按一定的常规、一定的角度进行，思维的范围比较窄，而想象却不是按部就班地思考，是不受任何拘束放开来想，思维充分发散。思维发散，头脑中就能形成许多从来没见过的事物形象，创造出前所未有的新形象。战国时期楚国伟大诗人屈原在写作中发挥想象的能力，无与伦比，令人叹为观止。

《天问》是一首长诗，在这首诗里，屈原一口气对天文、地理、人事等各方面提出一百七十几个问题，构思新颖，想象极其丰富，可说是篇奇文。摘录天文部分中某一些问题剖析，就可窥见开展想象的全貌。

（译文）

老天共有九层，
是谁经营测量的？
这个样子有什么用处？
是谁最早动手兴建的？
轮毂上的绳子拴在何处？
天的极顶又安装在哪儿？
八根擎天柱如何顶住？
地的东南角何以倾塌？
九重天的边缘延伸到何方？
它依托连接在什么东西上？

> 天边有多少的弯曲和角落,
> 谁能算清楚这笔账?
> 天在何处与地相合?
> 十二区如何划分?
> 日月附在什么东西的上面?
> 星宿何以陈列得错落有致?
> 太阳早上从汤谷出来,
> 晚上停宿在蒙汜;
> 从天明到天黑,
> 它要走多少里路?
> 月亮有什么本领,
> 死后又能再生?
> 顾兔生在肚子里,
> 对它有什么用处?

一连串问题如水银泻地,一发而不可收。从天有九层想到是谁经营、谁测量、谁兴建,究竟建造了有什么用处;想到宇宙像个旋转的车轮,车轮中心上的绳子拴在什么地方呢;想到天的最高处安装在哪儿,八根柱子又怎么顶住它呢;想到地的东南角为什么会倾塌,天的边缘究竟延伸到什么地方,依托什么,连接在什么东西上;想到天边究竟有多少弯曲和角落,这笔账谁能算清楚;想到天和地究竟在什么地方相连接,天上星宿十二个区究竟是怎样划分的;想到太阳、月亮究竟附着在什么东西上,而星宿又为什么在天上摆布得那么错落有致;太阳早出晚归,究竟一天走多少路;月亮死而复生,究竟靠什么本领,兔子(顾兔:据闻一多说,即蟾蜍)生在月亮肚子里,对月亮究竟有什么用处呢。真是一会儿天,一会儿地,一会儿日月,一会儿星辰,就在这跳跃式的思想自由驰骋中,展现了作者无穷的智慧和奇特而绚烂的画卷。难怪黑格尔说:"如果谈到本领,最杰出的艺术本领,就是想象。"

想象不是胡思乱想,要有实实在在的内容。想象的内容来自现实生活，想象是以生活和知识为基础的。如上面引述的"地的东南角何以倾塌"就根源于生活，因为我国地貌状况是西北高，东南低，大河大江由西流向东南，最后归入大海。又如"十二区如何划分"，也不是凭空而来，因为古代天文学家把天上星宿方位划为十二个大区。有这方面知识作基础，一触即发，问题就从脑中蹦跳出来。其实，上面所提出的寓含了众多神话传说的资料，是有坚实的生活与知识基础的。

孙悟空三打白骨精的故事无人不知，生活中有猴子、猪猡，《西游记》作者吴承恩发挥想象，就创造出孙悟空、猪八戒等形象；生活中有正气，有邪恶，而邪恶总是诡计多端，变换出种种伪善面目欺骗善良，源于对生活的深刻认识与理解，于是创造出白骨精的丑恶形象，创造出孙悟空以变化多端的神力与屡施诡计的妖精反复斗争的故事，以巨大的艺术魅力吸引千千万万读者。

写作中开展想象要善于捉住"触发点"。"触发点"常常是眼前的实景，即眼前的人、事、景、物。"触发点"选得好，想象的阀门打开，就如同童话中的魔棒一样，脑中会闪现出许多奇妙的事物，许多生动的形象。郭沫若的《天上的街市》是一首抒情小诗，想象丰富，具有童话色彩。这首诗的想象的"触发点"就是"街灯"，由眼前的实景"街灯"想到天上的"明星"，再由天上的"明星"想象开去，创造出天上街市的美景。人间、天上，回环互比，由于想象这面折光镜的作用，诗闪发出比现实更为奇幻的光辉。

莫奈是法国19世纪著名的印象派画家，他画的伦敦威斯敏斯特教堂这幅画十分有名。画上，教堂掩映在雾中，轮廓隐约可见，而雾是紫红色的。有人看了这幅画，思想立即在历史长河中纵横，是什么缘故呢？原来是画上紫红色的雾触发了他。紫红色的雾就是他展开想象的"触发点"，由此他想到伦敦环境有污染，环境污染伴随着17世纪英国工业革命而产生。通常雾是灰蒙蒙的，画上却是紫红色的，这一反常规的色彩具有新奇性、刺激性，而具有新奇性、刺激性的事物最能激发想象力，是比较理想的想象"触发点"。

谈到想象，人们常常想到联想，甚至把二者混为一谈。想象和联想既有联系，又有区别。二者都是思索，而且从由此及彼开始，但联想基本在由此及彼的轨道上运行，如由井冈山的竹子联想到老乡冒生命危险冲过白匪封锁线用小竹筒给山上红军战士送饭的情景，联想到毛委员和朱军长用毛竹做的扁担带领队伍下山挑粮食的情景，联想到红军北上抗日去了，井冈山的毛竹同井冈山人一样坚贞不屈，野火烧不尽，春风吹又生，而且联想的材料都是已经有的生活经验，所以联想是已有生活经验的组合。想象是在已有生活经验的基础上进行新的创造，构成新的形象，而且是多向性的思维，不定向的，跳跃式的。如李白的《梦游天姥吟留别》写诗人在梦中漫游仙界时，忽而飞渡镜湖，月照我影；忽而身登云梯，天鸡啼鸣；在千岩万转中迷花倚石，闻熊咆龙吟，见电霹山崩；在恍惚间见云里的神仙纷纷而降。众多的形象纷至沓来，都是天马行空的想象所创造。当然，任何想象都不是凭空产生的，不可能无中生有；构成新形象的一切材料都来自生活，来自过去的经验，不过，经过了加工改造。有人说，联想是想象的基础，想象是联想的升华，这是有道理的。

梦也是一种想象，组成梦境的素材仍然是感知过的，上述李白的诗已证明。幻想是对未来的想象，同样源于生活，科幻小说就是以文学体裁来对未来科学的预测。

对青少年学生来说，爱思、多思，对未知世界充满好奇心，对知识渴求，都能激发丰富的想象力，想象力越丰富，写出来的文章越能闪发光彩。

【佳作借鉴】

好的故事

灯火渐渐地缩小了，在预告石油的已经不多；石油又不是老牌，早熏得灯罩昏暗。鞭爆的繁响在四近，烟草的烟雾在身边：是昏沉的夜。

我闭了眼睛，向后一仰，靠在椅背上；捏着

《初学记》的手搁在膝髁上。

我在蒙胧中，看见一个好的故事。

这故事很美丽，幽雅，有趣。许多美的人和美的事，错综起来像一天云锦，而且万颗奔星似的飞动着，同时又展开去，以至于无穷。

我仿佛记得曾坐小船经过山阴道，两岸边的乌桕，新禾，野花，鸡，狗，丛树和枯树，茅屋，塔，伽蓝，农夫和村妇，村女，晒着的衣裳，和尚，蓑笠，天，云，竹……都倒影在澄碧的小河中，随着每一打桨，各各夹带了闪烁的日光，并水里的萍藻游鱼，一同荡漾。诸影诸物，无不解散，而且摇动，扩大，互相融和；刚一融和，却又退缩，复近于原形。边缘都参差如夏云头，镶着日光，发出水银色焰。凡是我所经过的河，都是如此。

现在我所见的故事也如此。水中的青天的底子，一切事物统在上面交错，织成一篇，永是生动，永是展开，我看不见这一篇的结束。

河边枯柳树下的几株瘦削的一丈红，该是村女种的罢。大红花和斑红花，都在水里面浮动，忽而碎散，拉长了，缕缕的胭脂水，然而没有晕。茅屋，狗，塔，村女，云……也都浮动着。大红花一朵朵全被拉长了，这时是泼剌奔迸的红锦带。带织入狗中，狗织入白云中，白云织入村女中……在一瞬间，他们又退缩了。但斑红花影也已碎散，伸长，就要织进塔，村女，狗，茅屋，云里去。

现在我所见的故事清楚起来了，美丽，幽雅，有趣，而且分明。青天上面，有无数美的人和美的事，我一一看见，一一知道。

> 我就要凝视他们……
>
> 我正要凝视他们时,骤然一惊,睁开眼,云锦也被皱蹙,凌乱,仿佛有谁掷一块大石下河水中,水波陡然起立,将整篇的影子撕成片片了。我无意识地赶忙捏住几乎坠地的《初学记》,眼前还剩着几点虹霓色的碎影。
>
> 我真爱这一篇好的故事,趁碎影还在,我要追回他,完成他,留下他。我抛了书,欠身伸手去取笔,——何尝有一丝碎影,只见昏暗的灯光,我不在小船里了。
>
> 但我总记得见过这一篇好的故事,在昏沉的夜……

这是鲁迅先生的名篇之一,写于 1925 年 2 月 24 日。作者处于"昏沉的夜","石油"(点灯用的煤油)已经不多,身边缭绕着烟草的烟雾,而思想却长着翅膀飞翔,"看见一个好的故事"。

"很美丽,幽雅,有趣",是想象中故事的总貌,怎么美丽,怎么幽雅,怎么有趣呢?于是出现了众多美的形象——美的人美的事编织成的云锦,像万颗奔星般飞动,飞到遥远的地方,以至于无穷。想得自由自在,一下子把视野扩展到无穷尽。

思想跳跃,由天而地,坐小船经山阴道,于是,"乌桕""新禾""野花""鸡""狗"……一二十种形象次第展现,接着,这些形象又都倒影在小河中,诸影诸物解散、摇动、融和、退缩,复近于原形。日光,水光,闪烁晃动,诸物由静而动,由动而静,千变万化,美不胜收。

由过去所见,又一跃而写现在所见,同样是美不胜收。一切事物交织成一篇,永是生动,永是展开,而且色彩斑斓。青的天,大红花和斑红花拉长为缕缕的胭脂水,拉成的红色锦绣带织入狗中,狗织入白云中,白云织入村女中,斑红花影织进塔、村女、狗、茅屋、云里,而这一切又是发生在水中,是从水里看到的人世间的云锦,真是奇思妙想，令人神往。

两幅美景构成了一个好的故事，而这故事中的人、事、景、物都似曾相识，不过是进行了加工，进行了新的组合，创造了前所未有的绚丽的新形象。新形象不是无中生有，是以生活为基础的。

想象的内容与眼前的实景要注意衔接，要衔接得自然、巧妙，不能脱钩脱节。也就是说，要注意由眼前景渡到想象景，"渡过去"，又要注意由想象景渡回眼前景，即"渡过来"，如果不渡过来，文章就会像断了线的风筝乱飞无主了。《好的故事》在衔接过渡方面很精彩。身处昏沉的夜，展开美好的想象，是"闭了眼睛""蒙胧中"开始的；被无数美的人和美的事深深吸引，正要凝视他们时，"骤然一惊"，"睁开眼"，云锦皱蹙，整篇的影子撒成片片。衔接得十分自然。尤其值得称道的是睁开眼苏醒以后还要寻梦境，趁"几点虹霓色的碎影"还在，要追回他，完成他，留下他，然而抛书取笔时，才知何尝有一丝碎影，只有昏暗的灯光。以昏沉的夜开篇，以昏沉的夜结束，基调是悲苦的，这是现实；然而想象中的世界是绚丽多彩的，令人向往的，在强烈的反差中寄寓了作者深沉的思想和无限的感慨。

鲁迅生活的时代早已过去，但他在诗文中发挥想象作用的做法在当代文学作品中仍屡见不鲜。且不说许多名著，就是作家席慕蓉的一篇短文，也可看出想象在作品中的重要功能。

贝壳

在海边，我捡起了一枚小小的贝壳。

贝壳很小，却非常坚硬和精致。回旋的花纹中间有着色泽或深或浅的小点，如果仔细观察的话，在每一个小点周围又有着自成一圈的复杂图样。怪不得古时候的人要用贝壳来做钱币，在我手心里躺着的实在是一件艺术品，是舍不得拿去和别人交换的宝贝啊！

在海边捡起这一枚贝壳的时候，里面曾经居住过的小小柔软的肉体早已死去，在阳光、沙粒和海浪的淘洗之下，贝壳中生命所留下来的痕迹已经完全消失了。但是，为了这样一个短暂和细小的生命，为了这样一个脆弱和卑微的生命，上苍给它制作出来的居所却有多精致、多仔细、多么地一丝不苟呢？

比起贝壳里的生命来，我在这世间能停留的时间和空间是不是更长和更多一点呢？是不是也应该用我的能力来把我所能做到的事情做得更精致、更仔细、更加地一丝不苟呢？

请让我也能留下一些令人珍惜、令人惊叹的东西来吧。

在千年之后，也许也会有人对我留下的痕迹反复观看，反复把玩，并且会忍不住轻轻地叹息："这是一颗怎样固执又怎样简单的心啊！"

这篇短文寥寥几百字，写的是极其普遍的自然小景，然而却新气扑鼻，启人深思。对贝壳的精细描写固然有特色，而使文章大为增彩不同凡响之处，却是想象的开展。上苍给短暂和细小、脆弱和卑微的生命制作出来的居所多么精致、多么仔细、多么一丝不苟，联想到与贝壳的生命比，自己在世间停留的时间更长，空间更多，能做到的事应做得更精致、更仔细、更加一丝不苟。文章至此，对生活的积极进取态度已有所表现，但这样表达毕竟一般化，比较平面，缺乏深度。就在此时，作者的思想突然腾飞，腾飞到千年之后可能出现的情景，两个"反复"，一个"叹息"，就把一颗固执而简单的心生动地捧到了读者的面前。与"精致""仔细""一丝不苟"比，思想升华了，意味隽永了。

想象的"线头"是怎样拉开的呢？"触发点"就是一枚小小的贝壳，尤其是它精致的花纹、复杂的图样。面对着它，仔细观察，认真感受，深入思考，思想就离开眼前景展翅翱翔。

【习作评说】

觅

测验的日子越来越近了，可是脑子却专横地不许我接触书本。窗外的雨下个不停，教人心烦。我一丝劲儿也提不起，只好伏在案上，闭上眼睛……

不一会儿，灵魂好像离开了我的躯壳，飘啊，飘啊，飘到一个不知名的地方。

我伫立观望，只见村屋寥寥可数，阡陌整齐地把田地分割开来。农民背着太阳，把着耙子在犁地。老人在屋前的小园剪草栽花，畜栏中的鸭子和绵羊在相互嬉戏，好一幅农家乐的美景。温暖充盈在空气中，把我这孤单的人也感染了。

小溪波明如镜，水流渗出了一股清凉。清新的空气，不禁使我贪婪地吮吸起来。微风又把花香阵阵传送，我感到无比舒畅。偶尔捡起一块泥土，也是芳香扑鼻。我感到身上的每一个毛孔都在享受着大自然释放的芬芳，像吃了灵丹妙药似的，全身十分受用。

我走进绿林，林里一棵棵树木上挂着累累的果实。我随手摘下数颗，放在怀中珍藏。

穿过绿林，我一口气爬上山坡，轻轻躺下，一边欣赏天地交接的壮观，一边欣赏云儿的变幻，奇趣无穷。

太阳在山坡后若隐若现，把彩霞衬托得更为绚丽。它们争妍斗丽，美不胜收。彩霞构成的图案是世界上最和谐最自然的，彩霞的颜色也是世界上最美丽最绚烂的。

"夕阳无限好，只是近黄昏。"黑夜从四周静悄悄地压过来，大自然依然弥漫着令人陶醉的气息。我虽没有床和褥，但田野为床，星空为被，榕树根为枕，足以使我安然入梦。

突然，一阵风刮来，把我吹醒。啊！身边的美景已无影无踪，我又返回到现实的繁华世界。

雨点把我的书本沾湿了，我把窗子关上。这一关，虽标志着梦中旅程的结束，但毕竟寻觅到向往已久的美妙世界。

我振奋精神，专心致志地复习功课。

陈淑华

这是一篇中学低年级学生的习作，内容是寻觅美妙理想的世界。作者寻觅的理想世界是风景优美的农家乐的清凉世界。

发挥想象，在头脑中开辟广阔的天地，是本文的明显特点。作者神游不知名的地方，看田舍风光，观小溪流水，嗅空气中芬芳，摘果实珍藏，赏天地交接的壮观、云儿变幻的奇趣，一个个具体、生动的形象纷至沓来，构成了美丽的画面，表达了喜悦的心情。

想象不受时间、空间的限制。文章从白天的欣赏自然风光写到夜晚的安然入睡，时间跨度大；由村落而小溪，而绿林，而山坡，而天地为被褥，空间不断转换。事实是：作者身在小屋，纹丝不动。很显然，想象比观察、感受更能扩展取材的领域。想象是以生活和知识为基础的，如果作者平时对田园风光不注意观察，不具备有关的知识，不管怎么想，也想象不出文中的众多形象，当然也不可能选择它们作为写作材料。

文中注意了想象景与实景的衔接。开头用"伏在案上，闭上眼睛"过渡到神游大自然；思想张开双翅翱翔后，又要妥帖地收回。

结尾用风把自己吹醒，返回现实，目的就在于把梦境和实境衔接起来。

用梦境表现奇思幻想是文中展开想象的常用方法，但不用梦境同样可以充分想象，神话、传说、童话等，想象色彩都无比浓郁，许多真知灼见都是通过精彩纷呈的新形象表达出来的。文学作品如此，一般习作也可向这方面努力。下面是一篇习作：

假如我是一个可以同时生活在人间、仙境和地狱的人，那就好了，因为可以在不同的世界生活，看看不同世界的事物。

在人间可以过着繁荣、热闹的生活，可以结交不同个性的人，可以去许多地方游览，又可以有很多消遣，例如：逛街、看电影、游泳、旅行等，自由自在。

当烦恼时，可以到仙境，那里不会有烦恼，生活宁静安逸，所以人也特别快乐。

当自己想做坏事时，可以到地狱看看，看那些做了坏事的人，死后要受到怎样痛苦的惩罚，警惕自己不要这样去做，否则就会遭受同样的痛苦。

当然，这些地方也有各自的缺点。在人间，虽然可过着多姿多彩的生活，但是和人相处久了，不免会发生摩擦，会弄得自己很不开心。在仙境住久了，慢慢会因为太安逸而感到厌倦。在地狱，虽然可警惕自己，但目睹那种恐怖场景，心中十分恐惧。所以，住在哪处都有缺点。

我更希望有一处地方能汇集它们三处的优点，三处的优点是——繁荣、安宁、有警惕性。虽则繁荣，但不会有斗争；虽则安宁，但不会令人感到沉闷；虽则有警惕性，但不会令人惊慌。我想这样的地方会十分难找，因为没有一处地方是十全十美的。

人间、仙境和地狱，如真的要我选择，我当然会选人间，因为我居住在人间已十多年，对这里的环境已经适应。

不过以上只是一些幻想，我们应该要面对现实，不要只追求幻想，应当珍惜求学时光，勤奋学习，努力实现自己美好的理想。

戴恩霞

这篇习作是香港一名中学生所写。《假如我是……》是近几年流行的作文题，这一类作文题给习作者自由思考的余地很大，习作者能充分发挥想象，超越自身的条件，超越时空的限制，写出动人的文章。

常见的《假如我是……》，往往是把自己调换一个位置，或是教师，或是医生，或是营业员，等等，总是在人间，在地球上。这篇习作与众不同，习作者大胆想象，把自己设想为可以遨游于人间、仙境和地狱的人。既体会到这三处的特点，又看到它们的不足；既放开来大胆幻想，又收束到面对现实，落脚在及时努力的基点上，不落窠臼，给人以新鲜感。

文章一起笔就引人注目。"一个可以同时生活在人间、仙境和地狱的人"，这明明不可能，但加上了假设的前提，这句话就无可置辩地站立起来，文章由此而展开。

习作者用三段文字简述人间、仙境和地狱各自的优点和缺点，除对人间生活有粗浅感受外，仙境与地狱的情况纯属想象所得。习作者上赴仙境，下入地狱，为文章蒙上奇异的色彩。

"选择"是从幻想回到现实的关键词，想象的翅膀收缩得比较巧妙。

文章结尾拖沓无力，与全文思维的活跃情况大不协调。

【要语一束】

广泛的取材来自作者丰富的想象。作者的思想插上双翅在天地之间遨游，就能创造出一个又一个美丽生动的形象。

想象不是胡思乱想，想象的内容来自现实生活，生活和知识是想象的基础。

要善于选择想象的"触发点"，从眼前的所见所闻出发，拉开想象的线头，"思接千载""视通万里"，浮想联翩。

眼前的实景与想象中的虚景要注意过渡、衔接，既巧妙地渡过去，又妥帖地渡过来。

想象和联想有联系，又有区别。联想基本在由此及彼的轨道上运行，而想象是不定向的、跳跃式的、自由自在的。联想是想象的基础，想象是联想的升华。

想象力的提高靠生活材料的积累、知识的储存与运用，以及想象的训练。

六
情真意切，语重心长
——用真情浇铸

"起来，不愿做奴隶的人们，把我们的血肉，筑成我们新的长城……"每当唱国歌时，我们就热血沸腾，热爱祖国的感情充盈胸际。半个多世纪以来，这首歌教育和动员了亿万人民，抗击侵略者，建设新中国。为什么它有如此惊人的号召力和巨大的凝聚力？那是因为词、曲的作者田汉与聂耳对日本侵略者满腔愤恨，对祖国对人民满腔深情；词、曲是内心情感的喷射，是用真情浇铸而成。

"感人心者，莫先乎情。"没有情，就没有感动人的诗，没有感动人的歌，同样，也就写不出好文章。文章不是无情物，任何一篇佳作都是作者情动于中的产物。

【文心絮语】

文章是客观事物的反映。写作的人要反映大千世界中纷繁的客观事物，必然在观察、感受、思考的基础上有自己鲜明的态度。或爱，或恨，或悲，或喜，或赞扬，或批评，或同情，或厌恶……把这些用文字真实地表达出来，就是有真情实感的文章。这样的文章就有生命力，就能引起读者的共鸣。

情要真。虚情假意犹如剪刻的纸花，没有生命的活力。情真意切的文章，流传千古仍能熠熠发光彩。诸葛亮的《出师表》就是语重心长、真挚感人的典范。后主刘禅昏暗不明，诸葛亮出师之前上奏表要后主实行明智治国，有所作为。从分析形势到进言劝谏，到出师明志，到临别寄情，全文六百余字，句句恳切，字字真诚，感人至深。

"亲贤臣，远小人，此先汉所以兴隆也；亲小人，远贤臣，此后汉所以倾颓也。先帝在时，每与臣论此事，未尝不叹息痛恨于桓、灵也。侍中、尚书、长史、参军，此悉贞良死节之臣，愿陛下亲之信之，则汉室之隆，可计日而待也。"作为刘备临崩托孤的老臣，对受托辅助的幼主激励、启发，期望之殷殷，情意之恳切，在字里行间洋溢。前人说，读《出师表》而不流泪的不是忠臣，可见"情"在文章中的重要作用。

这是大而言之，就国事来谈"情"；小而言之，乡情、亲情、师情、友情等，无不如此。白居易说："根情，苗言，华声，实义。""根情"，"情"是文章的根本，是写文章的基本要求，作者内心有饱满的感情，由衷地倾吐，笔端就会情满青山，情满大海。香港作家黄河浪在《故乡的榕树》一文中饱含的游子思乡之情十分感人。久居异乡的作者围绕故乡的榕树描述有关的人和事、景和情，抒发了长期积蓄在心头的怀念、眷恋故乡的深情。特别是：

> 苍苍的榕树啊，用怎样的魔力把全村的人召集到膝下？不是动听的言语，也不是诱惑的微笑，只是默默地张开温柔的翅膀，在风雨中为他们遮挡，在炎热中给他们阴凉，以无限的爱心庇护着劳苦而淳朴的人们。
>
> ……
>
> "爸爸，爸爸，再给我做几个哨笛。"不知什么时候，小儿子也摘了一把榕树叶子，递到我面前，于是我又一叶一叶卷起来给他吹。那忽高忽低、时远时近的哨音，弥漫成一片浓浓的乡愁，笼罩在我的周围。故乡的亲切的榕树啊，我是在你绿荫的怀抱中长大的，如果你有知觉，会知道我在这遥远的异乡怀念着你吗？如果你有思想，你会像慈母一样，思念我这漂泊天涯的游子吗？

从这两段文字中，我们能清晰地感受到作者的思乡恋情如潮水一般往笔端涌。先是竭力赞颂苍苍榕树对故乡人的爱心和功绩，把"默默地张开温柔的翅膀"的形象展现在读者的眼前，赞的是苍苍榕树，寓含的是思乡情意。乡思、乡情、乡恋，只靠榕树还难以承担，于是借哨音进一步倾注，进一步渲染。哨音由榕树叶子派生而出，而恋乡之情的种子也就随着哨音的飘扬播种到下一代的心中，情往纵深发展。怎样才能尽情地吐露衷肠呢？作者对榕树细语，巧妙在不是对榕树抒思念之情，而是设想树有情有意，既像慈母一样思念天涯游子，又知道天涯游子思念母亲。游子恋故乡，故乡思游子，心心相印，眷恋故土的感情推向高潮。

有些文章语言平实，但寓含的情意非常深厚，认真咀嚼，意味无穷。毛泽东1937年1月30日给徐特立的信，一开始就浸透了真挚的师生情谊。信上说："你是我二十年前的先生，你现在仍然是我的先生，你将来必定还是我的先生。"毛泽东是中国人民的伟大领袖，对教过自己的老师尊重、敬佩的深情，通过极其朴实而深沉的语言表露出来，具有广大而深远的教育意义。

感情的抒发有种种不同的方式，有直接倾吐，有间接表达。采取什么方式，由写作内容和写作目的决定。

直接倾吐是作者胸中激情难以遏制，直接从心底喷涌而出。采用这种方式，往往是感情极度强烈，不抒发难以平抑胸中的波涛。闻一多《最后一次讲演》就是如此，如岩浆迸发，愤怒的火焰直射国民党反动派。现摘引两段来看：

> 这几天，大家晓得，在昆明出现了历史上最卑劣最无耻的事情！李先生究竟犯了什么罪，竟遭此毒手？他只不过用笔写写文章，用嘴说说话，而他所写的，所说的，都无非是一个没有失掉良心的中国人的话！大家都有一支笔，有一张嘴，有什么理由拿出来讲啊！有事实拿出来说啊！（闻先生声音激动了）为什么要打要杀，而且又不敢光明正大地来打来杀，而偷偷摸摸地来暗杀！（鼓

掌）这成什么话？（鼓掌）

今天，这里有没有特务？你站出来！是好汉的站出来！你出来讲！凭什么要杀死李先生？（厉声，热烈地鼓掌）杀死了人，又不敢承认，还要诬蔑人，说什么"桃色事件"，说什么共产党杀共产党，无耻啊！无耻啊！（热烈地鼓掌）这是某集团的无耻，恰是李先生的光荣！李先生在昆明被杀，是李先生留给昆明的光荣！也是昆明人的光荣！（鼓掌）

这两段话句句铿锵，掷地有声，是因为发自讲演者的肺腑，是因为爱国心的驱使，是因为对反动派刽子手极端的愤恨。正是有凛然的正气，火一般炽烈的感情，所以语言一泻而下，势如破竹，把敌人卑劣无耻的行径昭示天下，博得了广大听众的支持和共鸣。以情激情，有巨大的感染力。由于激情往外涌，故多用短句，多用带有感叹词语的句式来表示。

直抒胸臆可以高亢，雄壮，言辞激烈，也可以舒缓，优美，语言如小河淌水。如德国大文豪歌德在《浮士德》诗剧中写的抒情小诗《纺车旁的格蕾辛》，至今流传不衰。小诗开头几节是：

我失去安宁，
内心烦闷；
要找回安宁，
再也不能。

他不在身旁，
到处像坟场，
整个世界
使我伤怀。

> 我可怜的头
> 疯疯癫癫，
> 我可怜的心
> 碎成万段。

这些诗句完全是倾吐心声，直抒胸臆的。少女格蕾辛邂逅浮士德，一见钟情，回家以后纺织时思念浮士德，用诗句直接抒发烦闷的感情。这首小河淌水般的细细诉说的诗，在德国几乎是无人不知的。

间接抒情是作者不直接吐露感情，而是有所假借，把要表达的感情依附于景、物、人、事，曲折含蓄地加以抒发。常用的方法有：

触景生情，借景抒情。作者把内心的感情通过眼前景抒发，胸中有动情之景，笔下就有动情之文。如鲁迅在《故乡》一文开始时的景物描写，就是情透纸背，令人悲凉。"我冒了严寒，回到相隔二千余里，别了二十余年的故乡去。时候既然是深冬；渐近故乡时，天气又阴晦了，冷风吹进船舱中，呜呜的响，从篷隙向外一望，苍黄的天底下，远近横着几个萧索的荒村，没有一些活气。我的心禁不住悲凉起来了。"作者用白描的手法绘出眼前的景物。天色苍黄，冷风鸣响，荒村萧索，一片凄苦、荒凉景象。见到这肃杀景象，心底涌上悲凉，触景生情；返回故乡，见故乡衰落、破败，心情悲凉，不能自已。作者借荒凉之景抒悲凉之情，淡淡的笔触传出压抑的情感。

情景交融，物我双会。清初大学者王夫之曾这样说："情、景名为二，而实不可离。神于诗者，妙合无垠。巧者则有情中景，景中情。"这就告诉我们，情与景是分不开的，景中有情，情中有景，物中我，我中有物，交融在一起，给人以美的享受。如描绘"紫藤萝瀑布"有这样两段文字：

> 每一穗花都是上面的盛开，下面的待放。颜色便上浅下深，好像那紫色沉淀下来了，沉淀在最嫩最小的花苞里。每一朵盛开的花就像是一个张满了的小小的帆，帆下带着尖底的舱。船舱鼓

鼓的，又像一个忍俊不禁的笑容，就要绽开似的。那里装的是什么仙露琼浆？我凑上去，想摘一朵。

但是我没有摘。我没有摘花的习惯。我只是伫立凝望，觉得这一条紫藤萝瀑布不只在我眼前，也在我心上缓缓流过。流着流着，它带走了这些时一直压在我心上的焦虑和悲痛，那是关于生死谜、手足情的。我浸在这繁密的花朵的光辉中，别的一切暂时都不存在，有的只是精神的宁静和生的喜悦。

作者着力描绘藤萝盛开的景象，人在花中立，花在人心上。花舱鼓鼓，装的哪里是什么仙露琼浆，分明是作者满腔喜悦里面藏；紫色的藤萝瀑布流淌，既是眼前实实在在的美景，又是清除心中焦虑和悲痛的神浆。花本无情，作者把自己的感情注入花的身上，使得花也解人意、通人情。情与景交融，是写景的语言，也是写情的语言，一切景语都是情语。"我浸在这繁密的花朵的光辉中"一句，写景抒情境界全出。其他一切都忘却，都不存在，只有"精神的宁静和生的喜悦"，是"我"的，也是"花"的，物我双会，情景交融。

即事抒情，寓情于理。叙事、记人、说理、议论，同样需真情浇铸。作者不直接吐露感情，而是寓感情于所叙、所记或所议的对象之中，在字里行间自然地流露。法国19世纪伟大作家雨果在《九三年》这本小说中有这么一段话："我的想法是，永远前进。如果上帝要人后退的话，他就会使人的脑后长着眼睛。我们必须永远朝着黎明、青春和生命那方面看。倒下去的正在鼓励站起来的。一棵老树的破裂就是对新生的树的号召。"这段议论文字，情寓其中，作者对生活的热爱，对生活积极奋进的态度，通过形象的议论表达出来。

抒情不能无病呻吟，矫揉造作。古人说："为情而造文。"情动于中而言溢于外，才能写出情意双佳的好文章。千万不能"为文而造情"，为了写文章而造感情。《庄子·渔父》中对这个问题曾有精辟的论述："不精不诚，不能动人，故强哭者虽悲不哀，强怒者虽严不威。"

写文章贵在至诚,用真心去写,用真情去写。只有自己投入,自己为景为物为人为事所感动,写出来的文章才能感动人;勉强装哭装笑装喜装怒,除了令人捧腹乃至作呕外,别无好效果。须知:虚情无根。

文中表露的情感应健康、向上、积极、明朗、高尚,应有自己的独特性。同是玫瑰花,热烈、绚丽是它们共同的特点,但每一朵又有它各自的美姿,捉住了这独特的美姿,才显示个性特征,分外感人。鲁迅在《故乡》中抒发的感情和黄河浪在《故乡的榕树》中抒发的感情,尽管都是眷念故土,但由于时代不同,个人经历与处境迥异,抒发的感情个性鲜明,有各自的独特性。正是这种独特的感情使文章闪发光彩,打动读者的心。

情感不是凭空而来。丰富的情感来自生活,来自积累。生活是情感的源泉,情感的基础。热爱生活,深入生活,了解生活的人和事,景和物,对改革开放大浪潮中涌现的新事物有感受、体验,情思就会绵绵不断,写出情真意切的好文章。

【佳作借鉴】

雨果的信

先生,您征求我对远征中国的意见。您认为这次远征是体面的、出色的。多谢您对我的想法予以重视。在您看来,打着维多利亚女王和拿破仑皇帝双重旗号对中国的远征,是由法国和英国共同分享的光荣,而您想知道,我对英法的这个胜利会给予多少赞誉。

既然您想了解我的看法,那就请往下读吧:

在世界的某个角落,有一个世界奇迹。这个奇迹叫圆明园。艺术有两个来源,一是理想,理想产生欧洲艺术;一是幻想,幻想产生东方艺术。圆明园在幻想艺术中的地位就如同巴特农神庙在理想艺术中的地位。一个几乎是超人的民族的想象力所能产生的成就尽在于此。和巴特农神庙不一样，这不是一件稀有的、独一无二的作品；这是幻想的某种规模巨大的典范，如果幻想能有一个典范的话。请您想象有一座言语无法形容的建筑，某种恍若月宫的建筑，这就是圆明园。请您用大理石，用玉石，用青铜，用瓷器建造一个梦，用雪松做它的屋架，给它上上下下缀满宝石，披上绸缎，这儿盖神殿，那儿建后宫，造城楼，里面放上神像，放上异兽，饰以琉璃，饰以珐琅，饰以黄金，施以脂粉，请同是诗人的建筑师建造一千零一夜的一千零一个梦，再添上一座座花园，一方方水池，一眼眼喷泉，加上成群的天鹅、朱鹭和孔雀，总而言之，请假设人类幻想的某种令人眼花缭乱的洞府，其外貌是神庙，是宫殿，那就是这座名园。为了创建圆明园，曾经耗费了两代人的长期劳动。这座大得犹如一座城市的建筑物是世世代代的结晶，为谁而建？为了各国人民。因为，岁月创造的一切都是属于人类的。过去的艺术家、诗人、哲学家都知道圆明园，伏尔泰就谈起过圆明园。人们常说：希腊有巴特农神庙，埃及有金字塔，罗马有斗兽场，巴黎有圣母院，而东方有圆明园。要是说，大家没有看见过它，但大家梦见过它。这是某种令人惊骇而不知名的杰作，在不可名状的晨曦中依稀可见，宛如在欧洲文明的地平线上瞥见的亚洲文明的剪影。

这个奇迹已经消失了。

有一天，两个强盗闯进了圆明园。一个强盗洗劫，另一个强盗放火。似乎得胜之后，便可以动手行窃了。对圆明园进行了大规模的劫掠，赃物由两

六　情真意切，语重心长

个胜利者均分。我们看到，这整个事件还与额尔金的名字有关，这名字又使人不能不忆起巴特农神庙。从前对巴特农神庙怎么干，现在对圆明园也怎么干，只是更彻底，更漂亮，以至于荡然无存。我们所有的大教堂的财宝加在一起，也许还抵不上东方这座了不起的富丽堂皇的博物馆。那儿不仅仅有艺术珍品，还有大堆的金银制品。丰功伟绩！收获巨大！两个胜利者，一个塞满了腰包，这是看得见的，另一个装满了箱箧。他们手挽手，笑嘻嘻地回到了欧洲。这就是这两个强盗的故事。

我们欧洲人是文明人，中国人在我们眼中是野蛮人。这就是文明对野蛮所干的事情。

将受到历史制裁的这两个强盗，一个叫法兰西，另一个叫英吉利。不过，我要抗议，感谢您给了我这样一个抗议的机会。治人者的罪行不是治于人者的过错；政府有时会是强盗，而人民永远也不会是强盗。

法兰西帝国吞下了这次胜利的一半赃物，今天，帝国居然还天真地以为自己是真正的物主，把圆明园富丽堂皇的破烂拿来展出。我希望有朝一日，解放了的干干净净的法兰西会把这份战利品归还给被掠夺的中国。

现在，我证实，发生了一次偷窃，有两名窃贼。

先生，以上就是我对远征中国的全部赞誉。

维克多·雨果
1861年11月25日于高城居

维克多·雨果是19世纪法国著名的浪漫主义诗人和作家，这封信选自他的《言行录》。1860年10月英法联军疯狂地焚毁了圆明园，并以此为荣耀，雨果在事情发生以后的第二年，写信给巴特勒上尉，严正地表明自己的观点。

信从头至尾充满了凛然正气。侵略者想从他那里获得"赞誉"，而他义正词严，谴责英法两个强盗劫掠的野蛮行径，谴责他们焚毁了亚洲文明的奇迹，断言他们将受到历史的制裁。"我要抗议，感谢您给了我这样一个抗议的机会。""现在，我证实，发生了一次偷窃，有两名窃贼。"……一句句，一行行，浸透了对侵略者的憎恨，真是义愤填膺，洋溢满纸。

信中对东方艺术瑰宝尽情歌颂。站在东方艺术和西方艺术总体特征的高度进行比较，由衷地赞美圆明园这座世界名园的艺术价值。"请您用大理石，用玉石，用青铜，用瓷器建造一个梦"，"饰以琉璃，饰以珐琅，饰以黄金，施以脂粉，请同是诗人的建筑师建造一千零一夜的一千零一个梦，再添上一座座花园，一方方水池，一眼眼喷泉"，运用排比、叠词等手法形成气势，使胸中热爱人类艺术珍品的高尚感情在笔端倾泻、奔腾。

信中对被损害被掠夺的中国人民寄予深切的同情。有的用反语揭露强盗的行径的同时，为中国人伸张正义，如"我们欧洲人是文明人，中国人在我们眼中是野蛮人。这就是文明对野蛮所干的事情"。有的是直接表露自己的心愿，如"我希望有朝一日，解放了的干干净净的法兰西会把这份战利品归还给被掠夺的中国"。

这封信感情真挚，爱憎分明，敢怒，敢言，敢歌，敢赞，谴责深刻，赞美至诚。这是因为：作者胸中充满了正义感，崇尚正气，憎恨邪恶；作者有广博的知识，对东西方建筑杰作深知底里；作者语言精辟，把热爱、愤恨、憎恶、同情等极其复杂的感情表达得淋漓尽致。

【习作评说】

书房

我家有一座土房子，我们称它书房。

房子不大，多大？十几平方米。一门一窗，什么木质已看不出，也是饱经风雨，不过依然结实。门上横着一行字，"苦味书斋"，半行半草，是爸爸的手迹。

房外树不多，所以尽管房子不高，里面却不怎么暗。正对门一张八仙桌，两把竹椅对称在两边。墙上是一幅画，是岳飞按剑的怒容，"还我河山"的劲草悬在正中。这原是一幅中堂，现在只剩下了它，年深日久，纸黄了，暗淡了。

临窗，也有一张桌子，条开的。一行书，竖在桌上，靠在墙上，很整齐。旁边是笔筒，几支半秃的毛笔特别显眼。如果说有香味的话，那是桌子两头的花发出的。说是花，其实是草，从盆面扶疏而上，顶上挑几朵细碎的小花。花不名贵，但的确有生气，春去秋来，不太需要照料。

斜对桌子的墙上，挂的是国画两幅，一幅墨竹，一幅兰花。竹子郁郁两竿，大有郑板桥的风骨；兰花斗艳几支，仿佛能嗅出香味。也有相配的对子：竹瘦骨节直，兰幽岁月久。这是爷爷的挚友赠送的，原是四幅。"文革"中失去了两幅，却没找回。

苍苔有忆，当记得这书房的风雨半世纪。当年，这书房是爷爷逃避富户家庭的喧闹，读书、练字以求宣泄郁闷的地方，只有当爷爷成了村里第一个共产党员时，这里便不再单单是书房。一盏古式油灯，照亮了多少人的心，产生了多少"还我河山"的大计，迎来了天安门站起的呼声。

书房有灵，爷爷去当学校校长后，爸爸又继续刻苦读书，青灯夜宵，寒窗几载，爸爸又考上了大学，四年后分配到县重点中学教物理。那时候，书房是加油站，给爷爷、爸爸以燃烧的信心。

恶风挟雨的十年之始，爷爷被掀翻，一夜之间竟成了"叛徒""特务"，爸爸也相应地由县贬到家乡小学代课。那时候，震怒的是天，呼喊的是人。书房依然油灯不泯，相对无言的父子，多么迷惘、疑惑……寻而未竟，爷爷便与世长辞了。书房也一遍遍地受到清洗，所剩无几。不善言谈的爸爸，更加沉默，像一尊雕像。

应当感谢春天，那时爷爷名字上的污物被清洗掉，有一个人还专门来问有哪些困难，有哪些要求。那时爸爸只笑了笑（那是宽容和理解），说只要把书房原来的东西找回来，就无他求了。

爸爸也许不幸，从高中教师跌到小学一年级代课，然后又走石级一样，每年升高一级，在书房里活动，既不参加批斗，又不参加"四清"的狂热活动，他对书房有一种特殊的感情。至今，一中想调爸爸回去，他也不去了，一半是因渐渐虚弱的身子，不胜奔波，一半是对书房的眷恋。

书房，苦苦乐乐，两代人，两代教书匠。

一张书桌，爸爸在那头，我在这头。年终，看爸爸把我的荣誉证书压在他的上面，我笑，他也笑。

"高三了?!"有一天他突兀地说。

"高三了！"我轻轻地说。

"准备考的专业是什么？"

"来个冷门吧，师范？我也真喜欢它。"

"报纸上不是说了，有许多老师现在都在校园里经商了？我担心你，如果卖冰糕的话，还不都化成了水？"

"您不也没有卖冰糕吗？好多人由于'近视'

而不报考师范，总会后悔的。中央说百年大计，教育为本，已说明了教师……"

爸爸开始微笑，用手抚着我的头。

"你长大了。"

是的，我长大了，是在书房里长大的。我这样想。

张立平

直抒胸臆的文章能使人热血沸腾，激情满怀，在胸中掀起强烈的震荡；借物抒情、寓情于事的文章貌似平静，而实际上感情的波涛在字里行间奔流，叩人心扉，催人泪下。

《书房》这篇习作就是后一种情况，深沉的感情附着在物上、在事上，含蓄而曲折地表达。

一间十几平方米的书房，装着半个世纪的风风雨雨，三代人的信念、苦难和希望。习作者用相当多的笔墨描绘这座土房子，从门窗的"饱经风霜"，半行半草的"苦味书斋"，岳飞按剑的"怒容"，"还我河山"的劲草、墨竹、兰花的国画，到"竹瘦骨节直，兰幽岁月久"的对子，无不寓含深意。写的是"物"，象征的是"人"，抒发的是"情"。字字写物，笔笔抒情，借书房、斋名、画像、劲草、国画、对子等物，抒发对爸爸、爷爷的怀念和敬意。

文章的后半部分着力叙事。从宣泄郁闷到油灯下产生许多"还我河山"的大计，从寒窗苦读到燃烧信心，从掀翻在地到被贬回乡，从污物清洗到家乡任教，是两代人的苦苦乐乐，也是书房的苦苦乐乐，苍苔有忆，书房有灵，书房与两代主人同命运。习作者把起伏的感情、悲喜的感情寓于事情的叙述之中，对爷爷、爸爸执着追求事业的精神，遭迫害坚强不屈的意志由衷的崇敬，含而不露，情深意长。

年终书房内一席对话，把祖孙情、父子情推向新的高度。两代人倾心教育事业的精神，撒播到第三代人的心中，生根，发芽，开花。亲情融于事业情之中，深厚沉重，地久天长。

没有认真的生活态度，没有扎实的生活积累，没有对事业、对爷爷和爸爸敬爱的真情，就写不出如此情真意切的文章。

这篇文章抒发情感以深沉含蓄见长，有的虽也是借景借物抒情，但十分显露，令人一读就受感染。

在我生长的土地上

我出生在偏僻的皖南山区，那里众多的山峰以它的粗犷、俊秀洗涤了我的童心；悠悠的白洋河以它的奔放、细腻陶冶了我的性格。12个春秋，使我在一块土地上拥有了一段一尘不染的记忆……

我们那个村叫花园沟，村旁的那小山叫花园峰。不知是村子因小山得名，还是小山因村子得名。春天时节，漫山遍野，点缀着数不清的花：花骨朵儿、喇叭筒、小黄瓣儿……大都叫不上名，透红的、蓝紫的、淡黄的、银白的……各式各样，惹人喜爱。春末夏初，正是它们含苞竞放之时，每逢这时候，我们孩子就仨一伙俩一串儿，成群结队上山了。那火红，那金黄，挤得你满眼都是。我们忍不住喊一声"采"，就满山坡跑开了。看谁采得快，比谁采得多。有的捆成一束，有的做成花环，更多的是装满小篮子。下山了，每人举着自己的收获——耀眼的鲜花，沿着山径向下跑，兜着山风，远远望去似一条美丽的花沟，蹚着绿波，荡下来，夹杂着稚趣的欢声荡下山来……采的花拿回来，摘下朵儿晒干便可炒来吃，味儿也鲜美。盛在盆里黄莹莹、红鲜鲜，是我采的，每次妈妈总要多夹几筷儿给我……爸爸常说童年的我是山的女儿，的确如此。可是人终究会长大，到了该上学时,我便不得不离开小山,离开经常往来于村边的那条小路……

家乡的小路是平凡的,时而平坦,时而坎坷,时而通直,时而弯曲。路的两边是优美的田园风光。路旁竖着两排年轻的白杨,小路上印满我求学时的足迹,洒有我辛勤的汗水。当我第一次被送上这条弯弯曲曲的小路,路边的风光令我陶醉,转过一个弯,又是一个弯。我问爸爸:"小路为什么有这么多弯呢?"爸爸笑而不答,只是领着我不停地走……终于,小路不管怎样弯来弯去,还是把我们引到了目的地。于是,无知的我在这块土地上迈出了幼稚与探求的步伐。此时的小路似我的亲密伙伴,如果说大地是琵琶,小路是弦,那我则是弦上跳动的音符。我不停地向它炫耀新学来的公式、定理,向它讲述着美妙的安徒生童话,为它背诵着李白、杜甫的诗,向它述说着雷锋、张海迪,叙述着生命的故事……这条小路洒满了我愉快的歌声。那时,这块土地带给我的似乎只有快乐。难道生活就是这蓝天、白云和花朵?我问小路,小路无语;我问秋天的白杨,金黄色的树叶依然悠闲地纷纷飘落。

岁月像村边的白洋河淙淙流过,刚刚读了一年书的我,又有一种新的向往,站在那鲜红的队旗下举起右手,向往着胸前佩戴上美丽的红领巾。于是我努力,刻苦,终于,我被提名了,和其他三位同学一起。想到马上就能成为一名少先队员,我光荣,我兴奋,好几次都在梦中笑出声来。可是,世上有好多事往往不像想象的那么一帆风顺,正如我生长的这块土地,变化起伏。这个浅显的道理,这时才得到印证,我不得不清醒地面对事实：第一批少先队员名单上并没有我的名字！当时，我幼小心灵中的一切希望成为泡影，我第一次尝到了失败的痛苦。

风风雨雨，日月更替，转眼我12岁了。为了追求新的目标，为了寻求那些这块土地上不能满足我的知识，我离开了花园沟，离开了像母亲般爱抚我的山山水水，告别了似挚友般伴我成长的弯弯小路，带上了这儿给我的欢欣和眼泪，上路了……眼泪禁不住地淌。12岁，12年了，毕竟已经懂得了留恋……

即便是如今，我仍为自己庆幸，比那些仅仅拥有洋娃娃的孩子们多了一份美好的记忆，一份可贵的财富。可得好好感谢您，抚育了我12年的皖南——我生长的土地。

读这篇习作，孩童成长中的欢乐如阵阵温馨的风迎面扑来，令人心醉。

山上游玩的欢乐，以漫山遍野的花衬托，以缤纷耀眼的色彩渲染，"那火红，那金黄，挤得你满眼都是"，短短一句，热闹非凡。成群结队上山，满山坡采花，兜着山风荡下山，花朵晒干尝鲜美，借花的世界传递按捺不住的心头喜悦，欢乐之情在字句间跳荡。

情播弯弯曲曲的小路是文中最精彩的笔墨。"如果说大地是琵琶，小路是弦，那我则是弦上跳动的音符"，形象而生动的比喻，不仅道破三者之间的亲密关系，而且表露了"我"在"弦"上跳动的欢乐。"音符"怎样跳动的呢？"炫耀""讲述""背诵""述说""叙述"，一次次倾诉，是展示求知的收获，是吐露成长的欢欣，情注小路，小路有情，一路行走一路情。

情系小山，情系小路，抒发了习作者对故土的热爱，对抚育自己成长的土地的眷恋。感情是真挚的，发自肺腑的，因而也是感人的。

毕竟出于12岁初中学生稚嫩的手，文中有表达欠贴切之处也就不足为怪。如文章后半部分比较拖沓；有些词语用得不恰当，如"洗涤""一尘不染"等；省略号用得多，有的地方没有必要用。

【要语一束】

"感人心者，莫先乎情。"

文章不是无情物，任何一篇佳作都是情动于中的产物。

写文章必须在"情"上下功夫，只有用真情浇灌，写的文章才有活泼泼的生命力和感染力。

应"为情而造文"，因心中有感情的冲击波，而流入笔端，形成文章；不能"为文而造情"，不能为了写文章而造假情、虚情、浮情。虚情假意，矫揉造作，只能使文章减色。

生活是激起感情的源泉和基础，感情来自对生活的热爱和思考，来自对理想的憧憬和追求。

即事抒情，借景抒情，托物抒情，寓情于理等，是间接抒情；直抒胸臆是直接抒情。不管采用何种方法，都应写出独特的感受，独特的感情。

七
立意高远，画龙点睛
——确立"主心骨"

阅读中我们常会碰到这样的情况：有的文章使人振聋发聩，读后或兴奋不已，或回味无穷；有的文章虽语言顺畅，但淡而无味，读后脑子里没留下半点痕迹。造成这两种迥然不同的阅读效果，原因固然很多，其中最为重要的当是"意"的差别。

任何文章都是内容和形式的统一体，思想内容是灵魂，语言文字形式为内容服务。思想内容闪光，再佐以准确、优美的文字，文章就能征服读者，给读者以启迪，以感染。

初学写作的青年学生须懂得：要写出有质量的好文章，须花大气力确立文章的"主心骨"，力求在"意"上取胜。

【文心絮语】

明末清初大学问家王夫之曾这样说："无论诗歌与长行文字，俱以意为主。意犹帅也；无帅之兵，谓之乌合。"话很简短，但极其深刻地阐述了"意"在诗文中的地位和作用。

文章的"意"，就是通常说的文章的主旨、文章的主题、文章的中心，也就是作者写文章的意图或宗旨。作者写文章总有一定的意图，无论是反映生活现象，说明纷繁的事物，还是议论种种问题，总想告诉人们什么，总有个目的意图，目的意图明确，文章就有了"主心骨"，就能站立起来。

"意"确立得如何，对文章全局起很大作用。"意"犹帅也，"意"是一篇文章中的统帅。一支军队没有统帅，士兵再多，也不过是松散杂乱的乌合之众,缺乏战斗力。写文章道理相似。缺少主旨的文章,即使材料丰富,也会杂乱无章,甚至不知所云。

"意"统率材料,决定材料的取舍。生活中、书本中可入文章的材料极多,选用什么,舍弃什么,哪些多选,哪些少选,哪些不选,唯一的依据就是文章的"意"。文章的主旨需要哪些材料来表达,就选取哪些材料。选入文章的材料一经"意"来统率,就变得有生命力,形成完整、有机的统一体。比如鲁迅的《从百草园到三味书屋》,材料十分丰富,单是百草园的景物就有碧绿的菜畦、光滑的石井栏、高大的皂荚树、紫红的桑葚,就有蝉、黄蜂、叫天子、油蛉、蟋蟀、蜈蚣、斑蝥,就有何首乌藤、木莲藤、覆盆子。三味书屋涉及的材料有匾、画、孔子牌位,有拜师情景;学生读先生指定的书,不准提书外的问题;打戒尺、罚跪、瞪眼;先生入神朗读,学生人声鼎沸;在指甲上做戏,描绘小说绣像,溜到书屋后面的小园里玩耍;等等。这些材料看起来似乎很散,有的几乎互不相干,但作者用"意"来统率,材料就组合成有机的整体。文章的主旨在表现儿童热爱大自然、喜欢自由快乐生活的心理,表示对束缚儿童身心发展的封建教育的不满。正是由于确立了这样的"意",百草园所有的景物才被统率起来了,有声有色有趣,百草园才成了儿童的乐园;三味书屋的种种材料也被统率起来,充分反映了私塾学习生活的单调枯燥。两相对照,喜爱什么,不满什么,十分清楚。

"意"决定文章的结构。文章是一个整体,由许多部分组成,各个部分在文中处于怎样的位置,又怎样组合在一起,须遵循一定的原则、一定的规律。这些原则与规律都离不开"意"的主宰。作者要表达怎样的写作意图,就按照怎样的意图搭文章的框架,安排详略疏密。例如:同是以老师为题材,鲁迅的《藤野先生》和魏巍的《我的老师》结构就很不相同。鲁迅怀念藤野先生,是因为藤野先生朴质正直,没有民族偏见,写作的意图是把对往事的回忆和现实的斗争结合起来,借以策励自己。出于这个意图,文章才以他的思想变化为线索,按时间顺序组织材料,表露拯救民族、弃医从文的决心。《我的老师》回忆了二十多年前的三位老师,目的在抒发自己对老师的怀念和尊敬，因此把三位老师的教学生涯的片断材料用并列的方式结构起来。其中写蔡老师的可独立成篇。

"意"指挥语言的运用。语言是表达情意的工具，有"意"才有"辞"，不是有"辞"才有"意"。怎样运用语言，怎样遣词造句，都由作者的思想见解——文章的"意"调遣，离开"意"，只追求辞藻，就会形成互不相干的词句的堆砌。

综上所述，文章的"意"关系文章的全局，材料的选择、篇章结构的安排、语言的运用，都受"意"的统率，"意"在文章中是发号施令的"将军"。

"意"在文中既然如此重要，写文章就必须认真立意。立意，就是确立文章的主旨、文章的中心思想。确立主旨或中心思想时应符合以下基本要求：

第一要正确。写文章是件严肃的事，无论写给谁看，都要正确地反映客观事物。列夫·托尔斯泰是俄国大文豪，他对自己写作曾作了这样的规定："主题必须是崇高的。"要达到"崇高"的目标，首要是正确。要正确，就要锻炼自己的思考力。面对纷繁复杂的社会现象，要能鉴别，要能分析，要能区别正误，分清美丑，只有认识正确，文章的"意"才能立得正确。一般说来，青少年学生写作文不会故意颂扬错误的、丑陋的、肮脏的，文章的中心思想常是积极的、健康的、向上的，讴歌祖国大好山川，赞颂社会主义精神文明。但是由于年龄、知识水平及生活经验等种种原因，学生作文在立意时常有认识偏颇、考虑不周而发生"意"的偏差乃至错误的情况，须多加注意。比如写《开卷有益》的作文，有的学生确立的中心思想是：凡是书，读了就有益处。这显然不妥当。书籍中有好书，有坏书。好书是精神食粮，读了可以开阔眼界，增长知识，启迪思维，陶冶思想情操；坏书诲淫诲盗，读了必会侵蚀思想，吞噬心灵，有害无益。文章的"意"确立为"开卷未必有益，读优秀读物才能受到教益"就正确了。文章的"意"如果不正确，文章就倒了。如果是应考，那就全盘失分。

第二要深刻。立意切忌"庸人思路"，将大家都能描写的现象，大家都能说的肤浅的道理作为文章的"意",那这篇文章等于不写,是多余之物。要锻炼自己的眼力,透过现象看到事物的本质,不能为现象所迷惑。要对所写的事物认真观察,仔细认识,反复研究,力求自己有独特的感受,独特的见解,见别人之所未见,别人浅见我深见,别人少见我多见。这样立的"意",就能切中事物的要害,醒人耳目。例如著名女作家聂华苓写的《人,又少了一个》,刻画了一个女乞讨者的形象。第一次来乞讨时,这个女乞讨者说的是:"我不是叫花子,我只是要点米,我的孩子饿得直哭……""我只要米,不要钱,我不是叫花子,我是凭一双手吃饭的人!太太!唉!我真不好意思,我开不了口,我走了好几家,都说不出口,又退出来了!我怎么到了这一天……""这怎么好意思?您给我这么多!这怎么好意思!谢谢,太太,我不晓得怎么说才好,我——直想哭!"三年后这个女人来乞讨时情况是:门内一声吆喝,"一角钱拿去!走,走,谁叫你进来的?你这个女人,原来还自己洗洗衣服赚钱,现在连衣服也不洗了,还是讨来的方便!"那女人笑嘻嘻的:"再赏一点吧,太太,一角钱买个烧饼都不够!""咦,哪有讨饭的讨价还价的?走,走,在这里哼哼唧唧的,成什么样子?"那女人的嘴笑得更开了:"再给我一点就走,免得我把您地方站脏了,再多给一点!"从以上摘引的片段可清晰地看到女乞讨者的前后语言的巨大变化,文章的"意"既非停留在对乞讨者的同情,又不是横加斥责,而是以惊人的标题"人,又少了一个"揭示问题的本质。语言的变化揭示了人格的变化,人的尊严的丧失,由此,反映生活的真实,反映世态与人情,留给读者不尽的思考。立意深刻并不是故意拔高,呼叫口号,要尊重客观事实,从客观事实中找出最本质的东西。

第三要新颖。文章主旨要有新意,要有时代气息,给人以新鲜感。时代在前进,社会在发展,新人新事层出不穷,人的认识也随之有发展。反映在文章里,主旨应新颖不俗,不因循守旧。例如《枪口》写的是官复原职的N省建材局杨局长和李秘书在蒿草丛生、芦荻疏落的湖边打猎的经过,仅从文章的后半部分就可看出立意的新颖。

李秘书试探地凑上前去说："他是你的老部下嘛。这次他请您批50吨建材物资给他……"

　　"你不要为他做说客。不批，半个字也不批；针尖大的洞，也会刮进斗大的风。咱党员干部，那歪门邪道不要搞。"他停了一下，朝烟波迷茫、水天一色的湖面瞧去，"好景致，可惜婷儿没有同来。"

　　"她今天有更高兴的事儿。"李秘书故作神秘地笑笑说，"王主任托了文化局的老马，同意把您的女儿调到省实验话剧团工作。"

　　"嗯？"老杨的眉毛拧了个结。李秘书只当没察觉，坐进轿车，手扶在车门上，仿佛自言自语地说："就拿这辆车来说吧，也是王主任出力调拨给您的。那回大姐犯病住院，还多亏这辆车接送。"

　　"该死，早把我当猎物给瞄上了。"他下意识地攥紧枪把想。李秘书一眼溜到枪上，像又想起什么，说："王主任知道您喜欢打猎，这支猎枪，就是他特意托人专程送到您家的……"

　　车发动了。老杨陡然一惊，不觉倒抽一口冷气：黑黝黝双筒枪口，冒着寒气，就像两只黑洞洞的眼睛，死死地瞄准了他……

　　在发展经济的新形势下，掌权的干部如何坚持原则，拒腐蚀，永不沾，是人们经常谈论的热点，也是干部队伍建设中的难点，作者抓住现实生活中的一个侧面加以反映，以枪口死死瞄准为喻，敲响警钟，启人深思，有时代气息。

　　第四要集中。无论写多复杂的事物，主旨不能分散。一篇文章如果想说明这个问题，又想阐述那个观点，必然目的不明确、中心思想不突出。俗话说：意多文必乱。一篇文章里包含多种写作意图，就会形成大杂烩，读了使人有不知所云的感觉。古人说的"作文之事，贵于专一。专则生巧，散乃入愚。专则易于奏工，散者难于责效"，就是指这个道理。

主旨专一，还要学会用精辟的话来显示，来表达。"立片言而居要"，就是用一两句或三五句十分精彩的话概括文章的中心思想，使文章高高耸立。如《岳阳楼记》的"先天下之忧而忧，后天下之乐而乐"，文天祥《过零丁洋》的"人生自古谁无死，留取丹心照汗青"。虽是诗句，道理相通。

立意的四个要求相互联系，不可割裂。确立文章的中心思想时，应全面考虑。对初学写作的青少年来说，"正确"是前提，在"正确"的基础上，力求意深、意新，做到立意专一、中心突出。

文章要在"意"上取胜，还有两点须注意。一是意在笔先。不能动笔时边写边考虑文章的主旨，如果这样，就会出现"变调"的状况，想到哪里写到哪里，主旨变而飘忽。应该在动笔前认真考虑写作的目的，从掌握的材料中提炼观点，再以提炼出来的观点统率材料。据鲁迅夫人许广平的记述，鲁迅先生写"三五百字的短评，也不是摊开纸就动手，那张躺椅，是他构思的好所在，那早晚饭前饭后的休息，就是他一语不发，在躺椅上先把所要写的大纲起腹稿的时候"。二是平时注意锻炼思想，增添见识，增强认识生活的能力。客观事物林林总总，寓含无穷奥秘，平时要注意观察，积极思考，认真领悟其中真谛。生活狭窄，认识肤浅，面对再感人的材料，也难以立出好"意"。

学生很喜爱至理名言，须知至理名言的根基在生活底子极厚实，思想深刻，反复思考，不断提炼。炼文章的"意"也就应该如此。

【佳作借鉴】

石缝间的生命

石缝间倔强的生命，常使我感动得潸然泪下。

是那不定的风把那无人采撷的种子撒落到海角天涯。当它们不能再找到泥土，它们便把最后一线生的希望寄托在这一线石缝里。尽管它们也能从阳光里分享到温暖，从雨水里得到湿润，而唯有那一切生命赖以生存的土壤却要自己去寻找。它们面对着的现实该是多么严峻。

　　于是，大自然出现了惊人的奇迹，不毛的石缝间丛生出倔强的生命。

　　或者就只是一簇一簇无名的野草，春绿秋黄，岁岁枯荣。它们没有条件生长宽阔的叶子，因为它们寻找不到足以使草叶变得肥厚的营养，它们有的只是三两片长长的细瘦的薄叶，那细微的叶脉告知你生存该是多么艰难；更有的，它们就在一簇一簇瘦叶下又自己生长出根须，只为了少向母体吮吸一点乳汁，便自去寻找那不易被觉察到的石缝。这就是生命。如果这是一种本能，那么它正说明生命的本能是多么尊贵，生命有权自认为辉煌壮丽，生机竟是这样地不可扼制。

　　或者就是一团一团小小的山花，大多又都是那苦苦的蒲公英。它们的茎叶里涌动着苦味的乳白色的浆汁，它们的根须在春天被人们挖去作野菜。而石缝间的蒲公英，却远不似田野上的同宗生长得那样茁壮。它们因山风的凶狂而不能长成高高的躯干，它们因山石的贫瘠而不能拥有众多的叶片。它们的茎显得坚韧而苍老，它们的叶因枯萎而失却光泽；只有它们的根竟似那柔韧而又强固的筋条，似那柔中有刚的藤蔓，深埋在石缝间狭隘的间隙里；它们已经不能再去为人们作佐餐的鲜嫩的野菜，却默默地为攀登山路的人准备了一个可靠的抓手。生命就是这样地被环境规定着,又被环境改变着,适者生存的规律尽管无情,但一切的适者都是战胜环境的强者,生命现象告诉你,生命就是拼搏。

如果石缝间只有这些小花小草,也许还只能引起人们的哀怜;而最为令人赞叹的,就在那石岩的缝隙间,还生长着参天的松柏,雄伟苍劲,巍峨挺拔。它们使高山有了灵气,使一切的生命在它们的面前显得苍白逊色。它们的躯干就是这样顽强地从石缝间生长出来,扭曲地,旋转地,每一寸树衣上都结痂着伤疤。向上,向上,向上是多么的艰难。每生长一寸都要经过几度寒暑,几度春秋。然而它们终于长成了高树,伸展开了繁茂的枝干,团簇着永不凋落的针叶。它们耸立在悬崖断壁上,耸立在高山峻岭的峰巅,只有那盘结在石崖上的树根在无声地向你述说,它们的生长是一次多么艰苦的拼搏。那粗如巨蟒,细如草蛇的树根,盘根错节,从一个石缝间扎进去,又从另一个石缝间钻出来,于是沿着无情的青石,它们延伸过去,像犀利的鹰爪抓住了它栖身的岩石。有时,一株松柏,它的根须竟要爬满半壁山崖,似把累累的山石用一根粗粗的缆绳紧紧地缚住,由此,它们才能迎击狂风暴雨的侵袭,它们才终于在不属于自己的生存空间为自己占有了一片天地。

如果一切的生命都不屑于去石缝间寻求立足的天地,那么,世界上就会有一大片一大片的地方成为永远的死寂,飞鸟无处栖身,一切借花草树木赖以生存的生命就要绝迹,那里便会沦为永无开化之日的永远的黑暗。如果一切生命都只贪恋于黑黝黝的沃土,它们又如何完备自己驾驭环境的能力，又如何使自己在一代一代的繁衍中变得愈加坚强呢？世界就是如此奇妙。试想，那石缝间的野草，一旦将它们的草籽撒落在肥沃的大地上，它们一定会比未经过风雨考验的娇嫩的种子具有更旺盛的生机，长得更显繁茂；试想，那石缝间的蒲公英，一旦它们的种子，撑着团团的絮伞，随风飘向湿润的乡野，它们一定会比其他的花卉生长得茁壮，更能经暑耐寒。至于那顽强的松柏，它本来就是生命的崇高体现，是毅力和意志最完美的象征，它给一切的生命以鼓舞，以榜样。

愿一切生命不致因飘落在石缝间而期期艾艾。愿一切生命都敢于去寻求最艰苦的环境。生命正是要在最困厄的境遇中发现自己，认识自己，从而才能锤炼自己，成长自己，直到最后完成自己，升华自己。

石缝间顽强的生命，它既是生物学的，又是哲学的，是生物学和哲学的统一。它又是美学的；作为一种美学现象，它展现给你的不仅是装点荒山枯岭的层层葱绿，它更向你揭示出美的、壮丽的心灵世界。

石缝间顽强的生命，它具有如此震慑人们心灵的情感力量，它使我们赖以生存的这个星球变得神奇辉煌。

林希这篇《石缝间的生命》立意高远，启人心扉。它是一曲激昂的生命之歌，一曲顽强拼搏的生命之歌。"愿一切生命都敢于去寻求最艰苦的环境。生命正是要在最困厄的境遇中发现自己，认识自己，从而才能锤炼自己，成长自己，直到最后完成自己，升华自己。"这是主题的点睛之笔，闪发着思想的光芒，令人鼓舞，催人奋进，启迪人们深刻理解生命的意义和价值。

如果对石缝间顽强的生命只停留在生物学角度的理解，适者生存，"意"显然就比较肤浅。作者深知这一点，往深处挖掘，提到哲学与美学的高度来阐述，意味隽永，主题就跳了出来。说它"是生物学和哲学的统一"，"作为一种美学现象，它展现给你的不仅是装点荒山枯岭的层层葱绿，它更向你揭示出美的、壮丽的心灵世界"。笔触往深处开掘，揭示了事物本质，赞颂生命的顽强，讴歌敢于奋斗、敢于拼搏、敢于排除万难去争取胜利的精神世界。古哲人孟子曾说过："故天将降大任于斯人也，必先苦其心志，劳其筋骨，饿其体肤，空乏其身，行拂乱其所为，所以动心忍性，曾益其所不能。"一个人要能担当起重大任务，在心志、筋骨、体肤、行为等方面均要经受艰苦的磨炼，这样才能增强意志，增长才干。如果贪图安逸、享乐，生命也就死亡。这是亘古以来的深刻的生活哲理，被无数事实所证明。《石缝间的生命》取这样的思想精华来立意，是正确的、积极的、向上的。

文章的"意"不是凭空拔高，而是以坚实的材料为基础的。作者先描写不毛的缝隙间丛生的"一簇一簇无名的野草"，显示生命的本能，只要能寻求到一丝立足之地，小草就能生存、生长。接着描写"一团一团小小的山花"，为了生存，苦苦挣扎，既被环境改变，又做战胜环境的强者，以此来显示生命就是拼搏的真理。最后描写"参天的松柏"，它的躯干，树衣上的疤痕，盘结在石崖上的树根，爬满半壁山崖的根须，无不记录它生长的艰难、生命的拼搏。大自然中出现的这些惊人的奇迹来自何处？生命的本能，生命的拼搏。作者洞悉其中的奥秘，托物寓意，揭示生命的意义和价值。

"意"一经确立，就统率材料，统率结构，统率语言的运用。"野草""山花""松柏"三个材料都为表现文章的主题服务，都在讴歌生命的顽强，但三个材料又不完全在一个平面上，有轻重之分、详略之别。石缝间生长的小草是赞颂生命的基础，由生命的本能，开掘到生命的拼搏，再开掘到生命的崇高体现，层层推进，深邃的"意"一步步展现在读者面前。松柏是毅力和意志最完美的象征，故而铺展开来详写。这方面内容写具体、写充分,文章的中心思想就能突显。

　　文章先选三个材料正面描写,接着又从反面论述,如果一切生命不屑于去石缝间寻求立足的天地,世界就会有地方"永远死寂""永远黑暗",然后又与沃土中的生命作比较。如此一正一反一比较,使生命须拼搏的主旨表达得更为充分、有力。因此,采取怎样的写法,也是受"意"统率的。

　　文中不少语句言简意赅,言简意深,之所以如此,同样受文章主旨的调遣。如:"如果这是一种本能,那么它正说明生命的本能是多么尊贵,生命有权自认为辉煌壮丽,生机竟是这样地不可扼制。"一般说,本能是不值得推崇的,而作者却用"尊贵"加以形容,石破惊天,显示生命存在的艰难,生命的本能寓含不同凡响的深意。石缝间一丛一丛野草,三两片长长细瘦的薄叶,美在何处?作者却用"辉煌壮丽"来刻画。是不是言过其实?不是。不美是现象,现象背后隐藏着辉煌壮丽的本质。种子在不易被觉察到的石缝间发芽,倔强地吐出瘦叶,生命还不辉煌?还不壮丽?"有权""自认为"的用法充满自信,充满自豪。生机不可"扼制",通常我们用"扼杀""遏制",文中为何用"扼制"呢?"扼"是用力压住,"遏制"表达小草生长的艰难分量还不够,用"扼"更能显示生命的不可抗拒的勃勃生机。遣词造句都是为准确地表达主旨,使主旨显豁服务。

　　古往今来论述生命的意义和价值的文章可说是车载斗量,要写出新意是十分不易的。作者选取了人们易疏忽的"石缝"做文章,把生命放在特定的极其艰苦的环境中去摔打,使生命的本质特征显露无遗。这一点也很值得借鉴。

【习作评说】

丢

　　垃圾筒边的残物在寒风中低泣:明天我们的命运将如何演变?世世代代没有结局的悲剧上演着,

那是我们看不见的世界背后的阴影。当我们"丢"的一刹那，不知就成为多少生命的导演？

走过河堤，残红掩映下，可怜兮兮的垃圾挤在一堆，高过"禁倒垃圾"的木牌。有些飘扬在令人窒息的空气中，有的随恶臭的小溪流向茫然的天边。这些苦无葬身之地的"垃圾"，在我们漫不经心地一抛、不屑一顾地离去后，造成了大家关心的"垃圾问题"。我仿佛看到它们痛苦地挣扎后，无力地垂下头，任随时空摆布，载着"刽子手"的指纹，冷冷地望向摄影镜头。

考古学家谨慎挖掘、苦心研究的化石，被众人视为布满历史轨迹的文化宝藏；但几十世纪前，它是原始人啃完肉后顺手一丢的骨头。我们悉心栽培、爱不释手的美丽花朵，也许曾是鸟蝶们在运送旅程中不小心丢掉的一粒种子。我们称颂的大自然奇迹——顶天立地、枝繁叶茂的大树，或许多年前是个啃着水果的过路人从口中吐出的果核。这是"丢者"与"得者"都不曾想到的"化腐朽为神奇"。

孩提时，我同古今中外的孩子们一样，有一个"百宝箱"。那是一个破掉的饼干盒，里面装的却是在我心中胜过所罗门王的宝藏：有我的化学实验——瓜子汁，我的胃受尽折磨的代价——各式药罐，还有针筒、弹珠、回形针项链、花生耳环、广告单及从百货公司偷渡来的标签……后来瓜子尚未融化为汁就被妈妈丢掉了，许许多多宝藏相继失踪，我知道它们的命运是——被丢了。上了小学，多得塞不下的参考书，迫使我丢了那曾陪伴我共度无数孤寂日子的百宝箱及寥寥无几的宝物。虽然，那些参考书在消磨我许多青春欢笑后也被丢了。

我算不清丢了多少东西，只知道一批走了，新的一批又来了。随着年龄增长，送走的"废物"愈多，心中怅有所失的空虚便逐渐加浓。当然，百宝箱中的宝物我永远不会承认它们是废物，它们在我心中的价值和幼时仍相同。我却能理智地面对丢的事实，有丢的勇气。我不知是否由丢而失去了"珍爱""怀念"的感情，抑或许多次丢的感伤使我麻木了？悠悠人生路，我们每每徘徊于"丢"与"不丢"的十字街口，当我们毅然决然作明智抉择时，不正也一次又一次地醒悟、成长？

丢开无关紧要的事物，也是现代人难以做得完美的一项"生活艺术"。如果为了"舍不得"，而让一堆堆杂物琐事阻挡自己的去路，甚至自栽跟斗，实在得不偿失。狠下心来，丢掉自己不堪回首的过去，丢开缠在心中不实际的梦想，才能塑造全新的自我，勇敢地面对现实挑战。同样的，机关办事如能坚守原则而抛开人情、面子，不是能清爽地办好事吗？丢掉该丢的事物，是常理，但也需要勇气、魄力。如果为了"丢"而长期沉沦于回首凭吊的哀愁与悔恨中，那宁可留在身边，当作自己甜蜜的负荷。

然而，现代人丢的东西实在太多了，而且都是不应当丢的：年轻快乐的心境、恬静自得的生活、悠闲安然的态度……这些不管是被我们丢掉，还是已在染缸中蒙尘，都难再追回。科技文明的脚步迫近，我们享受着社会工业化、全自动生产、电脑作业……却因此失去了一望无垠的油绿、清澈的小溪、干净的空气、环境的安宁……"有得必有失"本是万物变迁的原则，但唯有得的有价值、丢的无遗憾，才能在得失之间获得协调。如今，我们却借"经济发展"之口，为了贪图眼前的利益、便捷，甚至只打算盘而不考虑长远之计，破坏了亿万年才能形成的天然景观。这些丢掉的能再用钱修补吗？我们应该扪心自问：这些到底是在不知不觉还是有知有觉中，永远地丢掉了？以后——不要再轻易地丢了。并不是怕受人谴责，而是我们的良心对不起后代子孙，他们会站在癞痢头似的山、干枯的小溪、冒臭气排污水的工厂、污浊的空气及没有虫鸟的秃树林前向地狱质问："你们把美好丢到哪儿去了？"那么，我们为了"建设"而丢掉了自然生趣，有意义吗？能使子孙幸福吗？

朋友，让我们舍有余补不足，三思而后"丢"吧！

这篇习作的作者是台湾高中学生赵如蒨。她以"丢"为论题，展开了生活哲理的论述，立意正确，有一定的深度。

作者从日常生活中丢垃圾的现象说起，揭示"丢"与"不丢"中寓含的哲理，告诫人们要权衡利弊得失，丢弃该丢的，丢了无遗憾的，不能丢弃有价值的。一般性的泛述不足以表达深刻的主旨，习作者把这个问题定格在人的生存环境变化的大背景上来考察，文章的"意"就往深处开掘。一是切中时弊。一些人只顾眼前建设的便捷，肆意破坏大自然而毫不痛惜。二是敲响警钟。人们不重视生存环境的保护，必将受到大自然的惩罚，必将殃及后世子孙。主旨论及人类生存环境的大问题，有现实意义。

为了使文章的中心思想显现，习作者谈古论今，运用了丰富的材料。从"垃圾"的丢弃谈到"化石"，谈到"美丽花朵"，谈到"顶天立地、枝繁叶茂的大树"，引出"丢"与"得"的关系；从孩提时代宝物的"收藏"与"丢弃"，参考书的"塞"与"丢"，引出在悠悠人生路上，对"丢"与"不丢"应毅然决然地作出明智的抉择；从现代人为人处事的"生活艺术"，引出不能为丢而丢，须有勇气与魄力丢掉该丢的事物。一个个具体、生动的事实把人们该丢什么、不该丢什么的问题，既从理智上又从感情上进行剖析，为文中现代人"有知有觉"地把不该丢的东西丢得太多的看法做铺垫。这样，习作者认为在现代建设中不该丢弃、不该破坏优良的生态环境的主张就水到渠成，激人深思，撼人心灵。

材料充实，才能议而不空，"意"才有坚实的基础；只注意某些生活现象，而不注意深入分析，就难以抓住其中的实质，"意"就难以新颖、深刻。从这篇习作看，习作者平时注意知识的积累、生活的积累，注意锻炼眼力，锻炼思考问题的能力；对炼"意"来说，这些至为重要。

有些语言还须推敲。如篇首的"我们"，一是指代"垃圾筒边的残物"，一是指代丢弃残物的人，指代混淆，意思不明确。又如篇末"站在癫痫头似的山……前"中"污浊的空气"用得不妥，"山"前可"站"，"小溪"前可"站"，"污浊的空气"应以"充斥""迷漫"刻画，怎能说"站"在它的前面呢？就通篇文章来说，此处尽管只是小小瑕疵，但也须注意。

【要语一束】

文章须有"主心骨"，有明确的写作意图、鲜明的中心思想。

任何体裁的文章都以"意"为主，"意"是文章的灵魂、文章的主宰。文章的材料、结构、语言都受它的统率。

下笔之前先立"意"。围绕立意，反复思考，苦心经营。立意的要求是：正确、深刻、新颖、集中。

文章的"意"不是凭空冒出来的，而是平时锻炼思想、积累知识和增添生活阅历的结晶。炼"意"要炼"识"，要着力提高自己对事物的认识能力和思想水平。

要学会"立片言而居要"，用点睛的笔表达高远的意，即用几句精辟的话概括文章的中心思想或体现文章的基本精神。

八
独具慧眼，别有洞天
——精选角度

苏东坡《题西林壁》中有这样一句名句："横看成岭侧成峰，远近高低各不同。"说的是同一景物，由于观察的角度不同，所见的景色就迥异。观景如此，写文章又何尝不是这样呢？同样的人、事、景、物，在不同的作者笔下，神态必然各异。有的文章读来可能似曾相识，人云亦云，索然无味；有的却生动活泼，醒人耳目，开人心窍。其中原因固然很多，但是否独具慧眼，善于精选表现事物的角度，至为重要。角度选得新、选得巧，就能给读者以别有洞天之感，读起来就会增长见识，兴味盎然。

【文心絮语】

表现事物的角度要精选，那么什么是角度呢？又怎么精选呢？

学生也许有这样的经验：人像摄影大有讲究，有的人拍正面像，脸似乎宽了点，眉毛有点往下，不好看；拍侧面照，鼻子挺直，轮廓清晰，很有几分美。显然，拍摄时角度不同，效果差异很大。有眼力的摄影师善于研究拍摄的对象，从不同的视角观察，或正面，或侧面，或左面，或右面，或由下往上，或由上而下，从而选取最佳角度，创造最佳的艺术效果。

从人像摄影中我们可得到启发：观察生活中任何一个事物，不应定在一个点上，应该转换视角，正面、侧面、反面、左面、右面、上面、下面等，多角度观察，把事物看真切，看具体，看深入，要写文章表现某个事物时，就可从众多角度观察所得中选择最恰当最精彩的加以定位，表达写作意图。

精选写作角度力求小、新、巧。

生活是海，文章是浪。生活中题材广阔无垠，而写作时入文章的仅是浪花。浪花虽小，但一滴水也能反映太阳的光辉，小角度能够表现大主题。这就是我们通常说的选材时切入的角度要小，要以小见大。

写作离不开大自然景物，离不开社会生活，对青少年学生来说，要写生活中的重大题材，无疑似老虎吃天，因此，选取小的角度写更为重要。其实，许多名家名作在这方面都是很有建树的。例如反映辛亥革命是一个很大的主题，辛亥革命前后反动统治阶级镇压革命与毒害人民，罪行累累，旧民主主义革命严重脱离群众，空想依靠少数人的力量代替群众的革命运动，教训深刻。表现这样重大的主题如果从正面写，长篇巨著也难以全部包容。而鲁迅先生的《药》仅以短短篇幅就揭示得十分深刻。他选取了"人血馒头"这个小角度来写，通过对人血馒头这副"药"的买、吃、议以及效果，表现了作者对辛亥革命这副"药"不能治愈患痨疾的旧社会重病的鲜明观点，以小见大，引人深思。又如茅盾的《白杨礼赞》也是以小见大的力作。1941年正处于抗日战争的相持阶段，作者身处在国民党统治区的白色恐怖之中，要表现解放区军民在中国共产党领导下进行艰苦卓绝斗争的重大主题是十分不易的。作者选取了白杨树这个极小的东西，用象征手法写，形象鲜明，寓意深邃。

平时习作中写人写事，要学会选取小角度。如写一个你所尊敬的人，千万不能写成人物介绍，什么都写一点，又好像什么也没写。要从不同角度理解、认识为何这个人受尊敬，然后从中选取某一个小角度加以表现，写出个性，写出特点。写"小"不是说尽写些芝麻绿豆的事，关键在这个"小"能不能见"大"，能不能从中获得发现而把它写透。因为文章是讲究单位面积产量的，"小"中要容纳下相当数量的"大"。

角度要新，不落别人窠臼。请你们读一读《我的"她"》，在阅读过程中，请你们猜一猜"她"是谁，"她"为何对"我"有如此大的魔力？读完以后又有哪些想法？

　　我的父母和长官非常肯定地说，她比我出生早。我不知道他们说的是否正确，只知道我的一生中没有哪一天我不属于她，不受她的驾驭。她日夜都不离开我，我也没有打算立刻躲开她，因此，我们之间的关系是紧密的、牢固的……但是，年轻的女读者，请不要忌妒……这种令人感动的关系给我带来的只是不幸。首先，我的"她"日夜不离开我，不让我干活。她妨碍我读书、写字、散步、尽情地欣赏大自然的美……我写这几行时，她就不断地推我的胳膊，像古代的克利奥佩特拉对待安东尼一样，总在诱惑我上床。其次，她像法国的妓女一样，毁坏了我。我为她、为她对我的依恋而牺牲了一切，前程、荣誉、舒适……多亏她的关心，我穿的是破旧衣服，住的是旅馆的便宜房间，吃的是粗茶淡饭，用的是掺过水的墨水。她吞没了所有的一切，真是贪得无厌！我恨她，鄙视她……我早就该同她离婚了，但是直到现在还没有离掉，这并不是因为莫斯科的律师要收四千卢布的离婚手续费……我们暂时还没有孩子……您想知道她的名字吗？

　　请您听着……这个名字富有诗意，与莉利亚、廖利亚和奈利亚相似……

　　她叫"懒惰"。

　　这是俄国著名短篇小说大师契诃夫的作品，读了令人耳目一新，拍案叫绝。这篇短文实际上是讨伐"懒惰"的檄文，列数懒惰的罪状，痛斥懒惰的危害，表明不与懒惰决裂必然断送前程的观点。然而，作者没有板起面孔来进行议论，而是选取了"我"和懒惰之间的关系这个角度,用拟人化的手法来写。把"我"和"她"之间的关系描绘得如胶似漆,难舍难分,既心头恨,又无力抗拒她的诱惑,又不打算立刻躲开她。在断断续续的述说中,曲曲折折表达了憎恨懒惰的观点和欲弃不能的复杂的感情,使人如入新的天地,大开眼界。写议论文,须注意思想性和形象性的结合,把思想富寓如此高明的形象之中,确实是别出心裁。语言诙谐风趣,比如要读者猜"她"的名字时,举"莉利亚、廖利亚和奈利亚",那是因为俄语"懒惰"一词的发音与这些名字的发音相似。又如刻画懒惰的诱惑力时,以克利奥佩特拉的事为喻。克利奥佩特拉是公元前51年—前30年古埃及的最后一个女皇,她的丈夫是安东尼。以此为喻,增添文化色彩。

新,永远是文章的生命。剖析懒惰的危害,如果只是从一般常见的角度论述,就会味同嚼蜡,犹如吃别人的残羹剩菜。而今跳出常人的思维框架,另辟蹊径,独树一帜,文章的效果就与前者大相径庭,能牢牢抓住读者,且会留在记忆里经久不忘。

角度还要选得巧。要反映比较广阔的生活面,如果平面展开,往往啰唆累赘,不会有良好的效果。因此要巧选角度,使表达的主旨浓缩、集中,使人读了能举一而反三。例如新加坡女作家尤今,先后游览过亚洲、非洲、欧洲、美洲、澳洲等地的五十多个国家,写了大量的游记。她把旅游好些国家的观感浓缩在《地图》一篇短文里,角度选得十分巧妙。文中有这样一些描述:

> 地图,是越看越有韵味的。
> 有趣的是:每一个国家的地形,看得久以后,便会慢慢地幻成另一样东西。
> 印度,是飞在空中一个菱形的风筝。
> 奥地利,是一支横放的小提琴。
> 日本,是太平洋与日本海之间一条优哉游哉的鱼。
> 乌拉圭,是不小心滴落在地上的一滴水。
> 阿根廷是美味的蛋卷冰激凌。

智利是一长条被绞干水分的布。

只要运用一丁点儿的想象力,地球上的每一个国家,都可以让你随心所欲地转换成一个有趣的"物体"。

……

一踏进你护照签盖的那个国土,你便惊喜地发现:原本平平地躺在背囊里的那张"地图",蓦然放大了无数倍,生龙活虎地在你的面前站了起来。

远远近近的山峦,含情脉脉地看着你,相看两不厌;波光粼粼的河流,以潺潺的水声向你表达它热诚的迎迓,百听百不厌。

曾经被你用红笔圈着的那个大城那个小镇,全都奇迹般地活现在你面前……

住在这个立体的"地图"里,你耐心地印证书本所给你的知识,你细心地发掘书本所不曾给你的资料。你探索、你思考,你咀嚼、你消化。当你背起行囊离开时,你挥别的,再也不是一块陌生的土地了,它已成了你记忆之库中无法磨灭的一位"贴心老友"了。

这时,谈起这个国家,你已有了属于自己的独特观感。

印度的确像风筝,但是,它像一只飞不起来的风筝,它很努力地在挣扎,然而,众多的人口沉沉地压在风筝上面,它挣扎得再辛苦,依然还是起飞不了。

奥地利呢,不折不扣的,就是一只小提琴。整块土地,布满了琴弦,人们轻轻地踏上去,美妙琴音处处飘。

乌拉圭果真像水,晶莹剔透,玲珑可爱。无

论是民风、国情，都叫旅人眷念又怀念。

说阿根廷像蛋卷冰激凌，它名副其实。表面上一派歌舞升平的繁华气象，然而，日日贬值的货币，却是人们生活里挥之不去的阴影。正像溶化以前的冰激凌，美丽又美味，一旦开始溶化，口糊，手黏，狼狈不堪。

将平面的地图和立体的地图互相参照而后得出一个新的观感，是我旅行时百玩不厌的一项游戏。

旅行者离不开地图，然而在众多的游记中，无论绘自然景观，无论写风土人情，很少出现"地图"的字样。这篇文章巧妙在把平面的地图与立体的地图参照起来写，废除烦琐的旅途记述，把在立体地图中实地考察的独特感受填入平面地图的形象之中，有切中要害的议论，有潇洒飘逸的描绘，形式精巧，分量厚重，给人以与众不同的感觉。

巧，不是故弄玄虚。它需要艰苦的思维劳动。它不仅需要对每一个观察事物的角度一一过滤，而且要善于把角度与角度之间联系起来思考，寻求新的发现。一旦形成新的角度，文章往往就会跃上新台阶。

小、新、巧这三者不是割裂的、排斥的，角度选得好，可以是既新又小，还很巧，通过某一面多棱镜折射出纷繁的生活现象，揭示事物的本质。

精选角度最为重要的是锻炼眼光的敏锐度，事物外在的和内在的，实的和虚的，整体的和局部的，看得明，识得真。敏锐的目光又要与深入的思维结合起来，只有写作的人自己进入别有洞天的境地，笔下才会呈现出别有洞天的境界。要做到这一点，须对生活中的事物发生浓厚的兴趣，耐心地听，仔细地看，百听不厌，百看不厌，生活的潮水就会催开智慧的火花，使你会多生一双新眼睛，看到许多新奇的原来看不到也想不到的写文章的好角度。

【佳作借鉴】

河弯村的桥

　　河弯是故黄河湾里不起眼的一个小不点儿村庄，三五十户人家，倚堰而居。男孩女孩们大了，不再像憨厚淳朴的父辈，安分在祖遗的一方热土上生养生息，都想到外面的天地里去闯一闯。

　　绳一样的小路从村里牵出来，曲曲弯弯，刚好够走下一辆平板车，伸延到村外，便齐齐被一道横沟切断了。沟对面是一条宽宽的柏油路，东可以到县城，西可以到州府。在庄稼地里劳作的村民们，挂锄歇息时尽情遐思，就成了一幅风景。想那城里的人活该享福，厕所盖得像小洋楼一样，还贴着照人影的瓷砖片。那城里的女孩最会迷人，单眼皮儿会割成双眼皮儿，笑声里满是香粉味儿，高挺着胸脯，走起路来一耸一耸的。到了夜晚，更有那五光十色，闪闪烁烁。但让人遗憾的是，河弯村比城里可差得远了。就说那连接柏油路的沟面上吧，只架着一扇土改时从富农家拆来的门板。风吹雨淋日晒，作桥的门板已朽烂了。小村的人从上面走过到县城、州府去开眼界的，那可是数得清的有数几个。

　　这年春天，气候特别特别的好。十来个从联中毕业的男孩女孩，常常聚在一起嘀咕。有一天，回家把行装打成了一卷，背上一摞煎饼，还不忘在煎饼里塞进一包干干的盐豆儿，走过门板桥闯天下去了。那时正值早晨，暖风荡漾，遍野生机，烂漫的云霞染红了大半个天际。

　　一行年轻人走得义无反顾，很悲壮。

一村的人都出来，站在各自正冒着袅袅炊烟的房舍前观看，指点。

一个老头追到桥边就蹲下了，手拿着杆滚烫的旱烟袋，把露出两根脚指头的青布鞋鞋帮敲得很响。叹气声也很响。

不久，就下雨了。

雨停的时候，沟满河平，一派泥泞。村民们惊奇地发现，门板不见了，顺沟左右找了二里多路没找到，村民们就回家了。

从此，进村的人要挽起裤管，把一双鞋举在头顶上，蹚水进村；出村人要挽起裤管，把一双鞋夹在腋下，蹚水出村；白天滑倒过人，黑天跌进过人。一时间，出去进来的人没有了，河弯村和外界的联系就断了，冷落了。

这时，村民们也就常常念叨起那扇门板的好处了。

又是一年春天，出去的男孩女孩们回来了。说是下海了。腰粗的腰细的都穿着一身挺括的西服，打着领带，蹬着黑亮亮的皮鞋，个个很精神。人群里多了两个戴眼镜、撇京腔，有着白皙皙皮肤的城里人。一男一女，把村民们的眼睛都看直了。

不久，河弯村绳一样的小路拓成了宽阔的大道，尽头上来了一伙石匠，叮叮当当地凿石头，砌石头，不几天工夫，一座大拱桥连接上了宽宽的柏油路。

又不久，河弯村有了一个"河弯水产品养殖开发区"，接着又有了一个"河圳农贸产品生产总公司""河港蒲芦包装研究中心"。远处的男孩女孩们都跑到河弯来了。河弯里多了一片新崭崭的屋舍，还有楼房和那冒着青烟的高高烟囱……

　　河弯村红火起来了，也热闹起来了。领头的就是那群出去闯天下说是下海了的男孩女孩们！

　　一个老头倚着桥头问："外面的天地是什么样子？"

　　一个男孩扶着桥栏答："外面的天地大着呢！"

　　这篇文章发表在《解放日报》1993年4月26日《大地》文学副刊上，作者王耀。英国著名诗人威廉·布莱克有一首充满哲理的小诗，诗句是这样的："一沙见世界，一花见天堂。永恒寓瞬息，无际掌中藏。"从一颗沙粒中可以见到整个世界的纷繁，从一朵花中可以见到天堂的模样，可见这个"一"是多么重要。

　　写改革开放中华大地的巨大变化、勃勃生机，是关系社会全局的大题材，可从工业、农业的角度反映，可从商业、外贸角度反映，可从城市建设角度反映，可从科技、教育、卫生等角度反映。然而，如果定"格"在某一个"面"上，反映起来就十分不易。因为任何一个"面"都是情况错综复杂，材料众多，即使能驾驭得有条不紊，也会头绪纷繁，远非青少年学生所能胜任。因此，高明的作者总是精选反映的角度，定"格"在一个小"点"上，以"点"来反映"面"，反映整个大千世界。

　　《河弯村的桥》这篇文章的角度可说是小而又小。首先选的是一个极不起眼的小不点儿的村庄，人口稀少，几乎是与世隔绝。这个角度已经是够小的了，然而作者还要发挥眼睛的敏锐力，再从这小村庄中选取更小的角度，于是村庄通往外界的唯一通道——桥被选中了。

　　选取"桥"这么一个小角度写，如果只停留在原来只是块门板，如今修起了大拱桥这个水平上刻画，"小"就没能发挥作用。写"小"必须有远见，必须要见"大"。怎么才能见"大"呢？要把小的东西写透，开掘材料的内在潜能，表面看，选择的材料也许微不足道，但深入开掘，就能获得那个"大"，显示那个"大"。

　　这篇文章虽定点在"桥"上，内容也不繁复，但稍加品味，就可发现围绕"桥"组织的事件纵横交错。从纵的方面看,时间跨度大,着力写了两代人。其实又何止两代,父辈"安分在祖遗的一方热土上生养生息",祖辈呢?再往上推呢?不言自明。从横的方面看,以"河弯村"为中心点,到远村,到县城,到州府,到整个外界大天地。如果就"小"写"小",那就越写越小,写不出新意,写不出深刻的主题,不可能使人振奋;把"小"和时代、和社会有机地或隐或现地联系起来,就能把生活写开,写出广阔的视野和深邃的意境。

文章虚与实结合起来写,留给读者充分想象的余地。小村庄与城市发展的差别,用门板桥实写,用村民的"遐思"虚写;年轻人离家的"悲壮"和返乡时的"精神"分别具体描写,很"实",而年轻人怎样闯荡天下,有何等的艰辛,文中全都"虚"掉。虚实结合,篇幅紧凑,文中意、文外意更为丰厚。

"桥"打开了河弯村的大门,也打开了村民思想的大门,小天地的变化反映着大天地的变化,大天地的变化促进了小天地的变化。河弯村的红火显示了中华大地改革开放的红火。结尾老头与男孩的一问一答是点睛之笔。只要你有一双慧眼,无数新洞天等你发现、描绘、颂扬。

【习作评说】

山·飞蛾·大漠

我有一个不安分的灵魂,试图在短短的历程中,找到生命的内涵。于是,有许多沉思便在灯下徘徊而来——

一

我从山里走来。我的家乡,在那遥远而贫瘠的山区。茫茫的天空下,横卧着几个古老的小村。

每当夕阳西下，那层层叠叠的树呵，便将那房顶上袅袅的炊烟，将那牛背上悠悠的柳哨声，扯得好远，好远。家乡到处都是山，那些山雄伟挺拔，透着股男儿的阳刚之气，却丝毫没有小姑娘的秀气。父亲说，山就是山里人的性格。小时候，父亲常常牵着我的手，走在那坎坷的山路上，一路讲着动人的传说……

岁月悠悠，童年在父亲爱的甘露滋润下遥遥远逝。我长大了。我要走到山外面去，因为有一个更广阔的世界等待着我去了解，去探索。父亲说孩子你去吧，我等着你干大事业……爬过一道道山梁，父亲把我送出了山的怀抱。身后，父亲高大的身躯站成了一尊山的雕塑，那慈爱的目光变成了父亲给我永久的期待……一次次清幽的月光下，当我漫步在重点中学的校园里时，父亲的身影似乎总在我眼前晃动，童年的快乐时光勾起了我绵长的回忆。我忽然悟到父亲的眼睛正注视着出门求学的游子，父亲正期待他的儿子去攀登一座更高的山。呵，我从山里来，是山赋予我一颗心灵，是山给我风骨支起一个生命，是山给我灵性造就一种性格，那就要不负山的重托，让这个生命在寻求中放射灿烂的光辉。那就迎着风雨上路吧，莫再迟疑。

二

有人说，在青春岁月里，在成长过程中，有数不清的疑问和烦恼。犹记得很久以前的一个夜晚，天空飘着细雨丝，我独自徘徊在校园的路灯下，许多天来的不快萦绕心间。那路灯发出的淡淡的光晕，在这凄冷的夜色里，让人感到分外温暖和光明。我忽然发现，一只小小的飞蛾在围绕着路灯盘旋，它向往那温暖的光，一次次扑打在灯罩上，可是一次次它都弹回来。但它毫不气馁，屡败屡战。在这凄风苦雨中，它小小的躯体披一层金色的光，那样令人同情又令人充满敬意。我久久凝视着它——小飞蛾啊，你不怕你薄薄的翅羽会被冷风吹折吗？你不怕纤弱的躯体会被撞得粉碎吗？可它依然盘旋着，只要一息尚存，只要灯光永在，它就这样追求下去，永不停息。我看着那小虫儿，不禁一阵愧疚涌上心头。

小小的虫儿尚知在失败中追求光明和温暖，难道一个人不更应该努力地去追求人间的真善美吗？既然已踏上远征的路，那么在这路途中碰到多少失败和挫折，有多少烦恼和失意，又怎能阻止前进的脚步？扬起远征的帆吧，何必再徘徊？

三

暑假里，别人去泉城，去泰山，游山玩水自然是一种乐趣，而我则随兄长奔赴荒凉的西北大漠。明知大漠不是风景区，而我却是这般向往。因为我不再是一个顽童，我要用更深的东西充实心中那尚稚嫩的天地。

啊，看到你了，西北大漠！无边的黄沙蔓延在这片无边的土地上，凭你耗尽眼力呵，也看不到一丝绿意，没有潺潺流水，没有巍巍高山。蔚蓝的天空，看不到大雁北飞的身影，只有一堆堆舒卷的白云，像悠悠的历史风烟，在诉说人类的沧桑巨变。的确，大漠单调、寂寞，但是它又是那样博大和豁达呀，任你乘着思想的野马在这广袤的空间驰骋。好久未言语的兄长挑战似的说：

"在这人间,你想获得更广的世界吗?那么就向大漠深处前进吧,你会找到生命的绿洲……"我琢磨着兄长的话,心灵一阵颤动。是啊,真正的勇士是要具备勇于牺牲的精神,他的追求是无止境的。我忽然悟到了生命的责任,举步向前,在茫茫的沙漠中跋涉,再跋涉……

既然人生已找到前进的目标,既然曾背负着深厚的希望,那就勇敢地继续前进吧,何惧艰难险阻。

还有更多的事情等待我去思考和探索,更多的路需要我去走完,我会这样沉思着、追求着走完我的一生。让生命的枝头上,永远绽放灿烂的花瓣。

丁雪芹

这篇习作确立的主题很大,谈的是人生的理想、生命的意义和价值,人应该怎样为实现理想而终生奋斗。要表达这样大的主题,如果泛泛而论,说了许多别人都已说过的话,那就无特色、无个性,成了多余的文章。

习作者大概意识到了这一点,故而把大主题分解为三个角度来表现。第一个角度是家乡的"山"。由山的性格——"雄伟挺拔,透着股男儿的阳刚之气",讲述到山里人的性格,由山的形象,讲述到父亲犹如一尊山的雕塑,"山"给予从遥远而贫瘠的山区走到山外的儿女以灵性、以风骨。理想的追求,生命的价值,从山的性格幻化而出,打着山里人的烙印,载着父辈对儿女勇于攀登的厚望。山里的儿女借山言志,出山启程。

第二个角度是扑灯的"飞蛾"。飞蛾投火是波斯大诗人哈菲兹喜用的题材,如《哈菲兹抒情诗选·四十九》中有:"夜烛啊,发出你灿灿的光亮,把螟蛾吸引到灯下来!"德国大诗人歌德在《天福的向往》一诗中这样写:"我要赞美那样的生灵,它向往投入火中焚死。"因此,飞蛾扑灯常被用来比喻向往光明。习作者选此与自己在征程中的徘徊进行比较,坚定永不停息追求光明的信念,征途中的失败、挫折、烦恼、失意,均不能阻挡前进的脚步。

第三个角度是"荒凉的西北大漠"。舍弃游山玩水的乐趣,奔赴黄沙飞天的大漠,是自觉的追求,是人生的跋涉。兄长挑战似的话是树人生奋斗的高标,借这点睛之笔彰显为实现理想勇于牺牲的斗志。

三个角度都在叙说人生的追求,但它们又同中有异。首先是肩负父辈的期望,胸怀山的性格,步上生命的征程,起程的目的是让生命"在寻求中放射灿烂的光辉";第二部分着眼于百折不回,永不停息地追求美好的理想;最后寻求艰苦,锻炼意志,勇于牺牲,造就博大而豁达的胸怀。三个角度穿在一个"志"上,上路,途中,求索,层层推进,设计得比较巧,有新意。

文章开头"我有一个不安分的灵魂,试图在短短的历程中,找到生命的内涵",总领全文,三个部分内容均由此生发开来。结尾"让生命的枝头上,永远绽放灿烂的花瓣",与开头呼应,突出文章主题。

这篇习作尽管有斧凿痕迹,但初学写作的青少年学生宁可稍有堆砌而写得有气势,也不能干枯。

环境与人

随着工业生产的飞跃发展,环境问题日益成为全球性问题。工厂不断通过排放有毒或有害的气体、废渣或废水来污染我们的空气、水和土壤。在很多工业化的大城市里,人们在吸进氧气的同时,已经无法"拒绝"其他有害气体的混入。人们不得不饮用严重污染的水质很坏的水。这些都将对人的健康带来很大危害。而问题的根子在于很多地方在发展工业时没有全面考虑各方面的因素,从而受到了环境的惩罚。目前,这种情况正在改观,瑞典斯德哥尔摩在扩建城市时,特别注意了城市环境的绿化工作,在各建筑群之间,林木苍翠,绿草如茵,水域广阔,环境优美,对那里的空气、水质的净化都起了很好的促进作用。上海黄浦江上游的引水工程又是一个例子。当这个引水工程交付使用时,我们的环境能有更大改善。

这可说是一篇无角度的文章,东说一点,西说一点,泛泛而谈,但什么也没说明白。一会儿说环境问题是全球问题,一会儿说工业"三废"对人们的危害,一会儿说环境正在改观,究竟要说明环境与人怎样的关系,不得而知。

"环境与人"是个极大的题目,可写成长篇巨著,如果全面论述,可写洋洋数十万言,数百万言。一篇短文只能说明其中一个问题,要说明这个问题必须寻找一个角度,这个角度应该很小很小,以这个"小"反映实质性的大问题。比如,可从一家工厂的兴办不重视"三废"的处理以致污染环境、危害人体健康的事实说开去;又比如,可从废水化验的数据说开去;再比如,可从某地某街原来树木葱茏,而今树木枯死的变化说开去,说明人生活在环境之中,不懂得保护环境的重要,不采取保护环境的切实措施,必将受环境的惩罚。也可从另一方面论述——重视环境保护,人们深受其益。总之,无论从正面论述,还是从反面论述,都可以选择"小"角度,"点"定得小,把这个"小"写深写透,就能展示大道理。

不确立明确的写作意图,不围绕写作意图精选写作的角度,想到哪里,写到哪里,任笔游来游去,必不能写成像样的文章。

【要语一束】

写文章必须精选角度,角度精选与否关系到文章的成败。
写作角度力求小、新、巧。

弄清"小"与"大"的关系,把"小"的写透,就能以小见大。角度新,不因循守旧,才能写出新意。善于把观察事物的每一个角度进行过滤,巧选其中最佳的。

角度精选靠的是敏锐的眼光和对生活的浓厚兴趣。

九
用意绵密,一片浑成
——缜密构思

有这样一个故事,不知青年朋友听过没有?意大利佛罗伦萨的大公请名画家画幅油画,主题是佛罗伦萨人怎样勇敢地反抗巴比伦侵略军入侵。请的画家确实很有名,一位是艺术大师达·芬奇,一位是小有名气的年轻人米开朗琪罗。按当时的情况看,当然达·芬奇超过米开朗琪罗,在艺术功力、艺术造诣方面的高超达·芬奇举世公认。然而,两幅画展出以后,竟然米开朗琪罗的画胜达·芬奇一筹。这是什么原因呢?原来达·芬奇画的是两军对垒,刀光剑影,而米开朗琪罗只画了佛罗伦萨一方,画正在亚诺河里洗澡的战士听到军号声,立刻跳出水面拿起武器的动人场景,画出了战士斗志高昂的精神状态,在画的构思上别出心裁。这个故事是绘画史上的一则佳话。文学艺术许多方面相通,写文章也是如此,不缜密构思,是出不了佳作的。

【文心絮语】

我国古人论写作很重视文章的构思。刘勰在《文心雕龙·神思》一篇中指出构思是"驭文之首术,谋篇之大端",他认为构思是写文章头等重要的事。为什么头等重要呢?什么叫构思呢?怎样构思才能取得"一片浑成"的良好效果呢?

构思,顾名思义,在思想上构造,在写文章前对准备写的文章作总体设计。写文章切忌想到一点就动笔,或者边想边写,像挤牙膏一般。要构造好一篇文章,须对文章的方方面面通盘考虑,力求周到绵密。从确立写作意图,到材料的选择与剪裁;从主题的开掘,到表达方式、表现技巧的选定；从篇章结构的安排，到词句的遣造；从标题的确立，到标点符号的选用，等等，一系列的思维活动须认真切实地进行。凡是有成就的作家，在这方面都有过人的做法。列夫·托尔斯泰是三大传世之作——《战争与和平》《安娜·卡列尼娜》《复活》的作者，他在创作小说时，为了组织情节，塑造人物，苦心构思，常常到废寝忘食的地步。他走路想着作品里的人物，说话时也想，睡觉到半夜，醒过来还想。可见构思到了何等的程度，真是殚思竭虑。构思的程度如何往往决定文章质量的高下，所以不能掉以轻心。

构思最为重要的是善于发现，善于开掘，从总体上反反复复酝酿。在生活中感觉到的东西，有时觉得很新鲜，甚至引起内心的激动，但感觉到的东西并不能够真正理解，真正认识。要真正认识，深刻理解，非经过深思、精思不可。

怎样才是深思、精思呢？用人们赞扬俄国短篇小说大师契诃夫的话来说，就是"把日常生活的矿石变成宝贵的金子"。先要在生活中发现多种多样的矿石，然后善于开掘，从中提取出十分有价值的金子。怎么才会"变成"？那要下功夫占有材料，对材料进行分析、比较、归纳、综合，从中提炼出文章的"意"。然后再根据写作的主旨，选择最佳的表达方式表达。深思、精思的过程就是认识不断深化的过程，也是认识飞跃的过程。

例如作家金马有这样一篇小品：《"凌绝顶"也是起点》。"会当凌绝顶，一览众山小"这一名诗句，生动地形容当人们登上千仞顶峰时拥抱一览无际的天空，俯视山腰游荡的白云的豪迈情怀。可是有些人登上顶峰后，反而有一种莫名的惆怅，包括乘阿波罗号登月飞行成功的埃德温·奥尔德林。他获得了超越常人的巨大成功后，反而精神崩溃，觉得生命中不再有有价值的活动。作家发现和占有了这些生活的矿石，深入地分析、研究，发现并开掘出其中闪光的东西。那就是"凌绝顶"绝不是事业的终点，而是生命"下一站"的起点，要警惕"顶峰意识"的困扰，要注意"攀登意识"的不断更新，不断强化。

发现、开掘，准确地找到"宝贵的金子"，是构思的重要成果，但不能就此止步，还须从总体上反复酝酿、斟酌。选用最典型的材料，确立最能表现写作意图的思路，使用最恰当的语言，等等，均要在思想上精心构造。如《"凌绝顶"也是起点》一文并不是开门见山就亮出观点，登"绝顶"从来令人向往而敬佩，突然一下子变成"起点"，就会给人以丈二和尚摸不着头脑的感觉，影响阅读效果。作者采用了步步诱导的方法。先考虑"凌绝顶"的心理佳境——"一种空前的满足"，再考虑产生的奇怪心理——"莫名的惆怅"，然后思索产生"惆怅"的原因——"顶峰意识"的困扰，以典型事例证明，最后指出解决问题的出路——"顶峰"也是"始端"。表现主题的构思常见的方法有：

直言奉告。按事情发生的前因后果及进程，按物体的现象与实质，从正面述说，把自己的认识、想法、感情直接向读者吐露。按照生活的本来面貌记叙、描写、说理，平实朴素。如朱德同志的《回忆我的母亲》一文，按时间的先后顺序，记叙了母亲一生中的主要事迹，如退佃搬家、送我读书、同情革命、热爱劳动与支持革命等，表现母亲坚强不屈的性格。这篇悼念母亲的叙事散文，开头由情入笔，总领全文，"得到母亲去世的消息，我很悲痛。我爱我母亲，特别是她勤劳一生，很多事情是值得我永远回忆的"；结尾表达对母亲的深切悼念——"我用什么方法来报答母亲的深恩呢？我将继续尽忠于我们的民族和人民，尽忠于我们的民族和人民的希望——中国共产党，使和母亲同样生活着的人能够过快乐的生活。这是我能做到的，一定能做到的"。写得十分感人。这种构思最为平实，也最为基本，对初学写作的人来说，学会这种构思尤为重要，因为它是表现主题最基本的方法，是基础。直言奉告，容易把事情说清楚，但不容易醒人耳目，不容易感人，常使人觉得平淡无奇。采用这种方法表现主题，构思时要在感情真挚、思想深刻上下功夫。犹如某种商品，样式平常，但质量超群。平中寓深意，平中见真情，文章的分量就厚实了。

旁敲侧击。不是直接表达写作意图，而是采用迂回战术，从事物的不同侧面，曲曲折折地表达。这种构思往往以奇取胜，出乎读者意料。鲁迅的讽刺小品《立论》就是这方面构思的典范。

> 我梦见自己正在小学校的讲堂上预备作文，向老师请教立论的方法。
>
> "难！"老师从眼镜圈外斜射出眼光来，看着我，说："我告诉你一件事——
>
> 一家人家生了一个男孩，合家高兴透顶了。满月的时候，抱出来给客人看——大概自然是想得一点好兆头。
>
> 一个说：'这孩子将来要发财的。'他于是得到一番感谢。
>
> 一个说：'这孩子将来要做官的。'他于是收回几句恭维。
>
> 一个说：'这孩子将来要死的。'他于是得到一顿大家合力的痛打。
>
> 说要死的是必然，说富贵的许谎。但说谎的得好报，说必然的遭打。你……"
>
> "我愿意既不谎人，也不遭打。那么，老师，我得怎么说呢？"
>
> "那么，你得说：'啊呀！这孩子呵！你瞧！多么……阿唷！哈哈！Hehe！he，hehehehe！'"

这种构思绝妙。老师好像回答了学生的问题，但又好像没有回答，要表达的意思尽在不言中。文章一箭数雕，既鞭挞了说谎者，又称赞了说真话的老实人，更矛头直刺不表任何态的圆滑的"聪明人"。主攻对象是圆滑的"聪明人"，可以指文坛上立论模棱两可的圆滑者，可推及社会上各行各业各个阶层中的此类人，社会意义极为深刻。鞭挞、斥责圆滑者，作者未直说，而是采用旁敲侧击的办法，放在一个故事中充当角色，在比较中揭示卑劣的灵魂。用少许笔墨勾画出如此多的嘴脸，揭示如此广泛而深刻的社会意义，非大手笔是做不到的。但是，只要认真领会，我们可从中受到启发。用旁敲侧击的方法表现主题，须注意：奇，要既在意料之外，又在情理之中；侧，要紧扣中心，不能旁而无边，侧而无当，千万不能因迂回而忘记写作主旨，用旁及的材料淹没中心。

托物言志。"借景以引真情""借物以寓其意"，不直接表露写作意图，而是假借"物"来表达自己的心志。构思这种表现主题的方法，最为重要的有两点：一是"物"要选得准，选得小，选得巧；二是"物"与"志"之间要有内在联系。内在联系越紧密，"物"就选得越准，越能"以小见大"，表达深沉的、深邃的思想。如韩静霆的《爱藕说》中有这样一段："藕，自生于世间，便委身水下，不见日月，在浊泥污土的围困中生活。一旦出淤泥，风采翩翩，洁似玉，白如雪，一尘不染。不是贞洁操守，孰能如此？它孔窍玲珑，称得起虚心；它居下而有节，贫贱不屈；它虽然嫩而且柔，藕芽儿却能穿透青泥碧水，劲挺起翡翠一般的绿茎，托起红花碧叶，算得上柔中有刚。"

这段文字纯是描写"物"，这个"物"就是"藕"，平凡的、常见的，人们经常食用的，"物"选得小。先安排藕的生存环境，围困在浊泥污土中，不见日月，再着力考虑它的内在品质。而表现内在品质时，进行多角度多方面的思考，从气质、品德、修养、性格等方面刻画它，颂扬它的贞洁操守：贫贱不屈、虚心通达、柔中有刚。作者要表达的是怎样的心志呢？"也想把真挚的感情献给千千万万劳动妇女——伟大的含辛茹苦的母亲。""物"与"志"之间有紧密的内在联系，作者借藕言志，歌颂含辛茹苦、默默奉献的高尚品质，以小见大。文章先考虑荷花、莲叶、莲蓬和藕，四位一体，挑明自古以来诗人咏前三者，对藕却缺乏诗情；然后着力思考藕这"藏在泥水深处的诗题"，多方面表现它的内在气质；再进而与荷花、莲子比较，用三个"谁知"的句子——"谁知它生于何时""谁知它年寿几何""谁知它有几多辛劳"，刻画它默默奉献的精神；再插一笔它药用、食用，尤其是哺育天下幼儿的价值；最后直抒胸臆，表露热爱伟大母亲的感情和颂扬奉献的精神。构思的线索十分清楚。托物的"物"

要写透，写出其本质特征，否则文章的"志"就缺乏扎实的依托。

以上所述，是就文章的通篇构思而言。不同体裁的文章具体运用时可有千差万别，在某些方面还可综合起来考虑。只要动脑筋，知其"一"也就能领悟到"三"了。

对文章的局部，构思也要精细。有的部分粗线条，一带而过，有的部分须细密，精雕细刻。哪怕是一段话、一个场景，写作者也要反复构思，苦心经营。如《记一辆纺车》中许多纺车竞赛的场景，气势之所以万千，离不开作者的缜密构思。"在坪坝上竞赛的场面最壮阔，'沙场秋点兵'或者能有那种气派。不，阵容相似，热闹不够。那是盛大的节日赛会的场面。只要想想，天地是厂房，深谷是车间，幕天席地，群山环拱，世界上哪个地方哪个纺织厂有那样的规模呢？你看，整齐的纺车行列，精神饱满的竞赛者队伍，一声号令，百车齐鸣，别的不说，只那嗡嗡的响声就有飞机场上机群起飞的气势。那哪里是竞赛，那是万马奔腾，在共同完成一项战斗任务。因此竞赛结束的时候，无论纺得多的还是纺得比较少的，得奖的还是没有得奖的，大家都感到胜利的快乐。"纺车竞赛这件事，直接叙述仅一二句，如那样写，就十分干瘪，难以动人。作者采用了极力渲染的手法，与"沙场秋点兵"比较，以万马奔腾为喻，以天、地、群山、深谷为背景，描绘规模、阵容、气势，既有"物"的展示，又有"人"的情意。作者如不精心观察，反复思考立体与背景，不多角度多方面展开联想，调动多种表现手法，不可能写得如此有声有色，不可能如此有声有色地抒发战斗豪情。

写作前的构思过程，一般说来有三个阶段。第一阶段抓住写作主旨和材料思考，究竟确立怎样的主旨，选择哪些材料，怎样表达，定方向，定规模，使文章在脑子里有个雏形。第二阶段反复酝酿，从内容到结构，从表现方法到语言运用，从文章整体到文章局部乃至细部，进行周密的思考，把一个个问题想仔细、想清楚。酝酿的过程是认识深化的过程，也是不断修改雏形、丰富雏形的过程。第三阶段瓜熟蒂落，水到渠成。反复酝酿时，思路要开阔，联想要丰富，要撒得开，但在广泛思考的基础上要敢于收拢，善于取舍，最终确立文章的主旨、框架、写法、语言，犹如瓜熟蒂落，百川归海。客观事物极其复杂、纷繁，要洞悉它们非一日之功，要生动地反映它们，就得在构思上狠下功夫。俄国作家车尔尼雪夫斯基说："思索，思索，再思索，否则不值得写，没有经过深思熟虑写下来的东西，本来就一钱不值。"写文章脑子里由朦胧到清晰，由泛说到精彩纷呈，不积极思索，不用意绵密，行吗？

文前构思最常用的方式是两种。一是打腹稿。动笔之前在脑子里设计，全方位地考虑要写的方方面面。二是列提纲。用简短的文句提纲挈领地记下思考的要点。对初学写作的青少年学生来说，后一种构思方式尤为重要。列提纲，明确写作主旨，搭好文章框架，然后反复推敲，进行修改。列提纲，就是对文章进行总体设计，记录构思的成果；修改提纲，也就是修改设计，促使思考问题更为清晰、更为周密。提纲列得手熟，思维的逻辑性、周密性就得到有效的训练，脱开纸打腹稿也就不困难了。

【佳作借鉴】

向中国人脱帽致敬

记得那是12月，我进入巴黎十二大学。

我们每周都有一节对话课，为时两个半钟头。在课堂上，每个人都必须提出或回答问题。问题或大或小，或严肃或轻松，千般百样无奇不有。

入学前，前云南省《滇池》月刊的一位编辑向我介绍过一位上对话课的教授："他留着大胡子，以教学严谨闻名于全校。有时，他也提问，且问题刁钻古怪。总而言之你要小心，他几乎让所有的学生都从他的课堂上领教了什么叫作'难堪'……"

我是插班生，进校时，别人已上了两个多月

课。我上第一堂对话课时，就被教授点着名来提问："作为记者，请概括一下您在中国是如何工作的。"

我说："概括一下来讲，我写我愿意写的东西。"

我听见班里有人窃笑。

教授弯起一根食指顶了顶他的无边眼镜："我想您会给予我这种荣幸，让我明白您的首长是如何工作的。"

我说："概括一下来讲，我的首长发他愿意发的东西。"

全班哄地一下笑起来。那个来自苏丹王国的阿卜杜勒鬼鬼祟祟地朝我竖大拇指。

教授两只手都插入裤袋，挺直了胸膛问："我可以知道您是来自哪个中国的么？"

班上当即冷场。我慢慢地对我的教授说："先生，我没有听清楚你的问题。"

他清清楚楚一字一句，又重复一遍。我看着他的脸。那脸，大部分掩在浓密的毛发下。我告诉那张脸，我对法兰西人的这种表达方式很陌生。不明白"哪个中国"一说可以有什么样的解释。

"那么，"教授说，"我是想知道：你是来自台湾中国还是北京中国？"

雪花在窗外默默地飘。在这间三面墙壁都是落地玻璃的教室里，我真切地感受到了那种突然冻结的沉寂。几十双眼睛，蓝的绿的褐的灰的，骨碌碌瞪大了盯着三个人来回看，看教授，看我，看我对面那位台湾同学。

"只有一个中国，教授先生。这是常识。"我说。马上，教授和全班同学一起，都转了脸去看那位台湾人。那位黑眼睛黑头发黄皮肤的同胞正视了我，连眼皮也不眨一眨，冷冷地慢慢道来："只有一个中国，教授先生。这是常识。"

话音才落，教室里便响起了一片松动椅子的咔咔声。

教授先生盯牢了我，又递来一句话："您走遍了中国么？"

"除台湾省外，先生。"

"为什么您不去台湾呢？"

"条件不允许，先生。"

"那么，"教授将屁股的一边放在讲台上，搓搓手看我，"您认为在台湾问题上，该是谁负主要责任呢？"

"该是我们的父辈，教授先生。那会儿他们还年纪轻轻哩！"

教室里又有了笑声。教授却始终不肯放过我："依您之见，台湾问题应该如何解决呢，如今？"

"教授先生，中国有句老话，叫作'一人做事一人当'。我们的父辈还健在哩！"我说，也朝着他笑，"我没有那种权力去剥夺父辈们解决他们自己酿就的难题的资格。"

我惊奇地发现，我的对话课的教授思路十分敏捷，他不笑，而是顺理成章地接了我的话去："我想，您不会否认邓小平先生是你们的父辈。您是否知道他想如何解决台湾问题？"

"我想，如今摆在邓小平先生桌面的，台湾问题并非是最重要的。"

教授浓浓的眉毛如旗般展了开来并且升起："您认为在邓小平先生的桌面上，什么问题是最重要的呢？"

"依我之见，如何使中国尽早富起来是他最迫切需要考虑的。"

教授将他另一边屁股也挪进讲台，换了个更舒服的姿势坐好，依然对我穷究下去："我实在愿意请教，中国富强的标准是什么？这儿坐了二十几个国家的学生，我想大家都有兴趣弄清楚这一点。"

我突然一下感慨万千，竟恨得牙根儿发痒，狠狠用眼戳着这个刁钻古怪的教授，站了起来对他说，一字一字地："最起码的一条是：任何一个离开国门的我的同胞，再不会受到像我今日要承受的这类刁难。"

教授倏地离开了讲台向我走来，我才发现他的眼睛很明亮，笑容很灿烂。他将一只手掌放在我肩上，轻轻说："我丝毫没有刁难您的意思，我只是想知道，一个普普通通的中国人是如何看待他们自己国家的问题。"然后，他两步走到教室中央，大声宣布："我向中国人脱帽致敬。下课。"

出了教室，台湾同胞与我并排儿走。好一会儿，两人不约而同地看着对方说："一起喝杯咖啡，好么？"

一堂对话课绝非一般的师生对话，而是斗语言艺术的课，斗智慧的课，斗民族志气、民族自尊的课，构思很有特色。

文章的"意"是经过深思熟虑的，振奋人心。教授发问的刁难，实际上是来自思想上的不尊重，如果作为记者的"我"唇枪舌剑一番，貌似长了自己的志气，但落入了人云亦云的窠臼，缺乏新意。由"刁难""我"的教授大声向学生宣布"我向中国人脱帽致敬"，不是向一个学生，而是向"中国人"，不仅"致敬"，而且要"脱帽"以表示真诚，话音骤响，中国人的尊严得到了应有的尊重。在众多国家的学生面前，经过一番智斗、苦斗，中国人捍卫国家尊严、大义凛然的气概征服了所有在座者，从根本上大大长了中国人的志气。这是文章最为闪光的地方。

文章表达主题采用了直言奉告的方法。表面看平平实实，先发生的事先说，后发生的事后说，最后揭示主题；稍加探究，就可知道作者构思是何等细密，平中有巧，平中出新。

第一，材料的组合环环紧扣，步步进逼。教授问了一系列问题，这些问题分为几组，由问工作入手，进而问来自哪里，再进而问中国富强的标准，每一组又有若干小问题，特别是对台湾问题揪住不放。这些问题怎么问，又怎么答，如不深思熟虑，精心构思，就不可能问得"刁钻古怪"，答得义正词严。而且起始的答问比较平和；发展进程中犹如"拉锯战"，几度纠缠，气氛开始紧张；触及国家尊严是问题的实质，紧张气氛加剧；最后气氛急转，由紧张而缓和而轻松。正因为问答的内容、问答之间的关系与衔接作了极其精细的设计，故而如水下泻，一气呵成。

第二，人物的配置也做了精心安排。文章写的是一场对话的场景，有主要人物，有众多的"配角"。主要人物之一——教授，不仅写其声，而且绘其形，连"坐"的细节都精心设计了，真是栩栩如生。如果把教授写成敌视中国的，对话的深刻含义就大为削弱。教授以教学严谨闻名全校，以问题刁钻古怪在学生中流传，曾使几乎所有学生因窘于回答而难堪，有这样的铺垫，教授的一连串发问就有了基础。教授的"问"，"我"的"答"不时引起课堂上同学的反应，人物活动主次分明，又浑然一体。如文前不细心筹划，不可能如此天衣无缝。

第三，语言运用也费一番斟酌。对话当然要以语言取胜，所以通篇语言都比较简洁、精彩，有的显然作了推敲。如教授"穷究""我"，意图造成"我"更大的难堪时，"我突然一下感慨万千，竟恨得牙根儿发痒，狠狠用眼戳着这个刁钻古怪的教授"，这个"戳"用得极好，把此时心中的恨十分形象地表达出来。

钟丽思同志写的这篇文章发表于1992年第12期《读者文摘》，

在立意、组材、语言、表现方法等方面的构思值得借鉴。

在联邦德国海姆佗市市长接见仪式上的答词

尊敬的市长先生，尊敬的 S 基金会理事先生；女士们，先生们：

由于景慕海姆佗的大名——我们早就从优美的德国民间故事里熟悉她了——中国作家代表团提前半小时到达贵市。

在进入这座市政大厅之前，我们已经漫游过广场，在街心露天咖啡馆喝了饮料，并且欣赏过几乎任何商店橱窗全都陈列着的大大小小的老鼠，棕黄色，安了胡髭，既像是皮革缝制的，又像是泥巴捏成的可笑的老鼠。最重要的是，我第一个发现了那位花衣吹笛人（这使我不禁有点得意了），于是，我赶紧挎着照相机过去同他攀谈，同他合影留念。（会场活跃，笑声）

我和花衣吹笛人谈了一些什么呢？没有什么需要保密的，完全可以公开。（笑声）首先我招呼他："哈罗！穿花衣服的先生，您好哇！原来，您藏在人群中，叫我好找！"他似乎抱歉地耸了耸肩膀（笑声），接着，我就对他自我介绍："我是一个中国作家，在那遥远的东方，我读过你们德国作家写的关于您的书。我了解您，您是一位本领高强的魔法大师，您有一支魔笛，这会儿，它就捏在您的手中，不是吗？"可是，花衣吹笛人既不点头，也不走开，只是一个劲儿地瞅着我，眼珠子眨也不眨，仿佛在打量我说的到底是不是真话。（笑声）我不管这许多，便开始求告他："喂，伙计！自打我来到联邦德国，就听到人们在抱怨，

九 用意绵密，一片浑成　　　　　　　　　　　　　　　　141

说是如今有不少德国青年，只顾个人轻松快活，不愿结婚成家，因此……（全场活跃，交头接耳）儿童越来越少了，人口结构也出现了老化的趋势……（热烈鼓掌，欢呼，跺脚）我很同情德国人，喂，先生，您听明白了没有？我很同情德国人，先生，请您再也不要把海姆佗的孩子带走了，行吗？"（热烈鼓掌，欢呼，跺脚）我见这位魔法大师动了心，便又趁热打铁，对他解释："过去统治海姆佗的那帮该死的贵族老爷，早就完蛋了！他们说话不算数，又愚蠢，又小气，如今的海姆佗市长先生和他的同僚先生们，可是一些信守诺言的好人！（欢呼，鼓掌）假如他们应许了您什么，只管伸手向他们要好了！他们会给的，一定会给的，我知道，现在的德国人有的是钱……（哄堂大笑，鼓掌）因为，联邦德国是一个工业发达的国家。"不过，听了我这一番话，花衣吹笛人是怎样考虑的，我可来不及讨个回音，因为接见的时间到了，我们的司机 Uwe Laue 先生催我上车了，我只来得及最后大喊一声："行行好吧，先生！"（大笑，跺脚，热烈鼓掌）便直奔这座大厅。

　　上面这一席话，可以当作我们中国作家代表团对海姆佗建城一千年庆典的贺词，也是我本人和我的同事们对诸位如此热情动人的欢迎仪式的报答。（热烈鼓掌）

　　只要从括号里记录的听众的强烈反应，就可知道这篇讲演稿写得多么成功。作者是公刘，当代著名诗人，1987 年 4 月率中国作家代表团赴联邦德国访问，在联邦德国海姆佗市市长接见仪式上讲这番话的。

　　讲话的目的很明确，在表达对海姆佗市市长及德国人民赞美之情的同时，指出德国存在的一个社会问题，并深表同情。这样的主旨如果平铺直叙，直言奉告，对方不一定能接受，效果不一定好。作者巧妙构思，用旁敲侧击的手法来表现主题。

德国有一个家喻户晓的民间故事：过去，海姆佗市鼠害严重，一个从外面来的花衣流浪汉声称能用魔笛除鼠。当地贵族应允待祸患除尽，就重金酬谢。花衣人吹魔笛把老鼠引入河中淹死。事成之后，贵族背信弃义，不付酬金，花衣人大怒，再吹魔笛，使这个城市的一百几十名儿童出走。作者借助故事巧妙地指出德国社会存在的人口结构老化的问题。如果作者把现成的故事复述一遍，那就味同嚼蜡了。作者以德国民间故事为依据，从总体上设计了一个蕴含深意的新故事。它的形式是访问者与花衣人的对话，核心问题是向花衣人"求情"，"不要把海姆佗的孩子带走"，捎带谴责过去贵族的愚蠢、小气，赞美今日当政的市长的明智。构思这部分内容，有板有眼。先自我介绍身份，然后赞扬花衣人，再向他诉说德国社会上的一问题，向花衣人求情，边说边叙述描写，妙趣横生。明明是编造的故事，因为考虑得周密，语言也设计得幽默，生动形象，犹如发生在眼前。

以漫游广场，大大小小老鼠构成的商店橱窗世界，作为故事的铺垫；以大喊一声"行行好吧，先生"结束故事，强化主题，均是缜密构思的功劳。

【习作评说】

照片

照片上三个人。三个都是女性。

三个人的神态很不协调。左边一位刚过中年，雍容华贵；右边一位很年轻，俏丽窈窕。她们对着镜子笑着，都如天仙一般美，她们搀着中间那位矮老太太。老太太扎一块方头巾，下身穿一件很像围裙的花格肥裙子，两腿边的肉已有些下垂，拽着半张开的嘴，她的两眼就在那一刹那被定格，仿佛永远在不停地张皇回顾。她挖挲着两只手，那样的无可奈何，好像并不是在拍照，而是正遭绑架。

背景很辉煌，基调是处处闪光的咖啡色加紫色。身后是一扇玻璃转门，透过门外的树丛，能隐约辨出阳光下的海滩。

"两边的丽人是华侨，中间是从大陆去的姑妈姨妈或老表姐。老太婆有点眼花缭乱了……"我将照片带到班里去的时候，围观的同学纷纷这样猜测。

"是在日本！"——这是细心的人，因为在转门上方，能看到一行夹着汉字的那一国的特殊文字。由于这一确定的事实，于是七嘴八舌演绎出一连串的故事：日本投降后这位姨妈姑妈或表姐留在中国，直到最近才经我方帮助找到亲人，等等。

但不管怎样编来编去，大家好像存在着一种默契，有一个共同确认的前提：穷老太婆必定来自"大陆"或"内地"，两位"丽人"自然是不同于"我们"的人了。这总使我的心里以及关于这张照片的故事，在本来的沉重感上又增加了一丝苦味。

"这是安阿姨。"我指着左边那位说，"右边是她的学生。她们既不阔也不是华侨，都是本市市民。老太婆倒是地道的日本人，且并不老，只比安阿姨大一岁。"

安阿姨是"舞协"会员。同她的学生等去日本的一座友好城市访问演出。照片是在她们下榻的饭店前厅拍的。从住进饭店起，她们就注意到了那位老太婆。她总是默默干活，从不抬头也不休息。一连几天，她们看到的似乎只是那块花头巾。仿佛从她身旁来往的人，以及沙滩、阳光，总之外部世界的一切都与她无关。出于我们的观念，安阿姨对她产生了由衷的关心，开始用学来的简单用语同她打招呼。她分明听到了，但从不回答，只是更低地埋下头去。

一天下午，安阿姨她们回来，正碰上她在前厅擦地板，于是走过去，要同她合影留念。她明白她们的意思后，第一个反应要逃开。她们一左一右挽住她，由同团的同志拍下了这张照片。几乎同时，她像瘫倒一样跌坐在地上，然后，竟嘤嘤地哭了起来……

夜里，安阿姨们听到门外有窸窸窣窣的声音，开门一看，她跪坐在门边。她急急膝行进屋，抱住了安阿姨的腿……

代表团的人都悄悄聚到安阿姨的房间里。

她来请求帮助，请代她去申明：拍照不是她的错，她是无辜的。不然，她就会丢了这份差使。她说自己是"乞儿族"的人……

历史好像一下倒退了几个世纪。

在今天的日本人中，存在着一个阶层，一个类似印度"贱民"的阶层，被称作"乞儿族"。他们不能参与任何高级社会活动。一般日本人，连同他们谈话也觉得耻辱。他们赖以谋生的职业，只能是被一般人唾弃的行当。这个阶层形成于三百多年前日本的幕府时代。当时的奴隶，即今天的乞儿族。他们曾被严禁与一般人正面相向。直到20世纪初，在遇到社会地位较高的人时，还必须立即匍匐在地。

更为严酷的是,他们的这种地位与身份都是世袭的,永远不能摆脱或超越。今天,他们的人数已超过三百万。

"那一夜,我们都没睡。"安阿姨在讲完上面那段故事后说,"怎么能睡得着呢?心头那股压抑,使人总想狂喊几声。我久久站在窗前,望着那个城市、那片璀璨的灯海,望着望着,就掉了眼泪……我理不清自己的思绪,但有一点是强烈的:我想念我们的祖国,想念我们这个城市……后来,我们互相拥抱着,像孩子一样痛哭起来……

"按照对她的许诺,我们做了我们能做的一切,但直到回国前,却再也没有见到她……她还有两个未成年的孩子,她要挣钱养活他们……"她的声音哽咽了。我们都沉默着。

许久,安阿姨的丈夫深情地说:"她保住了那份可怜差使又会怎样呢?她抚养大了自己的孩子,反会使他们陷入更深的屈辱之中……"

我陷入了沉思。

李倚天

这篇作文语言流畅,主题蕴含深意,耐人寻味。

"意"显然经过提炼。如果文章只揭露日本乞儿族奴隶生涯的悲苦,那只能博得读者的同情。习作者在这个基础上开掘,记述了安阿姨和全团同志想念祖国的激动情景,抒写了自己的同窗伙伴不知世事对照片的猜测,使我"在本来的沉重感上又增加了一丝苦味"的感受。"意"往深处发展,它揭示了这样一条真理:砸碎了奴隶枷锁站起来的中国人,享受着做人的尊严,是无比幸福的。

要表达这样的主题,习作者从一张照片入笔,以小见大,设计是好的。文章开头设计了对照片中人身份的猜测,形成悬念,然后叙述事实真相，让读者在意料之外中获得启迪。

交代照片的由来，以及由照片引出的穿花格肥裙子穷老太婆的遭遇，并由此引出地位低贱的乞儿族的苦难，用了直言奉告的方法，把事情叙述得清楚明白。

然而，从整篇文章来说，由于构思不够精细，漏洞不少。

第一，文气不能贯通，前后两个部分缺乏必要的关联。前七段着重描绘照片，议论照片，猜测照片内容，地点是教室；从第8段开始，讲述照片由来。是习作者讲给同学听的，还是安阿姨讲给习作者听的，未作交代。当然，安阿姨不可能自己到教室对同学讲，而是习作者的转述。既然是转述，就应交代清楚。

第二，前半部分教室里出现的同学，到文章的后半部分均不见了。有关照片的故事是讲给谁听的呢？听的人有何反应呢？不清楚。学生习作中常常发生写人把人丢了的毛病，究其原因，往往是习作开头构思的功夫花得较多，写得较好，写到后面，思考得不够，就丢这忘那了。这篇习作如写几笔听众的反应，内容就比较完整，"意"也能表达得更为清晰。

第三，文末突然增添人物，也缺乏必要的交代。安阿姨的丈夫在文章结尾处突然出现，并且说了一段意味深长的话。文中可以出现这个人，但究竟是在日本，还是在安阿姨的家里，还是另外什么地方，缺乏交代。正由于缺乏交代，就显得十分突然。

有的地方考虑也欠精细，比如"穷老太婆必定来自'大陆'或'内地'"，"大陆"和"内地"不能并列，大陆中有沿海，大陆中有内地。

由此可见，文前构思须十分缜密。文章的全局、文章的局部乃至一些细节，都要在脑子里过几遍，力求想清楚，想透彻。构思功夫深，下笔就会如行云流水，天衣无缝。

这篇习作尽管在构思上有欠缺，但还是一篇比较好的文章。

【要语一束】

文前构思是"驭文之首术，谋篇之大端"。

构思是对一篇文章总的筹划，总的设计，是从立意、取材、谋篇到表达的整个思维过程。

构思要精细，先在脑子里搭文章的雏形，然后反复酝酿，从总体到局部到细部，并不断修改、补充，最后选择最佳方案。

构思表现主题的方法，可直言奉告，可旁敲侧击，可托物言志，可多种方法综合运用。

构思常用的形式：打腹稿，列提纲。

十
精工巧作，织锦成文
——连缀组合

　　文章不仅要言之有物，有充实的内容；而且要言之有理，有令人信服的道理，开人心窍的思想；还要言之有序，按照一定的规律连缀组合，织成美好的篇章。

　　任何一篇文章要做到表达上的"言之有序"，须在谋篇布局上精工巧作。好比盖房子，尽管砖瓦、木材、钢筋、水泥等建筑材料准备齐全，但怎么结构，怎么布局，很要一番斟酌。清朝戏曲理论家、作家李渔在《闲情偶寄》中说到结构篇章时指出："基址初平，间架未立，先筹何处建厅，何方开户，栋需何木，梁用何材，必俟成局了然，始可挥斤运斧。"动斧斤之前须考虑房子里什么地方建厅堂，什么地方开门，栋和梁各需要怎样的木材。一句话，盖房子前先要把框架结构设计好，否则丢这忘那，边盖边改，事倍功半。写文章如建造房屋，下笔前要把文章的框架结构谋划好。

【文心絮语】

　　谋篇布局就是按照一定的逻辑顺序，在主题的统率下，把表现主题的有关材料进行安排，先写什么，后写什么，怎么展开，怎么过渡，怎么结尾，有条不紊地组成完整的篇章。古代文章家认为"章有章法"，认真按章法办事，能使文章"首尾开阖，繁简奇正，各极其度"。当然，谋篇的方法不是一成不变的，可根据文章的内容灵活运用。

　　谋篇布局涉及文章的各个部分，如开头与结尾，段落与层次，过渡与照应，以及贯串全文各个部分的线索等。文章的整篇要谋划，文章的各个部分要巧安排。把握每个方面的要求，写出来的文章就能结构完整、层次清晰、条理分明、繁简得当。

谋篇布局最为重要的准则是要突出文章的主题。

在谈文章的立意时，已经谈到"意犹帅也"，文章的主题、写作的主旨，是文章的将领，统帅；"兵随将转"，文中的词句、篇章犹如兵卒，听统帅调遣。例如臧克家的《有的人》是首新诗，热情赞颂鲁迅"俯首甘为孺子牛"的革命精神。为了突出这个主题，诗的起始段开门见山地捧出人生哲理："有的人活着，他已经死了；有的人死了，他还活着。"运用两组对立的概念，造成强烈的悬念，犹如奇峰突起，警钟骤鸣，提出人生的实质性问题后，诗进入第二层次。分别对虽生犹死和虽死犹生的两种人具体描写，具体写他们对人民的态度、对个人的名利和对生活的目的。第三层次写人民对这两种人的态度。每个层次又各由三个小段组合而成。这样组织材料，中心突出，条理分明，褒什么，贬什么，一清二楚。简单的诗歌、文章是如此，复杂的文章更要注意突出中心，犹如一棵大树，枝叶十分繁茂，如果不按一定的脉理组合，势必连主干也不清楚了。材料十分丰富的文章，空间转换多、时间跨度大的，更要精工细作，丝丝线线都要梳理清楚，把每个材料放在合适的位置上，安排得井然有序，千万不能材料凌乱或随意堆砌，以致淹没主题。法国大雕塑家罗丹曾这样说："一件真正完美的艺术品，没有任何部分是比整体更重要的。"同样道理，文章要完美，整体布局十分重要。

谋篇布局要遵循的另一准则是要符合客观事物的内在规律和人思维的逻辑规律。

文章是客观事物的反映。任何事物有它发生、发展的规律，有内在因素，有外在条件，结构反映这些事物的篇章时，要深入地认识，准确地反映。例如贾祖璋的科学小品《花儿为什么这样红》，先安排说明花的物质基础的材料，然后安排从物理学原理、从生理上需要说明的材料，再安排从进化的观点、自然选择、人工选择说明的材料。从物质基础说明花儿为什么这样红的材料是文章的核心材料，所以放在文章的首要位置，这样安排符合花朵呈现红色、呈现蓝色、呈现紫色的根本原因，反映事物的内在规律。人工选择虽有许多功劳，但大大晚于自然选择，自然选择亿万年前就有，而人工选择仅二三百年，从客观事物本来面貌看，先说明自然选择，再说明人工选择是合适的。用文章反映客观事物，不可能是照相机摄像，原封不动，它需要经过头脑过滤、加工，更有条理地表现出来。如上例所说，形成和影响花儿色彩的因素——内在的、外在的很多，布局谋篇就须把这些在脑子里加工，然后分辨主次，把从不同角度说明的材料编织起来，织锦成文，使读者读后留下清晰的印象。

谋篇布局须有清晰的线索。

要把众多的材料连缀组合成有机的整体，须用一条线索贯串。如果说，材料是散落在地的一颗颗珠子，而线索的作用就是把这一颗颗珠子穿起来，构成一个完整的饰物。不同体裁的文章贯串材料的线索各有自己的特点。就记叙类文章说，常以景、物、人、事、时间、空间、感情等为线索结构材料。

以景为线索，往往抓住景的特征，把材料串联起来。如老舍的《济南的冬天》，一般说，冬天寒风呼啸，雪花纷飞，济南的冬天不一样，特别是"温晴"。文中描写的阳光、小山、白雪、绿水等材料，用"温晴"贯串，济南冬天的奇景便跃然纸上。以物为线索结构全文，"物"在文中推动事件线索或情节的发展。如《七根火柴》写的是红军长征中过草地的故事。从红军战士卢进勇极度饥寒，需要火而无火，到重伤的无名战士胸藏火柴而不用，牺牲前把火柴交给卢进勇，再到卢进勇把火柴交给组织、交给同志，无边的黑夜里，燃起一簇簇熊熊的篝火，故事的开端、发展、高潮、结局由七根火柴串联，情节紧凑，结构完整。以人的某些特征、某些细节为线索，结构全文。朱自清的《背影》写的是父子情，这种情通过对父亲形象的刻画来表现。文章以"背影"形象贯串全文，结构材料。文中四次出现"背影"，由起笔的点题，造成悬念，到对"背影"的具体描绘，线索清晰，真情感人。以事为线索结构全文，在记叙文中也常见。如《多收了三五斗》写的是旧社会农民丰收反而受灾的辛酸故事。文中以旧毡帽朋友进镇粜米这件事为线索，展开故事情节。粜米时的受侮，购物时内心的矛盾，船头上反抗意识的萌发，按照事件的发展有顺序地得到表达。以时间的推移为线索同样可以把众多的材料串联起来。如《海滨仲夏夜》就是以时间推移为线索，展现海滨夜色的层层变幻，把"夕阳落山不久""夕阳逐渐西沉""夜色加浓"等有关晚霞、海浪、启明星、灯光等材料串起来，成为篇章。空间位置转换也常用来作为记叙类文章的线索。如《雨中登泰山》，就是以作者登泰山的足迹为线索，随着空间位置的转换，把自岱宗坊至南天门长约十千米的中轴线上的飞瀑、祠庙、翠松、古柏、洞天、云海等景物穿起来，展现雨中泰山的美丽画卷。有些文章乍看材料似乎很散，但仔细剖析，就可发现有思想感情的线索贯串其中。如《我的老师》就是以回忆、依恋、思念蔡老师的感情为线索，把"她从来不打骂我们""她教我们跳舞""节日带我们去玩""教我们读诗""一件小事""放假时更不愿离开她""夜里迷迷糊糊找蔡老师"等材料连缀组合，构成感人的篇章。有些文章的线索就是文章的中心思想。如《人民的勤务员》，中心思想是赞颂雷锋全心全意为人民服务的精神，把文中五个故事组合起来的线索正是中心思想。

有些记叙类文章内容比较繁杂，要把材料组织得井然有序，作者常采用两条线索。有的可一明一暗，有的可一主一副。明、暗也好，主、副也好，都为了突出主题。如鲁迅的《药》就是两条线索。小茶馆业主华老栓一家的遭遇是明线，旧民主主义革命者夏瑜被害是暗线，两条线索交织的关键是买人血馒头治病。两条线索把四个场景结构起来，表达深刻的主题——揭露辛亥革命前后反动统治阶级镇压革命与毒害人民的罪行，总结旧民主主义革命者脱离群众的教训。又如，《包身工》这篇报告文学也是双线结构。记叙包身工一天的生活，以时间为顺序的线索，是主线；以包身工制度的产生、发展、趋向和结局为副线。主线与副线有机结合，表达了作者对包身工这种罪恶的野蛮制度的极端憎恨。

作家张抗抗曾说："单线条的结构，使人一目了然，像一片小树林，优美、恬静，然而双线条、多线条的结构可以组成气势宏大的森林。"初学写作的人要学会用各种单线结构材料。学习用双线结构篇章时，要十分注意两条线索之间的内在联系，不能是毫不相干的或有矛盾的、不协调的。多线条往往是大部头著作，初学写作者力所不能及。但阅读时多加注意，能从中受启发。

议论类文章线索主要抓合乎逻辑。毛泽东同志曾指出："一篇文章或一篇演说，如果是重要的带指导性质的，总得要提出一个什么问题，接着加以分析，然后综合起来，指明问题的性质，给以解决的办法，这样，就不是形式主义的方法所能济事。"显然，论证某一观点时，要提出问题，分析问题，解决问题；在论证过程中，有一线索联结各部分材料。不论用什么方法论述，循着最初提出问题围绕中心论证的线索不变。如《谈骨气》，这篇短文开宗明义提出"我们中国人是有骨气的"，以此为红线，把富贵不能淫、贫贱不能移、威武不能屈的有关材料连缀起来，环环相扣，有说服力地论证观点。

谋篇布局须条理清楚，层次分明。

文章切忌糊成一片，乱麻一把，眉目不清。布局上杂乱无章，即使内容比较好，读者也无法理解。

要做到条理清楚，层次分明，首先要对文章进行整体谋划，也就是先搭好全篇文章的架子，处理好先后、主次、详略三对关系。明确文章的主旨以后，要审视能表达主旨的各种材料，先写什么，后写什么，哪些材料为主，哪些材料比较次要，详细写什么，简略写什么，都要紧扣主旨通盘考虑。如果说一件事颠颠倒倒，又缺乏必要的交代，别人就看不明白。通篇考虑布局，可采用横式的方法结构材料，可采用纵式，也可纵横交错。如朱自清的《春》，先总画春的轮廓，迎春；再细写"春草""春花""春风""春雨""春天的人"，绘春；最后是颂春。从全文看，迎春、绘春、颂春三组材料并列；再从具体描绘的部分看，五个材料也是并列的。因而，这篇散文的结构形式是横式。纵式结构往往是以时间的推移和地点的转换为顺序，如《老山界》写红军翻山的经过：从当天下午写到天黑，地点从山沟到山脚；从天黑以后写到黎明之前，地点从山脚到半山腰；从次日黎明写到下午两点钟，地点从雷公岩到高山顶；写山顶上休息及下山，地点从山顶到山下，直至夜营地。材料按时间为线索纵向结构，脉络分明，给读者清晰的印象。有些文章时间跨度大，材料的容量大，那就要精心布局，采用纵横交错的结构。如著名话剧表演艺术家于是之写的《幼学纪事》，记述了作者艰苦求学生活的经历，从童年到十五六岁，时间跨度大，材料很丰富，为了突出主题，文章采用了纵横交错的结构形式。从纵的方面看，以时间先后为顺序，按照上学—辍学—边做事边求学的顺序依次叙述；从横的方面看，把受艰苦生活环境的磨炼、求学的曲折经历、对知识的渴求、对文学的酷爱、对良师益友的怀念等材料有机地组合起来，纵横交错，条理分明。不管采用哪种结构形式，都要注意主次、详略。如前所述的《老山界》，记翻山经过时，上山材料为主，详细记述，下山略写；记攀登上山时，又以夜行军，在半山上宿营的材料为主，详细进行描述。这样抓住重点、繁简得当地结构篇章，既能刻画红军英勇顽强、不怕困难的坚强意志和革命乐观主义精神，又避免了臃肿累赘。如果不分主次，事事详写，破坏了文章的疏密有致，表达效果一定大受影响。

　　要做到条理清楚，层次分明，还须精心安排文章的段落层次。段落是构成文章的基本单位，也叫自然段，它的明显标志是换行另起。一篇文章分几段，每一段表达怎样的意思，段与段之间怎样连贯，都要妥善安排。段落分得太大，包含的内容庞杂，读起来不易理清头绪，效果不好；也不能分得过碎，一两句一段，两三句一段，把完整的意思割裂开，影响条理的清晰；划分段落要注意内容的单一性和完整性。文章要有中心，不能多中心，段落也如此，一个段落可说清楚一个意思，把众多的意思、众多的问题塞在一个段落里，就会段意不明。如学生作文中有这样一段："在这迷茫的夜色中，不禁想起我的志愿，我的将来，我的理想。不过，无论怎样艰难，我一定要达到目标，实现我的理想。就在这么好的雨夜里，我向小雨细诉，我向月儿发誓，我向蓝天、云儿，还有天上的星星发誓，我要发奋努力，我要坚持不懈地奋斗。"

　　明明写的是雨夜沉思，突然写走了笔，增添了向月亮、星星等发誓的场景，节外生枝，段意不明。删去"我向月儿发誓，我向蓝天、云儿，还有天上的星星发誓"，段意单一了，段落也完整了。总的说，这一段写得不好，空洞。

　　层次，又叫意义段，逻辑段，是文章内容的表现次序。作者把文中要说的内容分成若干部分，然后一层一层梳理，把意思说清楚。层次与段落有联系，又有区别。层次靠换行另起的段落来表现，而段落又是构成层次的基础。有时一层意思要用几个段落来表现，也有一个大段落中有几个小层次。文章的条理性、层次性主要反映在段落、层次是否清晰，是否精当。如《我爱校园的小路》中有这么四个段落：

　　　　校园的小路，牵着我的手，把我领向了一个陌生的世界，崭新的生活。

　　　　沿着小路，我找到了一个来自五湖四海的大家庭，彼此素不相识，各自操着浓重的乡音，却一见如故，声声问候，好似同胞兄弟，亲生姐妹，难道说是小路把我们的情谊连在了一起？

　　　　沿着小路，我找到了我们的教室，新漆的课桌，通亮的窗户，怎不使人心旷神怡？我们都怀着一腔的抱负、宿有的理想，聆听严师的教诲，心中燃起求知的欲望。难道说，是小路使我们济济一堂？

　　　　沿着小路，我找到了知识的库藏——图书馆，那里真是一个书的海洋。一排排书架，载着我们的精神食粮；一叠叠索书的卡片，通向深奥的王国。我们目不暇接，流连忘返。难道说是小路把我们送到知识的海洋？

　　这里的四个段落只有一个层次。这个层次的意思是校园的小路把作者领向陌生的世界、崭新的生活。这个层次中第一个段落总述这个层次的意思，第二、三、四个段落扣住"陌生""崭新"具体叙说，条理清楚。写作时划分段落层次最为重要的是把各个部分的关系弄清楚，该并列的并列，该总分的总分，该主从的主从，有顺序地把一层一层意思说明白，不纠缠，不任意跳跃，文章就言之有序，层次井然。

要做到条理清楚，层次分明，过渡、照应也要巧作安排。道理十分简单，窗子要装进窗框，门要装进门框，总得有关联的东西，或枢纽，或滑轮。文章的层次之间、段落之间要衔接好，须注意过渡。由这件事的记述转到那件事的叙述，由这个景物的描写转到那个景物的描写，由这个问题的阐述转到那个问题的阐述，由这层意思转到那层意思等，均须采用过渡的方法。过渡的形式常用的有过渡段、过渡句、过渡词语。过渡段是一个独立的自然段，在结构上起承上启下的作用。如"孔乙己是这样的使人快活，可是没有他，别人也便这么过"在文中是一个独立的自然段。"这样的使人快活"紧承上文，因为上文的五个自然段写孔乙己是怎样作为人们的笑料的；"没有他，别人也便这么过"开启下文，因为下面几段文字写孔乙己最后一次来咸亨酒店肉体受摧残、精神上崩溃的情景，以及孔乙己终于不见、别人照样过的状况。这个过渡把前后两个部分紧密地联系起来。过渡句同样可把上下段或上下层的意思沟通起来，不过它不是一个独立的自然段，而是依附在某一个段落里，或者在段落的开头，或者在段落的结尾。如《事事关心》中有"为什么忽然想起这副对联呢？"一句，就是承上启下的过渡句，上文引用"风声、雨声、读书声，声声入耳；家事、国事、天下事，事事关心"这副对联，并指明出处，下文说明想起这副对联的原因。用设问句过渡，紧凑、自然。有时只用一个词语或一个词组来过渡，使上下文衔接紧密，如用"因为""但是""一般地说""总起来说"等，用怎样的词或词组来关联，要看上下文之间的关系。用关联词或某个词组时要注意：一不要乱关联，特别是转折关系的词，如"但是""可是"等不要滥用，不该用时用了反而影响条理的清晰；二要弄清楚上下文之间的关系，是因果、是转折、是总分、是递进、是次第，等等，洞悉关系，就能选准过渡词语或词组。

文章要条理分明，浑然一体，还须注意照应。照应就是文章的前前后后要彼此照顾。文章家十分注意文气的贯通。下笔成文要做到首尾呼应，前后连贯，有伏笔，有照应，文章才会通篇浑然一体，没有断断续续的痕迹。伏笔，就是埋伏，对文中要说的内容先作一个提示，后面说到这个问题就有"源"可寻，不会空谷来风。前面说的问题，后面要照应，前呼后应，细针密线，就能织锦成文。如《在马克思墓前的讲话》，歌颂马克思伟大的历史功绩，赞扬他为共产主义事业奋斗终生的精神。为了表达这样的主旨，除内容丰厚、见解精辟外，层次清晰、结构严谨也是很大特色。就拿前呼后应来说，文章开头部分提出"这个人的逝世，对于欧美战斗的无产阶级，对于历史科学，都是不可估量的损失"，从结构上说，这是总的提示，下文就从革命实践和革命理论两个方面论述，呼应两个"对于"。又如文章前半部分论述了马克思的理论贡献，说明他是伟大的思想家；后半部分论述马克思卓有成效的革命实践活动，说明他是伟大的革命家以后，结尾是"他的英名和事业将永垂不朽"，用"英名"和"事业"照应全文。全文收束句前的"现在他逝世了，在整个欧洲和美洲，从西伯利亚矿井到加利福尼亚，千百万革命战友无不对他表示尊敬、爱戴和悼念"又是与两个"对于"呼应。全文过渡自然，前后照应，所以给人以一气呵成的感觉。

　　文章谋篇布局还要讲究开头与结尾。

　　讲究开头结尾，目的在更好地表达内容。古人对文章有个十分形象的说法，即文章要"凤头、猪肚、豹尾"，文章除内容要充实外，开头要漂亮，"首句标其目"，结尾要有力，"卒章显其志"。开头要响亮，"起句当如爆竹，骤响易彻"。如"山，好大的山呵！起伏的青色群山一座挨一座，延伸到远方，消失在迷茫的暮色中"是《驿路梨花》的起句，用饱含感情的感叹句起笔，既形成悬念，又激荡读者感情，还能把读者一下子领入暮色迷茫的群山之中，这样的开头醒人耳目。文章起句虽不"奇峰突兀"，但言简意深，能叩击读者思维的门扉。如《窗外》的开头："聪明人说，眼睛是灵魂的窗户。我说，窗户是房子的眼睛。"又如《另一种"拉祖配"》文章的开头这样写："人一'阔'，就有人攀附，活着的自不必说，就是死了几十，几百、几千年的，也会有人去认亲的，不是排出过杨老令公的第 n 代子孙么？蓝翎同志给这类社会现象取了个名字，叫作'拉祖配'。"生活中"拉郎配"人们熟知，就某种社会现象创造性地发明了"拉祖配"，发人深省。但不管怎样开头，开门见山也好，形成悬念也好，激发感情也好，引人入胜也好，总要根据主题表达的需要。开头最忌绕弯子，说不到点子上。平实、朴素也是好的，平中寓情、寓理，对表达主题同样起积极导入的作用。

文章结尾犹如一首乐曲的终了，应清音缭绕，给人以深刻的印象。明朝人谢榛在《四溟诗话》中说："结句当如撞钟，清音有余。"结尾与文章的开头一样，怎样设计，采取什么形式收尾，同样要根据表达写作主旨的需要。最常用的形式是总结全文式。例如吴晗的《说谦虚》，论证了"谦受益，满招损"这个中心论点后，结尾一段是这样写的："总之，在任何工作中，都要记住：虚心使人进步，骄傲使人落后。"对全文进行总结，与论点呼应，加深读者印象。不少结尾含蓄深沉，留给读者思考、回味。如老舍的《小麻雀》的结尾："我没主意：把它放了吧，它可能死；养着它吧，家里没有笼子。我捧着它，好像世界上一切的生命都在我掌中似的。我不知怎样才好。后来我把它捧到卧室里，放在桌子上，看着它，它还是那样地愣了半天，忽然头向左右歪一歪，用它的黑眼睛瞟了我一眼，又不动了。可是现在它的身子长出来一些，头挂得更低，似乎明白了一点什么了。"文中的小麻雀原本带伤，又遭猫咬，求生不得，求死不能，结尾这样处理，小麻雀究竟是死了，还是活下来了，它又"似乎明白了一点什么了"，到底明白了什么呢？作者没有明说，而是用含蓄的手法，留给读者回味、想象，由小麻雀的悲惨命运想开去，可想得很多、很深。有的以议论抒情来结尾，深化主题，引起读者共鸣。有的议论文结尾是号召性的，激励读者用实际行动响应。总之，形式可多种多样。用什么形式来结尾，关键在：一要紧扣写作主旨，即使是宕开去，也必须有内在联系。二是要与全文的笔调协调，不能给人以外加之感。文章结尾最忌虎头蛇尾，尾细而弱，与"虎头"不相称，使文章趴下，站不起来。当然更不能没有结尾，使文章残缺不全。文章的开头结尾是文章的有机部分，要注意前后呼应，要与全文内容协调一致。

谋篇布局能否条理清楚，线索分明，详略得当，看起来是文字表达的问题，实质上是作者思路的问题。

文字上纠缠不清，杂乱无章，反映出作者思路不清，缺乏逻辑性。文章要写得有条有理，层次井然，须认真自觉地锻炼思路。

思路，就是思考问题的路子。一要锻炼思考问题的条理性，考虑问题不能东一榔头西一棒子，要顺着一定的"序"思考，或顺向，或逆向，或横向，或纵向。二要锻炼思考问题的严密性。对要表达的某个事物、某个问题，应该从不同角度、不同方面多观察，多思考，只有对它们自身内在的本质以及与其他事物之间的关系认识清楚，表达上才不会漏洞百出。三要锻炼思考问题的逻辑性。概念、判断要准确无误，推理要合乎情理。

【佳作借鉴】

有数，就有美

一

数，似乎是那么冰冷、枯燥、乏味；然而，你一旦结识了它，就会发现，它充满了情，充满了趣，充满了美。

数是度量。要寻找适度、和谐之美，离不开一定的测度与衡量。

数是秩序。数的不同排列与组合，不仅会引起形的改观，而且会引起质的变异。

数是规律。庖丁解牛何以那么得心应手、游刃有余？"口不能言，有数存焉于其间。"

人体美离不开数，结构美离不开数，层次美离不开数，数里藏着优美与壮美、滑稽与崇高、喜悦与悲愁……难怪希腊人有名言曰："哪里有数，哪里就有美。"

二

"一，数之始而物之极也。"(《广韵》)一是数的起点和终点，也是一切事物的开端和归宿。

起跑线上迈出的第一步，种子绽出的第一个芽蕾，新生儿的第一声啼哭……这个"一"虽然幼小稚嫩，但却是美的胚芽，美的根本。它充满了生命和希望。

万事开头难。"一"的诞生意味着阻力和克服。世界上第一张照片展出时，被报纸愤怒抨击为"亵渎神明"和"欺骗"。电影第一次使用特写镜头时，观众吓得夺窗而逃，也备受攻击和责难。

世界正是在对无数"第一"的勇敢独创和艰苦开拓中走向进步，走向自由，走向美。

"吾道一以贯之。"(《论语·里仁》)"一"又是一切艺术创造的主宰和统帅。它像一条红线，串起千千万万颗美的珍珠。

一部小说，不论情节多么复杂，总有一条主线；一幅绘画，不论色彩多么丰富，总有一个基调。中国戏曲《坐楼杀惜》的"杀"，《徐策跑城》的"跑"……几乎都可用"一字诀"道出全剧的"戏眼"。

贯一为拯乱之药。"一"可以使乌合之众化为钢铁劲旅，显示出单纯、整齐、统一与力量之美。

有了一，就有二。一生二，二生三，三生万物，万物再归一。一又生出新的东西。如此往复，生生不息，以至无穷。所以画家石涛称它为"众有之本，万象之根"。

三

"天生之物，无一无偶，无一齐者。"（刘大櫆《论文偶记》）世界上一切事物都是矛盾的统一体，这统一物的矛盾，常常体现为"二""四""六""八"之偶。

这"偶"，有时表现为中轴线两边的均衡对称。如合欢树的叶，蝴蝶的翅，人的耳目手足——鼻口虽为一，但仍然有左右鼻孔与上下唇齿之分。

这"偶"，有时象征着相反相成的衬托或对比："有无相生，难易相成，长短相形，高下相倾，音声相和，前后相随。"（《老子》）

"无独有偶"的观念几乎贯串在各种艺术创造之中。北京紫禁城的建筑是以天安门—地安门为中轴左右对称的；中国古典小说章法中有正对、反对，有一卷之中自为对，隔数十卷遥为对。中国的对联、诗词更讲究对仗，如有这么一副对联：

冻雨洒窗，东两点西三点；

切瓜分客，上七刀下八刀。

既对仗工整而又拆字为数，其构思之妙令人叹为观止！

这"偶"只是相对的，并非绝对平均的"一刀切"。薛雪《一瓢诗话》曰："诗文家最忌雷同，而大本领人偏多于雷同处见长……惟其篇篇对峙，段段双峰，却又不异而异，同而不同，才是大本领，真超脱。"

这"偶"推演到极致，便是中国宇宙观、美学观的高度概括：太极图与八卦。

《易·系辞》上："易有太极，是生两仪。两仪生四象，四象生八卦。"太极图的阴阳"鱼"，八卦的阴阳"爻",都是以"阴阳"这一基本范畴派生出种种对立因素的复杂交织与运动变化,成为中国艺术美学原理的认识基础。

在"偶"中,有一个不对称的偏正平衡。它构成一个最美的比率,那就是黄金比——1∶0.618。实验证明,这个比率正同人在最愉快时的"信塔"胸电波高频与低频的比率相吻合。

更有趣的是,葵花子的巧妙排列,牵牛花藤的缠绕生长,自然界中许多美的生长曲线,都酷似数学上的对数螺旋线。而螺旋线的级数恰好相当于黄金率。

四

"凡一二之所不能尽者,则约之以三,以见其多;三之所不能尽者,则约之以九,以见其极多。"(汪中《述学·释三九》)

在文艺作品中,对"三"颇为厚爱:画树画三棵,画人画三个。尤其是戏曲,《三打祝家庄》《三顾茅庐》《三气周瑜》……

黑格尔在一定程度上看到了"三"的奥秘,把它概括为正—反—合的三段论。中国书论中也说:"初学分布,但求平正;既知平正,务追险绝;既能险绝,复归平正。初谓未及,中则过之,后乃通会。"(孙过庭《书谱》)

但这不只是平面或直线地看问题。实际上,"三"既不是对"一"的完全重复,也不是对"一"的完全否定,而是在似乎重复中有微妙的进展;在好像倒退中却向更高的层次递升——换言之,"三"是事物螺旋形上升的一个环节,波浪式发展的一个波段,也是艺术布局或进程中一个美的单元。

正因如此,一切事物不仅可以"一分为二",而且可以"一分为三"。时间有"过去、现在、未来",空间有"上、中、下",哲学范畴有"一般、特殊、个别"……正确认识"三分法",可以避免对"两分法"的片面理解,避免"非此即彼"地走极端。这便是美学里中和、含蓄之美的数字依据。

在文艺作品中还常用"五""七""九"表示多数或约数。其中,对"九"尤其青睐:九天九地、九流九派、九章九歌……其词之多,不可胜数!除了概示"极多"之外,九,还有自己独特的美学意义。

"日中则移,月满则亏。"九,接近十而不到十,这是矛盾最尖锐、考验最严重、决定胜负的关键时刻。把握住了九,就把握住了矛盾顶点前的最佳瞬间,就把握住了艺术魅力之所在。在这个意义上,可以说9>10。因为10的绝对值虽然大于9,但作为"数",它不过是1的螺旋形复归,它所标志的瞬间和魅力已经开始从数的顶点跌落下来,像中而复斜的太阳、满而复亏的月亮了。

作为形式美的数学法则,除了太极八卦之外,还有一个九宫格。九宫,是八卦之宫——四方八达加上中央,合为九宫。西方称它为"魔方阵"。它横、直、斜的数字相加都是十五。根据数字的单双,可以创造出许多方形图案,同太极图式的圆形图案相伯仲。

五

错综其数,参伍以变。数字的巧妙组合,可

以产生层出不穷的审美情趣。

"七八个星天外，两三点雨山前。旧时茅店社林边，路转溪桥忽见。"（辛弃疾《西江月·夜行黄沙道中》）喜悦之情，跃然纸上。

"阑干十二独凭春，晴碧远连云。千里万里，二月三月，行色苦愁人。"（欧阳修《少年游》）孤苦之思，牵人愁肠。

"三万里河东入海，五千仞岳上摩天。遗民泪尽胡尘里，南望王师又一年。"（陆游《秋夜将晓出篱门迎凉有感》）美壮之气，直冲云霄……

我想到一帧艺术摄影——人行道上。一个妇女怀抱婴儿，在她身后依次跟着三个幼小的孩子。作者金伯谷把这盲目生育的母子抓拍下来，题为：《512∣34∣》。看着这独出心裁的幽默题目，我忍俊不禁地笑出声来。

数的规律与美的法则有着如此千丝万缕的联系。数是人们从生活中抽象出来的，它又反转来左右着人们进行新的美的创造。

是的。有数，就有美！

这篇文章发表于《艺术世界》1984年第6期，作者翟墨。这篇文章涉及的知识比较多，容量比较大，讲述的又是人们常认为是冰冷、乏味的数字，要写得形象、生动，吸引读者，除了在内容上深入浅出，通俗易懂外，在篇章结构上须精工巧作，引人入胜。

作者在文中要告诉读者这样一个观点："有数，就有美。"把"数"介绍给读者，启发读者从多方面去结识它，从而使读者认识和体会其中蕴含的美，接受这个观点。

围绕这个中心，作者把众多的材料安排为五个部分，构成文章的总体框架。第一部分对"数"进行总说，第二部分介绍"一"，第三部分介绍"偶"，第四部分介绍"三至九"，最后部分介绍数的错综变化。一步步展开，条理清晰。

文章的五个部分用一根红线贯串，这根红线就是文章的中心，就是"有数，就有美"。第一部分引用希腊人名言提出"哪里有数，哪里就有美"；第二部分连缀有关数字"一"蕴含美的材料；第三部分连缀有关"偶"数字蕴含美的材料；第四部分连缀有关数字"三至九"蕴含美的材料；第五部分把数的错综变化展现的美的有关材料组合起来。线索一以贯之，把数的规律和美的法则之间千丝万缕的联系连缀在一起，使文章浑然一体，给人以新的认识、新的启示。

每一部分段落清楚，层次分明。如第一部分三个层次。第1段提出结识了"数"，就会发现它充满了情，充满了趣，充满了美。第2、3、4段用并列的方式具体述说，是这一部分的第二层次。第5段是第三层次，总说"美"离不开"数"，提出本文"有数，就有美"的观点。又如第二部分分四层意思，第1段总说"一"是数的起点和终点；第2、3、4段述说"一"是美的胚芽，美的根本，意味着阻力和克服；第5、6、7段述说"一以贯之"是一切艺术创造的主宰，还能显示出单纯、整齐、统一与力量之美；第8段述说"一"是开端，又是归宿，是"众有之本，万象之根"。先说开端，再说归宿，把引用的、举例的众多材料，分别纳入四个层次之中，用八个段落表达，有条有理。

在一个层次中，意思也要一步一步说清楚。如第三部分讲述"偶"数时，第二层次用了三个段落的文字来表达。先介绍"偶""均衡对称"的特点，再介绍它"相反相成"的特点，然后举三个例子说明"无独有偶"的观念贯串在各种艺术创造之中，把"表现"和"象征"的特点具体化，落到实处。

全文结构紧凑，过渡自然，前呼后应。部分与部分之间，作者引用恰当的文字巧妙地进行过渡。如第一部分结束句是"哪里有数，哪里就有美"，第二部分起始句紧扣"数"字，引用《广韵》中的"一，数之始而物之极也"，过渡到对数字"一"的介绍；第二部分结束"一"的介绍，第三部分立刻引《论文偶记》中的"天生之物，无一无偶，无一齐者"起始，引出对"偶"的介绍；第二、三部分介绍了"一""偶"之后,第四部分立即引《述学·释三九》中的"凡一二之所不能尽者,则约之以三,以见其多;三之所不能尽者,则约之以九,以见其极多"承接上述的"一""二",开展"三""九"的论说;第四部分关于"三""九"数字寓美的问题介绍结束;第五部分讲述数字的错综变化,以"错综其数,参伍以变"来关联。参,读 sān。参伍。交相错杂。参,就是三;伍,就是五。这就承接了上文的"三";"数字的巧妙组合,可以产生层出不穷的审美情趣"开启了下文的论述。各个部分之间可说是用细针密线缝制,达到天衣无缝的地步。尤其难能可贵的是引用得如此得当,如知识不广博,构思不精细,是难以想象得到的。

前呼后应也处理得比较妙。文章开头说"你一旦结识了它,就会发现,它充满了情,充满了趣,充满了美",提示下文内容,三个"充满",主线是谈"美",每个部分都照应到。第三部分介绍"偶"的最后一段时说:"更有趣的是……"既与上一段衔接,又与"充满了趣"照应。第五部分开头一段过渡段,既承上启下,又与开头的"充满了情,充满了趣"照应。前后呼应,脉络贯通。

繁简详略也安排得十分精彩。第一部分总说,十分简洁;第二、三、四部分展开来说,比较详细;第五部分写数字错综变化的情趣,以举例为主,比较简略。文章当中三部分是主要内容,所以详写;但三个部分比较,三、四两个部分更为详细,因为"一"是数的起始,人们接触多,说的道理容易明白。"偶"说了好几层意思。由"偶"的特点说到"偶"不能误解为绝对平均的"一刀切",再进而说到"偶"推演到极致的情况,最后介绍"偶"中有一个不对称的偏正平衡,揭示数与美之间的内在联系。由常见的建筑说到古诗文,再说到人们接触得比较少的太极图与八卦,最后说到黄金率,由浅入深,层层推进。有些内容如用简笔,一两句带过,意思就不容易说得清楚明白。第四部分介绍数字"三至九"内容丰富,也是详写。但仔细剖析,这部分材料处理同样有详略之分。重点写"三"和"九","五""七"一笔带过。这样处理符合人们用"三""五""七""九"数字的实际情况。文章表述当繁则繁,当简则简,显得错落有致。

文章的开头和结尾也比较讲究。第一句话开门见山提出问题,吸引读者阅读兴趣。运用"冰冷、枯燥、乏味"和"情、趣、美"两组意义相反的词对照,一下子就增强了吸引力。结尾用"是的。有数,就有美"收煞全文,既是全文的总结,又与文章标题呼应,加深读者印象。

这篇文章且不说材料、语言上的特色,就从布局谋篇来说,层次清晰,繁简得当,首尾连贯,中心突出,堪为学习的佳作。

【习作评说】

丹青点点画虫鱼

国画里的虫鱼,很少有人专门画它们,而我却不惜纸墨成天画,因为我爱塑造鱼儿悠游自得的模样和虫儿活泼蹦跳的情景,画下一条曲折优美的弧,就可以把一条鱼的意趣完全表达出来;画下一只轻巧灵活的细脚,那虫儿就简直要蹦了起来。

午后,沉闷闷的,我就会提笔来画,磨些墨,蘸些水,挥上几笔,就可以使整个草虫、花间浮出来,再点上几笔,跳出一只蝗虫,飞出一群蝴蝶,展现出一片野趣,真能够使人忘怀忧虑、忘怀尘嚣,回忆童年时在草丛里的玩耍、嬉戏和捕虫的乐趣;再不然画上几只有力的爪、巨大的钳和浑圆的身,又成了只只螃蟹和大草虾了,真是其乐无穷。国画里的鱼可爱而富生趣,有时孤独高傲,有时热闹非凡,各有各的美,我常觉得用水墨画出来的鱼,自然就栩栩如生,而用水彩、油料画出来的鱼却好似糊上去的,死板板的,失了一股灵气。我喜欢齐白石先生的鱼，他画的鱼，形态生动逼真而有神韵，尤其他画的九条小鱼更是可爱极了，圆大的嘴巴加上一对黑亮的眼睛，游着游着，小鱼的尾巴就好似真的摇了起来；另外我还喜欢八大山人画的鱼，他画的鱼只需用极简单的构图与用笔，就能活现出鱼的各种神态和精神，从鱼的造型上变化出无限的生机。

画大鲤，取个吉祥如意；画鲇鱼，求个年年有余。画这些吉庆画，一方面取其吉庆的谐音，一方面也饶富趣味。画几幅挂在墙上，自己慢慢欣赏，咀嚼其中的韵致，也觉得蛮有一股书香墨味。画鳜鱼，用柔和的淡墨，再点上花斑，镶画出一副肥胖的模样，极为可爱，不过用墨要活，才能使墨色鲜润、自然；画金鱼，带着一条绚丽的大尾巴，两只大而灵活聪敏的眼睛，再伴上层层翠绿的水藻。有时我真是欣喜满足于自己所塑造的水底世界中的每一条鱼，每一根水草，每一颗青石。

草丛、田里的虫儿都有着均匀优美的体态和声音，画起来别有一股劲力，只要架构得好，虫儿的活泼跳跃就能够表露无遗。画蛐蛐，使人想到白露的凄凉秋鸣和沁人的寒意，画斗蛐蛐更可以把蛐蛐那种张牙舞爪、龇牙咧嘴的模样活跃纸上；画蝗虫落于树叶间或地面上，用的不管是工笔或写意，颜色不管是黄绿或赭石，都生动而富意趣，一副刚健勇猛的模样；画螽斯、聒聒儿、络纬也各有各的可爱，用没骨法点出来尤为迷人，再题上一句"秋啼金井栏"就成了一片秋声秋色，仿佛也听见它们唧唧复唧唧地叫了起来；画蚱蜢，可以画它飞翔于草丛间，也可以画它停在草叶上，尖尖的头、长长的须、细细瘦瘦的脚,伴上竹石,伴上花草都会显出一股灵巧敏捷的神态,好像稍一惊动就会倏地跳走。

在一大片桃、杏、牡丹、海棠、玉兰之间,画上一群蜂蝶飞舞,春天的景色才显得更美,整个情趣和韵味都流露在画面上,画紫藤、玫瑰配上蜜蜂;枫叶、红柿伴上细腰蜂,再放上一个蜂巢,题着"为谁辛苦为谁忙"更富诗情画意。画蝴蝶随风飞舞翩跹和翻翅的狂态,穿花绕柳,飘舞成群,更能表现出蝴蝶的神采和美丽的身影。在小河边的芦苇或小草端画上几只蜻蜓,整个河面就显得更幽静、更美丽了。红红的荷花上画上一二只绿色的蜻蜓,画面显得格外灵巧生动,尤其可以把蜻蜓轻逸、飘忽的美姿,表达得更妥帖。

画虫鱼,我会不知不觉地感到隐藏在画面后的色彩、草香和鸣唱,一直无穷地去构画的境界,驰骋在纸面上,我常常画着画着,整个人也同时陶醉进整个画面里,仿佛我也是一只秋虫,停在一片红得醉人的枫叶上,静静地享受这一派秋天景色。

仔细去观察活生生的虫儿、鱼儿,然后在自己心里慢慢酝酿,慢慢结合所看到的每个瞬间,再用手画出来,神韵才灵巧。就这么看着,接触着虫儿、鱼儿纯真活泼的模样,我不禁也活泼起来,我越觉得想保持一颗童稚纯洁的心,珍惜每一份自然给予我的感受,爱每一个生命,甚至想把生命的动感灌输到形象之中,这种生命不是短暂、随便的,而是在跳跃中捕捉的,充满了欢乐轻松,显得动中有静,静中有动,逸趣横生。

每一种虫鱼都可以入画,但是在造型上应该

变化的就要变化，应该突出的就要突出，写生不要太过死板，死板的写生反而不易生动。我想，写生不过是由一个客观的事物引发出画的灵感和动机而已，至于如何去取舍，如何去塑造，则由自己来决定，绘画时绝对不要忘了自己，另外还应注重生动、情趣及简练，如何布局，如何取材，都要下一番思考。表现得要有活力，要有感情，不可拘泥一法，只要姿态自然，一挥即成，纵使意到笔不到，又有何妨？用笔用墨则要淡雅，以简单、洁净为宜，才有文人淡泊胸怀的意味，画的境界才有空灵的神韵。

接触到国画中的虫鱼，我越发觉得愿意接近大自然，喜欢山水田园风味，这个味道虽然淡，但是却令人越嚼越甜，越饮越沉醉；我感到我就像一支脱了弓的箭，尝试着用敏感的知性，把活泼的生命力画向无限延伸的纸面；突然我只觉得眼前有一大群可爱美丽的虫鱼从绿色的波潮里飞扬起来，那么纯朴、柔和又生意盎然。

陈正达

这篇习作写得画意盎然，角度选得小，只写虫鱼，描述得比较细致，情趣健康。

文章的布局也有所考虑，先总写画虫鱼，然后分别叙说，先叙说画鱼，再叙说画虫，最后说画虫鱼的感受。从总体上看，对材料做这样的安排是可以的。

那么，为什么读了以后会有糊成一片的感觉呢？毛病主要在条理不清，层次不明。文章大的框架搭好，不等于就有条有理了，应该要理顺每个层次，理清每个段落，把意思有条不紊地一层一层表达清楚。这篇习作就是大框架搭好后在层次段落方面未精心谋划。

例如第2、3段写画鱼，本该集中笔力叙说怎样画鱼，从中获得怎样的乐趣，而现在却拉拉扯扯，意思夹杂。既写画鱼，却从画虫入笔，又回忆童年在草丛里玩耍、嬉戏和捕虫的乐趣，这是生出枝丫；既写画鱼，又扯开去写画螃蟹和画大草虾，这又是枝丫。写自己画鱼集中在第3段，第2段又插入国画与油画和水彩画的比较，插入喜欢齐白石和八大山人的画。本来是想写自己丹青点点画鱼，因为夹杂了这么几个材料，枝丫横生，打乱了层次。修改的方法是：删除第一、二个材料，对其他材料次序进行调整，找出它们内在的联系，把它们有机地组合起来。比如喜欢齐白石画的鱼、喜欢八大山人画的鱼，和我画鱼之间是什么关系，是引起兴趣，还是作为学习榜样，还是其他什么原因。不注意材料之间的联系，不仅材料显得凌乱，而且意思不明确。

每一个段落里写什么内容，同样要仔细考虑。例如第6段，段的首句是"画虫鱼"，但在具体写的时候，只有"虫"，"鱼"不见了。在同一段落里，前后没有照应周全，也影响条理的清晰。

每一个段落里可以有几个小层次，每个小层次意思同样要表达清楚，标点符号要正确使用。如果胡子连着辫子，句子意思纠缠，条理就不可能清楚。例如第8段，从标点符号的使用来看，只是两句话，似乎只有两层意思，仔细分析一下，就可发现其中讲了好几个问题。一是虫鱼都可以入画，但造型可变化；二是写生死板；三是写生引发灵感和动机；四是画画取舍、塑造由自己决定；五是画画要注意生动、情趣及简练；六是表现要有活力、感情；七是不可拘泥一法；八是用笔用墨要淡雅等。文字上这样表达反映了习作者没有认真设计在这一段究竟讲哪几个意思，而是想到什么就写什么。这一段的中心意思是虫鱼入画在造型上应该变化的就要变化，那么，整段内容应围绕这一点展开，说明为什么要变化，怎样变化，变化了有什么效果。没有必要从"写生"的角度说，因为虫鱼可入画，并未要求用写生的方法入画。"如何去取舍，如何去塑造"和"如何布局""如何取材"谈的是画画如何设计的同一类问题，分隔在两个地方出现，眉目不清。上一句讲表现要达到怎样的效果，下一句又讲，内容重复，词语上并无大变化。这一段要写得有条理，只须说清楚两层意思：为什么要变化，举某种虫或鱼说明变化的方法与效果。至于画画的技法，无须展开。每一层意思说完，应该用句号。

文章缺少串联材料的线索，也是使众多材料连不成有机整体的重要原因。文中不少句子欠通顺，用词也欠恰当，影响表达效果。

初学写作的学生常易在谋篇布局上犯上述毛病，所以要特别提醒。

【要语一束】

文章要言之有序。

紧扣中心，组织材料，搭好文章的总体框架，以线索贯串其中。

明确每一层次、每一段落独特的任务，力求段落清楚、层次分明。

段落与段落之间、层次与层次之间要注意过渡与照应，力求结构严谨，首尾连贯。

自觉锻炼思路，在条理性、严密性、逻辑性上下功夫。

十一
娓娓动听，引人入胜
——记叙的技巧

清人刘熙载在《艺概·文概》中说："左氏叙事，纷者整之，孤者辅之，板者活之，直者婉之，俗者雅之，枯者腴之，剪裁运化之方，斯为大备。"这是对《左传》作者左丘明叙事本领的高度赞扬。记叙有种种技巧，头绪再乱也能整理得井然有序，孤零零的事可想办法辅助、支撑，呆板的能够让它活起来，直通通的可使它曲折起伏，俗气的能使它典雅，干枯的可使它丰满，运用的奥妙存乎一心。

记叙为什么要讲究技巧呢？仍然用刘熙载的话来说："叙事有寓理，有寓情，有寓气，有寓识。无寓，则如偶人矣。"意思是叙事要有明确的目的，有的蕴含某种道理，有的蕴含某种情意，有的蕴含某种气质，有的蕴含某种识见。如果没有目的，为叙事而叙事，那么这种叙事就像用土、木、金、石等制成的人像，是没有生命力的。叙事如此，记人、写景、状物，无不如此。要有明确的目的，要把这目的娓娓动听地告诉别人，就得学习和锻炼记叙的技巧。

【文心絮语】

写文章要善于记叙，记叙是写作最为基础的基本功。一件事如果连时间、地点、发生的原因、经过和结果都叙述不清楚，怎么还谈得上描写、抒情、议论？又怎么能写好文章呢？无论是记叙文、说明文、议论文，还是各种内容、各种形式的实用文，都离不开叙述。至于记人叙事、写景状物的文章，常见的参观记、游记、回忆录、传记，以及新闻报道、通讯、特写等，更是以记叙为主。

记叙要具体，记出活生生的人和事，切忌空空洞洞，言之无物，用一些漂亮的形容词。"具体"建立在仔细观察、了解熟悉的基础上，如果对所记的人、所叙的事不认识、不了解，只能就现象笼统地大而化之地说几句，那就达不到表达的目的。如《蟹爪兰》一文中对蟹爪兰的叙述：

"10月初的一天，我无意中发现这蟹爪兰的叶片厚实了，顶尖上还长了个米粒大的花蕾。我顿时喜出望外，立刻将它移到屋前的窗台上，霜降过后又搬进了室内。

"但见花骨朵一天天长大，慢慢由绿变红，渐渐的，个头竟超过了枸杞果。终于，11月26日那天，萼片张开了；翌日，花瓣也全都展开。花冠是玫瑰红的，甚是惹眼；更令人叫绝的是那花的姿态，虽然长在一枝低垂的叶片上，却倔强地昂着头，与水平线约成15度角。六片花瓣各分上下，上面的三片向前上方伸展着，底下的三片向后上方翘着。花心里，一簇浅黄色的雄蕊伸向前方，上面又伸出一枝比雄蕊长半公分的雌蕊，顶部还有麦粒状的疙瘩，雌蕊也是玫瑰红的，并且被'麦粒'压出个弯弯的弧度。从整体看，活像一只展翅欲飞的小凤凰，煞是精巧别致。"

时间、地点、所记述的对象叙说得一清二楚。对花开的过程，花开的姿态，花瓣的分布，花心的颜色与组成，都作了具体的叙述，使读者觉得蟹爪兰就在眼前。如果不作具体叙述，而只是说它好看啊，美丽啊，像个小凤凰啊，就不能给人以具体清晰的印象。引文的最后一句打比方，是在上文具体叙述的基础上进行的，犹如点睛之笔，增加形象性、生动性。

是否事事在文章中均要如此具体而详尽地叙述呢？不是。如果事事详写、细写，文章就会流于冗长，臃肿不堪。记叙哪些该详、该细，哪些该简、该概括，要根据主题的需要而定。细写能显才华，而概括叙述，更要看思维的功力、文字的简练。如记述闻一多先生的生平，根据闻先生在文学创作、古典文学研究上的卓越贡献和参加民主运动反对国民党反动统治的业绩，可书写洋洋数十万言，而朱自清以

极其精练的语言,高度概括了闻先生的生平,仅用了四百余字。他是这样说的:

> 在成都召开的追悼李、闻大会上,由我报告闻先生的生平事略。我与闻先生有十多年的交游,对闻先生的学问、为人极为推崇,对闻先生的死甚为愤慨!并曾经为此写了两篇文章在成都发表。我把闻先生的一生分为三个阶段:第一,是他在山东大学的时代,这时他的著作如《死水》,在表面上虽是阴暗的,但是里面却孕育着希望。闻先生这一时期是中国优秀的新诗人,他爱国,他肯帮助青年。闻先生第二阶段是从民国二十一年到死前两年,这一阶段里,他伏首研究《楚辞》《诗经》《易经》等古书,他好像是脱离了现实,实际上他还是在现实中。他依然肯帮助青年,与青年常在一起生活。第三个阶段是最近两年,闻先生积极参加了民主运动,为中国的民主而奋斗。他没有政治野心,不想升官发财,仅仅为了民主,而遭惨死。暴徒们这种卑鄙无耻的手段,没有一个人不愤慨!闻先生的思想转变是因为政治上的黑暗与实际生活的逼迫。他教育青年,又为青年所鼓舞!闻先生一生中,有一个一贯的精神,这就是他的爱国精神。

中心多么突出,条理多么清楚,爱憎多么分明。十几句话就概括了闻先生的生平,对他的为人、他的学术、他的著作、他的精神都作了实实在在的具体介绍;对闻先生的推崇、敬佩,对暴徒们的愤慨、斥责,溢于纸上。这种概括记叙的技巧令人惊叹。如果对所记对象缺乏深刻了解,运用语言的能力不高强,是难以做到的。

概括记叙在报纸上的新闻报道中常见到。如1992年7月28日

《新民晚报》专稿:"7月22日,在全世界到处可见的'万宝路'香烟广告中扮演健壮勇猛的男模特韦恩·麦克拉伦因患肺癌去世,终年51岁。麦克拉伦有25年的烟龄,两年前被诊断患上这一绝症后,便摇身一变为反吸烟斗士。据他的母亲说,他临终时忠告世人:烟草会害死你的,我就是活生生的证据。"短短几行字,就把事情的起因、经过、结局说清楚了。

细写与概述在一篇文章中经常交替使用,互相穿插,这样文章就重点突出,错落有致。

按照客观事物发生、发展的时间来划分记叙的方法,有顺叙、倒叙、插叙。先发生的事先说,后发生的事后说,以时间的推移为线索,按时间的先后顺序记叙,叫作顺叙。绝大部分记叙性的文章都采用这种方法,如上文说到的叙述闻一多先生的生平,就是按时间先后顺序记叙的。运用这种方法,最忌平铺直叙,报流水账,要注意材料的取舍、详略,注意概述和细述的交替使用,还要注意其他的记叙技巧,这一点下文还要谈到。倒叙是先说事件的结局或先叙事件发展过程中引人注目的片段,然后再按事件发展的顺序来记叙。如鲁迅的《祝福》塑造了祥林嫂这个反映封建社会劳动妇女悲惨命运的典型形象,故事的情节安排就是用了倒叙的方法。先把祥林嫂在"祝福"中的悲惨结局提到文章的第一部分来写,然后再叙述她的半生事迹。采用这样的方法,是服从主题的需要。文章一开头就创造了悲剧的氛围,下面记叙主人公悲惨的生活经历,顺势而下,容易感人。采用这种记叙方法,有两点须注意:一是把事情的结局或事情发展中的精彩片段提到开头写,然后还应按事件发展的先后从头说起,不能不按顺序随便叙述;二是倒叙与顺叙的榫头要接好,在倒叙转为顺叙时过渡要自然,要有一定的句子作明显的标志。如《祝福》第一部分是倒叙,结束时这样写:"然而先前所见所闻的她的半生事迹的断片,至此也联成一片了。"这样就告诉读者倒叙已到此结束,下面转入对往事的追述,从头说起。插叙是插入一个片段。在叙述某一事件的过程中,插入一个片段。运用这种方法须注意:插入的内容要与文章的中心思想或中心事件有关,否则游离于主题之外,就成为赘笔;插入的起讫部分要衔接好，使它成为文章的有机部分。如《故乡》写"我"回到老家，准备变卖房屋，把母亲接走，这是文章的中心事件。母亲和"我"谈到闰土时说："还有闰土，他每到我家来时，总问起你，很想见你一回面。我已经将你到家的大约日期通知他，他也许就要来了。"这句话实际上是暗示要出现与闰土有关的事情。于是，文章立刻写道："这时候，我的脑里忽然闪出一幅神异的图画来。"过渡到插叙部分的内容。少年闰土月下瓜田刺猹、雪地捕鸟的事叙完，文章又写道："现在我的母亲提起了他，我这儿时的记忆，忽而全都闪电似的苏生过来，似乎看到了我的美丽的故乡了。我应声说：'这好极！他，——怎样？……'"显然，两个"忽而"标明了插叙的起讫部分，原来被切断的中心事件的叙述用"这好极！他，——怎样……"接上了。由于衔接得紧密，过渡得自然，使得主线清晰，插叙场景生动。插叙可使文笔起伏多姿，但不能随意乱用，插叙的内容不能太多，不能喧宾夺主，要服从文章主题的需要。

除上述三种方法外，还有补叙和平叙。补叙就是补充的叙述，用少量文字对叙述的主要事作必要的补充说明，使主要事件的叙述更为明确、更为完整。如《仙霞纪险》是记述游仙霞的情况，行文到大半，补叙了这样一段："据书上的记载，则仙霞岭高三百六十级，凡二十四曲，有五关，×十峰等，我们因为是从半腰里上去的，所以所走的只是关门所在的那一段。"文章补叙书上的记载，使人了解仙霞的全貌，对"险"加深认识。一般说，补叙没有情节，只是解开读者阅读这篇文章时想了解的或者困惑的问题。因此，运用补叙须紧凑，不能节外生枝。平叙是叙述同一时间内不同地点所发生的事情。复杂的记叙文常用这种方法，因为涉及的人物比较多，事情在两件以上，又比较复杂，为了把线索理清楚，突出中心，可以先分叙，后合叙，或者先合叙，再分叙，再合叙。如《为了六十一个阶级弟兄》写抢救山西平陆民工食物中毒的事。主题是"一方有难，八方支援"，同一时间内，地点虽不同，但人们都围绕这件事在活动。作者记叙这样一件十分复杂的事，就采取了平叙的方法。按时间顺序，把材料分成若干部分，在同一时间内发生的不同事情分开来叙述。这样处理，情节紧凑，场面感人。

在写记叙类文章时，不管采用上述什么记叙方法，都有个叙述人的口吻身份问题，也就是人称问题。在叙述故事时作者以"我"的身份写所见、所闻、所感，是第一人称；由故事中人物自己的口叙述自己亲身经历的事，用"他"或"他们"来表述，是第三人称。用第一人称叙述真实亲切，但是由于"我"的活动范围毕竟有限，不在"我"的见闻范围之内就不能叙述了。运用第一人称记叙时，要防止超越"我"的限制，否则就不合理了。如写在千里之外的某人的语言、动作，无在场的人介绍，又不是"我"自己的所思所想，这样记叙就不合理了。用第三人称叙述，作者旁观地向读者介绍某件事某几件事，就不受"我"的限制，也就是不受时间、不受空间的限制，写的内容可更丰满、更广阔。大部分作品，尤其是小说，记叙人和事，都用第三人称。还有一种是用"你""你们"来述说，有人称为第二人称，实际上不是以第一人称叙述，就是以第三人称叙述。如《周总理，你在哪里》，全篇都以"你"出现，其实是作者柯岩向读者诉说衷肠，表达悼念、爱戴的感情，是用第一人称来写的。叙事记人由于表达主题、表达浓郁感情的需要，可转换人称。如《安塞腰鼓》是抓住安塞腰鼓的精髓，刻画陕北农民在坚韧顽强的生存状态中迸发出来的活力。文章是用第三人称"他们"来写的，行文到一半，作者写："好一个安塞腰鼓！后生们的胳膊，腿，全身，有力地搏击着，疾速地搏击着，大起大落地搏击着。……黄土高原啊，你生养了这些元气淋漓的后生，也只有你，才能承受如此惊心动魄的搏击！"作者叙述、描绘安塞腰鼓令人震撼的场景时，情不可遏，因而直呼"黄土高原"，用"你"来表达，赞扬黄土高原的气派，赞扬陕北后生的生命活力。文章从用"他们"转到用"你"，是作者表达灼热感情的需要。叙事、记人、写景、状物用怎样的人称，要根据主题、题材的需要；写到中途要转换人称，同样要根据主题的需要，如果随便更换，将线索不清，破坏文章的整体性。

文似看山不喜平。古人说："人贵直，文贵曲。"叙事记人的文章，尤其用顺叙方法写的，要能引人入胜，须讲究记叙技巧，在尺水中兴波。常用的技巧有：

巧设悬念。悬念是指一种急切的心理状态，如看电影电视，欣赏戏曲，关心故事情节发展，关心人物命运的一种紧张心情。文章中巧设悬念，就是布下疑阵，而不加解答，激发读者急切地往下读的兴趣，直至全文读完才恍然大悟。如《驿路梨花》，故事很简单，但叙述得峰回路转，曲折多姿，引人入胜。文章记述了一个名叫梨花的哈尼族姑娘和她的小妹妹在十几年中相继照料一间路旁小茅屋，为过往行人提供方便的故事。故事中设置了一个个悬念。山间行夜路，如找不到住处，只能在深山露宿了。就在着急之际，看到梨花，看到梨树林边的小茅屋，但屋里漆黑。没有灯也没有人声。"这是什么人的房子呢？"巧设悬念。行路的两人住下以后正在猜房子的主人是谁时，来了瑶族老人，原以为老人是小屋主人，哪知老人是给主人家送粮食来的。"主人家是谁"呢？又是一个悬念。从老人口中得知梨花小姑娘是为了帮助过路人。第二天见到梨树丛中闪出一群哈尼族小姑娘，以为其中必有梨花，必有小屋的主人，谁知又不是。文章终了，谜底才揭开，小屋原来是解放军盖的，梨花学习解放军照料小茅屋，梨花出嫁，妹妹接过任务。这样层层布疑，又层层解疑，起伏跌宕，引人入胜。

巧用抑扬。叙事记人要善于用抑扬的手法。抑，抑制，向下压；扬，褒扬，向上举。文章用抑扬的方法可欲抑先扬，欲扬先抑，欲扬先扬，欲抑先抑。用得比较多的是前两种。如《记一辆纺车》，文章开头用一唱三叹的笔调写对自己使用过的纺车的怀念，说"想起它，就像想起旅伴和战友，心里充满着深切的怀念"。按一般的思路，既然对纺车如此深情，应该立即颂扬一番，可偏偏不是这样，作者紧接着是写它的普通、平凡："那是一辆普通的纺车。说它普通，一来是它的车架、轮子、锭子跟一般农村用的手摇纺车没有什么两样；二来是它是延安上千上万辆纺车中的一辆……"讲它"普通"的目的，在于颂扬它的"不普通"。"在延安，纺车是作为战斗的武器使用的"，因为它帮助抗日根据地的人们"粉碎了敌人困死我们的阴谋"，"纺羊毛，纺棉花，是丰衣的保证"。作者采用了欲扬先抑的方法，在虚虚实实之中曲折地表达感情，加强表达效果。

以宾衬主。文中所写的人、事、景、物，不可能每一样都是主体，如果样样是"主"，文章将密不通风，不成为文章了。任何事物总是互相联系，相比较、相矛盾而存在的，有主必有次，有远就有近。文章要写中心事件，要刻画主要人物，就要用陪衬。刘熙载在《艺概》中说："正面不写写反面，本面不写写对面、旁面，须如睹影知竿乃妙。"显然，"睹影知竿"看到竿的影子可知竿的形象，这才是妙在其中。也就是写事物的反面、对面、旁面，来折射主体，突出主体。这就是借宾衬主。上面举的《驿路梨花》除巧设悬念外，以宾衬主也十分出色。文章以小姑娘梨花为主，为什么要以她为主呢？用作者彭荆风自己的话来说，"这是因为她们小，代表未来。如果写成人，写党支部书记，这在《驿路梨花》的特定环境中，可能不会有小姑娘们活泼感人"。为了表达这个写作意图，文中用瑶族老人扛米向小屋主人道谢的情节陪衬，用"我"、老余、瑶族老人给小屋屋顶加草、挖深屋后排水沟陪衬，"我们真应该向她学习"，用解放军盖小屋陪衬，以人衬人，以事衬事，主宾分明，曲折感人。以宾衬主，可以正衬，可以反衬。上面举的例子是正面陪衬。反面衬托如以丑衬美，以恶衬善，可形成强烈的表达效果。

　　散文中还常用欲擒故纵的手法。文章应紧扣中心来写，也就是要"擒"住，但为了使内容更丰满，主旨揭示得更完备、更深刻，常常放开来写，似乎与主旨关系不大，"纵"开去。其实，"纵"是为了更好地"擒"。如《白杨礼赞》，文章开头提出白杨树，按写作主旨应具体描述，加以赞美，作者未这样处理，而是宕开一笔，写黄土高原的景色，似乎与主题关系不大。实际上叙述描写白杨树的生长环境，使白杨树更能显示"伟丈夫"的气质。这样，文章就有了波澜。

　　运用上述种种记叙的技巧，一要符合生活的逻辑，虽是意料之外，但又在情理之中；二是根据主题表达的需要，不能为技巧而技巧，否则，效果将适得其反。

　　在记叙类文章中，记叙常和议论、抒情结合。记叙是议论、抒情的基础，议论和抒情是记叙的深化。前面举例说到的《蟹爪兰》在具体叙述之后，作者这样写："真让人费解，这样一枝并不引人注目的小花，为什么有如此顽强的生命力？从母体分离之后，自生根系，且孕育花蕾，把美好献给人间，时仅三月有余。特别是它那昂首怒放的神态，仿佛在向我示威。我彻底为它的精神折服了。因为这小小的生灵在死亡的威胁面前并没有屈服，而是顽强地与命运抗争，在极艰苦的环境下，它那生命的火花非但没有熄灭，反而越烧越旺。从生根于盆沿那贫瘠的土地，到开出绚丽的花朵，它艰难地跋涉，不倦地追求，直到实现最终的目标。这精神，这气质，难道不值得敬佩？

"然而，作为'万物之灵'的人类，在命运的打击面前却有精神颓废者，更有甚者自绝于世，一了百了。这气度，这胆识，又怎能与小小的蟹爪兰相比？

"凝视着那神采飞扬的小花，眼前倏然幻化出'雄鹰的斯克'的雄健舞姿，耳边仿佛响起了激越昂扬的乐曲。刹那间，舞姿越来越清晰，乐曲越来越高亢，连'小凤凰'也腾空而起了。哦，人类并不乏生活的强者！愿蟹爪兰枝繁、叶繁、叶茂、花更美；愿'雄鹰的斯克'的乐章响彻环宇！"

显然，作者在记叙的基础上展开议论，因为记叙要"四有"（上文已述），要有明确的目的，不是为叙而叙。文章记叙蟹爪兰的目的在于以生活的哲理给人启示，所以要发表议论，画龙点睛。这三段议论、抒情很有层次，首先是就物议物，通过议论揭示物的本质，也就是通过对蟹爪兰的议论，揭示它寓含的与命运顽强抗争的精神与气质。接着由此及彼，由物及人，贬无抗争精神的弱者，一褒一贬，曲折有致。最后把花与人结合起来，抒发对生活的强者的颂扬之情。记叙与议论、抒情相结合，深化了主题。

议论、抒情切忌冗长，关键在要有点睛之笔。

【佳作借鉴】

灯火

多少年来，在我心中有一个隐秘的喜悦的诗

句,这就是:

"灯火……"

怎么就是这么两个字?你也许会觉得奇怪吧。可是,它,给我的启示却是丰富极了。不过,仔细追索一下,最初,原也只是像每个人在漆黑的夜晚,对一点小小的火光,总是加倍珍惜、加倍喜爱一样。你想,那红红的火焰,怎么地充满活力,叫你欣然,叫你振奋;还有那淡黄的,因而显得平静、温暖的光圈;还有如黎明之前那颗最亮的星星,光芒像翅膀一样,闪烁不定,因此,爱生活的人,爱光明也就爱灯火。

我想每人都可以举出上万桩关于灯火的印象。对我来说,最早的一点,是我作为一个青年人,从家中出走。那是一个深夜,走到巷口回头一看,看见门口还亮着一星灯火。所以留下这个印象,我想和当时那"风雨如磐暗故园"的国家、民族危急的形势有关。日本人把炮火带到家乡,我不能不在这关头,决然离去。去哪里?茫然。但总要战斗。战斗,也许在风霜中,也许在雨雪下。但不管怎样,这个战斗的信念那时却是已经牢牢下定了的。这一推敲,也就可以推测到,那最初的一星灯火的记忆,原和自己生活上突然发生的巨变,和自己当时的心情、满腔热血的志向是分不开的。

可是,认真地形成一句美的诗,或说一种诗意,这"灯火……"两字开始在我心里茁壮成长,却是若干年之后,在东北解放战争那风天雪地之中。

在严寒的松花江原野上,冬天踏着积雪,夏天蹚着急流,我却从灯火,体会到一种特殊的温暖。有时，夜间行军，冒着漫天的风雪，受着严寒的侵袭，多少山岩间的陡坡，多少密林中的小径，隐蔽，肃静，只听见风声、嚓嚓的脚步声、喘气声。夜漆黑得举起自己的手都看不见。流汗了，还是紧紧走。气喘了，还是紧紧走。可是，走着，走着，忽然，看见一星黄黄灯火。那时，这灯火有多么亲呀，你想四周全是黑夜，寒冷，只那一星灯火，那是多么温暖呀！就像从远方归来，突然看见自家窗上的灯火。我们到了宿营地了。那灯火可真亲热呢！那是人民的手给你点亮的灯火。门开了，走进去，一种暖和和的家庭气息扑在脸上。房东老大爷、老大娘、大嫂子、小妹妹在那灯光之下，亲切地招待着你。这真是人间最大的温暖，温暖的还不在火，温暖的是一家劳动人民的心。就这样，转战着，一回一回换着不同的宿营地点，但每一个宿营地的人都像自己家里人一样亲。从那以后，这一星灯火，就对我有着无限的魅力了。像一个小小的金钥匙，一个小小的亮门窗，我觉得这一星灯火，它沟通着我与普天下的劳动人民的感情。我们转战到哪里，人们都点一盏灯火欢迎我们。这时，在我来说，已经不是最初自家门口那一星灯火，而是万家灯火了。

　　灯火，现在随着生活的变化、时代的变化，也变化了。灯火，已经成为社会主义新世界生活的闪光。我还是非常非常喜爱灯火。那快乐的火焰呀！那温暖的火焰呀！那跳荡着红光的火焰，那闪射着雪亮光芒的火焰啊！不论是油的火焰，电的火焰，它总是生活的火焰，生命的火焰。我从轮船甲板上张望过我们海港上那像万千颗钻石熠熠发光的灯火，我从飞机上俯瞰过我们像发亮的海洋一样的城市的灯火，我在我们的大森林里看过那漂在河流上的时明时灭的一星灯火，我从飞驰的卡车上欣赏过我们那工地上星海般闪烁的灯火。就以我们住的北京来说，你如果住在乡间，夜间入城，灯火渐渐多了，亮了，但当你到了长安街，你就觉得那好看的灯光像两条正在向前飞舞的火龙，而你感到夜为白昼所代替。如若说白昼是太阳赐予的，而这灯光却是人自己创造的。创造它，为了战胜黑暗，使光明永在。

战争给我带来这一句诗："灯火……"现在战争过去了，可是在我的心中，却永远永远地留下那个灯火。虽然我们整个新世界都在闪闪发光，但在我心中，那细小的一星灯火还是明亮的，它是不会熄灭的灯火。

这篇散文节选自《红玛瑙集》，作者刘白羽。这篇文章文情并茂，叙事娓娓动听，引人入胜，思想深邃，给人以深深的启迪。

文章内容前后跨度几十年，要把事情叙述清楚十分不易。首先，选择了一个极好的角度——灯火，物虽小，但内涵丰富，延伸、想象、开拓的余地极大。以"灯火"为线索，贯串全文，把几十年中发生的事有机地组合起来，成为完整的篇章。

作者一开始就巧设悬念，说"多少年来，在我心中有一个隐秘的喜悦的诗句，这就是：'灯火……'"为什么这个诗句是"隐秘的""喜悦的"？既然是"诗句"，又为什么只有"灯火"一个词？又为什么"灯火"后面加个省略号？这个问题一提出，就能立即激起读者急于想知道底细的愿望，激起读者胸中的浪花，这样开篇符合读者对象的阅读心理，是成功的设计。

文章用第一人称"我"叙述自己对生活的独特体验，本已真切感人，而作者巧妙在文章起笔以后，立即采用了与读者谈心的口吻，说:"怎么就是这么两个字?你也许会觉得奇怪吧……你想,那红红的火焰,怎样地充满活力,叫你欣然,叫你振奋……"作者犹如站在你面前与你对话,向你诉说感受,而诉说时,又充分调动你的生活经验,调动你的想象力,这样用笔,就在设置悬念的基础上,增添了与读者思想感情上的联系,进一步在读者心中掀起阅读的波澜。"灯火"的谜底还远远没有揭晓,已有如此的吸引力。

　　文中概括叙述和细致叙述交替使用,使所叙事情疏密相间,起伏有致。如第3段记自己关于灯火的第一个印象,写得十分细致。先叙作为一个青年人从家中出走的时间、地点以及留下"灯火"第一个印象的具体场景;接着叙述为什么会留下这个印象的社会背景;然后再叙当时的抱负与信念;最后记今日对这件事的推测和认识。把事情放到社会大背景上来认识,事情的原委介绍得一清二楚,纹丝不乱。在这件事具体叙述之前,用了概括叙述,说"我想每人都可以举出上万桩关于灯火的印象",是怎样上万桩的印象,就不展开叙述了,因为主题表达没有这个需要。又如第6段中,有些内容也是概括叙述:"我从轮船甲板上张望过我们海港上那像万千颗钻石熠熠发光的灯火,我从飞机上俯瞰过我们像发亮的海洋一样的城市的灯火,我在我们的大森林里看过那漂在河流上的时明时灭的一星灯火,我从飞驰的卡车上欣赏过我们那工地上星海般闪烁的灯火。"显然,作者在这里用排比句写不同场地所见到的灯火的情景,每一个场景如展开写,内容可以十分丰富,而这儿高度浓缩,一个场景仅一句话,所以是概述。但从中我们可体会到:概括叙述绝不是说空话,它同样要求写得具体。句子中海港上的灯火、城市的灯火、河流上的灯火、工地上的灯火,用三个比喻、一个形容来描述,具体而形象。

　　文章用倒叙的手法先设置悬念,然后按时间先后顺序记叙"灯火……"这个诗句形成、茁壮成长和永不熄灭的过程。作者截取了三个生活横断面,充满感情地一一叙来,每个横断面都有鲜明的特征,而三个横断面层层递进,不断开拓新的意境。首先把门口亮着的一星灯火与热血满腔的青年的志向紧密相连,灯火象征志向,志向追求灯火,追求光明,离家出走,义无反顾。接着,把一星一星组合成的万家灯火与转战在风天雪地中的解放战争紧密相连，灯火给战士送温暖，灯火象征着劳动人民的心，万家灯火在战士心中点燃。最后，把灯火与闪闪发光的社会主义新世界生活紧密相连，灯火是快乐的象征、是温暖的象征，它显示了无限的创造力，战胜黑暗，使光明永存。

在层层深入开拓意境的同时，主题的深意被开掘。由热血青年的个人追求光明、追求理想，发展到革命战争年代与普天下劳动人民心相近、情相连，追求共同的光明、共同的理想，再发展到火热的社会主义建设年代，新生活闪闪发光，灯火灿烂辉煌，心中追求理想的一星灯火永不熄灭。这个主题是一名热血青年献身革命的思想历程的记录，是一名老战士历经战火考验而今又投入新生活建设的心声的吐露。"灯火"是心中的火种，照亮了数十年人生的征程。为什么"隐秘"？因为对它的认识不断扩展、不断深化，其中奥秘只有自己最为知晓。为什么"喜悦"？因为终于驱走了黑暗，迎来了光明。全文终了，悬念解开。

然而，不寻常处在结尾又起波澜。整个新世界已经是闪闪发光，但心中一星灯火依然明亮。这就留给读者更多的思考回味。

【习作评说】

人间自有真理在

我要说的是我的朋友和他的一百零七封信的故事。

我的这个朋友，在我五岁的时候就认识了，他比我大三四岁。那时候，只顾一个劲儿地玩，甚至连他大眼小眼都没注意。他最喜欢的游戏是"好人抓坏人"。他次次都当好人，把我这个"坏人"追得满院子"哇哇"大叫。他妈妈站在阳台上骂他："这是闹着玩，让让妹妹，给她赢算了。"

他总停下来,很男子汉气地回答他母亲:"你懂什么?她已经不是妹妹了,是坏人!坏人我就要抓!"说罢,出其不意一把将我逮住,我又一阵大叫。

后来,听说他爸爸升职了,就搬了家。临走的时候,我还高兴地站在阳台上,对他大声说:"再见喽!好人。"他倒是很留恋的样子,在大门口磨蹭了很久,最后,装得很气恼的样子,哇啦哇啦大喊:"坏蛋,坏蛋,我再也不理你了。"他妈妈气得将他拽走,我站在阳台上开心地直拍手。当他们乘坐的吉普车一溜烟地没了影,只有扬起的尘埃在阳光里飞舞时,我突然觉得那样难过,心里那样空荡,趴在阳台上"嘤嘤"地抽泣起来……童年的伙伴就给这样一辆军黄色的吉普车带走了。童年就在我的玩闹里流逝了。

当我再一次见到他时,我已经是个初三的学生了,而他已是个高三的学生。那年的暑假,我去了他家,只知道他的新家比老家好,未料想这样漂亮。去的时候他父母都不在,他毫不在乎地坐在客厅地板上,剪着一些无价值的画报。

我已经找不到他童年时的一点影子了。他穿着邋里邋遢,整个人晒在太阳里,直往外滋油。尽管这样,没有给我一丝的健康感,相反觉得他浑身有一层病态的灰色。收音机开着,放着一种什么地方剧,咿咿呀呀,没法听懂。显然,主人心不在焉,根本忘掉它的存在。

"嘿!"我讪讪地打招呼,"你好吗?"

他继续剪画报,将男人的头像贴在泳装女人身上。胶水翻在地上,他也装作没看见。

"不太好。"他懒洋洋地回答。

"胶水,胶水……打翻了……"我走过去要给他拾胶水瓶子。

"你别动,让它去!"他大喝一声,吓得我赶忙缩回手。

一时间,很窘。

"你在哪个学校念书?"他问,很突然。我本来在发呆,又一惊,突然有一个熟悉的感觉,好像小时候,他出其不意地一把逮住我似的。

"嗯?×××中学。"我回答。

他继续剪,我局促不安地僵立在那里。终于,我放弃了继续僵下去的念头,他已不是昨天的他了,我不能奢求一个人一成不变。

"没什么事情,是来看看你爸妈的,既然不在,那我改天再来……"我嗫嚅着,并向外走。

"妈跟爸已经离婚了,到这儿你只能看一个。"他一半嘲讽,一半漠然。突然他一把揪住我:"告诉你一个秘密。"他一阵风地将我拖入另一个房间。

这房间大概是他的,很乱,还有股怪味。他从一个抽屉里捧出一大堆信,扔在我面前,接着又捧出一大堆,"哗啦"又扔了过来,雪片似的信全"沉淀"在我周围。

"看!"

我的惊诧和莫名一下子消失了,取而代之的是童年时的默契和顺从。坐下来,随意抽出一封,展开,安安静静念。他甚至还给我倒了杯橘子汁。

这便是我的这个朋友的故事。他从初二开始,点点滴滴,全写在这些信中。信的开头没有称呼,字迹大都很潦草,大概写的时候他无法控制他的情绪,所有细节串在一道,就是他父亲在搞贪污。

母亲劝过，可没有用。最后，母亲受不了担惊受怕的日子，与父亲离了婚。母亲想到过揭发，最终没有这个勇气。现在轮到我这个朋友矛盾和挣扎了。他想摆脱却摆脱不了，因为他跟他母亲一样，爱他的父亲。我静静地看完，数了数，一共一百零六封，长长出了口气。我的这个朋友坐在窗台上抽烟，红星一灭一亮。这个问题历来是最严酷和现实的，在真理和亲情中选择。

"你怎么想？"他沉沉地问。

我抚抚额头："我也不知道，要是我，可能，可能……我不知道。"

"原来我总以为自己比母亲要强，现在知道这个事情，很难……我生活靠他，他一入狱，我将无法上大学……"他喷出一口烟。

"有这样的事？"我问，随即便懂了。供他上大学将是他父亲。又一想："那你再跟你妈妈谈谈？"

"不，没有用。即使我能上大学……那么，那么，那么，也不能见他入狱……你说是不是？"他不是在问我，而是在问他自己。平时再多的大道理在现实问题中是那样苍白。我这个旁观者用大道理去搪塞他是很容易的，但是他是我的朋友。

暮色已涌入屋内。

我突然说："有这么一个游戏，叫'好人抓坏人'，参加游戏一定要遵守规则。是坏人，那么就是坏人，他不是你的朋友、兄弟、姐妹或者、或者……或者别的什么人。是好人就一定要抓住坏人，否则坏人胜利，好人失败。"

他一下子回过头，眼睛亮如寒星。"这个游戏，我从没输过，是吗？"

"要赢也不容易,要跌倒,可能难免会流血……"我和他都明白,这血将从心里流出来,未必能止住。

后来,他给我看他第一百零七封信。我没有拆开,问他可不可以为它贴邮票。我们买了一张很普通的邮票,小心翼翼地贴好,几乎虔诚地送到信箱口,我看着他,后悔还来得及,他看着我,将信投了进去。马路上人来人往,这样嘈杂,没有人会知道站在信筒边的男孩为真理做出了怎样的牺牲。也许多年来,他第一次这样轻松,但是多年来,他第一次流下了眼泪。

邪恶不在自己身边不知它的杀伤力,邪恶不在自己身边不知道真理正义的昂贵。我的这个朋友的父亲也许会对妻子的软弱而沾沾自喜,他不会想到儿子会"出卖"他。但人间自有真理在。

也许真理很昂贵,但是我的这个朋友不会后悔,他喜欢"好人抓坏人"的游戏,他总能赢!

这篇作文是一位初三学生参加作文比赛当场写的,叙事清楚,情节起伏曲折,可读性强。

文章一开始设置了一个令人惊奇的悬念——一百零七封信,这是怎么一回事呢?习作者没有比较迅速地回答,而是采用了欲擒先纵的记叙方法,娓娓地叙述故事。

全文要解的谜应该是一百零七封信的内容和写这些信的原委,但习作者撒开来写,用相当篇幅写"好人抓坏人"的游戏,记朋友搬家离别时的生动而又滑稽的场景,叙朋友剪贴画报头像的无聊动作,似乎撒得很开,与主题无多少关系,其实,"纵"是为了"擒"。"他从一个抽屉里捧出一大堆信,扔在我面前,接着又捧出一大堆,'哗啦'又扔了过来,雪片似的信全'沉淀'在我周围",行文到一半,才接触到信。然后记叙"我"怎样读一百零六封信,信的内容是什么。至此，才知道没有童年时代和朋友玩"好人抓坏人"游戏的叙述，没有临别时洋溢儿童稚气的依依不舍，就不可能有让"我"看信的情节，"纵"的目的是"擒"。朋友剪贴画报头像的情景，着力描写无聊、病态的灰色，以表面现象的"纵"突出内心世界的矛盾和挣扎。这样表达，已能尺水兴波。习作者仍未把"谜底"和盘托出，还留下一笔，再掀波澜。文首说讲述的是关于一百零七封信的故事，现在只看到一百零六封，还有一封呢？又是一个悬念。于是故事情节继续发展，文末揭示谜底，主题深意显露纸上。习作者巧设悬念，故事引人入胜。

文中把童年时代"好人抓坏人"的游戏和现实生活中"好人抓坏人"有机地结合起来，成为贯串全文的线索；以游戏为铺垫，刻画人物性格，连缀故事情节，促进故事发展。

以宾衬主也是这篇文章所用的记叙技巧。三个场景中，朋友始终处于主体地位，"我"是陪衬。在做游戏时，朋友次次当"好人"，"我"只是被逮的对象；半露谜底时，朋友给"我"看信，朋友诉说内心的矛盾和挣扎；叙述最后一封信去向时，朋友将信投进信箱，"我"在旁看，他第一次流下了眼泪。故事的主人是"朋友"，因而记叙时处处宾随主转，以宾衬主，使故事的主人性格更为鲜明。

文章结尾在记叙的基础上发表议论，"邪恶不在自己身边不知它的杀伤力，邪恶不在自己身边不知道真理正义的昂贵……"用这点睛之笔揭示主题，启人深思。

从文章主题看，立意是好的，记人叙事注意运用技巧，力求生动、形象，曲折有致。但毕竟是习作，有经不起推敲的漏洞。如朋友家的状况仅父子二人，不易理解；长达四年，写一百零七封信令人费解，也不大可能；朋友与"我"时隔几年才见到面，就给我看那么多极其秘密的信，坦诚、信任到如此程度，也令人费解。正由于这样，就给人以某种编造的感觉，真实性不够。

【要语一束】

叙事记人力求"纷者整之，孤者辅之，板者活之，直者婉之，俗者雅之，枯者腴之"。

叙述要具体，忌空泛。

概述须简明扼要，细写须细致生动，忌冗长。

顺叙特别要重视在尺水中兴波，忌平淡无味；倒叙、插叙要注意过渡自然，衔接紧密。

选用第几人称要根据主题表达的需要；使用第一人称时，要注意叙述的局限性。

使用悬念、抑扬、陪衬、擒纵等方法时须紧扣主题，根据表现主题的需要选择记叙方法。

在记叙的基础上开展议论、抒情，应要言不烦。

十二
条分缕析，探幽抉微
——说明的特征

在日常学习、工作和生活中，人们接触得最多的文章大概是以说明为主要表现方法的文章了。当你翻开《现代汉语词典》，首先映入你眼帘的是"前言"。"前言"向你介绍这是一本以记录普通话词汇为主的中型词典，供怎样的读者使用，共收多少万条目等。这是一篇说明文，向你介绍这本词典。再往下翻阅，是"凡例"，介绍条目安排、字形和词形、注音、释义，又是说明的文字，不过是分条说明罢了。学生用的教科书、工厂的某产品生产的流程说明书、新产品的使用说明书、读物介绍、科普小品、电影电视解说词等，无不用说明的方法写成。它实用性很强，是传递信息的重要手段。学习用说明的方法条分缕析地说明事物，阐释事理，探幽抉微，认识事物的本质及规律，是学习写作者的重要基本功。

【文心絮语】

以说明或主要以说明为表达方式来介绍事物、阐说事理的文章是说明文。由于说明对象的不同，说明文可分为两大类：一类是对实体事物进行解说，如介绍它们的形状、构造、类别、关系、用途等；一类是对抽象事理进行解说，如介绍它们的原理、特点、演变等。

说明，说明，关键在"明"，要说明确，说明白，别人一看就能懂，就能了然于胸。怎么才能把事物、事理说明白呢？

首要的是抓住事物的特征。任何事物都有自己的特征，这是这一事物区别于另一事物的主要标志。比如同是树，松树有松树的特征，香樟树有香樟树的特征，白杨树有白杨树的特征，要介绍它们，就要研究它们各自的特征。只有捕捉到它们的特征，准确地把握，才能把它们独特的形状、性质、构造、用途等解说得清楚明白，别人看了不会混淆。夏丏尊、叶圣陶两位先生说过："说明文表示作者的理解。所谓理解，乃是说天地间本来有这么些道理，给作者悟了出来，明白地懂得了。"事物的特征是事物本身寓含的特殊性，它存在于天地之间，你悟到了，懂得了，解说起来就能得心应手。

抓事物的特征并不是只抓某一点。客观事物千姿百态、千奇百怪，本身就很丰富、很复杂。因此，特征往往表现在多方面，切不可只知其一，不知其二。特征有的显露在表面，比如形状、色彩等，有的蕴含其中，如竹、木、钢、铅等，质地不同。因而抓事物特征，既要了解它们的表面特征，还要洞悉它们的本质特征。事物发展过程中有必然趋势，事物内部各部分之间有内在的必然联系，这种规律有其特殊性，因此，捕捉特征同样要充分注意这方面的特点。

例如1990年8月10日《解放日报》登了一篇《南浦大桥上的全国之最》，就是紧紧抓住事物的特征来说明的。文章这样写：

> 1991年底，在上海的黄浦江上，将耸立起一座线路全长8 346米的崭新的桥梁——南浦大桥。这是一座集众多全国之"最"于一身的桥梁。
>
> 南浦大桥是一座双塔双索面斜拉桥，主桥长846米，以一跨423米过江，跨度之大为全国之最。
>
> 主桥桥面用钢材与混凝土两种建筑材料叠合而成。桥面下一层用大型"工字钢"制成框架，上一层是钢筋混凝土桥面板，钢框架与桥面板用电焊焊接，接合处再浇上混凝土，使两者联成一体。这种叠合组成的桥面和钢框架共同受力的新型结构，叫叠合梁结构。这在我国还是第一次采用，开了我国建桥史上的先河。
>
> 主桥桥面的钢框架共有438根钢梁，其中一

根重83吨，为全国之最；制作钢梁用的钢板，最厚的达80毫米，其厚度在钢结构中又是一个全国之最。拼装钢框架用的10多万套高强度螺栓的直径达30毫米，螺栓之大，是我国建桥史上前所未有的。

大桥主桥桥面是用180根钢索"吊"在桥塔上的。其中最粗的一根钢索是用265根直径7毫米的高强度钢丝绞合而成，直径146毫米，重21吨，均为全国第一。它长达223米，竖起来相当于三幢国际饭店的高度。180根钢索都是用千斤顶拉后固定在主塔上的，每个千斤顶的拉力达600吨，也是全国之最。

南浦大桥的通航净空高度为46米，在我国桥梁中首屈一指。

由于桥高，建桥时的作业面就更高，负责主桥桥面施工的上海市基础工程公司的干部、工人要在50米以上的高空作业，安装斜拉索则要上到110米以上才能操作。这些恐怕也算是全国之最了。

南浦大桥凝聚着广大科技工作者和施工人员的心血。它的建设对于加强浦江两岸的联系，实现党中央开发浦东的决策，有着重要的意义。

（文章有改动）

古今中外写桥的说明文很多，要介绍某座桥，必须抓住这座桥的特征。这篇说明南浦大桥的文章之所以与众不同，是因为紧紧扣住"全国之最"来展示桥的多方面的特征。桥的跨度、叠合梁结构、一根钢梁的重量、最厚的钢板的厚度、高强度的大螺栓、一根最粗的钢索、每个千斤顶的拉力、通航净空高度等是南浦大桥桥本身独有的特征，高空作业的高度是建这座桥独有的特征，二者结合，充分说明了南浦大桥的"全国之最"。如果不抓住这些特征具体说明，即使多说几个"全国之最"，也不能把它说明白。

　　实际事物的说明要抓特征，事理的说明也要抓住特殊性，如果停留在一般化的水平上说明，就难以把其中的道理说明白。如蝉是没有听觉的，这是19世纪法国著名昆虫学家法布尔研究的结论，一百多年里这个结论一直被人们广泛接受。1981年9月4日《光明日报》发表了任钢的科学小品《蝉是有听觉的》。原说蝉无听觉，现在说有听觉，要把其中的事理说清楚不容易。作者怎么来说这件事的道理的呢？

> ……
>
> 但是，法布尔错了！
>
> 科学家经过精细的观察研究之后确定，蝉是有听觉器官的。蝉的听觉器官长在腹部的第二节附近，由比较肥厚的像丝一样的物体组成，上面布满灵敏的感觉细胞，和脑神经相连。当声波传到听觉器官上的时候，感觉细胞就把信号传递到脑子里，蝉就听到了声音。
>
> 蝉既然有听觉，为什么对法布尔的砰砰枪声却无动于衷呢？这是因为，不管哪种动物的听觉器官，接受的声波都有一定的频率范围。比如人的耳朵可以听到每秒振动16次到两万次之间的声波，低于这个频率的次声波和高于这个频率的超声波，不管声音有多强，我们都听不见。昆虫也是这样，每种昆虫所能接受的声波范围都不同，超过或低于这个频率的声音，它们也听不到。就拿蝉来说，它们对自己同类发出的声音是十分敏感的，可是对其他的声音，如人的说话声、拍手声，甚至枪声，就可能是一个"聋子"了。

　　要说明蝉有听觉，首先要说明蝉有听觉器官，听觉器官在腹部，不在头部，也不在胸部，这是它的独特性。这段文字是对蝉这个实物的听觉器官的说明，是下面一段说明事理的基础。法布尔说蝉无听觉的根据是它听不到砰砰的枪声，作者提出这个问题后，说明动物听觉器官能否接受声音与频率有关，然后举例说明。如果只停留于此，仍不够明白。文章指出蝉对同类发出的声音十分敏感，对其他声音可能是聋子，这就把一般的接受声音与频率的关系具体化，显示出蝉听声音的特殊性。行文至此，要说的问题解答了，但是并不周全，因为法布尔毕竟是世界公认的昆虫学家，在这方面卓有贡献。所以，文章结尾说："今天，我们纠正他这个错误，丝毫没有贬低他的意思。只是想说明，即使是历史上一些著名的科学家，由于主客观条件的限制，也难免在个别问题上作出不正确的判断；因此，我们在继承前人的科学成就时，一定要有独立思考和勇于批判的精神。"说明事理要准确，要符合客观实际，切忌一叶障目，作者以这些话收束全文，使人不仅明白了事理，在认识问题的水平方面也有所提高。

要把事物、事理解说明白，须掌握多种说明方法，并根据说明对象的情况，选择恰当的加以运用。最常用的说明方法是：

1. 诠释与下定义

对事物的形状、构造、成因、用途等进行说明、解释。如："蟋蟀，又名促织、蛐蛐、寒蛩，属节肢动物门，昆虫纲，直翅目，是一种很常见的昆虫。体长15至20毫米左右，具有一般昆虫的所有特征：一对长长的丝状触须，一对油黑发亮的翅膀，三对强健善跳的足。雌蟋蟀翅很短，不会鸣叫。在腹部末端除了两根尾须外，还有一根长长的产卵器，这是它与雄蟋蟀外形上的最大区别，所以雌蟋蟀又俗称'三尾子'。雄蟋蟀翅膀上长有发音器，两对翅膀一摩擦，便能发出洪亮的声音。"这是对蟋蟀的种种名称、属性、形状、类别进行解释，给人以清晰的印象。

下定义是针对事物的本质属性作确切的说明，或对某一概念的内涵与外延作确切的解说。下定义语言须精练简洁，它的语句形式常常是"某某是什么""某某怎么样"。如《食物从何处来》一文中对食物的说明就用了下定义的方法。"食物就是一种能够构成躯体和供应能量的物质。"又如教科书中对概念、定理、定律常用下定义的方法。"菱形是平面上四边相等的四边形。它的对角线互相垂直平分，它的面积等于两对角线长度的乘积的一半。"这是对菱形下定义。下定义是对事物的本质属性作判断，所以不能模棱两可。定义的高度概括建立在对事物的本质透彻了解的基础上，如果对事物的本质属性若明若暗，下的定义一定不准确。

诠释和下定义可同时使用。可先下定义，后诠释。一般说，定义要求十分精确，要一言以概要，不能有某些疏漏，而诠释可就某些特征说明，比较灵活。

2. 分类与举例

把事物按一定的标准分成一类一类加以说明，就是分类说明法。有些事物比较复杂，笼统地说不容易说明清楚，根据具体情况分门别类，逐一说明，事物的现象及本质就能如实显示。如历史学家吴晗介绍古代的服装，就用分类的方法。他在《古代的服装及其他》一文中说：

> 以质料而论，绸、缎、锦、绣、绡、绮等都是统治阶级专用的，平民百姓只能穿布衣。以此，布衣就成为平民百姓的代名词了。有些朝代还特地规定，做买卖的有钱人，即使买得起，也禁止用丝质材料。
>
> 以颜色而论，大红、鹅黄、紫、绿等染料国内产量少，得从南洋等地进口，价值很贵。数量少，价钱贵，色彩好看，连色彩也被统治阶级专利了。皇帝穿黄袍，最高级的官员穿大红、大紫，以下的

官员穿绿，皂隶穿黑。至于平民百姓，就只好穿白了，以此，"白衣"也成为平民百姓的代名词。

至于花饰，在袍子上制绣或者织成龙、凤、狮子、麒麟、蟒、仙鹤、各种各样的鸟等，也是按贵族、官僚的地位和等级分别规定的。平民百姓连绣一条小虫儿小鱼儿也不行，更不用说描龙画凤了……

古代服装与今天一样，也是千姿百态。但在封建社会里，人的等级森严，在穿的服装上也有强烈反映，要说明这样复杂的问题，采用分类方法，可做到条分缕析。作者把衣裳按质料、按颜色、按花饰分成类别，每个类别里再说明什么等级的人用什么质料制衣，穿什么颜色的服装，哪些等级的人袍子上可饰花纹，哪些等级的人不能饰花纹。复杂的问题一经分类，就简单明确。运用分类方法说明问题要注意把握分类的标准，说明某一事物如果一会儿以这个标准分类，一会儿以那个标准分类，就会混乱不堪。要能正确地给事物分类，就要了解事物的全貌和各部分各属什么类别。

举例说明可以使抽象的道理具体化、深奥的道理浅显化，所以说明比较复杂的事物和事理时，常用这种方法。如前面说的听觉器官接受的声波有一定的频率范围时，就举人的耳朵接受哪个频率的范围为例进行说明，例子一举，抽象的道理就具体了、易懂了。举例要真实可信，不能凭想象，不能进行艺术加工，无根据地形容或夸张。例子要精选，要有代表性，确实能说明问题。

3.
比较和比喻

有比较才有鉴别。要解说清楚事物的特征、本质及其规律性，常用比较的方法。或进行同类比较，或进行异类比较。同类比较是把两种或者两种以上的同种类的事物进行比较，揭示它们的异同、优劣，帮助人们认识和区别。为了说明云的形态与天气阴晴有关,在《看云识天气》一文中,把卷云、卷积云、积云、高积云与卷层云、高层云、雨层云、积雨云进行比较,前四种云是天气晴朗的标志,后四种预示阴雨乃至雨雪来临。八种都是云,进行同类比较,既说明了各种云与天气的具体关系,又总说了看云可以识天气的道理。异类比较是在不同种类的事物中展开比较,只要它们之间有某些共同点,就可以进行。例如下面一段文字:"激光不是一种普通的光。它不仅能烧掉玩具坦克,而且能击毁真坦克、真飞机甚至导弹和卫星。区区一束光线,为什么会有如此巨大的威力?还是让我们看看它的'脾气'吧。首先,激光是一种颜色的单纯光,而我们平常看见的光,是各种颜色混合起来的。比如太阳光,通过三棱镜,就可以看出它是含有七种颜色的光。其次,激光有很好的方向性,发射角极小,简直可以说是平行光;而我们平常见到的灯光,却是向四面八方发光的。再次,激光的亮度非常高。第一颗原子弹爆炸时发出的光,有人形容它比一千个太阳还亮,而强的激光,竟比太阳亮一百亿倍以上。"为了说明白激光的特征,短短二百多字,多次用了比较的方法。首先从颜色方面与太阳光比较,突出"单纯光"的特点;接着从方向性方面与灯光比较,突出"发射角极小"的特点;再接着从亮度与原子弹爆炸时发出的光的亮度比较。前两个是直接比,后一个是间接比。人们熟悉灯光、太阳光,一比就清楚;原子弹爆炸时发光的亮度人们一般无具体感受,借太阳光的亮度比较,容易理解。尽管是间接比,但激光亮度这个特征却十分突出。运用比较方法须抓住最基本的东西比,使特征、本质显露,而不是广泛地浮面地比一些无关紧要的东西。

比喻说明也是常用的一种说明方法。上面谈到的《看云识天气》大量运用了这种方法。如说明天上姿态万千变化无常的云,就用了种种比喻,说:"有的像羽毛,轻轻地飘在空中;有的像鱼鳞,一片片整整齐齐地排列着;有的像羊群,来来去去;有的像一张大棉絮,满满地盖住了天空;还有的像峰峦,像河川,像雄狮,像奔马……它们有时把天空点缀得很美丽,有时又把天空笼罩得很阴森。"天上的云不易说清楚,用了比喻,不仅可把云的万千姿态说明白,而且还生动、形象。使用这种方法特别要注意贴切，注意慎用。如果人们对你要说明的事物并不陌生，一点就明的，那就不一定用比喻。

4.
数字和图表

为了把事物说明白，使人们有清晰的印象，文章常采用数字说明方法。例如要说明噪声对人体的危害，不用数字就难以说具体，用数字效果就大不一样。《噪声之害》短文中这样说："噪声是以'分贝'计量的。人体健康要求的声音标准一般在 40 分贝以下。50 至 85 分贝时，人们的交谈和安静环境就受到破坏；超过 85 分贝，人体健康就要受到影响和损害；超过 150 分贝，耳膜会破裂，并产生一系列生理反应。"短短几句话，把噪声对人体健康的危害说得那么有层次——"破坏""损害""破裂，并产生一系列生理反应"，清楚，明白。运用数字说明重要的在于准确，不准确不仅失去用数字的作用，而且影响文章的科学性。

图表说明方法是借用插图、表格对事物进行说明，它的作用在使人一目了然。《两小儿辩日》中说到孔子对两小儿的争论不能下决断，早晨和中午，究竟太阳哪个时候离人近，哪个时候离人远？《两千多年前的一道难题》对此作了说明。其中有两段是这样写的：

先说早晨的太阳为什么显得大，中午的太阳为什么显得小。请你先看（图一）。你可能会觉得右边的竖道比左边的长，而左边的横道比右边的长。但是，你拿尺子量一量便会发现，原来左右两边的竖道、横道都是一样长的。还有，周围衬有黑底的白色图形，看上去也会觉得比白色衬底的黑色图形大一些（图二）。这都说明，眼睛并不很可靠，有时候它也会"骗"我们。这种现象，叫作视差。视差是物体相互比较时产生的，把一个物体同比它小的物体放在一起来看，它就显得大些；同比它大的物体放在一起来看，它就显得小些（图三）。

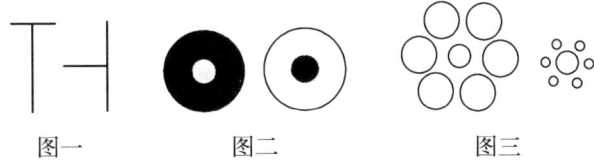

图一　　　　图二　　　　　图三

早晨太阳刚刚从地平线上升起，傍晚太阳慢慢落山，离地平线都不远，在房子、树木、山冈等景物的陪衬下，看上去就显得大"如车盖"了。中午，太阳高悬顶空，广阔的天空是它的背衬，所以看上去就小"如盘盂"。另外，早晚的天空都比中午暗淡，也是使人觉得早晚太阳大，中午太阳小的一个原因。

要讲清楚这道难题不大容易。从视差角度进行说明，道理比较抽象，插上简单的图，从读者的实际感受出发，道理就能明白。

使用这种说明方法要从说明事物、事理的需要出发，要用得贴切，用得恰当。三言两语能说明的，如果再用插图、表格，就会成为文章的赘疣。

除上述说明方法外，对比说明、引用说明、列举说明等也常用。不管运用哪种或哪些方法解说事物、说明事理，都要有明确的目的，都要为说清楚事物、事理的特征、本质及规律性服务。

要介绍事物、解说事理，除掌握种种说明方法，还须根据事物本身的条理及特征，安排合理的顺序。常用的说明顺序有三种：一是时间顺序，二是空间顺序，三是逻辑顺序。按事物发展的时间先后为说明的顺序是时间顺序。先发生的先说，后发生的后说。如《从甲骨文到缩微图书》介绍书籍演变，从三千多年前把字刻在龟壳和兽骨上的雏形的书开始，说到两千多年前出现的竹简、木简、帛书，说到东汉时期出现了手抄纸书，然后又出现雕板书籍，宋朝庆历年间出现了活字印刷书籍，近代出现了如油印、石印、铅印、胶板彩印等形形色色的书，近年来又出现了如会说话的书、能活动的书等，现在出现了越来越小的缩微书。由古到今，把书籍发展的阶段一步步说清楚，有条不紊。空间顺序是按具体的物占有一定的空间的大小、方位，有顺序地加以说明。或由远而近，或由近而远；或由上而下，或由下而上；或由外而内，或由内而外；或由左而右，或由右而左等。介绍建筑物、建筑群等相对静止的事物常用这种方法。如《雄伟的人民大会堂》就是按空间顺序说明的。先指出大会堂的方位——"天安门右前方"，然后由外到内说明，先用数字说明它的面积和体积，勾画巍峨的外貌，再介绍正门顶上的国徽，一层楼高的花岗石大台阶和12根大理石门柱，于是进入大会堂内部。按照参观的顺序由外到内组织材料，对复杂的建筑物加以说明。逻辑顺序是按事物自身的特点或某些事物之间相互关系来组织说明材料，可先总说后分说，或先分说再总说，采用总分式；可几个问题几个事物并列说明，采用并列式；可由表及里，由浅入深，采用纵深式。如《晋祠》一文中说明晋祠的美，先用"晋祠的美，在山，在树，在水"一句总领，然后用并列的方式说明："这里的山，巍巍的，有如一道屏障；长长的，又如伸开的两臂，将晋祠拥在怀中……""这里的树，以古老苍劲见长……""这里的水，多、清、静、柔……"接着说明古建筑也是用一句总领："然而最美的还是祖先留给我们的古代文化。这里保存着我国古建筑中的'三绝'。"然后再用并列方式说明："一是圣母殿……""二是殿前柱上的木雕盘龙……""三是殿前的鱼沼飞梁……"文章结构用简表表示就是：

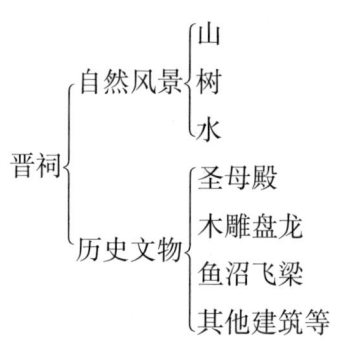

全文两大部分并列，每个部分又是几项内容并列。并列说明时又采取先总说后分说的方式。一般情况下，每篇文章总以某种说明顺序为主，根据说明需要，可结合选用其他顺序。

说明文是实用性极强的一种文章体裁，它在社会各个方面广泛运用，运用时根据实际需要又呈现出不同的特点，这里仅举三种常用的作简略说明：

书信。书信是人与人之间进行交流的重要手段，不受地域限制，内容不拘一格。书信由称谓、正文、结尾、具名、日期组成，外加信封。下面是三毛写给郭芳廷同学的信：

> 芳廷好孩子：
>
> 　　你才16岁，来信一句也不抱怨人生，只说喜欢写作，这是多么的难能可贵，因为我所收到的来信，大半是"人在福中不知福"的怨叹信，看了很使人灰心。
>
> 　　写作其实一点也不难。一开始的时候，尽可能踏踏实实地用字，不要写那种独白式的文体，写自己日常生活中所观察、所体验、所感动的真实人生。初写稿，写些实在的散文体故事，避掉个人内心复杂的感受——因为那样写，便需要功力，毕竟虚的东西难写。从故事开始试，人物最好不要一次出来太多，免得难以周全地在笔下刻画他们。
>
> 　　写作，便如建筑，结构是一个部分，建材是另一部分，外观又是一个部分，缺一不可。这也就是肌理、文理和神理三个写作的基本要素，而这其中，都是生命。
>
> 　　再说，所谓写作，事实上脱不了一个"酿"字，心中有所感、有所动的题材，不要急着就伏案，急不得；将材料放在脑子里慢慢用时间和思想去酝酿它，自己反反复复地在心中将文章编织，

等到时机成熟了，不写都不成，这就是一般人所谓的灵感来了，出来必然不会太坏。

一般初学写作的人，往往心急，酿的时间不够，那么即使涂涂改改总也难以使自己满意。

多看好书固然是好事，可是看见他人写得如此深刻而自己不能，也是会丧胆的。例如我自己，便真的丧胆，越看越不敢写，不过，我情愿不写，也舍不得不看好书。

你的年轻和兴趣，就是写作最大的本钱，很可惜我们只是纸上笔谈，无法交换更多的心得。谢谢你的来信。

三　毛

这是台湾作家三毛（本名陈平）给郭芳廷同学的回信，发表在《中学生阅读》1987年第6期。从这封信中，不仅可了解写信的格式，更可体会到信须有实实在在的内容。围绕写作这个中心，说明学写作应有怎样的步骤，内容与形式的关系，如何构思，如何借鉴，针对性强，达到交流思想的目的。

说明书。根据使用范围有产品说明书、展览会说明书、影视说明书、风景名胜说明书等。凡是说明书，都是要用简短、明确的语言把要介绍的事物解说清楚，使看的人一看便知。比如"飞跃微波炉使用说明书"由用途、主要技术参数、安全使用的注意事项、原理特点、结构、使用方法、维护和保养等七个部分组成，每个部分再分行作具体说明。从中我们可体会到：说明书须有明确的实用目的，要向别人介绍的事物须——交代清楚；须有约束性，说明内容要根据被说明对象本身的特点，有步骤地说明，不能粗疏，不能遗漏，如微波炉的使用方法、安全使用的注意事项等非说明不可；语言须明晰，条理须清楚。

广告。即广而告之，广泛地告知的意思。通过一定的媒介（报刊、广播、电视等）向公众介绍文体节目、产品、服务项目的一种宣传形式。广告一般有标题、正文、尾部三部分。标题要醒目，使人一看就能记住。如推销某品牌汽车的广告标题是：车到山前必有路，有路必有（该品牌名称）车。用顶真的修辞手法，好读易记。又如某日化厂的化妆品广告：今年20，明年18。用一反常理的语言创造宣传效果。正文要具体明确，这是广告的主体和核心。例如嘉陵牌摩托车的广告：

> 甲：老乙，您在等谁？
> 乙：我的那个"嘉陵"。
> 甲：嘉陵是您"爱人"吗？
> 乙：我太喜欢"嘉陵"了，它有许多优点，容貌长得盖世无双，风度潇洒，帅气，平地走路像仙女腾云驾雾，爬坡就如嫦娥奔月，唱歌优美动听。与"嘉陵"结为"伴侣"太幸福了。追求"嘉陵"的小伙子太多了，连姑娘们也追求"嘉陵"哪！
> 甲：什么，姑娘们也向您"爱人"求爱？
> 乙：什么呀！你瞧，它来了。
> 甲：原来是"嘉陵牌摩托车"啊！

这是问答式的广告，把产品的形貌、性能、用途都作了介绍，用的是拟人的手法，制造一个个悬念，最后谜底揭开。这种富于幽默感、时代感的广告，很迎合青年人的心理。一般说，广告是陈述式的比较多。陈述式的也要注意生动性。

不管是什么形式的说明文字，也不管按什么顺序进行说明，采用哪些说明方法，都要符合以下几点要求：

知识性。说明任何事物、任何事理，都有知识性的问题。叶圣陶在《作文概说》中指出："解说文是传播知识的文字。"离开了实实在在知识的介绍，文章就空泛，没有生命。

科学性。介绍客观事物、说明事理，要实事求是，符合实际情况。

不能夸大，不能缩小，不能走样，要尊重客观事物，如实地加以反映。切忌指鹿为马，即使是广告文字，也要尊重事实，不能用文字行骗。

条理性。说明文特别讲究条理清晰，因为它的目的在于使读者有所"知"。要别人一读就了然于胸，结构上要眉目清楚，有条不紊。切忌一团乱麻，东说一点，西说几点，茫无头绪。尤其是说明比较复杂的事物和比较深奥的事理，更要在条理性方面多加斟酌。

明确性。除在说明内容、说明顺序方面认真考虑外，语言表达要十分明确，不能模棱两可，含混不清。

把握上述要求，紧紧扣住被说明事物的特征和本质有步骤地说明，写出来的文章就能条分缕析，探幽抉微。

【佳作借鉴】

笑

随着现代医学的发展，我们对于笑的认识，更加深刻了。

笑，是人们心情愉快的表现，对于健康是有益的。笑，是一种复杂的神经反射作用。当外界的一种笑料变成信号，通过人的感官传入大脑皮层，大脑皮层接到信号，就会立刻指挥全身肌肉或一部分肌肉动作起来，于是出现了笑。

小则嫣然一笑，笑容可掬，这不过是一种轻微的脸部肌肉动作。一般的微笑，就是这样。

大则是爽朗的笑，放声的笑，不仅脸部肌肉动作，而且发声器官也动作起来。捧腹大笑，手舞足蹈，甚至全身肌肉、骨骼都动作起来了。

笑在胸腔，能扩张胸肌，加强肺部的运动，使人呼吸正常。

笑在肚子里，能使腹肌收缩了又张开，及时

产生胃液，帮助消化，增进食欲，促进人体的新陈代谢。

笑在心脏，能使血管的肌肉加强运动，促进血液循环，加快淋巴循环，使人面色红润，神采奕奕。

笑在全身，能让全身肌肉都动作起来，兴奋之余，使人轻松，睡眠充足，精神饱满。

笑，也是一种运动，不断地变化发展，有助于身心健康。

笑的声音有大有小；有远有近；有高有低；有粗有细；有速有慢；有真有假；有聪明的，有笨拙的；有柔和的，有粗暴的；有爽朗的，有娇嫩的；有现实的，有浪漫的；有冷冷的，有热情的，如此等等，不一而足。这是笑的辩证法。

笑有笑的哲学。

笑的本质，是精神愉快。

笑的现象，是笑容、笑声伴随着你的生活。

笑的形式，多种多样，千姿百态，无时不有，无处不有。

笑的内容，丰富多彩，包括人的一生。

笑话、笑料的题材，比比皆是，可以汇编成专集。

笑有笑的医学。笑能治病。笑可以消除肌肉过分紧张的状况，防止疼痛。神经衰弱的人，要多笑。但笑也有一个限度，要适可而止。患有高血压和心肌梗塞毛病的人，不宜大笑。

笑有笑的心理学。各行各业的人，对于笑都有他们自己的态度，都有他们的心理特点。售货员对顾客一笑，这是有礼貌的笑，使顾客感到温暖。

笑有笑的政治学。做思想政治工作的人，非有笑容不可，不能板着面孔。

笑有笑的教育学。孔子说："学而时习之，不亦说乎！"这是孔子勉励他的门生们要勤奋学习。读书是一件快乐的事。我们在学校里，就常常听到读书声夹着笑声。

笑有笑的艺术。演员的笑，笑得那样惬意，那样开心，所以，人们在看喜剧、滑稽戏和马戏等表演时，剧场里总是笑声满座。笑有笑的文学，相声就是笑的文学。笑有笑的诗歌。在春节期间，《人民日报》就发表了笑的诗，那诗写道："当你撕下八一年的第一张日历，你笑了，笑了，笑得这样甜蜜！是坚信：青春的树越长越葱茏？是祝愿：生命的花愈开愈艳丽？啊！在祖国新年建设的宏图中，你的笑一定是浓浓的春色一笔……"

笑，你是嘴边一朵花，在颈上花苑里开放。

你是脸上一朵云，在眉宇双目间飞翔。

你是美的姐妹，艺术家的娇儿。

你是爱的伴侣，生活有了爱情，你变得更甜。

你是治病的良方，健康的朋友。

你是一种动力，推动工作与生产前进。

笑是一种个人的创造，也是一种集体生活感情融洽的表现。

笑是一件大好事，笑是建设社会主义精神文明的一个方面。

我这篇科学小品，再加上外国的资料，可以在大百科全书中，在笑的项目下，占有一席的地位。

让全人类都有笑意、笑容和笑声，把悲惨的世界变成欢乐的海洋。

这是一篇科学小品，作者高士其。科学小品是常见的以说明为主普及科学知识的作品，它以散文的笔调介绍科学知识，是文艺形式和科学内容的有机结合。

这篇科学小品包含的知识极其丰富，涉及的方面很广。从"笑"产生的生理根据入笔，说明笑对人体健康的好处，再进而从哲学、医学、心理学、政治学、教育学、艺术等领域研究笑的意义。它不是对某一生理现象进行专门的深入论述，而是把涉及的方方面面提出来作简要说明，开启读者智慧，增长读者见识，这是典型的科普作品的一种样式。

广博的知识来自平时精心的观察和认真的积累。就拿笑的哲学来说，仅短短的四句，但对本质和现象、形式和内容加以诠释，简明而周到。如果对哲学领域有关知识不熟悉，对笑的本质、现象、形式、内容缺乏深入研究，不可能作如此精当的诠释。

文章的趣味性很强，这是科学小品的又一特色。一是从人们实际生活中见到的种种笑的姿态、声音等出发，介绍科普知识。因为认识上有沟通，所以容易激发兴趣。二是采用散文笔调，写得轻松潇洒。如"小则嫣然一笑，笑容可掬，这不过是一种轻微的脸部肌肉动作。一般的微笑，就是这样"一段，说明什么是微笑。先用生动的语言形容这种笑的形态，然后从生理方面说明笑的根据，科学知识就在轻松的气氛中向读者作了介绍。三是融知识、诗情、哲理于一炉，容易激起读者感情上的共鸣。就拿哲理来说，说明笑的医学，既说明笑能治病的积极作用，又说明笑有它的限制性，如不适度，对某些人会起反作用。这样处理，寓含了生活的哲理，闪射辩证的光芒。诗情，除了表达上有特点外，如用描述的语言，有的部分分行写之外，更主要的是充满热烈的情感。且不说字里行间渗透的对生活的喜爱与欢乐之情，文末直抒胸臆、发表议论，更是增添文章的感染力。作者一连串用了六个"你是"的句子，表达对笑的赞美之情，又用"笑是一种个人的创造……""笑是一件大好事……"的排比手法对笑的功能进行议论。在说明科学知识的基础上抒情议论，使说明的内容升华，又给人以美的享受和思想上的启迪。用高士其自己的话来说："好的科学小品，能给人以智慧和力量，点燃思想的灯和希望的火花，培养读者的观察力和想象力，开阔眼界，启发思想，引导他们幻想未来，激励他们向科学技术进军。"这篇科学小品将思想性、知识性、科学性、文艺性完美融合，正是这种思想认识的体现。

全文按逻辑顺序组织说明的材料，通篇采用了并列式的结构，把笑的生理机制及对人体健康的作用、笑的哲学、笑的医学、笑的心理学、笑的政治学、笑的教育学、笑的艺术等问题并列起来逐一加以说明，条理清晰。在并列式结构内又套了总分式。如第2段，对笑的生理机制进行总的说明，然后分别说明。"微笑"怎样，"大笑"怎样，笑"在胸腔""在肚子里""在心脏""在全身"各起怎样的作用，逐一分别说明，条分缕析。在分述以后，用一句话总结，"笑，也是一种运动，不断地变化发展，有助于身体健康"。这一部分采用总—分—总的方式说明，眉目清楚。

文章运用了多种说明方法，把笑的特征、本质及其中的规律解说得形象具体，浅显生动。首先用诠释的方法。第2段对笑的总述是全文说明的基础，故而对"笑"的形成从生理上作科学的解释十分重要。解说得具体、扼要。先说笑是一种"复杂的神经反射作用"，然后再具体解说怎样"反射"：外界信号—人的感官—大脑皮层—指挥肌肉动作。这样具体诠释，笑的生理基础一目了然。

其次用分类说明的方法。第3、4两段是分类说明，一类"小"，一类"大"。"小"指微笑，但微笑中有程度差别，一种是"嫣然一笑"，一种是"笑容可掬"。"大"指大笑，一种是脸部肌肉动作，发声器官动作；一种是手舞足蹈，全身肌肉、骨骼都动作起来了。"小则""大则"的说法看来只是粗线条，其实它们的类别中各有细微之处，具体而细腻。

再次用列举、举例、引用等说明方法，增强文章的明确性。如说明笑的声音，列举了"有大有小""有远有近"等11对，既开阔读者思路，又开启读者的想象，读者从多种多样笑的迥然不同的声音中，可受到辩证法的启迪。谈到笑的心理学时，举售货员的事例，谈到笑的政治学、笑的艺术时，分别举做思想政治工作的人和演员的例子说明，一看便明白。引用孔子的话和《人民日报》的诗，同样增加说明的明确度。

【习作评说】

SOS：来自汀江

水是人类的宝贵资源。我县工农业和生活用水的主要来源是汀江。汀江纵贯我县南北，是闽西第一大河。正是这条河孕育了勤劳朴实的长汀人民。然而，近年来，汀江传来了 SOS：汀江有成为"废江"的危险。

SOS：水质污染严重！

汀江水质受到的污染主要是工业污染。由于近年来工业的发展，工业废水增多，年排放量达 771.88 万吨，其中有 760.73 万吨（占 98.56%）排放入汀江，占全国工业及城市生活废水排放量的 90.4% 之多。请看：

合成氨厂的清污废水溶进了汀江；

化工行业的明胶生产浸漂废水混进了汀江；

林化工业中的含油废水闯入了汀江；

纺织行业中的漂染废水也漂进了汀江；

造纸行业中的黑波废水也窜进了汀江；

……

这些排放入汀江的工业废水含有许多有害物质，每年的排放量如下表：（单位：吨）

种类	S—S	COD	BOD	Cr^{+6}	砷
含量	2 936.39	1 217.98	527.21	1.142	0.034
种类	氰化物	挥发酚	硫化物	氨氮	油
含量	0.034	3.139	64.53	277.84	30.639

这些有害物质对汀江河水的污染是惊人的。譬如今年 8 月 15 日，长江合成氨厂一号碳化塔冷却水管破裂，含高浓度氨氮的废水流进了汀江。当日下午五点半，在马巷哩水沟所采取的水样氨氮高达 89.07 mg/l，已达鱼类致死量的 4 倍。据县渔政站调查估算，鱼类、虾类、贝类死亡量为 4 025~7 605 公斤，城区出现了从黄屋村马巷哩至新庄（长约 5 公里）居民下河捡鱼的"壮观"场面。悲剧也由此而生——吃了那些鱼的，脚起毛病了。

再看，医疗单位的废水也像幽灵似的溜进了汀江。

汀州医院从西河（汀江支流）向汀江排放的大肠菌群，含量是每升 5×10^4 个。每年排放的废水就有 4.38 万吨。城关医院从金沙江（汀江另一支流）向汀江排放的细菌总量达 1.3×10^5 个/毫升。江中含有如此多的病毒，谁还敢饮用这江水！

再瞧瞧，我们的居民也来凑热闹了。

长汀全县城关居民约 5 万人，生活污水年排放量达 354.27 万吨。这些生活污水未经任何处理就直接排放到汀江。两岸居民还把废土、破烂、煤渣、屎尿、瓶瓶罐罐一股脑儿倾倒于汀江——似乎汀江是垃圾的最佳处理所。黄昏，在南寨广场漫步，常可发现：从对岸城门出来倒垃圾的，几乎无不例外地潇洒一甩，奋斗中的垃圾纷纷扬扬洒进汀江。

昔日"澄江如练"的汀江如今污浊不堪，使人望而却步。由于严重的水质污染，皮肤病患者急剧增加，为此，长汀县新建立了一座皮肤病院。环保部门人员深有感触地说："不治理汀江污染对不起长汀人民啊!"

SOS:水量急剧减少!

由于过去乱砍滥伐树木,再加上防治不力,造成汀江水土流失严重,流失面积达7万多公顷之多,产生淤积现象,有的地方河床上升比田还高1~1.5米,水径流量急剧减少。

由此带来了灾难性的后果是:

全县农村有8千多公顷水田因此受旱,全县大小旱情每年都有发生。

对于靠水力发电的我县,工业也因水力不足引起了电力不足,阻碍了发展。全县每年断电的时间长达50余天,损失的工业产值约1500万元。

我县的交通如今仅靠公路,水运因水枯礁露,河床比降大,已不能全程通航。水运量不到全县运输总量的4%。

城市生活用水也日趋紧张。许多居民因水井受汀江河水渗透污染而改用自来水。一些工厂如酒厂、食品厂因无法直接用汀江水而依靠自来水。这使得居民的日常生活用水也难以保证正常供应。

水质的污染,水量的减少给我们带来了恶果,我们难道能不觉醒吗?不要忘了恩格斯给我们的告诫:"我们不要过分陶醉于对大自然的胜利,对于每一次这样的胜利,自然界都报复了我们。"

汀江——SOS!恳切希望我们环保部门的同志能大力宣传环保知识,深入做好环保监督工作,努力防患于未然,坚决执行环保法,给违法者以严厉制裁,以警后人。

汀江——SOS!恳切希望造成污染源的有关领导能以合成氨厂为诫,努力实现"治污、节能、增效"三同步,还汀江以清澈秀丽的丰姿,为子孙后代造福。

汀江——SOS！恳切希望喝汀江水的居民们不要只顾眼前方便，污损汀江。请爱护我们的母亲河吧，让我们永远喝上她甘美的乳汁。

听吧，来自汀江的SOS！

行动起来吧，救救我们的汀江！

林跃飞

这是一篇福建长汀高中学生参加华东六省一市作文比赛的文章，内容充实，说明有条有理，言辞恳切。

SOS，国际通用的（船舶、飞机等的）呼救信号，文章以《SOS：来自汀江》为标题，震人耳目，一下就抓住了读者的注意力。

文章内容之所以充实，是由于材料十分充足，显然动笔前做了一番调查研究，阅读了不少有关的材料，搜集了不少数据。写说明文，要把事物说清楚，对所要说明的对象需要认真细致地了解和研究，只有自己脑子里清清楚楚，写出来的文章才会明明白白，否则，不管用什么方法，也难以把事物和事理说明白。

文中说明了两大问题，一是汀江水质污染严重，二是汀江水量急剧减少。全文采用逻辑顺序组织说明材料。开篇提出问题——汀江有成为"废江"的危险，然后从两个方面具体说明。两个方面说明采用并列方式，但后一个方面问题的发生又与前一个问题有密切关系，所以虽形式上并列，却前后有序。

说明来自汀江的危险信号用了多种说明方法。主要的有：

列举说明法。说明水质污染的严重程度，列举了"合成氨厂的清污废水""化工行业的明胶生产浸漂废水""林化工业中的含油废水"等窜入汀江的五个例子，把污染的严重性端到了读者的面前，使读者有所了解。

图表说明法。为什么说工业废水严重污染汀江呢？因为废水中含有许多有害物质。为了使读者一目了然，把十种有害物质列图表说明。如果用文字表述，须长长一段，用图表表示，简单醒目。

数字说明法。图表中为了说明工业废水含有的有害物质的量，用了许多数字。图表说明和数字说明经常结合起来使用，使所说明的问题一清二楚。此外，文章的其他部分也用了不少数字来说明问题。

举例说明法。如说某年8月15日长江合成氨厂冷却水管破裂，含高浓度氨氮的废水流入汀江的情况，说明有害物质污染汀江的惊人程度。医疗单位的废水、居民生活废水及生活垃圾对汀江的污染也运用举例说明法，具体说明污染的危害。

引用说明法。南朝齐谢朓《晚登三山还望京邑》诗中有这样的名句："余霞散成绮，澄江净如练。"意思是澄江清澈，干净得如同白绸子一般。这篇文章引用"澄江如练"，形成今昔鲜明的对比，突出今日汀江的污染不堪。引用恩格斯的话，有力地告诫人们：不尊重客观事实，不按客观规律办事，必然会受到惩罚。这就从污染危害水源的现象深入问题本质的探讨，揭示不以人们意志为转移的客观规律，文章向纵深发展，分量加重。

全文从现象的众多材料入手，深入问题本质的揭示，应该说明的问题可以说已解说清楚。但是，摆出问题只是认识事物，重要的还在于解决问题。习作者在充分说明事物的基础上，直抒自己的心愿，呼吁环保部门的同志、造成污染源的有关领导、喝汀江水的居民，各尽其责，保护汀江水源。三个"汀江——SOS"、三个"恳切希望"，先敲警钟，再恳切要求，用排比的方法一段紧接一段，给人以强烈的印象。文章用"听吧，来自汀江的SOS！行动起来吧，救救我们的汀江"收尾，与标题呼应，强化呼救的声音。

有两点可商榷。一是有的数字似乎不够准确。文中说流入汀江的工业废水"占全国工业及城市生活废水排放量的90.4%之多"，令人难以置信。我国幅员辽阔，发达地区工业废水问题远未解决，汀江一个县废水占90.4%，使人难以理解。说明文用数字说明，必须准确，否则影响可信度。二是写比较通俗的说明文尽量要少用难懂的专门术语。比如图表中列的项目就有这个问题。尽管如此，这篇文章仍不失为一篇比较好的说明文习作。

【要语一束】

说明须抓住事物特征。

抓事物特征，既要了解它们的表面特征，还要洞悉它们的本质特征和特殊规律。

根据说明对象的情况和说明的意图，可采用适当的说明方法。常用的方法有诠释与下定义、分类与举例、比较和比喻、数字和图表等。采用任何一种说明方法，目的都在把事物、事理解说得清楚明白。

说明须安排合理的顺序，根据事物本身的条理及特征，全文可按时间顺序、空间顺序或逻辑顺序组织说明材料。可安排单一的顺序，也可根据需要，以一种顺序为主，穿插其他顺序。

以说明为主的文章须注意知识性、科学性、条理性和明确性。

十三
惟妙惟肖，生动逼真
——描写的艺术

清代著名文学评论家金圣叹在《水浒传序三》一文中说："《水浒》所叙，叙一百八人，人有其性情，人有其气质，人有其形状，人有其声口……施耐庵以一心所运，而一百八人各自入妙者，无他，十年格物而一朝物格，斯以一笔而写百千万人，固不以为难也。"这段话盛赞施耐庵塑造梁山一百零八员好汉形象的高超的描写艺术，剖析了这种描写艺术的由来。一百零八个好汉个个有自己的面貌、语言，有自己的性格、气质，个个活蹦乱跳，栩栩如生。描写技巧令人赞叹。生动逼真、惟妙惟肖的技巧从何而来？"十年格物而一朝物格。"对所描写的对象，长时间地观察、探讨、研究，有朝一日为所观察的人物、事物所感通，洞悉它们的底里。梁山好汉塑造得如此成功，就在于作者对所描写的对象识得真，勘得破。这就提醒我们：学习描写技巧的同时，须十分注意"格物"，长时间地坚持不懈地观察、研究周围的人和事、景和物，为描写、刻画打扎实的基础。

【文心絮语】

描写这种表现方法在记叙文中最常用。

有人曾就叙述和描写在文中的作用打了这样一个生动的比喻：如果把一篇文章比作用珍珠宝石制作而成的一串闪闪发光的项链，那么，串连珍珠宝石的链条就是叙述，而每一颗珍珠宝石就是一个个形象鲜明的描写。文章交代环境，讲说事件，离不开叙述。但是，光是叙述，文章难免空泛、抽象，对人物、事件、环境作具体的描绘和刻画，这些对象就勃勃有生气，如珍珠宝石闪发光辉，给人以生动鲜明的印象。

描写人物最忌作者参入，评头论足，要让人物自己说话，自己活动，也就是要让人物"如镜中取影，妍媸好丑令观者自知"。描写景物忌捕风捉影，斧凿刀削，要写山像山，写水像水，逼真如画，情景俱出。

1. 抓特征，抓个性

描写人物个性要鲜明，应百人百面目，千人千形象，千万不能千人一面。每个人都有自己的性格特征，在生活中人与人千差万别，千人千样。描写时要善于发现和抓住对象与众不同的独特之处。且不说外貌、语言、动作，就是性格看来相似，实际也有很大差别。金圣叹评《水浒传》的人物描写时说："只是写人粗卤处，便有许多写法：如鲁达粗卤是性急，史进粗卤是少年任气，李逵粗卤是蛮，武松粗卤是豪杰不受羁勒，阮小七粗卤是悲愤无说处，焦挺粗卤是气质不好。"说得多么明白！同是性格粗鲁，由于生活背景不同，生活经历不同，具体表现就很不一样。描写就是要能抓住同中有异的"异"，才能使人物的面貌、精神，跃然纸上。个性是艺术的生命，同样也是描写人物、描写景物的生命所在。

如鲁达拳打镇关西就写得十分有个性，绘声绘色，与众不同：

> 郑屠右手拿刀，左手便来要揪鲁达，被这鲁提辖就势按住左手，赶将入去，望小腹上只一脚，腾地踢倒在当街上。鲁达再入一步，踏住胸脯，提起那醋钵儿大小拳头，看着这郑屠道："洒家始投老种经略相公，做到关西五路廉访使，也不枉了叫做镇关西。你是个卖肉的操刀屠户，狗一般的人，也叫做镇关西！你如何强骗了金翠莲？"扑

的只一拳,正打在鼻子上,打得鲜血迸流,鼻子歪在半边,却便似开了个油酱铺,咸的、酸的、辣的,一发都滚出来。郑屠挣不起来,那把尖刀也丢在一边,口里只叫:"打得好!"鲁达骂道:"直娘贼!还敢应口!"提起拳头来就眼眶际眉梢只一拳,打得眼棱缝裂,乌珠迸出,也似开了个彩帛铺,红的、黑的、绛的都绽将出来。两边看的人惧怕鲁提辖,谁敢向前来劝?郑屠当不过,讨饶。鲁达喝道:"咄!你是个破落户,若是和俺硬到底,洒家倒饶了你。你如何对俺讨饶,洒家却不饶你!"又只一拳,太阳上正着,却似做了一个全堂水陆的道场,磬儿、钹儿、铙儿一齐响。鲁达看时,只见郑屠挺在地下,口里只有出的气,没了入的气,动掸不得。

三拳打出三个样。如果简单叙述的话,只要说"打得鲜血直流、乌珠迸裂、两耳轰鸣"就可以,但绝对收不到如此具体描写的艺术效果。鲁达的拳头特征是"醋钵儿"大小,有装醋的盆儿那么大。挥拳的落点有特征,不是乱打一通,如雨点降落,而是鼻子—眼眶际眉梢—太阳穴,而且先后有序,一拳拳在脸部往上打,越打越切近要害部位。三拳的结果有特征,用三个比喻变换了三种不同的感觉——油酱铺,咸的、酸的、辣的,从味觉上描绘;彩帛铺,红的、黑的、绛的,从视觉上描绘;全堂水陆的道场,磬儿、钹儿、铙儿一齐响,从听觉上描绘。三拳打出味道,打出颜色,打出声音,极富个性。在打三拳的同时,还伴以个性化的语言——粗鲁的骂,宣告对讨饶的郑屠绝不手软。郑屠虽仅"打得好"一句话,但也十分形象地刻画了他流氓、无赖的嘴脸。正由于作者对鲁达这三拳描绘得特征显露,个性鲜明,因而给人以深刻的印象,数百年来广为流传。

肖像描写同样要善于抓特征,绘形传神,刻画思想性格。如《故乡》中杨二嫂:凸颧骨,薄嘴唇;两手搭在髀间,没有系裙,张着两脚,正像一个画图仪器里细脚伶仃的圆规。寥寥几笔,就绘出了她的外貌特征,通过这个特征,可粗知她尖酸刻薄的性格。

描绘景物个性也十分重要。同一对象在不同的人眼中会有不同的感受,写景时能把观景人独特的感受表现出来,景就写活了。王小鹰在《相思鸟》中写的月亮是:"月亮刚刚升起,又大又圆,黄澄澄的,就挂在山坳口,我相信,若是快些爬上山坡,准能用手摸着它。它是像镜子一般的滑呢,还是像冰块一般的凉?"在《月色溶溶夜》中写的月亮是:"一弯银钩似的月亮已经嵌在街口那棵梧桐树疏疏朗朗的枝叶间,很像是那深蓝的天空含着静静的笑容。"前者是一个农村孩子在山村看到的月亮,后者是一个城市姑娘在城市里看到的月亮,景随人变,各具特点。

2.
画眼睛

画龙点睛,眼睛"点"得好,龙就能腾飞。描写人物,画眼睛很重要。眼睛是心灵的窗户,人物的眼光、眼神能表现出内心复杂的思想感情。鲁迅在《我怎么做起小说来》一书中说:"忘记是谁说的了,总之是,要极省俭的画出一个人的特点,最好是画他的眼睛。我以为这话是极对的,倘若画了全副的头发,即使细得逼真,也毫无意思。"鲁迅在写作实践中就是这样做的。他创作的《祝福》就十多次写祥林嫂的眼睛、眼光、眼神,通过眼睛的刻画,表现祥林嫂的不幸遭遇和性格的变化。

新月派领袖诗人徐志摩在《拜伦》一文中对拜伦雕像眼神的描写就十分精湛。"他没有那样骄傲的锋芒的大眼,像是阿尔卑斯山南的蓝天,像是威尼斯的落日,无限的高远,无比的壮丽,人间的万花镜的展览反映在他的圆睛中,只是一层鄙夷的薄翳。"拜伦是英国著名诗人,描写他的塑像的眼睛确非容易的事。作者抓住特定情景中的感受,借用比喻,发挥想象,就把眼神的深远、壮丽刻画得活灵活现,透露出诗人观察大千世界的气质。

画眼睛并非只局限于对眼睛的描写，抓住描写对象身上最能表现个性特征的东西进行刻画，使这个形象栩栩如在眼前，也是画眼睛的做法之一。如明代归有光的《寒花葬志》是为亡妻陪嫁丫鬟所作的墓志，短短一百多个字，就把寒花令人爱怜的形象活泼泼地显现纸上。绘形象的一段是这样写的："婢初媵时，年十岁，垂双鬟，曳深绿布裳。一日天寒，爇火煮荸荠熟，婢削之盈瓯，予入自外，取食之，婢持去不与。魏孺人笑之。孺人每令婢倚几旁饭，即饭，目眶冉冉动，孺人又指予以为笑。"作者用简练的文笔，回忆寒花当初陪嫁来时的衣着打扮、削荸荠时的淘气表现和吃饭时的动人神情，三言两语就勾勒出幼婢的稚气未脱，天真可爱。"垂双鬟，曳深绿布裳"，两个环形发髻低垂着，一条深绿色的布裙长可拖地，不满十个字，写出了幼童穿长衣裙的有趣外貌；吃饭时倚着小矮桌，"目眶冉冉动"，两个眼珠慢慢转动着，天真可爱的情态如在眼前。这种写法用了极省俭的笔墨。由于集中笔力抓住特征描绘，读者摄入眼帘以后，经久不忘。

3.
诉心声

人物思想性格的塑造离不开内心世界的描写。一是直接描写人物的内心活动，即直接的心理刻画，写人物怎么想，怎么感觉。二是间接描写，就是借助人物的外部表现如语言、动作、肖像来反映人物的内心世界。

直接进行心理描写，不能说一些浮泛的空话，要能把内心深处的精妙倾诉出来，使人物的思想性格得以深刻揭示。如鲁迅的《一件小事》，当作品中的"我"看到车夫送老女人向巡警分驻所走去时，有这样一段心理描写："我这时突然感到一种异样的感觉，觉得他满身灰尘的后影，刹时高大了，而且愈走愈大，须仰视才见。而且他对于我，渐渐的又几乎变成一种威压，甚而至于要榨出皮袍下面藏着的'小'来。"按正常的视觉形象，应该是近大远小，而在"我"的感觉里，却一反正常的视觉形象，是"愈走愈大"，用连续转动的镜头更换画面，突出车夫形象的高大。"大"形成威压，榨出"小"，在纯真的车夫面前，"我"自惭形秽。这种内心活动的直接描写，深刻地揭示了一名知识分子在"一件小事"中心灵的震动和觉醒，对"我"思想性格的塑造起重要作用。

　　言为心声。准确而逼真地写出人物的语言，能生动地表现人物的思想性格。语言描写要切合人物的身份，要个性化，否则难以表现内心世界。老舍在《我怎样学习语言》中说："对话就是人物的性格等的自我介绍。"对话巧妙，无须描写人物的模样，就能使读者好像目睹了说话的那些人。鲁迅的《聪明人和傻子和奴才》，通篇是对话描写，通过对话，聪明人、傻子、奴才这三种人的思想性格活脱脱地被端到读者面前。前半部分是奴才和聪明人的对话。奴才寻聪明人诉苦，"你知道的。我所过的简直不是人的生活。吃的是一天未必有一餐，这一餐又不过是高粱皮，连猪狗都不要吃的，尚且只有一小碗……"聪明人听了惨然说"这实在令人同情"；听了奴才的继续诉苦，他"唉唉"叹息；听了奴才说敷衍不下去要另外想法子，聪明人说"我想，你总会好起来……"，似乎充满了理解与同情。中间部分奴才又寻人诉苦，说"我住的简直比猪窠还不如。主人并不将我当人；他对他的叭儿狗还要好到几万倍……"。

　　　　　　　　"混账！"那人大叫起来，使他吃惊了。那人是一个傻子。

　　　　　　　　"先生，我住的只是一间破小屋，又湿，又阴，满是臭虫，睡下去就咬得真可以。秽气冲着鼻子，四面又没有一个窗……。"

　　　　　　　　"你不会要你的主人开一个窗的么？"

　　　　　　　　"这怎么行？……"

　　　　　　　　"那么，你带我去看去！"

　　　　　　　　傻子跟奴才到他屋外，动手就砸那泥墙。

　　　　　　　　"先生！你干什么？"他大惊地说。

"我给你打开一个窗洞来。"

"这不行！主人要骂的！"

"管他呢！"他仍然砸。

"人来呀！强盗在毁咱们的屋子了！快来呀！迟一点可要打出窟窿来了！……"他哭嚷着，在地上团团地打滚。

一群奴才都出来了，将傻子赶走。

听到了喊声，慢慢地最后出来的是主人。

"有强盗要来毁咱们的屋子，我首先叫喊起来，大家一同把他赶走了。"他恭敬而得胜地说。

"你不错。"主人这样夸奖他。

奴才毕竟是奴才，既要诉苦，对自己的处境愤愤不平，又要对一贯虐待他的主人讨好邀功，还要对真心帮他摆脱困境的傻子大肆诬陷。奴性十足、灵魂卑琐的思想性格特征在语言中充分表露。

结束部分奴才在炫耀受到主人夸奖并恭维聪明人有先见之明时，聪明人说："可不是么……"纵观聪明人前后说的话，就可发现这些话都是空洞的、不着边际的、含含糊糊的，而这些话生动地反映了这个人物圆滑、不负责任、与世浮沉的卑陋庸俗的思想性格。

人物对话一定要少而精，有时一句话一个词就能刻画出人的思想面貌。《红楼梦》中林黛玉与世诀别前只说了半句话："宝玉！宝玉！你好……"但千般愁、万般情均倾注其中，充分反映了林黛玉遗恨终天的悲剧性格。

4. 绘细节

要表现人物鲜明的个性，须重视细节的描写。借一斑以窥全豹，细节虽小，但作用不小，它在刻画人物中常起传神作用。作家杜鹏程曾这样说："从一百个相类似的细节中选取一个细节（值得羡慕的富有!），谁能估量出这个细节会发出多么强烈的光和热。"这句话至少说了两个道理：一是细节在文中能发挥强烈的光和热；二是细节要典型，要以一当十，以一当百。为此，选择"一斑"要别具匠心，要确实能反映"全豹"，反映人物的思想性格和精神面貌，服从人物塑造的需要，服从主题表达的需要。

契诃夫的《变色龙》中有一个精彩的细节描写，这就是主人公奥楚蔑洛夫身上穿的新的军大衣的穿、脱、穿的描写。这个细节不影响故事情节的发展，但在刻画人物上很起作用。主人公一出场穿的就是新的军大衣，暗示出这个警官是刚爬上去的；随着狗主人的不同而一再更换对狗的称呼、对狗的褒贬时，这件军大衣大起作用。警官听首饰匠赫留金告狗咬人的情况后，俨然要严惩"罪犯"，但一听说是将军家的狗时，立刻态度大变，说："席加洛夫将军？哦！……叶尔德林，帮我把大衣脱下来……真要命，天这么热，看样子多半要下雨了……"于是，掉转话头，指责赫留金。人群中议论狗，说不是将军家的狗，警官又大发议论，要好好教训"罪犯"，又听说"没错儿，将军家的"结论时，大衣又发挥作用了——"哦！……叶尔德林老弟，给我穿上大衣吧……好像起风了，挺冷……你把这条狗带到将军家里去，问问清楚。就说这狗是我找着，派人送上的。"脱了的大衣又穿了起来。最后真情大白，狗的主人是将军哥哥。于是，警官恐吓赫留金，"我早晚要收拾你"，并裹紧大衣，穿过广场径自走了。这个细节贯串全文，多方面刻画人物的思想性格。出场穿新的军大衣，显示警官耀武扬威的气焰；变化无常的过程中，军大衣一会儿脱，一会儿穿，为自我解嘲做阶梯，生动地反映出警官对权势显赫的将军的恐惧、趋炎附势、媚上压下的狗类性格显露；狗咬人的案件不了了之，警官"裹紧大衣"走了，恐吓赫留金是虚张声势，灰溜溜地走是实质，趋炎附势的狗性决定了他不敢也不能公正地断这个案子，只能溜走。一件军大衣的细节描写，成了警官变色的保护物，成了贯串全文的思想性格的侧面写照，在文中发挥的光和热难以估量。

细节描写在大手笔文中，有时仅顺带一笔，也光彩照人。如《故乡》中杨二嫂"一面愤愤的回转身，一面絮絮的说，慢慢向外走，顺便将我母亲的一副手套塞在裤腰里，出去了"，顺手偷一副手套，表现了杨二嫂贪小便宜的坏习气。真是随手拈来，皆成文章。

描写人物、描写景物有种种技法，最常用的有以下几种：

1. 简笔勾勒与工笔细描

简笔勾勒就是用极简洁的语言把人物或景物的基本特征勾勒出来，不着颜色，不加烘托，给人以清晰的印象。这种方法也叫白描。运用这种技法，应"有真意，去粉饰，少做作，勿卖弄"。如《药》开头的景物描写："秋天的后半夜，月亮下去了，太阳还没有出，只剩下一片乌蓝的天；除了夜游的东西，什么都睡着。"结尾时对坟地枯草的描写："微风早经停息了；枯草支支直立，有如铜丝。一丝发抖的声音，在空气中愈颤愈细，细到没有。"对乌鸦的描写："那乌鸦也在笔直的树枝间，缩着头，铁铸一般站着。"自然环境描写用了极省俭的笔墨，但作用很大。开头疏疏几笔就创设了阴森幽暗的气氛，为全文定下了基调。结尾勾勒出坟地的死寂，烘托出夏四奶奶和华大妈心情的无比沉痛与悲凉。

勾勒人物也是以少许的笔墨取胜。如《一面》中描绘的鲁迅肖像："黄里带白的脸，瘦得教人担心；头上直竖着寸把长的头发；牙黄羽纱的长衫；隶体'一'字似的胡须；左手里捏着一枝黄色烟嘴，安烟的一头已经熏黑了。"瘦、直竖的头发，隶体"一"字似的胡须，抓住人物肖像的这些特征几笔勾勒，一位健康被艰苦工作毁坏的老战士的坚毅形象突显在眼前。

工笔细描着力于精雕细刻，用细腻的笔法雕刻人物，雕刻景物。无论是静态还是动态，无论是静中有动，还是动中有静，都作精细的描绘，使所描写的对象纤毫毕现，给人以真切的感受。如《骆驼祥子》中祥子经受暴雨折磨的描绘：

云还没铺满天，地上已经很黑，极亮极热的

晴午忽然变成了黑夜似的。风带着雨星，像在地上寻找什么似的，东一头西一头地乱撞。北边远处一个红闪，像把黑云掀开一块，露出一大片血似的。风小了，可是利飕有劲，使人颤抖。一阵这样的风过去，一切都不知怎么好似的，连柳树都惊疑不定地等着点什么。又一个闪，正在头上，白亮亮的雨点紧跟着落下来，极硬的，砸起许多尘土，土里微带着雨气。几个大雨点砸在祥子的背上，他哆嗦了两下。雨点停了，黑云铺满了天。又一阵风，比以前的更厉害，柳枝横着飞，尘土往四下里走，雨道往下落；风、土、雨，混在一处，联成一片，横着竖着都灰茫茫冷飕飕，一切的东西都裹在里面，辨不清哪是树，哪是地，哪是云，四面八方全乱，全响，全迷糊。风过去了，只剩下直的雨道，扯天扯地地垂落，看不清一条条的，只是那么一片，一阵，地上射起无数的箭头，房屋上落下万千条瀑布。几分钟，天地已经分不开，空中的水往下倒，地上的水到处流，成了灰暗昏黄的，有时又白亮亮的，一个水世界。

这段文字对夏日暴风雨来临的情景作了精雕细刻。从天上铺的乌云到地上乱舞的灰尘，从电闪到利飕，从雨星、雨点到雨道，从雨中柳、雨中人、雨中屋到白亮亮的水世界，都细笔细描。细写了暴风雨进逼、暴风雨来临的过程。先分笔写风、写雨星雨点、写闪、写树、写尘土，然后合笔写风、土、雨混合起来的迷糊世界，再进而描绘天空雨道扯天扯地垂落，房屋上千万条瀑布倾倒，地上射起无数箭头，水到处流的水世界。图景声、光、色、形俱全，使人如亲目所睹，如身临其境，十分真切。

对人物精雕细刻，面目精神可跃然纸上。老舍《牺牲》一文中有这样一段描写："他的脸，在我试问他的时候，好像特别的注了。

从那最洼的地方发出一点黑晕，慢慢地布满了全脸，像片雾影。他的眼，本来就低深不易看到，此时便更往深处去了，仿佛要完全藏起来。他那些彼此永远挤着的牙轻轻咬那么几下，耳根有点动，似乎是把心中的事严严地关住，唯恐走了一点风。然后，他的眼忽然发出些光，脸上那层黑影渐渐地卷起，都卷入头发里去。'真哪！'他不定说什么呢，与我所问的没有万分之一的关系。他胜利了，过了半天还用眼角撩我几下。"作者对人物的脸、眼、牙作了精细的描写，脸洼到什么状况，眼深藏到什么程度，牙严严地关到什么情况，一笔一笔细雕，把这个人物深藏自己的阴冷的性格刻画得惟妙惟肖。

用简笔勾勒或用工笔细描，都须讲究真实，寓含真情。如果任意杜撰或凭空想象，就全呈现假景假情，闹出笑话。

2. 正面描写与侧面描写

正面描写是把镜头直接对准描写对象进行刻画，或写肖像，或写语言，或写动作，或写心理。正面描写忌平淡、忌拖沓，须形神俱备，生机勃勃。侧面描写是着意写对象的周围事物，或以物衬物，或以景物烘托人物，或借助他人来刻画此人，使所描绘的对象更为鲜明，更为突出。侧面描写对描写对象周围的事物须慎加选择，要选择确能起烘托作用或能产生对比效果的，忌一般化、无鲜明特点的。

正面描写的如："于是我又回忆起另一个画面，这就在所谓'黄土高原'！那边的山多数是秃顶的，然而层层的梯田，将秃顶装扮成稀稀落落有些黄毛的癞头，特别是那些高秆植物顾长而整齐，等待检阅的队伍似的，在晚风中摇曳，别有一种惹人怜爱的姿态。可是更妙的是三五月明之夜，天是那样的蓝，几乎透明似的，月亮离山顶，似乎不过几尺，远看山顶的谷子丛密挺立，宛如人头上的怒发，这时候忽然从山脊上长出两支牛角来，随即牛的全身也出现，掮着犁的人形也出现，并不多，只有三两个，也许还跟着个小孩，他们姗姗而下，在蓝的天，黑的山，银色的月光的背景上，成就了一幅剪影，如果给田园诗人见了，必将赞叹为绝妙的题材。可是没有完。这几位晚归的种地人，还把他们那粗朴的短歌，用愉快的旋律，从山顶上飘下来，直到他们没入了山坳，依旧只有蓝天明月黑魆魆的山，歌声可是缭绕不散。"这是茅盾《风景谈》里一幅黄土高原景色图。作者采取了定点观察的方法，描写的镜头直接对着描写的对象——山、梯田、在晚风中摇曳的高秆植物……这幅种地人晚归图基调是静，蓝天、黑山、银色的月光构成宽广的背景，创造了静谧的气氛。在这静谧的背景上出现了动景，静中有动。这种"动"用特写慢镜头处理："山脊上长出两支牛角来"，"他们姗姗而下"。人与自然景色构成优美的图画，而粗朴的短歌和愉快的旋律诉之于读者的听觉，给画面增添愉悦的色彩。从掮着犁的人形从山脊上出现，到"他们没入了山坳"，画面缓慢移动，由静而动，由动而静，回归到自然景色。描写的高明之处还在于"歌声可是缭绕不散"，做到"状难写之景，如在目前，含不尽之意，见于言外"，画面虽隐没，留给读者的是无尽的遐想。

有些人物、有些景物正面描写或不易表达出精神，或太显露，可采用侧面描写的方法。清人刘熙载在《艺概·诗概》中说："山之精神写不出，以烟霞写之；春之精神写不出，以草树写之。"说的就是这个道理。侧面描写效果极佳的中外作品中都有十分著名的例子。如汉乐府诗《陌上桑》中描写采桑女罗敷的美貌，不是正面刻画，而是用她周围的人的神态、动作来烘托、渲染。诗中这样描绘："行者见罗敷，下担捋髭须。少年见罗敷，脱帽著帩头。耕者忘其犁，锄者忘其锄。来归相怨怒，但坐观罗敷。"描写行者、少年、耕者、锄者见到罗敷时的神态与动作，种种表现聚焦在一点，即采桑女罗敷貌美惊人。如果正面刻画，就不够含蓄，不能留给读者更多的想象余地。

无独有偶，法国作家小仲马在《茶花女》中是这样写玛格丽特的美貌的："这天晚上她真是惊人的美。……当她出现的时候，一个个脑袋此起彼伏，连舞台上的演员也对着她望，她仅仅一露面就使观众这样骚动。"描写的是一个个观众和演员的反映，目的在烘托玛格丽特与众不同的美丽。有时用极简约的句子也能收到出色的侧面描写的效果。如《守财奴》中葛朗台太太看到丈夫闯进来，瞪着匣子上金子的眼光时，便叫起来："上帝呀，救救我们！"这一"叫"非同寻常。妻子对丈夫的贪婪成性十分清楚，如果丈夫瞪着金子的眼光不是特别骇人，是不可能如此惊呼，如此惊叫上帝救命的。这一侧面描写使人能想象出葛朗台眼睛里燃烧着多么疯狂的贪欲之火，对金子有多么疯狂的占有欲。揭露十分深刻。

3.
场面描写和多角度描写

场面描写不是写一人一活动，也不是只写客观环境或客观景物，而是写众多人物的共同活动。场面描写须有点有面，点面结合，须有条不紊，忌杂乱无章。《红楼梦》中宝钗说："……安插人物也要有疏密，有高低。"场面中要有中心人物，其他人物起烘托作用。对其他人物的描写也须视情况区别笔墨的轻重与多少。场面描写还须把环境交代清楚，人物和景物配置在一起，要创造一定的气氛。

例如《红楼梦》中秦可卿病死，王熙凤到宁国府哭灵的场景，笔墨不多，但十分精彩。"……凤姐下了车，一手扶着丰儿，两个媳妇执着手把灯罩，簇拥着凤姐进来。宁府诸媳妇迎来请安接待。凤姐缓缓走入会芳园中登仙阁灵前，一见了棺材，那眼泪恰似断线之珠，滚将下来。院中许多小厮垂手伺候烧纸。凤姐吩咐得一声：'供茶烧纸。'只听一棒锣鸣，诸乐齐奏，早有人端过一张大圈椅来，放在灵前，凤姐坐了，放声大哭。于是里外男女上下，见凤姐出声，都忙忙接声嚎哭。"这个场面的中心人物不言而喻是王熙凤，事情是哭灵。来宁国府时已气焰可炙手，执灯的，请安的。走入灵前，垂手伺候烧纸的，端大圈椅的，敲锣的，奏乐的。这些人犹如"众星"，作用是"捧月"，烘托王熙凤的权势。最传神之处是王熙凤出声大哭，府里男男女女、上上下下都"忙忙接声嚎哭"，一人哭，引出众人的号啕大哭，谁也不敢怠慢。这个"大合哭"的场面写得井然有序，人物的高低位置安排得十分恰当，把王熙凤惊人的权势刻画得入木三分。

多角度描写就景物来说，可根据立足点的变换，对描写的对象进行多方面的描摹,"横看成岭侧成峰,远近高低各不同"。多角度描绘,如定点、移步、远眺、近看、仰观、俯视等,具体细致地写,可增强景物的立体感和真实感。多角度描写就人物来说,可以从正面对人物进行刻画,也可以从侧面加以烘托,通过周围不同人物的表情、动作、语言、心理活动等侧面烘托要刻画的特定人物。也就是正面描写、侧面描写结合起来,或者叫直接描写与间接描写互相补充。

如《范进中举》一文中对范进中举时的描写。先是正面描写:"范进不看便罢,看了一遍,又念一遍,自己把两手拍了一下,笑了一声,道:'噫!好了!我中了!'说着,往后一交跌倒,牙关咬紧,不省人事。""他爬将起来,又拍着手大笑道:'噫!好!我中了!'笑着,不由分说,就往门外飞跑,把报录人和邻居都吓了一跳。走出大门不多路,一脚踹在塘里,挣起来,头发都跌散了,两手黄泥,淋淋漓漓一身的水。众人拉他不住,拍着笑着,一直走到集上去了。"这些描写已活画出范进醉心于功名的形象。范进一生苦读,参加了二十多次考试,54岁时才中了秀才。大半辈子为贫穷所困扰,遭人白眼,梦寐以求的是乡试中举,改换门庭,如今真的中了举,喜出望外,高兴得发了疯。然后是侧面烘托。一写众人的看法:"原来新贵人欢喜疯了。"一语点破发疯的原因。二写为范进治疯。报录人出主意,提出治病的药方——打掉范进的欢喜,只说并不曾中;胡屠户执行,打范进的嘴巴,并凶神似的说:"该死的畜生!你中了什么?"疯是欢喜得痰迷心窍,是心病,治心病就是从侧面烘托出范进中毒之深,醉心于科举、功名而不可自拔。这就从深一层次进行揭露。三是胡屠户打范进嘴巴时众人和邻居的反应:"忍不住的笑。"三个方面从不同角度刻画了范进追求功名利禄可怜、可鄙、可悲、可笑的形象。多角度地对人物加以刻画,人物的个性特征就得到充分的展示。

描写的技巧多种多样,根据人物塑造、景物刻画的需要,可选用一种方法,也可多种方法综合运用。有的可着力于视觉形象,有的可着力于听觉形象,要注意动静配置,高低映衬,绘声绘色,绘形绘态,要情寓其中,有独特的感受,鲜明的爱憎。

【佳作借鉴】

巷
——龙山杂记之一

　　巷，是城市建筑艺术中一篇飘逸恬静的散文，一幅古雅冲淡的图画。

　　这种巷，常在江南的小城市中，有如古代的少女，躲在僻静的深闺，轻易不肯抛头露面。你要在这种城市里住久了，和它真正成了莫逆，你才有机会看见它，接触到它优娴贞静的风度。它不是乡村的陋巷，湫溢破败，泥泞坎坷，杂草丛生，两旁还排列着错乱的粪缸。它也不是上海的里弄，鳞次栉比的人家，拥挤得喘不过气；小贩憧憧来往，黝黑的小门边，不时走出一些趿着拖鞋的女子，头发乱似临风飞舞的茯蓬，眼睛里网满红丝，脸上残留着不调和的隔夜脂粉，颓然地走到老虎灶上去提水。也不像北地的胡同，满目尘土，风起处刮着弥天的黄沙。

　　这种小巷，隔绝了市廛的红尘，却又不是乡村风味。它又深又长，一个人耐心静静走去，要老半天才走完。它又这么曲折，你望着前面，好像已经堵塞了，可是走了过去，一转弯，依然是巷陌深深，而且更加幽静。那里常是寂寂的，寂寂的，不论什么时候，你向巷中踅去，都如宁静的黄昏，可以清晰地听到自己的足音。不高不矮的围墙挡在两边，斑斑驳驳的苔痕，墙上挂着一串串苍翠欲滴的藤萝，简直像古朴的屏风。墙里常是人家的竹园，修竹森森，天籁细细，春来时还常有几枝娇艳的桃花杏花，娉娉婷婷，从墙头殷勤地摇曳红袖，向行人招手。走过几家墙门，都是紧紧地关着，不见一个人影，因为那都是人家的后门。偶然躺着一只狗，但是绝不会对你狺狺地狂吠。

小巷的动人处就是它无比的悠闲。无论谁，只要你到巷里去踯躅一会，你的心情就会如巷尾不波的古井，那是一种和平的静穆，而不是阴森的肃杀。它闹中取静，别有天地，仍是人间。它可能是一条现代的乌衣巷，家家有自己的一本哀乐账，一部兴衰史，可是重门叠户，讳莫如深，夕阳影里，野草闲花，燕子低飞，寻觅旧家。只是一片澄明如水的气氛，净化一切，笼罩一切，使人忘忧。

你是否觉得劳生草草，身心两乏？我劝你工余之暇，常到小巷里走走，那是最好的将息，会使你消除疲劳，紧张的心弦得到调整。你如果有时情绪烦躁，心情悒郁，我劝你到小巷里负手行吟一阵，你一定会豁然开朗，怡然自得，物我两忘。你有爱人吗？我建议不要带她去什么名园胜境，还是利用晨昏时节，到深巷中散散步。在那里，你们两个可以随意谈天，心贴得更近，在街上那种贪婪的睨视，恶意的斜觑，巷里是没有的；偶然呀的一声，墙门口显现出一个人影，又往往是深居简出的姑娘，看见你们，会娇羞地返身回避了。

巷，是人海汹汹中的一道避风塘，给人带来安全感；是城市喧嚣扰攘中的一带洞天幽境，胜似皇家的阁道，便于平常百姓徘徊徜徉。

爱逐臭争利，锱铢必较的，请到长街闹市去；爱轻嘴薄舌，争是论非的，请到茶馆酒楼去；爱

> 锣鼓钲镗，管弦嗷嘈的，请到歌台剧院去；爱宁静淡泊，沉思默想的，深深的小巷在欢迎你！

这篇描写生活环境的短文是著名作家柯灵写的。读了这篇文章，你仿佛置身于江南小城市的小巷之中，目睹它优娴贞静的风采，感受它古雅悠闲的气息。之所以如此，是由于描写对象的个性十分鲜明。

首先，用一个比喻三个比较来刻画巷的优娴贞静的特征。古代少女深居简出，轻易不肯抛头露面，给人以深藏、文静的感觉；接着与乡村陋巷比较，与上海里弄比较，与北方的胡同比较，进一步显现江南小巷的特征。用来比较的三个生活环境作者都十分准确地抓住了个性，抓住了特征，用画眼睛的方法使各自的个性特征充分展示。但在技法处理上又有所不同。乡村陋巷和北地胡同是简笔勾勒，上海的里弄细笔细绘。有比较才有鉴别。陋巷的脏、破，里弄的挤、乱，北方胡同的尘土、风沙和江南小巷放在一起比较，更烘托出小巷的优娴贞静。

接着，具体描绘小巷的特征。小巷怎会给人以"优娴贞静"的印象的呢？先从它的形态上描绘。它又深又长。要"耐心"走，"要老半天才走完"，曲径通幽，宁静到"可以清晰地听到自己的足音"。用娓娓的叙谈的方法让读者体会、感受小巷深而长的特点。用工笔细描巷内景色，墙外墙里，眼前与春来时节，虚实结合，小巷美景如在眼前。"简直像古朴的屏风"，比喻不高不矮的围墙，使人感到庄重、沉静；"从墙头殷勤地摇曳红袖，向行人招手"，比拟几枝娇艳的桃花杏花，给小巷增添姿色，增添生机。"偶然躺着一只狗"的细节，仅捎带一笔，留给读者的是对小巷人家的遐想。

描绘巷的形态后，着力写它的气氛。先用一笔点睛——"无比的悠闲"，然后具体描绘，用比拟的手法刻画，"只要你到巷里去踯躅一会"，"心情就会如巷尾不波的古井"，真是平静、静穆。城市是喧闹的，小巷是"闹中取静"。尽管家家有不平静的哀乐账、兴衰史，可是由于重门叠户，悠闲依旧。从到巷里去踯躅一会的心情，从闹中取静的人间，从重门叠户闭锁兴衰、哀乐，从夕阳影里野草闲花燕子寻旧家，从小巷走能消除身心两乏等角度，精雕细刻悠闲的气氛。有形的"又深又长"与无形的"无比的悠闲"构成小巷特有的个性，令人神往。"一片澄明如水的气氛"，"净化一切，笼罩一切，使人忘忧"的气氛，在小巷里散步、行吟，能"怡然自得，物我两忘"的气氛，较之刻画小巷的形态难度更大。无形的气氛洋溢纸上，使读者感受得到，确实是一笔一笔从不同的角度细细雕画，一点一点增浓气氛。而细节描写在文中又起到传神作用。如"偶然呀的一声，墙门口显现出一个人影，又往往是深居简出的姑娘，看见你们，会娇羞地返身回避了"，完全是一个特写镜头。从"显现出""人影"到"返身回避"，时间是短暂的，但开门"呀的一声"，见陌生人"娇羞"的形态，如闪电一般瞬息之间照亮小巷。小巷中姑娘的娇羞与街上贪婪的睨视、恶意的斜视形成鲜明的对比。从另一角度突出了小巷无比的悠闲。

　　文章运用不少比喻，使描写的对象更加具体，更加生动，更加形象。文章一起笔就把巷喻为"飘逸恬静的散文""古雅冲淡的图画"，给人以美不胜收的精品的感觉，不得不往下读。结尾又以"一道避风塘""一带洞天幽境"为喻，进一步加浓小巷的特征。描绘细致，文字优美，实为学习的楷模。

【习作评说】

一个"大写的人"

　　又是一股烟味，混杂的、刺人的烟味！这不是父亲的，却是我所熟悉的老师的——亲切、淡漠、可尊、可憎、热爱、害怕……我下意识地低下了头，我也说不清我的心情，大概，就像这烟味一样复杂吧？……

　　浓重的烟味淡些了，此时，我才敢舒口气，抬起头来看一眼老师——厚实、魁伟，连同那烟味。我又不禁想起了我们的最初交往。老师留给我的最初印象——一个男子汉。

"你到底忙哪样？文学社？班级？学习？……你以为办刊物那样简单吗？既然你没时间，我看，就算了！"两道不饶人的目光，透过焦灼向我射来。老师特有的宽厚、沉重的嗓音把最末两个字说得足以使人感到事态严重了。长这么大还没有人用这样重的语气训过我呢！"你这样的年轻教师，空闲得很，自然体会不到我们的辛苦。'聪明人总是忙碌的'，我信奉这句格言。"我这样想着，傲气使我更高地扬起头；又驱使我，这么晚了，还非把文学刊物的蜡纸刻完不可。

但是，我没想到，没想到第二天竟有老师说："你呀，真不懂事！你们顾问可忙啦……可你们刻蜡纸还让他陪到这么晚……"

他会忙？瞧他，走过来了：厚实的身躯，持重的步履，好像永远是很悠闲的。我，有些怅然……

又一次，我把一篇习作交给他："老师，别笑话呀，我瞎写的。""干吗要瞎写呢？"他的话中照例隐含着几分不饶人的口气，说话间又喷出一股浓重的烟草味。

望着老师的面容，我着实有些害怕了。像这样年轻而又稳重的教师，我好像头一次看见。是啊，他确实是个男子汉！

不久，他成了我们的班主任，于是产生了第二印象——同代人的血，年轻者的心。

他是个年轻人——能不拘小节，与我们海阔天空、侃侃而谈吗？

他又是个稳重有个性的人——难道一直这样古板而严肃？

他来了，往昔的顾问，今日的班主任。是的，他身上还带着一种"超重"的感觉，但又不完全是——

"开学第一篇周记，我想请同学们写《我的理想》。我不要你们说教，你们也别形式。大家都说心里话，好吗？尽管这个题目写了好几年了。"

我悄悄地抬起头，望了一眼老师——淡淡的笑刻在他沉静的脸上，灼热的光透着不饶人的眼神。他毕竟是一个年轻人！

"我的思想给你，你的思想给我，我们就拥有了两种思想。我建议我班的黑板报起名为'智慧树'，交流彼此的思想。每个读议小组轮流出。好……"

他滔滔不绝了。尽管我低着头，但我知道老师此时的表情。因为他的心和我们一样热……

"我想，既然你们还是学生，就应把精力集中于学习。从今天起，我为每位同学设计一张学习成绩晴雨表……"

他的话不多，但我的心跳得厉害。咳，他不是一个一般的年轻人！……

第三印象——一位语文教师。

一个厚实的身影——老师来上课了。今天，他好像完全是个年轻人，老师的话中含着笑意。是的：

"这个月是尊师月，作为一个年轻教师如此受学生尊敬，我心里很过不去的……"笑了，我和同学都笑了。是老师的朴实和谦恭？反正，这是善意的。

"我想送每位同学一些卡片，作为语文教师，我希望我的学生不断地积累知识卡片，到时候，你们写作有更多的材料，文章的内容就会充实了……"于是，每位同学收到了一个信封，信封上是老师赠的箴言，里面装着卡片。

我把我的那份很快藏进书包——这是老师的，只有年轻的心才会有这样的礼物。我不能用无尽的观赏、传阅来亵渎它，重要的是充实。

老师发着卡片，从我身边走过，飘过一阵烟草味，特有的清新。

以后，我们的语文课也开设了"实验课"。老师把我们带到阅览室，给我们找来资料、摘抄卡片。

平日的语文课，老师喜欢吟咏，他也擅长吟咏，音调铿锵，声震瓦屋。不少课文的精深、奥妙之处便在他的吟咏中流入我们的思维。

这时，我确确实实感到自己是幸运的。有一位难得的老师教语文。当然，更重要的一点是：他不仅仅是教语文。

永远印象——一个大写的人。

从来没有像今天这样可怕过——他的脸，老师的脸！从来没有像今天这样动感情——他的泪水，老师的泪水，一个男子汉的泪水……有的同学说他不会哭的……但我想，老师会的。我的心被震慑住了。

"我很难过，在我们班发生了作弊的事！"

"我本想，你们是纯金的，从你们身上我可以发现许多天真、纯洁、美好的东西……但我太难过了，在你们有些人身上……我还看见了一些丑恶……我承认，社会上这股风太重了，这，不能怪你们！但……你们不能……我要管。"尊敬、热爱、欣喜、惭愧、难受、自责……面对这样一位老师，一位纯洁、真挚的老师，我垂下了头，我也只能垂下头……

他又找到了我——"你知道他们作弊的，为什么不阻止？为什么不向我反映？为同学隐瞒错误就是你的集体观？……"又是不饶人的目光。虽然我没看他，但我很清楚，很清楚他接着要说而未说的重要的话；很清楚他那颗为我们跳动的心。我们能做到的，是从老师的泪水里找寻自己的影子，奋起！

这——也许，就是一个刚踏上工作岗位，正在探索的老师的思考轨迹，在他划出的一道弧光中——我看见了我自己，也发现了我自己的轨迹。

深深想念——我曾有过这样一位老师。

一个默默无闻的年轻教师，他承受的负荷也许很重——事业的追求，工作的繁忙，生活的紧张，但他也许永远是矜持而沉稳的。是的，他有权利矜持，他的灵魂是高洁的。至少，他的学生这样感受，也这样追求着。我忽然想起几句朦胧诗：

现在，可以走了，拿起圆钝的镰刀，

走向麦田尽头绿色的草原。有的是刺人的麦芒，

绵长、坑洼的田埂，但走着……

沈　旸

这篇习作描写的对象是一位年轻的语文教师，也是一位年轻的班主任。

习作者努力尝试刻画出这位老师的个性特征，于是从两个细节入手，一是老师身上散发的浓重的、混杂的、刺人的烟味，二是两道不

饶人的目光。在文中反复出现,加深印象。

人物描写的重点在语言描写,通过不同场合这位教师语言的描写,刻画思想性格。"你到底忙哪样?文学社?班级?学习?……你以为办刊物那样简单吗?既然你没时间,我看,就算了!"作为文学社的顾问,充满了对学生的关心。话直来直去,无半点委婉。"干吗要瞎写呢?"同样表现其直率的性格。

作为班主任,重在思想引导。"我的思想给你,你的思想给我,我们就拥有了两种思想。我建议我班的黑板报起名为'智慧树',交流彼此的思想。"话说得很风趣,没有半点教训的味道,但风趣中引导学生思考。

作为语文教师,尊师月里说的一番话,表现了感情的真诚和对学生的一片爱心。"作为一个年轻教师如此受学生尊敬,我心里很过不去的",如果缺乏真诚,就说不出这样的话。

"我本想,你们是纯金的,从你们身上我可以发现许多天真、纯洁、美好的东西……但我太难过了,在你们有些人身上……我还看见了一些丑恶……"这番话是这位教师最有分量的语言,场景也是最激动人心的。教师动情到流泪,学生的心被震慑住,教师向学生袒露心声,表明要认真教育学生的态度。这些语言刻画了教师最本质的特征——事业心和责任感。

文章注意到肖像描写。厚实、魁伟,疏疏几笔,给人以深刻印象。

文章的最大特点是一层深一层地描写。从"第一印象"到"永远印象",由表面印象的描写到内心世界的揭示,由浅层进入深层,把人物放在动态中描写,增强真实感。

不足之处是人物未能构成鲜明的整体形象。有四点原因。第一,笔墨分散,究竟刻画教师怎样的思想性格不够清晰。一个人的思想性格可以表现在众多方面,但必须有本质的、核心的东西,否则,笔下的人物就站立不起来。第二,年轻教师的"年轻"特征未能展示。文中所描写的语言、动作,乃至肖像,除明说的之外,很难显示"年轻"的特点。文中看不出年轻人充沛的精力、活跃而敏锐的思维、旺盛的求知欲和对事业的极大热忱。第三,习作者自己的议论比较多,影响人物登场,没能做到描写人物须"妍媸好丑令观者自知"。第四,有些语言晦涩,难以理解。如文中最后一段究竟要表达什么意思,这位教师是离开了,还是仍在岗位上,不明确。以"大写的人"来形容,缺乏足够的动人的材料。全文用了不少破折号与省略号,用得不恰当,会使文意断断续续。当然,一名高二学生能这样有血有肉地描写人物已是很不错的了。

【要语一束】

要使描写的景物、人物惟妙惟肖,栩栩如生,重要的在于"十年格物"。

描写人物须让人物自己说话,自己活动,"如镜中取影,妍媸好丑令观者自知";描写景物须逼真如画,情景俱出。

描写人物要善于抓特征,抓个性,发现与抓住对象与众不同的独特之处。要善于捕捉细节,"借一斑以窥全豹"。语言描写须个性化。

选用描写方法,或简笔勾勒,或工笔细描,或正面描写,或侧面描写等,都要根据表达主题的需要。进行场面描写时,要区别人物的主次,要有条不紊。

十四
振聋发聩，谈笑风生
——论辩的威力

《韩非子·说林》里有这样一个故事：有个人把长生不老的药献给楚王，通报的人拿了药走进宫来。内侍问："可以吃吗？"回答说："可以吃的。"内侍夺过来就吃了。楚王十分生气，下令杀他。内侍请人传话劝说楚王，说："我问通报的人，他说可以吃，所以我吃了，我没有罪，有罪的是通报的人。再说客人献的是长生不死的药，大王杀死我，这长生不死的药就变成致死的药了，献药的人不也就变成欺骗大王的人了吗？大王杀了无罪的我，不过是证明别人欺骗大王。这样还不如放了我。"听了这番话，楚王把内侍放了。

这篇有关长生不死药的寓言说明论辩是有技巧的。内侍先偷换了"可以吃"与"可以让我吃"的概念，接着混淆"杀人致死"和"药物致死"两者不同的因果关系，最终说服了楚王，保全了自己的性命。内侍虽然用的是诡辩术，但从中也可触类旁通，领悟到论辩的威力。

【文心絮语】

在日常学习、工作、生活中，人们要明是非，辨曲直，比较异同，发表主张，阐述事物的道理，离不开议论这种表达方式。充分认识这种表达方式的特点，正确而熟练地使用，在这方面表情达意的能力会大大提高。

以议论为主的文章叫议论文，它的特点是说理论辩，直接阐述对客观事物的观点，直接表明自己的主张和见解，达到以理服人的目的。

要以理服人，使文章发挥论辩的威力，首先要把握议论的三个要素，即论点、论据和论证。怎么把握呢？

1. 有关论点

论点是写文章的人对议论的问题所持的主张和见解。它是文章的灵魂，它是否正确、是否鲜明，影响到文章的优劣与成败，因此，学写议论文时确立意深、意新的论点至为重要。

李大钊的《今》就是以对时间的精辟见解使万千人振聋发聩，抖擞精神奋进的。文章开门见山说："我以为世间最可宝贵的就是'今'，最易丧失的也是'今'。因为他最容易丧失，所以更觉得他可以宝贵。""世间最可宝贵的就是'今'"是领起全文的论点，文章围绕这一论点讲述道理。剖析为什么"今"最可宝贵，因为昨日不能唤回来，明天还不确定，对每个人来说，能有把握的就是今日。接着剖析"今"最易丧失，从另一角度说明"今"最可宝贵，不能糊糊涂涂地把它丢掉。再接着指出"过去""现在""将来"三者的"一贯相连"，论述"今"的特殊意义。最后结语说："'过去''未来'的中间全仗有'现在'以成其连续，以成其永远，以成其无始无终的大实在。一掣现在的铃，无限的过去未来皆遥相呼应。这就是过去未来皆是现在的道理。这就是'今'最可宝贵的道理。"由上可知，文章的论点对文章来说，是牵一发而动全身的，文章的各个部分都是为了论述论点。一个被人们容易忽略而又难以说透彻的问题经过摆明确的论点、作深刻的分析，说得清楚明白，教育人们珍惜"今天"，把握"今天"。

论点与论题须严格区别。论题是写作的人提出来的要进行论证的问题，它规定论述的范围，论述的重点。如《论求知》《谈骨气》。有的论题可用设问方法提出问题，如《什么是知识》《中国人失掉自信力了吗》。论点是作者对客观事物明确的认识和态度，赞成什么，反对什么，作明确的判断，不含糊，不模棱两可。前面说的《今》是论题，告诉读者这篇文章要论述的问题，"世间最可宝贵的就是'今'"，是这篇文章的论点。弄清各自的特点，就不会把二者混淆起来，把论题误当作论点。

比较复杂的议论文，除了有中心论点，还有若干分论点。分论点与中心论点是"从"与"主"的关系，是为阐明中心论点服务的。如《崇高的理想》的中心论点是"革命青年必须树立共产主义这一最伟大、最崇高的理想"。分论点是"每一个人都有自己的理想""理想是有社会性，阶级性的""理想问题，实质上是一个人的世界观问题""实现共产主义是我们最崇高的理想""每一个同学都要树立这个崇高的理想"。分论点是围绕中心论点逐层深入地展开论述的，目的在使中心论点层次清晰地得到充分论述。

提出中心论点的方法多种多样。可以开门见山，单刀直入，如《今》；可以在论述过程中提出，如《崇高的理想》先提出分论点论述，在第7段才提出中心论点，然后继续论述；也有在文章末尾才揭示中心论点。怎样提出比较恰当，由写作意图决定。不管怎样提出，都要醒目，突出，毫不含糊。

2.
有关论据

论据就是用来证明论点的根据。论据有两类：一类是事实，一类是道理。通常我们说的摆事实，讲道理，就是证明论点时有事实论据，有理论论据。写议论文言之有据，才能使人信服。

事实论据十分重要的是确凿可信，不能夸大其词，不能掺水分，不能想当然。事实胜于雄辩，用来证明论点正确性的事实根据真实无假，就增强论点的说服力。事实论据要注意提炼，要根据论点的需要，在不影响原始材料真实性的原则下，作取舍详略的处理，选取最能证明论点的内容。如《谈骨气》一文的中心论点是"我们中国人是有骨气的"，摆三个具体事例对论点进行论述。一个是文天祥拒绝降元的故事,从"富贵不能淫"的角度证明中心论点;一个是不食嗟来之食的故事,从"贫贱不能移"的角度证明中心论点;一个是闻一多横眉怒对敌人暗杀的故事,从"威武不能屈"的角度证明中心论点。三个故事都有实实在在的内容,如果详细叙述,不仅占篇幅,而且犯了以叙代议的毛病,喧宾夺主,削弱论证的力量。就拿第二个故事来说,原始材料载于《礼记·檀弓下》,原文是:"齐大饥,黔敖为食于路,以待饿者而食之。有饿者,蒙袂辑屦,贸贸然来。黔敖左奉食,右执饮,曰:'嗟,来食!'扬其目而视之,曰:'予唯不食"嗟来之食"以至于斯也。'从而谢焉,终不食而死。"吴晗写《谈骨气》用这个事例时作了高度的概括,文中这样说:古代有一个穷人,饿得快要死了,有人给他一碗饭,说:"嗟,来食!"(喂,来吃!)饿人拒绝了,不吃这碗饭,后来就饿死了。很显然,作者用了概述的方法,把饿的人用衣袖蒙着脸,拖着鞋,饿得昏昏沉沉的样子,慢慢地走过来等描写舍弃了,有些事实的叙述也舍弃了。这样处理简明扼要,舍弃枝枝节节,证明中心论点更为有力。

理论论据主要指名人名言警句、俗语、谚语,科学的定理、定律等。运用理论证明论点时,一定要弄清原意,和所要证明的论点须对准榫头,完全一致。引证时忌"滥",相同意思的名言引用过多,叠床架屋,反不能充分发挥论证的作用。

在议论文中,论据是论点的支撑,因而论据要慎加选择。事实要可靠、要典型,理论要确凿、要有力。论据与论点组合得天衣无缝,论点才会被阐述得充分,才会有说服力。

3.
有关论证

论证是运用论据证明观点的过程。在论证中,须充分注意论点和论据之间的逻辑联系,做到论点统率论据,论据说明论点,论点和论据统一,观点和材料统一。

论证是议论文写作中最重要的步骤,道理说得透不透,能不能给人以深刻的启迪，相当程度看论证的质量。古人说："论如析薪，贵能破理。"议论要像劈柴一样，能顺理而下，才能把道理说透彻。论证切忌堆砌论据，缺少具体的、精辟的分析。分析就要推理，议论文中最基本的推理形式是：(1) 归纳推理。由个别到一般的推理过程，由一些个别的事物、现象，推论出一般性的结果。如毛泽东的《反对自由主义》，先列举自由主义的11种表现，然后从中归纳出它们的共同属性——是革命的集体组织中的"腐蚀剂"，从而得出自由主义"是一种严重的恶劣倾向"的结论。这就是由个别到一般。(2) 演绎推理。由一般到个别，即由一般的道理，推论出个别的结论，与归纳推理恰好相反。例如：语法规则告诉我们，名词不能用副词修饰。"他不青春"的"青春"是名词，"不"是副词，用副词修饰名词不合语法，"他不青春"这句话不合语法。这就是用普遍性的原理推出个别性的结论。无论是归纳推理还是演绎推理，前提必须正确，否则不可能推出正确的结论。

要使文章发挥论辩的威力，须掌握多种论证的方法。议论文中经常用的论证方法除上述归纳法和演绎法以外，还有：

例证法。用事例证明论点的真实性。如《成才者的黄金原则》的中心论点是"时间贵于黄金"，为了证明这个论点，文中列举了历史上成功人才是怎样珍惜黄金一般珍惜时间的。马克思如何夜以继日工作，东方作曙，方才睡觉；居里夫人在提炼镭的艰苦日子里如何搬运矿石，搅拌溶液，连吃饭也顾不上离开实验室；巴甫洛夫连除夕夜也钻进实验室工作，新的一年开始才出来；齐白石不教一日闲过，85岁高龄还天天着意丹青等，以这些确凿而典型的事证明论点的千真万确。论证时所举事例应典型、生动，对说清事理、启发思考有重要作用。

引证法。引用别人的言论证明自己所持论点的有根有据，有本有源。如上述文中为了证明"时间贵于黄金"，引用了：马克思说，时间是能力等发展的地盘。莎士比亚说，放弃时间的人，时间也放弃他。屠格涅夫说，没有一种不幸可与失去时间相比的了。居里夫人说，日子太短，过得太快。鲁迅说，无端的空耗别人的时间，其实是无异于谋财害命的。这些伟人的这些言论是有分量、有权威性的,佐证论点无可辩驳。运用引证法论证,引用的话要"简",要"明",不能整章整段援引,不应再作诠释,不能滥用。

喻证法。用比喻说明道理,使深奥的道理明白易懂。如李大钊的《艰难的国运与雄健的国民》中开头的三小段是这样写的:

> 历史的道路,不全是坦平的,有时走到艰难险阻的境界。这是全靠雄健的精神才能够冲过去的。
>
> 一条浩浩荡荡的长江大河,有时流到很宽阔的境界,平原无际,一泻万里。有时流到很逼狭的境界,两岸丛山叠岭,绝壁断崖,江河流于其间,曲折回环,极其险峻。民族生命的进展,其经历亦复如是。
>
> 人类在历史上的生活正如旅行一样。旅途上的征人所经过的地方,有时是坦荡平原,有时是崎岖险路。老于旅途的人,走到平坦的地方,固是高高兴兴的向前走,走到崎岖的境界,愈是奇趣横生,觉得在此奇绝壮绝的境界,愈能感得一种冒险的美趣。

显然,作者开门见山提出论点以后,就用长江大河和人们旅行两件事作比喻,论证中华民族"现在所逢的史路"是一段崎岖险阻的道路,非有雄健的精神不可。——"中华民族现在所逢的史路,是一段崎岖险阻的道路。在这一段道路上,实在亦有一种奇绝壮绝的景致,使我们经过此段道路的人,感得一种壮美的趣味。但这种壮美的趣味,是非有雄健的精神的,不能够感觉到的。"运用喻证,可增强说理的形象性与生动性,但比喻一定要十分贴切,能让人领悟到其中某些道理。

类比法。用某种属性相同的事物进行比较论证论点。如《摔跤种种》要证明的观点是：对事物要善于分析，识别假象，认清本质。作者剖析，在绿茵场上，足球运动员拼抢剧烈，常有摔倒在地的现象，指出有老老实实的摔跤、推卸责任的摔跤、嫁祸于人的摔跤、耍赖皮的摔跤等，与社会生活的运动场上种种表演进行类比，告诫人们：要善于识别，不要被某些假象所蒙蔽。进行类比论证，一定要把握住两类不同事物之间的类比基础，即两类事物之间在某些方面有"共同属性"。足球场与社会运动场上的剧烈拼搏有相似之处，进行类比，避免抽象冗长的说理，使论证更为形象。

对比法。将两种不同的事物或者意见进行对比来论证论点。对比论证可使正反两方面的特征更加鲜明突出，更有利于辨别是非。如《吃亏小议》中的"收与支"部分：

> 一样面对吃亏，态度各有不同。
>
> 有的"精打细算"，在处理个人利益与"非个人利益"关系上，最好自己处处不吃亏，不要付出任何有"切肤之痛"的代价；实在躲不过去，不得不作出某些"牺牲"时，心里便像结了个大疙瘩，老大不痛快。
>
> 有的算盘打得更"精"——只"收"不"支"。于自己有好处的事，绝不轻易放过；甚至为了一己之利，不惜让国家、社会、他人吃亏。至于要他自己吃一点亏吗？对不起，"非不能也，实不为也"。
>
> 有的则是自觉吃亏。他们用个人、局部吃亏的代价，换取了国家、社会、他人的得益。他们也打算盘，但"支"大于"收"，对他们来说是正常现象。必要时，他们甚至可以只"支"不"收"。英雄的边防战士，就是这方面杰出的代表。
>
> 你、我、他，属于哪一种？不妨"对对号"。

这里剖析的是对待吃亏的不同态度，对世态人情作了生动的勾画和评论，寓褒贬于叙述之中。

反证法。不是从正面来直接论证论点，而是从反面间接论证论点，即通过论证与原论点相矛盾的论点的虚假性来证明原始点的正确性。如鲁迅《文艺的大众化》中有这样一段："倘若说，作品愈高，知音愈少。那么，推论起来，谁也不懂的东西，就是世界上的绝作了。"显然，"作品愈高，知音愈少"与"文艺应当大众化"是相矛盾的论点，论证前者论点的虚假、荒谬，就从反面证明了后者论点的正确。

在一篇文章中，往往不是只用一种论证方法，而是或以一种论证方法为主，佐以其他方法，或是多种论证方法综合运用。究竟采用哪些方法，要视内容需要而定，要取得最佳的表达效果。

议论文有两种基本表现形式：一是以正面阐述自己的论点为主，叫立论文；二是以批驳反面论点为主，叫驳论文。不管是立论文还是驳论文，都必须掌握上述议论的三要素和多种论证方法。从正面阐述论点的立论文，上面已举一些例子说明，这里不再赘述。驳论文写作时首先要弄清楚敌论的谬误在什么地方，只有洞悉谬误的实质，才能抓住要害，给予有力的一击，达到以理服人的目的。反驳的种类有：（1）反驳论点。抓住敌论要害，树立批驳的靶子，针锋相对批驳。如《友邦惊诧论》就是揪出国民党反动政府电文中，"友邦人士，莫名惊诧，长此以往，国将不国"的反动论点作为靶子，一一加以批驳，揭露帝国主义的侵略野心和伪善面目，斥责反动政府媚外卖国的无耻行径。由于抓住要害驳斥，战斗力极强。（2）反驳论据。论点靠论据支撑，论据虚假、错误，论点也就站不住了。（3）反驳论证方式。指出论点与论据之间没有必然的联系，从而证明论点站不住脚。在一篇文章中，几种反驳方式可交错运用。不管是从驳论点入手、驳论据入手，还是从驳论证入手，最终必须驳倒对方的论点，才算完成反驳的任务。

议论文结构的基本形式是：提出问题—分析问题—解决问题，也就是提出论点，进行论证，得出结论，或者是揪出错误论点、错误论据，批驳错误论点、论据，揭示错误的实质。基本形式可分为两大类：一类是逐层深入的论述形式，简称为"纵式"；一类是并列展开的论述形式，简称为"横式"。其他多种多样的结构形式，均从纵、横两式中派生而出。

例如魏巍的《个人与集体》，论证的一个部分采用的就是层层深入的论述方程式：

> 有人提出这样一种人生哲学，叫作"人人为自己，也就是人人为大家"。
>
> 这种主张说：
>
> 像那种损人利己，把自己的幸福建立在别人痛苦之上的人，是很卑鄙的，我也痛恨那种人。但我又想，如果大家都不剥削人，谁也不占谁的便宜，但也不必为别人牺牲自己的利益，各人付出足以换来自己生活需要的劳动，这样我们都为集体做了事，也就取得了自己应得的一份，从表面上看，是人人为自己，实际上确实是人人为大家，这不是也很好吗？
>
> 这就是说：
>
> 个人主义＋个人主义＋个人主义……＝集体主义。
>
> 你瞧，这公式多妙！
>
> 检验一下。
>
> 假定：在日本帝国主义侵略我们国土的那些年月里，大家抱定"人人为自己"的各顾各的态度，请问，还有没有我们民族的独立与生存？
>
> 假定：我们的人民在四大家族的压榨下，挣扎呻吟在死亡线上，人人都为自己，请问，还有没有人民的解放？有没有中华人民共和国？
>
> 大事如此，小事也如此。

假定：在向秀丽的工厂里，即将爆炸的那段危急时刻，如果"人人为自己"，能不能避免许多生命财产的毁灭？

　　人人为自己，实际上就是人人为大家吗？

　　看来，必须改几个字："人人为自己，就是害大家。"这才真正符合这个"公式"的实际。

　　这是一篇驳论文的片段。先揪出敌论树靶子。在亮敌论的时候，先摆出对方似是而非的说法，然后用简明的公式拎出敌论的要害、实质，使人一目了然。怎么批驳呢？先举两件"大事"用反诘句启发读者思考、体验，论证"人人为自己"的严重后果；接着深入一步，由国家民族生死存亡的"大事"深入一所工厂的"小事"，论证"人人为自己"将给生命财产带来的严重后果；最后深刻揭示敌论的实质及危害性——"人人为自己，就是害大家"。这类逐层深入论述的纵式结构在议论文中最常见。

　　并列展开论述的横式结构在议论文中也常见。如林放的《人格学 ABC》开头提出问题："写下这个题目，并非标新立异。意思无非是说，经过林彪、江青两个反革命集团的大破坏，'人格'之不讲也久矣；最近看到社会上常常出现一些侮辱人格尊严的'好汉'，因此我觉得对人格的 ABC 还有学一学的必要。"从社会上实际情况出发，提出学习人格学基本常识的必要性。哪些是 ABC 基本常识呢？分五个方面分条论述。第一条要尊重人的价值，尊重劳动人民，"世间一切事物中，人是第一个可宝贵的"。第二条是独立自尊，不做奴隶。第三条是提倡人学，反对神化；发扬民主风气，抵制个人崇拜。第四条是抵制拜金哲学，反对人格商品化，反对把人当作商品来买卖。最后而且很重要的一条，是任何人都不能幻想以损害他人或集体的利益为代价来提高自己的人格。这五条以并列结构的形式逐条论述，条分缕析，语重心长，能廓清是非，催人自新，有很强的说服力。

　　由纵式、横式派生、演化的结构，常见的有：总论—分论—总论；分论—总论；总论—分论；总提论点—正面论证—反面论证—总结全文等。究竟采用怎样的结构，要根据写作意图来确定。只要把文章写得观点鲜明、思路清晰、论证周密，就能发挥论辩的威力。

　　议论文的运用十分广泛，报纸杂志的社论、短论、思想评论、文艺评论，讲演稿，读后感，杂文等。不管是何种形式的文体，都要论点正确，说理清楚。一事一议也好，一书一文也好，都要有感而发。无论是借古喻今，大中取小，寓理于实，都须牢牢把握议论三要素，都要追求见解的正确、深刻、新颖。有些议论文在严肃中给人以启示，有些议论文，特别是杂感、随笔、短评等，往往在谈笑风生中旁敲侧击，轻骑投枪，歌颂光明，歌颂进步，抨击丑恶，抨击腐朽。多读多比较，就能深得其中的奥妙，借鉴于写作。

【佳作借鉴】

巡堤者的眼睛

　　在乡间的时候，每逢山洪暴发，看到老农巡视堤防的场面，总是感到十分动心。这时，一条巨堤在这些小心翼翼的巡视者眼下，任何微小的缺陷，都逃不过他们锐利的眼睛。只要发现一条巨堤有一丝儿裂痕，微微地渗过几颗水滴，他们就极为紧张了，立刻鸣锣召集群众抢救。事实上，不这样小心谨慎是不行的，任何后果严重的崩堤，经常都通过这些裂缝而出现。能够发现这些微小的裂缝，就能够消弭巨大的祸患。但是在一些没有护堤常识的人看来，那细小的裂缝也许是微不足道的，老农的反应未免是大惊小怪了。可是，实际上，能不能够发现事物的这类小裂缝，能不能够重视这类小裂缝，常常就是各行各业中内行和外行、老手和生手的分别所在。如果人们对一件事情，等到"真相大白"的时候，才从"恍然里钻出个"大悟"来,已经谈不上什么"洞烛机先",谈不上什么"防患未然"了。

我常常想:学老农巡视堤防的这种严密精神,对我们每个人是大有好处的。尤其是面对复杂事理,有点扑朔迷离的时候,本着这种严密的精神,细细去推敲事理的每一个细节,看看究竟有什么裂缝没有,如果有,从这里深入研究一下,往往"柳暗花明又一村",那些事物的潜藏着的真相,终于不得不整个暴露在一切具有谨慎锐利的眼睛的人们面前了。

在艺术史上就有许多这类的逸话,人们从一些事理的微小的裂缝中发现了可以乱真的赝品。传说,宋代名画《清明上河图》,在明代曾经被人假冒过,假冒是到了惟妙惟肖的地步的。但是,赝品的《清明上河图》,里面有一只麻雀竟跨了两行瓦屋,真品是绝不致有此败笔的。仅仅是由于这一点儿微小的破绽,赝品就给一个眼睛锐利的人看出来了。在欧洲,也有一个艺术掌故和这传说相映成趣。若干年前,在西德有人借口一个古老的教堂行将倾倒,把它封闭起来,在里面绘上假冒的古代壁画,然后伪称那是十二世纪一个著名画家的作品,借以耸人听闻,招摇卖钱。壁画也是假冒得惟妙惟肖的。但是,那里面描绘古代村镇的生活,家禽中竟出现了吐绶鸡,而吐绶鸡,原是十五世纪末哥伦布到达美洲以后,它才和烟草、马铃薯、番茄、玉蜀黍、橡胶、金鸡纳霜等物一样,传入欧亚的。在那个教堂里,一幅幅假冒的古画都到达了乱真的程度;但是,仅仅由于出现了吐绶鸡这个事理上的小裂缝,立刻就为某些明眼人所识穿了。

从这些事例中，我想我们很可以吸取一点滋养：必须注意大体，但也必须注意事理的小裂缝。"不蹪于山而蹪于垤。"这些被乱真的事物围护着的小裂缝像一个个"垤"（小土堆）似的，是很容易使人摔倒的。但是，注意这类事情的"苗头"，小心翼翼，用力地一揪，那一株异样的苗头有时下面却连着一个惊人的大萝卜。我想，掌握这点道理，不但在巡视堤防、检验产品、欣赏艺术等场合时常用得上，就是对于知人论世，恐怕也不无好处。审察事理的小裂缝，其实也就是"观微知著"的道理。

按理论，世间只有能够掌握规律的人，不可能有对于任何事情的发展细节都未卜先知的人。因为事物的内部矛盾，未曾发展到一定程度，在还没显露的时候，是难以觉察的。但是当矛盾已经发展到一定程度，已经露出"苗头"了，具有科学头脑的人却很可以从一点苗头推知它的全部。一只母鸡将下蛋未下蛋的时候，脸就红了；一壶热水将滚未滚的时候，就冒汽了；"月晕而风，础润而雨"。可不都是这样的道理吗？

我想：卓越的老农在巡视堤防的时候，精明的鉴赏家在品评古画的时候，那种挑挑剔剔、见微知著的精神，正是擅于观察全面、具体掌握矛盾的表现。他们的行为合于反映事物客观规律的辩证法，他们成为"不可欺"的干练聪明的人，也就自然不过了。

这篇杂文的作者是著名作家秦牧。文章由事例的叙述进入道理上的阐述，具体而生动，启人思索。

中心论点的提出很有杂文的特色。作者没有开门见山亮出观点，而是先娓娓叙述事例，给人以具体的感受，在叙事的基础上，顺势而下，提出中心论点——"必须注意大体，但也必须注意事理的小裂缝"。提示亮出论点的语言亲切、风趣——"从这些事例中，我想我们很可以吸取一点滋养"。

文中论证论点主要运用事实论据。第一个事实论据是老农巡堤使人动心的场景。老农巡视堤防具有锐利的眼睛，对巨堤"一丝儿裂缝"采取极其严肃的态度，以此来说明"洞烛机先"（在细微的迹象出现之前就能清楚地看出）、"防患于未然"（在灾害、事故未发生之前就防备）能消弭巨大祸患的道理。第二个事实论据是宋代名画《清明上河图》被人假冒，赝品被人察觉。第三个事实论据是西德一古老教堂里假冒古代壁画被识穿。一中一外的事例都说明目光锐利的人能从事理的"小裂缝"里识穿乱真的赝品。作者运用例证法时夹叙夹议，剖析事实中的关键所在，事理就不言而喻了。

在事实论证的基础上，推论到"知人论世"也必须审察事理的小裂缝，"观微知著"。剖析事理时由现象进入规律的探讨。三个事例尽管生动形象地论述了观微知著的道理，但小裂缝这个"微"怎样才显现，怎样才会被认识，须作科学的论述。"按理说"这一段深入事物内部发展的规律加以阐发，突出辩证观点，上升到理性上认识，说理有了一定的深度。

文章最后一段总揽全文。由巡视、品评的现象进而挑明现象后面的"挑挑剔剔、见微知著的精神"，再进而剖析这种精神的实质，即"擅于观察全面，具体掌握矛盾"，能掌握客观事物的规律。这样由表及里的概括，与全文论述的脉络吻合。

文章结构采用了逐层深入的形式，由事实而理论，由现象深入实质的揭示，条理清晰。文中采用了多种论证方法，例证、引证、类比，深入浅出，说理透彻。

文章题目杂文味很浓。如果用"防患于未然""谈防微杜渐"，显得太实太露；如果用"千里之堤，溃于蚁穴"与论述内容不完全对上号；用"巡堤者的眼睛"与文章主旨切合，又含而不露，引人思考。议论文拟怎样的题目才能引人入胜，给人启示，必须下一番功夫。

【习作评说】

见怪岂能不怪

小学时学过一篇题《鲁迅踢鬼》的课文,至今记忆犹新:鲁迅先生素来不相信鬼怪之说。一天夜间,月高星稀,鲁迅先生独自走过一片坟场。忽然间冒出个自称是鬼的东西,在坟头边做出种种怪诞骇人之态。鲁迅先生毫不惊慌,上前就踢了"鬼"一脚,"鬼"痛得大叫,露出真面目——原来是人装的。鲁迅先生这种"见怪不怪,其怪自败"的唯物主义态度不能不说是对付"妖怪狐仙"之类的唯心主义谬说的好武器。但是在探索自然奥妙方面,不妨先"见怪而怪"。

自然奥妙在被人们识破之前,常常戴着"怪"的面具,让人迷惑。如果"见怪而怪",对它进行深入研究,那么带有面具的"怪现象"往往会把你引向一个突破口,促使一种新方法、新物质的发现。

请看,一位外科大夫正在给一位胆结石患者进行手术。手术前他准备了几个放有水的烧杯以便存放结石。连续几例手术成功结束之后,大夫吃惊地发现第一次手术后放在烧杯内的结石已不见踪影。"太奇怪了!"为了证明这并非一种偶然现象,大夫又把另一些结石分别放入剩余的几个盛有同样水质的水的烧杯中,这一回,胆结石同样消失了,烧杯里只剩下稍有混浊的液体。

医生紧抓住这个怪现象进一步对水质进行分析,发现都是经磁化的水。于是一个预防治疗胆结石症的新方法脱颖而出:饮用磁化水。经检验,效果还不错呢！日前市场上出售的一种磁性杯可以预防胆结石，就是"见怪而怪"的成果。

这种治疗方法来源于一个"怪"字。我们不难看出，医生的思维经过了以下几个过程：一、见怪而怪；二、怪从何来；三、见怪不怪。

从"怪"到"不怪"正是我们认识事物、发现真理的一个过程。某种自然现象或真理在被我们了解之前，往往以怪异的面目出现。一旦我们紧抓住怪现象不放，问一下"怎么会这样？""怪从何来？"，客观地加以分析、研究，便会发现面具在不知不觉之中揭开了，一个未知世界的奥秘尽收眼底。

由"怪"到"不怪"到揭示未知世界的真面目，"见怪而怪"是首要的一步。如果把未知世界比作有着一扇虚掩的门的房间，从中传来怪异的声音，飘出迷惑人的烟雾，只有"见怪而怪"者才会上前探究，才有可能把未知世界一览无余，而"见怪不怪"者只会不屑地从门前走过，根本谈不上什么发现新事物的可能性。

当然，认识事物是个循序渐进的过程，"见怪而怪"只是第一步。如果仅仅"见怪而怪"，却缺乏扎实的知识基础、正确的研究方法、坚持不懈的精神，只不过像一个好奇者满足于从门缝中窥探到一鳞半爪，不仅不能把未知世界看个究竟，还只能以"一孔之见"得出武断的结论。

德国著名化学家李比希把氯气通入海水中提取碘之后，发现剩余的母液中沉积着一层红棕色液体。他虽然感到奇怪，但并未放在心上，武断地认为这不过是氯和碘的化合物，并在瓶上贴了一张标签了事。直到不久之后一位法国科学家证实这是新元素溴，李比希才恍然大悟。他因此称这个瓶子为"失误瓶"以告诫自己。

因此，只有同时具备扎实的知识基础、坚持不懈的研究精神和"见怪而怪"的科学惊诧力，才能完成从"怪"到"不怪"的飞跃，才能揭示事物的真谛。而"见怪而怪"则是首要的一步。

所以，我们不妨把这样一句话作为研究学问的警言——见怪岂能不怪！

韩 缨

这是高三学生的一篇阅读随感，写得洋洋洒洒，颇有几分气势。

感想起于鲁迅踢鬼见怪不怪的故事。起笔有特色，能吸引人阅读的兴趣，而论点的提出又制造了几分"蹊跷"。对鲁迅"见怪不怪，其怪自败"的唯物主义态度肯定、赞扬之际，突然笔锋一转，提出"不妨先'见怪而怪'"，在提出这个观点的同时，明确判断的范围，"在探索自然奥妙方面"。在曲曲折折中亮出自己的观点。

文章以"怪"为突破口，进行剖析：一是客观事物的"怪"，怪现象，怪面具，出乎意料的，与众不同的；二是主观上的"怪"，因见到客观事物的"怪"，主观上产生奇怪的感觉，脑子里产生疑问。为了论证"见怪不怪"的必要性，举外科大夫认识胆结石消失在磁化水中的奥秘事例来证明。手术后放在烧杯内的结石不见踪影，这是"怪"，见到这个"怪现象"，感到惊诧，"太奇怪了"，见怪而怪，于是进一步试验，揭开了胆结石与磁化水之间关系的奥秘。

如果论证仅止于此，就失之于浅近，习作者从事例中梳理出认识事物、发现真理的思维过程，于是论证深入一步。

进行深入一步论证时，先把"见怪而怪"与"见怪不怪"认识事物的差异进行比较，论证"见怪而怪"对揭示事物奥妙的重要性，接着再往深入开掘，反复强调"见怪而怪"只是第一步，须有扎实的知识基础、正确的研究方法、坚持不懈的精神，否则也会让"奥秘"从眼皮底下溜走，不可能有所发现。为了论证说理的正确性，文中摆了德国著名化学家李比希未能发现新元素溴的失误事例。在摆事实讲道理的基础上得出结论，完整地论证了从"见怪而怪"到"见怪不怪"的揭示未知世界的认识规律。最后一句突出文章主旨，巧妙地点题。

全文紧扣"见怪而怪是首要的一步"这个中心论点逐层深入地展开论证，事例典型，说理清晰，符合议论文写作要求。

其实，"见怪而怪"又何尝只局限于探索自然奥秘方面？对待人类社会同样有"见怪"而应"怪"的问题。就这一点说，立论还可作进一步的推敲。

谈守秩序

"秩"是有条理，不混乱的意思；"序"是次第顺序，前后有次的意思。合而言之，则是整齐而有规律。守秩序，就是去遵守这些规则，不违背任何正常的规则去做事。

"守秩序"这几个字对任何人来说，毫不陌生，即使是刚进幼儿园的也知道。做人是应该守秩序的，否则会导致别人讨厌。在日常生活中，要守秩序的时候很多，例如人们每天早上必先起床刷牙洗脸，然后吃早饭，根本没有人清早起床便吃早饭，然后才去洗脸刷牙的，因为这样对健康毫无益处。又如社会上一些人为了争取较佳位置而不惜争先恐后，这对排队守秩序的人十分不公平，而且给予不法之徒以趁火打劫的机会。

也许是由于现代生活节奏太快了，人们往往会染上每事求快而忘记守秩序的毛病，即使是幼小的孩童也受到影响，所以秩序遭到破坏。只凭口头上说是不行的，真正去实践才最重要。要孩子也能做到守秩序，成年人就应该以身作则，做好榜样。

其实守秩序非常重要，一个人，一个社会，或是一个国家，要是没了秩序，必会带来祸患。假如某个国家破坏了和平的秩序而去攻占其他国家，那就会导致世界大乱了。

真正要做到社会安定繁荣，那就一定要守秩序。事实上，守秩序应该是发自内心的，即使不为人见时，也应该自律，即所谓"君子戒慎乎其所不睹"，如果人人都能做到这样，混乱的现象就会杜绝。

人们在无人的环境下不守秩序已经是不正确的了，更何况是面对众人胡作非为呢？这样不但会受人耻笑，更会受人歧视和唾骂。中国本来是个受人尊敬的礼仪之邦，谁会希望自己的国家因为少数人的不守秩序而受到鄙视呢？

张美玲

为了评析的方便，这篇习作在文字上作了较多的修改。

论题切合生活实际，对青年学生来说，懂得遵守秩序的重要，并身体力行，是有意义的。

文章从阐释"秩序"这个概念开始，反复讲述做人应该遵守秩序的道理，并强调守秩序不能停留在口头，应注重实践，发自内心。论点正确，有积极意义。

文章缺乏说服力，主要原因是论据未慎加选择，或不恰当，或无代表性。例如早上起床刷牙洗脸然后吃早饭的事例，只能说明做事应先后有序，而不是遵守不遵守秩序的问题。又如社会上有些人为了争取较佳位置而争先恐后的事例，难以证明守不守秩序，因为"较佳位置"含义不明确。如果是指排队购物争取好位置，还可从守不守秩序的角度来分析；如果是指职位，那就是人事的问题，而不属于守不守秩序了。运用事例论证，必须抓住事物的实质，把握与论点之间的内在联系，否则事例与论点之间好比油与水的关系，游离开，不能支撑论点，当然也就不能有力地论述道理。

秩序，一般指社会秩序、生活秩序、工作秩序、学习秩序，不守秩序的后果可能带来战争，"导致世界大乱"的判断是不妥当的。说理要符合逻辑，恰如其分，突然拔高，扩大到不恰当的地步，说理的可信度就大受影响。

青年学生写议论文时常易犯论据欠妥、说理大而空、欠贴切的毛病，故须特别注意。

【要语一束】

议论文的特点是说理论辩，直接阐述对客观事物的观点，直接表明自己的主张和见解，达到以理服人的目的。

写议论文须牢牢把握三个方面：确立论点，组织论据，推理证明。论点要正确、鲜明、有深度、有新意；论据要确凿、典型、有力；论证要符合逻辑，充分证明论点的正确，令人信服。

写驳论的文章须辨析谬误，确立论点；批驳错误论点、错误论据或不合逻辑的论证；指出错误的实质。

议论文结构的基本形式是：提出问题—分析问题—解决问题。可纵式结构，层层深入地论述；可横式结构，并列展开论述。

十五
行云流水，精彩纷呈
——锤炼语言

"一切诗文总须字立纸上，不可字卧纸上。人活则立，人死则卧，用笔亦然。"这句话是清朝著名诗人袁枚说的，十分精彩。它生动地告诉我们：文章的语言须"立"在纸上，那就是说须有活泼泼的生命力，读者从语言中能观看"景"，识别"人"，感受"情"，领悟"意"。如唐诗中有这么两句："大漠孤烟直，长河落日圆。"只要稍加想象，就会清晰地感到"字"是"立"在纸上的。沙漠里空气干燥，气压高，所以烟一直往上升。住的人家少，所以是孤烟。大河上，落日显得特别大，特别圆。极简单的语言刻画出沙漠景色，给人以辽阔苍茫的印象。这样的语言绝非拼凑所能奏效，而是认真锤炼的结果。"百炼为字，千炼为句"，坚持不懈地锤炼字句，下笔就会如行云流水，笔端就能涌出精彩纷呈的语言。

【文心絮语】

一篇合乎要求的文章应解决四个问题：言之有物，言之有理，言之有序，言之有文。"物""理""序"的问题前文已阐述。"文"的问题如不认真解决，即使选材好，内容具体，观点正确，结构清晰，也仍然不是好文章。因为语言欠准确，无文采，甚至有些文句不通顺，要畅达地表达意思是不可能的。早在两千多年前孔子就说过，"言之无文，行而不远"。文章的语言没有达到要求，没有文采，不可能广泛流传。学生学写作文虽然目的不在流传，但文从字顺、准确而生动地表达情意，是必须做到的。

语言是写文章的工具和手段，任何精辟的思想、生动的形象、感人的材料，离开语言都一筹莫展。因此，古今中外的学问家、文章家无不十分重视语言的学习与修养。大诗人杜甫的名言是："为人性僻耽佳句，语不惊人死不休。"列夫·托尔斯泰认为："语言艺术家的技巧，就在于寻找唯一需要的词和唯一需要的位置。"语言大师老舍对语言技巧的掌握是这样剖析的："既然搞写作，就必须掌握语言技巧。这并非偏重，而是应当的。一个画家而不会用颜色，一个木匠而不会用刨子，都是不可想象的。"这些名言警句是大量写作实践的经验总结，学习写作的青年学生应从中获取教益，深刻领悟到学习和训练语言，提高语言素养，不可有丝毫懈怠的道理。

毛泽东说："语言这东西，不是随便可以学好的，非下苦功不可。"就拿积累词汇来说，作家的积累功夫是惊人的。据说，英国著名诗人拜伦、雪莱的词汇有八九千，莎士比亚的词汇多达一万六七千。怎么积累呢？以美国著名小说家杰克·伦敦为例，他经常把词典和书里的词句抄在小纸上，然后把这些词片挂在窗帘上、柜橱上、衣架上、床帐上，洗脸、穿衣、睡觉前后都能看一看，记一记。外出时也带上几片，抽空读一读。正因为这些作家在语言上如此下功夫，所以笔下的人物、景物，多姿多彩，栩栩如生。学习语言，就要多读古今中外的佳作，从中吸收有生命的语言养料，就要向人民中活泼泼的口语学习，特别在表达情意的简练、干脆、恰当、亲切方面，更应多多体会，认真吸收，以丰富自己的语言仓库。

运用语言不单纯是语言问题，"言为心声"，语言是思想的直接现实，思想为里，语言为表，也就是思想是语言的内核，语言是思想的外衣。好的思想没有相应的语言表达，谁能知道那思想是怎样的呢？"辞从意生"，思想十分明确、十分清晰，语言也就清楚明白了。因此，进行语言训练时不能只停留在如何遣词造句方面，必须同时进行思想的磨炼。也就是要思想、语言双锤炼。想得清楚，才说得清楚，写得清楚；想得正确、周到，才说得准确、周密。认识事物的能力越强，越能用恰当的语言表达。对事物的特征把握得一清二楚，语言表达就能要言不烦。语言的深刻来源于思想的深刻。对事物的本质能够知晓，对事物的精髓能一眼见底，语言表达就能入木三分。思想与语言的锻炼可以双促进。思想模糊，语言就含混不清，要使思想清晰起来，除对事物再认识、再细想之外，可以用语言说、用文字写，说出来、写出来之后再琢磨、推敲，可以促使思想清晰。有人说"写文章，总是在自己头脑里已经有了一些值得写出来的东西；把头脑里的思想用文章表达出来，是一个使思想逐步成熟、逐步完善的过程"，写文章是"整理思想和经验，使之明确化，条理化"，说的也就是这个道理。

学习语言，"炼词炼意，词意综合"外，用词造句还须多加训练，对初学写作的人来说，尤其如此。

词是构造语言的建筑材料，没有足够的词汇，不可能准确、鲜明地表达思想。汉语词汇十分丰富，词义有轻重，使用范围有大小，有普通意义，引申意义，有感情上的褒贬等，同义词、近义词有时只有极细微的差别，运用时如不慎加选择，就会犯用词不当的毛病。选用词语有几点须牢牢把握：

贴切。词与物与事相符。事物是怎样的面貌，词语就表达出怎样的面貌。例如：

中国有一句古话："百炼成字，千炼成句。"
中国有一句谚语："百炼成字，千炼成句。"

后一句话中的"谚语"这个词用得不恰当，"谚语"是指在群众中间流传的固定语句，用简单通俗的话反映出深刻的道理，如"三百六十行，行行出状元"。而"百炼成字，千炼成句"是唐朝诗人皮日休在《皮子文薮》一书中所说，称它古话可以，称它为谚语就不贴切。词语要用得贴切，首先对事物的认识要准确无误，其次要区别词义的大小、轻重和感情色彩。

鲜明。意思十分明白，别人一目了然。不用似是而非、意思含混不清的词，不用容易产生歧义的词。如鲁迅《拿来主义》的结尾一段："总之，我们要拿来。我们要或使用，或存放，或毁灭。那么，主人是新主人，宅子也就会成为新宅子。然而首先要这人沉着，勇猛，有辨别，不自私。没有拿来的，人不能自成为新人，没有拿来的，文艺不能自成为新文艺。"对待文化遗产的态度非常鲜明，毫不含糊。总的原则是"拿来"。拿来以后怎么办？选用"使用，存放，毁灭"三个词鲜明地表达区别对待的态度，表明怎样取其精华，去其糟粕。具体而明晰。要实现"拿来"的目的，人必须具备怎样的条件，用词也毫不含糊。选用了"沉着，勇猛，有辨别，不自私"等分量较重的词语（有的是短语）加以表达，清楚明白。

在学生习作中，常常见到意思含混不清的词，如："我曾经是个理想主义者——一个可笑的'理想'主义者，对什么都爱'理想'一番。"句中的"理想"究竟有什么含义？三个"理想"含义相同，还是不同？不明确，有歧义。一个人有"理想"是好的，句中用的"理想"似乎是不切实际的幻想，甚至是乱想，这就犯了用词不当的毛病。

生动。生活丰富多彩，事物千姿百态，情意多种多样，要如实地再现它们，就须选用新鲜的、具有形象性的、绘色绘声的词语，给人如闻其声、如见其形、如历其境的生动感觉。用词切忌陈词滥调，拾人牙慧，用别人用滥了的词。例如《我的空中楼阁》描写远观小屋的一段："这个角度是远远地站在山下看。首先看到的是小屋前面的树，那些树把小屋遮掩了，只在树与树之间露出一些建筑的线条，一角活泼翘起的屋檐，一排整齐的图案式的屋瓦。一片蓝，那是墙；一片白，那是窗。我的小屋在树与树之间若隐若现，凌空而起，姿态翩然。本质上，它是一幢房屋；形式上，却像鸟一样，蝶一样，憩于枝头，轻灵而自由！"小屋被描写得十分生动，与精选词语有密切关系。有绘形的，如"活泼翘起""凌空而起""姿态翩然"等；有绘色的，如"蓝""白"等；表现树与屋的关系，用了"遮掩""若隐若现"等词。再加上比喻的运用，如"图案式""像鸟一样，蝶一样，憩于枝头，轻灵而自由"，小屋的美姿如在眼前。如果没有选用绘形绘色的词，只写"美丽"啊，"漂亮"啊，读起来就味同嚼蜡，脑子里形不成小屋的形象。

选词是需要动脑筋、花功夫的。"僧推月下门"和"僧敲月下门"在用词上的"推敲"已成为如何用词的佳话。因为"一字之失,一句为之蹉跎"。用词贴切、鲜明,须掌握丰富的词汇,哪怕是极普通的词,用的时候也要辨微析毫。如巴金的《海上日出》中有这样一段:"有时太阳走入云里,它的光线却仍从云里透射下来,直射到水面上。……太阳在黑云里放射出光芒,透过黑云的周围,替黑云镶上了一道光亮的金边,到后来才慢慢儿透出重围,出现在天空,把一片片黑云变成了紫云或红霞。"句中的"透射""直射","透过""透出"都是极普通的词,选用时准确地掌握了它们细微的差别。阳光穿过薄云是"透射",穿过薄云后的阳光是"直射";太阳在黑云内放射光芒用"透过",阳光在黑云外面放射时,用"透出"。如果不下细致的功夫,是达不到如此的准确度的。难怪俄国短篇小说家契诃夫这样要求自己:"应该让每个字在写到纸上以前,先在脑子里盘桓两天光景,给它涂上一层油。"

要写好文章,不仅要讲求选词,而且要讲求炼句。要完整地表达情意,状物写景绘人,就得按一定的规律把词组成句子。句子是文章的基本部件,写好每一个句子,文章才可能通顺流畅,乃至光彩夺目。文中的句子须力求做到:

准确无误。把客观事物、主观情意用恰当的句式准确无误地表达出来并不容易,有两个基本条件须掌握:对客观事物要细致观察,了如指掌,情意要明确,有分寸;对各类句式,如长句、短句、散句、整句、完全句、省略句,主动句、被动句、肯定句、否定句,正常句、倒装句,陈述句、疑问句,祈使句、感叹句等要熟练地掌握,二者结合起来,就可把意思表达清楚。如《简笔与繁笔》中有这样几句:"字面上的简不等于精练,艺术表现上的繁笔,也有别于通常所说的啰唆。鲁迅是很讲究精练的,但他有时却有意采用繁笔,甚而至于借重'啰唆'。"这两个句子说明"简"不等同"精练","繁笔"与"啰唆"不同,主要是说明后一个问题。为了阐说后一个问题,以鲁迅语言运用为例。"很讲究精练"表明总体情况,然后用"但"转折,阐说也"采用繁笔",不过是"有时",而不是"一直",是

"有意",而不是"无意",这就准确地表达了鲁迅运用语言的状况。再接着用"甚而至于"进一步述说,采用繁笔时"借重'啰唆'"。不是真正的啰唆,是加引号的,在特定环境中特定的表达方法,借重它来表达思想感情。这个句子既表达了"繁笔"与"啰唆"有区别的意思,又表达了鲁迅艺术表现手法不凡的意思,十分清晰。

如果句子不符合造句的法则,成分残缺,词语之间搭配不当,词序混乱,意思就表达不清或发生错误。例如:他学习缺少信心,通过教师的教育,使他鼓起了勇气,增强学习。这个句子有两个毛病。一是用了"使",主语残缺;二是"增强"与"学习"不能搭配。怎么修改呢?或者修改为"增强了学习积极性",或者修改为"增强信心"。

准确无误是写每一句话的基本要求,达到这个要求,语言就通顺。否则,文章就须进"病院"诊治。

生动流畅。句子不是硬造,应"如风行水上,自然成文",生动流畅。好的语言,并不是奇里古怪的语言,不是鲁迅所说的"谁也不懂的形容词之类",而是平常普通的语言,不过是注意加工提炼,去除其中杂质,如重复的、累赘的、不规范的等,并注入新意,写出"人人心中所有,而笔下所无"的语句。作家汪曾祺很为自己写的一个句子而高兴,这个句子是:"车窗蜜黄色的灯光连续地映在果园东边的树墙子上,一方块,一方块,川流不息地追赶着……"他说他曾经在一个果园劳动,每天下工,天已昏暗,总有一列火车从果园的"树墙子"外面驰过,他一直想写下这个印象。有一天,终于抓住了,那就是"川流不息地追赶着"。显然,这生动的语言是长期观察、思索而捕捉到印象的结果。

生动流畅的语言是写作者思想的流淌,思想如行云流水,笔下就汩汩滔滔,思想阻塞不通,笔下就疙疙瘩瘩。诗的语言比较凝练,同时也应该是生动流畅的。如印度大诗人泰戈尔的诗句:

在世界的听众会堂里,朴素的草叶,跟阳光和子夜的星辰同席共谈。

我的歌,就是这样的跟云和森林的音乐一同

在世界的心里分占着席位。

朴素庄严的是太阳愉快的金色，是沉思的月亮柔美的光辉；可是你，有钱的人啊，你的财富却与这种朴素庄严无关。

拥抱一切的天空的祝福，是并不落在财富上的。

而当死亡出现的时候，财富就褪色、枯萎、化为尘土了。

诗人用拟人的手法、生动的语句流畅地表达了对财富透彻的看法。如果没有这种精湛的思想，笔下就不可能生辉。

注意句式的变化，能增强语言的生动、优美。如短句、长句相间，整句、散句并用，选择不同的句式表达不同的语气。如散文《山》中的句子：

抬头，是山；回首，还是山。左边，是山；右面，也是山。

我在山的环抱中，山环抱着我。

晨，持一怀清爽，倚着傲松，看山。

雾生腾于山中，鸟声回荡在山中。偶尔，一缕白烟从林中小屋冒出，与雾溶流，于是便分不清是烟耶？雾耶？蓦然红光一闪，太阳悄悄地从山后露出半个脸来，偷窥外面的动静，云经过，遮住了它的额头，它惬意地像一弯小船，泊于山尖。顷刻，又像被火烫了一下，蹦得天高，竟被云托着，下不来了。于是，只有扯一片云彩，掩住了羞红的脸。

开头几句全是短句，短句结构简单，使语言明快、有力；"雾生腾于山中"这一段句子比较长，修饰语多，使意思更精确。文中短句排列整齐，有整齐美；散句参差，表意洒脱，结合起来用，给人以优美流畅之感。如果把"烟耶？雾耶？"半文不白的改掉，句子的气势就更畅达。

简洁精练。刘勰在《文心雕龙·议对》中说："文以辨洁为能，不以繁缛为巧。"就是说：写文章的本领在于意思明确，造句简洁，文字上枝蔓华美不是真本领。造句简洁不是漫不经心就可做到，也不能误解为文字少就是简洁，如果一味求简、求少，"于神情特不生动"，那就适得其反了。简洁还须精练，要以少胜多，言简而意丰。关于这一点，作家老舍有极深刻的体会。他说："简练须要概括，须要多知多懂，知道一百个人，而写一个人；知道一百件事，而写一件事，才能写得简练。心有余力，有所选择，才能简练。"又说："世界上最好的文字，也是最精练的文字，哪怕只有几个字，别人可是说不出来。简单、经济、亲切的文字，才是有生命的文字。"

鲁迅的文句，无论是叙事、绘景、议论，常常是精练过人，可说是以少许文字表多许情意的典型。如《记念刘和珍君》中一些语句：

> 然而即日证明是事实了，作证的便是她自己的尸骸。还有一具，是杨德群君的。而且又证明着这不但是杀害，简直是虐杀，因为身体上还有棍棒的伤痕。
> 但段政府就有令，说她们是"暴徒"！
> 但接着就有流言，说她们是受人利用的。
> 惨象，已使我目不忍视了；流言，尤使我耳不忍闻。我还有什么话可说呢？我懂得衰亡民族之所以默无声息的缘由了。沉默呵，沉默呵！不在沉默中爆发，就在沉默中灭亡。

短短一些文句，把刘、杨二君被害的事实、反动政府的卑劣行径和作者极端悲愤的感情，以及对黑暗统治的抨击、对民族觉醒的召唤等十分丰富的内容都包蕴其中了。简洁精练来自对事物的深刻理解，来自目光的锐利、思路的清晰。比如反动政府及其帮凶对刘、杨二君散布的流言不少,鲁迅从中拎出"受人利用"这一点,抓住要害,进行深刻的揭露,把敌人的险恶用心暴露在光天化日之下。

精练的语言往往是含而不露,不把自己的思想感情赤裸裸地宣示出来,而是留给人思索的余地,使读的人"望表而知里,扪毛而辨骨,睹一事于句中,反三隅于字外"(刘知幾《史通·叙事》)。鲁迅《故乡》结尾的句子是:"我想:希望是本无所谓有,无所谓无的。这正如地上的路;其实地上本没有路,走的人多了,也便成了路。"语言是含蓄的,含不尽之意于言外。

语言幽默也能大大增强表现力,给人以深刻的印象。幽默是寓庄于谐,寓情于理,既有说服力,又有感染力,兼有理趣美和情趣美。报上登载马来西亚柔佛州交通部门张贴的一份告示,语言就十分幽默。告示是这样写的:"阁下驾驶汽车,时速不超过 30 英里,您可以饱览本地的美丽景色;超过 60 英里,请到法院作客;超进 80 英里,欢迎光顾本市设备最新的急救医院;上了 100 英里,请您安息吧!"

这样表达别出心裁,驾驶汽车的人也容易接受。效果与命令式的、警告式的语言相比,不会差。当然,幽默不是耍嘴皮子,不是故意制造笑料,不是庸俗、油滑,而是为了表现生活的真实。它常常以内容与形式、现象与本质的矛盾可笑,给人以教育,启人以深思。得体的幽默是语言运用上有智慧的表现。

萧伯纳是爱尔兰大作家,幽默大师,相传有这样一则趣事:他成名后,收到不少异性追求他的信。有个姑娘在信中向他求爱道:"如果你同我结婚,生下的孩子将像你一样聪明,像我一样漂亮,那该是多么美好呀!"萧伯纳以他特有的风趣和幽默回绝了这位冲着他的名气和地位来的姑娘,他在信中写道:"如果你同我结婚,生下来的孩子长得像我一样'难看',头脑像你一样愚蠢,那该多么可怕呀!"这种答复使那位姑娘啼笑皆非。

语言要用得好,其中奥妙无穷。上面说的都是一般的要求,须努力做到。有时有些特例,貌似不符合语言规则,但在特定的场合、特定的人的身上运用,表达效果非比寻常。例如:20 世纪 30 年代有家报纸登出一篇题为《丰子恺画画不要脸》的文章。读者看了十分吃惊,因为丰子恺品行端正,怎会不要脸呢?待文章读完,才知道此处的"不要脸"不是通常的含义,而是在特定的人身上特定的含义,是褒赞丰子恺的漫画技法高超,独具一格,画的人物虽没有五官,但传神尽态。这个标题好在利用"不要脸"这个短语的歧义,造成悬念,收到出奇制胜的效果,难怪丰子恺本人对此也默认,并加以赞赏了。

　　副词不能修饰名词,这是一条语法规则。可是在特定的场合,可破例违反这个规则,而收到出人意外的效果。在一次中央电视台举办的春节联欢晚会上,台湾谐星凌峰登台表演。有人写个纸条戏谑地问他:"你为什么长得这样丑?"他面对观众回答:"我的长相很中国,中国五千年的创伤和苦难都写在我的脸上……"副词"很"修饰"中国"这个名词,搭配是不当的,但出自这位滑稽人物的嘴里,获得的却是热烈的掌声,因为在这样的场合说这样的话,给人以幽默、风趣的快乐。

　　学生口头表达与书面表达中常有"拆词"的毛病,如"宣了一次传"。非动宾式的双音合成词按照语法规则不能随意拆散,"宣传"是不能拆散的。但有时为了表达的需要,也可拆开用。如台湾诗人商禽的《咳嗽》诗:

> 坐在
> 图书馆
> 的
> 一室
> 的
> 一角
> 忍住
> 直到
> 有人把一本书
> 历史吧

掉在地上
我才
咳了一声
嗽

这首诗在意象的变形中透射出思想，说出了很新鲜、很尖锐、也很深刻的道理。把"咳嗽"这个词拆开来用，使读者能深深地体味历史书掉在地上影射的社会现实。

以上是些特例，平时不可随便乱用，否则就会导致语言不规范。

【佳作借鉴】

起点之美

到现场观看赛跑，多数人总愿选择离终点最近的位置，我却偏爱在起跑线附近观看。运动员在起点上的美往往被人忽略。其实，当运动员们在起点脱下外面的罩衣，露出紧凑而富有弹性的筋肉，先略事活动臂膊腿脚腰肢，再渐渐弹跳着、抖擞着，准备进入比赛，那神情，那体态，那气氛，就已非常之优雅；等到运动员们在起跑线上找准自己的道位，在裁判员一声威严而悠长的"预备——"声中，各自凝聚起他们灵魂的注意力拼搏进取，并透过他们的每一块肌肉每一根筋腱显现出他们肉体所蕴藏的爆发力弹射力承受力，那他们简直就是一列力与美的活雕像。家里有了录像机后，我常把这样的场面录下来，并用慢放、定格的方法细细品味起点之美。我看清了在比赛现场往往看不清楚的运动员们的面部表情。那起点上的表情实在是人类最美好的表情之一。倘若说恋人的表情是人类延续不灭的象征，那么，起点上的表情便是人类进取突破的希望。

人生的终极点只有一个，然而起点却有许多。运动场上的起点是明显的，生活中的起点往往较为隐蔽。一个想向文坛进军的青年在深夜灯下铺开了稿纸，用手中笔郑重地写下了第一行字；一个刚到单位报到的大学毕业生，头一回走进办公室，他尽量大大方方地望着大家，大家都好奇而友善地望着他；一个才把趸来的川橘铺排在货位上的个体户，用戴着厚厚的棉手套的双手捂捂冻得发红的耳朵，嗡声嗡气地发出他的头一声吆喝："大橘子保甜咧——"；一位才任命的局长，不大习惯地坐在来接他开会的轿车里，想同司机说句亲热的话却不知该拣哪一句说；一个非常走红的大明星，倚在沙发上读别人新送来的剧本，刚刚开始觉得里头的那个女主角有点挖头；一个明天要应考的中学生，把捧着的课本贴在胸前，在忍痛关闭了的电视机前点着下巴背诵单词……

"预备——"生命之神在行使裁判员的职责，向人们发出悠长的指令。

凡凝神谛听他的指令并尽全力准备投入的人，都是美的。

尽管在终点处会出现绝不平衡的场面，文学青年的稿子也许会被退回；走向生活的大学生也许会碰到许多的钉子；卖橘子的个体户这一回也许不能大赚；新上任的局长也许不久便会调离；大明星的下一部戏也许会砸锅；中学生第二天应考时也许会失常；谁也保不齐在那等待着我们的终点上不会落伍、失败甚至被淘汰掉。

然而，对于人生来说，终点固然诱人，起点

更弥足珍贵。一时的终点上的失美，并不是什么不得了的事。可怕的是寻找不到新的起跑线，失去了在"预备"声中大大振作起来的力与美。

终点之美，属于优胜者。起点之美，属于每一个人。而自觉地进入起点并调动起自己的美来，也便是人生中的一种优胜。

这篇短文是著名作家刘心武所写，他以平实朴素的语言阐述了人生旅程中把握起点、调动自己起点美的道理，较为深刻地揭示了生活中的哲理。

文章采用了类比推理的方法，以运动场上的赛跑起点之美为个例，进而推到向文坛进军的青年写下第一行字，大学毕业生头一回走进办公室等生活中的起点，尽管终点会出现不平衡的场面，但起点对每一个人来说，都是十分珍贵的。于是，从众多的"个别"中，得出这样的结论："自觉地进入起点并调动起自己的美来，也便是人生中的一种优胜。"文字如此明白爽朗，反映了思想的清晰。有几个问题显然考虑得十分清楚：

（1）起点之美是什么？
（2）对于每一个人来说，有没有起点之美？
（3）人生的终极点是什么？
（4）起点和终点之间是什么关系？
（5）人们能不能把握起点之美？怎样来说清楚其中的道理？

要把话说得清楚明白，首先脑子里对要描述的事物、对要阐说的道理须一清如水。

用词准确。如"忽略"这个动词用得很准确，因为"运动员在起点上的美"是客观存在的，只是不被人注意，故而用"忽略"恰到好处。又如"一列"数量词的运用很准确。因为前半句描述运动员们各自在自己的道位上拼搏进取的状况，这半句说他们简直就是"活雕像"，就必须用量词"列"。如果用"尊"就与事实不符；如果用"一尊尊"就给人以散的感觉，难以形成拼搏的气势。又如

"明显"与"隐蔽"一对反义词的运用,就能启发人思考。"运动场上的起点"肉眼看得见,故而是"明显";"生活中的起点"往往不易觉察,故而用"隐蔽"。然而,又不是绝对不能觉察的,对于明智的人来说,对于文化素养高的人来说,也是能看得清楚或者深为理解的,所以在"隐蔽"前面加上"较为"、加上"往往"的附加语,使表达的意思更加准确。

语言虽平实,但不乏生动的句子。有的是长短句,形成气势,十分流畅,如"其实,当运动员们在起点脱下外面的罩衣,露出紧凑而富有弹性的筋肉,先略事活动臂膊腿脚腰肢,再渐渐弹跳着、抖擞着,准备进入比赛,那神情,那体态,那气氛,就已非常之优雅",把运动员的起点之美描述得那么井然有序,如果观察得不细致,把握得不准确,是难以做到的。"那神情,那体态,那气氛",短语以排比形式出现,短促而有力。又如,进行类比推理时,一个个事例基本上以排比的形式出现,给人以整齐美的感觉。至于结尾的"终点之美,属于优胜者。起点之美,属于每一个人",用的都是短句,但言简意深,用对偶的形式写,既整齐,又上口。

《鲁迅诗稿》序

鲁迅先生无心作诗人,偶有所作,每臻绝唱。或则犀角烛怪,或则肝胆照人。如"横眉冷对千夫指,俯首甘为孺子牛",虽寥寥十四字,对方生与垂死之力量,爱憎分明,将团结与斗争之精神,表现具足。此真可谓前无古人,后启来者。

鲁迅先生亦无心作书家,所遗手迹,自成风格。熔冶篆隶于一炉,听任心腕之交应,朴质而不拘挛,洒脱而有法度。远逾宋唐,直攀魏晋。世人宝之,非因人而贵也。

然诗如其人,书如其人,荟而萃之,其人宛在。《荀子·劝学篇》有云"学莫便乎近其人,学之经莫速乎好其人"。鲁迅先生，人之所好也，请更好其诗，好其书，而日益近之。苟常手抚简篇，有如面聆謦欬，春温秋肃，默化潜移，身心获益靡涯，文笔增华有望。

这是 1960 年 5 月 8 日，文学家、史学家郭沫若为国家文物出版社将鲁迅诗的手稿专门影印成册的《鲁迅诗稿》写的序。文章不是对鲁迅著作作全面评价，更不是泛泛而谈，而是紧紧扣住"诗""稿"二字。第 1 段论"诗"；第 2 段论"稿"，即论字，论书法；第 3 段由诗、由稿论到人。为了阅读理解的方便，有些词句先解释一下。

犀角烛怪：这个典故出自《晋书·温峤传》，说峤"旋于武昌，至牛渚矶，水深不可测，世云其下多怪物，峤遂毁犀角照之。须臾，见水族覆火，奇形异状"。后来人们用"犀照"形容对事理认识得十分清楚，能触到幽深之处。这个典故通常的用法是"燃犀烛怪"。这篇文章中的意思是：鲁迅的诗尖锐犀利，好像是用犀角烛怪，能照出各类妖怪的原形。

学莫便乎近其人，学之经莫速乎好其人：为学之道，再没有比接近良师益友更方便的了；为学的途径，最直截的没有超过以自己敬爱的人为榜样的了。

面聆謦欬：聆，听。謦欬（qǐng kài），咳嗽，借指谈笑。这里是教诲的意思。当面聆听教诲。

春温秋肃：春天的温暖，秋天草木凋零的肃杀气氛。前者比喻美好的事物，后者比喻反动势力或者是对敌人应有的态度。来自鲁迅的诗句："曾惊秋肃临天下，敢遣春温上笔端。"

这篇序在语言的准确、优美、精练等方面可以作为典范。

首先是言简意赅。语言十分简洁，含意丰满完备。如"鲁迅先生无心作诗人""鲁迅先生亦无心作书家"，两个"无心"，寓意深刻。鲁迅杂文、小说的造诣举世皆知，他的诗呢？书法呢？他"无心"于这些，但偶作诗，就达到"绝唱"，诗创作的最高境界，所写之字，自成风格。"无心"尚且如此，如果是"有心"的话，那诗歌、书法的造诣更不待说了。"无心"看来是极普通的词，用在句中，含不尽的赞颂之情。又如"或则犀角烛怪，或则肝胆照人"，极其精练地概括了鲁迅诗的内容、思想意义和艺术上的高超技巧，语言中水分全无，质地极高。

其次是优美、形象。如评述鲁迅书法时说："熔冶篆隶于一炉，听任心腕之交应，朴质而不拘挛，洒脱而有法度"，两组对偶组成排比句，兼有整齐美与流畅美，把字体的特点——"篆"书、"隶"书"熔冶"于"一炉"，书写技艺的纯熟——"心"与"腕""交应"，字的风格——"朴质而不拘挛，洒脱而有法度"，表达得清晰、准确。又如结尾的几句，简直像一幅画，手抚诗稿，就犹如面听教诲，身心获益无止境。

再次是词语略作更动，写出新意，或使文气更流畅。如"此真可谓前无古人，后启来者"，把常用的"后无来者"改为"后启来者"，改一字，写出新意，充分表现了鲁迅诗对后人的启迪、教育作用。又如"唐宋"移位为"宋唐"、"潜移默化"移位为"默化潜移"，使声调更和谐，意思更含蓄。

【习作评说】

机遇

倘若要我用一个词来形容机遇，我以为"催化剂"是再合适不过的了。——没有机遇的催化作用，事情多半难以成功；只有机遇没有实力，再怎样"催化"也是枉然。

机遇的重要性正如催化剂一样是显而易见的。化学反应中，缺少必要的催化剂，反应就难以进行；生活中，离开了机遇的作用，成功也只能在"希望的彼岸"。石油大王洛克菲勒不借着世界大战，难以成为大富翁；诸葛亮没有刘备的"三顾茅庐"，也只有湮没在时间的长河里。人们常说："万事俱备，只欠东风"，这东风，便是"机遇"。只有善于把握机遇，才能获得成功。

然而单靠机遇行不行呢？我想这恐怕就是"守株待兔"之"世语新说"了。没有反应物，只有催化剂，难道企望出现生成物吗？机遇只不过提供了一个合适的环境，在这一环境中是否能够叱咤风云全在于你自己的实力。

不由得联想到我们今天的现代化建设。多么好的机遇啊！世界正朝着多极化方向发展，世界的经济贸易中心正往亚洲转移。而我国的经济建设在党的基本路线的指引下，正以飞快速度进行着。目前已与世界上一百多个国家建立了经贸关系，尤其是同周边国家的关系到了一个从未有过的高度！然而机遇的另一面也是挑战，能否在竞争中夺取有利形势，光靠机遇的"催化"而没有竞争的"实力"又怎么行呢？

由此可见，"光有抓取机遇的敏锐，而无增加实力迎接机遇的恒心"如同"有实力而无机遇"一样不足以成事。

古人云：盛衰之理，虽曰天命，岂非人事哉？很难说清，机遇和实力哪个更为重要，但是我坚信——"机遇+实力"就等于成功。只有正确理解机遇的"催化剂"作用，才能更好地利用这一作用，从而"催化"出一个灿烂美好的明天！

这是1993年上海市一名学生的高考作文。文章以"催化剂"作比，论说机遇的重要作用。

全文文从字顺，从机遇的重要性论述到单靠机遇不能企望出现生成物，还得依靠自己的实力；从机遇与实力的关系带出了我国现代化建设的大好机遇，进一步论述机遇与实力，缺一不足以成事；最后的结论是"机遇+实力"等于成功，只有正确理解机遇的作用，才能充分利用它。

文字之所以通顺，首先在于对机遇的作用理解正确，对机遇与实力之间的关系想得比较清楚。如果这些问题脑子里不清楚，下笔语句就会纠缠不清。

语言比较简洁，意思十分明白。如：开头不绕弯子，下笔点题，并立即提出实力与机遇的关系。"只有机遇没有实力，再怎样'催化'也是枉然"，言简意明。

语言较为生动。注意恰当地运用设问句、反问句，注意直接引用、间接引用，增添说理的生动性。有时还更改词语的位置，如《世说新语》翻出"世语新说"，增添几分风趣。

个别句子可斟酌。如"然而机遇的另一面也是挑战"中的"也"可删，因前文未提到挑战。又如"能否在竞争中夺取有利形势"中的"夺取有利形势"须斟酌。尽管如此，在考场有限的时间内写出这样内容具体、语言通顺的文章是不容易的。

晚霞

自问一向是个庸俗人。唉！没办法，每天在繁忙的都市中打转，相信再洒脱的人，也不免在俗网中越陷越深，更何况是平凡的我！为了挽救这颗庸俗得可怜的心，所以一有机会，我便喜欢往郊外跑，而每去郊野一次，就更为大自然的美景所吸引。无论是清晨的薄雾迷离、露水遍野；晚间的流萤飞舞、繁星满空；∧夏日山间的蝉音；冬日寒风的怒号；∧春雨如柳絮、如蒲公英般轻飘；秋叶在风中飞舞……这一切一切，无不令我着迷神往，然而我所最钟爱的，却是向晚时分，夕阳西沉，彩霞满天飞的黄昏景致。黄昏总给人以苍凉凄清的感觉，而我所喜爱的却正是这凄迷的美，或者是因为我这个人太多愁善感了吧！每至黄昏，太阳都会尽其最后一分力，在退下去之前，发放其最后一分光辉与热力，使大地有如隔着了一块淡红的玻璃纸，四周万物都笼罩着一片淡淡的红霞，看似清晰却又是那么不真实。这一切都是那么令人迷恋，然而如果没有晚霞的衬托，所有的一切虽美，却会显得平淡。夕阳与晚霞，就如同花与叶般，必须互相映衬，方能突出双方优美之处，晚霞的七彩绚丽，瞬息万变，使夕阳西下的美景，变得更加生动而不平凡。

　　当夕阳正缓缓地向大地告别，退到山后去之际，天边的云霞幻化出更多的色彩，像把一碟的颜料打翻到天上去，然而一切色彩都衬托得那么的不着意而又和谐，万物皆屏息于这瞬间即逝的美景中，散发着一片宁静而平和的气息。夕阳就是于万物之际，悄悄地离开了，剩下满天仍然诱人的霞彩，渐渐地霞彩也淡下去了，取而代之的是一片朦胧的灰蓝，最后整个天地皆为黑暗所吞噬了。

　　曾经于乘船往海南岛的途中，欣赏过夕阳西下的美景。由于当时身处于一望无际、四周不见一山一岛的大海中，所以感受是很新鲜而且截然不同的。当那一方的海天交接处，正为斜阳及晚霞所点缀而成一片橙红之际，这边的天上却仍窥得见一抹淡淡的蓝，同时由于四周视野空旷，所以早已看得见缓缓地向天的中央移去的月亮，而几颗较为明亮的星已若隐若现了。一时间，夕阳、晚霞、月亮、星星，交织成一幅平常罕见的美景，使人为之而心醉，而我亦不忘拿出相机，将那迷人的景致摄下。但在自然变化的幻丽，又岂是人类科技所能捕捉得住的呢？我们必得以全心灵去体会、感受，方能觉出其魅力之所在，一帧照片，又怎能表达出其诱人的味道呢？

"夕阳无限好，只是近黄昏"，然而没有黄昏，又怎会有黑夜，没有黑夜，又怎会有黎明的来临呢？宇宙万物皆是在这些周而复始的变幻中向前迈进，故此夕阳、晚霞都是宇宙中不可或缺的，又何需为"近黄昏"而感到伤悲呢？

这篇习作虽然力图把客观景物的描绘和主观感受结合起来写，但由于语言上的毛病太多，没能达到预期的目的。

第一，对所要描写的对象没有想清楚。题目是《晚霞》，但从整篇文章看，自喜爱黄昏景致入笔，到无须为"近黄昏"而伤悲结束，都是突出了"黄昏"，"晚霞"没有放在主要位置上描绘，内容不太切题。

第二，语言令人费解。主要是对事物的观察欠准确。如第1段后半段写夕阳放余晖时，用"大地有如隔着了一块淡红的玻璃纸"来形容，这个比喻显然不恰当。又如"四周万物都笼罩着一片淡淡的红霞"，"红霞"在天上，怎么"笼罩""四周万物"呢？

第三，通篇语言啰唆重复，影响意思表达的清晰度。文章凡是画线的地方（做____记号的）都是应该删除的，有的是整个句子，有的是一个词、两个词。删去这些词句，才有点文章的样子。

第四，有些语句欠通顺，用词或重复，或欠妥帖。如"着迷神往"，应删"着迷"或删"神往"，二者并用，就重复了，不通了。又如"看似清晰却又是那么不真实"，既然"清晰"，又怎么"不真实"呢？前后矛盾。再如"夕阳就是于万物之际，悄悄地离开了，剩下满天仍然诱人的霞彩"，欠通顺。一是"万物之际"费解，二是欠简洁。改成"夕阳终于悄悄地离开了，只剩下诱人的霞彩"，意思表达得反而清楚。

须修改的句子很多（做～～～记号的；做∧记号处，须加关联词），不一一改了。标点符号的运用也有不少值得商榷的地方。总而言之，有良好的写作愿望，语言上如不下功夫锤炼，写出来的文章也往往会毛病百出。

【要语一束】

清楚、明白地把意思表达出来，是写文章最基本的语言要求。

思想、语言须双锤炼。对事物反复观察和思考，认识得清楚透彻，寻求最恰当的词句表达，炼词炼意，词意综合，效果必佳。

用词须慎加选择，力求贴切、鲜明、生动，语句须按一定的规律构成，力求准确无误、生动流畅、简洁精练。

学语言要下功夫，向人民群众中活泼泼的口头语言学习，向中外古今优秀作品中的语言学习，坚持长期积累佳词、美句，丰富自己的语言仓库。

去除语言中的杂质，做到纯净流利。

十六
即景即情，着手成春
——把握题型

"那醉人的绿呀！仿佛一张极大极大的荷叶铺着，满是奇异的绿呀。我想张开两臂抱住她；但这是怎样一个妄想呀。……那醉人的绿呀！我若能裁你以为带，我将赠给那轻盈的舞女；她必能临风飘举了。我若能挹你以为眼，我将赠给那善歌的盲妹；她必明眸善睐了。我舍不得你；我怎舍得你呢？我用手拍着你，抚摩着你，如同一个十二三岁的小姑娘。我又掬你入口，便是吻着她了。我送你一个名字，我从此叫你'女儿绿'，好么？"这是朱自清先生散文名篇《绿》的描写片段。朱自清看到梅雨潭的一潭绿水，不仅挥笔描绘美景，而且痴情倾注其中，说"想"张臂与她拥抱，掬口犹如接吻，真是情景交融，物我一体，令人遐想。如此即景即情，着手成春，仅是记叙性文章题型的一例。生活中所见所闻所感很多，要求进行作文训练时，可表现为种种不同的作文题型。学写作文，认真地把握题型十分重要。

【文心絮语】

　　进行作文训练如果只是就文章的题目一个一个推敲，效果是有的，但往往在脑子里散成一片，不易洞悉规律，花费时间多；如果把作文训练常见的种种题目归并为若干类型，并了解和掌握它们各自的特点，下笔时就能胸有成竹，快速得多。

　　训练中常见的题型有两大类，一是命题作文题型，二是材料作文题型。

1.
介绍命题作文题型

　　命题，确定作文的题目。可由教师命题；可由教师规定范围，学生自己命题；可由学生自由命题，不作任何规定。命题作文有：

　　记叙型。凡要求叙事、写人、描景、状物，以叙述描写为主要表达方法的作文题，均属记叙型。消息、通讯、特写、速写、回忆录、访问记、报告文学等，均属此类型。常见的各方面的题目，如："春花烂漫""街头风情速写""童年生活琐忆""学校运动会剪影""老师，心中的话儿对您说""同窗谱""写给远方朋友的信""榜样"。

　　记叙性的作文题常和议论相结合，如"我懂得了其中的道理""悔不该"，仍然是记叙型。因为所懂得的"道理"是以叙事为基础的，在记叙的基础上议论，以记叙为主；因为"悔"来自某件事或某些事，所以仍以记叙为主。

　　说明型。说明就是解释。凡要求介绍事物的特点、性质、功能等，以说明为主要表达方法的作文题，均属说明型。常见的各方面的题目，如："钢笔自述""巧夺天工的工艺品""春节文艺晚会说明词""向你推荐一篇佳作""校园绿化设计""浅说电视机的功能""蝴蝶标本制作过程""桥"。

　　说明性的作文题有时用词生动、优美，要注意把握，不要和记叙型的混淆。如"一张情趣横溢的画"，要求是介绍这幅画，如果记述这幅画的作者、由来等，就进入误区了。

　　议论型。凡要求开展议论，进行分析，阐明道理，提出观点、提出主张的，以议论为主要表达方法的作文题，均属议论型。常见的各方面的题目，如："勤奋学习是学生的天职""嫉妒如毒蛇""中国人是有志气的""抄袭与借鉴""由一则广告想起""谈班级的凝聚力""时尚与高尚""驳'人不为己，天诛地灭'"。

　　议论性的作文题有些是判断题型，题目就是论点，有些是论题，只提出论述的问题、论述的对象，须自己确立论点。遇到后一种情况，不能与说明型的题目混淆。

学生自由命题，天地十分广阔，大至世界、国家，小至一人一事一物，皆可确立题目。但命题时应切合实际，有生活的基础；应简明、醒目，注意色彩。如果是教师规定范围，命题时就须按要求考虑，不可超越。

还有一种是选题作文，教师出两个相关或相反的标题，要求学生选择其中一个进行作文训练。如"开卷有益""开卷未必有益"，"知足常乐""知足不常乐"，"毁树容易种树难""毁树不易种树更难"，"失败是成功之母""失败不等于成功之母"，等等。这种方式也是命题作文的一种，不过学生有选择权。这种题型有利于启发学生辩证地看问题。

碰到上述的命题作文，须注意以下几点：

第一，审清题意。题目中的每一个字都要认真仔细地研究、分析，把握题目的基本要求。有些题目的中心和范围比较明确，如"童年生活琐忆"，要求记的是"童年生活"，不是其他年龄段的生活；要求记的是"琐"事，是平凡的、零碎的、细小的事，不是一件，要二三件，乃至更多。既是"琐"，事与事之间不要求结合成整体，可以是一件件、一桩桩，但要围绕一个中心。"忆"，是写过去的事，从记忆中抄出的。一个字一个字弄清楚，就能把握写作要求。有些题目范围比较广，审题时更要注意。如"春花烂漫"，可以写自然界万紫千红的景色，也可写社会的"春花烂漫"，中心的确定很灵活。又如"由一则广告想起"，先要确定是什么广告，然后要确定广告闯入眼帘以后最强烈的感受是什么，再后确定由此想到了什么，提炼出文章的论点。

第二，认清题目暗示的体裁特点。有些题目暗示了文章的体裁，如"记……""忆……""论……""驳……"，前两个显然是记叙型题目，后两个显然是议论型的题目。有些题目与体裁之间无固定的对应关系，可以选用不同体裁，如"桥"，可写成记叙文，可写成说明文，也可写成议论文，关键在于确立怎样的写作意图。

第三，认清题目暗示的文章人称。审记叙型题目时须注意这一点。如"老师，心中的话儿对您说"，就规定了用第一人称写，不过是省略了"我"，如果用第三人称，就判断失误了。"学校运动会剪影"这个题目用第三人称写，容易生动活泼，如果用第一人称，局限性太大，笔无法施展。

有些题目有正题，有副题，审题时都要注意，副题往往规定文章的内容。如"拼搏——考场上的众生相"，副标题明确规定是"考场"里的众人奋斗情景，不是球场，不是歌场，不是拳击场中的情状。全面把握，下笔就准了。

命题作文也可一题多作，审题时不可掉以轻心。如作文题"晨"，可描写早晨景色，自然的或社会的，记叙型；可说明"晨"的有关自然知识，说明型；可以此喻人生，喻事业，展开议论，议论型。须根据要求仔细推敲，弄清题意，把握体裁。

2. 介绍材料作文题型

近些年来，由于高考、中考指挥棒的作用，材料作文训练非常流行。这里无意褒贬，但这种形式的训练对提高写作能力，培养良好的思维品质也有积极的作用。

材料作文可分为两个类型，一是图画类型，二是文字类型。文字类型又可分若干种。

图画型。提供图画，要求根据画意作文。有的画不配文字，不作任何提示或说明，全靠习作者独立分析；有的画配文字，作适当的提示。可提供单幅画，也可提供连环画。做这类作文，应细心分析画面，抓准画意，如理解欠正确，偏离画意，写出来的文章就"砸"了。

单幅画的如《钓翁图》《在时间的长河里》，前者文题自拟，后者提示：网鱼人的头往前转动、往后转动。

连环图的如《格林父子》。这是德国卜劳恩系列漫画中的一组。提供给学生,要求仔细观察图画,展开合理想象,对人物的语言、动作、神态、细节和环境进行具体描述,故事要完整。可以"该打"为题。

文字类型常见的有：

联想型。提供材料，要求由此及彼、由一事物想到其他事物，从联想的种种现象中提炼观点，展开论述。如提供这样的材料：三个和尚没水吃，1+1+1=0。要求由此及彼地联想类似的材料（如联想《克雷洛夫寓言》中天鹅、梭子鱼、虾合伙不合心的故事等），推及某些社会现象，从而发表看法。提供材料，要求合理想象也属这种类型。1992年乌鲁木齐市中考作文题是：

> 下面是一个故事的开头和结尾，请以"他在阳台上看到了什么"为内容进行合理想象，把中间部分补写出来，做到与上下文衔接紧密，语意连贯；补写的文字不超过300字。
>
> 故事的开头：一名中学生正在家里做数学作业。窗外阳光明媚，百花吐艳，鸟雀啼鸣，好一派怡人景象；而窗内的他，脸上却是一会儿阴云密布，一会儿秋霜遍洒。原来是为了解一道数学难题，他已坐了一个小时，仍无半点眉目。此时，烦乱之情，焦躁之意，已在他心头升起。他似乎觉得周围的一切都在和他作对，甚至觉得阳光也过于刺眼，觉得闹钟上的那只小猫头鹰，来来回回地翻着眼睛，也是在有意地捉弄他。他再也写不下去了，把笔一摔，推开椅子，忿忿地走出房间，跑到阳台上玩去了。
>
> 故事的结尾：突然，他好像想起了什么，健步走回屋中，重新坐到桌前。当他看见那道未做完的数学题时，脸不禁有些发热。于是，他二话没说，拿起了笔，心平气和地演算起来。

只要仔细思索，就可发现故事的开头与结尾已暗示了补写的内容。由解不出难题到拿起笔演算，由焦躁、烦乱到心平气和，其中有个变化的过程,怎么会发生变化的,须展开想象的翅膀,在"看到了什么"上花功夫。

聚焦型。提供的材料好几则,要求从中提炼出共同点,然后再根据所聚之"焦"组织材料,发表议论,写成文章。如:

> 根据以下材料,提供共同点,删去无用的材料,再重新组织,写一篇议论文,题目要与提炼的观点直接相关。
> ① 居里夫人把诺贝尔奖牌让孩子当玩具玩。
> ② 高敏把金牌拍卖,所得款一部分献给家乡,不忘父老乡亲;一部分奖励成绩突出的运动员。
> ③ 著名演员王玉梅长期下乡与婶子、大娘心心相印,婶子、大娘称她是自己人。王玉梅说,是她们教给我怎么演戏,我从她们身上吸取营养,我永远感谢她们。
> ④ 侯宝林遗言:观众是我的衣食父母,我永远也报答不完他们的恩情。
> ⑤ 遵照王震遗嘱,他的骨灰被撒在天山,对那里的山山水水他很有感情。
> ⑥ 遵照戴高乐(曾历任法国总统)遗嘱,他的遗体埋在乡间她女儿(因战争、饥饿而病死)墓前,他的全部财产,献给因战争而成为孤儿的人。

要写好这篇文章,关键在于"聚焦"。抓住材料中的共性——如何对待群众,舍弃与此无关的材料,把议论集中到这一点上,议论就能深刻。

多题型。提供材料,要求根据材料写多篇文章。如有这样一则材料:

> 1. 1992年3月11日,××报讯。

2. 事情发生的时间，1992年2月18日晚10时许。

3. 人物：海南籍双胞弟兄符亮（上海交大一年级学生）、符策勇（宁波林校三年级学生）；8名歹徒。

4. 事件及简要经过：同胞弟兄从湖南衡阳乘坐广州开往杭州的210次列车返校，二人因困倦相继入睡。次日凌晨2时左右，一歹徒扒走了符亮身上的钱，继而伸手符策勇时，符策勇惊醒，此时，扒钱歹徒向第五节车厢跑去。符策勇从对面乘客嘴里得知歹徒偷了钱时，拍了一下弟弟，便追赶偷钱的歹徒。从梦中惊醒的符亮也一齐追赶，两弟兄追至第五节车厢时，被8名歹徒拦住。于是两位文弱书生同8名歹徒的一场殊死搏斗开始了。两弟兄临危不惧，拼命搏斗，但终因寡不敌众，符亮头部被酒瓶砸伤，臀部被刺成重伤，符策勇屁股挨了三刀，弟兄俩一时鲜血直流。……最后，在乘警的协助下，8名歹徒全部落入法网。

5. 两名学生勇斗歹徒长达数分钟时间，满车厢乘客竟形同看戏，无一人上去解围。更使人遗憾的是：当符亮被歹徒打得跌坐在一乘客身上时，这位乘客怕祸及自己，竟然帮倒忙，将符亮托起，推给歹徒。

要求：

① 根据1~4项材料，写一则不超过150字的简短新闻报道。

② 第4项材料中提到："两位文弱书生同8名歹徒"进行了"殊死搏斗"，但未具体记述搏斗的场面。请根据提供的材料，凭借合理想象，详叙这个场面。（250~300字）

③ 根据第 5 项材料写一篇有针对性的一事一议的评论，题目自拟。(350~400 字)

一则材料要求写三篇短文，两篇记叙文，一篇议论文。两篇记叙文要求也不同，一概括记述，一详细描述。多题型作文要完成得好，一须把材料的要点掌握得准确，如描述"殊死搏斗"场面时，切不可忘了是在火车车厢里，而不是在什么开阔地带，切不可忘了是 2 与 8 之比；二须弄清题意的要求，如写议论文，重点在"无一人上去解围"和"将符亮托起，推给歹徒"，而不在符亮兄弟勇斗歹徒，否则就会走题，议论不当。

自拟型。提供材料或提供取材范围，习作者根据材料自己确立中心思想，自己拟定作文题。这类题型给学生进行写作训练有相当的自由度。如：1993 年广东等考区高考作文大作文部分就采取这种题型。提供的材料是这样的：

> 夏天的夜晚，院子里，梧桐树下……
> 啪！随着细微的清脆的一声爆裂，梧桐树的一块老皮剥落了，露出了鲜嫩的皮。
> 女儿对老树皮发出一串赞叹……
> 儿子对新树皮发出一串赞美……
> 父亲听着，看着，深有感触地说："我希望人世间的一切都像你们俩所说的那样……"

要求考生根据这则材料写一篇记叙文，题目自拟，不少于 500 字。

考生自拟的题目有：《梧桐树下》《梧桐树下……》《夏日夜话》《生命力》《梧桐树下的赞美》《夏夜》《看见树皮的感触》等。不难看出，有的题目与提供的材料切合，有的范围太宽，失之于空泛，有的范围过窄，材料的丰富内涵难以得到充分的表露。自拟题目须充分把握材料的特点，弄清写作的要求。记叙文的题目一般可含蓄、优美一些，留给读者思考的余地；议论文题目可直接摆中心论点，可揭示论题，可限定议论范围，可采用疑问的语句；说明文拟题一般较为平实，多数为提出说明对象。不管怎样拟题，正确理解提供的材料是首要条件，材料读懂，就能立意准确，从而在新颖、深刻上下功夫。自拟题有时给正题，要求立副题；也有时给副题，要求立正题，不过，这种类型的自拟题，限制性已比较大了。

此外，还有扩写、缩写、续写、改写种种题型。如1979年高考作文就是改写文。要求细读《第二次考试》这篇文章，把它改写成一篇"陈伊玲的故事"。原文对陈伊玲采用侧面描写的方法，现要求以陈伊玲为中心正面描写。这类改写文章，在材料的剪裁与组织上很有讲究。这是侧面描写改为正面描写，常见的还有第一人称换第三人称或第三人称换第一人称，乃至更换为第二人称的改写，以及顺叙、倒叙、插叙方面的改写等。与扩写、缩写、续写比较，改写难度更大一点。

完成提供材料的作文，有几点须注意：

一是认真审读材料，审读要求。因为是为写而读，所以要读仔细，读深入，完整地理解材料，准确地把握材料的主旨。千万不能挂一漏万，不能以偏概全，如果是寓言，一定要准确地把握寓意。"要求"是命题者根据材料拟定的，往往对内容、写法、文体、字数等方面加以说明，须细读，不能遗漏。

二是根据材料深思，对材料进行消化。形象性的材料往往具有多义性，一定要理清要点，抓住材料的主旨，正确把握材料所包含的思想意义。概念性材料往往直接表明思想观点，不易引起误解。

三是运用材料。在理解消化的基础上，立意、选材、构思。动笔时既要尊重材料，又不为材料所束缚，要能驾驭材料，为表达自己的思想、观点、感情所用。

前两点是第三点的基础，没有这个基础，动笔就会走题，偏题，进入误区；前两点做到，不能驾驭材料，也难以写出有质量的好文章。三者具备，操作得法，就会取得好效果。

【佳作借鉴】

《虎门销烟》解说词

　　文化馆举办纪念鸦片战争150周年的展览会，让你讲解《虎门销烟》这幅图片，并为你提供了一些有关资料，作为理解画面的参考。把你讲解时要说的话写下来，准备解说用。

　　要求：① 注意运用说明、叙述、议论、抒情多种表达方式。② 不得写成诗歌。③ 篇幅在500字左右。

　　参考资料：鸦片战争是指1840年至1842年英国发动的侵略中国的战争，这场战争是由英国强行向中国推销鸦片引起的。鸦片是一种麻醉性毒品。18世纪中期以后，英国每年向中国偷运鸦片，一年曾多达3.5万多箱，美国和沙俄也向中国偷运鸦片，掠夺了中国财富，毒害了中国人民。中国人民强烈要求禁烟。于是，清政府派湖广总督林则徐为钦差大臣，到广州查禁鸦片。1839年3

月,林则徐到达广州,命令外国商人交出鸦片,由于中国军民的共同斗争,英美等国商人交出鸦片共约230多万斤。6月3日,林则徐下令在虎门海滩销毁鸦片,经过20多天,鸦片全部销毁干净。虎门销烟,给英国侵略者以沉重打击,表现了中国人民强烈的爱国主义精神和反抗外国侵略的坚强意志。

下面是河南省一考生的作文:

> 这是一幅《虎门销烟》的历史图片。
>
> 虎门销烟发生在1839年。由于英国大量向中国偷运鸦片,毒害中国人民,掠夺中国财富,给中华民族带来了深重灾难。面临银荒兵弱的严重局势,在举国上下强烈要求下,清政府派为官清廉、具有爱国思想的湖广总督林则徐为钦差大臣,到广州查禁鸦片。1839年3月,林则徐到达广州,会同当地军民缉拿烟贩。英美等国商人被迫缴出鸦片230多万斤。1839年6月3日,林则徐下令在虎门海滩当众销毁缴获的鸦片。这幅图画表现的就是当时销烟的情景。
>
> 图上描绘的是一幅令人振奋、令人鼓舞的壮烈景象。一个个怒不可遏的中国人,正在用一双双强劲有力的大手,撬开木箱,将罪恶的鸦片掀入池中销毁。他们都义愤填膺。他们受尽了英国人的欺压,受尽了鸦片的坑害,尝尽了弱国弱民所受的凌辱。现在,林则徐带领大家销烟,才能扬眉吐气,才能一展笑颜。你看,那腾空而起的滚滚烟雾,不正象征着中华民族顽强不屈的性格,象征着中国人民与敌人血战到底的气概吗?

左边，身着官服的林则徐毅然站立于烟雾弥漫之中，他的周围，有无数的官兵和群众。林则徐挥动巨手，从容地指挥着千军万马的销烟运动。透过滚滚的烟雾，或许他已看到了备受鸦片之苦的中国人的觉醒和奋起；或许他已看到了英美帝国主义者的纸老虎的原形……

　　林则徐的背后，是一群振臂高呼的中国人。他们高举的臂膀，托起的并非一无所有，他们呼出的是中华民族的愤怒，托起的是中国人的自信，托起的是中国人对自由富强的渴望……

　　画面的远处，一座座大炮严阵以待，一艘艘战舰整装待发。那炮口，那水勇，都会随时代表祖国尊严，歼灭一切来犯之敌。

　　整个画面，再现了虎门销烟这一历史壮举，为人们留下极其珍贵的镜头。她给人以鼓舞，给人以力量。她使我们铭记中国曾有的耻辱，铭记中国人民英勇的反抗精神，鼓舞我们以加倍的力量，为现在中国的富强而奋斗。

　　这篇材料性作文是一名初三学生参加升学考试时当场写的。他充分理解与运用了所提供的图片资料和文字资料，写得内容具体，条理清晰，语言生动，符合"解说词"的要求。

　　第一，对文字资料掌握得准确。销烟这件事发生的时间、地点、原因、经过和意义，掌握得清清楚楚。运用这个材料写作时没有半点差错。

　　第二，认真审阅图片，对图片的整体、局部、细部、中心人物、群体形象、画外事物均作了细致的思考，故而描写时主次分明，井然有序。

　　第三，在把握材料的基础上按照"解说词"的要求立意、选材、谋篇布局。"解说词"是说给观众听的，有几个特点须具备：（1）内容须紧紧扣住画面,不可任意修改画面;(2)说明要具体,不可空洞;(3)语言要形象、生动、可接受性强,不可干瘪无味。这篇应考作文做到紧紧扣住画面解说,有"点"的介绍——事件的中心人物林则徐,有"面"上的勾勒——群体形象的叙说,画面主题鲜明,内容具体。文中运用多种表达方式,在说明画面的同时,运用形象的语言加以描述,使画面中的人物有血有肉,栩栩如在眼前。描绘不是任意夸张,而是在画面的基础上展开合理的想象。文章下笔点题,然后简括介绍画面中事情发生的背景,再具体描述画面内容,最后揭示这幅图片的深远意义,层次井然,结构紧凑。当堂作文能写到如此水平,实在不易。

个别句子可略作改动。如"他们呼出的是中华民族的愤怒"挪到"是一群振臂高呼的中国人"后面,这样下面一句的三个"托起"连续说,就顺畅得多,有气势得多。顺便说一句,如何具体销烟,可参看《林文忠公政书》。销烟是挖池装烟土,投以生石灰煮化,开涵洞,随波送出大洋。

梧桐树下

夏日的夜晚,院子里,梧桐树下,父亲和他的儿子、女儿在树下乘凉。夜风轻拂,三人默默无言,都深味着这醉人的夜风和风中那梧桐树叶的微香。

啪!随着细微而清晰的一声爆裂,梧桐树的一块老皮剥落了,掉到女儿的脚边;露出鲜嫩新皮的地方在月色下倍觉美丽。

女儿拾起老树皮,一丝微笑掠上她的嘴角,她禁不住发出一串赞叹:"树长高了,老树皮为了不阻碍树的生长,甘愿自我剥落,让新树皮接替自己,这是何等高尚啊!'落红岂是无情物,化作春泥更护花。'其实,老树皮又何尝不是如此呢?

"爸爸，您看，社会上不少老同志为适应改革开放，纷纷退居二线，让年轻一辈顶上，这不正是老树皮精神的体现吗？我真希望具有老树皮精神的人多一些。"

儿子此时却对新树皮发出一串赞美："老树皮剥落了，新树皮就要担负起保卫树干的重担。这正像我们青年一代，要担负起改革开放，建设祖国的重担，我真希望青年们都能当好新树皮。"他激昂的话语在夜里格外响亮。

父亲听着，看着，深有感触地说："我希望人世间的一切都像你们俩所说的那样，在新老交替中不断进步。只要老的敢于离开，新的敢于接班，那么不但树能成参天之木，就连国家也能雄踞世上了。"

三人站在树下，望着老树皮和新树皮，久久不能平静。三人的思绪已随风飘去，他们想到了以后高大的梧桐树，以后强盛的祖国，还有更多，更多……

这是1993年广东考区一名考生的高考作文。所提供的材料在自拟型中已引述。

这是一篇得满分的作文。材料审得十分细致，掌握得十分准确。命题者所提供的材料充分运用，涓滴不漏。

立意的深刻在于准确地把握了材料的内涵，从树皮的新旧更换联想到国家发展中的新旧交替问题，揭示了只有很好地实现新旧交替，国家才能"雄踞世上"的道理。

人物语言入情入理，由自然界的树推及社会上的人，不仅落实了"一串"，而且三个人各有角度，各有重点，对话简练，气氛自然。

环境描写疏疏几笔，已有气氛。

引文"落红岂是无情物"的"岂"应是"不"。清代文学家龚自珍《己亥杂诗》诗中有"落红不是无情物，化作春泥更护花"两句。

【习作评说】

中国人必须有自信心

同学们：

1985年，上海某单位派遣了一个考察团，浩浩荡荡奔赴法国，其重要使命是考察法国的豆腐生产。难道他们不知道豆腐——以大豆为原料的豆腐，乃是中国的国粹？无独有偶，次年五月，就在我们的"豆腐考察团"万里迢迢取回"豆腐制作真经"的那个塞纳河畔，法国同样派出了一个考察团来到我们这个东方古国，其中一项重要任务，竟然是考察具有1700多年制作历史的中国豆腐！

玩笑，一个沉痛的玩笑！

这就是近年来在中国大地上如同瘟疫般流行的民族自卑心态。各位只要稍微关注一下你的周围，就不难发现：崇洋之风盛行到何等可悲的地步——分明是地道的中国产品，却硬要在广告上打出外国旗号，国产的发胶起了"洋名"，连国产的香烟、香皂，也争先恐后地竞装"洋相"。而当一些"假洋鬼子"的真面目被戳穿时，便会有人神秘地启发你，"这是中外合资产品！"多么可笑的免费"洋"广告！难道中国人就那么低能？难道中国人就没有自信心吗？不！请看：仅用世界7%的耕地却解决了世界20%的人口的吃饭问题，由此而为人类生存发展做出巨大的贡献的，是谁？

是中国人。在很短的时间内，一举打破了超级大国核垄断，维护了世界和平，而今，又以"亚洲一号"的成功发射而把中国的国际信誉推向宇宙太空的又是谁？还是中国人……

大量雄辩的事实足以证明：中国，不但有骄傲的昨天，更有自豪的今天；中国不但可以面无愧色地屹立世界民族之林，而且也有能力，有信心，为全人类的发展贡献出自己的才智和力量！

正如美国前总统卡特所说：美国对中国，将要没有什么国际秘密了，因为在美国，每一个国防科学要害部门，都有中国人。美国人甚至说：没有中国教授的医院，不成为第一流的医院；没有中国教授的大学，不成为第一流的大学。

世界银行在1989年度报告中指出：中国的国民生产总值增长率，已超过亚洲"四小龙"，高达11%，雄居发展中国家之首。这种增长率如果继续保持下去，中国将进入世界经济大国的行列！

应当承认，目前，我们在很多方面还比较落后，看起来似乎可悲，但这并不是最可怕的；因为落后者毕竟还有赶上去的机会和可能。只有丧失自尊心、自信心，才是最可悲的！中国人如果没有自信心，就会丧失国格，贫穷落后！正像1840年当道光皇帝用指南针为十三陵测得一块风水宝地而大放火药鞭炮时，英国人却顺着指南针指引的方向，把炮舰开到了太平洋西岸，并且用火药填装的炮弹轰开了中国大门！屈辱的历史责令我们中国人，不但要有所发明，更应该有所发展、有所创造、有所前进！正是基于此，中国共产党才崛起于新世纪之初，才浴血于屠刀之下，才推翻三座大山，才高举起改革之旗，才奋扬国威于世界！

　　同学们！请看看我们头顶的月亮吧！她曾给中国和世界的昨天留下了光辉，也给中国和世界的今天增添了风采！如果我们每个人心中都永远高悬这一轮明月，那么我们的自尊心和自信心定会百倍地增强！当然，我们不能只做一名袖手旁观的赏月者，11亿炎黄子孙就是11亿颗闪亮的星星，只有众星捧月，中国这一轮皎洁的圆月才会更加壮美，美照人寰！

　　谢谢！

这是海南省海口一中初三学生王海京的演讲稿。

演讲、演讲，就要"讲"。人们往往以为只要有口才一定会讲得好，以为演讲只是练口才，这其实是误解。思想贫乏，内容空洞，口才再好，也打动不了听众。好的演讲能使听众动容、动心，听时津津有味，听后常起作用。这就要求演讲有充实的内容，独特的见解，有说服力，感染力。因此，好的演讲稿是演讲得以精彩的必备条件。

《中国人必须有自信心》这篇演讲稿针对当前不少人的崇洋心理、自卑心态，鲜明地提出自己的观点。可悲的不在落后，落后还有赶上去的机会和可能，而丧失自尊心、自信心，才是最可悲的；中国人必须百倍地增强自信心。一名青年学生能斩钉截铁地表明这样的观点，令人欣慰。

演讲，抓住听众至为重要，尤其是开篇，有惊人之笔，就能使听众急于想听下去。这篇演讲稿以超乎常人之情的事实开笔，牢牢吸引听众的注意力。明明豆腐是中国的国粹，为什么偏偏有人要万里迢迢赴塞纳河畔去取回"豆腐制作真经"？是什么思想在作怪？听众想了解个究竟。

起笔精彩，是演讲能取得良好效果的第一步。演讲的质量归根到底在于见解精辟，论述问题有理有据，语言生动流畅，有气势。这样，才能真正打动听众，在听众心中引起共鸣。这篇演讲稿尽管是习作，但能基本达到上述要求。它摆了一系列的事实证明中国"更有自豪的今天"，"自卑""崇洋"不应该、不足取；说理时尊重事实，承认目前我们在很多方面还落后，但既不可悲，也不可怕，关键在于有自信心，有所创造，有所前进；结尾饱含激情，以形象的语言振臂高呼，激励斗志。

演讲须情真理真，只有先以理服自己，才能以理服别人，只有自己饱含真情，才能以自己的情激发别人的情。真情、至理又是通过语言来表达的，因此遣词造句要反复斟酌，要善于用短句，善于用多种句式，注意用多种修辞手法，以收到感动人、说服人的效果。这篇讲演稿情真，道理说得比较清楚，语言也比较流畅，是一篇比较好的习作。

【要语一束】

常见的作文题型有两大类，一是命题作文题型，二是材料作文题型。

命题作文有记叙型、说明型、议论型。不管碰到怎样的题型，都要审清题意，把握题目暗示的体裁特点。

材料作文有图画型、文字型。文字类型常见的有联想型、聚焦型、多题型、自拟型等。写材料作文，须认真审读材料，审读要求，对材料进行消化，在理解消化的基础上驾驭材料，立意，谋篇。

十七
字斟句酌，精益求精
——不厌修改

鲁迅有这样一句名言："我有一言应记取，文章得失不由天。"这是他从自己创作实践中总结出来的经验之谈。文章的得与失、好与坏、优与劣不是由上天决定的，而是靠自己的努力。动笔之前要仔细观察，凝思细想；写好以后，要反复推敲，认真修改。文章不厌百回改，有人说"好文章是改出来的"，其中确有值得深思的道理。

毛泽东同志说过："我看重要的文章不妨看它十多遍，认真地加以删改，然后发表。"如果"粗心大意，就是不懂得做文章的起码知识"。学生学写作文，虽不是写什么重要的文章，但要写通顺，写得能正确反映客观实际，写得有几分色彩，同样须字斟句酌，精益求精，在修改上下功夫。

【文心絮语】

修改是文章写作过程中必不可少的一道工序。玉不琢，不成器，再好的材料，再好的构思，写成文章以后总会瑕瑜兼有，修改，润色，就能成为佳作。

事物曲折复杂，文章要准确无误地反映，很有难度。因此，人们要反复认识，反复思考，不断深化正确的看法，修正不妥的乃至错误的认识。修改文章也就是修改认识、完善认识，使认识符合客观事物的实际。古今中外，凡是文章写得好的人，没有不在这方面下过功夫的。

唐宋八大家之一的欧阳修是怎样对待修改的呢？根据清代唐彪的

《读书作文谱》记载:"欧阳永叔为文,既成,书而粘之于壁,朝夕观览,有改而仅存其半者,有改而复改,与原本无一字存者。"列夫·托尔斯泰是大文学家,《战争与和平》是巨著,据说改过7遍。《安娜·卡列尼娜》写了5年,开头部分修改了12次。《复活》写了10年,其中玛丝洛娃的肖像描写就修改了20次,肖像描写用的字不过120个左右。郭沫若写文章是快手,人们往往误解为他的文章都是一挥而就的。其实不然。有人问他什么是剧本创作,他回答说:"改、改、改、改、改、改、改,写剧本最重要的是多改。"显然,他写的《南冠草》《蔡文姬》《屈原》等历史剧剧本也是改出来的。由此,我们可领悟到这样一个道理:文章必须修改,修改才会出佳作。文学家长篇巨著都舍得花时间花精力精心修改,我们学写短文更应在这方面多实践,多从中体会写作的道理。

文章修改包括哪些内容呢?清代唐彪在《读书作文谱》中说了这样一段话:"如文章草创已定,便从头至尾一一检点。气有不顺处,须疏之使顺;机有不圆处,须炼之使圆;血脉有不贯处,须融之使贯;音节有不叶处,须调之使叶。如此仔细推敲,自然疵病稀少。"文章初稿完成,须从头至尾检点、修改,要顺气,圆机,贯血脉,叶音韵。也就是在文章的主旨、材料、结构、语言上要下功夫。

有时,由于作者主观或客观上的原因,要对原作作大修改,甚至推倒重来,重新写作。如世界名著《安娜·卡列尼娜》初稿题名为"两段婚姻",写的是家庭悲剧,是"一个不忠实的妻子以及由此而发生的全部悲剧"。写完以后,列夫·托尔斯泰很不满意,作品缺乏深度,于是对人物、结构、故事情节重新构思,作了很大改动,写成了社会悲剧。由于大幅度修改,主题大大深化。可以设想,如果不是作者主观上不满意,不花大气力修改,这部著作也就难以成为脍炙人口的传世之作了。何为的《第二次考试》原是三千字的散文,由于发表时篇幅上的限制,《人民日报》文艺部要求将该文缩到二千字以内,这样,作者就须重新构思,用最经济的手法勾勒出两次考试的场面,他设置了一系列的悬念,引人入胜,修改的效果良好。何为在《散文与我》的文章中深有体会地说:"文章有时候确实是改出来的。"

材料方面的修改往往用两种方法，一是增添，二是删减。材料影响到文章的质地，材料空泛，不具体，不充实，再好的观点、思想也不可能有效地表达。材料庞杂，淹没主题或冲淡主题，那就须去除水分，删枝剪叶，使主干清晰、明显。人们运用杜甫"斫却月中桂，清光应更多"这两句诗谈改文。神话中月亮里有桂花树，如果砍去月中的桂花树，月亮就会更亮。文章只有去掉杂质，才显得精神，主题才显豁。

有一篇谈语文学习的文章，其中有一段这样写道：

> 为了提高阅读能力，一则靠多读，二则靠细读。读一本书，读一篇文章都必须一字一句去细读，必须去考究一字一词一句的含义。细读，才能读一本书，一本书就有收获；读一篇文章，一篇文章就有收获。

语文学家吕叔湘认为这段话缺乏具体事例，说的都是抽象原则，所以内容空洞。他是这样修改的：

> 我认为要提高阅读能力，第一要细读，第二要多读。我觉得读文章要先粗读一遍，先了解它的大意。然后一字一句读下去，遇到不懂的词语要查词典，遇到不清楚的事实要查参考书，一定要把它弄懂，弄清楚。有些地方还要琢磨琢磨为什么要这样说而不那样说，为什么要用这个字而不用那个字。最后再通读一遍，找出文章的要点，把它记住。整本的书应该先看序言、凡例、目录，了解作者的意图，本书的性质和体例，然后分章分节细读。这样阅读，既能学习文章的内容，又能学习表达的技巧。这样阅读，才能读一篇文章

有一篇文章的收获，读一本书有一本书的收获。

经过这一番修改、增添，内容具体了、充实了。一篇文章怎样细读，一本书怎样细读，说得一清二楚。并不是每个材料都要如此详写，根据文章中心思想的需要，该详则详，该略则略。如果整篇文章都是详写，材料不分主次轻重堆砌，那就臃肿不堪。

叶圣陶短篇小说《多收了三五斗》是名篇，最初发表时有这样一段结尾：

"谷贱伤农"的古语成为都市间报纸上的时行标题。

地主感觉到收租的棘手，便开会，发通电，大意说：今年收成特丰，粮食过剩，粮价低落，农民不堪其苦，应请共筹救济的方案。

金融界本在那里要做买卖，便提出了救济的方案：（一）由各大银行钱庄筹集资本，向各地收买粮米，指定适当地点屯积，到来年青黄不接的当儿，陆续出售，使米价保持平衡的状态；（二）提倡粮米抵押，使米商不至群相采购，造成无期的屯积；（三）由金融界负责募款，购屯粮米，到出售后结算，依盈亏的比例分别发还。

工业界是不声不响。米价低落，工人的"米贴"之类可以免除，在他们是有利的。

社会科学家在各种杂志上发表论文，从统计，从学理，指出粮食过剩之说简直是笑话："谷贱伤农"也未必然，谷即使不贱，在帝国主义和封建势力双重压迫之下，农也得伤。

这些都是都市里的事情，在"乡亲"是一点也不知道。他们有的粜了自己吃的米，卖了可怜的耕牛，或者借了四分钱五分钱的债缴租；有的挺身而出,被关在拘押所里,两角三角地,忍痛缴纳自己的饭钱;有的沉溺在赌博里,希望骨牌骰子有灵,一场赢他十块八块;有的求人去说好话,向田主那里退租,准备做一个干干净净的穷光蛋;有的溜之大吉,悄悄地爬上了开往上海的四等车。

这一大段文字与全篇风格不协调。大部分材料来自当时的报刊,评论色彩很浓,反而冲淡了丰收成灾的主题。后来在编《叶圣陶文集》时,作者把这一大段全部删掉,改为"这种故事也正在各处市镇上表演着,真是平常而又平常的"。材料、文字大大减少,但内涵丰富了。这样修改不仅与全篇的风格协调,而且深化了小说的主题,鞭挞了剥削农民、压迫农民的罪恶社会制度。

结构上的修改重点在理清脉络,先说什么,后说什么,须井然有序。有的文章乍看似乎还可以,稍加推敲,有些段落层次安排得不妥当,如加以调整,表达情意要准确得多。下面是《澜沧江边的蝴蝶会》部分段落的原稿和修改稿。

原稿:

我们的访问终点,是背倚着江岸、紧密接连的两个村寨——曼厅和曼扎。当我们刚刚走上江边的密林小径时,我就发现,这里的每一块土地,每一段路程,每一片丛林,都是那样地充满了秾丽的热带风光,都足以构成一幅色彩斑斓的绝妙风景画面。我们经过了好几个隐藏在密林深处的村寨,只有在注意寻找时,才能从树丛中发现那些美丽而精巧的傣族竹楼。这里的村寨分布得很特别,不是许多人家聚成一片,而是稀疏地分散在一片林海中间。每一幢竹楼周围都是一片丰饶富庶的果树园;家家户户的庭前窗后,都生长着枝叶挺拔的椰子树和槟榔树,绿荫盖地的芒果树和荔枝树。在这里，人们用垂实累累的香蕉树作篱笆，用清香馥郁的夜来香树作围墙。被果实压弯了的柚子树用枝叶敲打着竹楼的屋檐；密生在枝丫间的菠萝蜜散发着醉人的浓香。

我们在花园般的曼厅和曼扎度过了一个愉快的下午。我们参观了曼扎的办得很出色的托儿所，在那里的整洁而漂亮的食堂里，按照傣族的习惯，和社员们一起吃了一餐富有民族特色的午饭，分享了社员们的富裕生活的欢快。我们在曼厅旁听了为布置甘蔗和双季稻生产而召开的社长联席会，然后怀着一种充实的心境走上了归途。

我们走的仍然是来时的路程，仍然是那条浓荫遮天的林中小路，数不清的奇花异卉仍然到处散发着沁人心脾的清香。在路边的密林里，响彻着一片鸟鸣和蝉叫的嘈杂而又悦耳的合唱。透过树林枝干的空隙，时时可以看到大片的平整的田畴，早稻和许多别的热带经济作物的秧苗正在夕照中随风荡漾。在村寨的边沿，可以看到贝叶林和菩提林的巨人似的身姿，在它们的荫蔽下，佛寺的高大的金塔和庙顶在闪着耀眼的金光。

修改稿：

我们沿着澜沧江边的一连串村寨作了一次旅行。这里的村寨不是许多人家聚集在一起，而是稀疏地分散在林海中间。每一幢竹楼周围都是丰饶的果树园。家家户户的庭前屋后都生长着枝叶挺拔的椰子树和槟榔树，绿荫盖地的芒果树和荔枝树。人们种着果实累累的香蕉作篱笆，用香气馥郁的夜来香树作围墙。被果实压弯了的柚子树枝条敲打着竹楼的屋檐，长在枝丫间的菠萝蜜散发着醉人的浓香。

访问的终点是背倚江岸，紧密相连的两个村寨——曼厅和曼扎。我们在这里度过了一个愉快的下午，然后怀着满足的心情踏上了归途。我们走的是来时的路，仍然是那条浓荫遮天的林中小径。透过树间的空隙，有时可以看到平整的田畴；在村寨的边沿，在巨人般的贝叶林和菩提林的荫蔽下，佛寺的屋顶和金塔闪出耀眼的金光。

这部分内容原稿三段，经修改以后减为两段。主要修改之处为：(1) 层次作了调整。原稿中叙述的顺序比较乱，先说访问的终点，再说沿途见到的村寨的特点，中间又插入沿途风光的概说。修改时，把上一段的最后一句话挪到这部分的开头，"我们沿着澜沧江边的一连串村寨作了一次旅行"，然后叙述这些村寨的特点，再介绍访问的终点，最后写返回的路。先发生的事先说，后发生的事后说，这样就先后有序了。(2) 删除啰唆重复的内容。访问村寨往返是一条路，合并起来写，剪除重复，更为清晰。访问终点用了参观托儿所和参加社长联席会的材料，都是概括叙述，意义不大，故删剪。此外，词句方面也作了修改。如"清香馥郁"改为"香气馥郁"，"路径"改为"小路"，"小路"改为"小径"，"大片平整的田畴"改为"平整的田畴"，"佛寺的高大的金塔和庙顶"改为"佛寺的屋顶和金塔"，这样改动，目的在于使用词更为准确，词序排列更为合理。结构散乱，不严密，不紧凑，内容重复，影响文章血脉贯通，须静下心来仔细梳理，认真修改，才能收到好的效果。

修改文句，润色语言更是写好文章以后必不可少的工序。鲁迅说："写完后至少看两遍，竭力将可有可无的字、句、段删去，毫不可惜。"文中凡不合事理、不贴切、不简洁、不顺畅的语句都应修改，润色则是艺术加工，使情意的表达更准确、更生动、更有表现力、更能打动读者。有的句子词语只稍作更改，观点就会大不相同。如《俭以养德》一文中有这样一句："由于我国是一穷二白的国家这个总前提，这就规定了每个人必须学会过穷日子，只有在过穷日子中才能产生出富来，才能在我们的国土上建立起人间的天堂！"显然，"只有在过穷日子中才能产生出富来"的表达是不妥的。"过穷日子"怎会"产生出富来"？这已被历史和现实所证明是不成立的。把这一句抽出来看，观点就有毛病。改为"只有会过穷日子才能产生出富来"，意思就大不一样了。"会过"包括艰苦奋斗，开拓创造，从积极方面说，观点就正确了。看起来只是把"在……中"改为"会"，文字上动得不多，但意思大不一样，分量很沉。

如《中国石拱桥》第1段中有这样一句："我国的诗人爱把拱桥比作虹，说拱桥是'卧虹''飞虹'，把水上拱桥形容为'长虹卧波'。"原文中这一句是这样写的："虹和拱桥是这样的不可分，以致我国诗人总爱把拱桥比作虹，说它是'卧虹''垂虹''飞虹''长虹'等，甚至把它形容为'长虹卧波，鳌背连云'。拱桥更有'新月''眉桥''弓桥''花桥'等美丽的名字。"把原文中这一句与修改后的这一句比较，不难看出，修改后的句子要规范得多。原句中"以致"是表示因果关系的连词，用于表结果分句的开头，以表示下文是上述原因所形成的结果，但引出的多指不良的后果。句中引出诗人美好的比喻，欠妥帖。"甚至"表示递进关系的连词。"卧虹""垂虹"等与"长虹卧波"是并列关系，无须用"甚至"。"更"表示程度上又深一层的副词，用来关联并列事物也不妥当。修改以后，这些毛病没有了，且简明得多。

语言的润色也很重要。《藤野先生》修改稿与原文比较，就知多处作了润色。如为了突出形象，描写藤野的语句作了增添。"……其时进来的是一个黑瘦的先生，八字须，戴着眼镜，挟着一叠大大小小的书。一将书放在讲台上，便用了缓慢而很有顿挫的声调，向学生介绍自己道……"与原文比，增添了"八字须"和"用了缓慢而很有顿挫的声调"，这样人物的外貌和语态更为逼真传神。

把文字改通顺只是修改文章的起码要求，反复推敲，多次修改，润色加工，就可淘沙得金。

文章总是越改越好，越改越精，但也有适得其反的，刻意求工，弄巧成拙。修改时应注意这一点。

古语说:"改章难于造篇。"意思是修改文章比写文章还难。为什么这么难呢?这是因为修改文章不仅仅是字句上的修修补补,而且是要统观全局,从内容到形式有提高。改文章实质上是改思想,思想明确化、条理化了,文章才有可能文从字顺。修改是一种综合能力,词句、篇章、写作方法,与文章相关的知识,不仅要掌握,而且要能熟练运用,这样修改时才能把问题看准,才能改到点子上。眼高才能手高,眼不高,笔下是修改不出水平的。

修改是十分细致的事,需要耐心和毅力。鲁迅的著名散文《藤野先生》,全文不足四千字,改动地方一百六十多处;散文家杨朔的《雪浪花》仅三千多字,改动了二百多处。这种认真修改、精益求精的精神,值得我们好好学习。

【佳作借鉴】

说谦虚

原稿:

"谦受益,满招损",<u>这两句经过无数世代、无数次实践总结出来的经验</u>,①流传到今天至少有两千多年了。这是普遍真理,<u>任何地区、时代</u>②都适用的真理。这条真理指出了人们成功和失败的道理。但是,可惜得很,并不是<u>所有的人们都能从这两句话受到教益</u>。③

人们对事物的认识是需要一个过程的,④对于新的事物,总是从不认识到认识一些,<u>认识得更</u>

修改稿:

"谦受益,满招损"<u>这个格言</u>①流传到今天至少有两千多年了。这是普遍真理,<u>任何地区、任何时代</u>②都适用的真理。这条真理指出了人们成功和失败的道理。但是,可惜得很,并不是<u>所有的人都能从这个格言受到教益</u>。③

人们对事物的认识是需要一个过程的。④对于新的事物,总是从不认识到认识一些,<u>到认识得</u>

多一些，从无知到有知。⑤这是一个不可违反的客观规律。先知先觉，对新萌芽的事物，一露头便能认识其全部意义、内含规律⑥的人是不存在的。相反，⑦所贵于先知先觉的，正是因他们具有丰富的实践经验，能够认识这是个新事物，是萌芽，对之采取欢迎、扶植、研究的态度，时刻注意，逐步增加认识，理解，⑧达到更多的更完全的认识，使之成为人们共有的知识，都能认识的事物。⑨先知先觉之所以能够这样做，正是因为他们首先有了很多知识，而又承认自己知识不够："吾生也有涯，而知也无涯"，对新事物采取谦虚、谨慎、严肃、认真的态度。

当然，有更多的人并不是这样对待新事物的。他们满足于已有的知识、经验，满足于当前的环境，对新事物的出现，一看脸孔蓦生⑩，不是采取怀疑的态度，不加理睬，不去注意，就是大喝一声，那里来的异端！⑪一棍子打死。这样的例子举不胜举，⑫在自然科学发展的历史中，有不少科学家认识了真理，并且坚持了真理⑬，结果被过去愚昧的统治者⑭杀死，烧死，他们的学说，著作

更多一些，从无知到有知，⑤这是一个不可违反的客观规律。先知先觉，对新萌芽的事物，一露头便能认识其全部意义和内部规律⑥的人是不存在的。⑦所贵于先知先觉的，是因为他们具有丰富的实践经验，能够认识这是个新事物，是萌芽，对之采取欢迎、扶植、研究的态度；并且能够时刻注意加深认识，逐步⑧达到更多的更完全的认识，使之成为人们都能认识的事物。⑨先知先觉之所以能够这样做，正是因为他们首先有了很多知识，而又承认自己知识不够："吾生也有涯，而知也无涯"，对新事物采取谦虚、谨慎、严肃、认真的态度。

当然，有更多的人并不是这样对待新事物的。他们满足于已有的知识、经验，满足于当前的环境，对新事物的出现，一看脸孔陌生⑩，不是采取怀疑的态度，不加理睬，不去注意，就是大喝一声"哪里来的异端"，⑪一棍子打死。这样的例子举不胜举。⑫在自然科学发展的历史中，有不少科学家认识了真理，并且坚持真理⑬，结果被愚昧的统治者⑭杀死、烧死，他们的学说、著作也

也被禁止、焚毁⑮。但是，人可以被处死，书可以被烧毁，真理却是杀不死，烧不坏的，不但一直流传下来，而且愈来愈发生灿烂的光辉⑯。

不过，话也说回来，人们对新事物的认识也还不是一帆风顺的。正因为不认识，所以很容易犯错误⑰。人们总是从不断犯错误中增长知识的。"吃一堑，长一智"便是这个道理。认识有个深化的过程，需要时间，更需要不断的试验，在这个问题上害急性病，要求在很短时间，不经过试验，不犯一些错误，就能全部掌握新事物的规律，这种人只能是主观主义的唯心主义者⑱。

社会主义建设事业对于我们来说，是个全新的事业。要认识、掌握建设的规律、法则⑲，是需要一个认识深化的过程的。在建设工作中，犯一些错误，有一些缺点，是难免的。问题是对待错误、缺点的态度。只要能够不断发现错误、缺点，而又能够不断改正这些错误缺点，⑳从错误、缺点中学会新的知识、本领，便可以达到知识、经验的不断深化，完全的过程㉑，从而逐步掌握规律，达到胜利。

被禁止、焚毁⑮。但是，人可以被处死，书可以被烧毁，而真理却是杀不死、烧不毁的，它愈来愈发出灿烂的光辉⑯。

不过，话也说回来，人们对新事物的认识也还不是一帆风顺的。正因为不认识，所以很容易犯错误⑰。人们总是从不断犯错误中增长知识的。"吃一堑，长一智"便是这个道理。认识有个深化的过程，需要时间，更需要不断的试验，在这个问题上害急性病，要求在很短时间，不经过试验，不犯一些错误，就能全部掌握新事物的规律，这种人只能是主观主义者⑱。

社会主义建设事业对于我们来说，是个全新的事业。要认识、掌握建设的规律⑲，是需要一个认识深化的过程的。在建设工作中，犯一些错误，有一些缺点，是难免的。问题是对待错误、缺点的态度。只要能够不断发现错误、缺点，而又能够不断改正这些错误、缺点⑳，从错误、缺点中学会新的知识、本领，便可以使认识不断深化㉑，从而逐步掌握规律，取得胜利。

研究学问也是如此，㉒没有一个学者是个全才全能的㉓，像旧小说所写的"诸子百家，无所不晓，九流三教，无所不通。"㉔这样的人物只能是虚构的。在科学日益发达的今天，学术分工愈益细密了，从此，不但通晓各种科学的人㉕并不存在，就是对于自己所专门研究㉖的学科来说，也还是有大片的空白园地，广大的未知的领域存在㉗。不认识这一点，学术的进步、提高就会受到损害。以此㉘，学术研究工作者也必须抱谦虚、谨慎、严肃、认真的态度，㉙首先要承认自己知识不够，才能去探索、研究这未知的领域，并且要下定决心，不怕失败，要从不断失败中丰富知识，把未知的领域逐步缩小，从而提高学术研究的水平。在这个问题上，采取自满的态度也是不行的。

总之，在任何工作中，都要记住两句话："谦虚㉚使人进步，骄傲使人落后。"

研究学问也是如此。㉒没有一个学者是全才全能的㉓，像旧小说所写的"诸子百家，无所不晓，九流三教，无所不通"，㉔这样的人物只能是虚构的。在科学日益发达的今天，学术分工愈益细密了，不但通晓所有各种科学的人㉕并不存在，就是对自己专门研究㉖的学科来说，也还是有大片的空白园地，还有广大的未知领域存在㉗。不认识这一点，学术的进步、提高就会受到损害。因此㉘，学术研究工作者也必须抱谦虚、谨慎、严肃、认真的态度。㉙首先要承认自己知识不够，才能去探索、研究这未知的领域，并且要下定决心，不怕失败，要从不断失败中丰富知识，把未知的领域逐步缩小，从而提高学术研究水平。在这个问题上，采取自满的态度也是不行的。

总之，在任何工作中，都要记住："虚心㉚使人进步，骄傲使人落后。"

这篇文章选自吴晗的《学习集》。吴晗是我国著名的明史专家。以修改稿与原稿对照，能看出作者不仅在词句上作了修改，连标点符号及笔误的地方都一一订正，可见写作态度的认真与严谨。关于修改部分作简要剖析。

① "谦受益，满招损"从文中独立出来分析，是一个复句，不能作为"两句"；"格言"是实践经验的总结，能给人以启示。这样修改，言简意明。

② 修改文在"时代"前加"任何"，是因为"任何地区"与"任何时代"分列，更能强调这个格言不受空间、时间的限制，具有普遍意义，从而使中心论点更为突出。

③ "人们"表示复数，"所有"的意思是包括全部，无须在"人"后面加"们"了。"两句话"改为"格言"，理由如①。

④ 这句话是文中的分论点，用句号更为清晰。

⑤ 在"认识得更多一些"前加"到"，来突出"过程"；"从无知到有知"语意没有完，改为逗号合适，这样，判断对象就更加明确。

⑥ 顿号改成"和"，语气可连贯。"内含规律"意思不明确，通常用的是"内部规律"。

⑦ "相反"可有可无，故删去。

⑧ "欢迎""扶植""研究"都是"态度"的定语，所以逗号改为顿号；加"并且"，关联前后分句，具有强调作用；"增加"是表数量关系的动词，用在句中不妥。"理解"与本段论点无密切关系，故删除。

⑨ 人们因年龄、职业、文化和生活的地区等的不同，难以取得"共有的知识"，须删除。

⑩ "蓦生"，古汉语中偶尔用，不必夹用在现代文中。

⑪ "一声"后用冒号或不用；"哪里来的异端"加引号，使"一声"的内容明确；语意未完，不应用感叹号。"那"指示代词，这里应该用"哪"，疑问代词。

⑫ 语意已完整，逗号改句号。

⑬ "坚持"这个动词表示持续性的动作、行为，后面不可用"了"这个表示完成态的时态助词。

⑭ 这一句的前半句已有"在自然科学发展的历史中"，这里用

"过去"就多余了。

⑮"杀死"与"烧死"之间,"学说"与"著作"之间逗号都改为顿号。用逗号使表意的层次不够清晰。

⑯加"而",增强转折语气;"毁"与"坏"意思不一样,"毁"在句中意思是烧掉,比"坏"用得确切;"真理"与"流传下来"搭配不当。

⑰"犹"是"犯"的笔误。

⑱"主观主义""唯心主义"都是哲学名词。文中说的情况是不从客观实际出发,用"主观主义"可以。"唯心主义"在哲学中有主观唯心主义和客观唯心主义之分,文中未涉及这些,删除后意思更明确。

⑲"法则"是多义词,意思有:规律、法规等。与"规律"重复,删去后简洁一些。

⑳"错误缺点"本可连用,但上文"错误"与"缺点"用顿号点开,为上下文一致起见,加顿号。

㉑关于"知识"问题,⑨已作说明。

㉒这个句子是分论点,意思完整,应该用句号。

㉓"个"是赘字。

㉔"诸子百家……"是"像"的宾语,故不用句号。

㉕"从此"是时间状语,用了,似乎只指在这以后通晓所有科学的人并不存在,表达意思欠严密,故删去;"各种科学"范围还不够大,加"所有",构成全称判断,说理更有力。

㉖"所"可有可无。

㉗加"还有",语气更连贯。

㉘"以此"是文言词,改为"因此"贴切。

㉙意思完整,用句号。

㉚引号里是一个复句,故删"两句话";"谦虚"改为"虚心"更符合通常的说法。

【习作评说】

悟

人们常说愈容易得到的东西，便愈容易失去。不知你可会有①这样的感觉，但我不觉得这句话真的能够万试万灵②。它之所以能够受到一般人的赞同，其箇中原因③是人们往往没有重视，甚或轻视自己所拥有的东西，从没有注意它们的重要性，对那些轻易得到的东西，根本不懂得珍惜。一旦它们蓦然在你身旁失去踪影，你才惊觉到它们曾停留在你的四周，明白到它们存在的重要，令自己后悔不已。④这些东西在性质上，大致可分为两大类，物质上的和精神上的。论其重要性，则以⑤后者较前者更重要。

若失去的东西只属于前者，那么便用不着去眷恋它，因这类东西很多时⑥可以找到别的代替，何必困扰自己，为自己增添烦恼呢？

至于在精神上，而又⑦常被轻视的东西可算是父母对子女的爱心。有多少子女能够领会父母那份无微不至的心意呢？很多时我们对父母的忠告只感到噜苏，吵耳，⑧但只要我们愿意细心地思想一下⑨，就不难发觉他们的苦心了。纵使我们犯了多少次过错令他们一次又一次地伤心，失望，他们可曾削减了对我们的那份由衷而生的感情，还不是在关怀呵护我们吗？⑩细数你周遭的，又有几个能够做到如此地步？⑪朋友之间，有时也会因一言不合，导致互不相让，继而⑫断绝来往。对比之下，父母对子女的爱是那么的难能可贵，可惜的是若我们失掉它后，便无法寻回，不能有别的东西可以代替⑬。

① 删"会"。
② 删除。
③ 删"其"或删"箇中"，最好"其箇中"全删，"箇"是"个"的异体字，已不用。
④ 删"令自己"或改为"此时此刻，你会后悔不已"。
⑤ "以"删去。
⑥ 删"很多时"或改为"往往"。
⑦ "而又"删除。
⑧ 删"很多时"；"只"改为"常"；"吵"改为"聒"。
⑨ 改为"静下心来仔细地想一想"。
⑩ 改为"他们对我们那份由衷而生的感情又何尝削减分毫？还不是百般地关怀爱护我们吗？"
⑪ "细数"改为"仔细看看"；"周遭"改为"周围"；"做"前加"对你"。
⑫ "继而"改为"甚至"。
⑬ 改为"如果失掉它，便无法寻回，任何别的东西都无法代替"。

当然一个以真诚相交的朋友，也是相当难得的。⑭在此希望诸位能够珍惜一切属于自己而且又是可贵的事物，不过也别要时常怀念着已失去的东西，⑮因为过去只是用来吸收经验和教训的，然后再去实现今日的梦想。⑯

　　"已经失落的，不要去怀念它；捕捉不到的，也不要去苛求⑰它；留在手上的，紧紧握住它。"

⑭ 这一句应紧接在上一段。
⑮ 另起一段。删"在此"；"诸位"改为"大家"；"别要"改为"不要"；删"着"。
⑯ 改为"重要的是从中吸取经验教训，"；在"经验教训，"后增添"须懂得："。
⑰ "苛求"改为"强求"。

　　这篇议论文中心思想集中、单一。从生活中习以为常的现象——"愈容易得到的东西，便愈容易失去"入笔，阐明人们对容易得到的东西应重视、珍惜，尤其是精神上的，否则将后悔不已。文章紧扣中心进行说理，层次清晰，重点突出。在说理的基础上，用一个复句作结，言简意明。三个分句看似并列，实质上前两个为后一个作衬托，突出文章"留在手上的，紧紧握住它"的主旨，强化中心思想。使用引号，可使读者加深印象。标题醒目，能开启读者思维的门扉。

　　文字上有不少毛病，作了修改。

　　一是去除无着落的旁枝。如②的"但我不觉得这句话真的能够万试万灵"，如不删除，文章就应围绕"不万试万灵"进行论述，主旨也就变更了。实际上，下文并没有就这一点展开，没有着落，所以须删除。

　　二是调整段落层次。第4段开头一句应放到第3段的末尾，修改⑭在于使这段层次更为清晰。如果作为一般的开头，会给人以要专门论述这个问题的错觉。放在第3段的末尾，既不影响论述的重点——父母对子女的爱心，又使论述严密，并不因突出重点而丢弃其他。

　　三是修改病句。如⑦，上下文无转折关系，不须用"而"；上文中未说到精神上某一被轻视的东西，这儿就不可用"又"。故删去"而又"。如⑨，词性不掌握，"思想"是名词，这里应该用"想"这个动词，"思想"和"想"不能混同。如⑩，属于润色，把感情表达得更充分、更流畅。承接上文，把"对我们"提到动词"削减"

前面好。单有"削减"分量不够,加"分毫",语意就重了。"关怀"前加"百般地"也是这个意思。"呵护"不妥,改为"爱护"。如⑪,须在"做到"前加"对你"作限制,否则句子就有歧义。如⑫,上文如用"始而",这儿就可用"继而",用这类关联词含有先后顺序的因素。这个句子上半句说朋友之间"互不相让",下半句说"断绝来往",二者之间的关系是进一层,不能用"继而",应改为"甚至"。如⑯,表达意思不确切,"过去"有"过去"的价值,不能说"只是用来吸收经验和教训","今日"也不都是"梦想",故改为"重要的是从中吸取经验教训"。如⑰"苛求"意思是过严地要求,用在句中不恰当,故改为"强求"。

末尾增添"须懂得",一可进一步引起读者注意,二可与标题"悟"遥相呼应。

以上只是粗粗修改,要细细推敲,从内容到形式都有所提高,可斟酌、润色之处还不少。如⑮中用"诸位",似乎是演讲稿的写法;改为"大家",略好一些,仍不能令人满意。要修改得完善,须改换角度,把这一段重写。因此,文章不厌百回改。

【要语一束】

写文章要千斟万酌,再三修改,才能臻于完善。

改文章实质上是改思想,思想明确,有条理,文章才可能通顺、流畅。

修改时须:删繁剪秽,突出主题;反复思考,理清脉络;咬文嚼字,妥帖确切;润色加工,臻于完善。

写完后至少看两遍,竭力将可有可无的字、句、段删去,毫不可惜。

修改是一种综合能力,要提高这种能力,须丰富知识,扩大视野,锤炼思想,锤炼语言。

十八
才思敏捷，倚马可待
——下笔快速

许多人在小学读书时就知道"七步诗"的故事：魏文帝曹丕限令东阿王曹植在七步内做成一诗，如果做不到，就要动大刑法。东阿王应声吟成一首诗："煮豆持作羹，漉豉以为汁。萁在釜下燃，豆在釜中泣。本是同根生，相煎何太急！"（这首诗的另一说法是："煮豆燃豆萁，豆在釜中泣。本是同根生，相煎何太急！"）七步之内就写成诗，而且那么切合实际，那么委婉地表达内心的痛楚，真可谓才思敏捷。这是写诗快速的例子，写文章快速最有名的例子莫过于"倚马可待"。《世说新语·文学》中记载：东晋权臣桓温北征鲜卑，立刻要发一篇露布文（一种紧急文书），命从征的袁虎倚马前操笔，袁虎运笔如风，一气写下七张纸。下笔如此快捷令人惊叹。

今天，时代飞速发展，竞争日益激烈，做事需要高效。在社会上繁忙紧张的工作交往中，主事的、办事的在动笔方面多少也得有点"倚马可待"的本领，能在信电交往中迅速写成准确无误、明白晓畅的文字以沟通信息，决断问题。由于社会上有这种需要，训练快速作文的能力就显得十分重要了。

【文心絮语】

快速作文要求写作速度快，在有限的时间内写出相当字数的文章，而且须符合要求，并不是草草了事。自古以来，人们对一口气能下笔成文的人从来是高度赞赏的。翻一翻从南朝宋刘义庆的《世说新语》到近代易宗夔的《新世说》等笔记文中关于"文学""捷悟"

"夙惠"等门类中的一些记载，就可知道。人们常把下笔成文说成是天才的事，似乎一般人难以高攀。甚至有人说，别说作文，即使抄书，一笔下去不改一字也做不到。其实不然，才思敏捷固然有某些先天的因素，但归根到底还是要靠平日的严格训练。

中国有一本传统的蒙学课本，教儿童识字的，叫《千字文》。这是一本公认的编得好的识字书，从南北朝一直到清朝末年，流行了1400多年，成为世界上现存的出书最早、使用时间最久、影响最大的识字课本。全书一千个字，基本上不重复，四字一句，每句成文，前后连贯，还要押韵。内容包括天地、历史、人事、修身、读书、饮食、居住、农艺、园林，以及祭祀等各种社会文化活动。写这本书用了多少时间呢？据唐代李绰的《尚书故实》记载，作者周兴嗣写这本书用了一个晚上，所谓"一夕编缀进上，鬓发皆白"，真正是快速作文。尽管这本书有封建社会的烙印，但反映了作者知识积累丰富，观察自然、观察社会细致深入。如文中有："渠荷的历，园莽抽条。枇杷晚翠，梧桐早凋。陈根委翳，落叶飘摇。"自然景物被描绘得优美清新。又如："知过必改，得能莫忘。罔谈彼短，靡恃己长。"再如："尺璧非宝，寸阴是竞。"这些话在今天也还有积极意义。如果作者缺乏必要的知识，不懂得音韵，别说一个晚上，十个晚上也不见得编缀成篇。"鬓发皆白"形象地说明了殚精竭虑编写文章的艰辛。话说回来，如果平时没有深厚的功底，鬓发急得再白也无济于事。

能不能写好快速作文，关键在平日能否注意积累，注意勤练。有一位名书画家说过：成为艺术家之先必有一个勤学苦练的阶段。只有勤学苦练，多方实践，天长日久，方能力到功成，挥洒自如。如唐代大画家吴道子在大同殿壁上作画，一天就画成嘉陵江三百里锦绣风光，由此可见平日功力的厚实。以彼喻此，快速作文同样道理。

课内作文，各类考试中的作文，作文竞赛中的当堂作文等，都有时间限制，同样需要快速。尤其是考试中的作文，磨磨蹭蹭，往往难以完卷。要能加快写作速度，平时有意识有步骤地训练十分重要。

首先要学会抓准写作要求。这牵涉到阅读的准确度。如1991年高考作文题第一题的题目与要求：

老师在黑板上画了一个圆，要求学生写想象作文。他举例说，比如，你可以把这个圆想象成一轮满月，然后以满月为重点，再用天幕、云彩、柳梢等作为陪衬，构成一个美丽的画面，再把这个画面用文字描述出来，就是想象作文。

圆是可以想象成很多不同的物体的。请你根据这位老师的启发，把这个圆想象成另一个物体，写成一篇200字左右的想象作文。

要求：

① 不要再把圆想象成满月进行描写。

② 以一个圆的想象物为描写重点，不要以陪衬物作为描写重点。

③ 写成一个画面或一个镜头、一个场景，不要写成故事。

④ 想象合理，形象具体生动。

⑤ 语言确切、连贯，条理清楚。

以较快的速度阅读后，须抓住几个要点：（1）写想象作文，200字左右；（2）以圆的想象物为描写重点，须有陪衬；（3）须写成画面、镜头或场景。

三个要点须联系起来，综合思考。为什么要拎得简单一些呢？便于记忆。第一点规定了文章性质与字数，第二点规定了描写重点与陪衬，第三点规定文章成形后的特点。其他要求，或强调，或提醒。至于语言上的要求，凡作文都有类似提法。正因为如此，抓住前三点就抓住了关键，下笔不会走题了。

接着，快速构思，搭框架，打腹稿。先确定圆的想象物，然后围绕这个想象物选择关系密切的材料，有些是直接表现想象物的，有些是想象物的陪衬。材料一经选择，立刻搭文章的框架。把主要的想象物和陪衬的想象物作合理的配置，配置成优美的画面、动人的镜头，或生动的场景，可静景，可动景，可动静结合。脑中有了具体形象的画面，再考虑如何组材。先写什么，再写什么，最后写什么，脑子里有个粗粗的框架。这一步均在脑子里进行，俗称打腹稿。这一步要做到快速，须善于抓材料，集中到某一点（文章中心）思考，千万不能东想西想，散沙一盘。

紧接着，就是运笔如风。腹稿打好，下笔就会流水一般泻淌。如河北一考生写的《水上彩虹》。这篇短文是：

> 大雨过后，湖上又恢复到往日雨前的平静，只是平添了一些凉意。定睛朝湖上望去，哦！彩虹。一条五彩的彩带与天空中的彩虹的两端连接在一起。多么奇妙的景观！
>
> 几条帆船渐渐出现在湖面上，正行驶在彩虹围成的圆圈里，多么像经过一座美丽的拱桥。燕子在空中掠过，好像也要去和喜鹊凑热闹。鸭子在一侧湖畔游来，它们好像也要享受一下游过"拱桥"的乐趣。……此时，我多么想变成燕子掠向"拱桥"，变成鸭子游向彩虹！真美啊，圆圆的五彩的"拱桥"。

显然，考生读懂题目后，先把圆的想象物确定为彩虹。彩虹只有半圆，作者发挥想象，把天空中的半圆与倒影在水中的半圆连接起来，成为一个五彩大圆。这是文中主要表现对象。围绕这个表现对象，选择了陪衬物，这就是帆船、燕子、喜鹊、鸭子。怎么把这些东西配置在一起呢？"五彩大圆"是画面的中心，帆船在圆圈里行驶，燕子在空中掠过，鸭子在湖里游向彩虹。喜鹊未出现，虚写一笔，为湖中的"拱桥"增添神话色彩。脑中有了画面，从哪儿下笔呢？必须从雨后天晴写起，否则，天上就不可能有一条五彩的彩带。描写了主次分明、动静结合的画面以后，怎么收尾呢？与画面中飞燕掠过"拱桥"、鸭子游向"拱桥"的欢乐呼应，自己也想变成飞燕、变成鸭子去享受一番。彩虹本是无情的，这样一描写，情景相生，情趣大增。"真美啊，圆圆的五彩的'拱桥'"，这最后一句紧扣题意，给画面的中心再加一个特写镜头，给人以深刻的印象。

当然，在规定的短暂时间内要把作文写好，当场快速构思，快速下笔十分重要。而之所以能快速构思、快速下笔成文，又在于平时注意观察事物，有生活的基础，有一定的书面语言表达的能力。

练快速作文，最好把说和写结合起来训练。美国总统林肯有一篇十分著名的演说叫《葛底斯堡演说词》。葛底斯堡在美国宾夕法尼亚州。1863年7月1日至3日，北军在这里重创了南军，扭转了战争局势。这次战役以后这里修了一个战争牺牲者的公墓。这篇演说是1863年11月19日公墓典礼上的即席演说。这篇演说词情意深挚，文采斐然，是言、文结合的典范。演说词是这样的：

> 87年前，我们的先辈在这个大陆上建立起了一个崭新的国家。这个国家以自由为理想，以致力于实现人人享有天赋的平等权利为目标。
>
> 目前我们正在进行一场伟大的国内战争。我们的国家或任何一个有着同样理想与目标的国家能否长久存在，这次战争就是一场考验。现在我们在这场战争的一个伟大战场上聚会在一起。我们来到这里，将这战场上的一小块土地奉献给那些为国家生存而英勇捐躯的人们，作为他们最后安息之地。我们这样做是完全适当的，应该的。
>
> 然而，在深一层的意义上说来，我们没有能力奉献这块土地，没有能力使这块土地变得更为神圣。因为在这里进行过斗争的，活着和已经死去的勇士们，已经使这块土地变得这样圣洁，我们的微力已不足以对它有所扬抑了。我们今天在这里说的话，世人不会注意，也不会记住。但是这些英雄们的业绩，人们将永世不忘。我们后来者应该做的是献身于英雄们曾在这里为之奋斗、

努力推进、但尚未竟的工作。我们应该做的是献身于他们遗留给我们的伟大任务。我们的先烈已将自己的全部精诚付于我们的事业,我们应从他们的榜样中汲取更多的精神力量,努力使他们的鲜血不致白流。在上帝的护佑下,自由将在我国得到新生。我们这个民有、民治、民享的政府将永存于世上。

牺牲者是为了解放黑奴而奉献自己生命的,林肯的即席演说是对牺牲者的深切哀悼、由衷赞颂,是对生者的激励与厚望,是对自己祖国吐露无限热爱之情。激情澎湃,语言如水银泻地,一发而不可收。这正如闻一多先生的即席讲演《最后一次讲演》一样,从心底流出,势如破竹。这些即席演说是脱口而出的,写下来就是动人心魂的文字典范。

即席说话是根据眼前的事物有所感触和感想立即发表言论,它和快速作文的要求有不少共同之处。如:都需要敏捷的思维能力,较为丰富的知识基础,综合分析的能力和运用语言的能力等。说、写结合起来训练,可以相互促进,相得益彰。足球比赛千变万化,宋世雄解说球赛说得具体生动,富于吸引力。他的解说快速、利落,在精彩的地方还加上几句评语,如果把解说词录下来,就是一篇生动活泼、夹叙夹议的小品文。宋世雄能有这种本领,固然由于他体育知识很丰富,对体育比赛在行,但与他认真练口是分不开的,否则,怎么可能如此信马悠悠,运用自如地解说?据说,他平时走路见到什么就说什么,一定要把所见的人、事、景、物,快速生动地描绘出来。出口能成章,下笔成文就方便得多了。言、文结合起来训练,是训练快速作文的有效途径。

快速作文和一般作文一样,要认真地进行思维训练,不过,快速作文尤其要侧重训练思维的敏捷性。思维要借助一定的材料,在生活中学习,对生活中的事物能迅速作出反应,是一个方面的锻炼。在阅读和讨论中锻炼思维的敏捷性,不可忽视。阅读是吸收,能储存知识,扩大知识覆盖面;讨论多为即席发言,对别人的讲话要迅速作出反应。有意识地在这些方面进行训练,久而久之,见多识广,目光敏锐,思维快速,一下子就能把握住事物的要点和精神。要快速作文,遣词造句、谋篇布局的文字基本功自然丝毫马虎不得。

快速作文与"文不厌改"是否有矛盾呢?没有。文章写好以后,字斟句酌、细琢细磨,以求精益求精,无论如何是好习惯。然而,文章首先是写,然后是改,首先是写好,然后是改精。谈快速作文,就是培养写作既快又好的能力。

【佳作借鉴】

给臧克家先生

克家:

如果再不给你回信,那简直是铁石心肠了。但没有回信,一半固然是懒,一半也还有些别的理由。你们做诗的人老是这样窄狭,一口咬定世上除了诗什么也不存在。有比历史更伟大的诗篇吗?我不能想象一个人不能在历史(现代也在内,因为它是历史的延长)里看出诗来,而还能懂诗。在你所常诅咒的那故纸堆内讨生活的人原不只一种,正如故纸堆中可讨的生活也不限于一种。你不知道我在故纸堆中所做的工作是什么,它的目的何在,因为你跟我的时候,我的工作才开始。(这可说是你的不幸吧!)你知道我是不肯马虎的人。从青岛时代起,经过了十几年,到现在,我的"文章"才渐渐上题了,于是你听见说我谈田间,于是不久你在重庆还可以看见我的《文学的历史方向》,在《当代评论》四卷一期里,和其他将要陆续发表的文章在同类的刊物里。近年来我在联大的圈子里声音喊得很大,慢慢我要向圈子外喊去,因为经过十余年故纸堆中的生活,我有了把握，看清了我们这民族，这文化的病症，我敢于开方了。单方的形式是什么——一部文学史（诗的史），或一首诗（史的诗），我不知道，也许什么也不是。最终的单方能否形成，还要靠环境允许否，（想象四千元一担的米价和八口之家！）但我相信我的步骤没有错。你想不到我比任何人还恨那故纸堆，正因恨它，更不能不弄个明白。你诬枉了我，当我是一个蠹鱼，不晓得我是杀蠹鱼的芸香。虽然二者都藏在书里，他们作用并不一样。这是我要抗辩的第一点。你还口口声声随着别人人云亦云的说《死水》的作者只长于技巧。天呀，这冤从何处诉起！我真看不出我的技巧在哪里。假如我真有，我一定和你们一样，今天还在写诗。我只觉得自己是座没有爆发的火山，火烧得我痛，却始终没有能力（就是技巧）炸开那禁锢我的地壳，放射出光和热来。只有少数跟我很久的朋友（如梦家）才知道我有火，并且就在《死水》里感觉出我的火来。说郭沫若有火，而不说我有火，不说戴望舒、卞之琳是技巧专家而说我是，这样的颠倒黑白，人们说，你也说，那就让你们说去，我插什么嘴呢？我是不急急求知于人的，你也知道。你原来也只是那些"人"中之一，所以我也不要求知于你，所以我就不回信了。今天总算你那支《流泪的白蜡》感动了我，让我唠叨了这一顿，你究竟明白了没有，我还不敢担保。克家，不要浮嚣，细细的想去吧！

　　新闻的报道似乎不大准确。不是《抗战诗选》而是作为二（克家按："二"下漏"千"字）五百年全部文学名著选中一部分的整个《新诗选》。也不仅是"选"而是选与译——一部将在八个月后在英美同时出版的《中国新诗选译》。(译的部分同一位英国朋友合作。)我始终没有忘记除了我们的今天外,还有二三千年前的昨天,除了我们这角落外还有整个世界。我的历史课题甚至伸到历史以前,所以我研究了神话,我的文化课题超出了文化圈外,所以我又在研究以原始社会为对象的文化人类学。(《人文科学学报》第二期有我一篇谈图腾的文章,若找得到,可以看看。)关于《新诗选》部分,希望你能帮我搜集点材料,首先你自己自《烙印》以来的集子能否寄一份给我?若有必要,我用完后,还可以寄还给你。其他求助于你的地方,将来再详细写信来。本星期及下星期内共有三个讲演,都是谈诗的,我得准备一下,所以今天就此打住了。顺候撰安

一多
十一月二十五日灯下

信里所谈的请不要发表,这些话只好对你个人谈谈而已。千万千万。

《学术季刊》第二期有我的《庄子内篇校释》可作读《庄子》之助。又及。

《泥土之歌》已收到,随后再谈。

现在想想,如果新闻界有朋友,译诗的消息可以告诉他们,因为将来少不了要向当代作家们请求合作,例如寄赠诗集和供给传略的材料等,而这些作家我差不多一个也不认识。日来正在译艾青,已成九首,此刻正在译《他死在第二次》。也许在出书以前,先零星的寄到国外发表一部分。重庆的作家们也烦你替我先容一下,将来我打算

发出些表格请他们填填关于我写传略时需要的材料。不用讲今天的我是以文学史家自居的,我并不是代表某一派的诗人。唯其曾经一度写过诗,所以现在有揽取这项工作的热心,唯其现在不再写诗了,所以有应付这工作的冷静头脑而不至于对某种诗有所偏爱或偏恶。我是在新诗之中,又在新诗之外,我想我是颇合乎选家的资格的。这里的朋友们正是这样的鼓励着我,重庆的朋友们想也有同感。

据臧克家的注,闻一多这封信写于1943年。信自云南昆明发出,当时他是西南联大的教授。信是灯下写的,洋洋洒洒,一气呵成,可说是快速。

闻一多是臧克家的老师。在新诗领域,闻一多与徐志摩齐名,最有名的是《死水》《红烛》。此时,臧克家写新诗已比较有名。从信的内容看,这封信显然是复信。可能臧克家已不止一次给老师写信,所以信一开头就说"如果再不给你回信,那简直是铁石心肠了"。

信能一气呵成,在于思想的积蓄和认识的飞跃。当时,闻一多应联大新聘任的英国籍教授罗伯特·白英之请,合作编译《中国诗选》。为了选诗,谈到了载有田间诗的诗集。田间那充满活力的街头诗,像有了强烈的生命一样,在闻一多眼前跳跃起来,敲动了他的心扉。他苦思着,用什么来比喻田间呢?突然想到"时代的鼓手"最恰当。他深深领悟到:"当这民族历史行程的大拐弯中,我们得一鼓作气来渡过危机,完成大业。这是一个需要鼓手的时代,让我们期待着更多的'时代的鼓手'出现。"闻一多在联大第一堂讲唐诗的课上,打破以往不讲课外事情的惯例,介绍田间的诗,并剖析自己:"抗战以来,我生活在历史里、古书堆里,实在非常惭愧。但今天是鼓的时代,我现在才发现了田间,听到了鼓的声音,使我非常感动。我想诸位不要有成见,成见是最要不得的东西。诸位想想我以前写的是什么诗,要有成见就应该是我……"沉寂的校园里引起了强烈的反响,人们纷纷议论:"这听鼓的诗人将要变成擂鼓的诗人。"在国民党统治区,一位著名的教授敢于公开赞扬解放区诗人,是破天荒头一回。

了解了写这封信的思想背景,就可知道信中与臧克家抗辩的第一点为何能写得如此一泻千里,如此深刻厚实。这是闻一多思想飞跃的标志。从写新诗的诗人到钻研文化典籍的学者,进而要成为擂鼓的战士,故而笔下浩浩荡荡,气势很盛,"向圈子外喊去"。

关于长于技巧问题,那更是心声吐露。闻一多直接诉说自己"是座没有爆发的火山","火烧得我痛",以此辩解说他"只长于技巧"是冤枉。他说的是真话,他的诗,他的言论,他的课,确实是激情澎湃,是一团火,烧灼自己,照亮别人。本书第一篇谈写作的冲动感所引的闻一多的《一句话》就是有力的证明。辩解时不仅直接述说自己,而且一口气与这个比,与那个比,表明自己的态度。这一段说得坦诚透辟,既辩说,又充满了深厚的师生情谊。

关于《新诗选》的问题,说得周到详尽,既纠正新闻报道的不准确,又阐述站在怎样的高度来选诗、译诗,研究文史的领域为何延伸、扩展。话虽不多,但学术功底之深厚可见一斑。

即使是信后附言,也运笔如风。

读了这封信,我们至少在以下几个方面有所启发:

1. 要能运笔快速,下笔如有神,须激情满怀。对事物、对生活、对世界、对人生,有认识,有见解,有一吐为快的愿望。

2. 要能运笔快速,下笔如有神,须有扎实的知识储备,丰富的生活基础。腹中有物,脑中思潮起伏,下笔就会滔滔滚滚。

3. 要能运笔快速,下笔如有神,须有很强的驾驭语言的能力。遣词造句,信手拈来,就能准确地表达情意,就能神采飞扬。

思想丰富,内容充实,语言如行云流水,作文怎么不快速呢?

【习作评说】

我是集体的一员

"你讲不讲道理?"妈妈不枉教了一辈子语文,

出口就是反问句。而爸爸也非等闲之辈，以问攻问："到底谁不讲道理？我还是你？"终于，矛盾激化了。首先是一声悦耳的（后来才知道是碗摔破了）声音，紧接着，一记有力的"京韵大鼓"，把我从书的海洋中"拽出来"，我不禁轻叹一声："唉，又得换新脸盆了。"

我是这场"战争"的直接"受害者"，当然晓得其中奥妙。原来，今天是星期天，本来说得好好的，妈妈上街买馄饨皮，爸爸在家搞后勤，我念我的《山海经》。

可左等右等妈妈就是不来，其实是排队的人太多的缘故。爸爸瞎起劲，埋怨得太多，于是导致了"本年度第七次海陆空家庭大战"。

在这三口之家，我作为其中的 33.3%，应当负起维持家庭和平这个任务，可每当我一开口，父母总要说，小孩子少插嘴。俗话说，熟视无睹，我竟然也适应了这种"斗争"。我一个人闷坐在小房间，欲开辟一个世外桃源。当我隐隐听到厨房里传来的争吵声，我终究感到不是滋味。我的良心在责备我，难道一个十四五岁的男子汉还不能承担起在他所处的集体中所履行的职责吗？难道我对家庭纠纷竟这样冷漠，泰然处之吗？我再也不心安理得，我感到一种从未有过的巨大力量促使我去打开通往"前线"的门……"别吵了！"当 100 分贝的声音在厨房中嗡嗡作响的时候，我才感觉到我确实站在了爸爸妈妈的面前。爸爸妈妈一怔，就像沸腾的战场停止了射击，屋子又安静了，悠扬的鸟啼声从窗外传进来，太令人舒畅了。"这样多好。"我的话卡在喉咙，终于崩发出来："这么好的环境，为什么要破坏它呢？今天是星期天，爸爸妈妈你们都忙了一星期,本来应好好休息,为什么要把时间都花在无意义的争吵上呢?"没想到我的话竟如此有效,像一盆水浇灭了火——爸爸妈妈不吵了,爸爸甚至用抱歉和赞许的眼光看着我。嘿,这下,我可来劲了:"爸爸,妈妈,我们三个人组成一个家庭,这个家庭就像是个不可分割的集体,我们作为集体的成员,都有爱护它珍惜它的责任。即使发生了不愉快的事,为什么不能通过'和平谈判'来解决呢?"爸爸终于开腔了:"阿伟长大了,爸爸做得不对啊,真不如你……"妈妈也在一旁插话:"这下,你可真为我们家做了件大好事。"我不免有些难为情,说:"这是我的责任嘛!"……当我接着向爸爸妈妈"灌输""和平共处五项原则"时,我竟发现笑容爬上了爸爸妈妈的脸颊。

我终于吃到了一顿又香又鲜的馄饨,真有味呢……

没过多久,我就直埋怨为什么诺贝尔和平奖偏不授给我,而授给维持世界和平的军队?又没过多久,我豁然开窍:家庭是小集体,而世界则是更大更大的集体,世界和平更有意义,你说是不?

这是初中作文竞赛中的一篇当堂作文,在规定时间内完成,写得很流畅。

为什么能快速?一是写生活中自己经历多次的事,眼看,耳闻,心想,十分熟悉。对生活中发生的事观察细致,听得真切,下笔就自如了。二是对这类事自己确有想法,不仅要参与,而且要积极做工作。如果熟视无睹,脑中又空空,不知如何对待,如何处理,下笔就会阻滞,想一句,写一句,甚至像挤牙膏一样硬做,当然就谈不上快速了。三是遣词造句、谋篇布局有一定的能力。如文章起始就把矛盾端到读者面前，吸引读者往下看，然后补叙矛盾冲突发生的原因。又如从要"开辟一个世外桃源"到有责任"爱护"集体、"珍惜"集体，叙述得具体、曲折。对话也比较生动。尽管只是记简单的一件事，但出自十四五岁少年的手，而且速度较快，也是不容易的。

快速作文不限于当场竞赛作文，新闻稿、小采访、解说词、节目主持介绍词等，都需要快速，需要"倚马可待"。

【要语一束】

训练快速作文的本领，是信息社会的需要，是社会主义现代化建设的需要。

能快速写作的主要原因是：才思敏捷，生活基础厚实，知识积累丰富，坚持勤学苦练，有一定驾驭语言的能力。

快速作文，须抓住写作要求，须快速构思，搭框架，打腹稿，然后下笔成文。

练快速作文，把说和写结合起来训练，相互促进，效果较佳。

后记

忙里偷闲，穷十月之功，本书总算完稿了。此时心情可说是：一则以喜，一则以惧。喜的是毕竟花心血完成了一件事，惧的是书能否符合读者的希望。书名《教你学作文》，顾名思义是讲作文法。所谓"法"，主要讲的是：该怎样，不该怎样。这个问题如果讲得烦琐，不仅于事无补，反而缚人手脚。历史上最烦琐的应数帝王礼仪，为了给帝王摆威风，繁文缛节，规定了他们一举一动该怎样，不该怎样。看起来帝王威风十足，但他们的手脚多少被束缚，也得规矩些。要知道，封建帝王是一种无法无天的动物，这样对他们是很聪明的办法，用"愚君"来形容未尝不可。话得说回来，《教你学作文》是写给青少年学生看的，书如果写得烦琐不堪，不得要领，那就愚弄亲爱的读者，耽误他们的青春，天大罪过了。

近几年来，市场上出现了不少讲什么"法"、什么"式"的书。单以读书法、作文法来说，你说几法，我就讲几十法甚至百法，有如积薪，后来居上，越分越细，越讲越烦琐，如此这般，花拳绣腿，炫人耳目。殊不知"法繁则法亡"，真正用起来反而用不上。为此，在写这本书之先立下一个目标，要力避烦琐，只讲作文最主要的方面。书要写得简明有用，落实到使青少年读者真正学到手。全书十八章，每章首先结合写作中的生动事例阐明基本原理；结合"佳作借鉴"正面疏导，讲解该怎样作文；结合"习作评说"分析得失，也讲一些不该怎样作文；结尾"要语一束"，简明扼要拎出要领，使读者明确遵循。写作时力求创新意，但注意到最主要内容的简单稳定。

说到学语文，当然其中包括作文。以往人们常提只要多读多写。这道理本无可厚非，但由此以为没有好的方法，就失之偏颇了。过去许多文人确乎通过多读多写最后达到水到渠成的境界，可是这样做很费时日。如果同时讲究方法，则锦上添花，易收事半功倍之效。也有人说作文如打仗一样，"运用之妙，存乎一心"，好像也无方法可言。其实，这是误解。如果说这是"无法"，那是由于平日百法精熟，是实际运用中"法熟而法亡"的境界。然而，这"法亡"不同于前面的"法亡"；前者是亡于烦琐，后者则是百炼成钢而达到随心所欲的飞跃。达到这个境界颇不容易，但青少年读者应立定志向往这方面去努力追求。我们学作文时，勤于观察，勤于读书，勤于思考，勤于观摩，勤于动笔，锲而不舍，就会熟能生巧，有朝一日也会达到精妙的境地，在限制中获得自由。德国大诗人歌德在十四行诗《自然和艺术》中写道：

谁要成大事，就必须集中全力，
在限制中才显出大师的本领，
只有规律才能给我们自由。

不难看出，《教你学作文》是奉献给青少年读者学作文道路上的铺路石。衷心希望它能坚不松动，固如磐石，好让亲爱的读者，稳步地放脚向前走去。

1993 年初冬

妙笔生辉
——于老师教记叙文

为上海教育电视台家庭教育辅导节目，直播记录后由复旦大学出版社1994年9月出版。

前言

天下事难者不会，会者不难。写作文也是如此。

不少青少年学生把写作文看作难事、苦事。写前愿望良好，总想把文章写得通顺流畅，神采飞扬：叙事，娓娓动听，引人入胜；说理，层层进逼，鞭辟入里。可动笔时却觉得笔有千钧重，不听使唤。脑子里时而空白，时而乱七八糟的形象闪闪晃晃，如马蹄杂沓。写完一看，不要说别人不满意，就是自己也不满意，留下的是几分遗憾。这种心情完全可以理解。

其实，"难"可以转化为"易"，苦中有乐，苦乐相伴。有写好的愿望是十分可贵的，这是向"易"转化的最为重要的积极因素，关键在如何通过自身的努力把这种愿望变为现实。

首先，要懂得写作的天地十分广阔，到处都有写作文的好材料。自然景物千姿百态，社会生活气象万千，艺术世界五彩缤纷，只要做有心人，都能作文。只要有实实在在的内容，写，又何难之有？南宋爱国诗人陆游曾对后辈说："汝果欲学诗，工夫在诗外。"写诗如此，写文章同样道理。果真要把文章写好，靠的是平日积累的功夫。平日积累丰富，写时笔端就会如泉水流淌。

其次，要掌握写作文的基本规矩。做任何事，学习任何学科，要做有成效，学有成效，都要有规矩。没有规矩不能成方圆。写作文当然不例外。要描绘大千世界中新奇的人和事，明辨人生征途中的顺与逆、是与非、强与弱、成功与失败，抒发胸中的壮志豪情，都离不开懂得并逐步掌握写文章的规矩。一旦掌握了作文的规矩，下笔就如驰骋，取得自由。

再次，要坚持不懈地训练，一步一步往前走。俗话说，拳不离手，曲不离口。要有正确运用语言文字的能力，就必须多多训练。多练就熟，熟就能生巧，悟出其中许多道理，再用这些道理指导自己写，作文就会有长足的进步。

写作看来是苦事，但也是乐事。宋代大文豪苏轼曾这样说："某平生无快意事，惟作文章，意之所到，则笔力曲折，无不尽意，自谓世间乐事无逾此者。"他认为自己生平没有痛快、高兴的事，只有写文章，想到什么，笔下就能曲曲折折地加以表达，他认为人世间快乐的事，再也没有超过写文章的了。苏轼把写诗作文升华到人生欢乐的境界，因而他的作品气势恢宏，畅达淋漓，挥洒自如。青少年学生学写作，一下子不可能达到这样的境界。但是，用心思、花力气写出一篇篇内容充实、语言活泼的好文章，其中欢乐也是够有味道的。

这本小书主要就记叙文的写法介绍一点基本规矩，相信青少年朋友能举一反三，触类旁通，经过学习与训练，文思越来越敏捷，佳作连绵而出。

一
写作材料从何而来

写作文,内容最为重要。没有"米",再能干的人也做不出饭,没有"衣料",再巧的手艺也制不成衣。写作文同样道理。

材料影响文章的质地,没有充分、生动和质地优良的材料,只在技巧上兜圈子,翻花样,写出来的文章必然是内容干瘪,面目可憎。文章不应当是"做"出来的,而应该像汩汩的清泉从心坎里流出来。清泉从何而来?靠积累,靠脑子里建立内容丰富的材料库。怎样才能使脑子里材料库充实、丰富起来呢?

1. 身入生活,心入生活,广为采撷

生活是取之不尽、用之不竭的写作源泉。任何体裁的文章,都是一定的社会生活的反映。写文章,也就是写生活,学写文章的人,要在生活这一关上认真下功夫,要去关心、了解、发现、寻觅、感受。大脑中采集的自然与社会的信息越多,写作的素材越丰富。

要身入生活,心入生活,才会了解周围的人和事、景与物,才会有所发现。每个人生活在"生活"之中,可从生活中获得的认识与感受却大相径庭。有的人目光敏锐,善于观察,不仅像摄像机一样能把客观的物象摄入自己的眼帘,印入自己的脑海,而且能在极其普通极其平凡的事物中发现一般人所看不到的新鲜东西,生动的、带着生活露水的;而有的人身在生活,心却游离,再有特点的事物,再有价

值的细节，都视而不见，听而不闻，虽然也用眼睛，但浮光掠影，至多只有模模糊糊的印象。二者比较，关键在是不是"身入""心入"。"身入"而"心"不"入"，生活中大量有趣的、有意义的、有价值的材料，就会从眼皮底下溜走；至于"身"不"入"，不认真生活，不认真实践，那就更谈不上从生活中取材了。

怎样才能身入、心入呢？要对接触到的人和事有浓厚的观察兴趣，学会观察的方法。观察，不只是用眼睛，还要用耳朵，用鼻子，不仅用感觉器官，更重要的是用"心"，用"心"去看，去听，去想，去感受。鲁迅先生《社戏》中月下行舟的几段文字就是身入生活、心入生活，从生活汲取生动材料的典范。文中是这样描述的：

> 我的很重的心忽而轻松了，身体也似乎舒展到说不出的大。一出门，便望见月下的平桥内泊着一只白篷的航船，大家跳下船，双喜拔前篙，阿发拔后篙，年幼的都陪我坐在舱中，较大的聚在船尾。母亲送出来吩咐"要小心"的时候，我们已经点开船，在桥石上一磕，退后几尺，即又上前出了桥。于是架起两支橹，一支两人，一里一换，有说笑的，有嚷的，夹着潺潺的船头激水的声音，在左右都是碧绿的豆麦田地的河流中，飞一般径向赵庄前进了。
>
> 两岸的豆麦和河底的水草所发散出来的清香，夹杂在水气中扑面的吹来；月色便朦胧在这水气里。淡黑的起伏的连山，仿佛是踊跃的铁的兽脊似的，都远远地向船尾跑去了，但我却还以为船慢。他们换了四回手，渐望见依稀的赵庄，而且似乎听到歌吹了，还有几点火，料想便是戏台，但或者也许是渔火。
>
> 那声音大概是横笛，宛转，悠扬，使我的心也沉静，然而又自失起来，觉得要和他弥散在含

着豆麦蕴藻之香的夜气里。

稍加分析，我们就可从这几段文字中获得如下启示：（1）调动感觉器官和思维器官认真观察，材料就入目、入耳、入心。"碧绿的豆麦田地"、水气里"朦胧"的月色、"淡黑的起伏的连山"等景物用眼观察所得；"说笑"、"嚷"、"潺潺的船头激水的声音"、"歌吹"、"宛转，悠扬"的笛声等是用耳观察，通过听觉而采集的；"豆麦"和"水草"散发出清香，这个材料靠嗅觉所获；"清香""夹杂在水气中扑面的吹来"，"弥散在含着豆麦蕴藻之香的夜气里"的材料又是借助触觉。而"忽而轻松""身体也似乎舒展到说不出的大""心也沉静""自失起来""弥散在夜气里"等的内心感受又与对景物观察所得胶合在一起，使入目、入耳的材料更有分量。通过感觉器官去获取材料无不需要用心思考，把心扑上去。观察包含着思维，渗透着思维，思维能力决定观察的深浅与正误。（2）观察忌笼统，忌大而化之，要拆开来看，拆穿来看。"拆开来看，拆穿来看"是朱自清先生在《山野掇拾》中的经验之谈。对描写的对象不能只看整体，要善于一部分一部分拆开来看，还要由此及彼、由表及里地看。如月下开船情景，正因为拆开来看，所以材料十分具体。先写"跳下船"，再分开说"拔前篙""拔后篙"，又把"坐在舱中"和"聚在船尾"分别述说。这是一层意思，写开船前的准备。第二层意思是开船。"点""磕""退""上前""出了桥"。如果不拆开来看，不把一个一个动作、一个一个细节收入眼底，就不可能有如此具体、生动的材料。因此，分析的方法是观察中的重要方法。

老舍先生说："观察事物必须从头至尾，寻根追底，把他看全，找到他的'底'……不知全貌，不会概括。"观察如只注意一鳞半爪，那就只会在记忆中留下破碎不全的事实，难以形成质地优良的写作材料。观察事物，不管是观察环境还是观察人物，都要既注意整体，又注意局部，还要注意细部；都要捕捉特征，按一定的顺序；都要既观其静态，又了解其变化。多角度、多侧面地对事物进行观察、分析，就能采集到丰富的写作材料，把握全貌。冰心在

《观舞记》中写印度舞蹈家卡拉玛·拉克希曼舞蹈的场景可作生动的说明。

> 她用她的长眉,妙目,手指,腰肢,用她髻上的花朵,腰间的褶裙,用她细碎的舞步,繁响的铃声,轻云般慢移,旋风般疾转,舞蹈出诗句里的离合悲欢。
>
> 我们虽然不晓得故事的内容,但是我们的情感,却能随着她的动作,起了共鸣!我们看她忽而双眉颦蹙,表现出无限的哀愁;忽而笑颊粲然,表现出无边的喜乐;忽而侧身垂睫,表现出低回婉转的娇羞;忽而张目嗔视,表现出叱咤风云的盛怒;忽而轻柔地点额抚臂,画眼描眉,表演着细腻妥帖的梳妆;忽而挺身屹立,按箭引弓,使人几乎听得见铮铮的弦响!像湿婆天一样,在舞蹈的狂欢中,她忘怀了观众,也忘怀了自己。她只顾使出浑身解数,用她灵活熟练的四肢五官,来讲说着印度古代的优美的诗歌故事!

显然,这里描绘的是飞动的美,而这种飞动的美如此活灵活现,除高超的语言修养外,基础是扎实的观察本领。(1)观察有序。从头部的长眉、妙目到手指到腰肢,自上而下。衣服、装饰,从髻上到腰间,也是自上而下。(2)观察细致而全面。"双眉颦蹙""笑颊粲然""侧身垂睫""张目嗔视""点额抚臂""画眼描眉""挺身屹立""按箭引弓",种种情态尽收眼底,而这些情态又在瞬息之间变化,六个"忽而"准确地传递了这方面的信息。如果没有敏锐的目光和敏捷的思维,要看得那么全面,辨别得那么细微,是不可能的。(3)观察有独特的发现。一般说,观看舞蹈,多注意舞姿、舞步,四肢的舞动是重点。而这儿不仅写四肢,更写五官,"灵活熟练的四肢五官"如在讲说优美的诗歌故事。"无限的哀愁""无边的喜乐""低回婉转的娇羞""叱咤风云的盛怒"等都是作者通过对舞者面部表情的观察后独特的发现。而"花朵""褶裙""铃声"和"四肢五官"糅成美妙的整体,刻画出诗句中的悲欢离合。正因为有这些独特的发现,因而材料充实,形象丰满,构成了飞动的美。独特的发现不会送到你的身边,而是靠用"心"观察,用"心"感受与体验。

一个人的生活范围有限,因而,除了观察自己的所见所闻外,还要注意主动寻觅。曹植在《与杨德祖书》中说:"夫街谈巷说,必有可采;击辕之歌,有应风雅。匹夫之思,未易轻弃也。"他告诉我们老百姓当中必有可采集的有价值的写作材料。《聊斋志异》的作者蒲松龄就是这样的实践者。他曾背着席子到乡间道路旁边摆设茶摊,遇到野老村夫,便请他们说古道今,讲述各种故事,他一边听,一边记录,广为采撷。老舍先生创作《骆驼祥子》时就是花许多功夫去寻觅有关素材。他在《我怎样写〈骆驼祥子〉》一文中说:"记得是在一九三六年春天吧,山大的一位朋友跟我闲谈,随便的谈到他在北平时曾用过一个车夫。这个车夫自己买了车,又卖掉,如此三起三落,到末了还是受穷。听了这几句简单的叙述,我当时就说:'这颇可以写一篇小说。'紧跟着,朋友又说:有一个车夫被军队抓了去,哪知道,转祸为福,他乘着军队转移之际,偷偷的牵回三匹骆驼来。……我只记住了车夫与骆驼。这便是骆驼祥子的故事的核心。"老舍先生十分明白,单凭这故事的核心是不可能写成小说的,于是,他有意识地寻觅材料,寻觅有关人力车夫的各种材料,不仅自己搜集,而且请朋友了解、记述。由于材料十分丰厚,一个个人物栩栩如生。

学生写作虽不是进行文学创作,但同样应有意识地寻觅材料,开阔视野。趁假日之闲、课余空隙,就某些问题做一些调查访问,广泛地接触社会,接触各类人物,可超越自己生活的狭小圈子,获得更多更有价值的材料。

法国大作家福楼拜要求初学写作的莫泊桑,"首先要练练你的眼睛",要把眼睛练得明亮,把耳朵练得敏锐。俄国小说家契诃夫说:"作家务必要把自己锻炼成一个目光敏锐、永不罢休的观察家。"无数成功的作家都把观察看作学习写作的头等重要的基本功，我们初学写作的学生当然应借鉴这些经验，锻炼观察的本领，兴味盎然地从生活中汲取材料。

下面是一位农村中学的学生写的作文，看他是怎样把观察所得纳入文章的。

燕子在我们教室门前做窝

一对燕子在我们教室的走廊里做窝。从侦察环境，到选择位置，到清理地基，到衔泥构筑，五天时间便告竣奏凯了。有人赞美窝儿精巧，有人赞美燕子勤奋，我更钦佩的却是这小小的一对燕子竟在我们教室门前安家落户的勇敢、见识和自信。

试想，我们这些十四五岁的中学生，既好奇，又好动，还有出名的"弹弓手"，一下课，便蜂拥到走廊上跑跳打闹，就是有个小粉蝶飞过来，也会掀起一阵扑捉的狂热，而这对小燕子却全然不怕，何等勇敢。

然而，它们也一定知道，我们这里虽然人多不安静，可都是有文化、讲文明、守纪律的中学生，对人类的"益友"岂肯加害？而且，正由于我们"不安静"，在这里才没有猫的出没、蛇的暗算，各类天敌的威胁。这对小燕子之所以勇敢，正是因为有这个见识。

说它们自信，是说它们相信自己"行得正"。"爱人者，人恒爱之；害人者，人恒害之。"小燕子有益于人而无求于人，终生扑食蚊蝇，美化环境，能得万物之灵的人之爱，岂不是最大安全，和人做伴，与人为邻，便在情理之中了。

由此想到麻雀，麻雀自知"行不正"，所以只好偷偷摸摸住墙洞；鹦鹉虽"行不邪"，却又太过娇爱无大用。而燕子，在益己中益人，在益人中益己；于功无所恃，于利无所争，怎不深得人的喜爱而加倍尊重它们自由选择的生活呢？

这对小燕子在我们教室门前飞来飞去，虽然那矫健的身影，呢喃的话语常使我们在课堂上禁不住向外张望，却使我们受到不少启迪，学到了书本上没有的知识。我担心学校卫生大扫除时有人把它们的窝捅掉，便写了这篇小文，希望登在班报上，也希望有更多的同学能就"燕子为什么敢在我们教室门前做窝"这件事，写写自己的观感。

张海霞

这篇短文写的是教室门前的小事，尽管出于十四五岁的中学生之手，但活泼生动，生活气息浓，又耐人寻味。

首先，习作者善于从生活中抓材料。发现一对燕子，便连续观察，于是燕子"从侦察环境，到选择位置，到清理地基，到衔泥构筑，五天时间便告竣奏凯了"的材料进入文中，过程清晰，要言不烦。

其次，善于把眼前从生活中的观察所得与往常在生活中的观察所得结合起来运用。下课时走廊里跑跳打闹及扑捉小粉蝶的狂热情景为日常学习生活的常事，习作者看在眼里，记在心里，与眼前发生的事沟通、联系，眼前材料蕴含的深意极其自然地得到揭示。

再次，观察的对象不拘泥于某一点。既观察燕子如何做窝，又观察它们飞来飞去矫健的身影和呢喃的话语；既观察同学对燕子的赞美，又观察同学在课堂上禁不住向外张望的情景；既表露自己观燕子做窝的感受，又猜度燕子的心情与胆识。对人与物，人与人，个体与群体，彼此之间的关系，均作了认真的观察，进入文章，构成了有机的整体，各自发挥作用。

最后，善于调动知识储存为眼前材料服务，从而深化材料的价值，突出文章的主旨，这也是本文的明显优点。燕子的"行得正"，"终生扑食蚊蝇，美化环境"；麻雀的"行不正"，"只好偷偷摸摸住墙洞"；鹦鹉虽"行不邪"，"却又太过娇爱无大用"，这些知识都储存在习作者的脑海里。由于眼前燕子做窝的事儿触发，这些知识从脑中小仓库里跳跃而出。通过比较，展开议论，赞美勇敢和自信的主旨就突显在读者眼前。

城市里学生在生活中取材，范围十分广泛，只要注意身边事，材料无处不在。下面是魏燕同学的习作：

飘香的桂花

听说，桂林公园的桂花开了。老实说，百花的香气中，我特别偏爱桂花浓郁的香气。趁着星期六，骑车去寻香。

市郊的公路，宽阔、清静。难得有这样清闲自在，我不觉心旷神怡，把车骑得飞快。"吱……"随着一阵刺耳的摩擦声，我连忙跳下车。倒霉，车胎破了。

蹲下细细查看，不禁火冒三丈："哪个缺德鬼，存心倒了这么多玻璃屑在路上。"举目四望，不远处的公路边，恰好有一间修理铺。我正暗自庆幸，转念一想：这玻璃？这距离恰到好处的修车铺？……时常听说这类事情，却不料真被我碰上了。

车铺的门被我用力推开了，却发现屋内原来只有一个青年人，十分安静地坐在一把木椅上。许是缺乏锻炼之故呢，他的身体显得十分单薄。

"喂，补一补这车胎。"我没有好气地大声吼道，顺手把自行车一推。他本能地挡了一下，车是稳住了，我却奇怪他的身体晃得厉害。猛然间，我颤动了一下，那空荡荡的裤管格外的醒目……瘦小羸弱的躯体和手中的钢丝铰极不相称，然而他的神情，那般专注、认真……

许久，他抬起了头，抹了抹流汗的额角。我递上了钱，他却用手轻轻推开了："你是去欣赏桂花的吧，这车就算免费修的。出门小心一点，刚才那辆卡车上掉下了几个瓶子，兴许一路上还有碎玻璃……桂花一定好香啊。"他似乎已陶醉在香气之中。

夕阳西下，我终于兴致勃勃地踏上归程，车把上插着一小束鹅黄色的桂花。我要带给他一份惊喜，是为了弥补那份歉疚，还是因为他本身就是一朵桂花？然而门却关了，于是我轻轻地把它插在门上，带着满足的心情悄悄离开了赋予我花香的车铺。

那，不是一朵寻常的桂花，它醉人的香气，至今令我深深陶醉，噢，飘香的桂花。

自行车车胎划破，到车铺修理，这是中学生经常碰到的事，如果不经心，材料也就从眼皮底下滑去了。小作者却不是如此，他抓住这司空见惯的材料，融进了自己的感受，写得有声有色。

善于捕捉生动的形象，这是第一个特点。形象捕捉得愈具体愈细致，下笔时就能用语言把它们呼唤出来。生活中的材料像空气中的水珠一样，似乎看不见，但经过雨后斜阳的照射，就会显出美丽的彩虹。年轻修车工是个极普通的人，小作者用眼仔细地看，用耳认真地听，疏疏几笔，这个身残心善、对生活充满热爱的形象就活跃在眼前。

把自己放进去写，这是第二个特点。身入生活，心入生活，不做冷峻的旁观者，而是有自己的想法，自己的情绪，自己的感受，这样处理，把材料用活，生活气息浓郁。自己"火冒三丈"，青年人却"十分安静"；自己"没有好气地大声吼道"，青年人神情"专注、认真"；自己"递上了钱"，青年人"轻轻推开"，话说得那么文雅。两相对照，形象活泼生动。

细节不细，这是第三个特点。车把上插一小束鹅黄色的桂花，是生活中的小事，是细节，可这个细节从不同角度表现两个人的内心世界，表现文章的主题，把寻桂花之香和感受人的品格之香胶合起来，给人以生活的启迪。

2. 精读博览，思考咀嚼，汲取养料

尽管丰富多彩的生活是写作的不竭源泉，但一个人的生活范围毕竟有限，要打开写好作文的广阔天地，须认真学习，掌握更多更广博的知识，了解古今中外天下事。为此，在青春年少之际，要广泛阅读，涉猎方方面面的知识，以开阔视野，实实在在地下一番聚沙成塔、集腋成裘的细功夫。再说，人不可能事事都有直接经验，都亲目能睹，亲耳能闻，亲身实践。通过阅读，能懂得许许多多个人无法接触到的事物，冲破个人生活的局限。

阅读是吸收，是积累。要写得好，首先要读得好。吸收得越丰富，表达时笔下越有神。读，不能书是书，我是我，要根据文中的思想内容与语言表达，结合自己的知识储存，细细咀嚼，深入思考，理解作者炼字炼句构思组材的匠心。每个学期扎扎实实精读一定数量的文章，可积累知识，积累语言材料，研究他人的思路与写作技巧，从中获得启发与借鉴。例如唐弢的《作家要铸炼语言》一文以十分丰富的材料论证自己的观点，对学习语文的中学生来说，很有摘录的价值。有的可直接摘录，如：

高尔基说："语言是文学的基本材料，文学是语言的艺术。"

"平字见奇，常字见险，陈字见新，朴字见色。"（引自清人沈德

潜著的《说诗晬语》，全句是"古人不废炼字法，然以意胜，而不以字胜，故能平字见奇……"）

贾岛诗云："两句三年得，一吟双泪流。"（相传他在《送无可上人》诗"独行潭底影，数息树边身"句下注的一首小诗："两句三年得，一吟双泪流。知音如不赏，归卧故山秋。"）

卢延让说："吟安一个字，捻断数茎须。"（卢延让，唐朝范阳人。他的《苦吟》诗前四句是"莫话诗中事，诗中难更无。吟安一个字，捻断数茎须"。）

福楼拜对他的学生莫泊桑说："无论你所要讲的是什么，真正能够表现它的句子只有一句，真正适用的动词和形容词也只有一个，就是那最准确的一句、最准确的一个动词和形容词。其他类似的却很多。而你必须把这唯一的句子、唯一的动词、唯一的形容词找出来。"

有的自己可作简要的概括，如：

文学语言同时要具备绘画和音乐的特点，有色彩、有音响地来描写生活和反映思想。

王安石的"春风又绿江南岸"的"绿"字多次更易，先后用过"到""过""入""满"，最后才选定"绿"字。

宋祁《玉楼春》中"红杏枝头春意闹"的"闹"字，也经过多次改动，著名学者王国维说："着一'闹'字，而境界全出。"

必须向生活汲取，从人民的口头采集语言。普希金跟奶妈学语言，列夫·托尔斯泰一接触到民间语言，就立意改变自己的文风和语法；契诃夫听到有趣的谚语立即记下；阿·托尔斯泰从法院里审问犯人的一本记录中感受到活生生的俄罗斯语言，并依靠这个宝藏写出了小说《诱惑》；高尔基说："从16岁开始，我就是作为一个别人私语的旁听者，一直活到现在的。"

社会急遽变化时，新事物不断涌现，旧的关系不断改变，语言受到冲击，随着发生变化。此时语言会出现大矿藏。尽管这种语言显得幼稚、粗糙，乃至混乱，但其中确实埋藏着"语言的金子"。

请看，一篇短文中容纳了多少有关锤炼语言的材料，稍加摘录，就有 10 条，如果不注意积累，就会从眼皮底下溜走，从记忆中消失，有时至多留下个模模糊糊的印象。

博览，同样要注意积累，勤于动笔。在现时代，科学技术飞速发展，更要博览群书，文史哲、数理化、音体美等书籍均要涉猎。阅读面广，智力背景丰富，如蜜蜂采花，采过许多花，就能酿出蜜来。

积累的方法很多，常用的有：

摘录式笔记。如上文所举例子。可录名言佳句、精彩段落，可对书中、文中主要论点、主要内容摘其要记录下来。

做卡片。可摘录，可提要，可批注，可写心得。

索引。如果要记的内容多，可采用索引的方法，把文题、书名、作者、页码等记在笔记里或写在卡片上，备日后查用。

报刊剪贴。把报纸或杂志上具有价值的简短文章，剪下来贴在活页本上备阅读、运用。

积累时可铺开一定的"面"，广为收集，也可先列若干专题，如理想、志向、道德、情操、学习方法、名言警句、科学天地等，定向积累。

无论用哪种方法积累，有两点特别要注意。一是积累到一定阶段，要进行分类整理，千万不能糊成一锅粥，如果眉目不清，材料再好，也难以及时而充分地使用；二是忌烂，积累的材料确有意义，确有价值，评注、心得也是真有独特见地的，如果一般性的都捡到"仓库"里，拉杂不堪，把"宝贝"淹没，也成不了写作的宝库。

积累要持之以恒，锲而不舍，三天打鱼两天晒网，是不可能有成效的。明末清初大学者顾炎武、近代学者梁启超等都在读书积累方面下过大功夫。法国著名科幻小说作家儒勒·凡尔纳为了积累写作材料，曾写了几百本读书笔记，摘录了两万数千张卡片。

写文章经常是直接经验和间接经验的结合，也就是既有生活上的积累，又有阅读所得。

《岳阳楼记》是范仲淹的传世名篇，中学生无不读过。它不仅以"先天下之忧而忧，后天下之乐而乐"的高尚思想情操给后人以深刻启迪，就是对洞庭景色的描绘，也是景物描写中的一绝。"朝晖夕阴"的万千气势,"淫雨霏霏"的阴风浊浪,"春和景明"的上下天光,把巴陵胜状刻画得有声有色,如在眼前。然而,你是否想到:范仲淹据说没有到过洞庭湖,也没有登过岳阳楼,笔下所描绘的巴陵胜状,非亲眼所观,而是虚拟的。既是虚拟,为何又写得如此逼真,令人拍案叫绝呢?原来他有生活上的积累,再加上读书所得,笔下便出现绝妙好景。

范仲淹是苏州人,从小熟悉太湖景色,后来又官贬饶州(现江西上饶),又对鄱阳湖的景色十分了解。生活上有太湖景、鄱阳湖景的积累,再从滕子京那儿得到《洞庭秋晚图》的画,仔细阅读,把直接经验与间接经验巧妙地糅合,笔下洞庭湖的景色就活灵活现。

上面这个例子清楚地告诉我们,生活积累对写作是多么的重要。深知其中道理的年轻人常以作家为榜样,勤奋地把生活中撷取的朵朵浪花记下来,如春意盎然的美景,扣人心弦的场景,精彩纷呈的对话,鞭辟入里的议论,均可做点手记。生活手记是写作素材的仓库,经久不懈地储存,必然富足。

也许有学生认为:我们的记性好,这些事物看在眼里,记在心里,忘不了,何必一丁点儿的东西要麻烦"笔"呢?其实不然。人类确实具有惊人的记忆力。据研究,人脑可以储存 10^{15} 比特的信息,容量巨大,保持的时间也很长。巴金说过,有两百篇文章储存在他的脑子里。日本索尼电器公司职员友寄英哲能背诵圆周率到小数点后两万位。然而,任何一个人不可能做到事事有清晰的记忆,遗忘会悄悄跟随着每一个人。因此,写作材料的仓库不仅靠记忆,更靠手勤。

下面是一篇初中学生参加作文比赛的当堂作文,尽管文字上有缺点,但从知识积累的角度看,还是颇具特点的。

尾巴趣谈

动物有尾巴,这个结论童叟皆知。猫有尾巴,那黑白相间的尾巴,就像一根钢鞭,给猫增添了不少威风;鱼儿有尾巴,那片月牙儿似的尾巴灵活地摆动着，鱼儿便悠闲地穿行在水草之间；松鼠有尾巴，那条红棕色的尾巴几乎和身子一般大，每当松鼠在树上活蹦乱跳时，这条尾巴也随着身子一起一伏，高高地翘在后，看上去还挺可爱。

可是，动物们长了那么多大大小小、形形色色的尾巴，起什么作用呢？首先，尾巴能帮助动物活动。就拿我们熟悉的鱼来说吧，鱼的尾巴就像船上的桨和舵，它左右摇摆时，可以产生一股反冲力，推动鱼身的前进。金枪鱼的速度之所以能达到70公里/时，还是尾巴起了重大作用；另外，鱼尾也能控制前进的方向，当它向左偏时，能使身体两侧的水压不平衡，于是，鱼儿就会向左转弯；反之，则会向右转弯。另外，尾巴还能保护自身并成为一种武器。在烈日当空的夏天，牛常常会受到一种叫牛虻的小飞虫的袭击，它们专门在牛、马的皮肤上吸血，牛为了避免受到袭击，往往会拿自己的尾巴在身上拍打，以便赶走牛虻。还有一种动物——鳄，它在地球上已经生活了两亿多年了，之所以鳄没有在茫茫的生物界中消失，主要是由于它的尾巴，它的尾巴几乎有身长的一半，且表皮十分坚硬，当它猛一转身甩开尾巴时，有几百公斤的力量，可以把一棵大树打断。连"百兽之王"——老虎，也惧它三分，一般的羚羊、牛、马等动物更谈不上挨它一下子了。所以鳄鱼凭着尾巴几乎可以打败除了人以外的一切动物，使它历经沧桑，在两亿年中没有被淘汰。

这就是一般动物的尾巴的主要功能。可是，还有些动物的尾巴具有一些特殊的功能，使尾巴成了这些动物在生活中不可缺少的部分。在澳大利亚有一种大家颇为熟悉的动物——袋鼠。袋鼠一般高达2~3米,它前肢特短,生在胸前,后肢特长,这样的结构十分有利于跳跃,使它能以60公里/时的速度向前跃进;可当它站立时,由于前肢很短,不能支撑到地面,很容易摔倒。可是袋鼠长了一条1米多长的尾巴,平时跳跃时,尾巴也一上一下地摆动,保持袋鼠的平衡,当它站立时,尾巴又好像拐杖似的,直挺挺地支撑着地面,以防摔倒。要是没有尾巴啊,它真的要寸步难行了。

绵羊大家一定很熟悉,它的尾巴也有特殊功能。当绵羊来到水草丰盛的地方,它就会"开怀畅饮",吃得饱饱的,然后把养料都储藏到尾巴里面,就好像骆驼把养料藏在驼峰里一样,那条尾巴一下子会长粗2~3倍,好像胡萝卜一样;在行走的途中,绵羊就利用尾巴的养料过活。当它再来到水草丰盛的地方时,那条粗大的尾巴已经变成了细细的一根了,接着,它又大吃大喝,把养料再储藏进去……

除了以上几种以外,有些动物的尾巴具有报警的功能,当它们把尾巴外面深色的地方竖起时,就表示"没有敌人",当它们把尾巴里面浅色的地方竖起时,就意味着"危险,快逃"……

看到这里,你知道了吧,别看尾巴大小不同,功能各异,可是对于动物来说,都是不可缺少的重要部分了。

参赛者对动物的尾巴的形态、功能有所了解,并有一定的积累,把有关知识储存在记忆中,使用时信手拈来,毫不费力。

文中谈到的尾巴涉及的动物面较广,有猫、松鼠、鱼、牛、鳄、袋鼠、绵羊等；说明尾巴的功能，有一般的，有特殊的，并运用列数字和打比方的方法，使说明具体生动。如果平时阅读不认真，不注意积累，笔下不可能有如此生动的材料。

语言毛病比较多。有形容不当的，如鱼儿尾巴像"月牙儿"；有以偏概全的，如猫的尾巴"黑白相间"，其实猫的毛色多样，不都是黑白相间；有说明欠准确的，如袋鼠的尾巴在于支撑地面，帮助袋鼠站立，而不在于助跑，不在于没有尾巴，就寸步难行，又如绵羊到水草丰盛的地方吃水草，不能说是"开怀畅饮"；有的不够明确，如尾巴的报警功能，未举例说明。此外，在说明的层次方面也可作一点调整，使条理更为清晰。尽管如此，由于参赛者平时注意知识积累，故而文章有实实在在的内容，有可读性。

综上所述，可知头脑里材料仓库充实，写的文章才会内容厚实，质地好。仓库靠坚持不懈地储存。一是生活素材的积累，二是从阅读中积累。积累要眼勤，手勤，眼到，心到。

二
让思想插上双翅

写作时,课堂上常发生这样的情况:有的学生文思枯竭,三言两语就把要说的话写完了,干干瘪瘪;有的学生却思绪绵绵,脑子里如有活水,或潺潺流淌,或波澜起伏,笔下洋洋洒洒。究其原因,与写作材料充足与否当然有密切关系,然而,切不可忽视另一重要因素,即想象力发挥得如何。

根据近代脑生理的研究,人的大脑可分为四个功能部位,即感受部位、判断部位、储存部位和想象部位。人们对前三个部位注意开发,对想象部位比较忽视。据研究测试,一般人只用了自身想象力的15%,潜力很大。学写作,就要重视想象力的发展。人们说,科学是从想象开始的,如果人们不幻想能像鸟一样飞,像鱼一样游,哪来今日的飞机、潜艇?写文章也一样,发挥想象力,让思想插上双翅飞翔,就能上下求索,神游八方,获得十分丰富的写作材料。

1. 想象能突破时间和空间的界限,开发无穷无尽的新鲜的乃至奇特的写作材料

想象在写作中的重要作用,古人曾有许多精辟的论述。如陆机《文赋》中"其始也,皆收视反听,耽思傍讯,精骛八极,心游万仞……观古今于须臾,抚四海于一瞬",意思是:开始写文章,往往是集中视线,不听其他,深入思考,广泛采集,心神可以飞驰在八方

最远之处，遨游到极高极高的地方。运用想象一瞬间就能观察到古今，奔驰于四海。又如刘勰《文心雕龙·神思》中"文之思也，其神远矣，故寂然凝虑，思接千载；悄焉动容，视通万里"，是说写文章要开展想象，想得很远很远，静静地专心思考，就会联想到千年的人与事；容颜隐隐地有所变化时，思路已扩展到万里以外了。从两段引述的文字中，我们可清楚地体会到想象的巨大功能。人坐在屋内握笔，心神可在天地之间任意遨游，贯通古今，横越四海，突破时间和空间的界限，开辟了十分广阔的内心世界，也开发了无穷无尽的新鲜乃至奇特的写作材料。

　　开展想象应选择不定向的、跳跃式的、自由自在的方式，也就是浮想联翩，不受限制地思考。一般地说，人们思考问题常常是按一定的常规、一定的角度进行，思维的范围比较窄，而想象却不是按部就班地思考，是不受任何拘束放开来想，思维充分发散。思维发散，头脑中就能形成许多从来没有见过的事物形象，创造出前所未有的新形象。战国时期楚国伟大诗人屈原在写作中发挥想象的能力，无与伦比，令人叹为观止。

　　《天问》是一首长诗，在这首诗里，屈原一口气对天文、地理、人事等各方面提出一百七十几个问题，构思新颖，想象极其丰富，可说是篇奇文。摘录天文部分中某些问题剖析，就可窥见开展想象的全貌。

（译文）

老天共有九层。
是谁经营测量的？
这个样子有什么用处？
是谁最早动手兴建的？
轮毂上的绳子拴在何处？
天的极顶又安装在哪儿？
八根擎天柱如何顶住？

> 地的东南角何以倾塌?
> 九重天的边缘延伸到何方?
> 它依托连接在什么东西上?
> 天边有多少的弯曲和角落,
> 谁能算清楚这笔账?
> 天在何处与地相合?
> 十二区如何划分?
> 日月附在什么东西的上面?
> 星宿何以陈列得错落有致?
> 太阳早上从汤谷出来,
> 晚上停宿在蒙汜;
> 从天明到天黑,
> 它要走多少里路?
> 月亮有什么本领,
> 死后又能再生?
> 顾兔生在肚子里,
> 对它有什么用处?

一连串问题如水银泻地,一发而不可收。从天有九层想到是谁经营、谁测量、谁兴建,究竟建造了有什么用处;想到宇宙像个旋转的车轮,车轮中心上的绳子拴在什么地方呢;想到天的最高处安装在哪儿,八根柱子又怎么顶住它呢;想到地的东南角为什么会倾塌,天的边缘究竟延伸到什么地方,依托什么,连接在什么东西上;想到天边究竟有多少弯曲和角落,这笔账谁能算清楚;想到天和地究竟在什么地方相连接,天上星宿十二个区究竟是怎样划分的;想到太阳、月亮究竟附着在什么东西上,而星宿又为什么在天上摆布得那么错落有致;太阳早出晚归,究竟一天走多少路;月亮死而复生,究竟靠什么本领,兔子(顾兔:月中兔子的名,即蟾蜍)生在月亮肚子里,对月亮究竟有什么用处呢。真是一会儿天,一会儿地,一会儿日月,一会儿星辰,就在这跳跃式的思想自由驰骋中,展现了作者无穷的智慧和奇特而绚烂的画卷。难怪黑格尔说："如果谈到本领，最杰出的艺术本领，就是想象。"

2. 想象不是胡思乱想，要有实实在在的内容

想象的内容来自现实生活，想象是以生活和知识为基础的。如上面引述的"地的东南角何以倾塌"就根源于生活，因为我国地貌状况是西北高，东南低，大河大江由西流向东南，最后归入大海。又如"十二区如何划分"，也不是凭空而来，因为古代天文学家把天上星宿方位划为十二个大区。有这方面知识作基础，一触即发，问题就从脑中蹦跳出来。其实，上面所提出的蕴含了众多神话传说的资料，是有坚实的生活与知识基础的。

孙悟空三打白骨精的故事无人不知，生活中有猴子、猪，《西游记》作者吴承恩发挥想象，就创造出孙悟空、猪八戒等形象；生活中有正气，有邪恶，而邪恶总是诡计多端，变换出种种伪善面目欺骗好人，源于对生活的深刻认识与理解，于是创造出白骨精的丑恶形象，创造出孙悟空以变化多端的神力与屡施诡计的妖精反复斗争的故事，以巨大的艺术魅力吸引千千万万读者。

学生习作中的想象同样是以生活和知识为基础的。下面是张蕙云同学的习作：

且向虹彩借八分

我要为那单调的蓝空涂上殷红的彩霞，伴以一个金色耀眼的太阳；我要为那棵老树添上油油常青的绿叶，衬以艳红的花朵，累累的果实。我要挥动彩笔，使世界更添姿彩。不知从什么时候，我的志愿就是成为一个画家。

恐龙可以复活，鱼儿可以在陆地步行，蚂蚁可以吃大象，人可以被布娃娃操纵，只要我妙手一挥，他们都入我的画中。音乐家用音符歌颂母爱的伟大，我则借颜料绘画出母性的温柔；摄影家可以捕捉神韵，我更赋予它们多一层创新。

丢掉一张又一张画布，用去一瓶又一瓶油彩——当灵感不来时，只感脑子一片荒芜，像开动了搅动机，不停地打转。四周的宁静总不能和我的心思协调。有时真不知道应画些什么：时而想为窗前的小鸟换上七彩的羽衣，时而想把屋后的黄皮树挂上黄澄玲珑的果实，时而又是一幕幕零碎无章的片段，最后却又是一片空白。

但灵感有时会在不经意间突然涌来，像泉水喷射。我为西天倒翻了画碟：玫瑰汁、葡萄浆、紫荆液、枫叶泪——泻满一天，映红一地。我用鸭蛋黄装裱那将逝的夕阳，我使唤那麦浪在微风中摇曳，我命令山后的房舍戴上红帽子，我给乡间的小路铺上绿地毯，叫路旁的苹果树穿上红绿相映的大衣，教小溪洒上蓝水珠，鱼儿穿上金鳞片。还让池塘里的鸭妈妈带着小鸭子沐浴日光。让快乐的青蛙三三两两在荷叶中高歌。笔下世界五彩缤纷。

我要做一个画家。我要用红色使大地更壮丽，令宇宙更辉煌。人人都挂上红脸珠，让喜气充斥每一角落——那红封包、红鸡蛋、红请柬、红双喜、红蜡烛、红……通通都是红的。我也要把红色涂在交通灯号及指示牌上，表示警觉与危险。总之，红色既刺眼，又富挑战性。

至于绿！最适合装裱大自然：深绿的树林，青绿的草原，嫩绿的秧苗，翠绿的嫩叶，墨绿的田哇……绿色永远那么悦目和谐,教人身心舒畅。

那黄色则最宜点染在黄帝子孙的皮肤上,配以黄河作背景,既亲切又温暖。

还有……还有那紫色应点在嘴唇上,那蓝色应涂在空中,而那白色则可表现人性的单纯。到最后,我把绝望、恐惧、死亡,一切的不快,埋在黑色的禁区中,不让别人闯进来。

我且向虹彩借八分,将它们一一涂在生命的画布上。

这篇抒发心愿、表露理想的文章取材广泛,色彩绚丽,给人以启迪和遐想。

广泛的取材来自作者丰富的想象。作者的思想插上双翅,在天地之间遨游,开拓出一个又一个美丽生动的形象。

想象的内容具体、实在,眼前的实景和想象中的虚景衔接得自然贴切。"蓝空"是眼前实景,"彩霞"和"金色耀眼的太阳"是想象中的虚景,两者巧妙地糅合,展现出彩霞布蓝天,金色太阳照的画卷。为"老树"添"绿叶""艳红的花朵""累累的果实",也是实景与虚景的巧妙糅合。

想象的内容可蒙上奇异的色彩,使人在惊讶中获得欢乐。奇异的想象超越现实的局限,给文章增添情趣。

画家需要灵感,需要与色彩为伴。作者开展想象,既选用了灵感未到时画意干瘪的种种材料,又选用了灵感涌现时泼彩绘景的种种材料,有色彩斑斓的农村风光,有分别以红、绿、黄、紫单色作的一个个形象,内容充实。

想象是以现实为基础的,作者对自然风光、花草树木、水中鱼、窗前鸟等入目入心,对画笔、色彩的功能深有体会,才可能想象出一幅幅美妙的图景。

文章结尾有特色。一是点题,二是点主旨。标题新颖,"且向虹彩借八分"蕴含文章内容与色彩有关,而且色彩鲜艳夺目。文章主旨在将虹彩一一涂在生命的画布上，不仅要画出形象逼真、色彩美丽的一幅幅图景，更要使生命如虹彩一般光彩照人。主旨有一定的深度。

3. 选择想象的"触发点"，从眼前的所见所闻出发，拉出想象的"线头"

　　写作中开展想象要善于捉住"触发点"。"触发点"常常是眼前的实景，即眼前的人、事、景、物。"触发点"选得好，想象的阀门一打开，就如同童话中的魔棒一样，脑中会闪现出许多奇妙的事物，许多生动的形象。郭沫若的《天上的街市》是一首抒情小诗，想象丰富，具有童话色彩。这首诗想象的"触发点"就是"街灯"，由眼前的实景"街灯"想到天上的"明星"，再由天上的"明星"想象开去，创造出天上街市的美景。人间、天上，回环互比，由于想象这面折光镜的作用，诗中闪发出比现实更为奇幻的光辉。

　　莫奈是19世纪法国著名的印象派画家，他画的伦敦威斯敏斯特教堂这幅画十分有名。画上，教堂掩映在雾中，轮廓隐约可见，而雾是紫红色的。有人看了这幅画，思想立即在历史长河中纵横，是什么缘故呢？原来是画上紫红色的雾触发了他。紫红色的雾就是他展开想象的"触发点"，由此他想到伦敦环境有污染，环境污染伴随着17世纪英国工业革命而产生。通常雾是灰蒙蒙的，画上却是紫红色的，这一反常规的色彩具有新奇性、刺激性，而具有新奇性、刺激性的事物最能激发想象力，是比较理想的想象"触发点"。

　　下面这篇短文，开展想象的"触发点"十分清晰。

贝壳

　　在海边，我捡起了一枚小小的贝壳。

　　贝壳很小，却非常坚硬和精致。回旋的花纹

中间有着色泽或深或浅的小点，如果仔细观察的话，在每一个小点周围又有着自成一圈的复杂图样。怪不得古时候的人要用贝壳来做钱币，在我手心里躺着的实在是一件艺术品，是舍不得拿去和别人交换的宝贝啊！

在海边捡起这一枚贝壳的时候，里面曾经居住过的小小柔软的肉体早已死去，在阳光、沙粒和海浪的淘洗之下，贝壳中生命所留下来的痕迹已经完全消失了。但是，为了这样一个短暂和细小的生命，为了这样一个脆弱和卑微的生命，上苍给它制作出来的居所却有多精致、多仔细、多么地一丝不苟呢？

比起贝壳里的生命来，我在这世间能停留的时间和空间是不是更长和更多一点呢？是不是也应该用我的能力来把我所能做到的事情做得更精致、更仔细、更加地一丝不苟呢？

请让我也能留下一些令人珍惜、令人惊叹的东西来吧。

在千年之后，也许也会有人对我留下的痕迹反复观看，反复把玩，并且会忍不住轻轻地叹息：

"这是一颗怎样固执又怎样简单的心啊！"

这篇短文是作家席慕蓉所作。寥寥几百字，写的是极其普遍的自然小景，然而却新气扑鼻，启人深思。对贝壳的精细描写固然有特色，而使文章大为增彩不同凡响之处，却是想象的开展。上苍给短暂和细小、脆弱和卑微的生命制作出来的居所多么精致、多么仔细、多么一丝不苟，联想到与贝壳的生命比，自己在世间停留的时间更长，空间更多，能做到的事应做得更精致、更仔细、更加一丝不苟。文章至此，对生活的积极进取态度已有所表现，但这样表达毕竟一般化，比较平面，缺乏深度。就在此时，作者的思想突然腾飞，腾飞到千年之后可能出现的情景，两个"反复"，一个"叹息"，就把一颗固执而简单的心生动地捧到了读者的面前。与"精致""仔细""一丝不苟"比，思想升华了，意味隽永了。

想象的"线头"是怎样拉开的呢？"触发点"就是一枚小小的贝壳，尤其是它精致的花纹、复杂的图样。面对着它，仔细观察，认真感受，深入思考，思想就离开眼前实景展翅翱翔。

4.
眼前的实景与想象中的虚景要注意过渡、衔接，做到妥帖、自然

分析例文《且向虹彩借八分》时已涉及实景与虚景的问题，这里还要强调一下。

想象绝不是想到哪儿，写到哪儿，东写几笔，西写几笔，不成形象。想象是在掌握一定材料的基础上，经过新的组合，创造出新的形象。想象有其特定的内容，是虚景。文中的虚景要与眼前的实景衔接得自然、巧妙，不能脱钩脱节。如果实景是实景，虚景是虚景，就构不成浑然一体的文章。如果写几句实景，又写几句虚景，夹杂在一起，缺乏交代、过渡，文章就杂乱，给人以不知所云的感受。因此，下笔作文时要把此时此地的实景与想象中的彼时彼地的生活图景融汇、结合，不能互不相干。衔接、过渡，有个"渡过去"和"渡过来"的问题，也就是由眼前景渡到想象景，再由想象景渡回到眼前景。否则，只渡过去，不渡过来，那就像断了线的风筝满天飞了。

请看鲁迅先生的《好的故事》。

好的故事

灯火渐渐地缩小了，在预告石油的已经不多；石油又不是老牌，早熏得灯罩昏暗。鞭爆的繁响

在四近，烟草的烟雾在身边：是昏沉的夜。

我闭了眼睛，向后一仰，靠在椅背上；捏着《初学记》的手搁在膝髁上。

我在蒙胧中，看见一个好的故事。

这故事很美丽，幽雅，有趣。许多美的人和美的事，错综起来像一天云锦，而且万颗奔星似的飞动着，同时又展开去，以至于无穷。

我仿佛记得曾坐小船经过山阴道，两岸边的乌桕，新禾，野花，鸡，狗，丛树和枯树，茅屋，塔，伽蓝，农夫和村妇，村女，晒着的衣裳，和尚，蓑笠，天，云，竹……都倒影在澄碧的小河中，随着每一打桨，各各夹带了闪烁的日光，并水里的萍藻游鱼，一同荡漾。诸影诸物，无不解散，而且摇动，扩大，互相融和；刚一融和，却又退缩，复近于原形。边缘都参差如夏云头，镶着日光，发出水银色焰。凡是我所经过的河，都是如此。

现在我所见的故事也如此。水中的青天的底子，一切事物统在上面交错，织成一篇，永是生动，永是展开，我看不见这一篇的结束。

河边枯柳树下的几株瘦削的一丈红，该是村女种的罢。大红花和斑红花，都在水里面浮动，忽而碎散，拉长了，缕缕的胭脂水，然而没有晕。茅屋，狗，塔，村女，云……也都浮动着。大红花一朵朵全被拉长了，这时是泼剌奔迸的红锦带。带织入狗中，狗织入白云中，白云织入村女中……在一瞬间，他们又退缩了。但斑红花影也已碎散，伸长，就要织进塔，村女，狗，茅屋，云里去。

现在我所见的故事清楚起来了，美丽，幽雅，

> 有趣,而且分明。青天上面,有无数美的人和美的事,我一一看见,一一知道。
>
> 　　我就要凝视他们……
>
> 　　我正要凝视他们时,骤然一惊,睁开眼,云锦也被皱蹙,凌乱,仿佛有谁掷一块大石下河水中,水波陡然起立,将整篇的影子撕成片片了。我无意识地赶忙捏住几乎坠地的《初学记》,眼前还剩着几点虹霓色的碎影。
>
> 　　我真爱这一篇好的故事,趁碎影还在,我要追回他,完成他,留下他。我抛了书,欠身伸手去取笔,——何尝有一丝碎影,只见昏暗的灯光,我不在小船里了。
>
> 　　但我总记得见过这一篇好的故事,在昏沉的夜……

　　这是鲁迅先生的名篇之一,写于1925年2月24日。作者处于"昏沉的夜","石油"(点灯用的煤油)已经不多,身边缭绕着烟草的烟雾,而思想却长着翅膀飞翔,"看见一个好的故事"。

　　"很美丽,幽雅,有趣",是想象中故事的总貌,怎么美丽,怎么幽雅,怎么有趣呢?于是出现了众多的美的形象——美的人和美的事编织成的云锦,像万颗奔星般飞动,飞动到遥远遥远,以至于无穷。想得自由自在,一下子把视野扩展到无穷尽。

　　思想跳跃,由天而地,坐小船经山阴道,于是,"乌桕""新禾""野花""鸡""狗"……一二十种形象次第展现,接着,这些形象又都倒影在小河中,诸影诸物解散、摇动、融和、退缩,复近于原形。日光,水光,闪烁晃动,诸物由静而动,由动而静,千变万化,美不胜收。

　　由过去所见,又一跃而写现在所见,同样是美不胜收。一切事物交织成一篇,永是生动,永是展开,而且色彩斑斓。青的天,大红花和斑红花拉长为缕缕的胭脂水,拉成的红色锦绣带织入狗中,狗织入白云中，白云织入村女中，斑红花影织进塔、村女、狗、茅屋、云里，而这一切又是发生在水中，是从水里看到的人世间的云锦，真是奇思妙想，令人神往。

两幅美景构成了一个好的故事，而这故事中的人、事、景、物都似曾相识，不过是进行了加工，进行了新的组合，创造了前所未有的绚丽的新形象。新形象不是无中生有，是以生活为基础的。

想象的内容与眼前的实景要注意衔接，要注意由眼前景渡到想象景，"渡过去"，又要注意由想象景渡回眼前景，即"渡过来"。《好的故事》在衔接过渡方面很精彩。身处昏沉的夜，展开美好的想象，是"闭了眼睛""蒙眬中"开始的；被无数美的人和美的事深深吸引，正要凝视他们时，"骤然一惊"，"睁开眼"，云锦皱蹙，整篇的影子撒成片片，衔接得十分自然。尤其值得称道的是睁开眼苏醒以后还要寻梦境，趁"几点虹霓色的碎影"还在，要追回他，完成他，留下他，然而抛书取笔时，才知何尝有一丝碎影，只有昏暗的灯光。以昏沉的夜开篇，以昏沉的夜结束，基调是悲苦的，这是现实；然而想象中的世界是绚丽多彩的，令人向往的。在强烈的反差中寄寓了作者深沉的思想和无限的感慨。

鲁迅生活的时代早已过去，但他在诗文中发挥想象作用的做法仍然是我们学习的典范。

学生习作虽比较稚嫩，这方面也同样应多加注意。

夏天的夜空

一谈到夏天的夜空，人们首先想到的当然是星星、月亮。深蓝深蓝的天空，挂着一弯明月。当然有时是一轮圆月。陪伴月亮的是星星，有大的有小的，有明的有暗的，时亮时灭。

看到了星星。我就想到小时候住在乡村小镇上爷爷家的一些有趣的往事……

那时我才六岁。每当夏天的夜晚，我就和小

伙伴们在河边堤坝上借着星光玩抓"特务"的游戏。玩累的时候，便坐在堤坝上，抬头观看天上的星星和月亮。当时我们并不会找牛郎星和织女星。只是从大孩子们那儿学会了找北斗星和北极星。但是我对这并不感兴趣，而是常常看着星星傻想："要是能把星星摘下来，挂在树上，把我们这儿照得像白天那样亮，使'特务'们插翅难逃就好了。"

有一次，我看着星星，想啊，想啊，忘记了时间。头抬久了，脖子发酸，就把头低下来，闭上眼睛想："啊！天空中的星星都飞下来啦，通通挂在树枝上，就像树上的果实，挂满了枝头，把整个堤坝，整个小镇都照得雪亮，那些'特务'怎么逃也逃不掉，一会儿就被我们好人抓住了……啊！不好了，刮风了，星星都吹到河里去了……"我吓了一跳，赶紧睁开眼睛，只见河里果然有许许多多星星。于是我便要下河去捞星星。刚一抬脚，就有一块石头掉入水中，水面上泛起了一圈一圈的波浪，原来这些星星是天上星星的倒影，可我差一点跳下了河。这时，我猛然想到："天上的星星，大是大的，可惜离得太远；水面的倒影，近是近的，可惜只是影子。到底怎么才能使堤坝上亮堂堂呢？"

我怀着这样的心情，向家走去。突然，眼前豁然一亮，只见家家户户都亮起了雪白的电灯。灯，驱走了黑暗，这使我想起，这一天是本镇新建的发电厂正式供电的日子。

现在，我已经是一个中学生了。夏天的夜晚看到星星，虽然不会像过去那样胡思乱想，但还是想得很多很多。想知道宇宙到底有多大，宇宙里到底有多少星星，到底有多少可以利用的资源，怎样来开发和利用……天空有无限的奥妙，我不得不思考、探索，探索、思考……

王　风

这篇习作是刚进初中的学生写的，为了扩展他们的写作思路，从训练想象力开始。

全文以"想"贯串，有"傻想"，有抬头想、低头想，有"闭上眼睛想"，有"猛然想到"，实景虚景，天上人间，衔接得较好，有情趣。

5. 想象和联想有联系，又有区别

联想基本在由此及彼的轨道上运行，而想象是多向性的思维。联想是想象的基础，想象是联想的升华。

谈到想象，人们常常想到联想，甚至把两者混为一谈。想象和联想既有联系，又有区别。两者都是思索，而且从由此及彼开始，但联想基本在由此及彼的轨道上运行，如由井冈山的竹子联想到老乡冒生命危险冲过白匪封锁线，用小竹筒给山上红军战士送饭的情景，联想到毛委员和朱军长用毛竹做的扁担带领队伍下山挑粮食的情景，联想到红军北上抗日去了，井冈山的毛竹同井冈山人一样坚贞不屈，野火烧不尽，春风吹又生，而且联想的材料都是已经有的生活经验，所以联想是已有生活经验的组合。想象是在已有生活经验的基础上进行新的创造，构成新的形象，而且是多向性的思维，跳跃式的。如李白的《梦游天姥吟留别》写诗人在梦中漫游仙界时，忽而飞渡镜湖，月照我影；忽而身登云梯，天鸡啼鸣；在千岩万转中迷花倚石，闻熊咆龙吟，见电霹山崩；在恍惚间见云里的神仙纷纷而降。众多的形象纷至沓来,都是天马行空的想象所创造。当然,任何想象都不是凭空产生的,不可能无中生有;构成新形象的一切材料都来自生活,来自过去的经验,不过,经过了加工改造。有人说,联想是想象的基础,想象是联想的升华,这是有道理的。

梦也是一种想象,组成梦境的素材仍然是感知过的,上述李白的诗已证明。幻想是对未来的想象,同样源于生活,科幻小说就是以文学体裁来对未来科学领域的预测。

下面这篇《星星赋》是参加作文比赛的文章,在开展联想方面很有特色。

星星赋

闪亮,闪亮,小星星,
我多么想知道你是什么!
你是那么遥远,
像一颗钻石镶在蓝蓝的天空……

这首诗,我爱读。每当读起它,就好像回到了童年时代,投入了繁星的怀抱……

儿时,七月八月在院子里纳凉,我爱躺在妈妈的怀抱里看星星。像巨大的蓝宝石似的夜空,点缀着无数萤火虫似的星星。有大的,有小的,有明亮的,有幽暗的,仨一簇,俩一团,亲昵地凑在一起眨眼睛。有时候,淘气的小星星还投进大地的怀抱,在蓝幽幽的夜空画过一道神奇的弧线,像织女抛出的锦线,转瞬即逝。我很惊奇,就问妈妈:"他上哪儿走亲戚去啦?"

妈妈笑了,"好远好远的地方呢。"

"可以找他去玩吗?"

大伙笑了,妈妈笑了,小星星也在眨眼笑……

于是,我又数起星星来。一颗、两颗……越

数越多,这边的还没数完,那边的又冒出来,任我怎么屈指数,总也数不清,数不尽。我曾惊奇地问妈妈:"天上那么多的星星,他们的爸爸在哪儿?"

大伙又笑了,妈妈也笑了。"他们的爸爸是牛郎,妈妈是织女。"妈妈指点着隔河相望的那两颗星星,讲起牛郎织女的故事来。她说,这满天的繁星,就是牛郎织女洒下的眼泪。

于是,我恨起西王母来。心想,我长大了一定搭座桥,让牛郎织女团聚。

有时,我还看到了无数颗闪着蓝莹莹光的小星星,他们簇拥着冰清玉润的月牙,像牵着月亮公公衣角的小孩似的缠着要糖吃,又像围着月亮公公听故事。听大人们说,这叫"众星捧月"。现在想来,星星还从事着绿叶的事业。

儿时,我随妈妈清晨走进菜园,我惊喜地发现明晃晃的小星星降落在绿叶上,我多想捧起它看个究竟啊!却不料,它倏地落地,无处寻觅……

现在人大些了,每每看着夜空点点繁星,我就想到另一个世界——人间的繁星。

在我们这个国度里,有默默无闻的、一闪即逝的星,他们给人以光热,不惜牺牲自己;有光华耀眼的星;有不图名利、传递光热的星……

北京某中学的一位女同学,身患癌症,在弥留之际还发出自己极微弱的一点光热,她真正做到了"生如夏花般灿烂,死如秋叶般静美"。她难道不是一颗熠熠发光的小星星?

上海一孕妇奋不顾身抢救落水女青年,她难道不是一颗灿烂的明星?

还有拾千金不昧者、捐万元遗产者……这样

的星星多得数也数不清。真可谓群星灿烂，争奇斗艳，不信吗？摘一颗你瞧。

在我们这儿，有一个叫赛小星的女孩子。她为救两个儿童，不幸被汽车轧掉了右臂右腿。这以后的日子怎么过呢？你听她说："保尔能为国家做出贡献，我为什么不能？"她是极爱文学的，于是她就整天看呀，写呀。功夫不负有心人，今年她连续发表了几篇小说、散文，已小有名气。

我曾经问过她："既然国家抚养你，你又何苦整天看呀写的？"

她眨着星星似的眼睛笑了："那样活着有什么意思，连一头猪都不如呢！"

我又问："你整天这样，不觉得苦吗？"

她又笑了："苦？怎么不觉得，苦中有乐嘛！"

我又问："你为什么不要抚恤金？"

她又笑了："要它有什么用？我还有一只手，我自己能养活自己呢。"

我又问："这下你有名气了，该高兴了吧？"

不想，她严肃起来："我不是为名利而活着。我愿做祖国天空中的一颗默默无闻的小星星！"

我忽然觉得她多么像一颗熠熠发光的小星星！

天上的星星固然可爱，但人间的繁星岂不比它更亮、更美！儿时，曾幻想和星星在一起玩；现在，我生活在繁星之中了……

小星星，永远感谢你！你使人们觉得"光明无处不在"，你给人以希望。

我愿做一颗小星星，点缀着祖国的蓝天，闪亮，闪亮……

王士学

这篇文章着力写"星",由外观"闪亮"的特点,写到内在的品格、气质,小作者没有用犀利的笔进行剖析,但热爱祖国、立志为人民做奉献的感情洋溢纸上。

文章未发多少议论,只是娓娓叙说,就收到如此的效果,是由于充分运用了联想这个手段。下笔引诗,设置悬念,"闪亮,闪亮,小星星,我多么想知道你是什么",为下文揭示星星的内在美做了铺垫。紧接着描绘"夜空点点繁星",由此而联想到"人间的繁星",紧扣住星星光华耀眼的特点,展示人间一幅幅思想美、情操美的画卷。有面的勾勒,"群星灿烂,争奇斗艳";有点的描绘,"三颗星"的光彩照人,尤其是赛小星这个女孩子,在对话中坦露心灵,真挚感人。

人间一幅幅星闪图,都是由此及彼,联想所得,如果文章只写夜观星空,就不可能如此拓宽视野,引发遐想,也不可能产生如此的感染力。

综上所述,可知想象和联想在扩展写作材料方面起多么重要的作用。对青少年学生来说,爱思,多思,对未知世界充满好奇心,对知识渴求,都能激发丰富的想象力。想象力越丰富,写出来的文章越能显出光彩。

三 文章要有主心骨

阅读中我们常会碰到这样的情况：有的文章使人振聋发聩，读后或兴奋不已，或回味无穷；有的文章虽语言顺畅，但淡而无味，读后脑子里没留下半点痕迹。造成这两种迥然不同的阅读效果，原因固然很多，其中最为重要的当为"意"的差别。

任何文章都是内容和形式的统一体。思想内容是灵魂，语言文字形式为内容服务。思想内容闪光，再佐以准确、优美的文字，文章就能征服读者，给读者以启迪，以感染。

初学写作的青年学生应懂得：要写出有质量的好文章，须花大气力确立文章的"主心骨"，力求在"意"上取胜。

1. "意"是文章的灵魂

明末清初大学问家王夫之曾这样说："无论诗歌与长行文字，俱以意为主。意犹帅也；无帅之兵，谓之乌合。"话虽简短，但极其深刻地阐述了"意"在诗文中的地位和作用。

文章的"意"，就是通常说的文章的主旨、文章的主题、文章的中心，也就是作者写文章的意图或宗旨。作者写文章总有一定的意图，无论是反映生活现象，说明纷繁的事物，还是议论种种问题，总想告诉人们什么，总有个目的意图，目的意图明确，文章就有了"主心骨"，就能站立起来。

"意"确立得如何，对文章全局起很大作用。"意"犹帅也，

"意"是一篇文章中的统帅。一支军队没有统帅，士兵再多，也不过是松散杂乱的乌合之众，缺乏战斗力。写文章道理相似。缺少主旨的文章，即使材料丰富，也会杂乱无章，甚至不知所云。

下面这篇习作写的是生活中的小浪花，几乎是微不足道的事，文章有没有主心骨呢？

阅报亭小记

我天天经过邮局门口的阅报亭，天天看见那儿围着一大群人。今天我实在被那群人吸引了，便好奇地过去凑热闹。

要在那儿找个好位置真不容易，只能看见密集的看报的人的背影。正巧我前面一位走开了，我才得以有"立足之地"。可惜我是近视眼，看不清那密密麻麻的小字。但又不甘心失掉占来的好位置，便站在那儿观察起来了。

这是一个非常简陋的阅报亭，用水泥浇成，在"玻璃窗"式的木框上，漆着绿色油漆，经过长年的风吹雨打，许多漆都脱落了，斑斑驳驳的。我正欣赏着，突然我的脚被人踩得生疼。

"哎哟！"我叫了起来，接着我看见了一张戴着深度眼镜、憨厚的脸略略向我点点头，"大概就是他踩了我，也不说声'对不起'，真没礼貌。"我恨恨地想。他倒不在乎，又专心致志地看着，还不断地有节奏地用手中的卷纸在手心上轻轻地敲击着。

突然，传来了一阵清脆的自行车铃声，接着飘来一阵香气。哦，又来了一位，只见她身穿滑雪衫，她索性把身体靠在脚踏车上，倒也占优势。

还没等我回过头来，我旁边的一位英俊的军人捅了我一下，大概是由于遮住了他的视线。我白了他一眼,大约他是军人的缘故,把手朝后一背,显出将军的气度。

这儿的"风波"刚刚平息,我又觉得有一股"冲激浪"向我袭来。不一会儿钻出个小脑袋。啊,小孩,看来也不过三四年级,仰起一张红扑扑的脸对我说:"姐姐,让我看看。"还没得到我的应允,他便钻到了我的面前,尽管他这般"无理",但我却觉得他真是可爱极了。杨朔笔下的"童子面"不也是这样吗?

"嘟、嘟、嘟……"五点了,从邮局里传出了报鸣声。我突然想起了我作业还没做完,便把那好位置留给了那位"童子面"。我边走,边情不自禁地往后看看那些关心新闻的人。国家大事就像一块磁铁,紧紧地吸引着每个"新闻爱好者"。

孙乐群

生活中有不计其数的"小",而这些"小",又能反映出各种各样的"大"。如果只有"小",而见不到"大",反映不出"大",文章就是零散材料的堆砌,毫无意义。这篇小记并不小,秤砣虽小,但能压千斤。

阅报亭是静止的物,由于它的面前有流动的人群,涌来又离去,离去又涌来,就使这个"物"活起来,增添了分量。习作者在读报人群中选了几个富有特征的来写——戴着深度眼镜、憨厚的脸的人;身穿滑雪衫的、飘着香气的她;英俊的军人;有一张红扑扑脸的小孩,构成了一幅老老小小、男男女女急于读报、专心读报的动人图景,从一个小小的侧面反映我们人民的精神面貌,反映人民和国家的命运紧密相连。

觅取和捕捉生活中的小浪花,窥视到其中蕴含的深意,就能写出主旨明确的文章。

2.
"意"要正确、深刻、新颖、集中

　　文章的"意"关系文章的全局,因此,写文章必须认真立意。立意,就是确立文章的主旨或中心思想,确立中心思想,是构思过程中最重要的步骤。确立主旨或中心思想应符合以下基本要求:

　　第一要正确。写文章是件严肃的事,无论写给谁看,都要正确地反映客观事物。托尔斯泰是俄国大文豪,他对自己写作曾作了这样的规定:"主题必须是崇高的。"要达到"崇高"的目标,先要正确。要正确,就要锻炼自己的思考力。面对纷繁复杂的社会现象,要能鉴别,要能分析,要能区别正误、分析美丑,只有认识正确,文章的"意"才能立得正确。一般说来,青少年学生写作文不会故意颂扬错误的、丑陋的、肮脏的思想,文章的中心思想常是积极的、健康的、向上的,讴歌祖国大好山川,赞颂社会主义精神文明。但是由于年龄、知识水平及生活经验等种种原因,学生作文在立意时常有认识偏颇、考虑不周而发生"意"的偏差乃至错误的情况,须多加注意。比如写《开卷有益》的作文,有的学生确立的中心思想是:凡是书,读了就有益处。这显然不妥当。书籍中有好书,有坏书。好书是精神食粮,读了可以开阔眼界,增长知识,启迪思维,陶冶思想情操;坏书诲淫诲盗,读了必会侵蚀思想,吞噬心灵,有害无益。文章的"意"确立为"开卷未必有益,读优秀读物才能受到教益"就正确了。文章的"意"如不正确,文章就倒了。如果是应考,那就全盘失分。

　　第二要深刻。立意切忌"庸人思路",将大家都能描写的现象,大家都能说的肤浅的道理作为文章的"意",那这篇文章等于不写,是多余之物。要锻炼自己的眼力,透过现象看到事物的本质,不能为现象所迷惑。要对所写的事物认真观察,仔细认识,反复研究,力求自己有独特的感受、独特的见解,见别人之所未见,别人浅见我深见，别人少见我多见。这样立的"意"，就能切中事物的要害，醒人耳目。例如著名女作家聂华苓写的《人，又少了一个》，刻画了一个女乞讨者的形象。第一次来乞讨时，这个女乞讨者说的是："我不是叫花子，我只是要点米，我的孩子饿得直哭……""我只要米，不要钱，我不是叫花子，我是凭一双手吃饭的人！太太！唉！我真不好意思，我开不了口，我走了好几家，都说不出口，又退出来了！我怎么到了这一天……""这怎么好意思？您给了这么多！这怎么好意思！谢谢，太太，我不晓得怎么说才好，我——直想哭！"三年后这个女人来乞讨时情况是：门内一声吆喝，"一角钱拿去！走，走，谁叫你进来的？你这个女人，原来还自己洗洗衣服赚钱，现在连衣服也不洗了，还是讨来的方便！"那女人笑嘻嘻的："再赏一点吧，太太，一角钱买个烧饼都不够！""咦，哪有讨饭的讨价还价的？走，走，在这里哼哼唧唧的，成什么样子？"那女人的嘴笑得更开了："再给我一点就走，免得我把您地方站脏了，再多给一点！"从以上摘引的片段可清晰地看到女乞讨者的前后语言的巨大变化，文章的"意"既非停留在对乞讨者同情，又不是横加斥责，而是以惊人的标题"人，又少了一个"揭示问题的本质。语言的变化揭示了人格的变化，人的尊严的丧失，由此，反映生活的真实，反映世态与人情，留给读者不尽的思考。立意深刻并不是故意拔高，呼叫口号，要尊重客观事实，从客观事实中找出最本质的东西。

第三要新颖。文章主旨要有新意，要有时代气息，给人以新鲜感。时代在前进，社会在发展，新人新事层出不穷，人的认识也随之有发展。反映在文章里，主旨应新颖不俗，不因循守旧。例如《枪口》写的是官复原职的N省建材局杨局长和李秘书在蒿草丛生、芦荻疏落的湖边打猎的经过，仅从文章的后半部分就可看出立意的新颖。

　　　　李秘书试探地凑上前去说："他是您的老部下嘛。这次他请您批五十吨建材物资给他……"
　　　　"你不要为他做说客。不批，半个字也不批；

针尖大的洞，也会刮进斗大的风。咱党员干部，那歪门邪道不要搞。"他停了一下，朝烟波迷茫、水天一色的湖面瞧去，"好景致，可惜婷儿没有同来。"

"她今天有更高兴的事儿。"李秘书故作神秘地笑笑说，"王主任托了文化局的老马，同意把您的女儿调到省实验话剧团工作。"

"嗯？"老杨的眉毛拧了个结。李秘书只当没察觉，坐进轿车，手扶在车门上，仿佛自言自语地说："就拿这辆车来说吧，也是王主任出力调拨给您的。那回大姐犯病住院，还多亏这辆车接送。"

"该死，早把我当猎物给瞄上了。"他下意识地攥紧枪把想。李秘书一眼溜到枪上，像又想起什么，说："王主任知道您喜欢打猎，这支猎枪，就是他特意托人专程送到您家的……"

车发动了。老杨陡然一惊，不觉倒抽一口冷气：黑黝黝双筒枪口，冒着寒气，就像两只黑洞洞的眼睛，死死地瞄准了他……

在发展经济的新形势下，掌权的干部如何坚持原则，拒腐蚀，永不沾，是人们经常谈论的热点，也是干部队伍建设中的难点，作者抓住现实生活中的一个侧面加以反映，以枪口死死瞄准为喻，敲响警钟，启人深思，有时代气息。

第四要集中。无论写多复杂的事物，主旨不能分散。一篇文章如果想说明这个问题，又想阐述那个观点，必然目的不明确、中心思想不突出。俗话说：意多文必乱。一篇文章里包含多种写作意图，就会形成大杂烩，读了使人有不知所云的感觉。古人说的"作文之事，贵于专一。专则生巧，散乃入愚。专则易于奏工，散者难于责效"，就是指这个道理。

主旨专一，还要学会用精辟的话来显示，来表达。"立片言而居要"，就是用一两句或三五句十分精彩的话概括文章的中心思想，使文意高高耸立。如《岳阳楼记》的"先天下之忧而忧，后天下之乐而乐"，文天祥《过零丁洋》的"人生自古谁无死，留取丹心照汗青"。虽是诗句，道理相通。

立意的四个要求相互联系，不可割裂。确立文章的中心思想时，应全面考虑。对初学写作的青少年来说，"正确"是前提，在"正确"的基础上，力求意深、意新，做到立意专一、中心突出。

下面这篇《石缝间的生命》是林希所作，在立意方面十分值得我们学生学习。

石缝间的生命

石缝间倔强的生命，常使我感动得潸然泪下。

是那不定的风把那无人采撷的种子撒落到海角天涯。当它们不能再找到泥土，它们便把最后一线生的希望寄托在这一线石缝里。尽管它们也能从阳光里分享到温暖，从雨水里得到湿润，而唯有那一切生命赖以生存的土壤却要自己去寻找。它们面对着的现实该是多么严峻。

于是，大自然出现了惊人的奇迹，不毛的石缝间丛生出倔强的生命。

或者就只是一簇一簇无名的野草，春绿秋黄，岁岁枯荣。它们没有条件生长宽阔的叶子，因为它们寻找不到足以使草叶变得肥厚的营养，它们有的只是三两片长长的细瘦的薄叶，那细微的叶脉告知你生存该是多么艰难；更有的，它们就在一簇一簇瘦叶下又自己生长出根须，只为了少向母体吮吸一点乳汁，便自去寻找那不易被觉察到的石缝。这就是生命。如果这是一种本能，那么它正说明生命的本能是多么尊贵,生命有权自认为辉煌壮丽,生机竟是这样不可扼制。

或者就是一团一团小小的山花,大多又都是那苦苦的蒲公英。它们的茎叶里涌动着苦味的乳白色的浆汁,它们的根须在春天被人们挖去做野菜。而石缝间的蒲公英,却远不似田野上的同宗生长得那样茁壮。它们因山风的凶狂而不能长成高高的躯干,它们因山石的贫瘠而不能拥有众多的叶片。它们的茎显得坚韧而苍老,它们的叶因枯萎而失却光泽;只有它们的根竟似那柔韧而又强固的筋条,似那柔中有刚的藤蔓,深埋在石缝间狭隘的间隙里;它们已经不能再去为人们做佐餐的鲜嫩的野菜,却默默地为攀登山路的人准备了一个可靠的抓手。生命就是这样地被环境规定着,又被环境改变着,适者生存的规律尽管无情,但一切的适者都是战胜环境的强者,生命现象告诉你,生命就是拼搏。

如果石缝间只有这些小花小草,也许还只能引起人们的哀怜;而最为令人赞叹的,就在那石岩的缝隙间,还生长着参天的松柏,雄伟苍劲,巍峨挺拔。它们使高山有了灵气,使一切的生命在它们的面前显得苍白逊色。它们的躯干就是这样顽强地从石缝间生长出来,扭曲地,旋转地,每一寸树衣上都结痂着伤疤。向上,向上,向上是多么的艰难。每生长一寸都要经过几度寒暑,几度春秋。然而它们终于长成了高树,伸展开了繁茂的树干,团簇着永不凋落的针叶。它们耸立在悬崖断壁上,耸立在高山峻岭的峰巅,只有那盘结在石崖上的树根在无声地向你述说,它们的生长是一次多么艰苦的拼搏。那粗如巨蟒,细如草蛇的树根，盘根错节，从一个石缝间扎进去，又从另一个石缝间钻出来，于是沿着无情的青石，它们延伸过去，像犀利的鹰爪抓住了它栖身的岩石。有时，一株松柏，它的根须竟要爬满半壁山崖，似把累累的山石用一根粗粗的缆绳紧紧地缚住，由此，它们才能迎击狂风暴雨的侵袭，它们才终于在不属于自己的生存空间为自己占有一片天地。

　　如果一切的生命都不屑于去石缝间寻求立足的天地，那么，世界上就会有一大片一大片的地方成为永远的死寂，飞鸟无处栖身，一切借花草树木赖以生存的生命就要绝迹，那里便会沦为永无开化之日的永远的黑暗。如果一切生命都只贪恋于黑黝黝的沃土，它们又如何完备自己驾驭环境的能力，又如何使自己在一代一代的繁衍中变得愈加坚强呢？世界就是如此奇妙。试想，那石缝间的野草，一旦将它们的草籽撒落在肥沃的大地上，它们一定会比未经过风雨考验的娇嫩的种子具有更旺盛的生机，长得更显繁茂；试想，那石缝间的蒲公英，一旦它们的种子，撑着团团的絮伞，随风飘向湿润的乡野，它们一定会比其他的花卉生长得茁壮，更能经暑耐寒。至于那顽强的松柏，它本来就是生命的崇高体现，是毅力和意志最完美的象征，它给一切的生命以鼓舞，以榜样。

　　愿一切生命不致因飘落在石缝间而期期艾艾。愿一切生命都敢于去寻求最艰苦的环境。生命正是要在最困厄的境遇中发现自己，认识自己，从而才能锤炼自己，成长自己，直到最后完成自己，升华自己。

石缝间顽强的生命，它既是生物学的，又是哲学的，是生物学和哲学的统一。它又是美学的；作为一种美学现象，它展现给你的不仅是装点荒山枯岭的层层葱绿，它更向你揭示出美的、壮丽的心灵世界。

　　石缝间顽强的生命，它具有如此震慑人们心灵的情感力量，它使我们赖以生存的这个星球变得神奇辉煌。

　　这篇《石缝间的生命》立意高远，启人心扉。它是一曲激昂的生命之歌，一曲顽强拼搏的生命之歌。"愿一切生命都敢于去寻求最艰苦的环境。生命正是要在最困厄的境遇中发现自己，认识自己，从而才能锤炼自己，成长自己，直到最后完成自己，升华自己。"这是主题的点睛之笔，闪发着思想的光芒，令人鼓舞，催人奋进，启迪人们深刻理解生命的意义和价值。

　　如果对石缝间顽强的生命只停留在生物学角度的理解，适者生存，"意"显然就比较肤浅。作者深知这一点，往深处挖掘，提到哲学与美学的高度来阐述，意味隽永，主题就跳了出来。说它"是生物学和哲学的统一"，"作为一种美学现象，它展现给你的不仅是装点荒山枯岭的层层葱绿，它更向你揭示出美的、壮丽的心灵世界"。笔触往深处开掘，揭示了事物本质，赞颂生命的顽强，讴歌敢于奋斗、敢于拼搏、敢于排除万难去争取胜利的精神世界。古哲人孟子曾说过："故天将降大任于斯人也，必先苦其心志，劳其筋骨，饿其体肤，空乏其身，行拂乱其所为，所以动心忍性，曾益其所不能。"一个人要能担当起重大任务，在心志、筋骨、体肤、行为等方面均要经受艰苦的磨炼，这样才能增强意志，增长才干。如果贪图安逸、享乐，生命也就死亡。这是亘古以来的深刻的生活哲理，被无数事实所证明。《石缝间的生命》取这样的思想精华来立意，是正确的、积极的、向上的。

　　文章的"意"不是凭空拔高，而是以坚实的材料为基础的。作者先描写不毛的缝隙间丛生的"一簇一簇无名的野草",显示生命的本能,只要能寻求到一丝立足之地,小草就能生存、生长。接着描写"一团一团小小的山花",为了生存,苦苦挣扎,既被环境改变,又做战胜环境的强者,以此来显示生命就是拼搏的真理。最后描写"参天的松柏",它的躯干,树衣上的疤痕,盘结在石崖上的树根,爬满半壁山崖的根须,无不记录它生长的艰难、生命的拼搏。大自然中出现的这些惊人的奇迹来自何处?生命的本能,生命的拼搏。作者洞悉其中的奥秘,托物寓意,揭示生命的意义和价值。

古往今来论述生命的意义和价值的文章可说是车载斗量,要写出新意是十分不容易的。作者选取了人们易疏忽的"石缝"做文章,把生命放在特定的极其艰苦的环境中去摔打,使生命的本质特征显露无遗。这一点也很值得借鉴。

3. "意"统率材料,统率结构,统率语言的运用

"意"统率材料,决定材料的取舍。生活中、书本中可入文章的材料极多,选用什么,舍弃什么,哪些多选,哪些少选,哪些不选,唯一的依据就是文章的"意"。文章的主旨需要哪些材料来表达,就选取哪些材料。选入文章的材料一经"意"来统率,就变得有生命力,形成完整、有机的统一体。比如鲁迅的《从百草园到三味书屋》,材料十分丰富。单是百草园的景物就有碧绿的菜畦、光滑的石井栏、高大的皂荚树、紫红的桑葚,就有蝉、黄蜂、叫天子、油蛉、蟋蟀、蜈蚣、斑蝥,就有何首乌藤、木莲藤、覆盆子。三味书屋涉及的材料有匾、画、孔子牌位,有拜师情景;学生读先生指定的书,不准提书外问题;打戒尺、罚跪、瞪眼;先生入神朗读,学生人声鼎沸;在指甲上做戏,描绘小说绣像,溜到书屋后面的小园里玩耍,等等。这些材料看起来似乎很散,有的几乎互不相干,但作者用"意"来统率,材料就组合成有机的整体。文章的主旨在表现儿童热

爱大自然、喜欢自由快乐生活的心理，表现对束缚儿童身心发展的封建教育的不满。正是由于确立了这样的"意"，百草园所有的景物被统率起来了，百草园景物有声有色有趣，是儿童的乐园，三味书屋的种种材料也被统率起来，充分反映了私塾学习生活的单调枯燥。两相对照，喜爱什么，不满什么，十分清楚。

"意"决定文章的结构。文章是一个整体，由许多部分组成，各个部分在文中处于怎样的位置，又怎样组合在一起，须遵循一定的原则、一定的规律。这些原则与规律都离不开"意"的主宰。作者要表达怎样的写作意图，就按照怎样的意图搭文章的框架，安排详略疏密。例如：同是以老师为题材，鲁迅的《藤野先生》和魏巍的《我的老师》结构就很不相同。鲁迅怀念藤野先生，是因为藤野先生朴质正直，没有民族偏见，写作的意图是把对往事的回忆和现实的斗争结合起来，借以策励自己。出于这个意图，文章以鲁迅的思想变化为线索，按时间顺序组织材料，表露拯救民族、弃医从文的决心。《我的老师》回忆了二十多年前的三位老师，目的在抒发自己对老师的怀念和尊敬，因此把三位老师的教学生涯的片断材料用并列的方式建构起来。其中写蔡老师的可独立成篇。

"意"指挥语言的运用。语言是表达情意的工具，有"意"才有"辞"，不是有"辞"才有"意"。怎样运用语言，怎样遣词造句，都由作者的思想见解——文章的"意"调遣，离开"意"，只追求辞藻，就会形成互不相干的语句的堆砌。

综上所述，就可明白：文章的"意"关系到文章的全局，材料的选择、篇章结构的安排、语言的运用，都受"意"的统率，"意"在文章中是发号施令的"将军"。

前面所举的《石缝间的生命》就是用"意"来统率材料、统率结构、统率语言的。"野草""山花""松柏"三个材料都为表现文章的主题服务，都在讴歌生命的顽强，但三个材料又不完全在一个平面上，有轻重之分，详略之别。石缝间生长的小草是赞颂生命的基础，由生命的本能，开掘到生命的拼搏，再开掘到生命的崇高体现，层层推进，深邃的"意"一步步展现在读者面前。松柏是毅力和意志最完美的象征，故而铺展开来详写。这方面内容写具体写充分，文章的中心思想就能凸显。

文章先选三个材料正面描写，接着又从反面论述，如果一切生命不屑于去石缝间寻求立足的天地，世界就会有地方"永远死寂""永远黑暗"，然后又与沃土中的生命作比较。如此一正一反一比较，使生命须拼搏的立意表达得更为充分更为有力。因此，采取怎样的写法，也是受"意"统率的。

文中不少语句言简意赅，言简意深，之所以如此，同样受文章主旨的调遣。如："如果这是一种本能，那么它正说明生命的本能是多么尊贵，生命有权自认为辉煌壮丽，生机竟是这样的不可扼制。"一般说，本能是不值得推崇的，而作者却用"尊贵"加以形容，一石惊天，显示生命存在的艰难，生命的本能寓含不同凡响的深意。石缝间一丛一丛野草，三两片长长细瘦的薄叶，美在何处？作者却用"辉煌壮丽"来刻画。是不是言过其实？不是。不美是现象，现象背后隐藏着辉煌壮丽的本质。种子在不易被觉察的石缝间发芽，倔强地吐出瘦叶，生命还不辉煌？还不壮丽？"有权""自认为"的用法充满自信，充满自豪。生机不可"扼制"，通常我们用"扼杀""遏制"，文中为何用"扼制"呢？"扼"是用力压住，"遏制"表达小草生长的艰难分量还不够，用"扼"更能显示生命不可抗拒的勃勃生机。遣词造句都是为准确地表达主旨，使主旨显豁服务。

4. "意"要在笔先

文章要在"意"上取胜，下笔之前定要考虑写什么内容，体现什么思想。下笔之前"立"好了"意"，文章就有明确的主旨。就好像部队一样，有了主帅，统领全军。如果下笔之前不立意，那就无法对全文作通盘考虑，如何开头，如何结尾，哪些材料详，哪些材料略，等等，就缺乏考虑的依据。如果运笔时边写边考虑文章的主旨，想到哪里，写到哪里，主旨就会飘忽不定。应该在动笔前认真考虑写作的目的,从掌握的材料中提炼观点,再以提炼出来的观点统率材料。在这方面,鲁迅是学习的榜样。据鲁迅夫人许广平的记述,鲁迅写"三五百字的短评,也不是摊开纸就动手,那张躺椅,是他构思的好所在,那早晚饭前饭后的休息,就是他一语不发,在躺椅上先把所要写的大纲起腹稿的时候"。

要做到"意"在笔先,平时要注意锻炼思想,增添见识,增强认识生活的能力。客观事物是林林总总,蕴含无穷的奥秘,平时要注意观察,积极思考,认真领悟其中真谛。生活狭窄,认识肤浅,面对再感人的材料,也难以立出好"意"。

下面这篇文章是高三学生李倚天参加华东六省一市作文比赛时写的,看它在立意方面有什么特点。

照片

照片上三个人。三个都是女性。

三个人的神态很不协调。左边一位刚过中年,雍容华贵;右边一位很年轻,俏丽窈窕。她们对着镜子笑着,都如天仙一般美,她们挽着中间那位矮老太太。老太太扎一块方头巾,下身穿着一件很像围裙的花格肥裙子,两腮边的肉已有些下垂,拽着半张开的嘴,她的两眼就在那一刹那被定格,仿佛永远在不停地张皇四顾。她挓挲着两只手,那样的无可奈何,好像并不是在拍照,而是正遭绑架。

背景很辉煌,基调是处处闪光的咖啡色加紫色。身后是一扇玻璃转门,透过门外的树丛,能隐约辨出阳光下的海滩。

"两边的丽人是华侨,中间是从大陆去的姑妈姨妈或老表姐。老太婆有点眼花缭乱了……"我将照片带到班里去的时候,围观的同学纷纷这样猜测。

"是在日本！"——这是细心的人，因为在转门上方，能看到一行夹着汉字的那一国的特殊文字。由于这一确定的事实，于是七嘴八舌演绎出一连串的故事：日本投降后这位姨妈姑姑或表姐留在中国，直到最近才经我方帮助找到亲人，等等。

但不管怎样编来编去，大家好像存在着一种默契，有一个共同确认的前提：穷老太婆必定来自"大陆"，两位"丽人"自然是不同于"我们"的人了。这总使我的心里以及关于这张照片的故事，在本来的沉重感上又增加了一丝苦味。

"这是安阿姨。"我指着左边那位说，"右边是她的学生。她们既不阔也不是华侨，都是本市市民。老太婆倒是地道的日本人，且并不老，只比安姨大一岁。"

安阿姨是"舞协"会员。同她的学生去日本的一座友好城市访问演出。照片是在她们下榻的饭店前厅拍的。从住进饭店起，她们就注意到了那位老太婆。她总在默默干活，从不抬头也从不休息。一连几天，她们看到的似乎只是那块花头巾。仿佛从她身旁来往的人，以及沙滩、阳光，总之外部世界的一切都与她无关。出于我们的观念，安阿姨对她产生了由衷的关心，开始用学来的简单用语同她打招呼。她分明听到了，但从不回答，只是更低地埋下头去。

一天下午，安阿姨她们回来，正碰上她在前厅擦地板，于是走过去，要同她合影留念。她明白她们的意思后，第一个反应就是要逃开。她们一左一右挽住她，由同团的同志拍下了这张照片。几乎同时，她像瘫倒一样跌坐在地上，然后，竟嘤嘤地哭了起来……

夜里，安阿姨听到门外有窸窸窣窣的声音，开门一看，她跪坐在门边。她急急膝行进屋，抱住了安阿姨的腿……

代表团的人都悄悄聚到安阿姨房间里。

她来请求帮助，请代她去申明：拍照不是她的错，她是无辜的。不然，她就会丢了这份差使。她说自己是"乞儿族"的人……

历史好像一下倒退了几个世纪。

在今天的日本人中，存在着一个阶层，一个类似印度"贱民"的阶层，被称作"乞儿族"。她们不能参与任何高级的社会活动。一般日本人，连同他们谈话也觉得耻辱。他们赖以谋生的职业，只能是被一般人唾弃的行当。这个阶层形成于三百多年前日本的幕府时代。当时的奴隶，即今天的乞儿族。他们曾被严禁与一般人正面相向。直到21世纪初，在遇到社会地位较高的人时，还必须立即匍匐在地。

更为严酷的是，他们的这种地位和身份都是世袭的，永远不能摆脱与超越。在今天，他们的人数已超过三百万！

"那一夜，我们都没睡。"安阿姨在讲完上面那段故事后说，"怎么能睡得着呢？心头那股压抑，使人总想狂喊几声。我久久站在窗前，望着那个城市、那片璀璨的灯海，望着望着，就掉了眼泪……我理不清自己的思绪，但有一点是强烈的：我想念我们的祖国，想念我们这个城市……后来，我们互相拥抱着，像孩子一样痛哭起来……"

"按照对她的许诺，我们做了能做的一切，但直到回国前，却再也没有见到她……她还有两个未成年的孩子,她要挣钱养活他们呀……"她的声音哽咽了。我们都沉默着。

许久,安阿姨的丈夫深情地说:"她保住了那份可怜差使又会怎样呢?她抚养大了自己的孩子,反而使他们陷入更深的屈辱之中……"

我陷入了沉思。

习作者围绕照片讲述了一个启人深思的故事。文章的主旨十分明确,既揭露资本主义社会奢华背后的贫穷,发达背后的落后,又讽刺盲目崇拜外国、鄙薄自己国家的病态心理。文章的"意"正确,有一定的深度。

有人说:"艺术的真正生命在于对个别特殊事物的掌握与描述。"习作者耳闻目睹的日本"乞儿族"老太的材料是有价值的,而这个"特殊事物"究竟在文中应发挥怎样的作用,告诉人们什么,是要经过反复思考,反复琢磨的。如果如实地转述安阿姨赴国外访问亲眼所见的事,也可博得对那位日本老太的同情,然而意义不大。把她放在豪华宾馆的背景上出现、活动,事物的本质就被揭示。原来并不是外国的月亮比中国的圆,发达繁荣下面掩藏着很不光彩的一面,而且这种不光彩并没有被努力摒弃,而是在继续,在延伸,在扩展。这样处理,文章主旨的深度就大大推进了。

近些年来,人们往往有种错觉,富有的一定是外国人,贫穷的一定是中国人。认识上的偏差常常由崇洋媚外的病态心理所驱使。习作者运用这个材料对文章主旨进一步开掘。起因是一张三个女性的照片,照片上从年龄、从装束、从神情来看,无不构成鲜明的对比。面对这些强烈的反差,展开议论是合乎情理的,而议论的内容又似乎是司空见惯、不足为奇的。就在这不足为奇的后面讲述了一个真实的故事。从现象看,颇出人意料,从本质看,在情理之中。这样就把深刻的揭露和善意的讽刺有机结合起来,有新意。

对文章主旨的确立如果不是下笔之前认真思考,反复斟酌,不可能写出如此有一定思想高度的文章。

该文在结构上有缺陷。既然这张三人照在班级里引起同学们的议论，文章结尾处就应作适当的照应，否则，给人以两码事的感觉，议论是装上去的，影响"意"的表达。

综上所述，须懂得：写文章确立主旨是最重要的，否则，文章就无中心或多中心，就站立不起来。文章主旨要在掌握材料的基础上提炼，求精、求深、求新，千万不能想到哪里，写到哪里，浮游无根。文章的主旨不是凭空冒出来的，而是平时锻炼思想、积累知识和增添生活阅历的结晶。炼"意"要炼"识"，要着力提高自己对事物的认识能力和思想水平。

四
用真情浇灌

"起来,不愿做奴隶的人们,把我们的血肉,筑成我们新的长城……"每当唱国歌时,我们就热血沸腾,热爱祖国的感情充盈胸际。半个多世纪以来,这首歌教育和动员了亿万人民,抗击侵略者,建设新中国。为什么它有如此惊人的号召力和巨大的凝聚力?那是因为词、曲的作者田汉与聂耳对日本侵略者满腔愤恨,对祖国对人民满腔深情;词、曲是内心情感的喷射,是用真情浇灌而成。

"感人心者,莫先乎情。"没有情,就没有感动人的诗,没有感动人的歌,同样,也不会写出好文章。文章不是无情物,任何一篇佳作都是情动于中的产物。

文章的生命在于真实,要事真,理真,情真,不能假造,不能硬做硬装。文章是客观事物的反映,写作的人要反映大千世界中纷繁的客观事物,必然在观察、感受、思考的基础上有自己鲜明的态度。或爱,或恨,或悲,或喜,或赞扬,或批评,或同情,或厌恶……把这些用文字真实地表达出来,就是有真情实感的文章。这样的文章就有生命力,就能引起读者的共鸣。

1.
情要真

虚情假意犹如剪刻的纸花,没有生命的活力。情真意切的文章,流传千古仍能熠熠发光彩。诸葛亮的《出师表》就是语重心长、真挚感人的典范。后主刘禅昏暗不明,诸葛亮出师之前上奏表要后主实行明智治国，有所作为。从分析形势到进言劝谏，到出师明志，到临别寄情，全文六百余字，句句恳切，字字真诚，感人至深。"亲贤臣，远小人，此先汉所以兴隆也；亲小人，远贤臣，此后汉所以倾颓也。先帝在时，每与臣论此事，未尝不叹息痛恨于桓、灵也。侍中、尚书、长史、参军，此悉贞良死节之臣，愿陛下亲之信之，则汉室之隆，可计日而待也。"作为刘备临崩托孤的老臣，对受托辅助的幼主激励和启发，期望之殷殷，情意之恳切，在字里行间洋溢。前人说，读《出师表》而不流泪的不是忠臣，可见"情"在文章中的重要作用。

这是大而言之就国事来谈"情"，小而言之，乡情、亲情、师情、友情等，无不如此。白居易说："根情，苗言，华声，实义。""根情"，"情"是文章的根本，是写文章的基本要求，作者内心有饱满的感情，由衷地倾吐，笔端就会情满青山，情满大海。香港作家黄河浪在《故乡的榕树》一文中饱含的游子思乡之情十分感人。久居异乡的作者围绕故乡的榕树描述有关的人和事、景和情，抒发了长期积蓄在心头的怀念、眷恋故乡的深情。特别是：

> 苍苍的榕树啊，用怎样的魔力把全村的人召集到膝下？不是动听的言语，也不是诱惑的微笑，只是默默地张开温柔的翅膀，在风雨中为他们遮挡，在炎热中给他们阴凉，以无限的爱心庇护着劳苦而淳朴的人们。
>
> ……
>
> "爸爸，爸爸，再给我做几个哨笛。"不知什么时候，小儿子也摘了一把榕树叶子，递到我面前，于是我又一叶一叶卷起来给他吹。那忽高忽低、时远时近的哨音，弥漫成一片浓浓的乡愁，笼罩在我的周围。故乡的亲切的榕树啊，我是在你绿荫的怀抱中长大的，如果你有知觉，会知道我在这遥远的异乡怀念着你吗？如果你有思想，你会像慈母一样，思念我这漂泊天涯的游子吗？

从这两段文字中,我们能清晰地感受到作者的思乡恋情如潮水一般往笔端涌。先是竭力赞颂苍苍榕树对故乡人的爱心和功绩,把"默默地张开温柔的翅膀"的形象展现在读者的眼前,赞的是苍苍榕树,寓含的是思乡情意。乡思、乡情、乡恋,只靠榕树还难以承担,于是借哨音进一步倾注,进一步渲染。哨音由榕树叶子派生而出,而恋乡之情的种子也就随着哨音的飘扬播种到下一代的心中,情往纵深发展。怎样才能尽情地吐露衷肠呢?作者对榕树细语,巧妙在不是对榕树抒思念之情,而是设想树有情有意,既像慈母一样思念天涯游子,又知道天涯游子思念母亲。游子恋故乡,故乡思游子,心心相印,眷恋故土的感情推向高潮。

有些文章语言平实,但蕴含的情意非常深厚,认真咀嚼,意味无穷。毛泽东1937年1月30日给徐特立的信,一开始就浸透了真挚的师生情意。信上说:"你是我二十年前的先生,你现在仍然是我的先生,你将来必定还是我的先生。"毛泽东是中国人民的伟大领袖,对教过自己的老师尊重、敬佩的深情,通过极其朴实而深沉的语言表露出来,具有广大而深远的意义。

情真是以事真为基础的。古人说写文章要"事信而不诞",事情要可靠而不荒诞,否则是满纸谎言,还有什么真情实感,还有什么价值?

下面是初三一位学生的习作,不妨剖析一下。

永恒的怀念

我的爷爷已去世多年了,但每当回忆起和爷爷在一起的日子,我心中总不免充满了幸福和欢乐。

爷爷高高的个子,大大的肚子,像"弥勒大佛"似的。下巴上一撮短毛胡子,虽然两鬓皆白,但眼神总是那么和蔼慈善,闪烁着奕奕神采,让人觉得亲切。不过,他也有发怒的时候,那模样,和"四大金刚"的凶样差不了多少。

我还只有四五岁时，一年夏天随爸爸回老家，一进家门，就看见客厅的大八仙桌上摆着一盆盆招待客人的糕果和龙眼、荔枝之类的鲜货。我一见就嘴馋了，不管三七二十一，也不与爸爸说一声就上前伸手抓起了一个大荔枝"咔叭"咬开壳，刚想送入嘴，突然，"叭"的一声，我的手顿觉一阵火辣，荔枝也掉落在地。我愤怒地抬头一瞧，"呀"，吓得我一哆嗦。只见一位满脸怒气的老人正用责备的眼光看着我，那眼神似乎在说："真不懂事！这个小馋鬼！"我一吓，便"哇"的一声哭开了。事后，爸爸告诉我这就是我的爷爷。哼，我心目中慈爱的爷爷难道就是这模样？还算爷爷呢，比爸爸"凶"多了！我幼小的心中充满了对他的畏惧和憎恨。

那天晚上，我独自在屋里玩，爷爷双手背着进来了。他摸摸我的脸问道："群群，不高兴了？"我不理睬他。"哈哈，"爷爷笑着从身后拿出一盘荔枝放在我跟前，"哎，想吃吗？"我一见就忘了刚才发生的一切，马上扑上去。爷爷忽地把盘子举得高高的。"群群，你乱吃东西又不跟大人说一声，这很不好。你说要不要改？说了再给你吃。"我跳跳蹦蹦要抢盘子，嘴里嚷着："不了，下次不乱吃了！"还使劲点着头，表白自己已经明白了。爷爷这才笑呵呵地放下盘子，亲手剥了个顶大的塞在我嘴里。我边吃边高兴地连声嚷着："爷爷，你真好！"此时，我又觉得爷爷一点也不"凶"了。

此后，爷爷就经常和我在一块，有时带我到山里去玩，有时带我到果园摘果子吃，有时还领我去看山区的小火车。……每当傍晚，爷爷就坐在田边给我讲故事、吃荔枝；高兴起来，爷爷就用他的拉碴胡子"刺"我的脸蛋。而我呢，则爬上"弥勒佛肚"跳它几下，有趣极了！

爷爷对别人很关心，邻居有什么事，都来找他帮忙。爷爷还常常干些挑水、劈柴活儿，还在后园种了块地呢！爷爷以前是个会计，退休了也坚持天天看书、写字。他常给我讲孙悟空、猫与老虎的故事……于是，我那时又觉得爷爷是世界上懂事最多的人，最仁慈的人，最好的人。

现在，爷爷已离我而去多年了。但我经常回忆起那欢乐的童年，那和爷爷在一起的岁月。每当想起，心里悲哀与幸福的感情总交织着，眼前不时闪现爷爷的高大身躯、"弥勒大佛"般的圆肚和充满慈爱的眼睛……

我永远怀念我的爷爷！

魏　群

这篇习作读来令人捧腹，祖孙之间的真情跃然纸上。

情真的基础是事真，所写的都是儿时接触的琐事，详详略略，如实写来，无半点矫揉造作。叙的是童年时代和爷爷之间的趣事，充满童真，显现童心。儿童眼中爷爷的"凶"和"好"是变的，而这种"变"又以儿童自己的要求得不得到满足为依据。这样描写，真实地反映了儿童的心理，给人以可信感。

2.
情要健康、明朗、积极、向上

心中有感情的冲击波，流入笔端，就形成文章。这种情不是无病呻吟、孤芳自赏，而是积极向上的、健康明朗的。"情真"不能误解为灰色的、颓唐的、扭曲的，都能入文章。前一章说到文章的主旨要正确，这是年轻学生写作文第一要把握的重要因素。用真情浇灌文章，不能忘记这一点。

情感不是凭空而来，丰富的情感来自生活、来自积累。生活是情感的源泉、情感的基础。青年学生热爱生活，了解生活中的人和事、景和物，对改革开放大浪潮中涌现的新事物有感受、有体会，用科学的观点分析、研究，情思就会绵绵不断，写出情意双佳的好文章。

下面这篇《父辈》是上海高考语文中的一篇优秀作文。

父辈

父亲这一代人，大概是新中国最苦的了。长身体时自然灾害，求学时上山下乡，回城时赶上压缩居民人口，子女深造又正赶上大学学费自费……

可每当我望见父亲，他的眼睛依然闪亮，他的腰杆依然挺直，显得踏实、自信、沉稳。

是的，我崇拜我的父亲。儿时，蜷缩在自行车雨披下，耳贴着父亲胸口，听"哗哗"的风雨声和父亲"咚咚"的心跳时，我崇拜他；少年时，看手掌一定职权的父亲，昂然拒收一次次礼品时，我崇拜他；如今，当步入青春门槛的我，看见年过五十、两鬓斑白的父亲，依然孜孜不倦在灯下攻读技术书籍时，我更崇拜他；而且，当我从同龄人那里，又听到种种似曾相识的故事时，我进而又对我们的父辈产生崇敬之情了！

父辈实在是不容易的。有一首歌这样唱："你有个家，妻如玉女儿如花，你是个男人就注定要支持它。"大风大浪闯过来，淘尽了一切不必要的华丽和芜杂，他们能够用一种平静而朴实的心情面对生活，踏实、自信、沉稳地走自己的路，如同古希腊神话中的神祇，默默地推着他们的巨石。他们支撑的不仅仅是家庭，更是整个社会。

我们身边的世界是繁华的，这繁华无不浸透着父辈的汗水。父辈的业绩是不凡的，他们创造了上海灿烂的今天。无论是曾乐、包起帆等明星，还是我父亲在内的许许多多默默耕耘的普通劳动者，他们其实都在向我们发出挑战——怎样接过这副建设的担子，超越我们的父辈？

我想，从身体到精神都没有受过太多创伤的我们，不应该再茫然地空虚和寂寞了。父辈的精神在身边闪光，父辈的榜样在前方召唤，用父辈的踏实、自信、沉稳充实自己，我们才能成功地托起上海明天火红的朝阳！

《庄子·渔父》中有这样一句话："不精不诚，不能动人，故强哭者虽悲不哀，强怒者虽严不威。"这篇作文可谓在"精"与"诚"上下了功夫。写文章贵在至诚，用真心写，用真情写。

作文题目着眼于一个"辈"字，写一代人。要倾注真情于群体，运笔不易。作者用相当的笔墨刻画父亲的形象，三个"崇拜"句既勾勒了历史的进程和自己的成长，更蕴含了儿女对父亲的由衷爱戴与崇敬。真情可掬。

文章有"点"，写个人；有"面"，写群体。不论是个人还是群体，都情满纸上。文章开笔仅寥寥数语，就概括出父亲这一代人的坎坷、辛苦、理解、同情、热爱等。紧接着笔锋一转，写父亲的踏实、自信、沉稳，由父亲而父辈。歌颂他们这种精神、这种品格，歌颂他们创建的业绩成为全文感情的主旋律。文中表露的情健康、明朗。

行文至此，也可收笔，但感人之深谈不到。这位考生继续开掘主题，提出父辈的业绩"其实都在向我们发出挑战"，笔锋往纵深发展,文章主旨的内涵丰富了、深刻了,新意显现了。随着主题的开掘,文章在议论中抒情,抒发继承父辈精神、超越父辈业绩、创造灿烂明天的豪情。这种情是积极的、向上的,给人以无限希望。

情真是以事真、理真为基础的。父辈就是这样肩负沉重的历史负担,挺直着身体走过来的,这是事实;他们现在正努力跟上时代的步伐,艰苦创业,这同样是事实。面对这实实在在的事实,发自肺腑进行礼赞,是实情、真情,基础十分扎实。儿辈应认识肩负的重任,接受父辈的挑战,这是事物发展的道理,这是做人的道理,理真。正由于理真,抒发的豪情就有扎实的基础。

法国作家维克多·雨果写给巴特勒上尉的一封信,在这方面可给我们以更多的启示。

雨果的信

先生,您征求我对远征中国的意见。您认为这次远征是体面的、出色的。多谢您对我的想法予以重视。在您看来,打着维多利亚女王和拿破仑皇帝双重旗号对中国的远征,是由法国和英国共同分享的光荣,而您想知道,我对英法的这个胜利会给予多少赞誉。

既然您想了解我的看法,那就请往下读吧:

在世界的某个角落,有一个世界奇迹。这个奇迹叫圆明园。艺术有两个来源,一是理想,理想产生欧洲艺术;一是幻想,幻想产生东方艺术。圆明园在幻想艺术中的地位就如同巴特农神庙在理想艺术中的地位。一个几乎是超人的民族的想象力所能产生的成就尽在于此。和巴特农神庙不一样,这不是一件稀有的、独一无二的作品;这是幻想的某种规模巨大的典范,如果幻想能有一个典范的话。请您想象有一座言语无法形容的建筑,某种恍若月宫的建筑,这就是圆明园。请您用大理石,用玉石,用青铜,用瓷器建造一个梦,用雪松做它的屋架,给它上上下下缀满宝石,披上绸缎,这儿盖神殿,那儿建后宫,造城楼,里面放上神像,放上异兽,饰以琉璃,饰以珐琅,饰以黄金,施以脂粉,请同是诗人的建筑师建造一千零一夜的一千零一个梦,再添上一座座花园,一方方水池,一眼眼喷泉,加上成群的天鹅、朱鹭和孔雀,总而言之,请假设人类幻想的某种令人眼花缭乱的洞府,其外貌是神庙,是宫殿,那就是这座名园。为了创建圆明园,曾经耗费了两代人的长期劳动。这座大得犹如一座城市的建筑物是世世代代的结晶,为谁而建?为了各国人民。因为,岁月创造的一切都是属于人类的。过去的艺术家、诗人、哲学家都知道圆明园,伏尔泰就谈起过圆明园。人们常说:希腊有巴特农神庙,埃及有金字塔,罗马有斗兽场,巴黎有圣母院,而东方有圆明园。要是说,大家没有看见过它,但大家梦见过它。这是某种令人惊骇而不知名的杰作,在不可名状的晨曦中依稀可见,宛如在欧洲文明的地平线上瞥见的亚洲文明的剪影。

这个奇迹已经消失了。

有一天,两个强盗闯进了圆明园。一个强盗洗劫,另一个强盗放火。似乎得胜之后,便可以动手行窃了。对圆明园进行了大规模的劫掠,赃物由两个胜利者均分。我们看到,这整个事件还与额尔金的名字有关,这名字又使人不能不忆起巴特农神庙。从前对巴特农神庙怎么干,现在对圆明园也怎么干,只是更彻底,更漂亮,以至于荡然无存。我们所有的大教堂的财宝加在一起,也许还抵不上东方这座了不起的富丽堂皇的博物馆。那儿不仅仅有艺术珍品，还有大堆的金银制品。丰功伟绩！收获巨大！两个胜利者，一个塞满了腰包，这是看得见的，另一个装满了箱箧。他们手挽手，笑嘻嘻地回到了欧洲。这就是这两个强盗的故事。

我们欧洲人是文明人，中国人在我们眼中是野蛮人。这就是文明对野蛮所干的事情。

将受到历史制裁的这两个强盗，一个叫法兰西，另一个叫英吉利。不过，我要抗议，感谢您给了我这样一个抗议的机会。治人者的罪行不是治于人者的过错；政府有时会是强盗，而人民永远也不会是强盗。

法兰西帝国吞下了这次胜利的一半赃物，今天，帝国居然还天真地以为自己是真正的物主，把圆明园富丽堂皇的破烂拿来展出。我希望有朝一日，解放了的干干净净的法兰西会把这份战利品归还给被掠夺的中国。

现在，我证实，发生了一次偷窃，有两名窃贼。

先生，以上就是我对远征中国的全部赞誉。

维克多·雨果
1861 年 11 月 25 日于高城居

维克多·雨果是 19 世纪法国著名的浪漫主义诗人和作家，这封信选自他的《言行录》。1860 年 10 月英法联军疯狂地焚毁了圆明园，并以此为荣耀，雨果在事情发生以后的第二年，写信给巴特勒上尉，严正地表明自己的观点。

信从头至尾充满了凛然正气。侵略者想从他那儿获得"赞誉"，而他义正词严，谴责英法两个强盗劫掠的野蛮行径，谴责他们焚毁了亚洲文明的奇迹，断言他们将受到历史的制裁。"我要抗议，感谢您给了我这样一个抗议的机会。""现在，我证实，发生了一次偷窃，有两名窃贼。"……这一句句，一行行，浸透了对侵略者的憎恨，真是义愤填膺，洋溢满纸。

信中对东方艺术瑰宝尽情歌颂。站在东方艺术和西方艺术总体特征的高度进行比较，由衷地赞美圆明园这座世界名园的艺术价值。"请您用大理石，用玉石，用青铜，用瓷器建造一个梦"，"饰以琉璃，饰以珐琅，饰以黄金，施以脂粉，请同是诗人的建筑师建造一千零一夜的一千零一个梦，再添上一座座花园，一方方水池，一眼眼喷泉"，运用排比、叠词等手法形成气势，使胸中热爱人类艺术珍品的高尚感情在笔端倾泻、奔腾。

信中对被损害被掠夺的中国人民寄予深切的同情。有的是用反语揭露强盗的行径，为中国人伸张正义，如"我们欧洲人是文明人，中国人在我们眼中是野蛮人。这就是文明对野蛮所干的事情"。有的是直接表露自己的心愿，如"我希望有朝一日，解放了的干干净净的法兰西会把这份战利品归还给被掠夺的中国"。

这封信感情真挚，爱憎分明，敢怒、敢言、敢歌、敢赞，谴责深刻，赞美至诚。这是因为：作者胸中充满了正义感，崇尚正气，憎恨邪恶；作者有广博的知识，对东方、西方建筑杰作深知底里；作者语言精辟，把热爱、愤恨、憎恶、同情等极其复杂的感情表达得淋漓尽致。

3.
感情直接倾吐，即直接抒情

感情的抒发有种种不同的方式，有直接倾吐，有间接表达。采取什么方式，由写作内容和写作目的决定。

直接倾吐是作者胸中激情难以遏制，直接从心底喷涌而出。采用这种方式，往往是感情极度强烈，不抒发难以平抑胸中的波涛。

下面这首诗是十分典型的直接抒发感情的作品。

一句话

有一句话说出就是祸,
有一句话能点得着火。
别看五千年没有说破,
你猜得透火山的缄默?
说不定是突然着了魔,
突然青天里一个霹雳
爆一声:
"咱们的中国!"

这话教我今天怎么说?
你不信铁树开花也可,
那么有一句话你听着:
等火山忍不住了缄默,
不要发抖,伸舌头,顿脚,
等到青天里一个霹雳
爆一声:
"咱们的中国!"

  这首诗爱国主义感情如火山般喷发,震人心魄。为何能有如此巨大的感人力量?那是因为这首诗是作者在感情极端冲动下写成的。作者闻一多是现代著名诗人、学者。他在国外受到了种族歧视,而国内又是反动军阀罪恶统治,他悲愤满腔,胸中燃烧着炽烈的爱国热情,正如他写给诗人臧克家的信中把自己比喻为"没有爆发的火山"。1925年夏,他回到祖国,正是反帝运动高涨的时候。这时候他不仅看到了帝国主义反动派对人民血腥的统治与镇压,也看到了中国人民不折不挠的英勇斗争精神。席卷全国汹涌澎湃的反帝怒潮,说明了

"谁是中国人",反映了我们"民族的伟大",胸中的火山爆发了,他大声喊出了一句话:"咱们的中国!""爆",在胸中积蓄已久的话迸发而出。诗人察觉到缄默的中国蕴藏着惊天动地的巨大力量,坚信一旦火山忍不住缄默,就会突然间青天里一个霹雳,到那时帝国主义反动派就要"发抖,伸舌头,顿脚"。这是多么深厚的爱国主义感情!

《一句话》是一首响彻着中华民族庄严的最强音的诗,激情奔放,语言凝练,它由诗人对祖国命运满怀的深情浇灌而成,运用了直接倾吐胸臆的抒情方式。直抒胸臆可以高亢、雄壮、言辞激烈,也可以舒缓,在议论中抒情。

如朱德同志的《回忆我的母亲》一文在记叙母亲优秀品质的具体事实的基础上,最后用两段文字议论抒情:

> 我应该感谢母亲,她教给我与困难做斗争的经验。我在家庭中已经饱尝艰苦,这使我在三十多年的军事生活和革命生活中再没感到过困难,没被困难吓倒。母亲又给我一个强健的身体,一个勤劳的习惯,使我从来没感到过劳累。
>
> 我应该感谢母亲,她教给我生产的知识和革命的意志,鼓励我以后走上革命的道路。在这一条路上,我一天比一天更加认识:只有这种知识,这种意志,才是世界上最可宝贵的财产。

这些文字抒发了对母亲由衷感谢、热烈赞颂的真挚感情,亲切感人。

学生习作中要训练这种直接抒发感情的方法。下面这篇习作就是在这方面进行训练的。

当我向少先队告别的时候

"起来,不愿做奴隶的人们……"鲜艳的五星红旗伴随着国歌雄壮有力的节奏徐徐上升，我站在旗下，望着它，心情很不平静。

几年来，我一直对国旗行举手礼，可星期一我就要向它行注目礼了；几年来，我胸前一直飘扬着鲜红的红领巾，可星期一它就要离去。这一切标志着我要离队了。是的，我就要离队了，美好的回忆像一群希腊神话中快乐的天使飞进了我的脑海，它们嬉戏着，撞击着……

那是夏天的午时，天气很炎热，我举起右手庄严地宣誓："为实现共产主义而奋斗！时刻准备着！"那时我的心也稍微颤动过，可当时我究竟在想什么，已经模糊了。

那是夏天的晚上，天空蓝得透明。在这蓝宝石上，镶嵌着无数星星，月儿像一弯柳眉；地上，腾起几堆大火，火光闪烁，照红了我们张张小脸，大家围着火堆唱着愉快的歌，跳起了欢乐的舞。一瞬间，天上人间，仿佛只有我们这些遍体通红的小天使，一切都被陶醉，这是一个多美的夏天的夜晚啊……

脑海在翻腾，小天使扇着白翅膀飞走了。我知道童年已经一去不复返了，我悲伤吗？不，不会的，一个美好的时代在等着我。

我要向前去，迎接这一美好的时代。啊，我的理想，我的抱负，应该崇高；我的学识，我的思想，应该丰富；我的青春，我的生命，应该燃烧。一切都在等待我，等待我去开拓未来，迎接光明。

我知道，在这一时代我应该获得更多的知识。孟子说过："天将降大任于斯人也，必先苦其心志，劳其筋骨，饿其体肤，空乏其身，行拂乱其所为，所以动心忍性，增益其所不能。"我们在攀登科学高峰的时候，也要有这种不辞辛苦、坚韧不拔的意志。"锲而舍之，朽木不折；锲而不舍，金石可镂。"让我们坚持不懈、勇敢地去探索，寻找科学世界的瑰宝。让我们送走欢乐的童年，迎接奋发向上的青年时代吧！

亲爱的国旗，祖国的象征，请你最后一次接受一个少先队员庄重的举手礼吧！

陶德敏

这篇习作是肺腑心声的吐露，小作者胸中有抑制不住的对队组织、对生活、对理想的追求的热情，笔端才会如此饱蘸感情。

抒情不能空泛，空泛就是浮情、虚情。文中浓烈的情是注于事的，一是参加少先队宣誓的情景，一是夏天夜晚少先队活动的令人陶醉的情况。"微微颤动"表达了今日回忆此事时仍然激情满怀。后者描写了景美人乐、天上人间美不胜收的场景，令人神往。在叙述实实在在事情的基础上抒情，是实情，是真情。

文章在回忆的基础上探索人生，憧憬未来，抒发对理想的憧憬和追求的感情。回忆在少先队组织下的成长，为的是永不忘祖国的期望，少先队教育的恩情；为的是迈好青春的步伐，插上理想的翅膀翱翔。写作的人如果感情上不发生"井喷"，就不可能写出如此激情洋溢的文章。

这篇习作激情洋溢，也与写作技巧有密切关系。文章开头与众不同，起笔不用文字，而是用歌曲的歌词，而这歌曲的歌词又是人们最熟悉的，一听就热血沸腾的国歌。这样开笔，一下子就把人的感情"吊"起来，形成强烈的冲击波。习作者这样开篇，在于展现庄严的升旗场面，表达"心情很不平静"，在于把自己的成长和亲爱的国旗、祖国的象征紧密联系起来。用"举手礼"和"注目礼"的变化透露离队依依惜别的深情，题点得委婉，对祖国对队组织的炽热感情在字里行间潜动。结尾"请你最后一次接受一个少先队员庄重的举手礼吧"不仅首尾照应,再次点题,而且情深意长,余音缭绕。文中"小天使"的比喻更是增添了色彩,"飞进""嬉戏""撞击""遍体通红"等动词、形容词的运用使语意跳动,情趣横溢。

文章个别词句还可推敲,如"我们在攀登科学高峰的时候"的说法与中学学习的实际有距离,可修改得妥帖些。

4.
感情间接表达,即间接抒情

作者不直接吐露感情,而是有所假借;把要表达的感情依附于景、物、人、事,曲折含蓄地加以抒发。常用的方法有:

触景生情,借景抒情。作者把内心的感情通过眼前景抒发。胸中有动情之景,笔下就有动情之文。如习作《故乡游》的开头:"久经分别的故乡——绍兴,又一次出现在我的眼前。绍兴,山水秀丽,景色宜人。山紧靠着水,水倒映着山,花红叶绿,犹如仙境一般,使我心旷神怡。"语言虽稚嫩,但也能借故乡景,抒发返回故乡的欢乐之情。

情景交融,物我双会。清初大学者王夫之曾这样说:"情、景名为二,而实不可离。神于诗者,妙合无垠。巧者则有情中景,景中情。"这就告诉我们,情与景是分不开的,景中有情,情中有景,物中有我,我中有物,交融在一起,给人以美的享受。如描绘"紫藤萝瀑布"有这样两段文字:

> 每一穗花都是上面的盛开,下面的待放。颜色便上浅下深,好像那紫色沉淀下来了,沉淀在最嫩最小的花苞里。每一朵盛开的花就像是一个张满了的小小的帆,帆下带着尖底的舱。船舱鼓鼓的,又像一个忍俊不禁的笑容,就要绽开似的。那里装的是什么仙露琼浆?我凑上去,想摘一朵。
>
> 但是我没有摘。我没有摘花的习惯。我只是

伫立凝望，觉得这一条紫藤萝瀑布不只在我眼前，也在我心上缓缓流过。流着流着，它带走了这些时一直压在我心上的焦虑和悲痛，那是关于生死谜、手足情的。我浸在这繁密的花朵的光辉中，别的一切暂时都不存在，有的只是精神的宁静和生的喜悦。

作者着力描绘藤萝盛开的景象，人在花中立，花在人心上。花舱鼓鼓，装的哪里是什么仙露琼浆，分明是作者满腔喜悦里面藏；紫色的藤萝瀑布流淌，既是眼前实实在在的美景，又是清除心中焦虑和悲痛的神浆。花本无情，作者把自己的感情注入花的身上，使得花也解人意，通人情。情与景交融，是写景的语言，也是写情的语言，一切景语都是情语。"我浸在这繁密的花朵的光辉中"一句，写景抒情境界全出。其他一切都忘却，都不存在，只有"精神的宁静和生的喜悦"，是"我"的，也是"花"的，物我双会，情景交融。

即事抒情，寓情于理。叙事、记人、说理、议论，同样需真情浇铸。作者不直接吐露感情，而是寓感情于所叙、所记或所议的对象之中，在字里行间自然地流露。19世纪法国伟大作家雨果在《九三年》这本小说中有这么一段话："我的想法是：永远前进。如果上帝要人后退的话，他就会使人的脑后长着眼睛。我们必须永远朝着黎明、青春和生命那方面看。倒下去的正在鼓励站起来的。一棵老树的破裂就是对新生的树的号召。"这段议论文字，情寓其中，作者对生活的热爱，对生活积极奋进的态度，通过形象的议论表达出来。

下面这篇习作，写的是师情，主要用间接表达的方法来抒发对老师的赞颂。

献给落叶的歌

我在美的大自然里，寻找那应和我心灵节奏的一瓣一片。蓦然，我的脑海里浮现出一片秋天的金黄,和在那金黄之中翩翩飞舞的落叶。今天,我要在心弦的伴奏之下,用我并不动听的歌喉,深情地唱一支赞歌奉献于你——在我心中永不凋谢的落叶。

哦,落叶!可曾记得去年深秋的那个黄昏?夕阳无限好,我漫步在风光秀丽的翠江河畔,你像蝴蝶拍打着翅膀,静静地落在道旁。晚霞披在你的身上,飞飞扬扬,点点金光。我惊奇地发现,你竟如此的美,美得让人惊叹。我默默地拾起一片,展开了无边的遐想……

哦,落叶!你曾以一抹淡青,几丝鹅黄,点缀了绚丽的春天,装饰了葱郁的夏天,而在萧瑟的秋天,你坦然地从枝头飘落,没有幽怨,没有悲哀。是畏惧秋霜冬雪吗?不!是为了让大树安然越冬,是为了让新芽重新绽绿。你的飘落不是意味着衰老,而是意味着青春的延续。你的飘落,预示着又一个万紫千红,生机勃勃的春天即将来临,你,是美的创造者!

哦,落叶!我曾热烈地赞叹大自然中你那勇于牺牲和无私奉献的精神;可随着时间的流逝,我渐渐感觉到,在人世间,在共和国的国度里,却有更为可敬可佩的"落叶",他们是那样平凡普遍,又是那样数不胜数。但就是这些"落叶",用自己生命的底色装点了祖国的春光,正是这些"落叶",用自己叶脉上的枯黄,织出了夏的阴凉、秋的成熟和冬的温暖。我这里撷取的,是这千千万万"落叶"中极普通的一片……

我们学校,有一位执教二十多年的叶老师,她呕心沥血,兢兢业业地工作,桃李满天下。当她欣慰地看着自己悉心浇灌的花朵在艳阳下盛开的时候，人生的秋天却过早地降临到她身上。这位45岁的人民教师，顽强地与病魔斗争了四年，终于倒下了。她躺在病床上，记载着一生辛劳的瘦脸像秋叶一般的枯黄。当师生们怀着沉痛的心情前来看望时，处在弥留之际的她却仍然像往常一样细心地询问同学们的学习情况，嘱咐大家发奋努力，然后吃力地对校领导说："我在银行还有一笔存款，拜托你们替我取出来，给学校图书馆添置些书籍，就算我最后为孩子们做一件好事吧！"听着这朴实无华的话语，同学们流泪了，老师们流泪了。望着叶老师那慈祥的脸，望着她那被粉笔灰染得花白的头发，我的耳边响起印度诗人泰戈尔那深沉的声音："生如夏花之绚烂，死如秋叶之静美。"啊，叶老师，这不正是你短暂而光辉的一生的写照吗？当你"挺立"的时候，你用生命的绿伞遮挡烈日寒霜，悉心抚育我们成长；当你倒下时，却又化为一抔沃土，用自己的精神和爱心为我们铺就生长的温床。老师啊，病魔夺去了你的生命，但你却像绿叶一样，在奉献中获得永生！

大自然的落叶，人世间的"落叶"，没有奇花之艳丽，没有异卉的芬芳，平凡的外表蕴含着的，是一颗真挚纯洁的心……哦，落叶！我拙劣的笔墨怎能叙尽你的崇高！我只能说，你的生命是有价值的，你瞧，在那花儿欢笑、鸟儿歌唱的时候，那参天的大树又披上了新绿，它带着你深切的期望，带着你欣慰的微笑，带着你美好的祝愿，又萌动了一个新的希望……

张　桃

习作者托物写人，把人放在抒情的氛围中描写，显现人物优美的心灵，表达对无私奉献一生的老师的无比崇敬和由衷赞美。

文章用相当的笔墨描绘落叶，描其形，绘其色，更重要的是刻画其不朽的牺牲精神、奉献精神。貌似写叶，实是写人，叶的特征写得深，写得透，人的精神也就跃然眼前。写人时只须抓闪光的一个侧面，形象就站立起来，扣动读者心弦。托物写人，要能使"物"与"人"两者相互辉映，产生感动人的艺术效果，须把握准物的特点，把握物与人之间的相似点，否则就难以收到间接抒情的效果。

在一篇文章中，间接抒情和直接抒情有时可同时运用。以什么为主，如何穿插使用，要根据写作的意图、文章的主旨来决定。

综上所述，须明确：文章的生命在于真实，要事真、理真、情真，抒写自己的真情实感。情来自对生活的热爱，对现实的感受。文中表达的情要健康、明朗、积极、向上。表达感情的方式可直接抒情，可间接抒情。

五
截取精彩的横断面

高尔基曾经说过一段很精彩的话，意思是：要写作的人不要把鸡毛和鸡肉炒在一起给别人吃，尽管鸡毛是长在鸡身上的。这就清楚地告诉我们，写文章必须有材料，必须随时随地抓住时机观察生活，向周围的事物学习，必须博览群书，吸收知识，勤于积累。然而，有了材料不等于就能写出好文章，还须下一番取舍、剪裁的功夫。"博观而约取，厚积而薄发"，这是苏东坡关于材料积累和材料选用之间关系的深刻阐说。"观"与"积"要"博"要"厚"，而使用时要"约"要"薄"，积累材料要充分、丰富，使用时要拿出眼力，大胆截取，做到少而精。

"着意原资妙选材。"任何一位善于写作的人都会用心地根据自己的写作意图选择材料，材料选得巧妙，文章就精美得体。事实上任何一个伟大的作家也不可能把自己所了解的或所占有的材料百分之一百地表达出来。列夫·托尔斯泰是世界文学巨匠，他所创作的《战争与和平》《安娜·卡列尼娜》《复活》等伟大作品在全世界经久不衰地传诵。他使用所积累的材料到什么程度呢？1864年他给裴特的信中说："这秋天，我的小说写了颇不少。'人生朝露，艺术千秋'，天天这样想到。如果一个人能把他所了解的写出个一百分之一就好了——可是只写了一千分之一！"使用的材料只是积累的千分之一，虽然这不是准确的数字，但从中可领悟到"约而用之"的道理。为什么要约用？要考虑到作品的价值，作者艺术的良心。学生学写作虽然不能与作家写作的要求相比，但道理是相通的。

在材料的使用上有三忌：

一忌舍不得割爱。凡是沾一点边的材料，不分主次，不分巨细，捡到篮里都是菜，都塞到文章中。比如食用一只鸡，尽管是花劳力饲养或花钱到市场上购买而来的，烧煮前必须去除鸡毛和肚内杂物，如果鸡毛和鸡一起煮，是无法下咽的。选择材料的道理相同，必须根据写作的主旨去芜杂，存精粹。写时间跨度比较大的文章，尤易犯这种毛病。记流水账，拖泥带水，什么都舍不得割去。

二忌添油加醋，添枝加叶。生活中撷取的某个素材或阅读中获取的某些材料，原本是好的，但使用时想充分发挥它们的"作用"，就过分渲染、扩大，添加许多枝枝叶叶。这种泡大材料的做法，不仅影响文章内容的真实性，而且大大降低所选材料的价值，给人以臃肿的感觉。

三忌马虎潦草，差错百出。材料要核实，如果是道听途说的，就应该作一番了解；如果是引用名言警句或引用某个事实的叙述说明，就应翻阅有关书刊、有关资料，进行核对；如果引用数字，就须调查核实，准确使用。有篇短文谈到芝加哥将再建世界最高楼时说："这幢形似宝塔的新办公大楼的高度为160英尺，比西尔斯高49英尺。"而另一篇短文却说："新办公大楼的高度为1 590英尺，比西尔斯高496英尺。"同一幢高楼，高度竟相差1 430英尺！写文章如此马虎潦草，相信谁呢？其中必有一组数字是错的。

材料究竟应如何选择呢？

1.
须紧扣主题

所谓主题，就是文章所要表达的中心思想。任何一篇文章，都表达一定的中心思想，而材料是中心思想的支柱。选择材料首先应紧扣中心思想。俗话说，"量体裁衣"，如果说文章的"体"是中心思想，那么就要选择与中心思想关系密切的材料，关系不密切的须严格筛选，没有关系的应坚决删去，毫不可惜。例如吴晗的《谈骨气》，阐明了中国人是有骨气的观点，为了紧扣这个中心思想，作者对材料严加选择。仅摘引了孟子的"富贵不能淫，贫贱不能移，威武不能屈，此之谓大丈夫"，就阐明"骨气"的含义；什么样的行为叫有骨气，仅精选了南宋文天祥、不吃嗟来之食的穷人、民主战士闻一多三个事例，就从三个不同的角度有所侧重地证明中国人民有骨气，有"富贵不能淫，贫贱不能移，威武不能屈"的优良传统。所选用的材料不枝不蔓，以一当十，真正是表达中心思想的支柱，使中心思想鲜明、突出。

即使写同样的景、同样的物、同样的事、同样的人，由于作者写作意图各异，所选材料也会大相径庭。如同是以"海燕"为描写对象，高尔基的《海燕》和郑振铎的《海燕》在材料选择、剪裁上就很不一样。前者的写作主旨在于以海燕为象征，预言并呼唤革命暴风雨的来临，所以选用暴风雨来临之前的变化着的海景为写作材料，让海燕在狂风、乌云、闪电、雷鸣、波浪构成的广阔背景下搏击，以海鸥、海鸭、企鹅等猥琐的形象衬托，显示勇敢者的英雄气概。后者是被迫离乡去国，在海上航行，借托海燕表达思乡恋国情怀，因而选用了故乡春燕的材料，"燕子归来寻旧垒"，选用了万顷海涛中燕飞、燕憩的材料和海鱼飞窜的材料，两组材料融汇、结合，把思乡之情刻画得淋漓尽致。

契诃夫是写短篇小说的了不起的作家，他创作的特点之一就是严于选材，善于酌取，他曾这样说："一点多余的东西也不应该有。凡是与小说没有直接关系的东西都应毫不留情地去掉。"从中我们可深刻领悟选择和剪裁材料的必要性，与主题无直接关系、密切关系的材料，都要舍弃，毫不留情。

下面是学生的一篇参加比赛的作文，在选材、剪裁上有什么特点呢？

村边，有棵古槐

村口边，有一棵千年的古槐。

几个壮小伙子都抱不拢的树干，曲曲盘旋的

虬枝，疏密有致的树叶，布满皱纹的树皮，似老人那饱经风霜的脸。整棵树沉浸在一种古色古香的情调里，谁也不知它有多大的年龄。村里的老长辈，八十多岁的长德爷说，他爷爷出世那会儿就有了它……也许是因为它老，就像老人理应受到人们尊敬一样，也许是因为我们村就叫古槐村，或许是因为……反正，村里人对它都格外偏爱。

谁能不爱这棵古槐呢？生活在古槐村的人们，没有谁不是在它的庇护下长大的。村里的每个人都能随口说出一段自己和古槐的趣事，许许多多，记不清，说不完。至于老古槐，在它的一生中记载的故事怕是和它那满树茂密的树叶一样多吧。它一定记得当年太平军贴在它身上的文告；记得身上红军、新四军、解放军贴的大标语；也一定记得那满身如同"丧袍"的大字报。当然，它也不会忘记打什么时候起，村里电视机天线树成了林，竟和它竞相媲美。古槐树站在村口边，如一位历尽沧桑的老人默默无闻，但它又在不断地诉说那如烟往事。它有欢歌，也有泪水，不然哈哈婆婆怎么说它修成了精呢？哈哈婆婆就曾有板有眼地说是在1949年那会儿成精的，因为她听见了古槐哈哈的笑声，就像她自己一样。人们信了，在那时候，谁的心里不在欢唱。可是顺明婶子却说古槐是搞食堂那阵子成了精，原因是她听见了槐树的叹息声。当人们在它的绿荫下跳"忠"字舞，当人们往它身上糊"白袍"时，它又一声接一声地叹气。顺明婶子说，有一次在树下斗老支书，当老支书被架了"上飞机"时，古槐树流下了混浊的泪，有几滴滴在她脸上，火辣辣地疼……人们默然了，是啊，那个时候，谁的心里不是在揪心地疼呢？幸好那日子终于过去了。搞责任制那会儿，人们高高兴兴地聚在树下，抓阄分地，乐哈哈的笑声，惊散了山村的宁静，也惊动了古槐，许多人说，他们听见人们的笑语中夹杂着一阵阵古槐古朴的笑声。

从这以后，随着村里人们生活一天天的红火，古槐树也整天在乐融融中度过。俗话说："人逢喜事精神爽""笑一笑，十年少"。老古槐是棵树，也像是应了这句话一样，虽然人们不知它的年龄，但是人们惊喜地发现，就这一两年工夫，它似乎又年轻了许多，枝叶也比以前更繁茂了。更奇怪的是，有一枝枯死多年的枝芽，重又爆出了新芽。嘿，真是"枯木逢春"哪！于是，村里的老王老师逢人便说这是党的政策带来的春风使这棵古槐返老还童了。……当然，老古槐也有不满意的时候，比如说当那些莫名其妙的"参观团""取经队"浩浩荡荡来到我们村，又浩浩荡荡满载着各种各样土特产离村而去时，古槐树摇着头，又像是要发什么感慨了。不过，老古槐更多的时候是欢乐的，不信，你可以到我们村，站在古槐树下看一看，听一听。只要微风拂过树梢，那沙沙的树叶声，就像充满青春活力的歌声。你看，那摇动的树影不就是歌手那婆娑的舞姿……

古槐树站在村口路边，远离家乡的我，每次想起家，脑子里就浮现出它那高大的身影，正像在省城合肥读书的好友理明说的一样：梦里呀，尽是古槐。

王安榕

村口边的一棵古槐已千年，单凭这时间的跨度可写的内容太多了。如果材料不作取舍，文章就会成为内容庞杂、巨细不漏的大杂烩。

作者的写作目的是以古槐作历史的见证，表现家乡的变迁，家乡人的欢乐与忧愁，歌颂当前"枯木逢春"的好生活。凡能作为这个主旨支柱材料的就选取，关系不大或无关系的就舍弃。

"村里的每个人都能随口说出一段自己和古槐的趣事，许许多多，记不清，说不完"，既然有许许多多趣事，为什么不具体写，哪怕是一两件呢？那是因为文章的主旨不在于反映个人的欢乐、个人的情趣，而在于放在壮阔的历史背景上认识社会，认识时代，认识历史进程中给人们带来的曲曲折折。

凡能反映时代特征的材料，都一一选入文中。然而这种选入不是漫无边际，应有尽有地写，而是：（1）紧紧扣住古槐；（2）高度概括；（3）有详写，有略写。这样，从太平军的文告，红军、解放军的大标语，到"文革"中如同"丧袍"的大字报；从"搞责任制那会儿"古槐的"古朴的笑声"，到古槐的"枯木逢春""返老还童"，到被不正之风吹得"摇着头""发什么感慨"等材料的运用，既概括，又典型，把历史的线索拉得一清二楚。

运用这些材料时，人的情和树的情融合在一起，同欢乐，同悲伤，人解物意，物表人的情，相得益彰，把历史进程中人们的忧乐、人心的向背表达得具体、生动，而作者对家乡热爱的深情也就寄寓其中。

2. 应选有代表性的、能反映事物本质的

与主题有密切关系的材料并不都能入文章，有时类似的材料比较多，如果都入文章，仍会出现堆砌的毛病，从而影响主题的表达。因而，在有关的材料中还须精选，精选最典型、最有代表性、最能反映

事物本质的。《谁是最可爱的人》的作者魏巍对这一点有深刻的体会。他在《我怎样写〈谁是最可爱的人〉》一文中说："在朝鲜时，我曾写了一篇《自豪吧，祖国》的通讯，里边写了二十多个我认为最生动的例子，带回来给同志们看了看，感到不好，就没有拿出去发表。因为例子堆得太多了，好像记账，哪一个也说得不清楚、不充分。以后写《谁是最可爱的人》，就只选择了几个例子，在写完后又删掉了两个。事实告诉我：用最能代表一般的典型例子，来说明本质的东西，给人的印象是清楚明白的，也会是突出的。"所谓"最能代表一般的典型例子"是指具有普遍意义的。文中最后精选的三个事例十分有力地表现了志愿军战士对敌人恨、对朝鲜人民爱和对祖国人民的深情。这种爱国主义精神、国际主义精神，崇高的使命感和英雄气概，正是志愿军战士身上最为本质的东西，因而能突出主题，震撼人心，在读者的胸中燃起热爱的火焰。

有时材料很细小，是生活中的细节，选择时同样要精心，选最为典型的。越典型，越有代表性，越能闪发光彩。《儒林外史》中作者吴敬梓对严监生临死前的描写，所选用的材料绝妙，可算是匠心独运。文中是这样写的：

> 自此，严监生的病，一日重似一日，再不回头。诸亲六眷都来问候。……晚间挤了一屋的人，桌上点着一盏灯。严监生喉咙里痰响得一进一出，一声不倒一声的，总不得断气，还把手从被单里拿出来，伸着两个指头。大侄子走上前来问道："二叔，你莫不是还有两个亲人不曾见面？"他就把头摇了两三摇。二侄子走上前来问道："二叔，莫不是还有两笔银子在那里，不曾吩咐明白？"他把两眼睁的溜圆，把头又狠狠摇了几摇，越发指得紧了。奶妈抱着哥子插口道："老爷想是因为两位舅爷不在跟前，故此记念。"他听了这话，把眼闭着摇头，那手只是指着不动。赵氏慌忙揩揩眼

泪，走近上前道："爷，别人都说的不相干，只有我晓得你的意思！你是为那灯盏里点的是两茎灯草，不放心，恐费了油。我如今挑掉一茎就是了。"说罢，忙走去挑掉一茎。众人看严监生时，点一点头，把手垂下，登时就没了气。

严监生是吝啬到极点的人，临死前因家里点"两茎灯草"而"不得断气"，死不瞑目。选这样的材料入木三分地刻画了这个吝啬鬼的丑恶灵魂，"两个指头"更是这个材料中的传神之笔。

下面是钟丽思写的《向中国人脱帽致敬》，发表于1992年第12期《读者文摘》，在材料的选择与剪裁上很有特色。

向中国人脱帽致敬

记得那是12月，我进入巴黎十二大学。

我们每周都有一节对话课，为时两个半钟头。在课堂上，每个人都必须提出或回答问题。问题或大或小，或严肃或轻松，千般百样无奇不有。

入学前，前云南省《滇池》月刊的一位编辑向我介绍过一位上对话课的教授："他留着大胡子，以教学严谨闻名于全校。有时，他也提问，且问题刁钻古怪。总而言之你要小心，他几乎让所有的学生都从他的课堂上领教了什么叫作'难堪'……"

我是插班生，进校时，别人已上了两个多月课。我上第一堂对话课时，就被教授点着名来提问："作为记者，请概括一下您在中国是如何工作的。"

我说："概括一下来讲，我写我愿意写的东西。"

我听见班里有人窃笑。

教授弯起一根食指顶了顶他的无边眼镜："我

想您会给予我这种荣幸，让我明白您的首长是如何工作的。"

我说："概括一下来讲，我的首长发他愿意发的东西。"

全班哄地一下笑起来。那个来自苏丹王国的阿卜杜勒鬼鬼祟祟地朝我竖大拇指。

教授两只手都插入裤袋，挺直了胸膛问："我可以知道您是来自哪个中国的么？"

班上当即冷场。我慢慢地对我的教授说："先生，我没有听清楚你的问题。"

他清清楚楚一字一句，又重复一遍。我看着他的脸。那脸，大部分掩在浓密的毛发下。我告诉那张脸，我对法兰西人的这种表达方式很陌生。不明白"哪个中国"一说可以有什么样的解释。

"那么，"教授说，"我是想知道：你是来自台湾中国还是北京中国？"

雪花在窗外默默地飘。在这间三面墙壁都是落地玻璃的教室里，我真切地感受到了那种突然冻结的沉寂。几十双眼睛，蓝的绿的褐的灰的，骨碌碌瞪大了盯着三个人来回看，看教授，看我，看我对面那位台湾同学。

"只有一个中国，教授先生。这是常识。"我说。马上，教授和全班同学一起，都转了脸去看那位台湾人。那位黑眼睛黑头发黄皮肤的同胞正视了我，连眼皮也不眨一眨，冷冷地慢慢道来："只有一个中国，教授先生。这是常识。"

话音才落，教室里便响起了一片松动椅子的咔咔声。

教授先生盯牢了我，又递来一句话："您走遍了中国么？"

"除台湾省外，先生。"

"为什么您不去台湾呢？"

"条件不允许，先生。"

"那么，"教授将屁股的一边放在讲台上，搓搓手看我，"您认为在台湾问题上，该是谁负主要责任呢？"

"该是我们的父辈，教授先生。那会儿他们还年纪轻轻哩！"

教室里又有了笑声。教授却始终不肯放过我："依您之见，台湾问题应该如何解决呢，如今？"

"教授先生，中国有句老话，叫作'一人做事一人当'。我们的父辈还健在哩！"我说，也朝着他笑，"我没有那种权力去剥夺父辈们解决他们自己酿就的难题的资格。"

我惊奇地发现，我的对话课的教授思路十分敏捷，他不笑，而是顺理成章地接了我的话去："我想，您不会否认邓小平先生是你们的父辈。您是否知道他想如何解决台湾问题？"

"我想，如今摆在邓小平先生桌面的，台湾问题并非是最重要的。"

教授浓浓的眉毛如旗般展了开来并且升起："您认为在邓小平先生的桌面上，什么问题是最重要的呢？"

"依我之见，如何使中国尽早富起来是他最迫切需要考虑的。"

教授将他另一边屁股也挪进讲台，换了个更舒服的姿势坐好，依然对我穷究下去："我实在愿意请教，中国富强的标准是什么？这儿坐了二十几个国家的学生，我想大家都有兴趣弄清楚这一点。"

> 我突然一下感慨万千，竟恨得牙根儿发痒，狠狠用眼戳着这个刁钻古怪的教授，站了起来对他说，一字一字地："最起码的一条是：任何一个离开国门的我的同胞，再不会受到像我今日要承受的这类刁难。"
>
> 教授倏地离开了讲台向我走来，我才发现他的眼睛很明亮，笑容很灿烂。他将一只手掌放在我的肩上，轻轻说："我丝毫没有刁难您的意思，我只是想知道，一个普普通通的中国人是如何看待他们自己国家的问题。"然后，他两步走到教室中央，大声宣布："我向中国人脱帽致敬。下课。"
>
> 出了教室，台湾同胞与我并排儿走，好一会儿，两人不约而同地看着对方说："一起喝杯咖啡，好么？"

这篇文章十分感人，启人深思，长人志气。

这一堂对话课绝非一般的师生对话，而是斗语言艺术的课，斗智慧的课，斗民族志气、民族自尊的课。

文章首先在立意上不同凡响。教授发问的刁难，实际上是来自思想上的不尊重，如果作为记者的"我"唇枪舌剑一番，貌似长了自己的志气，但落入了人云亦云的窠臼，缺乏新意。由"刁难""我"的教授大声向学生宣布"我向中国人脱帽致敬"，不是向一个学生，而是向"中国人"，不仅"致敬"，而且要"脱帽"以表示真诚。话音骤响，中国人的尊严得到了应有的尊重。在众多国家的学生面前，经过一番智斗、苦斗，中国人捍卫国家尊严，大义凛然的气概征服了所有在座者，从根本上大大长了中国人的志气。这是文章最为光亮的地方。

文章主旨如此鲜明、突出，重要原因之一是材料截取得十分精彩。

首先截取的是"我"第一节对话课。妙在不是真正的第一节，因为除"我"以外几乎所有学生都从课堂上领教了这位教授给予的"难堪"。这个铺垫材料剪裁得有分量,给"我"这个"插班生"的第一节课打了基础,作了渲染。

其次是对话的材料精选精裁。言为心声,语言是思想的表达,心声的吐露。教授问了一系列问题,这些问题环环紧扣,步步紧逼。由问工作入手,进而问来自哪里,再进而问中国富强的标准。每一组又有若干小问题,特别是关于台湾问题揪住不放。问得刁钻古怪,答得义正词严。问的问题触及国家尊严,大义凛然地回答,维护国家的尊严。这些反映事物的本质,有力地表现了写作的主旨。

再次课堂上种种"配角"的材料也用得恰到好处。课堂教学是群体教学,对话活动中主要人物显"智"显"勇",次要人物也要起烘托作用。作者选取了"窃笑"、盯着三个人看的"蓝的绿的褐的灰的"几十双眼睛等材料,用极其俭约的笔墨勾勒,有力地衬托了主题。

有一种误解,认为人物对话是描写人物的问题,似乎与材料无关。其实不然。人物对话总有一定的内容,内容怎可能与材料没关系?人物对话本身就是实实在在的写作材料。对话材料要精彩,要能反映事物的本质,非下功夫训练不可。

3. 应选新颖的、生动的、富于时代气息的

社会在发展,时代在前进,新事物层出不穷。电视、电台、报纸、杂志传递大量的新信息,为写作提供了许许多多生动而新颖的材料。中学生不仅要具有敏锐的目光,善于发现,善于积累,而且要根据写作意图善于从中挑选出富于时代气息的、曲折而有情趣的材料。例如:改革开放中的新气象,教学改革新篇章,城市建设新面貌,科学技术新成果,文化体育新秀谱,等等。生动的材料数不胜数,选入文章,就虎虎有生气,有贴近感,可读性强。如果文章中用的多是陈

芝麻烂谷子，那就死水一潭，毫无意义。别人用过的材料是不是就绝对不能再用呢？不是。有些材料确实典型，确实有价值，只要能选好角度，推出新意，选入文章，仍然起积极的作用。

下面是学生的一篇习作，写的是初中学生的生活，在材料选用上有什么特点呢？

中学生活节奏

我兴冲冲地奔进教室，啊！彩带，灯笼，桌上摆满了好吃的，欢快而优美的歌声从录音机里放出，同学们三三两两地在话别，有的在合影，也有的在签名、赠物……

我被这气氛感染了，出神地看着、听着——

前奏："年轻的朋友们，今天来相会，荡起小船儿，暖风轻轻吹……"三年前，在这歌声中，我们相识了。各自带着稚嫩的笑脸在互相询问："你叫什么名字？""你哪个小学毕业的？""你住在哪儿？"……多么纯真。从此，中学生活的乐章就从那天开始了。

第一乐章：不再寂寞

"就像宇宙中滑过的流星，各自有它的轨道终极，是命运让我们相遇撞击，绽放友谊的光亮……"

"小芳妈去世了！"一个噩耗在教室里轻轻地宣告。顿时，无数双眼睛投向那孤独的角落。只见小芳压低着头，红红的眼圈里流露出呆滞的眼神。大家眼里噙满了泪水……

下午，小芳意外发觉她的课桌和书包里塞满了礼物。有笔记本、铅笔盒，还有新书包、新衣服……小芳急切地打开夹在里面的一封信。

"小芳,在你感到孤独的时候,不要忘记在你的身边有许多时刻惦记着你的朋友……"署名是五十个闪光的名字。泪水挡住了她的视线,那是滚烫的泪……

第二乐章:闪光的珍珠

"一声祝愿就是一个梦,一声祝愿就是一颗闪光的珍珠……"

怎么能忘啊,就是这支歌引出了我们之间的一场争论。一天,小尹哼起这支歌,随便问同桌:"你喜欢《红衣少女》吗?""喜欢,也不喜欢。""什么意思?""我喜欢'红衣少女',即安然这个人物形象。但我不喜欢《红衣少女》这部电影,因为有许多细节不真实。比如,你见过现在的学生有举手提意见的吗?"

同桌滔滔不绝的评论引来了一群人。大家你一言我一语地谈开了,越争越凶。最后还是班长会处理事,一封信代表着班级所有的见解,寄给了《红衣少女》的作者。

第三乐章:朋友啊,请你干杯

"朋友啊,朋友,请你干一杯,美酒飘香送万里,引得人们心儿醉……"

这首歌代表着一段值得珍惜的回忆,同时也代表着值得骄傲的青春活力。

当时,我们相聚一起,高举起水壶:"祝明年考入重点高中!""祝你越来越聪明!""祝你不再发胖!""祝你如愿以偿!""唉,我最大的愿望就是不要跑八百米。""呵呵……"

"来，为我们共同的 14 岁生日干杯！"

第四乐章：青春曲

"青春啊，青春，像灿烂阳光，青春啊，青春，像鲜花开放……"

一场全班瞩目的青春智力竞赛开始了。比赛双方是闻名全班的两个大集团——加里森队和四W队。前者是由五朵金花组成的，后者是由四个姓名第一个字母均为W的男同学组成。

正副班长开始提问："《清明上河图》是反映什么年代的画卷？""北宋。"一位女同学回答得干脆。"对！"

"孔子的名字叫什么？"

"孔丘。"这是四W成员。"对！"

时间滴答滴答过去了……十道考题五比五平，最后不得不加试一题。

"芭蕾舞《天鹅湖》音乐是谁作的？"

突然，在座的两朵金花"腾"地站起来，异口同声地回答："柴可夫斯基！"

"啊，胜利了！"女同学都欢呼了起来。

尾声：我们将回到这里

不知不觉，毕业话别晚会已接近尾声，录音机里放着最后一支歌：《我们将回到这里》——"啊，今天相聚在一起，明天不久将要分离，当我们大家年老的时候，一定要相约回到这里……"

不，我们为什么要到年老的时候才相见？我们才走完了中学生涯的一半旅程。我相信，我们还会很快回到这里，在这里继续学习生活，在这里愉快地度过高中的学程，迎接我们的将是更明快、跳跃的生活节奏。

怎么回事？同学们交谈的声音顿时消失了，教室里一片肃静，随着过门节奏一完，大家不约而同地一边拍起桌子，一边跟着录音机欢快地唱起来："小小树林，青青草地，留下多少美妙记忆，当我们回想一生的时候，一定会感到骄傲无比，啊，啦啦啦……"

歌声回荡在整个教室，整个校园。不，整个世界，整个宇宙，整个生活……

中学生活三年，可写的材料很多。作者的意图在描绘当代中学生的风采，颂扬求知的欢乐和友谊的纯真。文章以此为依据，对中学生活的材料作了大刀阔斧的剪裁。

作者选取了四个"乐章"进行组合。每个乐章只选一个有代表性的材料。对小芳的资助，对电影《红衣少女》的评论，庆祝14岁的生日，青春智力竞赛，从不同侧面反映当代中学生的追求、欢乐和友谊。最后的尾声照应开头的话别，收到回环美的艺术效果。这些材料新颖、生动、富于时代气息。

为了充分表现文章的主题，文章的每个部分都选用歌词来渲染气氛，引出画面。从前奏到尾声，构成"中学生活节奏"完整的篇章。由于选材、剪裁有特色，文章音画合成，活泼生动。

4.
截取精彩的横断面

记叙文中常常有场面的描写。场面描绘当然要遵循上述的选材要求，严格选择，慎加剪裁。须特别注意的是要善于截取生活中最精彩的横断面，切不可拖泥带水。所谓最精彩的横断面，就是最能反映主题思想的那一段。为了突出主题思想，可以把生活中的材料进行掐头去尾、删枝削叶的处理。《向中国人脱帽致敬》这堂对话课怎么起始、怎么打铃、怎么介绍新学生,一言未说,都掐去了。教授的话非本质的都处理了,而是单刀直入,咄咄逼人。这篇文章就是课堂场景描写,截取的是最精彩的横断面,所以能醒人耳目,振人精神。

截取精彩的横断面要有点有面,点面结合,层次显豁,多方着墨。因为场面描写就是人们围绕某种事情在一定的地点活动的画面,有事件,有地点,有群众,因而截取时须点面结合,如周立波《分马》中的场面描写,有"点",郭全海、老孙头;有"面",各种各样的群众。主要人物细腻地刻画,次要人物勾勒陪衬,场面生动,翻身农民兴奋欢乐的气氛跃然纸上。

下面这篇文章是一名初中学生写课余生活的,材料截取得比较好。

四国大战

课余我有三大爱好:下棋、看小说、踢足球,而下棋(不论象棋、军棋、围棋)居首位。在学校开"四国大战"是我们一伙"棋将"午间活动的重要内容。

就以上星期的一次"大战"来说吧。嘿,那真是一场别开生面、波澜起伏的激战啊!

那天,与我、叶路绮对弈的是张涛、张欣。我方素以稳重、打"防守反击"著称。而对方则以骁勇冲杀、屡出奇兵闻名。

第一回合,对方重点对叶路绮进行轮番攻击。"叭",张涛的司令与叶路绮的司令同归于尽,又一会儿军长也都报销了。这时,张欣瞅准个机会,用司令一下吃掉了叶的师长。这下可傻眼了,我心急火燎,向他瞪眼。可别慌,形势急转而下,原来叶的炸弹可不好惹,"轰隆"一下,张欣的司令便"殉难"了,哈,这下可妙啦,我的司令、军长、两个师长都还"健在"呢!可对方只剩一个军座了。你瞧,叶路绮频频点头,翘着嘴角,嘿,俨然一副"大将风度";连我也按捺不住心中的激动,挥着手中的物理书,得意扬扬地问"裁判"史进:"哎,0.76米乘9.8牛顿每平方米是多少呀?"史进板着脸对我道:"别啰唆。"我"哦"了声,这才看看"二张",他们都默不作声思量着对策⋯⋯

第二回合较量开始,对方深思熟虑之后,便催动三军,频频出击,用以引诱我司令、军长"出山"。而我还沉浸在胜利之中,竟稀里糊涂地被张欣拼去了军长,而后司令又与炸弹相撞,"死"有应得。刚才我还占全局优势,此时却损兵折将,这不禁使我懊恼万分,心火直往上蹿,于是我再和"二张"换师长、旅长,总算稳住阵脚。待我从险境中摆脱出来,糟糕,叶路绮阵中已是大兵压境,就剩"光棍团长"了。我再调兵救援,想使个"围魏救赵"之法,引开对方,哪知这个叶路绮是个"短命鬼",没等我这"世界妙着"走完,他就"归天"了。

完了,全完了。少胳膊少腿的,没个帮手叫我怎能力敌"二张"。"哗"地一下,我全军崩溃。在对方左右夹击之下,一败涂地,不一会,张欣"小毛排"直捣腹地,出"我"不意,拔走了军旗⋯⋯

整整一小时的鏖战,我方竟败于"二张"之手。大家你争我吵,喋喋不休,只闹得耳红脖子粗,唾星横飞。尽管未争出个分晓,但我从中悟出了一个道理——胜败虽兵家常事,但骄兵则必败！课余生活也能给人以启迪。

魏　群

棋战有许多次，习作者选择其中一场"别开生面、波澜起伏的激战"。一盘棋从开始到结束，过程很长，又是"鏖战"，必然回合很多，习作者未报流水账，只着重写了两个回合。尽管只两个回合，但四国双方的情况一清二楚。如果材料堆砌，冗长烦琐，精彩的部分被淹没，文章也就失去了光彩。

截取不是残缺，不是没头没脑。这篇习作一下笔就进行面上的勾勒，说"课余我有三大爱好：下棋、看小说、踢足球"，然后从这个面上的叙述进入"点"——"下棋居首位"。写一场大战时，又先进行面上的勾勒，简介对弈双方下棋的特征，然后再在点上下功夫，细笔细描，拍摄特写镜头。讲物理题是小插曲，增添情趣。

场面描写以人物活动为中心，活动的不止一个人，而是好几个人。写时要层次显豁，多方着墨。本文写第一回合中的第一个层次，先总写"轮番进攻"，然后分笔写"司令同归于尽""军长……报销""吃掉了叶的师长"，先总后分，层次清晰。既是"四国大战"，四方都要写清楚，写的时候既要有合笔，又要有分笔，文思不能乱。写第二回合，乍看"我方"兵败如山倒，似乎没有多少层次，细细推敲，心理描绘也是有起有伏，由乐而恼，由松而紧，再松再紧，松松紧紧，紧紧松松，颇有味道。

综上所述，须知：材料取舍和剪裁的标尺是文章的中心思想，与中心思想关系不密切或无关系的材料，即使材料本身有意义，也要坚决舍弃。材料应选有代表性的、能反映事物本质的，新颖的、生动的、有时代气息的。描写场面要截取生活中最精彩的横断面，也就是最能反映文章主题思想的那一段，要有点有面，点面结合，层次显豁，多方着墨。

六
在尺水中兴波

写文章要善于记叙,记叙是写作最为基础的基本功。一件事如果连时间、地点、事情发生的原因、经过和结果都叙述不清楚,怎么还谈得上描写、抒情、议论?又怎么能写好文章呢?无论是记叙文、说明文、议论文,还是各种内容、各种形式的实用文,都离不开叙述。至于记人叙事、写景状物的文章,常见的参观记、游记、回忆录、传记、新闻报道、通讯、特写等,更是以记叙为主。

记叙有种种技巧。文贵曲忌直。平铺直叙,一叙到底的写法使人感到枯燥呆板,要学会"在尺水中兴波",在有限的篇幅里把事情说得跌宕起伏,引人入胜。要做到这一点,以下几个方面须努力。

1. 掌握多种记叙方法

《左传》是我国一部著名的史书,作者左丘明。文中叙事本领的高超,令人惊叹。清人刘熙载在《艺概·文概》中说:"左氏叙事,纷者整之,孤者辅之,板者活之,直者婉之,俗者雅之,枯者腴之,剪裁运化之方,斯为大备。"这是对左丘明叙事技巧的高度赞扬。即左丘明叙事,头绪再乱也能整理得井然有序,孤零零的事可想办法辅助、支撑,呆板的能够让它活起来,直通通的可使它曲折起伏,俗气的能使它典雅,干枯的可使它丰满,运用的奥妙存乎一心。

记叙技巧高超当然非一日之功。对初学写作的学生来说,要从最基础的训练起。记叙有多种方法,从详略来说,有细说与概述,按照客观事物发生、发展的时间来划分,有顺叙、倒叙、插叙,此外,还有补叙、平叙等。

(1)
详细叙说与概括叙述

记叙要具体,记出活生生的人和事,切忌空洞,言之无物,用一些漂亮的形容词。"具体"建立在仔细观察、了解熟悉的基础上,如果对所记的人、所叙的事不认识、不了解,只能就现象笼统地大而化之地说几句,那就达不到表达的目的。如《蟹爪兰》一文中对蟹爪兰的叙述:

> 10月初的一天,我无意中发现这蟹爪兰的叶片厚实了,顶尖上还长了个米粒大的花蕾。我顿时喜出望外,立刻将它移到屋前的窗台上,霜降过后又搬进了室内。
>
> 但见花骨朵一天天长大,慢慢由绿变红,渐渐的,个头竟超过了枸杞果。终于,11月26日那天,萼片张开了;翌日,花瓣也全都展开。花冠是玫瑰红的,甚是惹眼;更令人叫绝的是那花的姿态,虽然长在一枝低垂的叶片上,却倔强地昂着头,与水平线约成15度角。六片花瓣各分上下,上面的三片向前上方伸展着,底下的三片向后上方翘着。花心里,一簇浅黄色的雄蕊伸向前方,上面又伸出一枝比雄蕊长半公分的雌蕊,顶部还有麦粒状的疙瘩,雌蕊也是玫瑰红的,并且被"麦粒"压出个弯弯的弧度。从整体看,活像一只展翅欲飞的小凤凰,煞是精巧别致。

时间、地点、所记述的对象叙说得一清二楚。花开的过程,花开的姿态，花瓣的分布，花心的颜色与组成，都作了具体的叙述，使读者觉得蟹爪兰就在眼前。如果不作具体叙述，而说它好看啊，美丽啊，像个小凤凰啊，就不能给人以具体清晰的印象。引文的最后一句打比方，是在上文具体叙述的基础上进行的，犹如点睛之笔，增加形象性、生动性。

是否事事在文章中均要如此具体而详尽地叙述呢？不是。如果事事详写、细写，文章就会流于冗长，臃肿不堪。记叙哪些该详、该细，哪些该简、该概括，要根据主题的需要而定。细写能显才华，而概括叙述，更要看思维的功力、文字的简练。如记述闻一多先生的生平，根据闻先生在文学创作、古典文学研究上的卓越贡献和参加民主运动反对国民党反动统治的业绩，可书写洋洋数十万言，而朱自清以极其精练的语言，高度概括了闻先生的生平，仅用了四百余字。他是这样说的：

> 在成都召开的追悼李、闻大会上，由我报告闻先生的生平事略。我与闻先生有十多年的交游，对闻先生的学问、为人极为推崇，对闻先生的死甚为愤慨！并曾经为此写了两篇文章在成都发表。我把闻先生的一生分为三个阶段：第一，是他在山东大学的时代，这时他的著作如《死水》，在表面上虽是阴暗的，但是里面却孕育着希望。闻先生这一时期是中国优秀的新诗人，他爱国，他肯帮助青年。闻先生第二阶段是从民国二十一年到死前两年，这一阶段里，他伏首研究《楚辞》《诗经》《易经》等古书，他好像是脱离了现实，实际上他还是在现实中。他依然肯帮助青年，与青年常在一起生活。第三个阶段是最近两年，闻先生积极参加了民主运动，为中国的民主而奋斗。他没有政治野心，不想升官发财，仅仅为了民主，而遭惨死。暴徒们这种卑鄙无耻的手段，没有一

个人不愤慨！闻先生的思想转变是因为政治上的黑暗与实际生活的逼迫。他教育青年，又为青年所鼓舞！闻先生一生中，有一个一贯的精神，这就是他的爱国精神。

中心多么突出，条理多么清楚，爱憎多么分明。十几句话就概括了闻先生的生平，对他的为人、他的学术、他的著作、他的精神都作了实实在在的具体介绍；对闻先生的推崇、敬佩，对暴徒们的愤慨、斥责，溢于纸上。这种概括记叙的技巧令人惊叹。如果对所记对象缺乏深刻了解，运用语言的能力不高强，是难以做到的。

概括记叙在报纸上的新闻报道中常见到。如1992年7月28日《新民晚报》专稿："7月22日，在全世界到处可见的'万宝路'香烟广告中扮演健壮勇猛的男模特韦恩·麦克拉伦因患肺癌去世，终年51岁。麦克拉伦有25年的烟龄，两年前被诊断患上这一绝症后，便摇身一变为反吸烟斗士。据他的母亲说，他临终时忠告世人：烟草会害死你的，我就是活生生的证据。"短短几行字，就把事情的起因、经过、结局说清楚了。

细写与概述在一篇文章中经常交替使用，互相穿插，这样文章就重点突出，错落有致。

下面是作家韩少华的咏物之作《雨的精魂》，详写略写十分清楚。

不知是哪位勤勉的早行人，在鬓发上，或须眉间，有幸承接了今天绝早的第一朵雪花儿；那小小的结晶体呢，想必也倏地融进他或她的蒸腾着的体温里了……等我出了家门，只见那街心草坪，护着草坪的柏墙，柏墙尽头的立体交叉公路桥，都蒙上了厚厚的一层，那么洁白、醒目。

不知不觉地，一串儿关联着雪的句子，随着飘落在我襟袖间的雪花儿，潜入了我的心底……

"撒盐空中"或是"柳絮因风"么？那些比

喻，名则名矣，却未免旧了些；"雪满天山路"或是"大雪满弓刀"么？那些描摹，壮则壮矣，又同眼前所见的不怎么对景儿；"高堂明镜悲白发，朝如青丝暮成雪"么？虽然，这桥头，这路上，来去匆匆的人们中间，确有"早生华发"者在，可人家却未必都肯领受诗人拈出的那个"悲"字。于是，我不禁又想起了鲁迅先生那句"……雪，是死掉的雨，是雨的精魂"来了。

呵，雪，纯洁的雪……你曾经含了人间正气，乘着天际雄风，凝作喜人的豪雨，润物的甘霖；你曾经给大地增添了多少生机与活力！可一旦朔气弥天，你，就在一瞬之间，化作这纷纷扬扬的奇异的结晶体，默默地，轻轻地，飘落了下来……

是的，这雪，确是"死掉的雨"呵……

可我，沿着柏墙前行，雪花儿扑面而至，抚着我的额头、脸颊，只觉得它凉而不冷，润而不僵；雪，又似乎跟那个僵冷的"死"字无关了……噢，这时候，我似乎更倾心于鲁迅先生把"雪"比作"雨的精魂"的意境——不是么，如果并非精魂，又怎能化入春泥，幻为那无边的鲜花芳草呢？这猛然让我想到，自古以来，人们就惯以"鞠躬尽瘁，死而后已"，作为称颂无私精神的至高的赞语；如今么，或许有些不足了——请看这雪，这死掉的雨：生前，滋灌万物；死后，更同大地合一，竭力孕育着新的春色，新的丰年——这，竟是"死而不已"了。

是的，死而不已，正是雪的使命；死而不已，也是一切生者有幸领略的至高的诗意，人的精神境界的绝顶。

不是么，有多少为人民竭忠尽力的革命家，

死后还让自己的骨灰,撒向祖国大地、江海;又有多少冲锋一世的战斗者,临终还叮嘱亲人,不但要免去殡仪,而且将遗体献上医学院的解剖台;至于那些为了党的事业而奋斗终生的勇士,他们生前的百战捷报、万言谏书,也在他们献身之后,正编进庄严的史册,将作为激发来者、警策后人的精神遗产而永存了。

哦,献而不惜,死而不已——这可是雪所昭示的人生真谛?而你啊,圣洁的雪,不就是天地间雄风正气所凝聚成的不死的精魂么!

"……雪,是死掉的雨,是雨的精魂",这是鲁迅的一句名言,其中寓何深意,鲁迅先生未细说。作者据此作生动而深刻的阐发。

文章的主旨在颂扬献而不惜、死而不已的精神,借托"死掉的雨""雨的精魂",热情洋溢地赞颂"天地间雄风正气所凝聚成的不死的精魂"。

正因为文章要突出这样的主旨,因此对雪景的叙述十分简略,而对雪花扑面而来的感觉叙写得十分详尽、十分细腻。从下雪联想到"一串儿关联着雪的句子",揭示"死掉的雨"的丰富内涵,从雪的"死而不已"联想到人世间为人民做贡献的精魂,一步步深入,曲终主旨现,给人以极好的启迪。如果用许多笔墨写雪景,与写"雨的精魂"平分秋色,就会冲淡主题。因此,详略要慎加处理,力气用在刀刃上。

(2)
顺叙、倒叙、插叙

先发生的事先说,后发生的事后说,以时间的推移为线索,按时间的先后顺序记叙,叫作顺叙。绝大部分记叙性的文章都采用这种方法,如上文说到的叙述闻一多先生的生平,就是按时间先后顺序记叙的。运用这种方法，最忌平铺直叙，报流水账，要注意材料的取舍、详略，注意概述和细述的交替使用，还要注意其他的记叙技巧，这一点下文还要谈到。倒叙是先说事件的结局，或先叙事件发展过程中引人注目的片段，然后再按事件发展的顺序来记叙。如鲁迅的《祝福》塑造了祥林嫂这个反映封建社会劳动妇女悲惨命运的典型形象，故事的情节安排就是用了倒叙的方法。先把祥林嫂在"祝福"中的悲惨结局提到文章的第一部分来写，然后再叙述她的半生事迹。采用这样的方法，为的是服从主题的需要。文章一开头就创造了悲剧的氛围，下面记叙主人公悲惨的生活经历，顺势而下，容易感人。采用这种记叙方法，有两点须注意：一是把事情的结局或事情发展中的精彩片段提到开头写，然后还应按事件发展的先后从头说起，不能不按顺序随便叙述；二是倒叙与顺叙的榫头要接好，在倒叙转为顺叙时过渡要自然，要有一定的句子作明显的标志。如《祝福》第一部分是倒叙，结束时这样写："然而先前所见所闻的她的半生事迹的断片，至此也联成一片了。"这样就告诉读者倒叙已到此结束，下面转入对往事的追述，从头说起。插叙是插入一个片段。在叙述某一事件的过程中，插入一个片段。运用这种方法须注意：插入的内容要与文章的中心思想或中心事件有关，否则游离于主题之外，就成为赘笔；插入的起讫部分要衔接好，使它成为文章的有机部分。如《故乡》写"我"回到老家，准备变卖房屋，把母亲接走，这是文章的中心事件。母亲和"我"谈到闰土时说："还有闰土，他每到我家来时，总问起你，很想见你一回面。我已经将你到家的大约日期通知他，他也许就要来了。"这句话实际上是暗示要出现与闰土有关的事情。于是，文章立刻写道："这时候，我的脑里忽然闪出一幅神异的图画来。"过渡到插叙部分的内容。少年闰土月下瓜田刺猹、雪地捕鸟的事叙完，文章又写道："现在我的母亲提起了他，我这儿时的记忆，忽而全都闪电似的苏生过来，似乎看到了我的美丽的故乡了。我应声说：'这好极！他，——怎样？……'"显然，两个"忽而"标明了插叙的起讫部分，原来被切断的中心事件的叙述用"这好极！他，——怎样？……"接上了。由于衔接得紧密，过渡得自然，使得主线清晰，插叙场景生动。插叙可使文笔起伏多姿，但不能随意乱用，插叙的内容不能太多，不能喧宾夺主，要服从文章主题的需要。

（3）补叙和平叙

补叙就是补充的叙述，用少量文字对叙述的主要事作必要的补充说明，使主要事件的叙述更为明确、更为完整。如《仙霞纪险》是记述游仙霞的情况，行文到大半，补叙了这样一段："据书上的记载，则仙霞岭高三百六十级，凡二十四曲，有五关，×十峰等，我们因为是从半腰里上去的，所以所走的只是关门所在的那一段。"文章补叙书上的记载，使人了解仙霞的全貌，对"险"加深认识。一般说，补叙没有情节，只是解开读者阅读这篇文章时想了解的或者困惑的问题。因此，运用补叙须紧凑，不能节外生枝。

平叙是叙述同一时间内不同地点所发生的事情。复杂的记叙文常用这种方法，因为涉及的人物比较多，事情在两件以上，又比较复杂，为了把线索理清楚，突出中心，可以先分叙，后合叙，或者先合叙，再分叙，再合叙。如《为了六十一个阶级弟兄》写抢救山西平陆民工食物中毒的事。主题是"一方有难，八方支援"，同一时间内，地点虽不同，但人们都围绕这件事在活动。作者记叙这样一件十分复杂的事，就采取了平叙的方法。按时间顺序，把材料分成若干部分，在同一时间里发生的不同事情分开来叙述，这样处理，情节紧凑，场面感人。

掌握多种记叙方法，下笔时根据写作的目的意图选用，就能如鱼得水。

2. 正确使用人称

在写记叙类文章时，不管采用上述什么记叙方法，都有个叙述人的口吻身份问题，也就是人称问题。在叙述故事时作者以"我"的身份写所见、所闻、所感，是第一人称；由故事中人物自己的口叙述自己亲身经历的事，用"他"或"他们"来表述，是第三人称。用第一人称叙述真实亲切，但是由于"我"的活动范围毕竟有限，不在"我"的见闻范围之内就不能叙述了。运用第一人称记叙时，要防止超越"我"的限制，否则就不合理了。如写在千里之外的某人的语言、动作，无在场的人介绍，又不是"我"自己的所思所想，这样记叙就不合理了。用第三人称叙述，作者旁观地向读者介绍某件事某几件事，就不受"我"的限制，也就是不受时间、不受空间的限制，写的内容可更丰满、更广阔。大部分作品，尤其是小说，记叙人和事，都用第三人称。还有一种是用"你""你们"来述说，有人称为第二人称，实际上不是以第一人称叙述，就是以第三人称叙述。如《周总理，你在哪里》，全篇都以"你"出现，其实是作者柯岩向读者诉说衷肠，表达悼念、爱戴的感情，是用第一人称来写的。有的学生有一种误解，认为文章中一出现"你""你们"，就是用第二人称写。其实不然。如习作《歙砚的话》一文的开头是：

> 你知道我是谁？哈哈，我就是驰名中外的歙砚啊！我多荣幸，又多自豪！
>
> 你看，我这绿盈盈的身躯，时而闪闪发亮。头上是一棵雕刻精巧的梅花树，树上停着一只美丽的喜鹊，下边直竖着几根翠竹，就好像被一阵春雨冲洗过似的，还闪着晶莹透亮的露珠呢？我这么一说，大概你也明白了，我的名字就叫玉带金星梅鹊歙砚，现在，我就将自己的经历告诉你们吧……

显然，歙砚是做自我介绍，听的对象是"你们"，不能把叙述人的口吻身份与听的对象混淆起来。

叙事记人由于表达主题、表达浓郁感情的需要，可以转换人称。如《安塞腰鼓》是抓住安塞腰鼓的精髓，刻画陕北农民坚韧顽强的生存状态中迸发出来的活力。文章是用第三人称"他们"来写的，行文到一半，作者写："好一个安塞腰鼓！后生们的胳膊，腿，全身，有力地搏击着，疾速地搏击着，大起大落地搏击着。……黄土高原啊，你生养了这些元气淋漓的后生，也只有你，才能承受如此惊心动魄的搏击！"作者叙述、描绘安塞腰鼓令人震撼的场景时，情不可遏，因而直呼"黄土高原"，用"你"来表达（实际上是用第一人称来赞美）赞扬黄土高原的气派，赞扬陕北后生的生命活力。文章从用"他们"转到用"你"，是作者表达灼热感情的需要。叙事、记人、写景、状物用怎样的人称，要根据主题、题材的需要；写到中途要转换人称，同样要根据主题的需要，如果随便更换，将线索不清，破坏文章的整体性。

3. 学习在尺水中兴波的技巧

文似看山不喜平。古人说："人贵直，文贵曲。"叙事记人的文章，尤其用顺叙方法写的，要能引人入胜，须讲究记叙技巧，在尺水中兴波，即在有限的篇幅中，巧设悬念，巧用抑扬，借宾衬主，铺垫渲染，欲擒故纵，形成起伏的波澜。

(1) 巧设悬念

悬念是指一种急切的心理状态，如看电影电视，欣赏戏曲，关心故事情节发展，关心人物命运的一种紧张心情。文章中巧设悬念是建立在把握住事物发生、发展过程的基础上的。在叙述的时候，或先叙结果，后叙原因，或埋下伏线，然后加以照应，总之，布下疑阵，不加解答，激发读者急切地往下读的兴趣，直至全文读完才恍然大悟。

下面是刘白羽的散文《灯火》，它是怎样巧设悬念，运用多种记叙方法来表达深邃的思想的呢？

灯火

多少年来，在我心中有一个隐秘的喜悦的诗句，这就是：

"灯火……"

怎么就是这么两个字？你也许会觉得奇怪吧。可是，它，给我的启示却是丰富极了。不过，仔细追索一下，最初，原也只是像每个人在漆黑的夜晚，对一点小小的火光，总是加倍珍惜、加倍喜爱一样。你想，那红红的火焰，怎么地充满活力，叫你欣然，叫你振奋；还有那淡黄的，因而显得平静、温暖的光圈；还有如黎明之前那颗最亮的星星，光芒像翅膀一样，闪烁不定，因此，爱生活的人，爱光明也就爱灯火。

我想每人都可以举出上万桩关于灯火的印象。对我来说，最早的一点，是我作为一个青年人，从家中出走。那是一个深夜，走到巷口回头一看，看见门口还亮着一星灯火。所以留下这个印象，我想和当时那"风雨如磐暗故园"的国家、民族危急的形势有关。日本人把炮火带到家乡，我不能不在这关头，决然离去。去哪里？茫然。但总要战斗。战斗，也许在风霜中，也许在雨雪下。但不管怎样，这个战斗的信念那时却是已经牢牢下定了的。这一推敲，也就可以推测到，那最初的一星灯火的记忆，原和自己生活上突然发生的巨变，和自己当时的心情、满腔热血的志向分不开的。

可是，认真地形成一句美的诗，或说一种诗意，这"灯火……"两字开始在我心里茁壮成长，却是若干年之后，在东北解放战争那风天雪地之中。

在严寒的松花江原野上，冬天踏着积雪，夏天蹚着急流，我却从灯火，体会到一种特殊的温暖。有时，夜间行军，冒着漫天的风雪，受着严寒的侵袭，多少山岩间的陡坡，多少密林中的小径，隐蔽，肃静，只听见风声、嚓嚓的脚步声、喘气声。夜漆黑得举起自己的手都看不见。流汗了，还是紧紧走。气喘了，还是紧紧走。可是，走着，走着，忽然，看见一星黄黄灯火。那时，这灯火有多么亲呀，你想四周全是黑夜，寒冷，只那一星灯火，那是多么温暖呀！就像从远方归来，突然看见自家窗上的灯火。我们到了宿营地了。那灯火可真亲热呢！那是人民的手给你点亮的灯火。门开了，走进去，一种暖和和的家庭气息扑在脸上。房东老大爷、老大娘、大嫂子、小妹妹在那灯光之下，亲切地招待着你。这真是人间最大的温暖，温暖的还不在火，温暖的是一家劳动人民的心。就这样，转战着，一回一回换着不同的宿营地点，但每一个宿营地的人都像自己家里人一样亲。从那以后，这一星灯火，就对我有着无限的魅力了。像一个小小的金钥匙，一个小小的亮门窗，我觉得这一星灯火，它沟通着我与普天下的劳动人民的感情。我们转战到哪里，人们都点一盏灯火欢迎我们。这时，在我来说，已经不是最初自家门口那一星灯火，而是万家灯火了。

灯火，现在随着生活的变化、时代的变化，也变化了。灯火，已经成为社会主义新世界生活的闪光。我还是非常非常喜爱灯火。那快乐的火焰呀！那温暖的火焰呀！那跳荡着红光的火焰，那闪射着雪亮光芒的火焰啊！不论是油的火焰，电的火焰，它总是生活的火焰，生命的火焰。我从轮船甲板上张望过我们海港上那像万千颗钻石熠熠发光的灯火，我从飞机上俯瞰过我们像发亮的海洋一样的城市的灯火，我在我们的大森林里看过那漂在河流上的时明时灭的一星灯火，我从飞驰的卡车上欣赏过我们那工地上星海般闪烁的灯火。就以我们住的北京来说，你如果住在乡间，夜间入城，灯火渐渐多了，亮了，但当你到了长安街，你就觉得那好看的灯光像两条正在向前飞舞的火龙，而你感到夜为白昼所代替。如若说白昼是太阳赐予的，而这灯光却是人自己创造的。创造它，为了战胜黑暗，使光明永在。

　　战争给我带来这一句诗："灯火……"现在战争过去了，可是在我的心中，却永远永远地留下那个灯火。虽然我们整个新世界都在闪闪发光，但在我心中，那细小的一星灯火还是明亮的，它是不会熄灭的灯火。

　　这篇文章内容前后跨度几十年，要把事情叙述清楚十分不易。首先，选择了一个极好的角度——灯火，物虽小，但内涵丰富，延伸、想象、开拓的余地极大。以"灯火"为线索，贯串全文，把几十年中发生的事有机地组合起来，成为完整的篇章。

　　作者一开始就巧设悬念，说"多少年来，在我心中有一个隐秘的喜悦的诗句，这就是：'灯火……'"为什么这个诗句是"隐秘的""喜悦的"？既然是"诗句"，又为什么只有"灯火"一个词？又为什么"灯火"后面加个省略号？这个问题一提出，就能立即激起读者急于想知道底细的愿望，激起读者胸中的浪花，这样开篇符合读者对象的阅读心理，是成功的设计。

　　文章用第一人称"我"叙述自己对生活的独特的体验，本已真切感人，而作者巧妙在文章起笔以后，立即采用了与读者谈心的口吻，说："怎么就是这么两个字？你也许会觉得奇怪吧……你想，那红红的火焰,怎样地充满活力,叫你欣然,叫你振奋……"作者犹如站在你面前与你对话,向你诉说感受,而诉说时,又充分调动你的生活经验,调动你的想象力,这样用笔,就在设置悬念的基础上,增添了与读者思想感情上的联系,进一步在读者心中掀起阅读的波澜。"灯火"的谜底还远远没有揭晓,已有如此的吸引力。

  文中概括叙述和细致叙述交替使用,使所叙事情疏密相间,起伏有致。如第 3 段记自己关于灯火的第一个印象,写得十分细致。先叙作为一个青年人从家中出走的时间、地点和留下"灯火"第一个印象的具体场景;接着叙述为什么会留下这个印象的社会背景;然后再叙当时的抱负与信念;最后记今日对这件事的推测和认识。把事情放到社会大背景上来认识,事情的原委介绍得一清二楚,纹丝不乱。在这件事具体叙述之前,用了概括叙述,说"我想每人都可以举出上万桩关于灯火的印象",是怎样上万桩的印象,就不展开叙述了,因为主题表达没有这个需要。又如第 6 段中,有些内容也是概括叙述:"我从轮船甲板上张望过我们海港上那像万千颗钻石熠熠发光的灯火,我从飞机上俯瞰过我们像发亮的海洋一样的城市的灯火,我在我们的大森林里看过那漂在河流上的时明时灭的一星灯火,我从飞驰的卡车上欣赏过我们那工地上星海般闪烁的灯火。"显然,作者在这儿用排比句写不同场地所见到的灯火的情景,每一个场景如展开写,可以内容十分丰富,而这儿高度浓缩,一个场景仅一句话,所以是概述。但从中我们可体会到:概括叙述绝不是说空话,它同样要求写得具体。句子中海港上的灯火、城市的灯火、河流上的灯火、工地上的灯火,用三个比喻、一个形容来描述,具体而形象。

  文章用倒叙的手法先设置悬念,然后按时间先后顺序记叙"灯火……"这个诗句形成、茁壮成长和永不熄灭的过程。作者截取了三个生活横断面,充满感情地一一叙来,每个横断面有鲜明的特征,而三个横断面层层递进,不断开拓新的意境。首先把门口亮着的一星灯火与热血满腔的青年的志向紧密相连,灯火象征志向,志向追求灯火,追求光明,离家出走,义无反顾。接着,把一星一星组合成的万家灯火与转战在风天雪地中的解放战争紧密相连,灯火给战士送温暖，灯火象征着劳动人民的心，万家灯火在战士心中点燃。最后，把灯火与闪闪发光的社会主义新世界生活紧密相连，灯火是快乐的象征、是温暖的象征，它显示了无限的创造力，战胜黑暗，使光明永存。

在层层深入地开拓意境的同时，主题的深意被开掘。由热血青年的个人追求光明、追求理想，发展到革命战争年代与普天下劳动人民心相近、情相连，追求共同的光明、共同的理想，再发展到火热的社会主义建设年代，新生活闪闪发光，灯火灿烂辉煌，心中追求理想的一星灯火永不熄灭。这个主题是一名热血青年献身革命的思想历程的记录，是一名老战士历经战火考验而今又投入新生活建设的心声的吐露。"灯火"是心中的火种，照亮了数十年人生的征程。为什么"隐秘"？因为对它的认识不断扩展、不断深化，其中奥秘只有自己最为知晓。为什么"喜悦"？因为终于驱走了黑暗，迎来了光明。全文终了，悬念解开。

然而，不寻常处在结尾又起波澜。整个新世界已经是闪闪发光，但心中一星灯火依然明亮。这就留给读者更多的思考回味。

（2）
巧用抑扬

叙事记人要善于用抑扬的手法。抑，抑制，向下压；扬，褒扬，向上举。文章用抑扬的方法可欲抑先扬、欲扬先抑、欲扬先扬、欲抑先抑。用得比较多的是前两种。如《记一辆纺车》，文章开头用一唱三叹的笔调写对自己使用过的纺车的怀念，说"想起它，就像想起旅伴和战友，心里充满着深切的怀念"。按一般的思路，既然对纺车如此深情，应该立即颂扬一番，可偏偏不是这样，作者紧接着是写它的普通、平凡："那是一辆普通的纺车。说它普通，一来是它的车架、轮子、锭子跟一般农村用的手摇纺车没有什么两样；二来是它是延安上千上万辆纺车中的一辆……"讲它"普通"的目的，在于颂扬它的"不普通"。"在延安，纺车是作为战斗的武器使用的"，因为它帮助抗日根据地的人们"粉碎了敌人困死我们的阴谋"，"纺羊毛，纺棉花，是丰衣的保证"。作者采用了欲扬先抑的方法，在虚虚实实之中曲折地表达感情，加强表达效果。

（3）
以宾衬主

文中所写的人、事、景、物，不可能每一样都是主体，如果样样是"主"，文章将密不通风，不成为文章了。任何事物总是互相联系、相比较、相矛盾而存在的，有主必有次，有远就有近。文章要写中心事件，要刻画主要人物，就要用陪衬。刘熙载在《艺概》中说："正面不写写反面，本面不写写对面、旁面，须如睹影知竿乃妙。"显然，"睹影知竿"看到竿的影子可知竿的形象，这才是妙在其中。也就是写事物的反面、对面、旁面，来折射主体，突出主体。这就是以宾衬主。《驿路梨花》除巧设悬念外，以宾衬主也十分出色。文章以小姑娘梨花为主，为什么要以她为主呢？用作者彭荆风自己的话来说，"这是因为她们小，代表未来。如果写成人，写党支部书记，这在《驿路梨花》的特定环境中，可能不会有小姑娘们活泼感人"。为了表达这个写作意图，文中用瑶族老人扛米向小屋主人道谢的情节陪衬，用"我"、老余、瑶族老人给小屋屋顶加草、挖深屋后排水沟陪衬，"我们真应该向她学习"，用解放军盖小屋陪衬，以人衬人，以事衬事，主宾分明，曲折感人。以宾衬主，可以正衬，可以反衬。上面举的例子是正面陪衬。反面衬托如以丑衬美，以恶衬善，可形成强烈的表达效果。

（4）
铺垫渲染

为了取得叙事的表达效果，对要写的人和事、景和物不直说，而是先做种种铺垫，给人以千呼万唤始出来的感觉。与此同时，不惜笔墨，渲染气氛，把读者引入文章的氛围，给人以亲目所睹、亲耳所闻、亲身经历的感觉。犹如京戏中的武生戏，演员未出场前，锣鼓敲得震天响，渲染千军万马的气势，吸引观众。当然，这种渲染、这种铺垫，都要紧扣主题，恰到好处。正如刘熙载所说："叙事要有尺寸，有斤两，有剪裁，有位置，有精神。"如果铺垫拖拖沓沓，渲染夸大其词，违背生活的真实，效果就适得其反了。

下面这篇参加比赛的作文在渲染、铺垫上有特色。

三舅今晚又未归

"叮铃铃……"晚上7点多，我家电话铃响了。我一听，是淮海路表妹的声音："睦睦哥哥，我害怕，害怕极了！"

表妹才读小学二年级，胆子很小。"别害怕，有什么事慢慢说。"

"屋顶上有走路的声音，墙壁上有敲榔头的声音。强盗要来了！"

"你妈妈呢！""去学校开家长会了。""你爸爸呢？""在浦东。他又有好几天没回家。""别怕，那声音是人家在修房子。""不是的！晚上人家都下班了。是强盗要来了！"

"你先做功课——"我的话未说完，电话"咔"地断了。

我把情况跟爸爸妈妈说了。爸爸赶紧拨三舅家电话。一次、两次……拨了七八次还是不通。"会不会坏人把电话插头拔掉了？"我提醒爸爸。爸爸把电话交给妈妈继续拨，他向妈妈拿了三舅家钥匙，骑自行车去三舅家看看。

妈妈拨呀，拨呀，拨了半个多小时，电话才拨通。可是没有人接。表妹到哪里去了？一种不祥之感涌上了我的心头。重拨，又通了，还是没有人接。爸爸快到了。他会把一切弄明白的。

爸爸电话来了。他说三舅家里没有人，也没有被撬、被抢的迹象。表妹人呢？爸爸也不知道。妈妈要他快去表妹学校找，表妹害怕了会去学校找她妈妈的。

爸爸电话又来了。他见了三舅妈，表妹没有到过学校。三舅妈去表妹几个同学家找，爸爸要妈妈分头给上海其他亲戚打电话寻找。

9点多了。亲戚家、派出所等都找了，表妹仍没消息。妈妈决定去三舅家。我也跟去了。

三舅家已有三四个亲戚先到了。大家都在安慰三舅妈。三舅妈呆呆地坐着。

妈妈本来可能想着要批评三舅，但三舅还没回家。妈妈对三舅妈说了句："你们也真放心，小孩这么小，怎么能晚上让她一个人在家？"

没想到，听了妈妈这句话，三舅妈号啕大哭起来："你去问你弟弟呀！自从他当了浦东那家要命的合资公司总经理，一年到头回家几天？他怎么能放心的啦？你去问呀，去问问他呀！你去问你弟弟呀！呜呜呜，你们大家评评理呀！大家评评理呀！……"

亲戚们纷纷说是三舅不对，说三舅妈一个人带小孩确实不容易。嗨，这个时候不能表扬，大家一表扬，三舅妈哭得更厉害了："……小孩上幼儿园时，他说浦东有个项目走不开，晚上经常不回家！小孩读一年级时，他说浦东有三个项目上去了，晚上又不能回家！小孩现在读二年级，别人家长都在管功课，他说他现在要管浦东七个项目，今年他回家有几天？呜呜呜呜，这样的日子，还有没有个头？呜呜呜……"她要把几年中受的委屈都倾诉出来。

爸爸平时总夸耀三舅的工作，好像我家当了浦东开发者的亲戚也沾了光。现在他一反常态说起妈妈来："你不能袒护你弟弟！主要责任在你弟弟身上！"

妈妈怒气冲冲地问爸爸："三弟现在人在哪里？"爸爸说："他同事说，香港董事长到了太仓工程部，他赶到太仓去了。今晚不知会不会赶回来。"妈妈一把抓起电话，直拨太仓工程部："叫他今晚就回来！见什么董事长？家里快要死人了！"爸爸又劝阻妈妈："家里矛盾不能弄到外商那里去，现在浦东需要吸引更多的外资。"妈妈也叫起来："我不管！他是我弟弟！什么外商不外商，我不怕！"三舅妈也停止了哭泣，支持妈妈的做法："叫他回来！总经理不当了！"有个亲戚附和着："还是不当好。人家绑票常找总经理的小孩。""胡扯！"爸爸发怒了，"又不是美国西部片，哪来那么多绑票！""呜哇——"三舅妈哭声又起，这下是想到绑票上去了。

太仓电话通了，那儿工程部人说，三舅中午同香港老板去了南京。妈妈又拨南京电话，南京办事处说，三舅同香港老板半小时前去了机场，他们今夜飞广州。看来，今晚谁也甭想把三舅叫回家。

"找到了！"忽然听到爸爸一声大叫。原来表妹躲在放棉花胎的大壁橱里睡着了。

"哎呀呀，这壁橱我找过两次了。"爸爸直嚷嚷，"没想到她躲在棉花胎的最底下，上面蒙得这么厚！"

"你要闷死的呀！要闷死的呀！"三舅妈紧紧

抱住女儿，又大哭起来。

"我怕呀，我害怕呀！"表妹也大哭起来。

"找到就好。早点睡觉。小孩明天要读书。"大家劝着。

"明天叫他回来，我跟他离婚！"三舅妈对三舅的气还不能消，"叫他去跟浦东结婚！"

亲戚们知道三舅妈是说气话，都打着哈哈："先睡觉！先睡觉！""明天再说！明天再说！""走了，走了。"

回家路上，我听到电视机"夜间新闻"正说着浦东的有关消息。我一路想着：浦东开发，不仅是浦东人的事，它联系着全上海许许多多个家庭，甚至联系着全国各地乃至世界各地；这当中，蕴含了多少悲欢离合的故事，有谁能够说清呢？

胡　睦

这篇习作确实是在尺水中兴波。文章开门见山地设置表妹突然"失踪"的悬念，为了加强这个悬念，习作者做了多方铺垫，引出全家人四处寻找的情节。在寻找的全过程中，渲染了众多人物的焦急心情，渲染了三舅妈的不满，气氛十分紧张。而这种气氛随着事情曲曲折折发展，越演越烈。如电话拨不通，是不是插头被坏人拔掉了；去表妹家，表妹家没人；到三舅妈学校，表妹没去过……真是一波三折。就在这焦急与不满的氛围中，热心开发浦东的建设者形象突显在眼前。

弦绷得很紧，悬念的解开似乎不易。然而，就在"踏破铁鞋无觅处"时，习作者笔锋陡然一转，出现了"得来全不费功夫"的结局。看来是出人意料，实则在情理之中，因为表妹是胆小的儿童，符合生活实际。

铺垫渲染绝不是故弄玄虚，而是为了表达文章主旨的需要。习作者在这篇习作中要赞颂的是开发浦东的建设者积极进取的风貌和公而忘私的奉献精神，为了把这种精神写得实在，写得丰满，写得有血有肉，在材料的把握上巧设悬念，铺垫渲染，展现起伏节奏。

散文中还常用欲擒故纵的手法。文章紧扣中心来写，也就是要"擒"住，但为了使内容更丰满，主旨揭示得更完备、更深刻，常常放开来写，似乎与主旨关系不大，"纵"开去。其实，"纵"是为了更好地"擒"。如《白杨礼赞》，文章开头提出白杨树，按写作主旨应具体描述，加以赞美，作者未这样处理，而是宕开一笔，写黄土高原的景色，似乎与主题关系不大。实际上叙述描写白杨树的生长环境，使白杨树更能显示"伟丈夫"的气质。这样，文章就有了波澜。

运用上述种种记叙的技巧，一要符合生活的逻辑，虽是意料之外，但又在情理之中；二是根据主题表达的需要，不能为技巧而技巧，否则，效果将适得其反。

综上所述，写记叙文要能在有限的篇幅里把事情叙述得娓娓动听，引人入胜，须掌握巧设悬念、巧用抑扬、借宾衬主、铺垫渲染、欲擒故纵等写作技巧。而要掌握这些技巧，须打好多种记叙方法的基本功，学会详细记叙与概括记叙，学会顺叙、倒叙、插叙，学会补叙和平叙。

七
精选表现事物的角度

中学生作文常犯大而空的毛病，笼统空泛，似乎什么都说了，可又什么也没说具体，原因当然不少，但不善于精选表现事物的角度是一个重要原因。

苏东坡《题西林壁》中有这样一句名句："横看成岭侧成峰，远近高低各不同。"说的是庐山同一景物，由于观察的角度不同，所见的景色就迥异。观景如此，写文章又何尝不是这样呢？同样的人、事、景物，在不同的作者笔下，神态必然各异。有的文章读来好像似曾相识，人云亦云，索然无味；有的却生动活泼，醒人耳目，开人心窍。是不是独具慧眼，会不会精选角度，大有讲究，角度选得好，就能给人以别有洞天的感觉，读起来就会增长见识，兴味盎然。

表现事物的角度要精选，那么什么是角度呢？又怎么精选呢？

学生也许有这样的经验：人像摄影大有讲究，有的人拍正面像，脸似乎宽了点，眉毛有点往下，不好看；拍侧面照，鼻子挺直，轮廓清晰，很有几分美。显然，拍摄角度不同，效果差异很大。有眼力的摄影师善于研究拍摄的对象，从不同的视角观察，或正面，或侧面，或左面，或右面，或由下往上，或由上而下，从而选取最佳角度，创造最佳的艺术效果。

从人像摄影中我们可得到启发：观察生活中任何一个事物，不应定在一个点上，应该转换视角，正面、侧面、反面、左面、右面、上面、下面等，多角度观察，把事物看真切，看具体，看深入，要写文章表现某个事物时，就可从众多角度观察所得中选择最恰当最精彩的加以定位，表达写作意图。

写作角度的选择要力求做到:

1. 小——切入的角度要小，要以小见大

生活是海，文章是浪。生活中题材广阔无垠，而写作时入文章的仅是浪花。浪花虽小，但一滴水也能反映太阳的光辉，小角度能够表现大主题。这就是我们通常说的选材时切入的角度要小，要以小见大。也就是说，记叙的是日常生活中普通、平凡的人或事，甚至是被人忽视的生活琐事，反映的却是重大、深刻的主题。所谓"重大"，指大到国家、民族、社会的风貌。

写作离不开大自然景物，离不开社会生活，对青少年学生来说，要写生活中的重大题材，无疑似老虎吃天，因此，选取小的角度写更为重要。其实，许多名家名作在这方面都是很有建树的。例如反映辛亥革命是一个很大的主题，辛亥革命前后反动统治阶级镇压革命与毒害人民，罪行累累，旧民主主义革命严重脱离群众，空想依靠少数人的力量代替群众的革命运动，教训深刻。表现这样重大的主题如果从正面写，长篇巨著也难以全部包容。而鲁迅先生的《药》仅以短短篇幅就揭示得十分深刻。他选取了"人血馒头"这个小角度来写，通过对人血馒头这副"药"的买、吃、议以及效果，表现了作者对辛亥革命这副"药"不能治愈患痨疾的封建社会重病的鲜明观点，以小见大，引人深思。又如茅盾的《白杨礼赞》也是以小见大的力作。1941年正处于抗日战争的相持阶段，作者身处在国民党统治区的白色恐怖之中，要表现解放区军民在中国共产党领导下进行艰苦卓绝斗争的重大主题是十分不易的。作者选取了白杨树这个极小的东西，用象征手法写，形象鲜明，寓意深邃。

平时习作中写人写事，要学会选取小角度。如写一个你所尊敬的人，千万不能写成人物介绍，什么都写一点，又好像什么也没写。要从不同角度理解、认识为何这个人受"尊敬"，然后从中选取某一个

小角度加以表现，写出个性，写出特点。写"小"不是说尽写些芝麻绿豆的事，关键在这个"小"能不能见"大"，能不能从中获得发现而把它写透。因为文章是讲究单位面积产量的，"小"中要容纳下相当数量的"大"。

要能小中见大，就要从大处着眼，胸有全局。学生要跟随着时代前进，关心祖国前进的步伐，关心社会主义物质文明和社会主义精神文明建设的伟大成就，关心周围的人和事的变化，胸怀社会、时代的大局，这样就能从纷繁复杂的生活现象中发现闪光的小事，写入文章时，把这"小"放在大的背景中去表现，就能真正以大驭小，以小见大了。

下面这篇文章就是叙生活小事，反映社会大主题。

河弯村的桥

河弯是故黄河湾里不起眼的一个小不点儿村庄，三五十户人家，倚堰而居。男孩女孩们大了，不再像憨厚淳朴的父辈，安分在祖遗的一方热土上生养生息，都想到外面的天地里去闯一闯。

绳一样的小路从村里牵出来，曲曲弯弯，刚好够走下一辆平板车，伸延到村外，便齐齐被一道横沟切断了。沟对面是一条宽宽的柏油路，东可以到县城，西可以到州府。在庄稼地里劳作的村民们，挂锄歇息时尽情遐思，就成了一幅风景。想那城里的人活该享福，厕所盖得像小洋楼一样，还贴着照人影的瓷砖片。那城里的女孩最会迷人，单眼皮儿会割成双眼皮儿，笑声里满是香粉味儿，高挺着胸脯，走起路来一耸一耸的。到了夜晚，更有那五光十色，闪闪烁烁。但让人遗憾的是，河弯村比城里可差得远了。就说那连接柏油路的沟面上吧，只架着一扇土改时从富农家拆来的门板。风吹雨淋日晒，作桥的门板已朽烂了。小村的人从上面走过到县城、州府去开眼界的，那可是数得清的有数几个。

这年春天，气候特别特别的好。十来个从联中毕业的男孩女孩，常常聚在一起嘀咕。有一天，回家把行装打成了一卷，背上一摞煎饼，还不忘在煎饼里塞进一包干干的盐豆儿，走过门板桥闯天下去了。那时正值早晨，暖风荡漾，遍野生机，烂漫的云霞染红了大半个天际。

一行年轻人走得义无反顾，很悲壮。

一村的人都出来，站在各自正冒着袅袅炊烟的房舍前观看，指点。

一个老头追到桥边就蹲下了，手拿着杆滚烫的旱烟袋，把露出两根脚指头的青布鞋鞋帮敲得很响。叹气声也很响。

不久，就下雨了。

雨停的时候，沟满河平，一派泥泞。村民们惊奇地发现，门板不见了，顺沟左右找了二里多路没找到，村民们就回家了。

从此，进村的人要挽起裤管，把一双鞋举在头顶上，蹚水进村；出村人要挽起裤管，把一双鞋夹在腋下，蹚水出村；白天滑倒过人，黑天跌进过人。一时间，出去进来的人没有了，河弯村和外界的联系就断了，冷落了。

这时，村民们也就常常念叨起那扇门板的好处了。

又是一年春天，出去的男孩女孩们回来了。说是下海了。腰粗的腰细的都穿着一身挺括的西服，打着领带，蹬着黑亮亮的皮鞋，个个很精神。人群里多了个戴眼镜、撇京腔，有着白皙皙皮肤的城里人。一男一女，把村民们的眼睛都看直了。

不久，河弯村绳一样的小路拓成了宽阔的大

道，尽头上来了一伙石匠，叮叮当当地凿石头，砌石头，不几天工夫，一座大拱桥连接上了宽宽的柏油路。

又不久，河弯村有了一个"河弯水产品养殖开发区"，接着又有了一个"河圳农贸产品生产总公司""河港蒲芦包装研究中心"。远处的男孩女孩们都跑到河弯来了。河弯里多了一片新崭崭的屋舍，还有楼房和那冒着青烟的高高烟囱……

河弯村红火起来了，也热闹起来了。领头的就是那群出去闯天下说是下海了的男孩女孩们！

一个老头倚着桥头问："外面的天地是什么样子？"

一个男孩扶着桥栏答："外面的天地大着呢！"

这篇文章发表在《解放日报》1993年4月26日《大地》文学副刊上，作者王耀。英国著名诗人威廉·布莱克有一首充满哲理的小诗，诗句是这样的："一沙见世界，一花见天堂。永恒寓瞬息，无际掌中藏。"从一颗沙粒中可以见到整个世界的纷繁，从一朵花中可以见到天堂的模样，可见这个"一"是多么重要。

写改革开放中华大地的巨大变化、勃勃生机，是关系社会全局的大题材，可从工业、农业的角度反映，可从商业、外贸角度反映，可从城市建设角度反映，可从科技、教育、卫生等角度反映。然而，如果定"格"在某一个"面"上，反映起来就十分不易。因为任何一个"面"都是情况错综复杂，材料众多，即使能驾驭得有条不紊，也会头绪纷繁，远非青少年学生所能胜任。因此，高明的作者总是精选反映的角度，定"格"在一个小"点"，以"点"来反映"面"，反映整个大千世界。

《河弯村的桥》这篇文章的角度可说是小而又小。首先选的是一个极不起眼的小不点儿的村庄，人口稀少，几乎是与世隔绝。这个角度已经是够小的了。然而作者还要发挥眼睛的敏锐力，再从这小村庄中选取更小的角度,于是村庄通往外界的唯一通道——桥被选中了。

选取"桥"这么一个小角度写,如果只停留在原来只是块门板,如今修起了大拱桥这个水平上刻画,"小"就没能发挥作用。写"小"必须有远见,必须要见"大"。怎样才能见"大"呢?要把小的东西写透,开掘材料的内在潜能,表面看,选择的材料也许微不足道,但深入开掘,就能获得那个"大",显示那个"大"。

这篇文章虽定点在"桥"上,内容也不繁复,但稍加品味,就可发现围绕"桥"组织的事件纵横交错。从纵的方面看,时间跨度大,着力写了两代人。其实又何止两代,父辈"安分在祖遗的一方热土上生养生息",祖辈呢?再往上推呢?不言自明。从横的方面看,以"河弯村"为中心点,到远村,到县城,到州府,到整个外界大天地。如果就"小"写"小",那就越写越小,写不出新意,写不出深刻的主题,不可能使人振奋;把"小"和时代、和社会有机地或隐或现地联系起来,就能把生活写开,写出广阔的视野和深邃的意境。

文章虚与实结合起来写,留给读者充分想象的余地。小村庄与城市发展的差别,用门板桥实写,用村民的"遐思"虚写;年轻人离家的"悲壮"和返乡时的"精神"分别具体描写,很"实",而年轻人怎样闯荡天下,有何等的艰辛,文中全都"虚"掉。虚实结合,篇幅紧凑,文中意、文外意更为丰厚。

"桥"打开了河弯村的大门,也打开了村民思想的大门,小天地的变化反映着大天地的变化,大天地的变化促进了小天地的变化。河弯村的红火显示了中华大地改革开放的红火。结尾老头与男孩的一问一答是点睛之笔。只要你有一双慧眼,无数新"洞天"等你发现、描绘、颂扬。

2.
新——角度要新,不落别人窠臼

写文章总要有自己的发现,自己的思想,自己独有的见解,这样的文章就有个性，就有可读性。人云亦云，鹦鹉学舌，是最糟糕的。文章要求新，角度新是求新的一个重要方面。

请你们读一读《我的"她"》。这篇短文所选的角度可说是极妙。在阅读过程中，请你们猜一猜"她"是谁，"她"为何对"我"有如此大的魔力？读完以后又有哪些想法？

> 我的父母和长官非常肯定地说，她比我出生早。我不知道他们说的是否正确，只知道我的一生中没有哪一天我不属于她，不受她的驾驭。她日夜都不离开我，我也没有打算立刻躲开她，因此，我们之间的关系是紧密的、牢固的……但是，年轻的女读者，请不要忌妒……这种令人感动的关系给我带来的只是不幸。首先，我的"她"日夜不离开我，不让我干活。她妨碍我读书、写字、散步、尽情地欣赏大自然的美……我写这几行时，她就不断地推我的胳膊，像古代的克利奥佩特拉对待安东尼一样，总在诱惑我上床。其次，她像法国的妓女一样，毁坏了我。我为她、为她对我的依恋而牺牲了一切，前程、荣誉、舒适……多亏她的关心，我穿的是破旧衣服，住的是旅馆的便宜房间，吃的是粗茶淡饭，用的是掺过水的墨水。她吞没了所有的一切，真是贪得无厌！我恨她，鄙视她……我早就该同她离婚了，但是直到现在还没有离掉，这并不是因为莫斯科的律师要收四千卢布的离婚手续费……我们暂时还没有孩子……您想知道她的名字吗？
>
> 请您听着……这个名字富有诗意，与莉利亚、廖利亚和奈利亚相似……
>
> 她叫"懒惰"。

这是俄国著名短篇小说大师契诃夫的作品，读了令人耳目一新，拍案叫绝。这篇短文实际上是讨伐"懒惰"的檄文，列数懒惰的罪状，痛斥懒惰的危害，表明不与懒惰决裂必然断送前程的观点。然而，作者没有板起面孔来进行议论，而是选取了"我"和懒惰之间的关系这个角度，用拟人化的手法来写。把"我"和"她"之间的关系描绘得如胶似漆，难舍难分，既心头恨，又无力抗拒她的诱惑，又不打算立刻躲开她。在断断续续的述说中，曲曲折折表达了憎恨懒惰的观点和欲弃不能的复杂的感情，使人如入新的天地，大开眼界。写议论文，须注意思想性和形象性的结合，把思想富寓如此高明的形象之中，确实是别出心裁。语言诙谐风趣。比如要读者猜"她"的名字时，举"莉利亚、廖利亚和奈利亚"，那是因为俄语"懒惰"一词的发音与这些名字的发音相似。又如刻画懒惰的诱惑力时，以克利奥佩特拉的事为喻。克利奥佩特拉是公元前51—前30年古埃及的最后一个女皇，她的丈夫是安东尼。以此为喻，增添文化色彩。

新，永远是文章的生命。剖析懒惰的危害，如果只是从一般常见的角度论述，就味同嚼蜡，犹如吃别人的残羹剩菜。而今跳出常人的思维框架，另辟蹊径，独树一帜，文章的效果就与前者大相径庭，能牢牢抓住读者，且会留在记忆里经久不忘。

学生习作当然没有这样的笔力，但只要重视选择"小"角度、"新"角度，写出来的文章也能给人以新鲜感。下面是一篇初中学生的习作。

集邮戳小记

课余我喜欢集邮和集邮戳。集邮好，一枚枚"纸宝"呈现出缤纷世界；集邮戳更好，只要费举手之力便及，不必像集邮那样排长队"觅宝"，也无须忙于交换，费心凑套，还有就是其乐无穷⋯⋯

请千万别小看信封正反面那黑不溜秋的油印图章，它的学问可大了。信封正面邮戳是发信人邮寄出信的准确时间，反面是邮给收信人的准确时间，邮戳外圈是各地地名和其邮政上的代号"支"。

通过这些小邮戳我掌握了很多地名。小学毕业时，我有很多同学去外地念书了，有的去了四川、福建，有的甚至到了祖国的最西北——新疆。她们每来一封信，我总精心地把邮戳剪下来收藏好，从中我不仅知道了一些地名，如泉州、乐山、克拉玛依，而且还看到了祖国邮政事业的飞速发展。一些昔日"大漠黄沙鹰飞扬，风吹草低见牛羊"的地方，随着经济建设的发展，都建起了邮政局。如今，上海到新疆的邮信一般一个星期就到了，上海至四川的一般三天就到了，这些数字比起现代化的邮政速度虽然相差很远，但是能有这样的变化已经很了不起了！

我爸爸在外地工作，他每到一地总发信回来，这是我集邮戳"资本"的最大来源，从大连到厦门的各个大港口，都列入了我收集的行列。尤其是青岛、烟台、连云港、秦皇岛，经爸爸在信上介绍，我就像真的见到了那些地方。每次一来信，我总把信封上的邮戳剪下来，邮票浸水后撕下来。妈妈常拿起被我撕得支离破碎的皮对我说："这孩子，尽会捣乱！"有时还摇着头，皱着眉把我比喻成破坏信封尊容的"罪魁祸首"。其实妈妈嘴里这么说，实际可支持我啦！总是悄悄地把旧信封放到我的抽屉里，有时忙里偷闲，还帮着我剪剪呢！我也喜欢把我收集的宝贝，给妈妈观赏，开开眼界。爸爸回来，我能一口气地说出爸爸几月几日到过哪里，一连背上几个地名，他总笑眯眯地鼓励我好好干。初一学中国地理时，我把从邮戳上得到的知识与课本上的知识结合起来思考，效果果然不错。

有时我也收集一些纪念邮戳，分成几个大类，比如文艺体育类、政治经济类等。有些有历史意义的，我更视为掌上明珠，夹在最好的本子里，闲暇时拿出来看看，颇有意思。

在集邮戳方面，我有一个最大的愿望，就是希望祖国早日统一，早日能收到祖国宝岛的一枚地名邮戳，我想这不会是空想，不会是奢望。我等待着、等待着……

姚　蓉

这篇小记有点新意。人们通常重视集邮，很少集邮戳，习作者舍弃别人常常讲的，偏偏选不被人注意的材料，从习作者的指导思想上说，是求新的。写这类小记人们往往选美景、美物写，习作者偏偏选了其貌不扬的"黑不溜秋"的油印图章来写。其实，舞台上的丑角也是渗透着艺术美的，一举手一投足，同样给人以美的享受。这篇习作选材别具一格，以"丑"的形貌托出美的实质，表现祖国建设事业的蒸蒸日上和盼望祖国早日统一的良好愿望。日常小事反映大主题，角度选得新，从"小"中看出新意，写出新意。

要写出新意，小事本身就要写出层次，否则就平面，难以表达出一定的意义。这篇习作的开头以集邮和集邮戳比较，突出要写的"新"，要写的"小"；然后从信封正面邮戳和信封反面邮戳的发、收两个方面来生发；在写邮戳中包含的学问时，写出了好几个层次——知道了一些地名，看到了祖国邮政事业的飞速发展，了解父亲为祖国建设奔跑的行踪，把邮戳上得到的知识与课本知识结合起来学，纪念邮戳的赏析价值，盼望收到祖国宝岛的一枚地名邮戳。正由于写出层次，内容就不显得单薄；而能不能写出层次，取决于习作者有没有深切的感受。自己感受不深，要从小事中挖掘出内在意义是不可能的。

3.
巧——折射纷繁的生活现象

角度还要选得巧。要反映比较广阔的生活面，如果平面展开，往往啰唆累赘，不会有良好的效果。因此要巧选角度，使表达的主旨浓缩、集中，使人读了能举一而反三。例如新加坡女作家尤今，先后游览过亚洲、非洲、欧洲、美洲、澳洲等地的五十多个国家，写了大量的游记。她把旅游好些国家的观感浓缩在《地图》一篇短文里，角度选得十分巧妙。文中有这样一些描述：

> 地图，是越看越有韵味的。
> 有趣的是：每一个国家的地形，看得久以后，便会慢慢地幻成另一样东西。
> 印度，是飞在空中一个菱形的风筝。
> 奥地利，是一支横放的小提琴。
> 日本，是太平洋与日本海之间一条优哉游哉的鱼。
> 乌拉圭，是不小心滴落在地上的一滴水。
> 阿根廷是美味的蛋卷冰激凌。
> 智利是一长条被绞干水分的布。
> 只要运用一丁点儿的想象力，地球上的每一个国家，都可以让你随心所欲地转换成一个有趣的"物体"。
> ……
> 一踏进你护照签盖的那个国土，你便惊喜地发现：原本平平地躺在背囊里的那张"地图"，蓦然放大了无数倍，生龙活虎地在你的面前站了起来。
> 远远近近的山峦，含情脉脉地看着你，相看两不厌；波光粼粼的河流，以潺潺的水声向你表

达它热诚的迎迓，百听百不厌。

曾经被你用红笔圈着的那个大城那个小镇，全都奇迹般地活现在你面前……

住在这个立体的"地图"里，你耐心地印证书本所给你的知识，你细心地发掘书本所不曾给你的资料。你探索、你思考、你咀嚼、你消化。当你背起行囊离开时，你挥别的，再也不是一块陌生的土地了，它已成了你记忆之库中无法磨灭的一位"贴心老友"了。

这时，谈起这个国家，你已有了属于自己的独特观感。

印度的确像风筝，但是，它像一只飞不起来的风筝，它很努力地在挣扎，然而，众多的人口沉沉地压在风筝上面，它挣扎得再辛苦，依然还是起飞不了。

奥地利呢，不折不扣的，就是一支小提琴。整块土地，布满了琴弦，人们轻轻地踏上去，美妙琴音处处飘。

乌拉圭果真像水，晶莹剔透，玲珑可爱。无论是民风、国情，都叫旅人眷念又怀念。

说阿根廷像蛋卷冰激凌，它名副其实。表面上一派歌舞升平的繁华气象，然而，日日贬值的货币，却是人们生活里挥之不去的阴影。正像溶化以前的冰激凌，美丽又美味，一旦开始溶化，口糊、手黏，狼狈不堪。

将平面的地图和立体的地图互相参照而后得出一个新的观感，是我旅行时百玩不厌的一项游戏。

旅行者离不开地图，然而在众多的游记中，无论绘自然景观，无论写风土人情，很少出现"地图"的字样。这篇文章巧妙在把平面的地图与立体的地图参照起来写，废除烦琐的旅途记述，把在立体地图中实地考察的独特感受填入平面地图的形象之中，有切中要害的议论，有潇洒飘逸的描绘，形式精巧，分量厚重，给人以与众不同的感觉。如果不是这样的精选角度，要对旅游过的国家记述观感，岂不要写厚厚的一本？一篇短短的文章怎能容纳得下？关键还不在篇幅的长短，而在于有新意，发现了别人未发现或者脑中闪过瞬息消逝未捕捉住的东西。

巧，不是故弄玄虚，它需要艰苦的思维劳动，它不仅需要对每一个观察事物的角度一一过滤，而且要善于把角度与角度之间联系起来思考，寻求新的发现。一旦形成新的角度，文章往往就会跃上新台阶。

角度选得巧是十分不易的，学生在习作中经常锻炼，也会取得显著的进步。下面就是学生的习作。

山·飞蛾·大漠

我有一个不安分的灵魂，试图在短短的历程中，找到生命的内涵。于是，有许多沉思便在灯下徘徊而来——

一

我从山里来。我的家乡，在那遥远而贫瘠的山区。茫茫的天空下，横卧着几个古老的小村。每当夕阳西下，那层层叠叠的树呵，便将那房顶上袅袅的炊烟，将那牛背上悠悠的柳哨声，扯得好远，好远。家乡到处都是山，那些山雄伟挺拔，透着股男儿的阳刚之气，却丝毫没有小姑娘的秀气。父亲说，山就是山里人的性格。小时候，父亲常常牵着我的手，走在那坎坷的山路上，一路讲着动人的传说……

岁月悠悠，童年在父亲爱的甘露滋润下遥遥远逝。我长大了。我要走到山外面去，因为有一个更广阔的世界等待着我去了解，去探索。父亲说孩子你去吧，我等着你干大事业……爬过一道道山梁，父亲把我送出了山的怀抱。身后，父亲高大的身躯站成了一尊山的雕塑，那慈爱的目光变成了父亲给我永久的期待……一次次清幽的月光下，当我漫步在重点中学的校园里时，父亲的身影似乎总在我眼前晃动，童年的快乐时光勾起了我绵长的回忆。我忽然悟到父亲的眼睛正注视着出门求学的游子，父亲正期待他的儿子去攀登一座更高的山。呵，我从山里来，是山赋予我一颗心灵，是山给我风骨支起一个生命，是山给我灵性造就一种性格，那就要不负山的重托，让这个生命在寻求中放射灿烂的光辉。那就迎着风雨上路吧，莫再迟疑。

二

有人说，在青春岁月里，在成长过程中，有数不清的疑问和烦恼。犹记得很久以前的一个夜晚，天空飘着细雨丝，我独自徘徊在校园的路灯下，许多天来的不快萦绕心间。那路灯发出的淡淡的光晕，在这凄冷的夜色里，让人感到分外温暖和光明。我忽然发现，一只小小的飞蛾在围绕着路灯盘旋，它向往那温暖的光，一次次扑打在灯罩上，可是一次次它都弹回来。但它毫不气馁，屡败屡战。在这凄风苦雨中，它小小的躯体披一层金色的光，那样令人同情又令人充满敬意。我久久凝视着它——小飞蛾啊，你不怕你薄薄的翅羽会被冷风吹折吗？你不怕纤弱的躯体会被撞得粉碎吗？可它依然盘旋着，只要一息尚存，只要灯光永在，它就这样追求下去，永不停息。我看着那小虫儿，不禁一阵愧疚涌上心头。

小小的虫儿尚知在失败中追求光明和温暖，难道一个人不更应该努力地去追求人间的真善美吗？既然已踏上远征的路，那么在这路途中碰到多少失败和挫折，有多少烦恼和失意，又怎能阻止前进的脚步？扬起远征的帆吧，何必再徘徊？

三

暑假里，别人去泉城，去泰山，游山玩水自然是一种乐趣，而我则随兄长奔赴那荒凉的西北大漠。明知大漠不是风景区，而我却是这般向往。因为我不再是一个顽童，我要用更深的东西充实心中那尚稚嫩的天地。

啊，看到你了，西北大漠。无边的黄沙蔓延在这片无边的土地上，凭你耗尽眼力呵，也看不到一丝绿意，没有潺潺流水，没有巍巍高山。蔚蓝的天空，看不到大雁北飞的身影，只有一堆堆舒卷的白云，像悠悠的历史风烟，在诉说人类的沧桑巨变。的确，大漠单调、寂寞，但是它又是那样博大和豁达呀，任你乘着思想的野马在这广袤的空间驰骋。好久未言语的兄长挑战似的说："在这人间，你想获得更广的世界吗？那么就向大漠深处前进吧，你会找到生命的绿洲……"我琢磨着兄长的话，心灵一阵颤动。是啊，真正的勇士是要具备勇于牺牲的精神，他的追求是无止境的。我忽然悟到了生命的责任，举步向前，在茫茫的沙漠中跋涉，再跋涉……

既然人生已找到前进的目标，既然曾背负着

深厚的希望,那就勇敢地继续前进吧,何惧艰难险阻。

——更多的事情等待我去思考和探索,更多的路需要我去走完,我会这样沉思着、追求着走完我的一生。让生命的枝头上,永远绽放灿烂的花瓣。

丁雪芹

这篇习作确立的主题很大,谈的是人生的理想、生命的意义和价值,人应该怎样为实现理想而终生奋斗。要表达这样大的主题,如果泛泛而论,说了许多别人都已说过的话,那就无特色、无个性,成了多余的文章。

习作者大概意识到了这一点,故而把大主题分解为三个角度来表现。第一个角度是家乡的"山"。由山的性格——"雄伟挺拔,透着股男儿的阳刚之气",讲述到山里人的性格,由山的形象,讲述到父亲犹如一尊山的雕塑,"山"给予从遥远而贫瘠的山区走到山外的儿女以灵性,以风骨。理想的追求,生命的价值,从山的性格幻化而出,打着山里人的烙印,载着父辈对儿女勇于攀登的厚望。山里的儿女借山言志,出山启程。

第二个角度是扑灯的"飞蛾"。飞蛾投火是波斯大诗人哈菲兹喜用的题材,如《哈菲兹抒情诗选·四十九》中有:"夜烛啊,发出你灿灿的光亮,把螟蛾吸引到灯下来!"德国大诗人歌德在《天福的向往》一诗中这样写:"我要赞美那样的生灵,它向往投入火中焚死。"因此,飞蛾扑灯常被用来比喻向往光明。习作者选此与自己在征程中的徘徊进行比较,坚定永不停息追求光明的信念,征途中的失败、挫折、烦恼、失意,均不能阻挡前进的脚步。

第三个角度是"荒凉的西北大漠"。舍弃游山玩水的乐趣,奔赴黄沙飞天的大漠,是自觉的追求,是人生的跋涉。兄长挑战似的话是树人生奋斗的高标,借这点睛之笔彰显为实现理想勇于牺牲的心志。

三个角度都在叙说人生的追求，但它们又同中有异。首先是肩负父辈的期望，胸怀山的性格，步上生命的征程，起程的目的是让生命"在寻求中放射灿烂的光辉"；第二部分着眼于百折不回，永不停息地追求美好的理想；最后寻求艰苦，锻炼意志，勇于牺牲，造就博大而豁达的胸怀。三个角度穿在一个"志"上，上路，途中，求索，层层推进，设计得比较巧，有新意。

文章开头"我有一个不安分的灵魂，试图在短短的历程中，找到生命的内涵"，总领全文，三个部分内容均由此生发开来。结尾"让生命的枝头上，永远绽放灿烂的花瓣"，与开头呼应，突出文章主题。

这篇习作尽管有斧凿痕迹，但初学写作的青少年学生宁可稍有堆砌而写得有气势，也不能干枯。

写文章不选角度就下笔，尤其是命题作文，看到题目就动笔，不反复考虑从什么角度切入，就一定写不好。如下面这篇习作。

环境与人

随着工业生产的飞跃发展，环境问题日益成为全球性问题了。工厂不断通过排放有毒或有害的气体、废渣或废水来污染我们的空气、水和土壤。在很多工业化的大城市里，人们在吸进氧气的同时，已经无法"拒绝"其他有害气体的混入。人们不得不饮用严重污染的水质很坏的水。这些都将对人的健康带来很大危害。而问题的根子在于很多地方在发展工业时没有全面考虑各方面的因素，从而受到了环境的惩罚。目前，这种情况正在改观，瑞典斯德哥尔摩在扩建城市时，特别注意了城市环境的绿化工作，在各建筑群之间，林木苍翠，绿草如茵，水域广阔，环境优美，对那里的空气、水质的净化都起了很好的促进作用。

上海黄浦江上游的引水工程又是一个例子。当这个引水工程交付使用时，我们的环境能有更大改善。

这可说是一篇无角度的文章，东说一点，西说一点，泛泛而谈，但什么也没说明白。一会儿说环境问题是全球问题，一会儿说工业"三废"对人们的危害，一会儿说环境正在改观，究竟要说明环境与人怎样的关系，不得而知。

"环境与人"是个极大的题目，可写成长篇巨著，如果全面论述，可写洋洋数十万言，数百万言。一篇短文只能说明其中一个问题，要说明这个问题必须寻找一个角度，这个角度应该很小很小，以这个"小"反映实质性的大问题。比如，可从一家工厂的兴办不重视"三废"的处理以致污染环境、危害人体健康的事实说开去；又比如，可从废水化验的数据说开去；再比如，可从某地某街原来树木葱茏，而今树木枯死的变化说开去，说明人生活在环境之中，不懂得保护环境的重要，不采取保护环境的切实措施，必将受环境的惩罚。也可从另一方面论述——重视环境保护，人们深受其益。总之，无论从正面论述，还是从反面论述，都可以选择"小"角度，"点"定得小，把这个"小"写深写透，就能展示大道理。

不确立明确的写作意图，不围绕写作意图精选写作的角度，想到哪里，写到哪里，任笔游来游去，必不能写成像样的文章。

小、新、巧这三者不是割裂的、排斥的，角度选得好，可以是既新又小，还很巧，通过某一面多棱镜折射出纷繁的生活现象，揭示事物的本质。

精选角度最为重要的是锻炼敏锐的眼光，事物外在的和内在的，实的和虚的，整体的和局部的，看得明，识得真。敏锐的眼光又要与深入的思维结合起来，只有写作的人自己进入别有洞天的境地，笔下才会呈现出别有洞天的境界。要做到这一点，须对生活中的事物发生浓厚的兴趣，耐心地听，仔细地看，百听不厌，百看不厌，生活的潮水就会催开智慧的火花，使你会多生一双新眼睛，看到许多新奇的原来看不到也想不到的写文章的好角度。

　　综上所述，可知：写文章必须精选角度，角度精选与否关系到文章的成败。写作角度力求小、新、巧。弄清"小"与"大"的关系，把"小"的写透，就能以小见大。角度新，不因循守旧，才能写出新意，善于把观察事物的每一个角度进行过滤，巧选其中最佳的。角度精选靠的是敏锐的眼光和对生活的浓厚兴趣。

八
连缀缝合组篇章

文章不仅要言之有物，有充实的内容，言之有理，有令人信服的道理，开人心窍的思想，还要言之有序，按照一定的规律把材料连缀缝合起来，组成美好的篇章。

任何一篇文章要做到表达上的"言之有序"，须在谋篇布局上精工巧作。好比盖房子，尽管砖瓦、木材、钢筋、水泥等建筑材料准备齐全，但怎么结构、怎么布局，要有一番斟酌。清朝戏曲理论家、作家李渔在《闲情偶寄》中说到结构篇章时指出："基址初平，间架未立，先筹何处建厅，何方开户，栋需何木，梁用何材，必俟成局了然，始可挥斤运斧。"意思是动斧斤（古代砍树木的工具）之前，必须考虑房子里什么地方建厅堂，什么地方开门，栋和梁各需要怎样的木材。用一句话来说，盖房子前先要把框架结构设计好，否则丢这忘那，边盖边改，事倍功半。写文章犹如建造房屋，下笔之前，要把文章的框架结构设计好。

谋篇布局就是按照一定的逻辑顺序，在主题的统率下，把表现主题的有关材料进行安排，先写什么，后写什么，怎么展开，怎么过渡，怎么结尾，有条不紊地组成完整的篇章。古代文章家认为"章有章法"，认真按章法办事，能使文章"首尾开阖，繁简奇正，各极其度"。当然，谋篇的方法不是一成不变的，可根据文章的内容灵活地运用。

谋篇布局涉及文章的各个部分，如开头与结尾，段落与层次，过渡与照应，以及贯串全文各部分的线索等。文章的整篇要谋划，文章的各个部分要巧安排。把握每个方面的要求，写出来的文章就能结构完整、层次清晰、条理分明、繁简得当。

究竟怎样谋篇布局呢?

1. 把握谋篇布局的准则

(1) 突出文章的主题

在谈文章的立意时，已经谈到"意犹帅也"，文章的主题、写作的主旨，是文章的将领，统帅；"兵随将转"，文中的词句、篇章犹如兵卒，听统帅调遣。例如臧克家的《有的人》是首新诗，热情赞颂鲁迅"俯首甘为孺子牛"的革命精神。为了突出这个主题，诗的起始段开门见山地捧出人生哲理："有的人活着，他已经死了；有的人死了，他还活着。"运用两组对立概念，造成强烈的悬念，犹如奇峰突起，警钟骤鸣，提出人生的实质性问题后，诗进入第二层次。分别对虽生犹死和虽死犹生的两种人具体描写，具体写他们怎样看待人民、个人名利和生活目的。第三层次写人民对这两种人的态度。每个层次又各由三个小段组合而成。这样组织材料，中心突出，条理分明，褒什么，贬什么，一清二楚。简单的诗歌、文章是如此，复杂的文章更要注意突出中心，犹如一棵大树，枝叶十分繁茂，如果不按一定的脉理组合，势必连主干也不清楚了。材料十分丰富的文章，空间转换多，时间跨度大的，更要精工细作，丝丝线线都要梳理清楚，把每个材料放在合适的位置上，安排得井然有序，千万不能材料零乱或随意堆砌，以致淹没主题。法国大雕塑家罗丹曾这样说："一件真正完美的艺术品，没有任何部分是比整体更重要的。"同样道理，文章要完美，整体布局十分重要。

（2）
符合客观事物的内在规律和人思维的逻辑规律

文章是客观事物的反映。任何事物有它发生、发展的规律，有内在因素，有外在条件，反映这些事物的篇章，要深入地认识，准确地反映。例如贾祖璋的科学小品《花儿为什么这样红》，先安排说明花的物质基础的材料，然后安排从物理学原理和生理上需要说明的材料，再安排从进化的观点、自然选择、人工选择说明的材料。从物质基础说明花儿为什么这样红的材料是文章的核心材料，所以放在文章的首要位置，这样安排符合花朵呈现红色、呈现蓝色、呈现紫色的根本原因，反映事物的内在规律。人工选择虽有许多功劳，但大大晚于自然选择，自然选择亿万年前就有，而人工选择仅二三百年，从客观事物本来面貌看，先说明自然选择，再说明人工选择是合适的。用文章反映客观事物，不可能是照相机摄像，原封不动，它需要经过头脑过滤，加工，更有条理地表现出来。如上例所说，形成和影响花儿色彩的因素——内在的、外在的很多，布局谋篇就须把这些在脑子里加工，然后分辨主次，把从不同角度说明的材料编织起来，织锦成文，使读者读后留下清晰的印象。

有些文章乍看起来材料非常散，似乎很难捏成有机的整体，但仔细推敲，就可发现它们符合人思维的逻辑规律，有内在的东西把许多材料胶合在一起。下面是一篇习作，从这方面去探讨，也可获得具体的感受。

小亭的思索

灰蒙蒙的天空下，空旷旷的小街口，一座古朴的小亭隐现在晨雾中，几角飞檐依稀可见，如几个小小的问号——它在思索吗？它在思索什么？

带着这种疑问，我请教了小亭旁一位儒生气十足的老者，才知小亭名叫"四望亭"，创建于明嘉靖年间，原名"文奎楼"，清雍正年间重修，名曰"魁星楼"。

"为什么现叫'四望亭'呢？"我兴致甚浓。

老者给我讲述了这样一段小亭历史：

清咸丰年间，太平军三下扬州，赶跑清军。太平军将士们以小亭作为瞭望台，监视退守在城外清军的动静。发现敌情，则在亭上吹角为号；战斗时，则在亭上击鼓助威。因而，大街小巷处处回响着这样的歌声："四望亭，三层阁，站在亭上探马脚。马脚到，吹角号，打得清军往回跑。"……

多么玄乎，多么遥远，但又千真万确，近在眼前。我不禁细细打量起眼前这既普通又不平凡，既缥缈又很真实的小亭来。

小亭位于古城扬州西门街东首。它是一座八面三级、砖木结构的楼阁式建筑；楼底层，于东西南北四面辟有拱门，每面与街道相连；楼的二三层屋，周以窗栏格扇，建作挑角飞檐——很普通很普通的一座小亭！

为了亲身感受当年那血与火交织而成的情景，我举步踏入小亭。亭内阴暗、潮湿，给人以沉闷的感觉。内有一狭窄、破旧的木质楼梯。拾级而上，每踏一级，木梯便发生低沉、沙哑的"吱呀——吱呀——"的声音。它，是在为太平军将士的死难而啜泣，还是在为太平天国运动熊熊火焰的熄灭而叹息？

登上二楼，双手抚摸着当年太平军将士曾倚过的亭壁，双脚踏在当年太平军将士曾踏过的楼板上，恍惚间仿佛又听到了一百四十年前的声声号角、阵阵战鼓与"四望亭,三层阁,站在亭上探马脚……"的歌声,响彻天宇。

多么轰轰烈烈的太平天国运动!然而,最终却失败了。我不禁茫然。滚烫、殷红的鲜血曾在这里流淌;高贵、下贱的头颅曾在这里滚动!今天,却只留下几抔黄土,默默地埋葬了过去;只留下这座小亭,静静地作为历史的见证。哦,小亭,你这样无声地立着,是在嘲笑,是在惋惜,还是在沉思?

我也陷入了深深的沉思。从太平天国运动,又想到辛亥革命。在那漆黑的中国,多少中国人在苦苦寻求救国救民的道路,而最终,都没获得真正的胜利。为什么?为什么?

茫然无所得,心中越发地沉闷了。推窗远眺,雾越发地浓了。天地茫茫,我也茫茫。然而,当我的目光向下移动时,我的心怦然而动了——我看到人群!顿时,我仿佛明白了。

人群,流动着,像一条川流不息的小河。它要流向哪里?它要去干什么?用无数双细嫩的与粗糙的手去垒起社会主义的大厦,用无数双长满老茧与没有老茧的脚去踏出通向共产主义的道路。每个人,都是一滴小小的水,无数滴水便能汇成波浪滔天的河;每个人,都是一块小小的砖,无数块砖便能垒起击不倒的墙!

河,是的,一条伟大的河!牵着黄牛,推着小车,多少民众自愿组成送粮队,冒着生命危险把粮食送到前线——《大决战》中一个小小的镜头在我脑海中定格。这不是一条伟大的河吗?

墙,是的,一座伟大的墙!手挽着手,肩并着肩,多少人民自愿组成坚实的人墙,在激流中与洪水搏斗——抗洪救灾中一个小小的场面在我眼前晃动。这不是一座伟大的墙吗?

"一条伟大的河!一座伟大的墙!"我默默地念着,渐渐悟出了古人的哲理:

孔子曰:"道千乘之国,敬事而信,节用而爱人,使民以时。"

《大学》上说:"道得众,则得国;失众,则失国。"

唐太宗曰:"水,能载舟,亦能覆舟。"

太平天国后期,领导者争权夺利,大兴土木,扩大了等级制度,脱离群众,太平天国成了无本之木,怎能不枯萎?辛亥革命,革命者没有积极向人民群众宣传革命,寻求他们支援。鲁迅的《药》不正是反映了这一情况吗?无源之水,怎能不断流?

雾散了,一轮红日正冉冉升起。我心中的迷雾也渐渐散去。中国,是人民的中国。只要她保持这一本质,何愁不能像这红日一样喷薄而出?

在这冉冉升起的红日里,在这种川流不息的人群中,小亭静静地思索着……

陈　琳

从这篇文章用的材料看,有小亭的地理位置、建造时间、建筑结构,老者讲述的小亭的历史;有辛亥革命寻求救国救民道路的回顾;有亭下人群的流动;有《大决战》中的镜头,有抗洪救灾的场面;有孔子、唐太宗、《大学》书中名言的引述……时间跨度四百几十年,有历史上悲壮的场面,有眼前现实生活中的壮观。这众多的材料能井然有序地组合起来,首先是由于文章主题思想的指挥。从眼前的小亭想起,思索了一个治国的大道理,即得民心者昌,失民心者亡。

如果只局限于与小亭有关的历史材料,要阐明这样一个大道理,支撑太单薄。因此,由眼前小亭回溯到历史,再由历史推到当前,如此步步推进、步步深入,主题思想基础扎实,启人深思。

主题思想这样来统率材料,组织篇章,也符合习作者的思维逻辑规律。习作者睹物忆历史,触景生情。由太平天国的兴衰联想到辛亥革命的不彻底性,在茫然中寻求解答时,流动的人群展现眼前,于是又联想到电影中激动人心的镜头,现实生活中感人肺腑的场景。用联想把这些场面组合起来,形成对比,形成强烈的反差,然后上升到理性上来认识,引述古人名言表明自己的观点、自己的写作意图。名为"小亭的思索",实为习作者自己的思索。由联想引出众多的具体材料,然后由表及里,由现象的剖析,深入事物本质的认识,有条不紊。

2. 须有清晰的线索

要把众多的材料连缀组合成有机的整体,须用一根线索贯串。线索是作者组织材料的一种思路,是连缀文章的全部材料的脉络。如果说,材料是散落在地的一颗颗珠子,线索的作用就是把这一颗颗珠子穿起来,构成一个完整的饰物。不同体裁的文章贯串材料的线索各有自己的特点。就记叙类文章说,常以景、物、人、事、时间、空间、感情等为线索组织材料。

(1) 以景、物为线索

以景为线索,往往抓住景的特征,把材料串联起来。如老舍的《济南的冬天》,一般说,冬天寒风呼啸,雪花纷飞,济南的冬天不一样,特别是"温晴"。文中描写的阳光、小山、白雪、绿水等材料,用"温晴"贯串,济南冬天的奇景便跃然纸上。以物为线索组织全文，物在文中推动事件线索或情节的发展。如《七根火柴》写的是红军长征中过草地的故事。从红军战士卢进勇极度饥寒，需要火而无火，到重伤的无名战士胸藏火柴而不用，牺牲前把火柴交给卢进勇，再到卢进勇把火柴交给组织、交给同志，无边的黑夜里，燃起一簇簇熊熊的篝火，故事的开端、发展、高潮、结局由七根火柴串联，情节紧凑，结构完整。

（2）
以人、事为线索

以人的某些特征、某些细节为线索，组织全文。朱自清的《背影》写的是父子情，这种情通过对父亲形象的刻画来表现。文章以"背影"形象贯串全文，组织材料。文中四次出现"背影"，由起笔的点题，造成悬念，到对"背影"的具体描绘，线索清晰，真情感人。以事为线索组织全文，在记叙文中也常见。如《多收了三五斗》写的是旧社会农民丰收反而受灾的辛酸故事。文中以旧毡帽朋友进镇粜米这件事为线索，展开故事情节。粜米时的受侮，购物时内心的矛盾，船头上反抗意识的萌发，按照事件的发展有顺序地得到表达。

（3）
以时间、空间为线索

以时间的推移为线索同样可以把众多的材料串联起来，如《海滨仲夏夜》就是以时间推移为线索，展现海滨夜色的层层变幻，把"夕阳落山不久""夕阳逐渐西沉""夜色加浓"等有关晚霞、海浪、启明星、灯光等材料串起来，成为篇章。空间位置转换也常用来作为记叙类文章的线索。如《雨中登泰山》就是以作者登泰山的足迹为线索，随着空间位置的转换，把自岱宗坊至南天门长约十千米的中轴线上的飞瀑、祠庙、翠松、古柏、洞天、云海等景物串起来，展现雨中泰山美丽的画卷。当然，也可说这篇文章是时间、空间结合的线索。因为文中登山的路线既按时间顺序写了登山的全过程，又以移步换景的方法，描绘了各个风景点独特的景观。

(4)
以思想感情为线索

与上述几种相比，这种线索似乎难捉摸一点。乍看起来，材料好像比较散，但仔细琢磨，思想感情的线索贯串其中，文章是一个有机的整体。

下面这篇习作《等待的日子》是台湾一名中学生写的，文中是以思想感情为线索，来组织篇章的。

等待的日子

站在大海边，目送着一轮即将隐没的落日，等着爸爸的渔船进港。许多个日子，都怀着相同的心情，伫立在相同的地方，等待着相同的一条船。而每一个等待的日子，似乎都过得特别缓慢，慢得像太阳西下的步伐，但期盼的心情，却是好急，急得像海上的波涛汹涌。等待中，不由得仰望天，凝视着匆匆飘过的白云，做一番诚心的祷告：我不求爸爸满载而归，只愿他早回来。

记得小学的时候，上过一篇课文："天这么黑，风这么大，爸爸捕鱼去，为什么还不回来……"那时候，窗外正下着倾盆大雨，爸爸也恰好在海上捕鱼。我越念课文，心中越着急，就越念越大声。我想让我的声音盖过雨声，传到爸爸的耳中，使他知道："我不要满船的鱼和虾，我只要他早回家。"

也是相同的一课，那时候雨骤然停止了，我

又念下一段："孩子，爸爸回来了……爸爸不怕累，只要你们好。"我心中感受到书中那种喜悦的气氛，并且深深地体会出，"讨海的爸爸"的确太伟大了。想着想着，又牵挂起爸爸了，眼泪也"不小心"地掉下来了。

过了两天，爸爸平安地回来了，我趁他在院子里喝米酒吃鲜鱼时，背这一课给他听。一边背，一边看着爸爸，看他专心听着，微微地笑。等我背完之后，他摸摸我的头，对我说："好好读书，爸爸不怕累，只要你们好。"我猛点头，并且第一次尝到泪水"夺眶而出"的滋味。

每当爸爸要出海的前一天晚上，妈妈总要到庙里烧香，祈求神明保佑爸爸平安。她从来没有要神明赐给爸爸满船的鱼和虾。我相信，唯有如此做，才能表达出她对爸爸无限的关怀和体贴；也唯有如此做，才能安抚她即将不安的心。爸爸出海了，随着越来越弱的马达声，妈妈脸上的表情越来越平静。不只是这一个时刻，每一个爸爸不在家的夜晚，任凭狂风暴雨的侵袭，她的脸上从未流露出惶恐不安的痕迹。常常，她会携着我们的手，挽着一篮供品，到庙里向妈祖娘娘烧香磕头。妈祖娘娘是我的"义母"，曾经在一个大风暴的夜晚，妈妈要我去给妈祖娘娘上香，只要她保佑爸爸平安回来，我就拜她做干娘。结果，爸爸真的平安回来了，我也多了一位"神明义母"了。妈祖娘娘是妈妈的精神支柱，也是每一户讨海人家的精神支柱。大家都相信，当渔船在海上遇难时，提着灯笼的妈祖娘娘一定会指引船只走向正确的航路，安全地驶进港口。

在我的心目中，妈妈和妈祖娘娘一样的伟大。

在黑暗的夜里，她会代替爸爸保护我们；在狂风暴雨的晚上，她会把惊惶的我们拥进她的怀里。在我们面前，她表现了坚毅和勇敢；在我们背后，她也从来没有掉过一滴泪水。无形中，她让我们知道什么叫坚强。所以她在我们心目中，就好像妈祖娘娘在讨海人的心目中一样——充满了光明和希望。

不只是我的妈妈，村子里每位讨海人的太太都是同样的坚强。因为在她们心目中都有一个共同的体认：既然要嫁给讨海人，就必须承受别人所不能承受的离愁，就必须忍受别人所不能忍受的寂寞。

太阳下山了，大海却更明亮了。因为远近的渔船已燃起了灯火。点点渔火，好似天上点点星辰，带给每一位等待的人莫大的喜悦。突然间，我感觉生长在渔村里的人，就好像生长在等待中，这一份气息，不是常人可以领会出来的。望着那一摊摊活蹦蹦的鱼虾，这一次又是满载。渐渐地，有一盏最明亮的灯，靠近岸边了。那是爸爸渔船的标识。迎向爸爸，依偎在爸爸的怀里，嗅着那大海的味道，晚上，我要和妈妈去向妈祖娘娘磕头。

赖莹蓉

习作者住在澎湖这个四面环海的岛上，经常看到、经历等待家人捕鱼归来的情景，从中获得启示，写下这篇文章。

文中的材料有：许多个日子在海边等待爸爸渔船进港，小学学习等待"讨海的爸爸"归来的课文的情景，爸爸平安归来时的欢乐，每次爸爸出海前妈妈的祈祷，妈妈的坚强和对自己的影响，每一户讨海人的太太的共识，点点渔火中带来的满载而归。这些分布在不同时间不同场合的众多材料，用一根思想感情的线索来贯串，那就是"我不求爸爸满载而归，只愿他早回来"。落日中海边等待，课堂上心潮起伏，妈祖庙烧香祈祷，灯火中渔船靠岸等，无不紧紧扣住这根线索。由于线索清晰，结构完整，父女之间的亲情也就表达得淋漓尽致。

有些记叙类文章内容比较繁杂，要把材料组织得井然有序，作者常采用两条线索。有的可一明一暗，有的可一主一副。明、暗也好，主、副也好，都是为了突出主题。如鲁迅的《药》就是两条线索。小茶馆业主华老栓一家的遭遇是明线，旧民主主义革命者夏瑜被害是暗线，两条线索交织的关键是买人血馒头治病。两条线索把四个场景串联起来，表达深刻的主题——揭露辛亥革命前后反动统治阶级镇压革命与毒害人民的罪行，总结旧民主主义革命者脱离群众的教训。又如，《包身工》这篇报告文学也是双线结构。记叙包身工一天的生活，以时间为顺序的线索，是主线；以包身工制度的产生、发展、趋向和结局为副线。主线与副线有机结合，表达了作者对包身工这种罪恶的野蛮制度的极端憎恨。

作家张抗抗曾这样说："单线条的结构，使人一目了然，像一片小树林，优美、恬静，然而双线条、多线条的结构可以组成气势宏大的森林。"初学写作的人要学会用各种单线组织材料。学习用双线结构篇章时，要十分注意两条线索之间的内在联系，不能是毫不相干的或有矛盾的、不协调的。多线条往往是大部头著作，初学写作者力所不能及。但阅读时多加注意，能从中受启发。

3. 须条理清楚，层次分明

文章切忌糊成一片，乱麻一把，眉目不清。布局上杂乱无章，即使内容比较好，读者也无法理解。

怎样才能做到条理清楚，层次分明呢？

（1）
整体谋划

搭好全篇文章的架子，处理好先后、主次、详略三对关系。

明确文章的主旨以后，要审视能表达主旨的各种材料。先写什么，后写什么，哪些材料为主，哪些材料比较次要，详细写什么，简略写什么，都要紧扣主旨通盘考虑。如果说一件事颠颠倒倒，又缺乏必要的交代，别人就看不明白。通篇考虑布局，可采用横式的方法组织材料，可采用纵式，也可纵横交错。如朱自清的《春》，先总画春的轮廓，迎春；再细写"春草""春花""春风""春雨""春天的人"，绘春；最后是颂春。从全文看，迎春、绘春、颂春三组材料并列；再从具体描绘的部分看，五个材料也是并列的。因而，这篇散文的结构形式是横式。纵式结构往往是以时间的推移和地点的转换为顺序，如《老山界》写红军翻山的经过：从当天下午写到天黑，地点从山沟到山脚；从天黑以后写到黎明之前，地点从山脚到半山腰；从次日黎明写到下午两点钟，地点从雷公岩到高山顶；写山顶上休息及下山，地点从山顶到山下，直至夜营地。材料按时间为线索纵向结构，脉络分明，给读者清晰的印象。有些文章时间跨度大，材料的容量大，那就要精心布局，采用纵横交错的结构。如著名话剧表演艺术家于是之写的《幼学纪事》，记述了作者艰苦求学生活的经历，从童年到十五六岁，时间跨度大，材料很丰富，为了突出主题，文章采用了纵横交错的结构形式。从纵的方面看，以时间先后为顺序，按照上学—辍学—边做事边求学的顺序依次叙述；从横的方面看，把受艰苦生活环境的磨炼、求学的曲折经历、对知识的渴求、对文学的酷爱、对良师益友的怀念等材料有机地组合起来，纵横交错，条理分明。不管采用哪种结构形式，都要注意主次、详略。如前所述的《老山界》，记翻山经过时，上山材料为主，详细记述，下山略写；记攀登上山时，又以夜行军在半山上宿营的材料为主，详细进行描述。这样抓住重点、繁简得当地组织篇章，既能刻画红军英勇顽强、不怕困难的坚强意志和革命乐观主义精神，又避免了臃肿累赘。如果不分主次，事事详写，破坏了文章的疏密有致，表达效果一定大受影响。

(2)
精心安排段落层次

要做到条理清楚，层次分明，还须对文章的段落层次精心安排。段落是构成文章的基本单位，也叫自然段，它的明显标志是换行另起。一篇文章分几段，每一段表达怎样的意思，段与段之间怎样连贯，都要妥善安排。段落分得太大，包含的内容庞杂，读起来不易理清头绪，效果不好；也不能分得过碎，一两句一段，两三句一段，把完整的意思割裂开，影响条理的清晰；划分段落要注意内容的单一性和完整性。文章要有中心，不能多中心，段落也如此，一个段落可说清楚一个意思，把众多的意思、众多的问题塞在一个段落里，就会段意不明。如学生作文中有这样一段："在这迷茫的夜色中，不禁想起我的志愿，我的将来，我的理想。不过，无论怎样艰难，我一定要达到目标，实现我的理想。就在这么好的雨夜里，我向小雨细诉，我向月儿发誓，我向蓝天、云儿，还有天上的星星发誓，我要发奋努力，我要坚持不懈地奋斗。"

明明写的是雨夜沉思，突然写走了笔，增添了向月亮、星星等发誓的场景，节外生枝，段意不明。删去"我向月儿发誓，我向蓝天、云儿，还有天上的星星发誓"，段意单一了，段落也完整了。总的说，这一段写得不好，空洞。

层次，又叫意义段，逻辑段，是文章内容的表现次序。作者把文中要说的内容分成若干部分，然后一层一层梳理，把意思说清楚。层次与段落有联系，又有区别。层次靠换行另起的段落来表现，而段落又是构成层次的基础。有时一层意思要用几个段落来表现，也有一个大段落中有几个小层次。文章的条理性、层次性主要反映在段落、层次是否清晰，是否精当。如《我爱校园的小路》中有这么四个段落：

校园的小路，牵着我的手，把我领向了一个陌生的世界，崭新的生活。

　　沿着小路，我找到了一个来自五湖四海的大家庭，彼此素不相识，各自操着浓重的乡音，却一见如故，声声问候，好似同胞兄弟，亲生姐妹，难道说是小路把我们的情谊连在了一起？

　　沿着小路，我找到了我们的教室，新漆的课桌，通亮的窗户，怎不使人心旷神怡？我们都怀着一腔的抱负、宿有的理想，聆听严师的教诲，心中燃起求知的欲望。难道说，是小路使我们济济一堂？

　　沿着小路，我找到了知识的库藏——图书馆，那里真是一个书的海洋。一排排书架，载着我们的精神食粮；一叠叠索书的卡片，通向深奥的王国。我们目不暇接，流连忘返。难道说是小路把我们送到知识的海洋？

　　这里四个段落，只有一个层次。这个层次的意思是校园的小路把作者领向陌生的世界、崭新的生活。这个层次中第一个段落总述这个层次的意思，第二、三、四个段落扣住"陌生""崭新"具体叙说，条理清楚。写作时划分段落层次最为重要的是把各个部分的关系弄清楚，该并列的并列，该总分的总分，该主从的主从，有顺序地把一层一层意思说明白，不纠缠，不任意跳跃，文章就言之有序，层次井然。

(3)
过渡、照应巧作处理

　　要做到条理清楚，层次分明，过渡、照应也要巧作安排。道理十分简单，窗子要装进窗框，门要装进门框，总得有关联的东西，或枢纽，或滑轮。文章的层次之间、段落之间要衔接好，须注意过渡。由这件事的记述转到那件事的叙述，由这个景物的描写转到那个景物的描写，由这个问题的阐述转到那个问题的阐述，由这层意思转到那层意思等，均须采用过渡的方法。过渡的形式常用的有过渡段、过渡句、过渡词语。过渡段是一个独立的自然段，在结构上起承上启下的作用。如"孔乙己是这样的使人快活，可是没有他，别人也便这么过"在文中是一个独立的自然段。"这样的使人快活"紧承上文，因为上文的五个自然段写孔乙己是怎样作为人们的笑料的；"没有他，别人也便这么过"开启下文，因为下面几段文字写孔乙己最后一次来咸亨酒店肉体受摧残、精神上崩溃的情景，以及孔乙己终于不见、别人照样过的状况。这个过渡把前后两个部分紧密地联系起来。过渡句同样可把上下段或上下层的意思沟通起来，不过它不是一个独立的自然段，而是依附在某一个段落里，或者在段落的开头，或者在段落的结尾。如《事事关心》中有"为什么忽然想起这副对联呢？"一句，就是承上启下的过渡句，上文引用"风声、雨声、读书声，声声入耳；家事、国事、天下事，事事关心"这副对联，并指明出处，下文说明想起这副对联的原因。用设问句过渡，紧凑、自然。有时只用一个词语或一个词组来过渡，使上下文衔接紧密，如用"因为""但是""一般地说""总起来说"等，用怎样的词或词组来关联，要看上下文之间的关系。用关联词或某个词组时要注意：一不要乱关联，特别是转折关系的词，如"但是""可是"等不要滥用，不该用时用了反而影响条理的清晰；二要弄清楚上下文之间的关系，是因果、是转折、是总分、是递进、是次第，等等，洞悉关系，就能选准过渡词语或词组。

　　文章要条理分明，浑然一体，还须注意照应。照应就是文章的前前后后要彼此照顾。文章家十分注意文气的贯通。下笔成文要做到首尾呼应，前后连贯，有伏笔，有照应，文章才会通篇浑然一体，没有断断续续的痕迹。伏笔，就是埋伏，对文中要说的内容先作一个提示，后面说到这个问题就有"源"可寻，不会空穴来风。前面说的问题，后面要照应，前呼后应，细针密线，就能织锦成文。如《在马克思墓前的讲话》，歌颂马克思伟大的历史功绩，赞扬他为共产主义事业奋斗终生的精神。为了表达这样的主旨，除内容丰厚、见解精辟外，层次清晰、结构严谨也是很大特色。就拿前呼后应来说，文章开头部分提出"这个人的逝世，对于欧美战斗的无产阶级，对于历史科学，都是不可估量的损失"，从结构上说，这是总的提示，下文就从革命实践和革命理论两个方面论述，呼应两个"对于"。又如文章前半部分论述了马克思的理论贡献，说明他是伟大的思想家；后半部分论述马克思卓有成效的革命实践活动，说明他是伟大的革命家以后，结尾是"他的英名和事业将永垂不朽"，用"英名"和"事业"照应全文。全文收束句前的"现在他逝世了，在整个欧洲和美洲，从西伯利亚矿井到加利福尼亚，千百万革命战友无不对他表示尊敬、爱戴和悼念"又是与两个"对于"呼应。全文过渡自然，前后照应，所以给人以一气呵成的感觉。

（4）
讲究开头与结尾

讲究开头结尾，目的在更好地表达内容。古人对文章有个十分形象的说法，即文章要"凤头、猪肚、豹尾"，文章除内容要充实外，开头要漂亮，"首句标其目"，结尾要有力，"卒章显其志"。开头响亮，"起句当如爆竹，骤响易彻"。如"山，好大的山呵！起伏的青色群山一座挨一座，延伸到远方，消失在迷茫的暮色中"是《驿路梨花》的起句，用饱含感情的感叹句起笔，既形成悬念，又激荡读者感情，还能把读者一下子领入暮色迷茫的群山之中，这样的开头醒人耳目。文章起句虽不"奇峰突兀"，但言简意深，能叩击读者思维的门扉。如《窗外》的开头，"聪明人说，眼睛是灵魂的窗户。我说，窗户是房子的眼睛"。又如《另一种"拉祖配"》文章的开头这样写："人一'阔'，就有人攀附，活着的自不必说，就是死了几十，几百，几千年的，也会有人去认亲的，不是排出过杨老令公的第n代子孙么？蓝翎同志给这类社会现象取了个名字，叫作'拉祖配'。"

生活中"拉郎配"人们熟知，就某种社会现象创造性地发明了"拉祖配"，发人深省。但不管怎样开头，开门见山也好，形成悬念也好，激发感情也好，引人入胜也好，总要根据主题表达的需要。开头最忌绕弯子，说不到点子上。平实、朴素也是好的，平中寓情、寓理，对表达主题同样起积极导入的作用。

  文章结尾犹如一首乐曲的终了，应清音缭绕，给人以深刻的印象。明朝人谢榛在《四溟诗话》中说："结句当如撞钟，清音有余。"结尾与文章的开头一样，怎样设计，采取什么形式收尾，同样要根据表达写作主旨的需要。最常用的形式是总结全文式。例如吴晗的《说谦虚》，论证了"谦受益，满招损"这个中心论点后，结尾一段是这样写的："总之，在任何工作中，都要记住：虚心使人进步，骄傲使人落后。"对全文进行总结，与论点呼应，加深读者印象。不少结尾含蓄深沉，留给读者思考、回味。如老舍的《小麻雀》的结尾："我没主意：把它放了吧，它可能死；养着它吧，家里没有笼子。我捧着它，好像世界上一切的生命都在我掌中似的。我不知怎样才好。后来我把它捧到卧室里，放在桌子上，看着它，它还是那样地愣了半天，忽然头向左右歪一歪，用它的黑眼睛瞟了我一眼，又不动了。可是现在它的身子长出来一些，头挂得更低，似乎明白了一点什么了。"文中的小麻雀原本带伤，又遭猫咬，求生不得，求死不能，结尾这样处理，小麻雀究竟是死了，还是活下来了，它又"似乎明白了一点什么了"，到底明白了什么呢？作者没有明说，而是用含蓄的手法，留给读者回味、想象，由小麻雀的悲惨命运想开去，可想得很多、很深。有的以议论抒情来结尾，深化主题，引起读者共鸣。有的议论文结尾是号召性的，激励读者用实际行动响应。总之，形式可多种多样。用什么形式来结尾，关键在：一要紧扣写作主旨，即使是宕开去，也必须有内在联系。二是要与全文的笔调协调，不能给人以外加之感。文章结尾最忌虎头蛇尾，尾细而弱，与"虎头"不相称，使文章趴下，站不起来。当然更不能没有结尾，使文章残缺不全。文章的开头结尾是文章的有机部分，要注意前后呼应，要与全文内容协调一致。

谋篇布局能否条理清楚，线索分明，详略得当，看起来是文字表达的问题，实质上是作者思路的问题。

文字上纠缠不清，杂乱无章，反映出作者思路不清，缺乏逻辑性。文章要写得有条有理，层次井然，须认真自觉地锻炼思路。

思路，就是思考问题的路子。一要锻炼思考问题的条理性，考虑问题不能东一榔头西一棒子，要顺着一定的"序"思考，或顺向，或逆向，或横向，或纵向。二要锻炼思考问题的严密性。对要表达的某个事物、某个问题，应该从不同角度、不同方面多观察，多思考，只有对它们自身内在的本质以及与其他事物之间的关系认识清楚，表达上才不会漏洞百出。三要锻炼思考问题的逻辑性。概念、判断要准确无误，推理要合乎情理。

下面是学生的习作，内容还可以，但条理不清，层次不明。

丹青点点画虫鱼

国画里的虫鱼，很少有人专门画它们，而我却不惜纸墨成天画，因为我爱塑造鱼儿悠游自得的模样和虫儿活泼蹦跳的情景，画下一条曲折优美的弧，就可以把一条鱼的意趣完全表达出来；画下一只轻巧灵活的细脚，那虫儿就简直要蹦了起来。

午后，沉闷闷的，我就会提笔来画，磨些墨，蘸些水，挥上几笔，就可以使整个草虫、花间浮出来，再点上几笔，跳出一只蝗虫，飞出一群蝴蝶，展现出一片野趣，真能够使人忘怀忧虑、忘怀尘嚣，回忆童年时在草丛里的玩耍、嬉戏和捕虫的乐趣；再不然画上几只有力的爪、巨大的钳和浑圆的身，又成了只只螃蟹和大草虾了，真是其乐无穷。国画里的鱼可爱而富生趣，有时孤独高傲，有时热闹非凡，各有各的美，我常觉得用水墨画出来的鱼，自然就栩栩如生，而用水彩、油料画出来的鱼却好似糊上去的，死板板的，失了一股灵气。我喜欢齐白石先生的鱼，他画的鱼，形态生动逼真而有神韵，尤其他画的九条小鱼更是可爱极了，圆大的嘴巴加上一对黑亮的眼睛，游着游着，小鱼的尾巴就好似真的摇了起来；另外我还喜欢八大山人画的鱼，他画的鱼只需用极简单的构图与用笔，就能活现出鱼的各种神态和精神，从鱼的造型上变化出无限的生机。

　　画大鲤，取个吉祥如意；画鲇鱼，求个年年有余。画这些吉庆画，一方面取其吉庆的谐音，一方面也饶富趣味。画几幅挂在墙上，自己慢慢欣赏，咀嚼其中的韵致，也觉得蛮有一股书香墨味。画鳜鱼，有柔和的淡墨，再点上花斑，镶画出一副肥胖的模样，极为可爱，不过用墨要活，才能使墨色鲜润、自然；画金鱼，带着一条绚丽的大尾巴，两只大而灵活聪敏的眼睛，再伴上层层翠绿的水藻。有时我真是欣喜满足于自己所塑造的水底世界中的每一条鱼，每一根水草，每一颗青石。

　　草丛、田里的虫儿都有着均匀优美的体态和声音，画起来别有一股劲力，只要架构得好，虫儿的活泼跳跃就能够表露无遗。画蛐蛐，使人想到白露的凄凉秋鸣和沁人的寒意，画斗蛐蛐更可以把蛐蛐那种张牙舞爪、龇牙咧嘴的模样活跃纸上；画蝗虫落于树叶间或地面上，用的不管是工笔或写意，颜色不管是黄绿或赭石，都生动而富意趣，一副刚健勇猛的模样；画螽斯、聒聒儿、络纬也各有各的可爱，用没骨法点出来尤为迷人，再题上一句"秋啼金井栏"就成了一片秋声秋色，仿佛也听见它们唧唧复唧唧地叫了起来;画蚱蜢,可以画它飞翔于草丛间,也可以画它停在草叶上,尖尖的头、长长的须、细细瘦瘦的脚,伴上竹石,伴上花草都会显出一股灵巧敏捷的神态,好像稍一惊动就会倏地跳走。

在一大片桃、杏、牡丹、海棠、玉兰之间,画上一群蜂蝶飞舞,春天的景色才显得更美,整个情趣和韵味都流露在画面上,画紫藤、玫瑰配上蜜蜂;枫叶、红柿伴上细腰蜂,再放上一个蜂巢,题着"为谁辛苦为谁忙"更富诗情画意。画蝴蝶随风飞舞翩跹和翻翅的狂态,穿花绕柳,飘舞成群,更能表现出蝴蝶的神采和美丽的身影。在小河边的芦苇或小草端画上几只蜻蜓,整个河面就显得更幽静、更美丽了。红红的荷花上画上一二只绿色的蜻蜓,画面显得格外灵巧生动,尤其可以把蜻蜓轻逸、飘忽的美姿,表达得更妥帖。

画虫鱼,我会不知不觉地感到隐藏在画面后的色彩、草香和鸣唱,一直无穷地去构画的境界,驰骋在纸面上,我常常画着画着,整个人也同时陶醉进整个画面里,仿佛我也是一只秋虫,停在一片红得醉人的枫叶上,静静地享受这一派秋天景色。

仔细去观察活生生的虫儿、鱼儿,然后在自己心里慢慢酝酿,慢慢结合所看到的每个瞬间,再用手画出来,神韵才灵巧。就这么看着,接触着虫儿、鱼儿纯真活泼的模样,我不禁也活泼起来,我越觉得想保持一颗童稚纯洁的心,珍惜每一份自然给予我的感受,爱每一个生命,甚至想把生命的动感灌输到形象之中,这种生命不是短暂、随便的,而是在跳跃中捕捉的,充满了欢乐轻松，显得动中有静，静中有动，逸趣横生。

每一种虫鱼都可以入画，但是在造型上应该变化的就要变化，应该突出的就要突出，写生不要太过死板，死板的写生反而不易生动。我想，写生不过是由一个客观的事物引发出画的灵感和动机而已，至于如何去取舍，如何去塑造，则由自己来决定，绘画时绝对不要忘了自己，另外还应注重生动、情趣及简练，如何布局，如何取材，都要下一番思考。表现得要有活力，要有感情，不可拘泥一法，只要姿态自然，一挥即成，纵使意到笔不到，又有何妨？用笔用墨则要淡雅，以简单、洁净为宜，才有文人淡泊胸怀的意味，画的境界才有空灵的神韵。

接触到国画中的虫鱼，我越发觉得愿意接近大自然，喜欢山水田园风味，这个味道虽然淡，但是却令人越嚼越甜，越饮越沉醉；我感到我就像一支脱了弓的箭，尝试着用敏感的知性，把活泼的生命力画向无限延伸的纸面；突然我只觉得眼前有一大群可爱美丽的虫鱼从绿色的波潮里飞扬起来，那么纯朴、柔和又生意盎然。

陈正达

这篇习作写得画意盎然，角度选得小，只写虫鱼，描述得比较细致，情趣健康。

文章的布局也有所考虑，先总写画虫鱼，然后分别叙说，先叙说画鱼，再叙说画虫，最后说画虫鱼的感受。从总体上看，对材料做这样的安排是可以的。

那么，为什么读了以后会有糊成了一片的感觉呢？毛病主要在条理不清，层次不明。文章大的框架搭好，不等于就有条有理了，应该要理顺每个层次，理清每个段落，把意思有条不紊地一层一层表达清楚。这篇习作就是大框架搭好后在层次段落方面未精心谋划。

例如第2、3段写画鱼，本该集中笔力叙说怎样画鱼，从中获得怎样的乐趣，而现在却拉拉扯扯，意思夹杂。既写画鱼，却从画虫入笔，又回忆童年在草丛里玩耍、嬉戏和捕虫的乐趣，这是生出枝丫；既写画鱼，又扯开去写画螃蟹和画大草虾，这又是枝丫。写自己画鱼集中在第3段，第2段又插入国画与油画和水彩画的比较，插入喜欢齐白石和八大山人的画。本来是想写自己丹青点点画鱼，因为夹杂了这么几个材料，枝丫横生，打乱了层次。修改的方法是：删除第一、二个材料，其他材料次序作调整，找出它们内在的联系，把它们有机地组合起来。比如喜欢齐白石的鱼、喜欢八大山人画的鱼，和我画鱼之间是什么关系，是引起兴趣，还是作为学习榜样，还是其他什么原因。不注意材料之间的联系，不仅材料显得凌乱，而且意思不明确。

每一个段落里写什么内容，同样要仔细考虑。例如第6段的首句是"画虫鱼"，但在具体写的时候，只有"虫"，"鱼"不见了。在同一段落里，前后没有照应周全，也影响条理的清晰。

每一个段落里可以有几个小层次，每个小层次意思同样要表达清楚，标点符号要正确使用。如果胡子连着辫子，句子意思纠缠，条理就不可能清楚。例如第8段，从标点符号的使用来看，只是两句话，似乎只有两层意思，仔细分析一下，就可发现其中讲了好几个问题。一是虫鱼都可以入画，但造型可变化；二是写生死板；三是写生引发灵感和动机；四是画画取舍、塑造由自己决定；五是画画要注意生动、情趣及简练；六是表现要有活力、感情；七是不可拘泥一法；八是用笔用墨要淡雅等。文字上这样表达反映了习作者没有认真设计在这一段究竟讲哪几个意思，而是想到什么就写什么。这一段的中心意思是虫鱼入画在造型上应该变化的就要变化，那么，整段内容应围绕这一点展开，说明为什么要变化，怎样变化，变化了有什么效果。没有必要从"写生"的角度说，因为虫鱼可入画，并未要求用写生的方法入画。"如何去取舍，如何去塑造"和"如何布局""如何取材"谈的是画画如何设计的同一类问题，分隔在两个地方出现，眉目不清。上一句讲表现要达到怎样的效果，下一句又讲，内容重复，词语上并无大变化。这一段要写得有条理，只须说清楚两层意思：为什么要变化，举某种虫或鱼说明变化的方法与效果。至于画画的技法，无须展开。每一层意思说完，应该用句号。

文章缺少串联材料的线索，也是使众多材料连不成有机整体的重要原因。文中不少句子欠通顺，用词也欠恰当，影响表达效果。

初学写作的学生常易在谋篇布局上犯上述毛病，所以要特别提醒。

综上所述，须知：写文章要言之有序。紧扣中心，组织材料，搭好文章的总体框架，以线索贯串其中。明确每一层次、每一段落独特的任务，力求段落清楚、层次分明。段落与段落之间、层次与层次之间要注意过渡与照应，力求结构严谨，首尾连贯。自觉锻炼思路，在条理性、严密性、逻辑性上下功夫。这样，就能比较好地连缀缝合组篇章。

九
把人物写活

写人是记叙文训练的基本内容。写人千万不能写成纸人，站立不起来；要把人物写活，写得有血有肉。怎样才能写活呢？离不开描写的手法。

有人曾经就叙述和描写在文中的作用打了一个生动的比喻：如果把一篇文章比作用珍珠宝石制作而成的一串闪闪发光的项链，那么串连珍珠宝石的链条就是叙述；而每一颗珍珠宝石就是一个个形象鲜明的描写。文章交代环境，讲说事件，离不开叙述。但是，光是叙述，文章难免空泛、抽象，对人物、事件、环境作具体描绘和刻画，这些对象就勃勃有生气，如珍珠宝石闪发光辉，给人以生动鲜明的印象。

成功的人物描写是一人一个模样，我国古典小说《水浒传》就是十分典型的例子。清代著名文学评论家金圣叹在《水浒传序三》一文中说："《水浒》所叙，叙一百八人，人有其性情，人有其气质，人有其形状，人有其声口……施耐庵以一心所运，而一百八人各自入妙者，无他，十年格物而一朝物格，斯以一笔而写百千万人，固不以为难也。"显然，这段话包含两个内容，一是盛赞施耐庵塑造梁山一百零八员好汉形象高超的描写艺术，个个有自己的面貌、语言，有自己的性格、气质，个个活蹦鲜跳，栩栩如生。生动逼真、惟妙惟肖的技巧从何而来？这就是第二点要说的："十年格物而一朝物格。"即剖析这种描写艺术的由来。对所描写的对象，长时间地观察、探讨、研究，有朝一日为所观察的人物所感通，洞悉它们的底里，这就提醒我们：要把人物写活，把人物描写得栩栩如生，须坚持不懈地观察、研究周围的人和事，在生活中打厚实的功底。

怎样进行描写呢？

1.
抓特征，以形传神

描写人物个性要鲜明，应百人百面目，千人千形象，千万不能千人一面。每个人都有自己的性格特征，在生活中人与人千差万别，千人千样。描写时要善于发现和抓住对象与众不同的独特之处。且不说外貌、语言、动作，就是性格看来相似，实际也有很大差别。金圣叹评《水浒传》的人物描写时说："只是写人粗卤处，便有许多写法：如鲁达粗卤是性急，史进粗卤是少年任气，李逵粗卤是蛮，武松粗卤是豪杰不受羁勒，阮小七粗卤是悲愤无说处，焦挺粗卤是气质不好。"说得多么明白！同是性格粗鲁，由于生活背景不同，生活经历不同，具体表现就很不一样。描写就是要能抓住同中有异的"异"，才能使人物的面貌、精神，跃然纸上。个性是艺术的生命，同样也是描写人物的生命所在。

如鲁达拳打镇关西就写得十分有个性，绘声绘色，与众不同。

郑屠右手拿刀，左手便来要揪鲁达，被这鲁提辖就势按住左手，赶将入去，望小腹上只一脚，腾地踢倒在当街上。鲁达再入一步，踏住胸脯，提起那醋钵儿大小拳头，看着这郑屠道："洒家始投老种经略相公，做到关西五路廉访使，也不枉了叫做镇关西。你是个卖肉的操刀屠户，狗一般的人，也叫做镇关西！你如何强骗了金翠莲？"扑的只一拳，正打在鼻子上，打得鲜血迸流，鼻子歪在半边，却便似开了个油酱铺，咸的、酸的、辣的，一发都滚出来。郑屠挣不起来，那把尖刀也丢在一边，口里只叫："打得好！"鲁达骂道："直娘贼！还敢应口！"提起拳头来就眼眶际眉梢只一拳，打得眼棱缝裂，乌珠迸出，也似开了个彩帛铺，红的、黑的、绛的都绽将出来。两边看的人惧怕鲁提辖，谁敢向前来劝？郑屠当不过，讨饶。鲁达喝道："咄！你是个破落户，若是和俺硬到底，洒家倒饶了你。你如今对俺讨饶，洒家却不饶你！"又只一拳，太阳上正着，却似做了一个全堂水陆的道场，磬儿、钹儿、铙儿一齐响。鲁达看时，只见郑屠挺在地下，口里只有出的气，没有入的气，动掸不得。

　　三拳打出三个样。如果简单叙述的话，只要说"打得鲜血直流、乌珠迸裂、两耳轰鸣"就可以，但绝对收不到如此具体描写的艺术效果。鲁达的拳头特征是"醋钵儿"大小，有装醋的盆儿那么大。挥拳的落点有特征，不是乱打一通，如雨点降落，而是鼻子—眼眶际眉梢—太阳（穴），而且先后有序，一拳拳在脸部往上打，越打越贴近要害部位。三拳的结果有特征，用三个比喻变换了三种不同的感觉——油酱铺，咸的、酸的、辣的，从味觉上描绘；彩帛铺，红的、黑的、绛的，从视觉上描绘；全堂水陆的道场，磬儿、钹儿、铙儿一齐响，从听觉上描绘。三拳打出味道，打出颜色，打出声音，极富个性。在打三拳的同时，还伴以个性化的语言——粗鲁的骂，宣告对讨饶的郑屠绝不手软。郑屠虽仅"打得好"一句话，但也十分形象地刻画了他流氓、无赖的嘴脸。正由于作者对鲁达这三拳描绘得特征显露，个性鲜明，因而给人以深刻的印象，数百年来广为流传。

　　肖像描写是指描写人物的外形，包括容貌、体态、表情、服饰等。肖像描写同样要善于抓特征，生动逼真，以形传神，刻画思想性格。如《故乡》中的杨二嫂：凸颧骨，薄嘴唇；两手搭在髀间，没有系裙，张着两脚，正像一个画图仪器里细脚伶仃的圆规。寥寥几笔，就绘出了她的外貌特征，通过这个特征，可粗知她尖酸刻薄的性格。

　　写肖像，可抓住性别、年龄、职业、身份、经历，显示人物的特征。浩然的《艳阳天》中有这样一段："萧长春三十岁左右，中等个子……上身光着,发达的肌肉,在肩膊和两臂棱棱地突起;肩头上被粗麻绳勒了几道红印子,更增加了他那强悍的气魄;没有留头发,发茬又粗又黑;圆脸盘上,宽宽的浓眉下边,闪动着一双精明深沉的眼睛;特别在他说话的时候,露出满口洁白的牙齿,很引人注目——整个看去,他是个健壮、英俊的庄稼人。"这段肖像描写一百几十个字,就勾画出人物的年龄、性别、职业、身份、经历,一个年轻的健壮而英俊的庄稼人活生生的如在眼前。

写肖像,要学会画眼睛。

画龙点睛,眼睛"点"得好,龙就能腾飞。描写人物,画眼睛很重要。眼睛是心灵的窗户,人物的眼光、眼神能表现出内心复杂的思想感情。鲁迅在《我怎么做起小说来》一书中说:"忘记是谁说的了,总之是,要极省俭的画出一个人的特点,最好是画他的眼睛。我以为这话是极对的,倘若画了全副的头发,即使细得逼真,也毫无意思。"鲁迅在写作实践中就是这样做的。他创作的《祝福》就十多次写祥林嫂的眼睛、眼光、眼神,通过眼睛的刻画,表现祥林嫂的不幸遭遇和性格的变化。

新月派领袖诗人徐志摩在《拜伦》一文中对拜伦雕像眼神的描写就十分精湛。"他没有那样骄傲的锋芒的大眼,像是阿尔卑斯山南的蓝天,像是威尼斯的落日,无限的高远,无比的壮丽,人间的万花镜的展览反映在他的圆睛中,只是一层鄙夷的薄翳。"拜伦是英国著名诗人,描写他的塑像的眼睛确非容易的事。作者抓住特定情景中的感受,借用比喻,发挥想象,就把眼神的深远、壮丽刻画得活灵活现,透露出诗人观察大千世界的眼界。

画眼睛并非只局限于对眼睛的描写,抓住描写对象身上最能表现个性特征的东西进行刻画,使这个表象栩栩如在眼前,也是画眼睛的做法之一。如明代归有光的《寒花葬志》是为亡妻陪嫁丫鬟所作的墓志,短短一百多个字,就把寒花令人爱怜的形象活泼泼地显现纸上。绘形象的一段是这样写的:"婢初媵时,年十岁,垂双鬟,曳深绿布裳。一日天寒,爇火煮荸荠熟,婢削之盈瓯,予入自外,取食之,婢持去不与。魏孺人笑之。孺人每令婢倚几旁饭,即饭,目眶冉冉动，孺人又指予以为笑。"作者用简练的文笔，回忆寒花当初陪嫁来时的衣着打扮、削荸荠时的淘气表现和吃饭时的动人神情，三言两语就勾勒出幼婢的稚气未脱，天真可爱。"垂双鬟，曳深绿布裳"，两个环形发髻低垂着，一条深绿色的布裙长可拖地，不满十个字，写出了幼童穿长衣裙的有趣外貌；吃饭时倚着小矮桌，"目眶冉冉动"，两个眼珠慢慢转动着，天真可爱的情态如在眼前。这种写法用了极省俭的笔墨。由于集中笔力抓住特征描绘，读者摄入眼帘以后，经久不忘。

同一人物不同时期形貌必然有变化，描写时要注意抓住年龄特征。《故乡》中少年闰土与中年闰土外貌前后变化很大，原来紫色的圆脸变得脸色灰黄，皱纹很深，原来红活圆实的手变得又粗又笨，像松树皮等就是极好的例子。写肖像不能为写而写，而是要准确传神，反映某种思想、某种观点。闰土前后判若两人的描写，反映了辛亥革命后中国农村的凋敝，农民受剥削、压迫的深重。

2.
诉心声，揭示思想性格

人物思想性格的塑造离不开内心世界的描写。一是直接描写人物的内心活动，即直接的心理刻画，写人物怎么想，怎么感觉。二是间接描写，就是借助人物的外部表现如语言、动作、肖像来反映人物的内心世界。

直接进行心理描写，不能说一些浮泛的空话，要能把内心深处的精妙倾诉出来，使人物的思想性格得以深刻揭示。如鲁迅的《一件小事》，当作品中的"我"看到车夫送老女人向巡警分驻所走去时，有这样一段心理描写："我这时突然感到一种异样的感觉，觉得他满身灰尘的后影，刹时高大了，而且愈走愈大，须仰视才见。而且他对于我，渐渐的又几乎变成一种威压，甚而至于要榨出皮袍下面藏着的'小'来。"按正常的视觉形象，应该是近大远小，而在"我"的感觉里，却一反正常的视觉形象，是"愈走愈大"，用连续转动的镜头更换画面，突出车夫形象的高大。"大"形成威压，榨出"小"，在单纯的车夫面前，"我"自惭形秽。这种内心活动的直接描写，深刻地揭示了一名知识分子在《一件小事》中心灵的震动和觉醒，对"我"思想性格的塑造起重要作用。

言为心声。准确而逼真地写出人物的语言，能生动地表现人物的思想性格。语言描写要切合人物的身份，要个性化，否则难以表现内心世界。老舍在《我怎样学习语言》中说："对话就是人物的性格等的自我介绍。"对话巧妙，无须描写人物的模样，就能使读者好像目睹了说话的那些人。鲁迅的《聪明人和傻子和奴才》，通篇是对话描写，通过对话，聪明人、傻子、奴才这三种人的思想性格活脱脱地被端到读者面前。

下面是学生写老师的一篇习作，在肖像描写和语言描写方面有点特色。

一个"大写的人"

又是一股烟味，混杂的、刺人的烟味！这不是父亲的，却是我所熟悉的老师的——亲切、淡漠、可尊、可憎、热爱、害怕……我下意识地低下头，我也说不清我的心情，大概，就像这烟味一样复杂吧？……

浓重的烟味淡些了，此时，我才敢舒口气，抬起头来看一眼老师——厚实、魁伟，连同那烟味。我又不禁想起了我们的最初交往。老师留给我的最初印象——一个男子汉。

"你到底忙哪样？文学社？班级？学习？……你以为办刊物那样简单吗？既然你没时间，我看，就算了！"两道不饶人的目光，透过焦灼向我射来。老师特有的宽厚、沉重的嗓音把最末两个字说得足以使人感到事态严重了。长这么大还没有人用这样重的语气训过我呢！"你这样的年轻教师，空闲得很，自然体会不到我们的辛苦。'聪明人总是忙碌的'，我信奉这句格言。"我这样想着，傲气使我更高地扬起头；又驱使我，这么晚了，还非把文学刊物的蜡纸刻完不可。

但是，我没想到，没想到第二天竟有老师说："你呀，真不懂事！你们顾问可忙啦……可你们刻蜡纸还让他陪到这么晚……"

他会忙？瞧他，走过来了：厚实的身躯，持重的步履，好像永远是很悠闲的。我，有些怅然……

又一次，我把一篇习作交给他："老师，别笑话呀，我瞎写的。""干吗要瞎写呢？"他的话中照例隐含着几分不饶人的口气，说话间又喷出一股浓重的烟草味。

望着老师的面容，我着实有些害怕了。像这样年轻而又稳重的教师，我好像头一次看见。是啊，他确实是个男子汉！

不久，他成了我们的班主任，于是产生了第二印象——同代人的血，年轻者的心。

他是个年轻人——能不拘小节，与我们海阔天空、侃侃而谈吗？

他又是个稳重有个性的人——难道一直这样古板而严肃？

他来了，往昔的顾问，今日的班主任。是的，他身上还带着一种"超重"的感觉，但又不完全是——

"开学第一篇周记，我想请同学们写《我的理想》。我不要你们说教，你们也别形式。大家都说心里话，好吗？尽管这个题目写了好几年了。"

我悄悄地抬起头，望了一眼老师——淡淡的

笑刻在他沉静的脸上，灼热的光透着不饶人的眼神。他毕竟是一个年轻人！

"我的思想给你，你的思想给我，我们就拥有了两种思想。我建议我班的黑板报起名为'智慧树'，交流彼此的思想。每个读议小组轮流出。好……"

他滔滔不绝了。尽管我低着头，但我知道老师此时的表情。因为他的心和我们一样热……

"我想，既然你们还是学生，就应把精力集中于学习。从今天起，我为每位同学设计一张学习成绩晴雨表……"

他的话不多，但我的心跳得厉害。咳，他不是一个一般的年轻人！……

第三印象——一位语文教师。

一个厚实的身影——老师来上课了。今天，他好像完全是个年轻人，老师的话中含着笑意。是的：

"这个月是尊师月，作为一个年轻教师如此受学生尊敬，我心里很过不去的……"笑了，我和同学都笑了。是老师的朴实和谦恭？反正，这是善意的。

"我想送每位同学一些卡片，作为语文教师，我希望我的学生不断地积累知识卡片，到时候，你们写作有更多的材料，文章的内容就会充实了……"于是，每位同学收到了一个信封，信封上是老师赠的箴言，里面装着卡片。

我把我的那份很快藏进书包——这是老师的，只有年轻的心才会有这样的礼物。我不能用无尽的观赏、传阅来亵渎它，重要的是充实。

老师发着卡片，从我身边走过，飘过一阵烟

草味，特有的清新。

以后，我们的语文课也开设了"实验课"。老师把我们带到阅览室，给我们找来资料、摘抄卡片。

平日的语文课，老师喜欢吟咏，他也擅长吟咏，音调铿锵，声震瓦屋。不少课文的精深、奥妙之处便在他的吟咏中流入我们的思维。

这时，我确确实实感到自己是幸运的。有一位难得的老师教语文。当然，更重要的一点是：他不仅仅是教语文。

永远印象——一个大写的人。

从来没有像今天这样可怕过——他的脸，老师的脸！从来没有像今天这样动感情——他的泪水，老师的泪水，一个男子汉的泪水……有的同学说他不会哭的……但我想，老师会的。我的心被震慑住了。

"我很难过，在我们班发生了作弊的事！"

"我本想，你们是纯金的，从你们身上我可以发现许多天真、纯洁、美好的东西……但我太难过了，在你们有些人身上……我还看见了一些丑恶……我承认，社会上这股风太重了，这，不能怪你们！但……你们不能……我要管。"尊敬、热爱、欣喜、惭愧、难受、自责……面对这样一位老师，一位纯洁、真挚的老师，我垂下了头，我也只能垂下头……

他又找到了我——"你知道他们作弊的，为什么不阻止？为什么不向我反映？为同学隐瞒错误就是你的集体观？……"又是不饶人的目光。虽然我没看他，但我很清楚，很清楚他接着要说而未说的重要的话；很清楚他那颗为我们跳动的心。我们能做到的,是从老师的泪水里找寻自己的影子,奋起!

　　这——也许,就是一个刚踏上工作岗位,正在探索的老师的思考轨迹,在他划出的一道弧光中——我看见了我自己,也发现了我自己的轨迹。

　　深深想念——我曾有过这样一位老师。

　　一个默默无闻的年轻教师,他承受的负荷也许很重——事业的追求,工作的繁忙,生活的紧张,但他也许永远是矜持而沉稳的。是的,他有权利矜持,他的灵魂是高洁的。至少,他的学生这样感受,也这样追求着。我忽然想起几句朦胧诗:

　　现在,可以走了,拿起圆钝的镰刀,

　　走向麦田尽头绿色的草原。有的是刺人的麦芒,

　　绵长、坑洼的田埂,但走着……

沈　旸

　　这篇习作描写的对象是一位年轻的语文教师,也是一位年轻的班主任。

　　习作者努力尝试刻画出这位老师的个性特征,于是从两个细节入手,一是老师身上散发的浓重的、混杂的、刺人的烟味,二是两道不饶人的目光。在文中反复出现,加深印象。

　　人物描写的重点在语言描写,通过不同场合对这位教师语言的描写,刻画思想性格。"你到底忙哪样?文学社?班级?学习?……你以为办刊物那样简单吗?既然你没时间,我看,就算了!"作为文学社的顾问,充满了对学生的关心。话直来直去,无半点委婉。"干吗要瞎写呢?"同样表现直率的性格。

　　作为班主任,重在思想引导。"我的思想给你,你的思想给我,

我们就拥有了两种思想。我建议我班的黑板报起名为'智慧树',交流彼此的思想。"话说得很风趣,没有半点教训的味道,但风趣中引导学生思考。

作为语文教师,尊师月里说的一番话,表现了感情的真诚和对学生的一片爱心。"作为一个年轻教师如此受学生尊敬,我心里很过不去的",如果缺乏真诚,就说不出这样的话。

"我本想,你们是纯金的,从你们身上我可以发现许多天真、纯洁、美好的东西……但我太难过了,在你们有些人身上……我还看见了一些丑恶……"这番话是这位教师最有分量的语言,场景也是最激动人心的。教师动情到流泪,学生的心被震慑住,教师向学生坦露心声,表明要认真教育学生的态度。这些语言刻画了教师最本质的特征——事业心和责任感。

文章注意到肖像描写。厚实、魁伟,疏疏几笔,给人以印象。

文章的最大特点是一层深一层地描写。从"第一印象"到"永远印象",由表面印象的描写到内心世界的揭示,由浅层进入深层,把人物放在动态中描写,增强真实感。

不足之处是人物未能构成鲜明的整体形象。原因是:第一,笔墨分散,究竟刻画教师怎样的思想性格不够清晰。一个人的思想性格可以表现在众多方面,但必须有本质的、核心的东西,否则,笔下的人物就站立不起来。第二,年轻教师的"年轻"特征未能展示。文中所描写的语言、动作,乃至肖像,除明说的之外,很难显示"年轻"的特点。文中看不出年轻人充沛的精力、活跃而敏锐的思维、旺盛的求知欲和对事业的极大热忱。第三,习作者自己的议论比较多,影响人物登场,没能做到描写人物须"妍媸好丑令观者自知"。第四,有些语言晦涩,难以理解。如文中最后一段究竟要表达什么意思,这位教师是离开了,还是仍在岗位上,不明确。以"大写的人"来形容,缺乏足够的动人的材料。全文用了不少破折号与省略号,用得不恰当,会使文意断断续续。当然,一名高中二年级的学生能这样有血有肉地描写人物已是很不错的了。

人物语言要简洁,拖泥带水,冗长空洞是大忌;人物语言要个性化，因为语言是人物内心世界的流露，千人一腔，没有个性，也是大忌。教师有教师的语言，学生有学生的语言，工人有工人的语言，农民有农民的语言，每个人有每个人的性格，众人一个腔一个调，用词人云亦云，绝不可能把人物写活。

"独白"在人物描写中也很起作用。独白是心声的倾吐，一般地说，必然有明确的中心，感情表达有特点。

有时语言描写的时间跨度很大，但只要抓准典型化的语言，人物刻画也是栩栩如生的。如：

儿子眼中的父亲

七岁："爸爸真了不起，什么都懂！"

十四岁："好像有时候说得也不对……"

二十岁："爸爸有点落伍了，他的理论和时代格格不入。"

二十五岁："'老头子'一无所知。毫无疑问，陈腐不堪。"

三十五岁："如果爸爸当年像我这样老练，他今天肯定是百万富翁了……"

四十五岁："我不知道是否该和'老头'商量商量，或许他能帮我出出主意……"

五十五岁："真可惜，爸爸去世了。说实在话，他的看法相当高明！"

六十岁："可怜的爸爸！您简直是位无所不知的学者！遗憾的是我了解您太晚了！"

这篇短文通篇用独白组成，无肖像描写，无动作描写，可是两个人物的形象都十分鲜明，蕴含了丰富的内容和人生的哲理。如：时间跨度半个多世纪；历经人间沧桑后对父亲评价在新的高度的"重复"；语言的委婉与武断；心理上的幼稚与成熟；年少气盛，不可一世与尊重现实,实事求是;时代的气息,两代人的异同……仔细推敲,认真体会语言描写在刻画人物思想性格方面具有多么大的威力。

3. 绘行动,描细节,形神兼备

要把人物写活,除了描写他的肖像、语言和心理活动,还要描写他的行动。一个人的所作所为是他思想性格的具体表现。行动描写生动,能准确地传神,达到形神兼备的佳境。写人物忌空洞地叙说。要善于描写人物的行动,否则,写出来的人必然是苍白的、干瘪的。描写人物须"当如镜中取影,妍媸好丑令观者自知",要让人物自己说话,自己行动,"个个活跳",而不是作者下评语,加论断。动作描写要显示人物的个性,上文所述的鲁达打郑屠户的三拳就是极典型的例子。学生习作中注意对人物动作进行细致描写,人物就"活"起来。如写跳高比赛的片段:

> 轮到一位穿红毛衣的同学跳了,只见她仔细地量好脚步后,在班主任的鼓励下,飞一般冲出了起点,她跑得快极了,简直就像一支离弦的箭一般。在身体即将撞到竹竿的一刹那,她猛地向上一跃,一只脚先跨过了竹竿,另一只脚由于用力过猛,收得晚了些,稍稍地碰了一下竹竿,我的心一下子提到了嗓子眼,好险啊!竹竿在架子上跳动了两下,总算没有落下来。一块悬到了半空中的石头终于落了地,刚才竹竿即将掉下来时,人群中曾发出"唉呀!糟糕"的惋惜声,现在却变成了"真险啊!"的惊叹声。

如果不对量步、起跑、纵身一跃、跨竿、收足、碰竿等一系列动作加以描绘,就不可能展现如此生动的场景。

要表现人物鲜明的个性，须重视细节的描写。借一斑以窥全豹，细节虽小，但作用不小，它在刻画人物中常起传神作用。作家杜鹏程曾这样说："从一百个相类似的细节中选取一个细节（值得羡慕的富有！），谁能估量出这个细节会发出多么强烈的光和热。"这句话至少说了两个道理：一是细节在文中能发挥强烈的光和热；二是细节要典型，要以一当十，以一当百。为此，选择"一斑"要别具匠心，要确实能反映"全豹"，反映人物的思想性格和精神面貌，服从人物塑造的需要，服从主题表达的需要。

契诃夫的《变色龙》中有一个精彩的细节描写，这就是主人公奥楚蔑洛夫身上穿的新的军大衣的穿、脱、穿的描写。这个细节不影响故事情节的发展，但在刻画人物上很起作用。主人公一出场穿的就是新的军大衣，暗示出这个警官是刚爬上去的；随着狗主人的不同而一再更换对狗的称呼、对狗的褒贬时，这件军大衣大起作用。警官听首饰匠赫留金告狗咬人的情况后俨然要严惩"罪犯"，但一听说是将军家的狗时，立刻态度大变，说："席加洛夫将军？哦！……叶尔德林，帮我把大衣脱下来……真要命，天这么热，看样子多半要下雨了……"于是，掉转话头，指责赫留金。人群中议论狗，说不是将军家的狗，警官又大发议论，要好好教训"罪犯"，又听说"没错儿，将军家的"结论时，大衣又发挥作用了——"哦！……叶尔德林老弟，给我穿上大衣吧……好像起风了，挺冷……你把这条狗带到将军家里去，问问清楚。就说这狗是我找着，派人送上的。"脱了的大衣又穿了起来。最后真情大白，狗的主人是将军哥哥。于是，警官恐吓赫留金，"我早晚要收拾你"，并裹紧大衣，穿过广场径自走了。这个细节贯串全文，多方面刻画人物的思想性格。出场穿新的军大衣，显示警官耀武扬威的气焰；变化无常的过程中，军大衣一会儿脱，一会儿穿，为自我解嘲作阶梯，生动地反映出警官对权势显赫的将军的恐惧，趋炎附势、媚上压下的狗类性格显露；狗咬人的案件不了了之，警官"裹紧大衣"走了，恐吓赫留金是虚张声势，灰溜溜地走是实质，趋炎附势的狗性决定了他不敢也不能公正地断这个案子，只能溜走。一件军大衣的细节描写，成了警官变色的保护物，成了贯串全文的思想性格的侧面写照，在文中发挥的光和热难以估量。

细节描写在大手笔文中，有时仅顺带一笔，也光彩照人。如《故乡》中杨二嫂"一面愤愤的回转身，一面絮絮的说，慢慢向外走，顺便将我母亲的一副手套塞在裤腰里，出去了"，顺手偷一副手套，表现了杨二嫂贪小便宜的坏习气。真是随手拈来，皆成文章。

描写人物有种种技法，常用的有以下几种：

(1)
简笔勾勒与工笔细描

简笔勾勒就是用极简洁的语言把人物的基本特征勾勒出来，不着颜色，不加烘托，给人以清晰的印象，这种方法也叫白描。运用这种技法，应"有真意，去粉饰，少做作，勿卖弄"，以少许的笔墨取胜。如《一面》中描绘的鲁迅肖像："黄里带白的脸，瘦得教人担心；头上直竖着寸把长的头发；牙黄羽纱的长衫；隶体'一'字似的胡须；左手里捏着一枝黄色烟嘴，安烟的一头已经熏黑了。"瘦、直字的头发，隶体"一"字似的胡须，抓住人物肖像的这些特征几笔勾勒，一位健康被艰苦工作毁坏的老战士的坚毅形象就突显在眼前。

工笔细描着力于精雕细刻，用细腻的笔法雕刻人物，使所描写的对象纤毫毕现，给人以真切的感受。老舍《牺牲》一文中有这样一段描写："他的脸，在我试问他的时候，好像特别的洼了。从那最洼的地方发出一点黑晦，慢慢地布满了全脸，像片雾影。他的眼，本来就低深不易看到，此时便更往深处去了，仿佛要完全藏起来。他那些彼此永远挤着的牙轻轻咬那么几下，耳根有点动，似乎是把心中的事严严地关住，唯恐走了一点风。然后，他的眼忽然发出些光，脸上那层黑影渐渐地卷起，都卷入头发里去。'真哪！'他不定说什么呢，与我所问的没有万分之一的关系。他胜利了，过了半天还用眼角撩我几下。"作者对人物的脸、眼、牙作了精细的描写，脸洼到什么状况，眼深藏到什么程度，牙严严地关到什么情况，一笔一笔细雕，把这个人物深藏自己的阴冷的性格刻画得惟妙惟肖。

用简笔勾勒或用工笔细描，都须讲究真实，蕴含真情。如果任意杜撰或凭空想象，就全呈现假景假情，闹出笑话。

（2）
正面描写与侧面描写

正面描写是把镜头直接对准描写对象进行刻画，或写肖像，或写语言，或写动作，或写心理。正面描写是忌平淡、忌拖沓，须形神俱备，生机勃勃。侧面描写是着意写对象的周围事物，或以物衬物，或以景物烘托人物，或借助他人来刻画此人，使所描绘的对象更为鲜明，更为突出。侧面描写对描写对象周围的事物须慎加选择，要选择确能起烘托作用或产生对比效果的，忌一般化、无鲜明特点的。

有些人物正面描写或不易表达出精神，或太显露，可采用侧面描写的方法。清人刘熙载在《艺概·诗概》中说："山之精神写不出，以烟霞写之；春之精神写不出，以草树写之。"说的就是这个道理。侧面描写效果极佳的中外作品中都有十分著名的例子。如汉乐府诗《陌上桑》中描写采桑女罗敷美貌，不是正面刻画，而是用她周围的人的神态、动作来烘托、渲染。诗中这样描绘："行者见罗敷，下担捋髭须。少年见罗敷，脱帽著帩头。耕者忘其犁，锄者忘其锄。来归相怨怒，但坐观罗敷。"描写行者、少年、耕者、锄者见到罗敷时的神态与动作，种种表现聚焦在一点，即采桑女罗敷貌美惊人。如果正面刻画，就不够含蓄，不能留给读者更多的想象余地。

无独有偶，法国作家小仲马在《茶花女》中是这样写玛格丽特的美貌的："这天晚上她真是惊人的美。……当她出现的时候，一个个脑袋此起彼伏，连舞台上的演员也对着她望，她仅仅一露面就使观众这样骚动。"描写的是一个个观众和演员的反映，目的在烘托玛格丽特与众不同的美丽。有时用极简约的句子也能收到出色的侧面描写的效果。如《守财奴》中葛朗台太太看到丈夫闯进来，瞪着匣子上金子的眼光时，便叫起来："上帝呀，救救我们！"这一"叫"非同寻常。妻子对丈夫的贪婪成性十分清楚，如果丈夫瞪着金子的眼光不是特别骇人，是不可能如此惊呼，如此惊叫上帝救命的。这一侧面描写使人能想象出葛朗台眼睛里燃烧着多么疯狂的贪欲之火，对金子有多么疯狂的占有欲。揭露十分深刻。

如《范进中举》一文中对范进中举时的描写。先是正面描写："范进不看便罢，看了一遍，又念一遍，自己把两手拍了一下，笑了一声，道：'噫！好了！我中了！'说着，往后一交跌倒，牙关咬紧，不省人事。""他爬将起来，又拍着手大笑道：'噫！好！我中了！'笑着，不由分说，就往门外飞跑，把报录人和邻居都吓了一跳。走出大门不多路，一脚踹在塘里，挣起来，头发都跌散了，两手黄泥，淋淋漓漓一身的水。众人拉他不住，拍着笑着，一直走到集上去了。"这些描写已活画出范进醉心于功名的形象。范进一生苦读，参加了二十多次考试，54岁时才中了秀才。大半辈子为贫穷所困扰，遭人白眼，梦寐以求的是乡试中了举，改换门庭，如今真的中举，喜出望外，高兴得发了疯。然后是侧面烘托。一写众人的看法："原来新贵人欢喜疯了。"一语点破发疯的原因。二写为范进治疯。报录人出主意，提出治病的药方——打掉范进的欢喜，只说并不曾中；胡屠户执行，打范进的嘴巴，并凶神似的说："该死的畜生！你中了什么？"疯是欢喜得痰迷心窍，是心病，治心病就是从侧面烘托出范进中毒之深，醉心于科举、功名而不可自拔。这就从深一层次进行揭露。三是胡屠户打范进嘴巴时众人和邻居的反应："忍不住的笑。"三个方面从不同角度刻画了范进追求功名利禄可怜、可鄙、可悲、可笑的形象。多角度地对人物加以刻画，人物的个性特征就得到充分的展示。

描写的技巧多种多样，根据人物塑造，可选用一种方法，也可多种方法综合运用。怎样运用才能取得良好效果，关键在观察能细致入微，自己有独特的感受。

初学写作的学生先要学习写好一个人，在写好一个人的基础上，还要学习写两个、三个，乃至一群人。生活丰富多彩，生活中的人各种各样，反映到文章里也就必然会有人物群像。鲁迅小说《示众》

描绘群像的笔力令人赞叹,只要截取其中两三段来看,就可窥见其中的奥妙。

> 刹时间,也就围满了大半圈的看客。待到增加了秃头的老头子之后,空缺已经不多,而立刻又被一个赤膊的红鼻子胖大汉补满了。这胖子过于横阔,占了两人的地位,所以续到的便只能屈在第二层,从前面的两个脖子之间伸进脑袋去。
>
> 秃头站在白背心的略略正对面,弯了腰,去研究背心上的文字,终于读起来……

围着白背心的观看的是形形色色的人,而这些各色人等的共性是愚昧、无知、麻木,鲁迅先生一个个刻画,把他们放在一定的位置上,放在一定的关系中描写,纹丝不乱,个个活灵活现。

学生一下子要写出立体的群像十分不易,但以写一个人为主,兼及其他二三人,还是可以做到的。下面是澳门一名初中学生的习作。

让座

> "老人家,这里坐!"我毫不犹豫地站起身。"真是谢谢你!小朋友。""这学生真是有礼貌!""一定是个有教养的孩子!"我得到众人对我的啧啧称赞,心里油然觉得美滋滋的。这是他一直启发着我——脑海里又浮现出他来……
>
> 那是一个浓雾重重的清晨,憋得人直发闷。我背着书包到巴士站乘车,"呀!"怎么这么多人,起码有十个八个的。"刹"的一声,一辆小巴士急急停下。我往车上一瞧,于是挤了上去,找到了一个座位,慌忙地坐了下去。
>
> 我的旁边坐着一位七十几岁的老人家。我瞟

了他一眼，只见他那头发依稀有几簇白发，一张又瘦又黑的脸上，带着慈祥的微笑。他的膝前还站着一个五六岁的男孩，看来他们是爷孙俩。

突然间，有个冒失鬼从马路边横冲过来，司机紧急刹车。一个妇女携带的男童的头撞在扶杆上，哇地哭了起来；这个妇女怀里的婴儿也哭了起来。原来刹车的时候，由于惯性的作用，车上的人群向前压去，把那睡着的婴儿也弄醒了。两个孩子越哭越厉害，可他们的妈妈也没有办法，只是哄着他们不要哭。这时，这位老爷爷的右手握着旁边的龙头拐杖，左手撑着座位，硬把身子往上提，说："小姐，就坐这里吧！"

他旁边的孩子对他说："爷爷，您这么老了，还是您自己坐吧！"

"住口。"老爷爷生气地说，"我平时是怎样教你的？"

那男孩怒目圆睁地瞪着我，好像对我说："哼！一个年轻人不让座，反而要老人家让位，难道你不觉得羞耻吗？"

我的脸一红，仿佛烧焦了耳朵，慌忙地站了起来："不，老爷爷，您还是坐着。小姐，这里坐！"

"真是多谢你！"

我顿时觉得无地自容，恨不得车到校门，马上钻进学校。

此时雾已经散去了，太阳的光辉撒满了整个大地。老爷爷下车了，我望着他那风烛残年的身影，渐渐地消失在我那被泪花弄糊的视线上，油然而生一种莫名的敬意。他的形象在我的心目中越来越高大了。

文章内容很简单，写的是日常生活中的小事，反映的主题健康、积极。描写人物的笔墨不多，但主次分明。老人的肖像描写、语言描写虽简笔勾勒，但形神兼备。男孩、妇女携带的男童和怀抱的婴儿、横冲马路的冒失鬼、司机，以及一个无地自容的年轻的"我"，虽寥寥数笔，但起了很好的陪衬作用。把众多的人组合在一件事情中，展现各自特点，褒贬分明，表达主题思想。综上所述，描写人物要善于抓特征、抓个性。无论是肖像描写、语言描写、动作描写、心理描写，以及细节描写，都要善于抓住与众不同的独特之处，才能把人物写活，才不会概念化、公式化、模式化。描写人物一定要让人物自己登场活动，让他们自己说，自己想，自己动作，习作者不能掺和，不能包办代替。选用哪种描写方法，要根据表达主题的需要。

十
绘景状物求逼真

人总是生活在一定的环境之中，在一定的环境中活动，事情总是在一定的环境中发生，人与环境互相依存。正因为如此，在记叙文写作中，无论是写人还是记事，都离不开环境描写。环境有自然环境与社会环境的分别，对自然界各种景物的描写是自然环境描写，对家庭、学校、工作场所、娱乐场所等的描写是社会环境描写。环境描写又叫景物描写，是文章的有机组成部分，在文中经常起交代背景、渲染气氛、衬托人物、借景抒情、托物言志及深化主题的作用。如鲁迅《故乡》的开头：

> 我冒了严寒，回到相隔二千余里，别了二十余年的故乡去。
>
> 时候既然是深冬；渐近故乡时，天气又阴晦了，冷风吹进船舱中，呜呜的响，从篷隙向外一望，苍黄的天底下，远近横着几个萧索的荒村，没有一丝活气。我的心禁不住悲凉起来了。

这里疏疏几笔自然景物的描绘，交代了故事发生的背景，渲染了悲凉的气氛，衬托了文中主人公为生活辛苦辗转、到处奔波的悲凉心情。

又如鲁迅的《孔乙己》是这样开头的：

> 鲁镇的酒店的格局，是和别处不同的：都是当

街一个曲尺形的大柜台，柜里面预备着热水，可以随时温酒。做工的人，傍午傍晚散了工，每每花四文铜钱，买一碗酒，——这是二十多年前的事，现在每碗要涨到十文，——靠柜外站着，热热的喝了休息；倘肯多花一文，便可以买一碟盐煮笋，或者茴香豆，做下酒物了，如果出到十几文，那就能买一样荤菜，但这些顾客，多是短衣帮，大抵没有这样阔绰。只有穿长衫的，才踱进店面隔壁的房子里，要酒要菜，慢慢地坐喝。

这是社会环境描写，交代故事发生的地点、穿长衫的和短衣帮对立的社会背景，为主人公孔乙己的出场做了扎实的铺垫。

景物描写贵在逼真，写山像山，写水像水，写小生灵像小生灵。切不可依葫芦画瓢，把活景写死写僵。怎样使笔下的景物酷似真景、真物呢？

1. 慎选观察位置，抓住景物的主要特征

观察是智慧最重要的能源，经常进行有意识的观察，客观事物的信息就会源源不断进入眼帘，增长见识，增长智慧。观察景物也是如此。要观察得有成效，须认真选择观察的位置，抓住景物的主要特征。

观察景物都有一定的位置，位置不同，视线不同，所看到的景物也会呈不同的姿态。但不管站在怎样的位置上观察，都要善于抓住景物的主要特征。特征是这一景物区别于类似景物的关键所在，不具备抓特征的眼力，就不可能有观察的质量，笔下也就不可能有生气勃勃的景物。一个画家，只要盯住某棵树、某座亭子注视几分钟，就能用线条迅速地勾勒出来。什么道理呢？能抓特征。

观察就位置说，一般可分为：

（1）
定点观察

观察者在一个固定的位置上进行观察。由于定点，观察位置不变，往往只能从一个角度、一个侧面观看。这是定点观察的特殊性。定点观察本身可有好几种不同的视角，如平视、俯视、仰视、环视等。平视适用的范围广，一般景物的观察皆可采用这个角度，不会变形；俯视是居高临下，投影式的，立足点越高，越能鸟瞰，如飞机上观江河，只是细细一条闪光的带子；仰视用在观察山岭、观察高大建筑物，乃至蓝天、白云、彩霞；环视是东南西北全景观察，在一个位置上转了一圈。

立足点确定以后，观察要有合理的顺序。或者按照方位，由上而下，由下而上，由远而近，由近而远，由左到右，由右到左，由里到外，由外到里；或者按照逻辑顺序，先总后分，先分后总，先主后次，先次后主，先局部、细部后整体，先整体后局部、细部；或者按照类别顺序，山川河流，花草树木等。没有合理的顺序，写出来的景物必然混乱，更谈不上逼真了。因此，定点观察切忌东一榔头西一棒子，杂乱无章。

朱自清《荷塘月色》中写景的文字十分典范，如：

> 曲曲折折的荷塘上面，弥望的是田田的叶子。叶子出水很高，像亭亭的舞女的裙。层层的叶子中间，零星地点缀着些白花，有袅娜地开着的，有羞涩地打着朵儿的；正如一粒粒的明珠，又如碧天里的星星，又如刚出浴的美人。微风过处，送来缕缕清香，仿佛远处高楼上渺茫的歌声似的。这时候叶子与花也有一丝的颤动，像闪电般，霎时传过荷塘的那边去了。叶子本是肩并肩密密地

挨着，这便宛然有了一道凝碧的波痕。叶子底下是脉脉的流水，遮住了，不能见一些颜色；而叶子却更见风致了。

读了这段描写，荷塘美景如在眼前，眼观满堂荷叶，鼻闻缕缕清香，景色醉人。作者定点观察，采用平视的角度，由叶子写到花，由荷塘这边写到荷塘那边，由满塘荷叶写到叶子底下的流水，井然有序。绘景物之形、景物之色、景物之态，运用比喻、通感等手法，诉之于人的视觉、听觉、嗅觉，给人以如临其境的感觉，达到"写景需酷肖此景"的境界。

观察有远近之分，动静之别，也可能换视角，但须交代清楚。比如台湾作家李乐薇的《我的空中楼阁》中对小屋的描绘，就写出了层次。且看部分写小屋的段落：

小屋后面有一棵高过屋顶的大树，细而密的枝叶伸展在小屋的上面，美而浓的树荫把小屋笼罩起来。这棵树使小屋给予人另一种印象，使小屋显得含蓄而有风度。

换个角度，近看改为远观，小屋却又变换位置，出现在另一些树的上面，这个角度是远远地站在山下看。首先看到的是小屋前面的树，那些树把小屋遮掩了，只在树与树之间露出一些建筑的线条，一角活泼翘起的屋檐，一排整齐的图案式的屋瓦。一片蓝，那是墙；一片白，那是窗。我的小屋在树与树之间若隐若现，凌空而起，姿态翩然。本质上，它是一幢房屋；形式上，却像鸟一样，蝶一样，憩于枝头，轻灵而自由！

对小屋观察的位置，由近看转为远观。观察的对象不变，观察者的立足点变换，所以小屋在人们眼前呈现不同的形态。要把景物写得逼真，还要弄清楚观察对象和其他事物之间的关系。这儿写小屋，着重写了小屋与屋后树、屋前树的关系，主体突出，陪衬分明，给人以真实感。

小屋描写得像，是因为抓住了小屋在绿色背景下翩然若飞的特征，再佐以蓝、白的色彩，画面十分清晰。

(2) 动点观察

观察者沿着一条路线进行若干位置上的定点观察，也就是按照空间位置变换的顺序来观察景物。观察点不断变换，观察的景色也不断变化。这种按作者的行踪为线索，将所看到的景色逐层展开的写景方法，叫移步换景。

采用这种方法写景，一定要明确交代自己变化的行踪，否则，就会犯观察点不清楚的毛病，景多而乱，就不成文章。动点观察的特点是"动"，景物的变化随着观察者的移动而变化，景色是动态的，可由远而近，由模糊而清晰，由整体而局部，变化的速度、变化的频率受观察者移动速度的制约。下面这篇文章主要是采用了动点观察的方法来写的。

泰山一片月

泰山月，是很美的。那空明澄碧的月色，令人想起潺潺的清泉。坐在泰山极顶的观月峰上赏月，云淡风轻，玉盏般的圆月，悄无声息地悬在空中，那样的清，那样的静，恰似一泓蓄满琼浆的晶亮亮的湖，恍如一伸手，就可以掬下一杯清冽冽的甘露哩！

我见过西子湖畔的平湖秋月。十里荷花，一派烟云。月儿刚露脸，漫天就抖下迷迷蒙蒙的雾，那月色总是潮润润的，妩媚中颇有几丝缠绵。泰山月的韵致，却迥然不同。万里平畴，独尊一岳。那月光，明朗得很，干净得很。上了南天门，便是"天街"，凡尘淘尽，一碧如洗。"天街"两侧，庙宇，古道，高楼，绿树，剔透玲珑，纤尘不染，全浸润在脉脉的月色里。极远的地方，有一缕洁白的云霓，轻盈而扶摇直上，欲乘风飘去，那便是中华民族的摇篮黄河吗？游月骋怀，你不得不赞叹古人创造的"月华如水"的妙喻。泰山一片月，消融了山的险峻、树的苍凉，消融了古庙的寂寞、峡谷的幽深。白日里，"云端挂天梯"的"十八盘"，此刻，也完全失却了峭拔和威严，而幻成泛着银晕的飘带，宁静而温柔地飘浮着、飘浮着。万籁俱寂。

泰山山腰的柏洞，月景又是另一番韵味。这里是古松古柏的世界。涧水清清，滋润着满山森森的古树林。两三百年的老树，只能屈居小字辈。莽莽苍苍的树林中，极少野草和杂生的小树。勤快的山风，就像是不辞辛苦的清洁工人，洒扫庭除。月光遍地，树影婆娑。细细看去，斑驳陆离的坡地上，仿佛还有扫帚留下的痕迹，给人一种如返古朴故园的暖融融的感觉。从山上俯视，月下松林，一派素装，高洁，雅致；从山下仰望，浓墨如泼，虚实相间，恰似一幅气势磅礴的写意画。泰山的月亮，也贪恋这块净土，从浩渺遥远的天庭中，竟忘情地落在那剪影似的逶迤的山脊上。走着、走着，仿佛只要紧走几步，就可以走进明镜般的月亮里去。

泰山山脚，有一座普照寺，曾是冯玉祥先生隐居过的地方。当年，正值国家民族危亡之秋，冯先生深明大义，在张家口组织抗日同盟军，力挽狂澜，不幸屡遭暗算，失败以后，便来到这里。一页悲壮苦涩的历史，永远镌刻在这块土地上了。寺中筛月亭，是赏月的佳处。逝者如斯夫，只有一轮明月，深情而依恋地辉映着一片琼楼玉宇。一棵相传是六朝老僧种植的千年松，虬枝弯曲如盘龙，英气逼人，枝枝丫丫，旁逸斜出，松叶如针，令人肃然起敬。月行中天，丝丝缕缕的月光，从枝繁叶茂的缝隙中筛落而下，骤然间，掠过几丝晚风，树梢一阵沙沙的颤动，摇落的月光，似片片雪花，使人通体生凉。待定神看时，杳无踪迹，树影又恰似凝住了。那一棵棵历经苍桑劫难的古树，竟看不到一丝枯枝败叶，它们抖擞精神，悄然屹立着，是独享这圣洁的佛国之乡的清幽和恬静，还是悉心期待着那日出东方、普照大地的气势恢宏的一幕？

曾听一位青年散文家说过：我们的时代，是一个月亮的时代。乍听起来，新奇之中未免有点茫然。上了泰山，才真正理解这话中的诗味和哲理：月亮是美的，美化着山，美化着水，美化着严峻的历史和人人向往的未来，也美化着一颗颗纯真不泯的心哩！

这篇文章选自1984年9月14日《羊城晚报》，作者沈世豪。古往今来，名家描写泰山日出壮丽景象的佳作不少，写泰山美妙月色的却不多见。而这篇文章把月下的泰山描绘得画意浓郁、诗意盎然，令人心醉。且不说其选择角度的别出心裁，单是在生活中观察景物、择取写作材料的功力就值得学习、借鉴。

作者着力描绘了三个月下景点：一是泰山极顶月景，二是山腰柏洞月景，三是山脚普照寺中月景。三个月景貌似独立成篇，实则作者足迹的移动隐含其中，是动点观察的反映，移步而换景。

泰山极顶赏月，一绘形态，二描月色。在观月峰定点观察，月如玉盏，悬在空中，背景是淡淡的云、轻轻的风。因为在极顶观月，故而有伸手可挽月的感受。尽管重在绘形，但又将"色"胶合起来刻画，"恰似一泓蓄满琼浆的晶亮亮的湖""清洌洌的甘露"比得绝妙，把月色融融的景象刻画得如在眼前。写"天街"月色，先用"凡尘淘尽，一碧如洗"概括，再以月下景物"剔透玲珑，纤尘不染"渲染；既绘近处的月华如水，万物白日状态被消融，又绘远处欲乘风飘去的洁白的云霓；既有真，又有幻。看得真切，感受独到，泰山月的韵致在笔下具体而生动地展现出来。

山腰柏洞月景围绕古松古柏展开，以"月光遍地，树影婆娑"总揽，突显"斑驳陆离"的特征。极顶赏月的感觉是清冽、宁静，此处是暖融融，如返古朴故园，赏月者的感受随着眼前景物的变化而变化，外在的物与内在的情巧妙结合，更能引读者入佳境。为了多角度多侧面描绘柏洞月景，除平视外，又以俯视和仰视的角度观察，出现了高洁、雅致的素装，与气势磅礴的泼墨写意画的迥然不同的景色。如此着笔，丰厚而不单薄，奇妙而不平淡。

如果说极顶赏月是较为广泛地写景物，柏洞月景是对松柏群体进行粗笔勾画，那么普照寺的月景就是聚焦在一棵六朝千年松身上了。虬枝、枝丫、针叶，各具其态；从繁枝茂叶的缝隙中筛落的月光，静时"丝丝缕缕"，动时"似片片雪花"；忽而"摇落的月光"使人通体生凉，忽而"片片雪花"杳无踪迹。静中有动，动中有静，把月光下千年松动动静静、静静动动的美姿刻画得惟妙惟肖。而冯玉祥先生深明大义的历史材料，更给普照寺月景增添万般情意。

作者通过三个月景的具体描绘，总绘了泰山一片月的诗意美、哲理美。笔下美景得力于观察的准确、细致、有深度、有层次。第一，定点观察和动点观察结合，还插入散点观察。为了突出泰山月的韵致，作者采用了跳跃观察的方法，打破位置的顺序，从山上、山下不同方位观察，使柏洞月景更为动人。第二，观察中注意比较。作者选择了十分有个性的平湖秋月月色作比较，以"潮润润""妩媚""缠绵"的特征与眼前泰山月对比，使泰山月的"空明澄碧"更富神韵。第三，主体与背景和谐地组合。"玉盏般的圆月"有"云淡风轻"的自然背景，"普照寺""筛月亭"有冯玉祥组织抗日同盟军失败而隐居于此的悲壮而苦涩的历史的人文背景。这样处理，景物清晰，情洒泰山，使写景的文章蕴含人文的活力。第四，主观感受逐层深化。泰山极顶赏月，有伸手可掬甘露之感；柏洞观月，虽离天庭"遥远"，但有走进明镜里的错觉；山脚观千年松屹立，猜度其独享清幽和恬静，抑或悉心期待日出的心情。

(3) 散点观察

散点观察是根据描写的需要，把最为精华的景物汇集于一起。镜头可以远近推拉，跳跃观察，对某些景物可采用不同的角度、不同的方位观察，写起来比较自由。

"散"不等于乱，散点观察虽不像定点观察固定在一个位置上，也不像动点观察须遵循一定的路线；虽不受时间与空间的制约，但也要按照逻辑顺序，不能想到写什么就写什么，一团乱麻。

朱自清的《春》是广泛写春景的，把春草、春花、春风、春雨等美景汇集于一篇文章之中，不受空间方位的限制，也不存在移步换景，但有内在的逻辑，散而有致，散而不乱。《泰山一片月》中也插入了散点观察的方法。

不管采用什么位置观察，最为紧要的是显示景物的特征。如写春草，"从土里钻出来"，"嫩嫩的，绿绿的"。"一大片一大片满是的"，"软绵绵的"，春天小草生命极其旺盛的特征显露纸上。

2. 融情于景，情景交融

有一种误解，认为景物要描绘得逼真，就应该一笔一笔刻画，巨细不漏。这样写，会把活泼泼的景物写"死"了，不是生活中的景物再现，而是成了纸剪的，没有活气。景物要写活，须精细观察，抓住特征，大胆取舍；不能静止地孤立地写，要做到动中有静，静中有动，寂处有音，冷处有神。

景物要写得生动逼真，不仅是技巧问题，更是作者的情是否注入其中的问题。为写景而写景，景无灵气；要写真景物，寓真感情，景生情，情生景，情景交融，浑为一体。好的景物描写应该是"一切景语，皆情语也"。

(1)
赋景物以人的感情

把握景物的特点，根据文章表达主题的需要，赋景物以人的感情，或喜，或悲，或爱，或憎，或欢乐，或离愁，景中有情，情景俱出。如刘征泰《竹思》结尾处：

> 都说望江公园的竹海四时宜人，我却更留恋它的初春和初秋。那也是我假期将满，快要离开成都的时候。春风浩荡，春水激涨，江边的慈竹林沙沙摇响，似叮咛，似教诲，似鼓励，就像母亲在挥手送别她远征的儿郎；到了秋天，常常会下着蒙蒙细雨，兼日不止。那时，望江楼前几乎没有了游人的踪影，而我却撑着一把油纸伞，踽踽徘徊在公园的长堤。江水泱泱，在我脚下无声地流去；雨，顺着低垂的竹梢缓缓淌下……
>
> 我总觉得那是母亲的泪。
>
> 于是，雨水和着我的泪水，悄然滴落在故乡的土地上。

文章倾吐思乡情，恋亲情。家乡之恋，思母之情，是人间美好情感的重要内容。文末用聚"情"的方法,再写对望江公园竹海的留恋,运用多种修辞手法,赋景物以人的感情。风吹竹响,犹如母亲挥手送儿郎;伞下独行,雨顺着竹梢缓缓滴下,好像是母亲送别的泪水。融情于景,情景交融,母送子、子别母的离情催人泪下。

(2)
表现独特的感受

景中的情不能一般化、模式化。景物千种万种,各有自己的个性。同一对象在不同的人眼中会有不同的感受,写景时能把观景人独特的感受表现出来,景就写活了。王小鹰在《相思鸟》中写的月亮是:"月亮刚刚升起,又大又圆,黄澄澄的,就挂在山坳口,我相信,若是快些爬上山坡,准能用手摸着它。它是像镜子一般的滑呢,还是像冰块一般的凉?"在《月色溶溶夜》中写的月亮是:"一弯银钩似的月亮已经嵌在街口那棵梧桐树疏疏朗朗的枝叶间,很像是那深蓝的天空含着静静的笑容。"前者是一个农村孩子在山村看到的月亮,后者是一个城市姑娘在城市里看到的月亮,景随人变,各具特点。

写独特的感受可以人、景交汇,笔笔写景,又笔笔播情,人与景融为一体。如《我的空中楼阁》中这一段文字:

> 出入的交通要道,是一条类似苏花公路的山路,一边傍山,一边紧临稻浪起伏的绿海和那高高的山坡。山路和山坡不便于行车,然而便于我行走。我出外,小屋是我快乐的起点;我归来,小屋是我幸福的终点。往返于快乐与幸福之间,哪儿还有不好走的路呢?我只觉得出外时身轻如飞,山路自动地后退;归来时带几分雀跃的心情,一跳一跳就跳过了那些山坡。我替山坡起了个名字,叫幸福的阶梯,山路被我唤作空中走廊!

这一段描写，喜悦之情洋溢纸上。情注山路，情注山坡，情注小屋，皆因为作者对它们有独特的感受。人在景中走，景解人情意，景与情交融。

景中情、情中景，可以表达得十分显露，也可以情寓其中，比较含蓄。无论怎样处理，感情应有基调，如不是文章主题的需要，就不能大起大落或变幻无常。下面是一篇描写生活环境的文章。

巷
——龙山杂记之一

巷，是城市建筑艺术中一篇飘逸恬静的散文，一幅古雅冲淡的图画。

这种巷，常在江南的小城市中，有如古代的少女，躲在僻静的深闺，轻易不肯抛头露面。你要在这种城市里住久了，和它真正成了莫逆，你才有机会看见它，接触到它优娴贞静的风度。它不是乡村的陋巷，湫溢破败，泥泞坎坷，杂草丛生，两旁还排列着错乱的粪缸。它也不是上海的里弄，鳞次栉比的人家，拥挤得喘不过气；小贩憧憧来往，黢黑的小门边，不时走出一些趿着拖鞋的女子，头发乱似临风飞舞的茯蓬，眼睛里网满红丝，脸上残留着不调和的隔夜脂粉，颓然地走到老虎灶上去提水。也不像北地的胡同，满目尘土，风起处刮着弥天的黄沙。

这种小巷，隔绝了市廛的红尘，却又不是乡村风味。它又深又长，一个人耐心静静走去，要老半天才走完。它又这么曲折，你望着前面，好像已经堵塞了，可是走了过去，一转弯，依然是巷陌深深，而且更加幽静。那里常是寂寂的，寂寂的，不论什么时候，你向巷中踅去，都如宁静的黄昏，可以清晰地听到自己的足音。不高不矮的围墙挡在两边，斑斑驳驳的苔痕，墙上挂着一串串苍翠欲滴的藤萝，简直像古朴的屏风。墙里常是人家的竹园，修竹森森，天籁细细，春来时还常有几枝娇艳的桃花杏花，娉娉婷婷，从墙头殷勤地摇曳红袖，向行人招手。走过几家墙门，都是紧紧地关着，不见一个人影，因为那都是人家的后门。偶然躺着一只狗，但是绝不会对你猖猖地狂吠。

小巷的动人处就是它无比的悠闲。无论谁，只要你到巷里去踯躅一会，你的心情就会如巷尾不波的古井，那是一种和平的静穆，而不是阴森的肃杀。它闹中取静，别有天地，仍是人间。它可能是一条现代的乌衣巷，家家有自己的一本哀乐账，一部兴衰史，可见重门叠户，讳莫如深，夕阳影里，野草闲花，燕子低飞，寻觅旧家。只是一片澄明如水的气氛，净化一切，笼罩一切，使人忘忧。

你是否觉得劳生草草，身心两乏？我劝你工余之暇，常到小巷里走走，那是最好的将息，会使你消除疲劳，紧张的心弦得到调整。你如果有时情绪烦躁，心情悒郁，我劝你到小巷里负手行吟一阵，你一定会豁然开朗，怡然自得，物我两忘。你有爱人吗？我建议不要带她去什么名园胜境，还是利用晨昏时节，到深巷中散散步。在那里，你们两个可以随意谈天，心贴得更近，在街上那种贪婪的睨视，恶意的斜觑，巷里是没有的；偶然呀的一声，墙门口显现出一个人影，又往往是深居简出的姑娘，看见你们，会娇羞地返身回避了。

十 绘景状物求逼真

巷,是人海汹汹中的一道避风塘,给人带来安全感;是城市喧嚣扰攘中的一带洞天幽境,胜似皇家的阁道,便于平常百姓徘徊徜徉。

爱逐臭争利,锱铢必较的,请到长街闹市去;爱轻嘴薄舌,争是论非的,请到茶馆酒楼去;爱锣鼓钲镗,管弦嗷嘈的,请到歌台剧院去;爱宁静淡泊,沉思默想的,深深的小巷在欢迎你!

这篇短文是著名作家柯灵写的。读了这篇文章,你仿佛置身于江南小城市的小巷之中,目睹它优娴贞静的风采,感受它古雅悠闲的气息。之所以如此,是由于描写对象的个性十分鲜明。

首先,用一个比喻三个比较来刻画巷优娴贞静的特征。古代少女深居简出,轻易不肯抛头露面,给人以深藏、文静的感觉;接着与乡村陋巷比较,与上海里弄比较,与北方的胡同比较,进一步显现江南小巷的特征。用来比较的三个生活环境作者都十分准确地抓住了个性,抓住了特征,用画眼睛的方法使各自的个性特征充分展示。但在技法处理上又有所不同。乡村陋巷和北地胡同是简笔勾勒,上海的里弄细笔细绘。有比较才有鉴别。陋巷的脏、破,里弄的挤、乱,北方胡同的尘土、风沙和江南小巷放在一起比较,更烘托出小巷的优娴贞静。

接着,具体描绘小巷的特征。小巷怎会给人以"优娴贞静"的印象的呢?先从它的形态上描绘。它又深又长。要"耐心"走,"要老半天才走完",曲径通幽,宁静到"可以清晰地听到自己的足音"。用娓娓的叙谈的方法让读者体会、感受小巷深而长的特点。用工笔细描巷内景色,墙外墙里,眼前与春来时节,虚实结合,小巷美景如在眼前。"简直像古朴的屏风",比喻不高不矮的围墙,使人感到庄重、沉静;"从墙头殷勤地摇曳红袖,向行人招手",比拟几枝娇艳的桃花杏花,给小巷增添姿色,增添生机。"偶然躺着一只狗"的细节,仅捎带一笔,留给读者的是对小巷人家的遐想。

描绘巷的形态后,着力写它的气氛。先用一笔点睛——"无比的悠闲",然后具体描绘,用比拟的手法刻画。"只要你到巷里去踯躅一会","心情就会如巷尾不波的古井",真是平静、静穆。城市是喧闹的,小巷是"闹中取静"。尽管家家有不平静的哀乐账、兴衰史,可是由于重门叠户,悠闲依旧。从到巷里去踯躅一会的心情,从闹中取静的人间,从重门叠户闭锁兴衰、哀乐,从夕阳影里野草闲花燕子寻旧家,从小巷走能消除身心两乏等角度,精雕细刻悠闲的气氛。有形的"又深又长"与无形的"无比的悠闲"构成小巷特有的个性,令人神往。"一片澄明如水的气氛","净化一切,笼罩一切,使人忘忧"的气氛,在小巷里散步、行吟,能"怡然自得,物我两忘"的气氛,较之刻画小巷的形态难度更大。无形的气氛能洋溢纸上,使读者感受得到,确实是一笔一笔从不同的角度细细雕画,一点一点增浓气氛。而细节描写在文中又起传神作用。如"偶然呀的一声,墙门口显现出一个人影,又往往是深居简出的姑娘,看见你们,会娇羞地返身回避了",完全是一个特写镜头。从"显现出""人影"到"返身回避",时间是短暂的,但开门"呀的一声",见陌生人"娇羞"的形态,如闪电一般瞬息之间照亮小巷。小巷中姑娘的娇羞与街上贪婪的睨视、恶意的斜视形成鲜明的对比。从另一角度突出了小巷无比的悠闲。

文章运用不少比喻,使描写的对象更加具体、更加生动、更加形象。文章一起笔就把巷喻为"飘逸恬静的散文""古雅静穆的图画",给人以美不胜收的精品的感觉,不得不往下读。结尾又以"一道避风塘""一带洞天幽境"为喻,进一步加深小巷的特征。描写细致,情寓其中,实为学习榜样。

3.
托物寓意,外物和内情契合

状物的文章和描绘景色的文章一样,须生动逼真。而要生动逼真,不仅要注情其中,而且要寓含一定的"意"。绘景状物贵在寓含深意。"意"寓其中,物就有灵魂,就有灵气。写这类文章,作者往往把对于社会、对于人生的感触，与描写的物结合起来，既刻画物的形象，又由此生发开来，含不尽之意于言外。

（1）
"物"要精选，有情可抒，
有意可寓

写状物的文章，对物要精心挑选，从外形特征和内在气质两个方面考虑。外部特征明显，绘声绘色，能给人以视觉美、形象美；透过外部特征看到它的内在气质，就能揭示其内在的意义，给人以启迪。

这不是说有些物可入文章，有些物不能入文章，关键在于写的人对物的认识、理解与感情。如果对要写的物认识得十分肤浅，缺乏独特的感受与感情，要借托它寄寓深意是做不到的。

例如"水泥桩"是其貌不扬的，但有学生写文章赞美它，说它是地下的大力士，赞美它坚实、质朴的品格，力托千钧的气概，丝毫不比地面上雄伟、高大的建筑物逊色，而我们的建设工作正是需要这种品格和气概。对这位学生来说，物选对了，有话可说，有情可抒，借托这个物要表达的主旨有积极意义。

（2）
内情与外物契合交融

状物要以形传神，把握形貌特征，深入发掘物的内在美，进而表达自己的内心感受；也可根据文章主旨的需要，着力刻画或渲染物的某一属性或某一特点，开展联想，倾诉思想感情。但无论采用什么方法，都要做到主客观的统一，即作者的内心情感要与描写的外在物合拍、交融，情渗透于物的描绘之中，而且形成某种氛围，笼罩全文。

描写时切忌物归物，情归情，物与情脱节，空洞地抒情，拎空地说意义。要准确地揭示物的内在意义，就要对物仔细琢磨，寻找特征，抓准特征。

下面是高二学生的一篇习作，描写的对象是"鼓"。

鼓魂

记忆中的童年已经蒙上了岁月的灰尘，变得模糊了，唯有那只花鼓，反而变得越来越清晰。春之首，我终于能够重返故乡——凤阳，但不仅仅是为了寻找记忆中的那只充满童趣的花鼓……

大年三十，吃过年夜饭之后，爷爷、奶奶和我围着红红的炭火坐着，听奶奶眯着眼睛跟我一桩桩、一件件地数说着我儿时顽皮的事。我终于忍不住提起那只花鼓。一提起那只鼓，念过私塾的爷爷不再摸着胡子只是在旁边听了。他高兴起来，微笑着，苍老的脸上皱纹条条舒展。在炭火的映衬下，仿佛年轻了十岁。

"孩子，别担心；那鼓，你奶奶收藏得跟传家宝似的，保管丢不了。"

爷爷说着，转身去了里屋，不一会儿，提着一只鼓走了出来。我急急地迎上去。对，正是这只鼓。那花鼓还是这般小巧玲珑。鼓身上的红漆由于年代久了，有些脱落了；鼓上蒙着的牛皮也已泛了黄，鼓面中心由于敲得久了颜色有些深，仿佛树的年轮记载着那逝去的岁月。鼓上的红缎带竟也没有换，虽然褪了色，但在我看来，那颜色是世界上最柔和的颜色。整个鼓在炭火的映射下泛着美丽的光泽。

爷爷爱惜地用布轻轻地擦着鼓。我知道这鼓在爷爷心中的价值。爷爷抚摸着鼓，低着头，缓缓地说："孩子，让爷爷给你讲讲这鼓吧。"爷爷打开话匣子，"解放前，凤阳是个穷死人的地方，虽说曾是明太祖朱元璋的故乡，可是十个要饭的有一半是凤阳人，凤阳人讨饭哪，身上都背着花鼓，那真是'身背花鼓讨四方'了。我和你奶奶也背着花鼓讨过饭……"

"唉，从前的苦日子，你就别提了。"奶奶把话接过来，"后来，解放了，生活也好多了。你爸爸去当兵，你爷爷还敲着这只花鼓欢送他呢！"

爷爷听得连连点头，"是啊，是啊。不过花鼓敲得最红火的还是这几年。别说那前几年的'大包干'，年年秋收后，家家户户花鼓敲得震天响。就说这两年，党的富民政策好，对农民又关心，就是发大水的第二年，凤阳不照样大丰收？和从前风调雨顺还得沿街讨饭哪能比呀。现今'十四大'又开过了，粮食价格又放开了，这叫市场经济，是吗，孩子？"

爷爷越说越高兴，"咱凤阳人祖祖辈辈也没想到能过上这样的好日子啊。现在村里的年轻人致富的门道可多着呢……孩子，你想着这花鼓准是越敲越响亮，越响越兴旺喽。明个是大年初一，你就好好瞧瞧今年的吧！"

我也禁不住笑了，接过花鼓，忍不住信手敲了起来，"梆——梆——梆梆梆"竟也如此欢快，仿佛这鼓也跟着笑呢。

我们聊着聊着，不知不觉天就亮了。只听见有噼哩啪啦的爆竹声。我迫不及待地盼望花鼓队到来，聆听那热烈的花鼓声。忽然家家户户的门都开了。姑娘小伙子拎着花鼓、吹着唢呐汇入了花鼓队中。爷爷也赶忙拉了我的手走出去。

只见上百只花鼓一起敲，鼓上的红绸带快乐地上下翻动着；那景象，才叫壮观。这鼓敲出了中国人的乐观、上进。不需要言语，只要看着每个人脸上的表情，就能够了解幸福的含义。

在这一片鼓的欢乐中，我的眼前浮现出了黄土坡上，成百上千个古铜色皮肤的年轻人，扎着白羊肚毛巾，系着红腰带，打着粗犷的安塞腰鼓，这鼓敲出了中国人的可爱，中国人的志气。我又看见在亚运会的绿茵场上，无数个黝黑高大的陕西壮汉，背着牛皮大鼓，敲着铜锣，动作整齐，威风凛凛，好一曲《威风锣鼓》；这鼓敲出了中国人的虎虎生气，欢快、高亢、奋进。这鼓声难道不正是和每一个中国人的心跳，和改革开放的时代脉搏是同一节奏吗？

这鼓声气壮山河，敲出了我们中华民族的心声；这鼓魂就是我们中华民族勤劳朴实的美德，就是中华民族无数劳动人民锐意改革、勇于进取的精神。这鼓魂是亿万中华儿女所共同铸就的，同时也紧紧联结着每一个华夏儿女的心……此刻，我真希望我是一只鼓，能够敲出改革的节奏，敲出一曲中华腾飞的赞歌！

李　劼

这是一篇托物寓意的文章，描写的是极其普通的打击乐器"鼓"，着力赞美的是"魂"，是亿万中华儿女共同铸就的勤劳朴实的美德和锐意改革、勇于进取的精神。

入笔角度小，只是一只充满童趣的花鼓。由花鼓的形、色，引出花鼓伴随人经受的苦难，跟随人共享生活的甜蜜。由一家一户的花鼓，宕开一笔，引出千家万户的花鼓队；由眼前花鼓队的壮观展开联想，展现安塞腰鼓的气势，又进一步展开联想，展现亚运会上陕西壮汉《威风锣鼓》震撼人心的场景，意境逐层开拓，"鼓"的内在气质、内在品格，步步深入地得到揭示。

一只鼓引出一村鼓、一县鼓，引出最能代表民族心声的腰鼓、锣鼓，形成磅礴的气势，鼓的形象鲜明了、丰满了，给人以生动逼真的感觉。鼓的形象中鼓声是鼓魂的象征，文中反复用"敲"用"打"，使鼓声"梆——梆——"，震耳撼心，获得艺术效果。

作者情系小鼓，情系鼓魂。"但在我看来，那颜色是世界上最柔和的颜色。整个鼓在炭火的映射下泛着美丽的光泽""仿佛这鼓也跟着笑呢"，物与情十分契合。文章结尾处由激动人心的安塞腰鼓和《威风锣鼓》的壮景聚焦到鼓魂内在意义的阐发，直抒胸臆，直抒理想，内情与外物融合，奏响了中华腾飞的赞歌。

综上所述，要把景物描绘得生动逼真，首先要认真选择观察位置，抓住景物的主要特征，要注情于景于物，写出自己独特的感受，要寓含一定的"意"，做到情景交融，情与物契合。

十一
在锤炼语言上下功夫

"一切诗文总须字立纸上,不可字卧纸上。人活则立,人死则卧,用笔亦然。"这句话是清朝著名诗人袁枚说的,十分精彩。它生动地告诉人们:文章的语言须"立"在纸上,那就是说须有活泼泼的生命力。读者从语言中能观看"景",能识别"人",能感受"情",能领悟"理"。如唐诗中有这么两句:"大漠孤烟直,长河落日圆。"只要稍加想象,就会清晰地感到"字"是"站立"在纸上的。沙漠里的空气干燥,气压高,烟一直往上升。住的人家少,所以是"孤烟"。大河上,落日显得特别大、特别圆。极简单的语言刻画出沙漠景色,给人以辽阔苍茫的印象。这样的语言绝非拼凑所能奏效,而是认真锤炼的结果。"百炼为字,千炼为句",坚持不懈地训练,下笔就会如行云流水。

怎样"炼"呢?

1. 思想、语言双锤炼

一篇合乎要求的文章应解决三个问题:言之有物,言之有序,言之有文。"文"的问题如不认真解决,即使选材好,内容具体,观点正确,结构清晰,也仍然不是好文章。因为语言欠准确,无文采,甚至有些文句不通顺,要畅达地表达意思是不可能的。早在两千多年前孔子就说过:"言之无文,行而不远。"文章的语言没有达到要求,没有文采,不可能广泛流传。学生学写作文虽然目的不在流传,但文从字顺、准确而生动地表达情意,是必须做到的。

语言是写文章的工具手段,任何精辟的思想、生动的形象、感人的材料,离开语言都一筹莫展。因此,古今中外的学问家、文章家无不十分重视语言的学习与修养。大诗人杜甫的名言是:"为人性僻耽佳句,语不惊人死不休。"托尔斯泰认为:"语言艺术家的技巧,就在于寻找唯一需要的词和唯一需要的位置。"语言大师老舍对语言技巧的掌握是这样剖析的:"既然搞写作,就必须掌握语言技巧。这并非偏重,而是应当的。一个画家而不会用颜色,一个木匠而不会用刨子,都是不可想象的。"这些名言警句是大量写作实践的经验总结,学习写作的青年学生应从中获取教益,深刻领悟到学习和训练语言,提高语言素养,不可有丝毫懈怠的道理。

毛泽东说:"语言这东西,不是随便可以学好的,非下苦功不可。"就拿积累词汇来说,如果是作家,那积累的功夫是惊人的。据说,英国著名诗人拜伦、雪莱的词汇有八九千,莎士比亚的多达一万六七千。怎么积累的呢?以美国著名小说家杰克·伦敦为例,他经常把词典和书里的词句抄在小纸上,然后把这些词片挂在窗帘上、柜橱上、衣架上、床帐上,洗脸、穿衣、睡觉前后都能看一看,记一记。外出时也带上几片,抽空读一读。正因为这些作家在语言上如此下功夫,所以笔下的人物、景物,多姿多彩,栩栩如生。学习语言,就要多读古今中外的佳作,从中吸收有生命的语言养料,就要向人民中活泼泼的口语学习,特别在表达情意的简练、干脆、恰当、亲切方面,更应多多体会,认真吸收,以丰富自己的语言仓库。

运用语言不单纯是语言问题,"言为心声",语言是思想的直接现实,思想为里,语言为表,也就是思想是语言的内核,语言是思想的外衣。好的思想没有相应的语言表达,谁能知道那思想是怎样的呢?"辞从意生",思想十分明确、十分清晰,语言也就清楚明白了。因此,进行语言训练时不能只停留在如何遣词造句方面,须同时进行思想的磨炼。也就是要思想、语言双锤炼。想得清楚,才说得清楚,写得清楚;想得正确、周到,才说得准确、周密。认识事物的能力越强,越能用恰当的语言表达。对事物的特征把握得一清二楚,语言表达就能要言不烦。语言的深刻来源于思想的深刻。对事物的本质能够知晓,对事物的精髓能一眼见底,语言表达就能入木三分。思想与语言的锻炼可以双促进。思想模糊,语言就含混不清,要使思想清晰起来,除对事物再认识、再细想之外,可以用语言说,用文字写,说出来、写出来之后再琢磨、推敲,可以促使思想清晰。有人说"写文章,总是在自己头脑里已经有了一些值得写出来的东西;把头脑里的思想用文章表达出来,是一个使思想逐步成熟、逐步完善的过程",写文章是"整理思想和经验,使之明确化,条理化",说的也就是这个道理。

有一种说法常给人以迷糊的感觉,认为文章写不好就是文字功夫不好、不会形容,掌握了语言,掌握了文字,问题就解决了。这是一种误解。"辞"是达意的,语言总是表达一定的思想感情的,对事物认识不清,思路混乱,怎可能写出文从字顺的文章。因此,必须懂得应"炼词炼意,词意综合",思想、语言双锤炼,就能双促进,双提高。

下面是河南省一名初中毕业生参加升学考试时当堂写的作文。先请看考题:

《虎门销烟》解说词

文化馆举办纪念鸦片战争 150 周年的展览会,让你讲解《虎门销烟》这幅图片,并为你提供了一些有关资料,作为理解画面的参考。把你讲解时要说的话写下来,准备解说用。

十一　在锤炼语言上下功夫

要求：① 注意运用说明、叙述、议论、抒情多种表达方式。② 不得写成诗歌。③ 篇幅在 500 字左右。

参考资料：鸦片战争是指 1840 年至 1842 年英国发动的侵略中国的战争，这场战争是由英国强行向中国推销鸦片引起的。鸦片是一种麻醉性毒品。18 世纪中期以后，英国每年向中国偷运鸦片，一年曾多达 3.5 万多箱，美国和沙俄也向中国偷运鸦片，掠夺了中国财富，毒害了中国人民。中国人民强烈要求禁烟。于是，清政府派湖广总督林则徐为钦差大臣，到广州查禁鸦片。1839 年 3 月，林则徐到达广州，命令外国商人交出鸦片，由于中国军民的共同斗争，英美等国商人交出鸦片共约 230 多万斤。6 月 3 日，林则徐下令在虎门海滩销毁鸦片，经过 20 多天，鸦片全部销毁干净。虎门销烟，给英国侵略者以沉重打击，表现了中国人民强烈的爱国主义精神和反抗外国侵略的坚强意志。

考生作文如下：

这是一幅《虎门销烟》的历史图片。

虎门销烟发生在 1839 年。由于英国大量向中国偷运鸦片，毒害中国人民，掠夺中国财富，给中华民族带来了深重灾难。面临银荒兵弱的严重局势，在举国上下强烈要求下，清政府派为官清廉、具有爱国思想的湖广总督林则徐为钦差大臣，到广州查禁鸦片。1839 年 3 月，林则徐到达广州，会同当地军民缉拿烟贩。英美等国商人被迫缴出鸦片 230 多万斤。1839 年 6 月 3 日，林则徐下令在虎门海滩当众销毁缴获的鸦片。这幅图画表现的就是当时销烟的情景。

图上描绘的是一幅令人振奋、令人鼓舞的壮烈景象。一个个怒不可遏的中国人,正在用一双双强劲有力的大手,撬开木箱,将罪恶的鸦片掀入池中销毁。他们都义愤填膺。他们受尽了英国人的欺压,受尽了鸦片的坑害,尝尽了弱国弱民所受的凌辱。现在,林则徐带领大家销烟,才能扬眉吐气,才能一展笑颜。你看,那腾空而起的滚滚烟雾,不正象征着中华民族顽强不屈的性格,象征着中国人民与敌人血战到底的气概吗?

左边,身着官服的林则徐毅然站立于烟雾弥漫之中,他的周围,有无数的官兵和群众。林则徐挥动巨手,从容地指挥着千军万马的销烟运动。透过滚滚的烟雾,或许他已看到了备受鸦片之苦的中国人的觉醒和奋起;或许他已看到了英美帝国主义者的纸老虎的原形……

林则徐的背后,是一群振臂高呼的中国人。他们高举的臂膀,托起的并非一无所有,他们呼出的是中华民族的愤怒,托起的是中国人的自信,托起的是中国人对自由富强的渴望……

画面的远处,一座座大炮严阵以待,一艘艘战舰整装待发。那炮口,那水勇,都会随时代表祖国尊严,歼灭一切来犯之敌。

整个画面,再现了虎门销烟这一历史壮举,为人们留下极其珍贵的镜头。她给人以鼓舞,给人以力量。她使我们铭记中国曾有的耻辱,铭记中国人民英勇的反抗精神,鼓舞我们以加倍的力量,为现在中国的富强而奋斗。

这篇当堂作文条理清晰，语言生动，符合"解说词"的要求。

文字的清晰来自思想的清晰，思想的清晰来自对说明的事物认识清晰。

第一，对文字资料掌握得准确。销烟这件事发生的时间、地点、原因、经过和意义，掌握得清清楚楚。运用这个材料写作时没有半点差错。

第二，认真审阅图片，对图片的整体、局部、细部、中心人物、群体形象、画外事物均作了细致的思考，故而描写时主次分明，井然有序。

第三，在把握材料的基础上按照"解说词"的要求立意、选材、谋篇布局。"解说词"是说给观众听的，有几个特点须具备：一是内容须紧紧扣住画面，不可任意修改画面；二是说明要具体，不可空洞；三是语言要形象、生动、可接受性强，不可干瘪无味。这篇应试作文做到紧紧扣住画面解说，有"点"的介绍——事件的中心人物林则徐，有"面"上的勾勒——群体形象的叙说，画面主题鲜明，内容具体。文中运用多种表达方式，在说明画面的同时，运用形象的语言加以描述，使画面中的人物有血有肉，栩栩如在眼前。描绘不是任意夸张，而是在画面的基础上展开合理的想象。文章下笔点题，然后简括介绍画面中事情发生的背景，再具体描述画面内容，最后揭示这幅图片的深远意义，层次井然，结构紧凑。当堂作文能写到如此水平，实在不易。

个别句子可略作改动。如"他们呼出的是中华民族的愤怒"挪到"是一群振臂高呼的中国人"后面，这样下面一句的三个"托起"连续说，就顺畅得多，有气势得多。

2.
对词语慎加选择

词是构造语言的建筑材料，没有足够的词汇，不可能准确、鲜明地表达思想。汉语词汇十分丰富，词义有轻重，使用范围有大小，有普通意义、引申意义，有感情上的褒贬等，同义词、近义词有时只有极细微的差别，运用时如不慎加选择，就会犯用词不当的毛病，选用词语有几点须牢牢把握。

（1）
贴切

词与物与事相符。事物是怎样的面貌，词语就表达出怎样的面貌。例如：

中国有一句古话："百炼成字，千炼成句。"
中国有一句谚语："百炼成字，千炼成句。"

后一句话中的"谚语"这个词用得不恰当，"谚语"是指在群众中间流传的固定语句，用简单通俗的话反映出深刻的道理，如"三百六十行，行行出状元"。而"百炼成字，千炼成句"是唐朝诗人皮日休在《皮子文薮》一书中所说，称它古话可以，称它为谚语就不贴切。词语要用得贴切，首先对事物的认识要准确无误，其次要区别词义的大小、轻重和感性色彩。

（2）
鲜明

意思十分明白，别人一目了然。不用似是而非、意思含混不清的词，不用容易产生歧义的词。如鲁迅的《拿来主义》的结尾一段："总之，我们要拿来。我们要或使用，或存放，或毁灭。那么，主人是新主人，宅子也就会成为新宅子。然而首先要这人沉着，勇猛，有辨别，不自私。没有拿来的，人不能自成为新人，没有拿来的，文艺不能自成为新文艺。"对待文化遗产的态度非常鲜明，毫不含糊。总的原则是"拿来"。拿来以后怎么办？选用"使用、存放、毁灭"三个词鲜明地表达区别对待的态度,表明怎样取其精华,去其糟粕。具体而明确。要实现"拿来"的目的,人必须具备怎样的条件,用词也毫不含糊。选用了"沉着,勇猛,有辨别,不自私"等分量较重的词语(有的是短语)加以表达,清楚明白。

在学生习作中,常常见到意思含混不清的词,如:"我曾经是个理想主义者——一个可笑的'理想'主义者,对什么都爱'理想'一番。"句中的"理想"究竟有什么含义?三个"理想"含义相同,还是不同?不明确,有歧义。一个人有"理想"是好的,句中用的"理想"似乎是不切实际的幻想,甚至是乱想,这就犯了用词不当的毛病。

(3)
生动

生活丰富多彩,事物千姿百态,情意多种多样,要如实地再现它们,就须选用新鲜的、具有形象性的、绘色绘声的词语,给人如闻其声、如见其形、如历其境的生动感觉。用词切忌陈词滥调,拾人牙慧,用别人用滥了的词。如学生习作《悠悠的故乡河》中对故乡河的描写,就力求选用生动的词语。

水是故乡的甜。说起水,常常想起故乡的河。啊,那条九曲十八弯,像抒情诗像歌女舞带一样优美的蓝色的河啊……

故乡的河,蜿蜒在鲁西南平原上,名字叫汶河。修长的河道,宽阔的河面,河水浅处过膝,深处没颈,像刚流出的山泉一样,清澈见底。水底多彩的贝壳,晶莹的石子历历在目。它悠悠地从远方来,一年四季碧流不断。河里生长着上百种动植物:有嫩青的河藻、淡淡的水荇;有白鲢、红鲤、黄鳝;还有河蚌、河蟹、河龟……河畔碧青的草地上，常常可见羊群洁白的身影和牧羊鞭上火红的流苏。银白色的河滩上，有片片茂密的柳树林。每当春水悄悄流过，柳树林便成了鸟族的天堂。翠鸟、画眉、百灵、春燕、黄莺……各种鸟翔集而至，引颈争鸣，从晨曦微露到明月初上，歌声不断，好一幅动人情思的柳浪闻莺图。有时还会传来牧童嘹亮的笛音，撩拨你蔚蓝的情怀。河两岸，便是一方方平整整平展展的肥田沃壤。秋天，金黄的稻谷、雪白的棉花、火红的高粱……像一轴几十里长的巨幅油画绵延铺展，十分壮美。

　　故乡的河像一卷"绵延铺展"的油画。绘形、绘声、绘色，十分生动。除描写具体，善用比喻外，注意精选词语也是重要原因。如写水的深浅用"没颈""过膝"；写水流是"悠悠地"从远方来；写河藻、水荇用"嫩青""淡淡"；羊鞭上的流苏用"火红"；写鸟儿翔集用"引颈争鸣"；写肥田沃壤是"平整整平展展"，等等。画面之所以生意盎然，色彩斑斓，词语是经过一番选择的。

　　选词是需要动脑筋，花功夫的。"僧推月下门""僧敲月下门"在用词上的"推敲"已成为如何用词的佳话。因为"一字之失，一句为之蹉跎"。用词贴切、鲜明，须掌握丰富的词汇，哪怕是极普遍的词，用的时候也要辨微析毫。如巴金的《海上日出》中有这样一段："有时太阳走入云里，它的光线却仍从云里透射下来，直射到水面上。……太阳在黑云里放射出光芒，透过黑云的周围，替黑云镶上了一道光亮的金边，到后来才慢慢儿透出重围，出现在天空，把一片片黑云变成了紫云或红霞。"句中的"透射""直射"，"透过""透出"都是极普通的词，选用时准确地掌握了它们细微的差别。阳光穿过薄云是"透射"，穿过薄云后的阳光是"直射"；太阳在黑云内放射光芒用"透过"，阳光在黑云外面放射时，用"透出"。如果不下细致的功夫，是达不到如此的准确度的。难怪俄国短篇小说家契诃夫这样要求自己："应该让每个字在写到纸上以前，先在脑子里盘桓两天光景，给它涂上一层油。"

3.
写好每一个句子

要写好文章，不仅要讲求选词，而且要讲求炼句。要完整地表达情意，状物写景绘人，就得按一定的规律把词组成句子。句子是文章的基本部件，写好每一个句子，文章才可能通顺流畅，乃至光彩夺目。文中的句子须力求做到：

（1）
准确无误

把客观事物、主观情意用恰当的句式准确无误地表达出来并不容易，有两个基本条件须掌握：对客观事物要细致观察，了如指掌，情意要明确，有分寸；对各类句式，如长句、短句、散句、整句、完全句、省略句，主动句、被动句，肯定句、否定句，正常句、倒装句，陈述句、疑问句，祈使句、感叹句等要熟练掌握，两者结合起来，就可把意思表达清楚。如《简笔与繁笔》中有这样几句："字面上的简不等于精练，艺术表现上的繁笔，也有别于通常所说的啰唆。鲁迅是很讲究精练的，但他有时却有意采用繁笔，甚而至于借重'啰唆'。"这两个句子说明"简"不等同"精练"，"繁笔"与"啰唆"不同，主要是说明后一个问题。为了阐说后一个问题，以鲁迅语言运用为例。"很讲究精练"表明总体情况，然后用"但"转折，阐说也"采用繁笔"，不过是"有时"，而不是"一直"，是"有意"，而不是"无意"，这就准确地表达了鲁迅运用语言的状况。再接着用"甚而至于"进一步述说，采用繁笔时"借重'啰唆'"。不是真正的啰唆，是加引号的，在特定环境中特定的表达方法，借重它来表达思想感情。这个句子既表达了"繁笔"与"啰唆"有区别的意思，又表达了鲁迅艺术表现手法不凡的意思，十分清晰。

　　如果句子不符合造句的法则，成分残缺，词语之间搭配不当，词序混乱，意思就表达不清或发生错误。例如："他学习缺少信心，通过教师的教育，使他鼓起了勇气，增强学习。"这个句子有两个毛病。一是用了"使"，主语残缺；二是"增强"与"学习"不能搭配。怎么修改呢？或者修改为"增强了学习积极性"，或者修改为"增强信心"。

　　准确无误是写每一句话的基本要求，达到这个要求，语言就通顺。否则，文章就须进"病院"诊治。

（2）
生动流畅

　　句子不是硬造，应"如风行水上，自然成文"，生动流畅。好的语言，并不是奇里古怪的语言，不是鲁迅所说的"谁也不懂的形容词之类"，而是平常普通的语言，不过是注意加工提炼，去除其中杂质，如重复的、累赘的、不规范的等，并注入新意，写出"人人心中所有，而笔下所无"的语句。作家汪曾祺很为自己写的一个句子而高兴，这个句子是："车窗蜜黄色的灯光连续地映在果园东边的树墙子上，一方块，一方块，川流不息地追赶着……"他说他曾经在一个果园劳动，每天下工，天已昏暗，总有一列火车从果园的"树墙子"外面驰过，他一直想写下这个印象。有一天，终于抓住了，那就是"川流不息地追赶着"。显然，这生动的语言是长期观察、思索而捕捉到印象的结果。

　　生动流畅的语言是写作者思想的流淌，思想如行云流水，笔下就汩汩滔滔，思想阻塞不通，笔下就疙疙瘩瘩。诗的语言比较凝练，同时也应该是生动流畅的。如印度大诗人泰戈尔的诗句：

　　　　　　在世界的听众会堂里，朴素的草叶，跟阳光
　　　　和子夜的星辰同席共谈。

> 我的歌，就是这样的跟云和森林的音乐一同在世界的心里分站着席位。
>
> 朴素庄严的是太阳愉快的金色，是沉思的月亮柔美的光辉；可是你，有钱的人啊，你的财富却与这种朴素庄严无关。
>
> 拥抱一切的天空的祝福，是并不落在财富上的。
>
> 而当死亡出现的时候，财富就褪色、枯萎、化为尘土了。

诗人用拟人的手法、生动的语句流畅地表达了对财富透彻的看法。如果没有这种精湛的思想，笔下就不可能生辉。

注意句式的变化，能增强语言的生动、优美。如短句、长句相间，整句、散句并用，选择不同的句式表达不同的语气。如散文《山》中的句子：

> 抬头，是山；回首，还是山。左边，是山；右面，也是山。
>
> 我在山的环抱中，山环抱着我。
>
> 晨，持一怀清爽，倚着傲松，看山。
>
> 雾生腾于山中，鸟声回荡在山中。偶尔，一楼白烟从林中小屋冒出，与雾溶流，于是便分不清是烟耶？雾耶？蓦然红光一闪，太阳悄悄地从山后露出半个脸来，偷窥外面的动静，云经过，遮住了它的额头，它惬意地像一弯小船，泊于山尖。顷刻，又像被火烫了一下，蹦得天高，竟被云托着，下不来了。于是，只有扯一片云彩，掩住了羞红的脸。

开头几句全部是短句，短句结构简单，使语言明快、有力；"雾生腾于山中"这一段句子比较长,修饰语多,使意思更精确。文中短句排列整齐,有整齐美;散句参差,表意洒脱,结合起来用,给人以优美流畅之感。如果把"烟耶?雾耶?"半文不白的改掉,句子的气势就更畅达。

4.
简洁精练

刘勰在《文心雕龙·议对》中说:"文以辨洁为能,不以繁缛为巧。"就是说:写文章的本领在于意思明确,造句简洁,文字上枝蔓华美不是真本领。造句简洁不是漫不经心就可做到,也不能误解为文字少就是简洁,如果一味求简、求少,"于神情特不生动",那就适得其反了。简洁还须精练,要以少胜多,言简而意丰。关于这一点,作家老舍有极深刻的体会。他说:"简练须要概括,须要多知多懂,知道一百个人,而写一个人;知道一百件事,而写一件事,才能写得简练。心有余力,有所选择,才能简练。"又说:"世界上最好的文字,也是最精练的文字,哪怕只有几个字,别人可是说不出来。简单、经济、亲切的文字,才是有生命的文字。"

鲁迅的文句,无论是叙事、绘景、议论,常常是精练过人,可说是以少许文字表多许情意的典型。如《记念刘和珍君》中一些语句:

> 然而即日证明是事实了,作证的便是她自己的尸骸。还有一具,是杨德群君的。而且又证明着这不但是杀害,简直是虐杀,因为身体上还有棍棒的伤痕。
>
> 但段政府就有令,说她们是"暴徒"!
> 但接着就有流言,说她们是受人利用的。
> 惨象,已使我目不忍视了;流言,尤使我耳不忍闻。我还有什么话可说呢?我懂得衰亡民族之所以默无声息的缘由了。沉默呵,沉默呵!不

在沉默中爆发，就在沉默中灭亡。

短短一些文句，把刘、杨二君被害的事实、反动政府的卑劣行径和作者极端悲愤的感情，以及对黑暗统治的抨击、对民族觉醒的召唤等十分丰富的内容都包蕴其中了。简洁精练来自对事物的深刻理解，来自目光的锐利、思路的清晰。比如反动政府及其帮凶对刘、杨二君散布的流言不少，鲁迅从中拎出"受人利用"这一点，抓住要害，进行深刻的揭露，把敌人的险恶用心暴露在光天化日之下。

精练的语言往往是含而不露，不把自己的思想感情赤裸裸地宣示出来，而是留给人思索的余地，使读的人"望表而知里，扪毛而辨骨，睹一事于句中，反三隅于字外"（刘知幾《史通·叙事》）。鲁迅《故乡》结尾的句子是："我想：希望是本无所谓有，无所谓无的。这正如地上的路；其实地上本没有路，走的人多了，也便成了路。"语言是含蓄的，含不尽之意于言外。

学生习作在炼字炼句方面当然不可能一下子纯熟完美，但只要取法乎上，注意积累，注意吸收，写作语言还是能达到基本要求的。如一名高中毕业生的当堂作文：

机遇

倘若要我用一个词来形容机遇，我以为"催化剂"是再合适不过的了。——没有机遇的催化作用，事情多半难以成功；只有机遇没有实力，再怎样"催化"也是枉然。

机遇的重要性正如催化剂一样是显而易见的。化学反应中，缺少必要的催化剂，反应就难以进行；生活中，离开了机遇作用，成功也只能在"希望的彼岸"。石油大王洛克菲勒不借着世界大战，难以成为大富翁；诸葛亮没有刘备的"三顾茅庐"，也只有湮没在时间的长河里。人们常说：

"万事俱备,只欠东风",这东风,便是"机遇"。只有善于把握机遇,才能获得成功。

然而单靠机遇行不行呢?我想这恐怕就是"守株待兔"之"世语新说"了。没有反应物,只有催化剂,难道企望出现生成物吗?机遇只不过提供了一个合适的环境,在这一环境中是否能够叱咤风云全在于你自己的实力。

不由得联想到我们今天的现代化建设。多么好的机遇啊!世界正朝着多极化方向发展,世界的经济贸易中心正往亚洲转移。而我国的经济建设在党的基本路线的指引下,正以飞快速度进行着。目前已与世界上一百多个国家建立了经贸关系,尤其是同周边国家的关系上到了一个从未有过的高度!然而机遇的另一面也是挑战,能否在竞争中夺取有利形势,光靠机遇的"催化"而没有竞争的"实力"又怎么行呢?

由此可见,"光有抓取机遇的敏锐,而无增加实力迎接机遇的恒心"如同"有实力而无机遇"一样不足以成事。

古人云:盛衰之理,虽曰天命,岂非人事哉?很难说清,机遇和实力哪个更为重要,但是我坚信——"机遇+实力"就等于成功。只有正确理解机遇的"催化剂"作用,才能更好地利用这一作用,从而"催化"出一个灿烂美好的明天!

这是1993年上海市一名学生的高考作文。文章以"催化剂"作比,论说机遇的重要作用。

全文文从字顺,从机遇的重要性论述到单靠机遇不能企望出现生成物,还得依靠自己的实力;从机遇与实力的关系带出了我国现代化建设的大好机遇,进一步论述机遇与实力,缺一不足以成事;最后的结论是"机遇+实力"等于成功,只有正确理解机遇的作用,才能充分利用它。

文字之所以通顺,首先在于对机遇的作用理解正确,对机遇与实力之间的关系想得比较清楚。如果这些问题脑子里不清楚,下笔语句就会纠缠不清。

语言比较简洁,意思十分明白。如:开头不绕弯子,下笔点题,并立即提出实力与机遇的关系。"只有机遇没有实力,再怎样'催化'也是枉然",言简意明。

语言较为生动,注意恰当地运用设问句、反问句,注意直接引用、间接引用,增添说理的生动性。有时还更改词语的位置,如《世说新语》翻出"世语新说",增添几分风趣。

个别句子可斟酌。如"然而机遇的另一面也是挑战"中的"也"可删,因前文未提到挑战。又如"能否在竞争中夺取有利形势"中的"夺取有利形势"须斟酌。尽管如此,在考场有限的时间内写出这样内容具体、语言通顺的文章是不容易的。

5. 朴素与幽默

初学写作的人为了追求语言的美丽、惊人,常常喜欢堆砌形容词,把意义相同或意义相近的词堆在一个句子里,臃肿累赘,就好像人脸上脂粉重重,本来面目不清晰,被掩饰起来了。有的为了追求语言的"文绉绉",就绕笔头,忸忸怩怩地说,装模作样,给人以矫揉造作之感。在锤炼语言时,要力戒这些毛病。表情达意贵在简朴。语言朴素也是一种美,朴素自然,纯正平实,给人以清水出芙蓉之感。用朴素的语言表达深邃的思想、深沉的感情,能在人们心中留下难以磨灭的痕迹。

下面是奥地利著名作家茨威格写的一篇文章,虽经翻译,但语言的艺术仍令人叹服。朴素之中寓哲理,朴素之中藏深情,留给人们不尽的思索。

世间最美的坟墓
——记1928年的一次俄国旅行

我在俄国所见到的景物再没有比托尔斯泰墓更宏伟、更感人的了。这将被后代怀着敬畏之情朝拜的尊严圣地,远离尘嚣,孤零零地躺在林荫里。顺着一条羊肠小路信步走去,穿过林间空地和灌木丛,便到了墓冢前。这只是一个长方形的土堆而已,无人守护,无人管理,只有几株大树荫庇。他的外孙女跟我讲,这些高大挺拔、在初秋的风中微微摇动的树木是托尔斯泰亲手栽种的。小的时候,他的哥哥尼古莱和他曾听保姆或村妇讲过一个古老传说,提到亲手种树的地方会变成幸福的所在。于是他俩就在自己庄园的某块地上栽了几株树苗,这个儿童游戏不久也就忘了。托尔斯泰晚年才想起这桩儿时往事和关于幸福的奇妙许诺,饱经忧患的老人突然从中获得了一个新的、更美好的启示。他表示愿意将来埋骨于那些亲手栽种的树木之下。

后来就这样办了,完全按照托尔斯泰的愿望:他的坟墓成了世间最美的、给人印象最深刻的、最感人的坟墓。它只是树林中的一个小小长方形土丘,上面开满鲜花——nulla crux, nulla coroma①——没有十字架,没有墓碑,没有墓志铭,连托尔斯泰这个名字也没有。这个比谁都感到受自己的声名所累的伟人,就像偶尔被发现的流浪汉,不为人知的士兵一般不留名姓地被人埋葬了。谁都可以

---

① 拉丁文,意为:"没有十字架,没有墓碑。"

踏进他最后的安息地，围在四周的稀疏的木栅栏是不关闭的——保护列夫·托尔斯泰得以安息的没有任何别的东西，唯有人们的敬意；而通常，人们却总是怀着好奇，去破坏伟人墓地的宁静。这里，逼人的朴素禁锢住任何一种观赏的闲情，并且不容许你大声说话。风儿在俯临这座无名者之墓的树木之间飒飒响着，和暖的阳光在坟头嬉戏；冬天，白雪温柔地覆盖这片幽暗的土地。无论你在夏天和冬天经过这儿，你都想象不到，这个小小的、隆起的长方形包容着当代最伟大的人物当中的一个。然而，恰恰是不留姓名，比所有挖空心思置办的大理石和奢华装饰更扣人心弦：在今天这个特殊的日子里，成百上千到他的安息地来的人中间没有一个有勇气，哪怕仅仅从这幽暗的土丘上摘下一朵花留作纪念。人们重新感到，世界上再也没有比这最后留下的、纪念碑式的朴素更能打动人心的了。残废者大教堂大理石穹隆底下拿破仑的墓穴，魏玛公侯之墓中歌德的灵寝，西敏司寺里莎士比亚的石棺，看上去都不像树林中的这个只有风儿低吟，甚至全无人语声，庄严肃穆，感人至深的无名墓冢那样能剧烈震撼每一个人内心深藏着的感情。

高尔基说："真正的美，正如真正的智慧一样，是非常朴素的。"茨威格用极其朴素的语言写出了托尔斯泰坟墓撼人心灵的力量，而这力量的核心是"朴素"，惊人的"朴素"。作者没有用许多漂亮的辞藻来修饰坟墓，也没有用许多分量沉重的句子来颂扬坟墓里躺着的伟人，而是用平实的语言如实记录所见所闻，这在游记中是罕见的。

语言朴素，内涵极其丰富，用词的精当、句子的凝练达到炉火纯青的地步。比如"这里，逼人的朴素禁锢住任何一种观赏的闲情，并且不容许你大声说话"，稍加咀嚼，就可领悟到："逼人"一词极其深刻地刻画出墓地笼罩的"朴素"的氛围；"禁锢"进一步道出这种氛围的浓重，使所有来这墓地的人无法摆脱，无法抗拒；"观赏的闲情"与文章开头的"怀着敬畏之情朝拜"对照，被"禁锢"就是理所当然的了；写的是墓地特点，颂的是伟人的力量。一个朴素而简短的句子，意蕴竟如此丰厚，令人折服。

初学写作的学生不可能有这样的笔力，但写得朴素，表达内心真挚的思想感情还是做得到的。下面是一名初三学生写的短文，没有什么渲染，没有什么雕琢，平平实实，读来也很感人。

永恒的怀念

我站在鲁迅墓前，面对鲁迅先生的塑像，以一个青年学生赤诚的心，向先生致敬。

先生身穿长衫，端坐在一把藤椅上。他手里拿着一本书，脚穿一双"冬凉夏暖"的胶鞋，手放在藤椅的扶手上，两眼有神地注视着前方，仿佛看着蒋家王朝的覆灭与中华人民共和国的成立。在塑像四周，有突兀而立的广玉兰，枝叶扶疏的樟树，郁郁葱葱的松柏，还有许多不知名的花草。

我静静地立在先生墓前，回想起先生生命不息、战斗不止的一生。他从来不愿意别人为他操劳，而他自己却鞠躬尽瘁，一生做人民大众的"牛"。我仿佛看到，先生风尘仆仆，去为青年演讲；他迈着大步，去参加战友的追悼会；他不顾病重坚持在灯下奋笔疾书，一篇篇杂文，像利剑一样，直刺反动统治者的心脏。先生永远是我们青年人学习的榜样。我们要把鲁迅先生的"横眉冷对千夫指，俯首甘为孺子牛"作为我们人生的座右铭，面对任何凶恶的敌人，我们决不屈服，要做人民大众的"牛"，鞠躬尽瘁，死而后已。

"你们所多的是生力，遇见深林，可以辟成平地；遇见旷野，可以栽种树木；遇见沙漠，可以开掘井泉的。"

鲁迅先生要求青年人靠自己的"生力"努力向上发展。在祖国的各个地方生根发芽，开花结果。先生是我们青年的良师，他的谆谆教导时时刻刻铭记在我的心上。先生虽然离开我们已经多年了，但是先生的音容笑貌时常浮现在我的眼前，先生穿着长衫的身影，好像是傲霜斗雪的青松，在寒风中高高挺立。先生嘴角上的两撇浓黑的胡子，一双饱经风霜的有神的眼睛，表现出内心深处的爱和恨，对劳动人民无限的爱，对反动派无比的恨。不！先生没有死，先生永远活在我们的心里，我们永远、永远怀念着他。

宋小青

语言幽默也能大大增强表现力，给人以深刻的印象。幽默是寓庄于谐，寓情于理，既有说服力，又有感染力，兼有理趣美和情趣美。报上登载马来西亚柔佛州交通部门张贴的一份告示，语言就十分幽默。告示是这样写的："阁下驾驶车，时速不超过30英里，您可以饱览本地的美丽景色；超过60英里，请到法院作客；超过80英里，欢迎光顾本市设备最新的急救医院；上了100英里，请您安息吧！"

这样表达别出心裁，驾驶汽车的人也容易接受。效果比命令式的、警告式的语言相比，不会差。当然，幽默不是耍嘴皮子，不是故意制造笑料，不是庸俗、油滑，而是为了表现生活的真实。它常常以内容与形式、现象与本质的矛盾可笑，给人以教育，启人以深思。得体的幽默是语言运用上有智慧的表现。

萧伯纳是爱尔兰大作家，幽默大师，相传有这样一则趣事。他成名后，收到不少异性追求他的信。有个姑娘在信中向他求爱道："如果你同我结婚，生下的孩子将像你一样聪明，像我一样漂亮，那该是多么美好呀！"萧伯纳以他特有的风趣和幽默回绝了那位冲着他的名气和地位来的姑娘，他在信中写道："如果你同我结婚，生下来的孩子长得像我一样'难看'，头脑像你一样愚蠢，那该多么可怕呀！"这种答复使那位姑娘啼笑皆非。

语言要用得好，其中奥妙无穷。上面说的都是一般的要求，须努力做到。有时有些特例，貌似不符合语言规则，但在特定的场合、特定的人的身上运用，表达效果非比寻常。例如，20世纪30年代有家报纸登出一篇题为《丰子恺画画不要脸》的文章。读者看了十分吃惊，因为丰子恺品行端正，怎会不要脸呢？待文章读完，才知道此处的"不要脸"，不是通常的含义，而是在特定的人身上特定的含义，是褒赞丰子恺的漫画技法高超，独具一格，画的人物虽没有五官，但传神尽态。这个标题好在利用"不要脸"这个短语的歧义，造成悬念，收到出奇制胜的效果，难怪丰子恺本人对此也默认，并加以赞赏了。

副词不能修饰名词，这是一条语法规则。可是在特定的场合，可破例违反这个规则，而收到出人意外的效果。在一次中央电视台举办的春节联欢晚会上，台湾谐星凌峰登台表演。有人写个纸条戏谑地问他："你为什么长得这样丑？"他面对观众回答："我的长相很中国，中国五千年的创伤和苦难都写在我的脸上……"副词"很"修饰"中国"这个名词，搭配是不当的，但出自这位滑稽人物的嘴里，获得的却是热烈的掌声，因为在这样的场合说这样的话，给人以幽默、风趣的快乐。

学生口头表达与书面表达中常有"拆词"的毛病，如"宣了一次传"。非动宾式的双音合成词按照语法规则不能随意拆散，"宣传"是不能拆散的。但有时为了表达的需要，也可拆开用。如台湾诗人商禽的《咳嗽》诗：

坐在
图书馆
的
一室
的
一角
忍住
直到
有人把一本书
历史吧
掉在地上
我才
咳了一声
嗽

这首诗在意象的变形中透射出思想,很新鲜、很尖锐,也很深刻。把"咳嗽"这个词拆开来用,使读者能深深地体味历史书掉在地上影射的社会现实。

以上是些特例,平时不可随便乱用,否则就会导致语言不规范。

综上所述,须懂得:清楚、明白地把意思表达出来,是写文章最基本的语言要求。思想、语言须双锤炼。对事物反复观察和思考,认识得清楚透彻,寻求最恰当的词句表达,炼词炼意,词意综合,就有好效果。

用词要慎加选择,语句要按一定的规律构成,要准确、鲜明、生动地表达情意。要下功夫学语言,学习人民群众中活泼泼的口头语言,学习中外古今优秀作品中的语言,坚持长期积累,丰富自己的语言仓库。要去除语言中的杂质,做到规范、纯净。

十二
文章不厌百回改

鲁迅有这样两句名言："我有一言应记取，文章得失不由天。"这是他从自己创作实践中总结出来的经验之谈。文章的得与失、好与坏、优与劣不是由上天决定的，而是靠自己的努力。动笔之前要仔细观察，凝思细想；写好以后，要反复推敲，认真修改。文章不厌百回改，有人说"好文章是改出来的"，其中确有值得深思的道理。

毛泽东同志说过："我看重要的文章不妨看它十多遍，认真地加以删改，然后发表。"如果"粗心大意，就是不懂得做文章的起码知识"。学生学写作文，虽不是写什么重要的文章，但要写通顺，写得能正确反映客观实际，写得有几分色彩，同样须字斟句酌，精益求精，在修改上下功夫的。

1. 修改文章就是修改认识、完善认识，使之符合客观事物的实际

修改是文章写作过程中必不可少的一道工序。玉不琢，不成器，再好的材料，再好的构思，写成文章以后总会瑕瑜兼有，修改，润色，就能成为佳作。

事物曲折复杂，文章要准确无误地反映，很有难度。因此，人们要反复认识，反复思考，不断深化正确的看法，修正不妥的乃至错误的认识。修改文章也就是修改认识、完善认识，使认识符合客观事物

的实际。古今中外，凡是文章写得好的人，没有不在这方面下功夫的。

唐宋八大家之一的欧阳修是怎样对待修改的呢？根据唐彪的《读书作文谱》记载："欧阳永叔为文，既成，书而粘之于壁，朝夕观览，有改而仅存其半者，有改而复改，与原本无一字存者。"列夫·托尔斯泰是个文学家，《战争与和平》是巨著，据说改过7遍。《安娜·卡列尼娜》写了5年，开头部分修改了12次。《复活》写了10年，其中玛丝洛娃的肖像描写就修改了20次，肖像描写用的字不过120个左右。郭沫若写文章是快手，人们往往误解为他的文章都是一挥而就的。其实不然。有人问他什么是剧本创作，他回答说："改、改、改、改、改、改、改，写剧本最重要的是多改。"显然，他写的《南冠草》《蔡文姬》《屈原》等历史剧剧本也是改出来的。由此，我们可领悟到这样一个道理：文章必须修改，修改才会出佳作。文学家长篇巨著都舍得花时间花精力精心修改，我们学写短文更应在这方面多实践，多从中体会写作的道理。

2. 要改在点子上

文章修改的内容十分广泛。清代唐彪在《读书作文谱》中说了这样一段话："如文章草创已定，便从头至尾一一检点。气有不顺处，须疏之使顺；机有不圆处，须炼之使圆；血脉有不贯处，须融之使贯；音节有不叶处，须调之使叶。如此仔细推敲，自然疵病稀少。"文章初稿完成，须从头至尾检点、修改，要顺气、圆机，贯血脉，叶音韵。也就是在文章的主旨、材料、结构、语言上要下功夫。不管在哪个方面修改，都要反复推敲，改在点子上。

(1) 减头绪

有时，由于作者主观或社会客观上的原因，会对原作大大修改，甚至推倒重来，重新写作。如世界名著《安娜·卡列尼娜》初稿题名为《两段婚姻》，写的是家庭悲剧，是"一个不忠实的妻子以及由此而发生的全部悲剧"。写完以后，列夫·托尔斯泰很不满意，作品缺乏深度，于是对人物、结构、故事情节重新构思，作很大改动，写成了社会悲剧。由于大幅度修改，主题大大深化。可以设想，如果不是作者主观上不满意，不花大气力修改，这部著作也就难以成为脍炙人口的传世之作了。何为的《第二次考试》原是三千字的散文，由于发表时篇幅上的限制，《人民日报》文艺部要求将该文缩到二千字以内。这样，作者就须重新构思，用最经济的手法勾勒出两次考试的场面，他设置了一系列的悬念，引人入胜，修改的效果良好。何为在《散文与我》的文章中深有体会地说："文章有时候确实是改出来的。"

文章主旨必须明确，集中，不能多中心。意多，文必杂乱，结果就成了无中心，文章当然也就不知所云。下面这篇习作，就犯了这个毛病。

春天也是读书天

帘外雨潺潺，春意阑珊。

我有爱雨之癖，而朦朦胧胧的春雨，尤为酷爱。在绵绵洒着春雨的日子里，一个人静悄悄地跑到山岗上，观赏大自然之微妙变化——花草树木苏醒过来，抖擞精神，欣欣向上生长，心中感到无比欢快。我要如春一般有活力。此刻我真想化作一只蝶儿飞舞。噢，不，我不要化作蝶儿，我要化作一只春雁，一只早知道春来的雁，投入春之怀抱，惊叹春之幽、春之美、春之雅、春之淡……

春，委实太美，用尽所有的形容词，也难以描绘一二。我爱春，我渴望能投入春之怀抱，欣赏它之美，但——我不能，手中的书本，心中的志愿，紧紧把我拴住。墙上的日历纸在春风中飞舞，像提醒我时间是一分一秒地过去，告诉我春天也是读书天。窗外的风和雨像对我说："趁着美好的春天，好好读书吧！"

是的，我要趁着美好的春天，好好读书。学习上我曾经失败过，我尝过失败之痛苦，现在要趁大好春光，努力赶上。

春天令万物欣欣向荣生长，地上的小草由枯黄一变而为翠绿，树上的枯枝吐出了嫩芽，攀附树干的藤蔓也努力向上爬。长期以来，我都以为它们的变化是春天施展魔法所致。现在，我体会到它们不是受春天魔法所影响，而是它们先知先觉，明白春天寓含的深意：叫我们褪下陈旧的外衣，换上充满生意的嫩绿的新衣，在春天之中努力奋斗，实现自己的愿望。我要与小草、嫩芽和藤蔓比高低。我要不停地努力，向着自己的目标，奋力前进。我要做一只先知先觉的春雁，在春天里干一番大业。

春，在我的生命中出现过十多次，总没想到，它能给人以启示，它提醒我应把握时光，努力向上。春天也是读书天，在春天里我要努力读书，奋发向上。

这篇作文最明显的毛病就是中心不明确，牵扯方面很多，给人以混乱的感觉。文章开头着力赞颂春雨，旋即扩大赞颂春光；接着提出要趁大好春光好好读书，旋即又转到自己失败过，要打赢漂漂亮亮的仗，要如春天一般充满生气和活力；然后又转到小草、嫩芽、藤蔓先知先觉，明白"春天寓含的深意"，要与它们比高低，努力奋斗，实现目标；最后表达自己要努力读书的愿望。简单地说，文章立下如下几个"意":赞颂春光;如春一般有活力;歌颂春天寓含的深意,要与小草、嫩芽、藤蔓等比高低;表达在春天里努力读书的愿望。显然,有四个中心;每个中心又可连缀相应的材料,只要充实相应材料,又可各自独立成篇。把四个中心合在一篇文章里表达,中心多,主题分散,究竟要达到怎样的目的,含混不清。

修改这篇作文要减头绪,化繁为简,突出趁大好春光努力学习,奋发向上的主题。删除"如春一般有活力"的枝丫,归到努力学习、迎头赶上的主题;删除"与小草、嫩芽、藤蔓比高低",突出从它们身上受到启示。文章开头颂春应简化,只要产生春光好的气氛,就可纳入主题,为勤奋读书作衬托。

主题不明,内容空洞。文章第一句引用的"帘外雨潺潺,春意阑珊"出自南唐李后主的《浪淘沙》,意思是帘外潺潺的雨声惊醒了作者,他觉得春天即将衰残消逝。这篇作文写的是大地刚刚春回,万物刚刚苏醒。故而引用不贴切,应删除。

(2)
删剪与充实

材料方面的修改往往用两种方法,一是删剪,二是增添。材料影响到文章的质地,材料空泛,不具体,不充实,再好的观点、思想也不可能有效地表达。材料庞杂,淹没主题或冲淡主题,那就须去除水分,删枝剪叶,使主干清晰、明显。人们运用杜甫"斫却月中桂,清光应更多"这两句诗谈修改文章。神话中月亮里有桂花树,如果砍去月中的桂花树,月亮就会更亮。文章只有去掉杂质,才显得精神,主题才显豁。

叶圣陶短篇小说《多收了三五斗》是名篇,最初发表时有这样一段结尾:

"谷贱伤农"的古语成为都市间报纸上的时行标题。

地主感觉到收租的棘手，便开会，发通电，大意说：今年收成特丰，粮食过剩，粮价低落，农民不堪其苦，应请共筹救济的方案。

金融界本在那里要做买卖，便提出了救济的方案：（一）由各大银行钱庄筹集资本，向各地收买粮米，指定适当地点屯积，到来年青黄不接的当儿，陆续出售，使米价保持平衡状态；（二）提倡粮米抵押，使米商不至群相采购，造成无期的屯积；（三）由金融界负责募款，购屯粮米，到出售后结算，依盈亏的比例分别发还。

工业界是不声不响。米价低落，工人的"米贴"之类可以免除，在他们是有利的。

社会科学家在各种杂志上发表论文，从统计，从学理，指出粮食过剩之说简直是笑话："谷贱伤农"也未必然，谷即使不贱，在帝国主义和封建势力双重压迫之下，农也得伤。

这些都是都市里的事情，在"乡亲"是一点也不知道。他们有的粜了自己吃的米，卖了可怜的耕牛，或者借了四分钱五分钱的债缴租；有的挺身而出，被关在拘押所里，两角三角地，忍痛缴纳自己的饭钱；有的沉溺在赌博里，希望骨牌骰子有灵，一场赢他十块八块；有的求人去说好话，向田主那里退租，准备做一个干干净净的穷光蛋；有的溜之大吉，悄悄地爬上了开往上海的四等车。

这一大段文字与全篇风格不协调。大部分材料来自当时的报刊，评论色彩很浓，反而冲淡了丰收成灾的主题。后来在编《叶圣陶文集》时，作者把这一大段全部删掉，改为"这种故事也正在各处市镇上表演着，真是平常而又平常的"。材料、文字大大减少，但内涵丰富了。这样修改不仅与全篇的风格协调,而且深化了小说的主题,鞭挞了剥削农民、压迫农民的罪恶社会制度。

增添材料,充实内容,也是修改中常见的。

有一篇谈语文学习的文章,其中有一段这么写:

> 为了提高阅读能力,一则靠多读,二则靠细读。读一本书,读一篇文章都必须一字一句去细读,必须去考究一字一词一句的含义。细读,才能读一本书,一本书就有收获;读一篇文章,一篇文章就有收获。

语文学家吕叔湘认为这段话缺乏具体事例,说的都是抽象原则,所以内容空洞。他是这样修改的:

> 我认为要提高阅读能力,第一要细读,第二要多读。我觉得读文章要先粗读一遍,先了解它的大意。然后一字一句读下去,遇到不懂的词语要查词典,遇到不清楚的事实要查参考书,一定要把它弄懂,弄清楚。有些地方还要琢磨琢磨为什么要这样说而不那样说,为什么要用这个字而不用那个字。最后再通读一遍,找出文章的要点,把它记住。整本的书应该先看序言、凡例、目录,了解作者的意图,本书的性质和体例,然后分章分节细读。这样阅读,既能学习文章的内容,又能学习表达的技巧。这样阅读,才能读一篇文章有一篇文章的收获,读一本书有一本书的收获。

经过这一番修改、增添,内容具体了、充实了。一篇文章怎样细读,一本书怎样细读,说得一清二楚。并不是每个材料都要如此详写，根据文章中心思想的需要，该详则详，该略则略。如果整篇文章都是详写，材料不分主次轻重堆砌，那就臃肿不堪。

(3)
调整结构，理顺脉络

结构上的修改重点在理清脉络，先说什么，后说什么，须井然有序。有的文章乍看似乎还可以，稍加推敲，有些段落层次安排得不妥当，如加以调整，表达情意要准确得多。下面是《澜沧江边的蝴蝶会》部分段落的原稿和修改稿。

原稿：

我们的访问终点，是背倚着江岸、紧密接连的两个村寨——曼厅和曼扎。当我们刚刚走上江边的密林小径时，我就发现，这里的每一块土地，每一段路程，每一片丛林，都是那样地充满了秾丽的热带风光，都足以构成一幅色彩斑斓的绝妙风景画面。我们经过了好几个隐藏在密林深处的村寨，只有在注意寻找时，才能从树丛中发现那些美丽而精巧的傣族竹楼。这里的村寨分布得很特别，不是许多人家聚成一片，而是稀疏地分散在一片林海中间。每一幢竹楼周围都是一片丰饶富庶的果树园；家家户户的庭前窗后，都生长着枝叶挺拔的椰子树和槟榔树，绿荫盖地的芒果树和荔枝树。在这里，人们用垂实累累的香蕉树作篱笆，用清香馥郁的夜来香树作围墙。被果实压弯了的柚子树用枝叶敲打着竹楼的屋檐；密生在枝丫间的菠萝蜜散发着醉人的浓香。

我们在花园般的曼厅和曼扎度过了一个愉快的下午。我们参观了曼扎的办得很出色的托儿所，在那里的整洁而漂亮的食堂里，按照傣族的习惯，和社员们一起吃了一餐富有民族特色的午饭，分享了社员们的富裕生活的欢快。我们在曼厅旁听了为布置甘蔗和双季稻生产而召开的社长联席会，然后怀着一种充实的心境走上了归途。

我们走的仍然是来时的路程，仍然是那条浓荫遮天的林中小路，数不清的奇花异卉仍然到处散发着沁人心脾的清香。在路边的密林里，响彻着一片鸟鸣和蝉叫的嘈杂而又悦耳的合唱。透过树林枝干的空隙，时时可以看到大片的平整的田畴，早稻和许多别的热带经济作物的秧苗正在夕照中随风荡漾。在村寨的边沿，可以看到贝叶林和普提林的巨人似的身姿，在它们的荫蔽下，佛寺的高大的金塔和庙顶在闪着耀眼的金光。

修改稿：

我们沿着澜沧江边的一连串村寨作了一次旅行。这里的村寨不是许多人家聚集在一起，而是稀疏地分散在林海中间。每一幢竹楼周围都是丰饶的果树园。家家户户的庭前屋后都生长着枝叶挺拔的椰子树和槟榔树，绿荫盖地的芒果树和荔枝树。人们种着果实累累的香蕉作篱笆，用香气馥郁的夜来香树作围墙。被果实压弯了的柚子树枝条敲打着竹楼的屋檐，长在枝丫间的菠萝蜜散发着醉人的浓香。

访问的终点是背倚江岸、紧密相连的两个村寨——曼厅和曼扎。我们在这里度过了一个愉快的下午，然后怀着满足的心情踏上了归途。我们走的是来时的路，仍然是那条浓荫遮天的林中小径。透过树间的空隙，有时可以看到平整的田畴；

在村寨的边沿，在巨人般的贝叶林和菩提林的荫蔽下，佛寺的屋顶和金塔闪出耀眼的金光。

这部分内容原稿三段，经修改以后减为两段。主要修改之处为：（1）层次作了调整。原稿中叙述的顺序比较乱，先说访问的终点，再说沿途见到的村寨的特点，中间又插入沿途风光的概说。修改时，把上一段的最后一句话挪到这部分的开头，"我们沿着澜沧江边的一连串村寨作了一次旅行"，然后叙述这些村寨的特点，再介绍访问的终点，最后写返回的路。先发生的事先说，后发生的事后说，这样就先后有序了。（2）删除啰唆重复的内容。访问村寨往返是一条路，合并起来写，剪除重复，更为清晰。访问终点用了参观托儿所和参加社长联席会的材料，都是概括叙述，意义不大，故删剪。此外，词句方面也作了修改。如"清香馥郁"改为"香气馥郁"，"路径"改为"小路"，"小路"改为"小径"，"大片平整的田畴"改为"平整的田畴"，"佛寺的高大的金塔和庙顶"改为"佛寺的屋顶和金塔"，这样改动，目的在于使用词更为准确，词序排列更为合理。结构散乱，不严密，不紧凑，内容重复，影响文章血脉贯通，须静下心来仔细梳理，认真修改，才能收到好效果。

调整结构的目的是使层次混乱的文章条理清楚，上下不衔接的文章贯通起来，前后缺乏呼应的文章有所照应。

（4）
反复推敲，在通顺上下功夫

修改文句，更是写好文章以后必不可少的工序。鲁迅说："写完后至少看两遍，竭力将可有可无的字、句、段删去，毫不可惜。"文中凡不合事理、不贴切、不简洁、不顺畅的语句都应修改，有的句子词语只稍作更改，观点就大不相同。如《俭以养德》一文中有这样一句："由于我国是一穷二白的国家这个总前提，这就规定了每个人必须学会过穷日子，只有在过穷日子中才能产生出富来，才能在我们的国土上建立起人间的天堂!"显然,"只有在过穷日子中才能产生出富来"的表达是不妥的。"过穷日子"不能"产生出富来",这已被历史和现实所证明。把这一句抽出来看,观点就有毛病。改为"只有会过穷日子才能产生出富来",意思就大不一样了。"会过"包括艰苦奋斗,开拓创造,从积极方面说,观点就正确了。看起来只是把"在……中"改为"会",文字上动得不多,但意思大不一样,分量很沉。

句子是文章的"零部件",句子出毛病,零部件失灵,文章整体就受损害。因此,要咬文嚼字,把句子改通顺。句子常见的毛病有:

① 用词不当

幼弱的孩子始终会长大的,就像我们学校一样,越办越兴旺。("始终"应改为"终究"。前者指从开始到最后,后者是毕竟、终归的意思。比喻也不妥。)

也许他会经受不住流言蜚语,会因此而低沉。("低沉"应改为"消沉"。)

② 词性误用

今年风调雨顺,庄稼丰收,听说家乡的水稻每亩收成了九百多斤。("收成"与"收获"词性不同。)

在联欢会上,他被各种趣味的谜语所吸引,流连忘返。("趣味"与"有趣"不同。)

③ 指代不明

展览会上展出许多轻工业新产品,我很有兴趣,边走边看,只见你来我往,好不热闹。("你来我往"和"我"放在一个句子里,指代不明,容易发生误解。"我"是实指,"你来我往"中的"我"是虚指,虚实混淆,意思不清楚。"你来我往"应改为"人来人往"。)

舅舅、舅妈来了,一别二十多年,话匣子打开就没个完,特别是妈妈和舅妈激动万分,说着说着,她就哭泣起来。("她"指谁?不明确。)

④ 介词用错

老师对于我们可关心了,他不仅关心我们的学习,更关心我们的品德和身体。("对于"用错,应该用"对"。"对于"指出动作的对象或与动作有关的事物,许多场合可通用。但是用在主语后面的"对",如果有表示"对待""针对"的意思,就不能用"对于"。)

一个昏迷了三天的病人,经过医生的精心治疗,终于被苏醒了过来。("被"用错。"苏醒"是自动词,不能带宾语,不符合用"被"的条件,应删除。)

⑤ 搭配不当

拥挤和污浊的街道和空气已使人透不过气,哪里还有饱满的精神去复习功课呢?("拥挤和污浊"与"街道和空气"搭配不当。"拥挤"修饰"街道"。"污浊"修饰"空气",不能把二者混杂在一起,共同修饰。因为"空气"不能用"拥挤"来形容。应改为"拥挤的街道和污浊的空气"。)

新学年开始,同学们纷纷提出自己的决心,一定要勤奋学习,提高各门功课的成绩。("提出"与"决心"搭配不当。可改为"提出……打算",或改为"表示……决心"。)

⑥ 成分残缺

通过这一次旅游,使我开拓了视野,认识了许多花草树林。(主语残缺。主语应是"我",由于紧接着介词结构"通过这一次旅游"后面用"使",把主语淹没了。修改的方法有二:一是删除"通过",用"这一次旅游"作主语;二是删除"使",用"我"作主语。)

青少年是国家未来的主人,应该努力学习,以积极的态度充实。(宾语残缺。在"充实"后补上"自己"。)

⑦ 关联不妥

他无论碰到怎样的困难,就能沉得住气,振作精神。("无论"不能和"就"搭配,"就"应改为"都"或"总"。)

除非你向他赔礼道歉,他就会原谅你的鲁莽,不信,你试试。("除非"和"才"是一对表条件的关联词,"除非"不能和"就"搭配,"就"应改为"才"。)

⑧ 重复多余

希望这棵树能结出丰盛累累的美果。("丰盛"与"累累"重复。

"盛"可能是"硕"的笔误,删"丰盛"。)

我们应该学习具有"体育精神",而学习"体育精神"之目的是修养品德,锻炼忍耐和耐性。("具有"是多余的,从全句看,应保留"学习",删除"具有";"忍耐"与"耐性"有重复之处,应删除"忍耐";"耐性"用得不够准确,可改为"韧劲"。)

语言的润色也很重要。《藤野先生》修改稿与原文比较,就知多处作了润色。如为了突出形象,描写藤野的语句作了增添。"……其时进来的是一个黑瘦的先生,八字须,戴着眼镜,挟着一叠大大小小的书。一将书放在讲台上,便用了缓慢而很有顿挫的声调,向学生介绍自己道……"与原文比,增添了"八字须"和"用了缓慢而很有顿挫的声调",这样人物的外貌和语态更为逼真传神。

把文字改通顺只是修改文章的起码要求,反复推敲,多次修改,润色加工,就可淘沙得金。

文章总是越改越好,越改越精,但也有适得其反的,刻意求工,弄巧成拙。修改时应注意这一点。

古语说:"改章难于造篇。"意思是修改文章比写文章还难。为什么这么难呢?这是因为修改文章不仅仅是字句上的修修补补,而是要统观全局,从内容到形式有提高。改文章实质上是改思想,思想明确化、条理化了,文章才有可能文从字顺。修改是一种综合能力,词句、篇章、写作方法,与文章相关的知识,不仅要掌握,而且要能熟练运用,这样修改时才能把问题看准,才能改到点子上。眼高才能手高,眼不高,笔下是修改不出水平的。

修改是十分细致的事,需要耐心和毅力。鲁迅的著名散文《藤野先生》,全文不足四千字,改动地方一百六十多处;散文家杨朔的《雪浪花》仅三千多字,改动了二百多处。这种认真修改、精益求精的精神,值得我们初学写作的年轻学生好好学习。

总而言之,写文章要千斟万酌,再三更改,才能臻于完善。修改是一种综合能力,要提高这种能力,须丰富知识,扩大视野,锤炼思想,锤炼语言。

中学作文
教学导论

为全国中小学教师继续教育教材,由山东教育出版社 2001 年 6 月出版。

引言

　　作文教学，也称写作教学，它的构成，它在语文教学中的地位和作用，一般地说，中学语文教师都口熟耳详，并在教学实践中积累了不少经验。有些语文教师对它情有独钟，作了许多专门的研究，提炼出行之有效的经验，指导学生提高运用祖国语言文字书面表情达意的能力。应该说，这些都是教学中的财富，它标志着语文教学在前进，在发展。

　　然而，无可讳言，作文教学在语文教学中的"老大难"状况尚未得到根本上的改变，如何有效地提高学生的写作兴趣、写作能力仍然是比较棘手的问题，花费不少时间，付出不少劳动，有时是事倍功半，有时甚至是徒劳无功。从这个实际情况出发，中学作文教学有必要迎难而上，开展研究。学生应具备相当程度的写作能力，不仅是学生今日学习语文、学习各门功课的需要，更是为明日做真正的合格公民打基础。写作能力与阅读能力一样，陪伴人工作，陪伴人继续学习，陪伴人的一辈子。从培养人的需要出发，从社会实际需要出发，中学作文教学必须在理论和实践结合的高度深化改革，提高质量。新修订的《初级中学语文教学大纲》和《普通高级中学语文教学大纲》适应现代社会要求，根据实施素质教育促进学生发展的需要，总结语文教学实践中的经验教训，在写作教学方面也提出了明确的目的要求，适应时代，驶向未来，既讲究规范，又鼓励创新。写作教学改革准绳在握，势在必行，因而，对写作教学深入探讨研究就成为中学语文教师应尽的义务和肩负的责任了。学习，探讨，大胆实践，开拓进取，群策群力，作文教学质量一定能取得突破性的进展。

　　目前，有些认识与做法困扰了作文教学前进的步伐，影响作文教学质量的全面提高，常见的有：

第一，定格在应试教育上，忽视写作能力的培养对学生良好素质形成和今后发展的重要作用。换言之，在教学中只见"文"，不见"人"。只见学生的一篇篇作文，以应付考试，以博取高分，对真正的写作能力的培养，在写作中如何提高学生的整体素质极少考虑。"文"是实的，具体的；"人"是虚的，概念化的。考试是教学进程中的一种手段，是对教与学的评估、检测，就升学考试而言，是一种选拔。学生当然要参加考试，素质教育的实施同样需要用考试手段检测教学水平，选拔学生进入高一级学校继续求学。然而，考什么，怎么考，要研究，要改革，以促进学生的全面发展。应试教育的弊病在于错把手段当目标，培养学生成为一代新人的目标淡化了，而把考试手段提升到不恰当的压倒一切的高位，为了追求分数，追求升学率，损害了学生的全面发展。作文教学的目的绝不是只让学生学会写一两篇作文应考，而是要有书面表达的真本领，即使日后电脑网络高度发展，书面表达能力仍然必不可少。

第二，重视写作技能技巧的训练，忽略写作整体素质的培养。由于应试教育的影响，作文教学中狠抓技能技巧的训练，把综合性极强的作文分割成若干条若干块，如命题作文怎样套题，材料作文怎样抓要点，怎样的结构可万无一失，开头、结尾怎样装，等等。写作的技能技巧不是不要指导，不要训练，问题是应放在怎样的位置上，怎样指导，怎样发挥学生写作的积极性。学生的作文应该是鲜活的、有灵性的、有真情实感的、有青春气息的，纯技能技巧的训练，抽掉了内容的真实、情感的真挚，搞文字上的排列组合，像窗花、纸花一样，感人的生命力没有了。虚话、假话、空话，不是发自肺腑的，从根本上违背了作文教学要求学生表达自己真情实感的本意。学生学写作，是学语言、学观察、学思考，是学认识生活、学审视美丑、学体验人生。培养学生的写作能力，要着力于学生写作素质的整体提高，只重视文章的表层，而忽略思想、情感、认识能力、审美观念的引导、点拨，以偏代全，以偏概全，写作能力不能明显提高也就可想而知了。

第三，指导模式化，操练机械化，学生的写作积极性、自主性、潜能受到抑制。由于应试教育的影响，一味寄希望于教学的立竿见影，压题，猜题，"画地为牢"，学生不能越雷池一步。于是，什么类型的题目，搞什么样的作文模式，紧扣怎样类型的题目，展开大运动量的机械操练。按理说，学生写作文自主性最强，不管怎样的命题作文，也不管怎样的材料作文，也不管其他什么类型的作文，总是写自己的所见所闻、所思所想，可以兴之所至，信笔写来，品尝倾诉心声的快乐。如今禁锢在一定的模式之中，写自己少体会无感受的东西，机械操练，硬做文章，硬造思想，确实苦不堪言。学生缺乏写作的自主性、积极性，必然会觉得"写"是沉重的负担，至于潜在能力的发挥就更不必谈了。热爱写作、酷爱文学的学生有，但为数不多。必须清醒地认识：我们要贯彻党的教育方针，面向全体学生，我们要教会每一名学生，使他们在原有的基础上有明显的提高。还必须清醒地认识：学生中写作的尖子也不是操练机械化、模式化的路子培养的，他们的提高有自己的蹊径。

要提高学生写作的整体素质，要使每一名中学生的写作能力在原有的基础上取得明显进步，作文教学首先要转变观念，以学生为本，以促进学生的发展为本。学生是学习的主人、写作的主人，教师施教之功在于引导、点拨、开窍。教师不能越俎代庖，代替学生学习，代替学生写作，要尊重学生的自主权，尊重他们的个性，还他们学习、写作的时间与空间。兴趣是学习的先导，也是写好作文的先导，千方百计激发学生写作的兴趣，调动他们写作的积极性、主动性，学生就有写好作文的强烈愿望，就有努力提高写作能力的内驱动力，认真实践，反复实践，就会进入书面表达之门，收到扎扎实实的良好的效果。

写作知识语文教师都熟悉，也都掌握。作文教学不能停留在写作知识的传授与灌输上，而是须着力于写作能力的培养。正好像懂得游泳知识的人不一定会游泳一样，熟悉水性与游泳的能力是要在水中实践锻炼才能形成，而锻炼要取得效果，须高手指导，掌握要领。如何指导学生学会作文，哪些途径必不可少，哪些做法比较有效，是值得思考、值得研究的。本书意图力戒作文教学中的时弊，以党的教育方针为指针，以新修订的语文教学大纲为依据，在培养学生学习写作的内驱动力、提高写作能力的途径，以及提高教师自身素质等方面作一些初步的探索。此外，作文教学既要重视课内讲清道理，指导学生动笔，又要重视课外的广阔天地，加强学生写作实践。课内课外综合起来考虑，不零打碎敲，有利于学生举一反三，触类旁通。本书希望通过所阐述的内容，力求做到沟通课内外，从课内延伸到课外，以丰富的课外活动促进课内外写作质量的提高。

第一章
激发学生写作的内驱动力

学生是学习写作的主人。写什么,怎么写,为什么要这样写,如果学生对这些问题有解决的欲望,有追根究底的积极性,他们就有了持续不断写好作文的内驱动力,作文教学就会生机蓬勃,活水流淌。有人说,学生写作积极性调动与发挥出来了,作文教学就成功了一大半,这是很有见地的看法。在提高学生写作积极性上下功夫,是搞好写作教学的要义。

第一节
研究中学生写作心理

中学语文教学的主要目的之一是培养和提高学生的书面表达能力。学生语文水平如何,常常以这种表达能力作为衡量的尺度。要调动学生写作的积极性,激发写作兴趣,提高写作质量,注意探索与研究学生对写作的一些心理活动很有必要。

命题作文时常会出现这样的情况:学生有的面带笑意,若有所得;有的注视黑板,入神思考;有的微微摇头,口出啧啧之声;有的涨红脸叫"太难了,不会写"……学生见到作文题后的种种心态正是他们写作心理的一种反映。这种情况尽管初高中学生有差异,对不同题型、不同题目反映不一样,男女学生表现有区别,但确实有一部分学生视写作为畏途,有害怕的心理;视写作为难事、为不易攻克的堡垒,有畏难情绪。有些学生还有急于求成的心理,期望作文一篇一个样,篇篇有进步,否则,就没劲,就不想写。洞悉他们的情况,有针对性地采取种种措施,破"怕",攻"难",克服"急于求成"的情绪,对端正写作思想、提高写作能力颇有益处。

一、
破"怕"

学生写作中有恐惧心理,犹如头上套着紧箍,手脚捆着绳索,不加以清除,提起笔来就重如千钧,只字难书,墨滞不下。怎样才能减轻与消除这种心理呢?

首先要找准恐惧的原因。乍看起来,有些学生同样是害怕动笔,害怕写,但一经了解分析,就可发现在不同的学生身上形成害怕心理的原因是很不相同的。经常碰到的有如下几类情况。一是长期受批评,受指责,形成条件反射,只要一提到写作,这些学生就立刻与"挨批评"联系起来,因而产生"怨"。这些学生往往语文水平低下,写的东西不知所云,教师不满意,家长不满意,写作者自己也不满意。既然是三不满意,当然受批评多,没有信心。二是不摸门,摸不到书面表达的门径,由苦恼而怨恨,形成恐惧心理。这些学生开始也是按教师要求练习写作的,但由于基础差,胡凑乱编,不成篇章,十分苦恼。有名学生曾这样说:"我从小不喜欢语文,尤其是作文,我对它就像对仇人一样的恨。"问他原因,他说:"我看到作文就头大,就害怕。拿起笔写不出来,等想出一点要写,字又忘了。"三是神秘感,觉得写作是"高级"的事,是作家、文学家的事,自己不是那块料子,自卑得很,害怕动笔。四是懒于思索,形成莫名其妙的"怕"。此外,还有其他种种原因。查明原因,心中才有底。

其次是从鼓励入手,加强"对症"教育。形成对写作的恐惧心理的原因尽管各不相同,但这些学生至少有一点是共同的,那就是对写作缺乏信心。不树立信心,就难以根治"怕";而满腔热情地积极鼓励,正是增强信心的补益之剂。不论是面上的教育,还是指导个别学生,均要把鼓励贯串其中。对语文水平暂时低下的学生千万不能求全责备，一纸"棍子"式语言，而应十分精心地注意他们习作中细微的变化，哪怕是某个词语用得准确，某个句子比较通顺了，也要充分肯定，真心实意地表扬。脱离学生实际的挑剔，过多的指责，只能如凉水浇身，改变不了写作的落后状况。要变指责为鼓励，化凉为热，点燃学生写作上进取的火花，破除写作的神秘感；帮助他们分清习作与创作的异同，懂得心中思，口中言，写下来就可成文章；懂得语言是表情达意的工具，只要自己对外界存在的人、事、景、物有"情"有"意"，就可运用它来表达。情意人人都有，工具谁都能掌握，并不神秘。至于懒于动笔、懒于思索的情况，那就要启发、教育，促使这些学生端正学习态度，在"勤奋"二字上下功夫。对他们的启发、教育，不能空洞说教，要针对青少年学生好奇好胜的特点，采取生动、具体的方法。有时介绍一篇文章，讲述一个故事，会收到奇妙的效果。

例如，推荐学生阅读《我的"她"》，在阅读过程中，请学生猜一猜"她"是谁，"她"为何对"我"有如此大的魔力。读完以后又有哪些想法？

> 我的父母和长官非常肯定地说，她比我出生早。我不知道他们说的是否正确，只知道我的一生中没有哪一天我不属于她，不受她的驾驭。她日夜都不离开我，我也没有打算立刻躲开她，因此，我们之间的关系是紧密的、牢固的……但是，年轻的女读者，请不要忌妒……这种令人感动的关系给我带来的只是不幸。首先，我的"她"日夜不离开我，不让我干活。她妨碍我读书、写字、散步、尽情地欣赏大自然的美……我写这几行时，她就不断地推我的胳膊，像古代的克利奥佩特拉对待安东尼一样，总在诱惑我上床。其次，她像法国妓女一样，毁坏了我。我为她、为她对我的依恋而牺牲了一切，前程、荣誉、舒适……多亏

她的关心,我穿的是破旧衣服,住的是旅馆的便宜房间,吃的是粗茶淡饭,用的是掺过水的墨水。她吞没了所有的一切,真是贪得无厌!我恨她,鄙视她……我早就该同她离婚了,但是直到现在还没有离掉,这并不是因为莫斯科的律师要收四千卢布的离婚手续费……我们暂时还没有孩子……您想知道她的名字吗?

请您听着……这个名字富有诗意,与莉利亚、廖利亚和奈利亚相似……

她叫"懒惰"。

这是俄国著名短篇小说大师契诃夫的作品,读了令人耳目一新,拍案叫绝。这篇短文实际上是讨伐"懒惰"的檄文,历数懒惰的罪状,痛斥懒惰的危害,表明不与懒惰决裂必然断送前程的观点。然而,作者没有板起面孔来进行议论,而是选取了把"我"和"懒惰"之间的关系描绘得如胶似漆、难舍难分的写法。既恨她,又无力抗拒她的诱惑,又不打算立刻离开她。在断断续续的述说中,曲折表达了憎恨懒惰的观点和欲弃不能的复杂感情,使人如入新的天地,大开眼界。学生读了以后,开怀大笑,笑声中包蕴了几丝感悟。教师无须挑破,与学生相视一笑,莫逆于心。

再次指点入门的途径,让学生自己从"怕"中走出来。害怕的心理关键所在是不会动笔,不会写,故而要消除这种心理,必须实实在在地"帮",指点写作入门的途径。常用的方法是:

1. 帮助找"米"下锅。害怕写作的学生头号难题是"做饭无米"。总觉得无话可说,无物可记,无事可叙,心中茫然。其实,这样的学生并非真的无"米",只是不知道哪些是"米"。教师引导他们重新认识,他们就会尝到获得写作材料的喜悦。可从两个方面启发。一是启发他们从记忆中去寻觅,抓住某些记忆中的人、事、景、物,开展联想与想象,使模糊的印象清晰起来,笼统的具体起来,单薄的丰富起来,零碎的串联起来,成为笔下可写之"物"。二是启发他们就地"捕捉",学会看周围的事物。如写春天的校园,实地观察一番,把平时从眼皮底下溜走的东西捕捉住:冬青树春天落叶,黄金条先开花后长叶,五彩海棠的花蕾掩映在绿叶之中……启发学生打开认识的窗户,写作中的"米荒"就可逐步解决。

2. 帮助"搭架子"。主要解决两个问题:一是究竟盖什么建筑物,心中要有数,也就是帮助他们明确文章的中心思想。二是指导他们梳理思想与材料,先说什么,后说什么,怎样开头,如何过渡,如何收尾,要通盘考虑。先列提纲,教师指导,学生修改,或师生一起修改,想清楚了再写,再动笔,克服一团乱麻、杂乱无章的毛病。

3. 帮助选"砖瓦"。词句是文章建筑物的砖瓦材料,选得恰当,建筑物牢固、美观。可试写一段,就遣词造句进行分析比较,也可写好以后教师面批面改,有些词句让学生自己咀嚼、辨味、思考、比较。

满腔热忱、持之以恒地"帮",学生稍稍摸到一点"门",望而生畏的状况就有所改变。前面所说的那位视作文如仇人的学生高兴地说:"我有点会写了,对作文不怕,也不恨了。"

对写作确实持畏惧心理的,只是班级里的部分学生,因而,上述"帮"的办法有的不宜在全班铺开。如"搭架子"的做法,若教师对有一定写作能力的学生越俎代庖,势必禁锢他们的思想,束缚他们的手脚,效果适得其反。

二、
攻"难"

古人说:"文成于难。"文章是客观事物的反映,客观事物纷繁复杂,要能反映得正确、恰当、深刻,实非易事。难怪清朝文学批评家金圣叹用"心绝气尽,面犹死人"来形容写文章的艰难。写作文虽不同于创作,但学习运用语言文字来表达思想,反映客观事物,也是很不容易的。笔耕艰辛,教师无须讳言,该着力的是引导学生变畏难为攻"难",在攻"难"的过程中消除畏难情绪。怎样攻"难"呢?抓积累,抓思路锻炼,抓局部的深入,抓榜样的激励。

1. 抓积累。陆游在《示子遹》一诗中说道:"汝果欲学诗,工夫在诗外。"写文章也是如此,临阵磨枪,为时已晚。要攻克写作中的"难"字,十分重要的是重视平日的知识积累、生活经验积累、语言积累。腹中空空,下笔即使搜索枯肠,也只能是捉襟见肘。因而,要写好作文,功夫在文外。经常可采用的方法有:(1)用百首以上的诗词打底。细水长流地组织学生理解与背诵古代名诗名词,咀嚼语言的甘甜,领略意境的优美,涉足于中华民族诗歌宝库之中,激发热爱民族语言的感情,陶冶高尚的情操。(2)广泛阅读书报杂志,开拓视野。创设种种条件培养学生阅读的兴趣,如以课内带课外的扩展阅读、对比阅读,又如新杂志展览、新作品推荐、名著选读等。学生博览犹如蚕食桑,不能要求吃桑吐桑,硬加模仿,而是引导他们"破其卷而取其神",领略其中的意、情、辞、章,消化融会,慢慢吐出丝来。有些教师十分重视这方面的工作,据不完全的统计,有的班级学生阅读的杂志多达七八十种,有的学生一个多学期来课外就读了数十本书。这些读物涉及的知识面广,不仅是文学、艺术、体育方面的,还有航海、航空、航天、兵器、旅游方面的,等等。由于阅读涉猎面广,学生增长了见识,开阔了视野。(3)到生活宝库中觅宝。生活宝库是写作材料取之不尽、用之不竭的源泉。学生往往身置其中不识"宝",既不识"宝",谈何觅"宝"?教师要经常提醒、指点、启发他们观察、体验、储存。至于摘抄佳词美句,组织参观游览,课内指导精读课文,当然也是积累、储备的途径。

2. 抓思路锻炼。文章必须"言有序"。而"言"是否有"序"又取决于思路是否有"序",是否细致严密。文章贵丰满,忌干瘪,而能否丰满又取决于思路是否开阔活跃。学生写作文时往往有这样那样的零碎材料,有点点滴滴的感想,而不善于井然有序地加以组织,不会从广度上开拓、深度上挖掘。要攻这个"难",须着力于思维的训练、思路的锻炼。如从观察、理解、联想、想象能力的培养入手,促使学生锻炼思维、锻炼思路。除了课外实地指导观察,写作过程诸多环节积极引导外，阅读课上有计划有目的地培养也很为重要。有时一两段精彩的文字若能驾驭得当，就会成为训练思路，训练上述能力的好材料。如《社戏》里有这样两段：

> 两岸的豆麦和河底的水草所发散出来的清香，夹杂在水气中扑面的吹来；月色便朦胧在这水气里。淡黑的起伏的连山，仿佛是踊跃的铁的兽脊似的，都远远地向船尾跑去了，但我却还以为船慢。他们换了四回手，渐望见依稀的赵庄，而且似乎听到歌吹了，还有几点火，料想便是戏台，但或者也许是渔火。
>
> 那声音大概是横笛，宛转，悠扬，使我的心也沉静，然而又自失起来，觉得要和他弥散在含着豆麦蕴藻之香的夜气里。
>
> 那火接近了，果然是渔火；我才记得先前望见的也不是赵庄。那是正对船头的一丛松柏林，我去年也曾经去游玩过，还看见破的石马倒在地下，一个石羊蹲在草里呢。过了那林，船便弯进了叉港，于是赵庄便真在眼前了。

这是一幅江南水乡飞舟观夜色的画卷，是启发学生思维、锻炼思路的好材料。要求学生在仔细阅读的基础上，思考下列问题：如果你也在这只白篷的航船上，请你仔细观察，你看到些什么，听到些什么，闻到些什么。请你体味一下作品中"我"此时此地的心情与感受。在看清楚、想明白之后，请他们先用无声的内在的语言试答，然后有条有理地口头表述。从观察方面说，由嗅觉、触觉而视觉、听觉；由岸上到水中，又从水中到岸上；由月色而渔火；由远处望到近处瞧；由模糊而清晰；由台上而台下。而这一切又都是活动着的，移舟变景。从理解方面说，以船速衬托心情的急切，以水乡诱人的夜色抒心情极度的舒畅，"自失"，"觉得要和他弥散在含着豆麦蕴藻之乡的夜气里"，真是外物与内情交融在一起，真中有幻，幻中有真，绝妙的佳境。从以上两个角度锻炼学生思路时，也发展了学生的想象能力。因为学生只有以有关直接生活经验和间接生活经验补充，才能在脑中展现出文中所描绘的立体图景。文中插入的"一丛松柏林"的文字正可借以指点学生开展联想，使学生懂得由此及彼的联想，能活跃思维，和前几种能力一样，多加锻炼，写作材料就会滚滚而来，云集笔端。在阅读课中进行听、读、说训练的同时，须努力形成与加深学生脑中"序"的观念。如听别人发表意见，要学会先后有序地拎出要点；读课文时要全局在胸，枝干分明，首尾清晰；口头表达要有条有理。教师经常注意，不断指点、纠正，学生就能比较自觉地锻炼自己的思路了。

3. 抓局部的深入。俗话说一口吃不成个胖子，要攻写作之坚，整篇文章大而化之，笼而统之地指导一番，学生不易捉摸。若有计划地从学生写作实际情况出发，抓一个个局部，有重点地进行"分解动作"，深入一点，带动全篇，学生易懂易做，效果较好。比如写人是有相当难度的，低年级学生不大可能一下子写好，可先抓肖像描写的练习，再抓语言描写的练习……而抓肖像描写时，可静态写生，动态捕捉；可粗线条勾勒，工笔细绘；可正面描写，侧面烘托；可画眼睛，绘整体；可单个儿写，前后对比写，左右对比写，放在矛盾之中写等。从学生写作实际需要出发，有重点地抓局部深入，使学生学有所获，树立信心。这种指导不是空泛地讲述名词术语，而是以范文或学生习作为依据，启发学生在理解领会的基础上，自己去精细地观察、熟悉、体验。经过一个阶段有的放矢的训练，学生笔下的人物肖像就开始有特点、有灵性，活起来了。必须注意的是，初中与高中的要求不一样，难度不一样，如果搅和在一起，超越年龄，超越水平，期望必然落空。

4. 抓榜样的激励。古今中外"苦学为文"的事例不胜枚举，杜甫的"语不惊人死不休"、白居易的"口舌成疮，手肘成胝"、皮日休的"百炼成字，千炼成句"、王荆公的易十数字才定出"春风又绿江南岸"的"绿"字等名言名事皆可激励学生攻写作的难关。学生写作有明显进步者更要热情肯定，以激励同窗。

总之，既要培养学生写作中知难而进的精神，又要指点攻"难"的途径，并辅之以攻"难"的方法，使他们振奋精神，向易动笔、勤动笔、动好笔方面转化。

三、
克服"急于求成"的情绪

学生有学好语文、写好作文的愿望，并希望学了就见效，立竿见影，这种心情是可以理解的。然而，他们不懂得学语文、写作文有自身的规律，不能与学数学、物理、化学完全等同。针对这种情况，一是要肯定他们想写好作文并想有明显进步的愿望。二是要帮助他们认识学好语文、写好作文的规律。作文综合性很强，它是语文综合能力的一种表现，它要求不仅掌握字、词、句、篇等的表达形式，而且要求在观察生活、认识生活方面有真切的感受，思想、情操与语言文字都要认真锤炼。写好作文是需要一个过程的，阅读，积累，实践，认识，思考，想象，开阔视野，提升认识，陶冶情操。它不是百米冲刺，而是马拉松赛跑，不可能一蹴而就，也不可能像数理化学科学了某一个公式、定理，就会解某一类的题。它更需要意志、耐力、持之以恒的态度和不懈追求的精神。从这个意义上说，教学生学写作文，也是在教学生学做人。三是要有精细的目光，对学生的点滴进步，都要满腔热忱地肯定、鼓励。肯定与鼓励不是笼统说几句不着边际的话，而是要具体剖析，说明进步在哪里，并与学生一起探讨进步的原因。这样做，鼓励士气，增添信心。学生"急于求成"的情绪能否克服，相当程度要看教师能否耐心开导，热情、细致地做个别学生的工作。

学生成长有各自的环境，对待写作也会有种种不同的想法，只要面向他们，洞悉他们的写作心理，认真分析、研究，有的放矢地进行教育，他们就能消除顾虑，轻松握笔，一步一个脚印在写作上取得进展。

第二节
激发中学生写作兴趣

学生是学习写作的主人，他们对写作是积极寻求，还是消极应付，是兴味盎然地动笔，还是厌恶排斥，往往直接影响写作教学质量，影响写作的效果。教师进行作文教学要十分重视学生学习写作的"内部态度"，千方百计激发他们学习语文、学写作文的热情，培养他们写作的浓厚兴趣。

一、
培养学生写作的冲动感

学习写作的人在认识上常常会进入这样的误区：只要掌握写的技能技巧，作文一定高质量高水平。其实不然，学习写作，技能技巧固然重要，但最为重要的莫过于写作的热情、写作的冲动感。没有想写、要写的强烈愿望，没有非写不可、非写好不可的迫切要求和责任感，再好的技能技巧也难以奏效，更不必说下笔千言，感人肺腑了。

热情是一种强有力的情感，它影响乃至决定人的思想言行，胸中写作热情似火烧，就会产生一吐为快的冲动感。写作冲动感一经形成，往往就会思绪纷呈，妙语连珠，写作进入最佳状态。写作冲动不是自天而降，凭空产生的，而是写作的人频繁地接触自然、接触社会，对自然界的山水景物、花草鸟兽，对社会上纷繁的人和事认识、理解、感受的结果。例如：

一句话

有一句话说出就是祸，
有一句话能点得着火。

别看五千年没有说破，
你猜得透火山的缄默？
说不定是突然着了魔，
突然青天里一个霹雳
爆一声：
"咱们的中国！"

这话教我今天怎么说？
你不信铁树开花也可，
那么有一句话你听着：
等火山忍不住了缄默，
不要发抖，伸舌头，顿脚，
等到青天里一个霹雳
爆一声：
"咱们的中国！"

这首诗中的爱国主义感情如火山般地喷发，震人心魄。为何能有如此巨大的感人力量？那是因为这首诗是作者在感情极端冲动下写成的。作者闻一多是现代著名诗人、学者。他在国外饱受民族歧视之痛，国内民众又被反动军阀罪恶统治，他悲愤满腔，胸中燃烧着炽烈的爱国热情，正如他写给诗人臧克家的信中把自己比喻为"没有爆发的火山"。1925年夏，他回到祖国，正是反帝运动高涨的时候。这时候他不仅看到了帝国主义反动派对人民血腥的统治与镇压，也看到了中国人民不屈不挠的英勇斗争精神。席卷全国汹涌澎湃的反帝怒潮，说明了"谁是中国人"，反映了我们"民族的伟大"，胸中的火山爆发了，他大声喊出了一句话："咱们的中国！""爆"，揭示了在胸中积蓄已久的话迸发而出。诗人察觉到缄默的中国蕴藏着惊天动地的巨大力量，坚信一旦火山忍不住缄默，就会突然间青天一个霹雳，到那时帝国主义、反动派就要"发抖，伸舌头，顿脚"。这是多么深厚的爱国主义感情！《一句话》是一首响着中华民族尊严的最强音的诗，激情奔放，语言凝练，它由诗人对祖国命运的无限深情浇灌而成。炽热的爱国情感燃起了势不可当的写作热情，这种写作热情浇铸的诗句铿锵有力，唤起读者由衷的共鸣。

学生写作与创作有区别。命题作文、材料作文、话题作文等通常是有计划有步骤地进行练习，学生写作的冲动不易形成。其实，这种看法也可商榷。培养学生写作的冲动感，并不是指写一篇作文，来一个冲动，而是指持续不断地培养写作的热情，以典型的写作事例进行启发，让学生逐步深入地体会到：（1）写作冲动是写作的内驱力，是使思维活跃、生活素材在脑中涌现的内部动力，写作的人如果蕴藏的思想感情不汹涌澎湃，如果没有一吐为快的情绪，下笔绝不会一泻千里，以情感人。（2）写作的热情与冲动来自对现实生活的接触与理解。学习写作的人要能激情满怀地表达自己的爱憎，歌颂美好的事物、高尚的情操，鞭挞丑陋的人和事，必须热爱生活，认真地生活在社会生活之中，用眼观看，用耳倾听，用心细思，事事留意，处处积累，培养写的热情。如果对生活冷冷淡淡，视而不见，听而不闻，那无论如何也出现不了一吐为快的写作冲动。（3）写作的热情与冲动还来自写作的责任感。学生写作尽管与作家写作目的不同，但同样应该有一种责任感。正确理解和运用祖国的语言文字，写出言之有物、言之有理、言之有序的文章，是学习的需要，是日后工作的需要，是步入社会传递信息交流思想的需要。学习写作的目的越明确，肩上越有责任感，越能激发旺盛的写作热情，越容易孕育写作冲动。

写作冲动绝不是装腔作势，无病呻吟，而是客观事物作用于作者的耳目与心灵，激起写作人内心的不平静，涌出要诉说、要呐喊、要歌颂、要鞭挞等强烈情感。写作热情可呈现如《一句话》奔放的形态，也可呈现含蓄、深沉的形态，但不论什么形态，其共同点是要写，爱写，要充分而准确地表达自己的情意。

下面是龚霁芃同学参加作文比赛的一篇文章，字里行间闪烁着写作的冲动，可让学生体会、感受，从中获得借鉴。

黑土地上的忏悔

爷爷去了,带着深深的遗憾和期待,带着我的忏悔,走进了自己耕耘了一辈子的黑土地。

窗外,下着淫雨。风直灌进我的脖子,我一哆嗦,蓦地一抬头,看见屋檐下的燕巢在冷风中微微摇动。

……

"爷爷,这鸟儿叫啥名字呢?"我曾经这样问爷爷。

"噢,它是燕儿呀!"

"燕儿?"

"是呀,你可记得'燕子归来寻旧垒'吗?它是吉祥的鸟儿啊!"

唉!怎么能忘呢?小时候,我常常依偎在爷爷身旁,听爷爷讲"九死而不悔"的屈原,精忠报国的岳飞。然而,给我印象最深的,则是"燕子归来寻旧垒"这句诗了。每当讲到这里,爷爷总是深情地对我说:"孩子,这就是我们祖国啊!人,不能忘了本土啊!"

屋内,悲悲切切,我木然地望着门外的小河,蒙蒙细雨飘落在河面上。

……水乡的夜,是那么美,黑黝黝的山峰像屏障,萤火虫一闪一闪,满月在河面上撒下了一把银波。

"这么晚了,您老还在打鱼?"

"噢,孙女咳嗽,打些鲫鱼治嗓子。"

第二天,我刚起床,爷爷就端着一碗热气腾腾的鲫鱼汤走进来,"喝了吧!"

鱼汤真鲜啊!干渴的嗓子仿佛一下子就好了。

"爷爷，真好喝！"当我抬起头来，才看见爷爷眼里布满了血丝。

"爷爷，您的眼睛……"

"噢，没事，歇歇就行了。"回答得很轻松。

为了我，爷爷通宵未眠……

在爷爷身边，我度过了五年的小学生活，该上初中了。一天，爸爸从城里来了，要接我回去读书，我急哭了，我怎么舍得离开这曾给我无穷乐趣的故土？

"爷爷，我不去，不去嘛！"我几乎是在哀求。

"孩子，在城里能学到更多东西，若真想爷爷，放假时回来看看，不也挺好吗？"

就这样，在一个清晨，我告别了老屋，告别了爷爷，告别了蜻蜓、蚂蚱。

"上学堂要认真，莫惦记着爷爷。"我倏地发现，爷爷眼里也含着眼泪。走了很远，还依稀看见爷爷站在门口。

噢，爷爷……

时间，像飞梭，编织着日月星华，我离开老屋已整整三年了，带着久别后重逢的喜悦和激动，回到了爷爷身边。

可是，当我风尘仆仆踏上这片黑土地时，却失望了，满腔的喜悦顿时被莫名的压抑代替了。在我的记忆里，故土的一切都是那么有吸引力。现在，却觉得那么狭小。村庄的南北两端相隔不过两百米，几个小孩在跑着玩风筝，脚下扬起一阵尘土。

这就是我日思夜想的故土吗？

蜻蜓、蚂蚱我已失去了兴趣，小河已没有往日的光彩，老屋，长出了枯草，爷爷——老了。

现实与想象相差太远了。

我第一次怀念城里的一切，柏油马路，高大的楼房，以及永远被妈妈拖得干干净净的棕色地板。

"渴了吧？喝一口井水吧！甜着哩。"爷爷从水桶里舀了一杯井水，递给我。

我接过杯子，抿着嘴喝了一口。

随即，又吐了出来。

"怎么了？你？小时候不是很爱喝吗？"爷爷吃惊地望着我。

"谁爱喝啦？土腥味！"

"……"爷爷手中的杯子失落了，水汩汩地流进了黑土地的缝隙里。

"爷爷，您……"我拾起了杯子。

"爷爷很累，去歇会，一个人玩吧！"

我分明望见，爷爷深深地叹了口气，摇了摇头。

从那以后，爷爷总是从商店里买汽水给我解渴。

……人们的悲哭声，把我从回忆中惊醒。后院，有一口井，我叹了口气，走过去，按住摇把，向下压了几下，没有水涌上来，而我的手却沾满了灰尘。好久没有人使用这口井了。几经周折，我终于望见了井水从井口涌出，舀出一杯，清明透亮的，杯中似乎又出现了爷爷吃惊的样子。心一酸，仰起脖子，一口气喝下，是那么清甜。唉，三年的城市生活，改变了我对这片黑土地的眷恋之情。

此时，我明白失去的太多，太多……

爷爷，您若在天有灵，能原谅我吗？

黑土地，曾哺育过我的土地，能饶恕忘了本土的子孙吗？

那天，我刚进门，爷爷就怒气冲冲地问我："这本书是哪儿买来的？"我一愣。

"《霹雳舞入门》，是你看的吗？"不等我回答，爷爷又说了第二句。

几天别扭的生活，已使我觉得不适。今天忽然被爷爷说一顿，我不禁反问了一句："凭什么不能看？娱乐有什么不可以？"

"你会耽误正业的！"

争论的结果是那本书锁进了爷爷的柜子，我也负气离开了故土。

……

现在想起来，太后悔了。要是我登上火车的一刹那看看黑土地，一定会回到爷爷身旁；要是我好好地、设身处地为爷爷想一想，我也许不会离开爷爷。

留给爷爷的是怎样的痛苦啊！

晚上，躺在床上，想了很多。我难道忘了本土？

"人，不能忘了本土啊！"爷爷的话，在我耳边响起，犹如一声霹雳，把我震醒了。

在爷爷遗像面前，我陷入了沉沉的反思中。相片上的爷爷那么削瘦，但精神矍铄。我仿佛听见爷爷正在对我说："作为一个炎黄子孙，最重要的莫过于热爱国土了！"

"姐，这是爷爷给你的。"堂弟递过一个包。我颤抖着揭开外面包着的报纸，里面是《霹雳舞入门》这本书。扉页上，有爷爷用毛笔写的一句诗："燕子归来寻旧垒。"

堂弟落泪了，我也禁不住热泪长流。

情动于中而言溢于外。显然，写作者面对爷爷的永远离去有说不尽的遗憾，有无穷尽的忏悔。这份真挚的亲情，这份由衷的爱戴，冲开了记忆的闸门，往事如潮水一般涌上心头，不吐不快，不痛痛快快表达，难以平抑心头感情的波涛。正因为感情上波澜起伏，才掀起写作上的冲动，也才可能写出这一波三折的文章。

这篇作文字里行间闪烁着写作的冲动，可引导学生细细品尝，让学生在阅读、思考、品析中受到启发。

这篇文章下笔点题。谁"忏悔"？谁和"黑土地"为伴终生？为什么是"黑土地上的忏悔"？写作者用了十分简单而平静的语言来述说。然而，在这简单而平静的背后却蕴含着十分丰富的内容——遗憾、期待、悲哀、悼念、忏悔……一下笔，就揪住了读者的心。

写作冲动促使写作者把眼前景与昔日事交织起来写。由屋檐下的燕巢在冷风中微微摇动这幅眼前景的触发，勾起了孩提时代爷爷深情教导、疼爱备至的往事，黑土地上的无穷乐趣是爷爷亲手撒播；三年后返回故土的失望、冷漠，使爷爷伤心而无奈。鲜明的前后对照，使内心的忏悔之情极其自然地升腾。写作者又从记忆中土腥味的井水引出眼前的汲井水、喝井水，以"清明透亮""清甜"的井水寄托对爷爷的哀思，表述对爷爷的忏悔、对黑土地的眷恋。正当用呼告的手法请求爷爷原谅、请求黑土地饶恕时，笔锋一转，又从眼前景引出了往事的诉说。一本《霹雳舞入门》惹得爷爷暴怒，而爷爷离开前在这本书的扉页上写的"燕子归来寻旧垒"的诗句，更似重锤叩击写作者的心窝，愧疚之情不能自已。

写作冲动并不是想到哪里，写到哪里，漫无边际，杂乱无章。尽管写作者由于内心的激动，一会儿眼前景，一会儿昔日事，一会儿昔日事，一会儿又眼前景，但并不杂乱，因为全文有一根中心线贯串，那就是"燕子归来寻旧垒"。祖孙之间的亲情凝聚在对故土——黑土地的热爱、眷念中，而热爱故土又与热爱祖国紧密相连，这就使"黑土地上的忏悔"寓有深刻含义，不是一般地寻找"旧垒"，对爷爷的怀念，不是一般的亲人之念，而是在向一位爱国老人奉献哀思。

毕竟是学生习作，有些语句拖沓，省略号用得过多，结尾"堂弟落泪了"完全是赘笔。然而，学生的作文与学生最贴近，对学生能起激励作用。

文章是心灵的轨迹，有旺盛的写作热情，有一吐为快的冲动感，一行行文字就会从火热的心头奔腾而出。正因为如此，教学中须重视，须采用多种方法培养学生写作的冲动感。

二、
增添练笔趣味

激发学生写作兴趣，课内要重视，课外的练笔更不可少，课内习作与课外练笔结合，课内与课外沟通，易取得良好效果。

1. 加强赏析。选择名篇、名句吟诵、分析，把学生引入语言文字的宝库，或领略立意的高远，或欣赏意境的开阔，或推敲构思的巧妙，或咀嚼语言的甘味。学生畅游于其中，体会语言文字运用的佳妙。在熏陶感染之际，有跃跃欲试的愿望。学生作文中的佳篇或精彩段落也可组织赏析，激发写作的兴趣。要手高，必须眼高；学生的鉴赏能力提高，对自己下笔的要求也会逐渐提高。

2. 利用兴趣迁移的特点，组织有趣味的写作训练。青少年学生兴趣广泛，对各种事物往往充满了好奇心，只要是新鲜事，都能吸引他们。从这种心理状况出发，把他们对事物的强烈兴趣迁移到写作之中，提高写作的积极性。比如学生喜欢游览，结合他们的春游、秋游，进行练笔活动，有的作景物写生，有的写景中人，有的写游记。学生游览兴浓，印象深刻，笔下就流畅，就会出现不少灵动的较好的文章。如《五代双塔》《缺角亭》《猗园小景》《月洞映景》《泛舟西湖》《游寒山古寺》等。有的寥寥数笔，就勾出了生动的图景：

突然，眼前一亮，我们看到了水，看到了红檐，高兴地一步跃出小径。

这里是长廊的进口处，我举起照相机，对准了那个月洞门。只见门洞右边又套着一个门洞，那里面树枝摇曳，左边映出长廊的一角，闪出一丛血红的花朵，生气勃勃。我和张静笑眯眯地走近月洞门，陆恩铭举起相机，"咔嚓"一声我们便成了"画中人"！

学生喜爱看电视、看电影，对作曲家、演员等很好奇。那就组织学生听作曲家为何作曲的报告，写听报告的感受；请演员表演朗诵艺术，要学生进行场景描写；学生看电影，要求他们写电影故事，编电影剧本，写电影片段，评剧中人物；学校组织"班班有歌声"的比赛，请学生报道大会情况，写大会侧记，写比赛花絮，学生兴味盎然。学生喜爱打球、下棋、集邮、游泳、科技制作……凡此种种，均可引导他们把亲身体会、由衷的欢乐倾注到笔墨之中。

值得注意的是不能每次游览、每搞活动就要学生练笔，都要学生作文。形成一种模式，不要说学生写没有兴趣，就连游玩也大煞风景，索然无味了。学生游览、游玩、活动，一定要让他们放开手脚，玩得开心，玩得欢乐，只有思想放松，手脚放开，兴致高涨，才可能有真切体会。要不要求学生写，写什么，要视情况而定，在活动之前，游览之前，一般不要布置写作任务。

初中年级有时可以画助文，发展形象思维，激发写作兴趣。比如学生的练笔本，常常配文作画；好的推荐展览，学生也煞有兴趣。又比如儿童节到来前夕，可要求学生人人创作一个童话故事，献给幼儿园的小朋友，不仅故事要生动，而且配以插图。这样一来，学生可高兴了，写了《兔子的眼睛为什么是红的》《小马虎游马虎王国》《小铅丝人贝贝》等许多有趣的故事，而且配上彩色的图，加上花边，装订成册后送给幼儿园。时间虽花得多了些，但觉得很有乐趣。高中年级可抓住社会或社会生活中某一方面的热点、难点开展笔会，纵论世事经纬，发表自己的见解，可出海报、墙报，可出专栏。

3. 指导加强趣味性，指出问题注意艺术性，激发与保护学生的写作热情。有些学生觉得练笔比较自由，能自由发挥，比较喜爱；有些学生还会觉得无话可说，无事可叙。针对这种情况，练笔指导时可讲述"奇妙的'一'"。告诉学生生活中我们碰到的"一"很多，如果这些"一"奔涌到我们的笔下，就会出现很多好文章。请学生思考、讲述，可以把哪些"一"写入文章？学生随口讲出许多，如一点认识、一件往事、一点感想、一点看法、一点改革、一点新意、一点经验、一点教训、一次对话、一件物品、一个场景、一道习题、一曲赞歌、一首好诗、一部电影、一篇小说、一张票证、一篮素菜、一名学生、一名交警、一盆花、一壶水、一台机器、一座大桥、一列火车……由此可知，"一"无穷无尽，有"一"就有多，正如老子所说："道生一，一生二，二生三，三生万物。"由此可见，生活中的"一"不可小视，注意生活中的"一"，下笔就不会有"无米"之苦、搜索枯肠之苦。有一个著名学者的名字也显示了这个道理：闻一多。闻一多本名闻多，他的朋友潘光旦先生劝他改为闻一多，加了一个"一"，名字增添了不少哲理诗意。一经这样指导，学生写作兴奋点出现了，点头、晃脑，似乎文思如潮涌。

学生写作中常会出现这样那样的缺点与问题，碰到问题，就劈头盖脸地批评，犹如是往学生身上浇一盆冷水，那是万万行不得的。问题即使较大，教育也要讲究艺术，使学生乐于接受。写作积极性受到保护。例如学生写《四季景色图》的作文，不少学生东抄一段，西摘几句，给人似曾相识、支离破碎的感觉。对此，教师没有指责，没有训斥，而是和颜悦色地说："我原来对这次作文寄予很大的希望，但收上来一看，才知道我们做了一次失败的尝试。请同学们看看，为什么说这是一次失败的写景尝试？"学生纷纷发表意见，有的说，"时间、地点没有交代清楚"；有的说，"写景没有定点"；有的说，"描写粗糙，层次不清"……面对活跃的学生，老师笑着点点头，说："大家讲的都是写作技巧上的问题，我说的失败主要不是指技巧上的。"学生略一思考，又议论开了，"把冬天的花写在春天里了""把三麦收割的时间搞错了"……老师再次笑着启发说："审视一下你们自己的作文，为什么有的内容在这个同学的作文里出现了，在那个同学的作文中也出现了呢？""噢，抄！""抄袭。"有的学生大叫起来。这一下，教室里可热闹啦，大家七嘴八舌地讲着同一个字——

"抄",边讲边互相看着、笑着,偶尔还扮一个鬼脸。老师让学生在轻松的讨论气氛中自己承认"抄",效果比训斥不知要好多少倍。教师又鼓励又指出问题,然后说:"说回来,这次作文大家很认真,都想把它写好,同学们翻阅了不少书,摘了许多名家名句,写作的积极性是可贵的。是啊,谁不想把作文写好呢?可怎样才能写好呢?写作文,面前有两条路,一条是走捷径,一条是苦学加巧学。走捷径就是抄袭人家写得好的文章,但这样写出来的作文像纸花一样,是假的,尽管它也有可能一时迷惑人,使人感到很美,但它永远也不会有生命力。苦学加巧学写出来的作文像鲜花一样,是真的,它带着早晨的露水,富有蓬勃的生命力!"教师问学生喜欢纸花还是鲜花,全班异口同声地说:"喜欢鲜花!"然后,师生一起讨论怎样才能把这样一篇文章写好。学生领悟到"不应该怎样","应该怎样",犹如一只只待航的小船鼓满了风帆,蓄了一股劲,要在下一篇作文中一试身手。

以上仅是两个具体的例子。如何加强趣味性,讲究艺术性,激发学生写作的热情,教师只要做有心人,好的教法会源源不断地涌现在眼前。

三、
形成连锁反应,
达到水涨船高的目的

培养学生的写作兴趣很重要的在于能让他们看到同龄人的进步及成长。同龄人的进步看得见,摸得着,因而更容易引起同感,产生共鸣。在教学中运用学生的写作成果形成连锁反应,能激发学生写作的上进心。

青少年学生好胜心强,喜欢挑剔别人的毛病,喜欢和同伴比高低。从这种心理状况出发,作文讲评时推荐一些作文供学生分析,评长道短,论是论非,创造热烈气氛,使评者、被评者都受到教益。评论时可就某一问题发表意见,像如何捕捉生活中带露水的新鲜材料,怎样有意识地进行读写迁移,怎样让人物自己说话,妍媸好丑让观者自知,《谈……》的文章怎样谈等。也可就某一位学生连续几篇习作进行评论。剖析写作态度、写作水平上提高的足迹,评论作文中的优缺点,激励学生从中获得借鉴。又可对某一篇或某几篇作文作广泛性的议论,比较、对照、鉴别、修改,加深对作文中某些问题的认识。总之,大家谈,习作者自己也谈,切磋琢磨,使某篇、某几篇作文中的优点为大家所理解、承认,并进而吸收,在自己文章中有所反映,产生连锁效应,实现水涨船高的目的。

举例来说,学生读了茅盾《风景谈》的结尾,被文中表现的雕塑般的剪影所吸引,于是以"剪影"为题展开练笔。对习作进行交流、评述,热闹非凡。如讨论以下的习作片段:

明知逢年过节,闹市的各条马路都会人山人海,可我还是很有兴致地汇入人流中去。走过一条稍稍僻静的小路,见一家小小的烟杂店前挤着一大群人。小店在人行道旁高起的几级台阶上,因此这一群人也形成一个坡度,使我很清楚地看到一片密集的人头。小店出售的是节日礼花。买礼花并不少见,不过,我还从没看到过这么多人抢着买。一只只举着钱的手努力向前伸,可是在柜台前的毕竟只有几个人。这拥挤的场面着实不亚于购买牛仔裤,不过这中间没有抱怨和责骂的声音,大概抢购者的心情都是一样的吧。

有的学生拿剪影的实物与这一段文字比较,明确照实物的轮廓剪纸成形叫剪影,这一段写的场景轮廓清晰。理由是:剪影要能传神,要善于动中取静,变中凝神。小小烟杂店的地势有独特之处,是在人行道旁高起的几级台阶上,有坡度;争购节日礼花的密集的人头自然也形成一个坡度;一只只举着钱的手努力向前伸着也就随之而有了坡度。小店门前的热闹、拥挤,台阶上人群的挪动,尚未买到礼花的上台阶,买到的下台阶,这些都是变化着的动景,写作者从动景中抓到了静，使动景"静"化，抓住三个坡度——台阶、人头、手，凝练地表达佳节欢乐的主题。

有的学生认为实物剪影和写"剪影"文章毕竟不同。前者简单，两剪三剪，只要形状相似，轮廓分明就行。后者复杂得多，它不是只"剪"一场、一人，而是把人、景、物放在特定的时间和场合，要把它们各放在合适的位置上，又要"剪"出它们之间的关系，显现明确的主题，那就很不容易了。不锻炼捕捉事物的眼力，不洞悉事物的特征，剪刀下得必然不是地方。

有的学生把习作与《风景谈》结尾比，提出：该范文结尾选择了最有典型意义的生活图景下剪刀，反映时代本质，富有时代气息；背景衬托，主体鲜明。晨风、霞光、喇叭、刺刀，动中取静，变中凝神；把内在的感情倾注于场景之中，情景交融，使剪影主体感强，神采毕现；绘场景时笔力集中，不夹议论。

有的学生把几篇习作加以比较，提出尽管习作的内容可以广泛，如车船码头、街道市场、工厂工地、学校公园等，但要克服线条不清楚、轮廓不分明的毛病，必须把握两点：一是要选择有典型意义的生活场景"剪"，人、物、事在一定的时间、一定的空间能构成明确的主题；二是语言简练在勾勒轮廓时极其重要，务戒冗杂。

学生议论，议论出写好这样一类文章的看法、体会、感受，议论出再次练笔的积极性，"我可以剪出大家几乎都碰到过的一个生活小景，我的写法一定扬你们之长，避你们之短"。于是这位学生写了《座位》。

> 星期天，公共汽车站上等着好多人。有抱着孩子的，也有扶着老人的。
>
> 好不容易一辆公共汽车开了过来，刚靠站，一个小伙子把香烟头一扔，没等人家下来就往车上窜。上了车张嘴就骂："×××，连个位子也没有！"
>
> 一位老大爷颤颤巍巍地爬上车。这时，一个

少先队员起身想把座位让给老人。那年轻人抢先说了声"谢谢",一屁股坐了下去。周围的人都愣了,立即纷纷指责那人:

"人家是让给那老人的,你怎么好意思坐。"

"这人真不知羞耻,一点修养也没有。"

"……"

那年轻人哼了一声说:"老子坐个位子,你们也要咋呼咋呼。"当他看到人们愤怒的目光时,便又油腔滑调地说:"我当这小孩让给我的呢!"

他那过分尖大的花衬衫领子衬着那副嘴脸,使人看了十分恶心。

还是一位中年妇女站了起来,把座位让给了老大爷,老人无可奈何地叹了口气。

汽车又靠站了,那家伙哼着曲子扬长而去。不过据我观察他还没有买车票。

应该说,这篇习作下剪时果断、集中,截取的"点"是公共汽车上的让位、抢位,镜头对准了"花衬衫领子"的年轻人,文中所出现的人都与此有关,无关紧要的人和事全都舍弃,语言简洁,描述中饱含讽刺和谴责。文章的质量究竟如何,且不去深入评论,但学生主动练笔的积极性是极其可贵的。在评析同窗的作文中,思维得到了锻炼,写作要领有所领悟,自己开动脑筋,主动实践,这种精神状态就值得发扬。有了这种精神状态,孜孜以求,学生运用语言表情达意的能力就会在不知不觉中逐步得到提高。

第三节
个性差异与重点突破

中学写作教学中规定初中学生须达到怎样怎样的要求,高中学生又须达到怎样怎样的要求,对这一些,一般地说,教师都能熟记,并努力掌握这把尺子，在教学中付诸实施。教学要求当然应掌握。问题在于学生之间有差异，如果只重视共同的要求，只强调整齐划一，就难以调动每名学生写作的积极性。要激发学生的内驱动力，须研究学生的整体，更要研究学生的个别。

一、
承认学生写作水平的差异性

一个班级几十名学生，由于语文基础不一样，智力水平不一样，思想性格、兴趣爱好不一样，也由于家庭情况不一样，语言环境不一样，写作水平不可能一斩齐。学生写作水平高高低低参差不齐是正常现象。参差不齐是现象，现象背后有许多值得探讨的原因。比如，同是写作能力不强，稍加了解，就会发现其中有部分学生语文基础知识掌握得不错，背诵的功夫也很好，只是写作缺少灵气，表达起来淡如水，无"物"也无"味"；而有的学生记诵能力差，语文基础知识也掌握得漏洞百出，写的作文往往无"物"无"序"。又比如，同是有一定的写作能力，但有的文章文从字顺，四平八稳，没有思想，没有文采；而有的透露出几分才气，下笔也快速，但错别字多，语句纠缠的状况也不少。就是写作能力较强的学生，也有很大差别，有的偏学科，有的文理兼长。学生写作情况可说是纷繁多姿，深入下去才会真正体会到一人一个样，认识清楚"每一个"，对整体的认识才会更清晰。如果只看到学生的共同点，只急于实现共同的标准、一般的要求，就会有意无意挫伤学生学语文、学写作的积极性，就会闭塞眼睛捉麻雀，事倍功半。

学生写作水平差异性的形成自有其不同的原因，深入了解，找准原因，有针对性地指导，学生进步就快。比如，文章语句上毛病多，不通顺。透过现象找原因，可发现种种有趣的故事。有的是家庭语言环境差，有的家长对孩子过分宠爱，从小就用对幼儿讲话的不规范语言，说半句，又接上不连贯的另半句，天长日久，形成习惯，说起话来不通，写起来也就不通了；有的是思路欠条理，缺乏必要的

"序",东一榔头西一棒子,写起文章来句子不顺,思想跳跃;有的是问题没有弄清楚,硬写硬做,不懂装懂,造成语句上的纠缠不清。又比如,学生写错别字,也不能一概而论。有的是粗心大意,学习态度不严谨;有的是缺乏必要的知识,没有掌握正确写法;有的凭小聪明,凭想象;有的是启蒙阶段教师教错了,学生留下深刻的印象,改也难;有的是课外书籍、媒体报道、电影电视、广告招牌等有差错,学生无形中受影响。因而,纠正这方面的毛病同样需因人而异,用一个错别字订正很多遍的做法不是最有效的方法。

　　承认学生写作水平的差异首先在认识上要有突破。一个班级不管是程度好的班,程度中等的班,或程度较低的班,学生之间总是有一定的差距,正好像五个手指头不可能一样齐。教学的目的不在于把学生培养得一样齐,实际上也做不到一样齐,而是应促使每名学生在原有的基础上有明显的乃至显著的提高。这种差异,这种不平衡,应是动态的、变化的,不应总是写得好的永远好,写得较差的永远差。调动了学生内在的潜能,积极性高涨,你追我赶,学生之间会出现新的不平衡。新的差异与原有的差异不是在一条起跑线上,新的差异是新的起点。教师的施教之功应该是努力激发学生写作的积极性,不断形成新的参差不齐,新的差异,学生在一个个新的参差不齐中步步攀登,个性获得发展。

二、对写作困难的学生重点突破

　　班级教学比较容易犯的毛病就是只看到大多数,只考虑一般要求,对如何因材施教考虑得不够,研究得很少。其实,没有鲜活、灵动的一个一个,又怎可能做到有效地提高整体质量?抓住一个个,同中有异,异中有同,坚持不懈,学生写作水平就能水涨船高。

　　对写作困难的学生要重点帮助,保护他们的点滴进步,千万不能挫伤他们的积极性。要细心、精心,耐得住性子,不同的学生采用不同的方法。重点辅导、帮助,不可能立竿见影,一蹴而就,进步是有个过程的，只期望结果，不重视过程，不点点滴滴下功夫，效果不会理想。如有位学生十分调皮，对写作无兴趣，字写得缺胳膊少腿，满纸涂鸦，真可谓一塌糊涂。但他很聪明，玩的时候点子多，捉鱼捉虾什么都会。教师从他的特点出发，有次把他抓来的龙虾放在面盆里养，和他一起观察它的动态，指点，讨论，然后要求他根据所见所想写篇短文。这一写，大有进步，尽管错别字还不少，但言之有物，文句通顺了。短文是：

可爱的小生灵
——龙虾

一天下午，烈日暴晒着大地，虽然还只是立夏，但已经是那么炎热，我拿起钓鱼钩赶到了河边。凭着我这急性子，龙虾偏不上钩。我耐着性子，一下午总算钓到了一只乌壳红钳的大龙虾，我喜不胜收，赶紧拿起它跑回家。

一到家我就为它安置了住所。这时，它大发雷霆，卷起尾巴不停地拍水，溅得水花四溅。有时又把身子一缩，然后，反身一弹，一屁股撞在碗壁上，大概它是想离开吧。忽然，它身体一翻，好！肚子朝上动不了了。我看到它难过的样子，就把手伸下去，岂料这家伙蛮性未改，反而钳住我的手指，疼得我"啾啾"直叫。最后，被我一拉终于放了下来。

这以后好几天我饿它的饭，几天过后我再去看它，只见它无精打采，不神喽！我得意扬扬地拉起它那无力的钳子，叫它肚皮朝上躺着，我一点点给它喂食，就这样继续了几个星期。嗬！现在你来看我的龙虾已经服服帖帖地归顺我，根本不像过去那样蛮横了。

显然，这是一名调皮学生的作品，如果不理解他的调皮，不重视他的兴趣爱好，不积极引导，也就不可能写得这样生动有趣。教师抓住这个契机，把这篇短文和其他几篇佳作一起印出来，发给学生评析，表扬了这位学生写作上的明显进步。这一下可把他乐坏了，写作的信心倍增，经常写些小东西来和教师探讨。不仅是写文章，上课发言也积极多了，课外也读些报刊，读起小说来了。看得出，他在用心学。

一个学期过去，有一次师生一同外出观灯展，这位学生参观得很仔细，临走时对教师说："明天星期天我还要来看。"教师赞许他的认真。写作文时，他胸有成竹，字从笔端流淌出来。他的《迎春灯展》是这样写的：

我国的民间艺术相当丰富。今天且不说惠山的泥人，也不说景德镇的瓷器，单说"灯"。灯对人们来说并不陌生，灯是一种照明工具，但我这里要说的是一种供人观赏的，以一种工艺品形式展现在人们眼前的"灯"。

"灯"吸引着我们向虹口公园走去。进入公园，远远地望去，只见一座高大的灯塔竖立在灯展馆门前，它招引着慕名而来的人们。我随着人群走进了大厅。为了便于向您介绍，我把整个展览馆分为第一厅、第二厅和第三厅。

第一厅里是现代化的灯具。两棵挂满了五颜六色小电珠的圣诞树屹立在两旁。红的、绿的、黄的、蓝的，各种电珠连在一起构成了锦鸡的美丽的尾翅。

我走出第一厅，慢慢地穿过幽静的走廊，浏览着墙上挂着的浓墨大字，不知不觉地来到了第二厅。第二厅的门口挂着"辉煌"和"火树银花"字样的牌子。我还未走近，已听到瀑布飞下的声音，好奇心使我加快了脚步走进屋里。啊！真美，瀑布旁梅花鹿正歪着头吮吸着清凉的泉水；灰兔正津津有味地吃着嫩绿的青草，大概是我惊动了它，它还不时用怯生生的眼光看着我。这时，只见红光一闪，我惊奇地低下头一看，啊！原来是一条红色的鲤鱼从水光潋滟的湖中一跃而起，这真是名副其实的"鲤鱼打挺"。在池塘的旁边有一片翠竹，两只可爱的大熊猫正在嬉闹。这一切简直和真的一模一样。

第二厅参观完，我带着浓厚的兴趣走进了第三厅。一走进第三厅，首先映入眼帘的是一艘精致的龙船。龙船的龙身是一片一片金色的鱼鳞，紧密地排列在一起，高昂的龙头下飘着银须，船上还有两层楼阁，船的前前后后插满了绣有金龙的一面面小旗帜。在第二层的楼阁里还有一只精致的走马灯，制作得十分逼真。但谁又想到这一片片金光闪闪的鱼鳞竟是纸剪的呢？您大概没有见过花中之王的雍容风姿吧！但在这灯展里却能看到，那些在绿叶的衬托下显得鲜艳夺目的牡丹实在令人赞叹不已。牡丹丛中还有一只金色凤凰亭亭玉立，欢迎着我。再向前走，我来到了一只名叫神仙鱼的灯前，这精巧的玩意儿，简直达到了以假乱真的程度，竟使我情不自禁地想到由于自己"太勤快"而使喂养的两条金鱼死于非命。当我正以懊丧的心情回想这不快的一幕时，一群人把我挤到了一边。我看到一只长着乌黑发亮翅膀的喜鹊正停在一枝含苞欲放的蜡梅上，正向人们报告着春天将要来临的消息。看着这件春意盎然的作品，我的心情重又舒畅起来。像这样小型的花灯还有许多，真是看不厌，数不尽。

我又走到了大厅的中央，一只足有两米高的

大型走马灯矗立在我面前。灯一共分三层，第一、二层是转动的，第三层是仿照古代建筑的特点制造的。我饶有兴趣地数了一下走马灯中的仕女像，一共有 16 个。这时，我的眼睛略有些痛，想抬起头来休息一下，谁知，一抬起头，才知天花板上也吊着许多灯，有画仕女像的灯，有花灯、鸟灯，琳琅满目。

　　这时天渐渐地暗了下来，但灯却更亮了。在弟弟催促下我走出了大厅，再回头看，只见里面灯火通明，灿烂夺目。

　　我愿您也去参观一下这给我留下美好印象的灯展。

　　这篇作文在剪裁方面尽管有明显不足，但写的是眼前真事真景物，写的是自己真感受，没有半点虚假，与这位学生过去不像文章的作文比，明显地上了一个台阶，做到了言之有物、言之有序，词语也丰富多了。在这位学生身上，写作有所突破，就请他现身说法，在其他学生身上引起连锁反应。

　　学生一人一个样，有的写不好是思路混乱，那就要不断帮助他理清思路，经常梳理，思考问题就会逐步条理化；有的是知识积累少，语言积累少，就在帮助积累上下功夫。总而言之，找准了突破口，重点加温，具体指导，学生写作的积极性就会受到保护，就会不断高涨。

【思考与探索】

　　1. 写作教学中为什么必须激发学生写作的内驱动力？在这方面，您采用过哪些行之有效的方法？

　　2. 您见到过的学生在写作上有哪些心理障碍？您是怎样想方设法帮助学生扫除这些障碍的？

　　3. 剖析某个学生写作的个案，寻找其进步的轨迹，从中获得启发。

第二章
指导学生提高观察和体验能力

从人类历史看,卓有成就的科学家、文学家探索大自然、探索社会生活奥秘之所以有所发现或有所发明,原因不仅在于他们有良好的思维力,而且在于他们有良好的观察力。英国生物学家达尔文把观察和实验说成通向科学的大门,他曾说他没有突出的理解力,也没有过人的机智,只是在觉察那些稍纵即逝的事物并对其进行精细的观察方面,能力可能在众人之上。莫泊桑之所以成为世界短篇小说之王,是由于接受了老师福楼拜的指点,下苦功对周围的生活进行观察、体验。由于观察的基本功十分扎实,因而能淋漓尽致地描绘出19世纪法国资产阶级的生活图景。虽然不是每个中学生都能成为科学家、文学家,但对培养他们观察力的重要性也须有充分的认识。要提高他们的写作水平,更是须臾离不开观察能力的培养。

众所周知,巧妇难为无米之炊。无论怎样能干的媳妇,没有米,也是做不出饭的。写文章也是同样道理。没有充分、生动和质地优良的材料,只在技巧上兜圈子、翻花样,写出来的文章必然是内容干瘪,面目可憎。文章不应当是硬做出来的,而应该像汩汩的清泉从心坎里流出来。心坎里的清泉来自何方?来自五光十色的生活,来自从生活中汲取材料的本领。须懂得:生活中源头活水流淌,笔下的文章就生意盎然。

第一节
观察是学习写作头等重要的基本功

"朋友,生活的宝树青葱,而一切理论都显得朦胧。"(《浮士德》)这是德国大文豪歌德的一句名言。确实如此,生活之树常青,生活是取之不尽、用之不竭的写作源泉。任何体裁的文章,都是一定的社会生活的反映,写文章,也就是写生活,学写文章的人,要在生活这一关上认真下功夫,关心,了解,发现,寻觅,感受。大脑中采集的自然与社会的信息越多,写作的素材越丰富。

引导学生打开认识的窗户。眼睛是体验最复杂的感官世界,学生认识事物、获取知识的活动围绕着这个世界进行。现代科学证明,人的大脑所获得的信息百分之八九十是通过视觉进行的,当然,从听觉进入的信息也占一定的比例。所以,观察是认识的窗户。打开认识的窗门,敞开观察的大门,才能让外界信息源源不断地进入自己的脑海。要培养学生打好观察的基本功,须从以下几个方面着力:

一、把学生的无意知觉引导到有意知觉的轨道

最初级的认识形式是感觉和知觉。感觉是直接作用于感觉器官的客观事物的个别属性在人脑中的反映;知觉是直接作用于感觉器官的客观事物的整体在人脑中的反映,感知觉是人类认识活动的开端,思维活动的基础。而观察是一种有意识、有计划、持久的知觉活动,是知觉的高级形态。同样对客观事物用眼看,用耳听,有些学生接受的信息比较多,有些学生却视而少见,听而少闻,甚至不见不闻。其中虽有多种原因,但无意知觉是重要原因。怎样才能把学生的无意知觉引导到有意知觉的轨道上来呢?

1. 激发观察兴趣。兴趣是人们对客观事物的一种积极的认识倾向，它受一个人所追求的奋斗目标的影响，有了兴趣，就有了追求的目标，就能有更多的自觉。激发兴趣方法多样。比如，教师以"熟悉的人不熟悉"为话题，让学生开展讨论，先举班级同学的例子说明，同学们天天在一起上课、活动，从外表到性格到习惯到特长，究竟熟悉了多少。讨论中笑声飞扬，大家觉得讲出来的同学模样相似，但是跟真人不完全一样，看不出特征。比如班级坐第一排的学生中有名个子最矮的，虽然男同学天天和他在一起玩，但不说别的，单是外貌特征，大家也难以说周全。不是用"可爱"来形容，就是用"有趣""天真"来形容，细枝末节大家不注意。这位同学笑起来常把舌头卷起，用牙齿轻轻地咬着，露出舌尖；笑得得意时，会不自觉地用手指去挠挠耳朵。教师一挑明，学生兴奋不已，开始体会到眼睛是认识的窗户，窗户不打开，或半开半闭，不经心，虽亲目所睹，也"睹"不进去，虽亲耳所闻，也没有真正"闻"进去。由此可知，平时要做"有心人"，善于使用自己的眼睛，对所接触到的人、事、景、物仔细观看，不浮光掠影，不视而不见。

又比如，中学生好奇心强，新鲜事物对他们有巨大的吸引力，教师可常以大自然或社会生活中的种种现象激发他们观察的兴趣。如，柳树怎样吐芽啊，嫩叶是什么颜色啊，学生观察了会告诉你，嫩叶是鹅黄色的，稀稀疏疏米粒般大小，渐渐地就成为垂挂着的串串爆竹。如，早晨在车站候车的各种人的表情怎样，下班时神情又如何，观察后进行交流，学生兴味盎然。

学生观察有了兴趣，就会视而见，就会由粗疏而细致，写人绘景就有了灵气。如下面四个文章片段，就是细致观察的结果。

> 她长得简直像个圆皮球：脸庞是圆圆的，两只眼睛也是圆圆的，还有那耳朵，一边一个半圆，合起来也是圆圆的。这个人不用说你也能猜到，对，她就是"小白熊"毕允为。她的脑门挺大，鼓鼓的，据说这种人顶聪明。别说，还真是这样，

她的学习成绩总是班上数一数二的。

"叮铃铃",铃声响了,同学们蜂拥而入,最后一个走进来的是"乡下人",大概他就是那位"高福平"。他,人不高,但看上去非常结实,加上皮肤黝黑,给人的印象土里土气、笨头笨脑,是标准的"乡帮"。他走到教室里想找个座位,可这里有人,那里也有人,弄得他手足无措,引得哄堂大笑。好不容易才找到个空位子,就在我前面,这个位子向来空着。从此他就是我的新同窗了。

下课铃一响,我就急着问他:"喂,你是不是高福平?"他点了点头,轻轻地说:"是哩呢。"哎哟,讲的尽是乡下话。同学们围了上来,听他讲的是乡下话,都有点小看他。班级里两个有名的坏小子举起拳头给了他两拳,没有什么反应;又是两拳,"乡下人"看看我们,没响;再是两拳,"乡下人"愤怒了,脸色涨得通红,一把抓住两个坏小子,一手一个,操着乡下话说:"去找老师,走!"说着把两个人拖走了。"真是牛力气!"同学们纷纷议论。到了老师那里,他却像哑巴吃了黄连——有苦说不出。结果反而被老师批评了一顿,真是自讨苦吃。"乡帮"到我们班级第一天,就闹了一场笑话。

雨,倾泻的雨,送来阵阵凉意;雨,寻常的雨,纷纷跳落在疏枝上,草叶间,田野里,马路旁,一切都在这急速下坠的雨中静默。屋顶上,飘动着一层如烟似雾的"白纱",草叶上滚动着钻石般点点光亮的水珠。雨丝,密密的,斜斜的,渗进大地，仿佛要让枯草复活，让落叶再生……

透过密密的树叶缝隙看去，就见远处有一只白鹤立于亭顶之上，大有鹤立鸡群之势。走近一看，这白鹤越发显得奇了：它一腿直立，一腿屈于前，翅膀张开，大有一跃即飞，一飞不返之势，既有金鸡独立之姿，又不乏白鹤亮翅之形；它昂首南望，似有所托，形神兼备，令人叫绝，再加上阳光为它镀金增色，就愈像活的一样——当时我还真怕它会"远走高飞"了呢！

这就是白鹤亭上的骄子——白鹤。

学生写观察所得，教师要注意反馈，肯定他们善于使用自己的眼睛，摄入种种物象，并能抓住主要特征来表达。

2. 加强目的性指导。中学生观察的目的性的发展有一个过程，他们往往从被动地接受教师或家长的任务而进行观察，逐步发展到主动地自觉地进行有意识的观察。教师经常进行目的性观察的指导可有效地发展学生的自觉性，加速由被动向主动转化。

一般来说，学生观察的兴奋点在视觉，往往忽略"听"的重要。其实，"目睹"重要，"耳闻"也同样重要，都是获得写作素材、认识生活的重要渠道。为了纠正学生观察事物、观察生活的不自觉的认识上的误差，可组织学生有目的地听，根据从"听"中吸收信息的情况进行指导。比如：组织学生听《跨世纪的学生必须掌握哪些技能？》的短文（江世亮，摘自《未来学家》）。听前，进行简单的指导，告诉大家文章结构十分简单，并列式地一一举出学生所需掌握的技能，听时要抓住要领，不可糊成一片。摘录的短文是这样的：

能使学生进行有效交流的写作技能。写作有助于人们在整理思维、组织思路和进行比较过程中培养首创精神。

泛读和理解的技巧。阅读是教育的中心，也是读写能力的主要要求之一。如果儿童要想在21世纪大有作为的话，他们就必须很好地掌握阅读能力。

运用数学、逻辑学和推理的技能并通晓统计学。数学是一种语言，是一种交流和认识世界的方法。掌握数学的概念、运算和解题能力对一个真正有文化的人来说是至关重要的。

包括应用科学在内的科学基础知识。科学发现已使世界发生了深刻的变化。能否保持科学上的领先地位直接关系到一个国家维持稳固经济的能力，并且可能决定这个国家乃至地球是否能继续生存下去。因此，科学教育是必不可少的——从科学原理、应用科学到新的理论。

运用计算机和其他技术的技能。技术可以促进学习积极性，帮助学生进行研究和获取信息，并利用资料回答问题和解决难题。

利用技术进行有效信息存取和处理的能力。现在的学生不费吹灰之力就可以得到大量信息。为此学生必须学会怎样处理和利用他们每天获得的往往相互矛盾的大量信息。

了解世界历史和国际事务。许多技术、经济和环境问题是超越自然和政治边界的，这些问题对我们每个人都有影响。了解它们有助于学生了解其他民族并维护世界和平。

世界地理知识。缺乏世界地理知识妨碍我们了解日益缩小的世界，这种障碍会使我们付出昂贵的代价。学习地理知识有助于学生了解正在影响地球未来的世界各国人民之间的关系。

外语知识。掌握多种语言除了有助于我们了

解和重视邻国外，还有助于提高本国经济竞争力。

口头和书面表达技能。清晰的交流是成功的关键，从面对面交流到通过电子系统交换信息等。表达清楚的人同样也是思维清晰的人。口头和书面表达能力有助于使人获得并保持职业的技能。

自律，对行为负责，并具有运用伦理准则以及制定和评估目标的能力。学生要想在21世纪立足并大展宏图，必须严于律己。如果不能严于律己，天才也会白白浪费。律己有赖于道德准则以及制定和评估他们朝着自己目标进展情况的能力。

适应性和灵活性。

重要的人际交往能力，包括说、听以及使自己成为集体一部分的能力。与不同的人有效地协同工作和打交道，这种能力是知识、技能和行为的重要组成部分。

乐观看待人生，树立终身学习的目标。

听完后要求学生写篇作文，说明跨世纪学生须掌握哪些技能及为什么必须掌握这些技能。学生听得十分认真，写，按理说应该问题不大。然而，写成后一对照，距离不小。首先是不周全，遗漏甚多。短文中讲述了14项技能，有的只记住了一半。其次是夹杂纠缠，有把两个技能变成一个，如将"运用计算机能力"和"利用技术进行有效信息存取和处理的能力"混成一个，有把阐述为何须掌握某种技能又单列为一项。于是，再放录音，要求学生边听边与自己的作文对照，纠错补漏。要求听真切，不走样，无差错，不曲解原意。这次听，目的性更强，学生"听"的注意力就更集中了。一般来说，学生熟悉的事物容易记住，不熟悉的不易记，因而从"听"获取信息的多少与听的人知识储备的情况关系密切。听的时候如何"记"又是一个问题。听的时候，一方面在储存，一方面在舍弃，既储存要点，对非主要的枝节、对重复的内容又要毫不可惜地弃除。听，要有这个本领，使自己的脑子成为分析器，把有用的信息储存起来，把不重要的东西分解出去，以提高记忆的效率。总之，要"听真切，无差错；抓要点，梳条理；既储存，又舍弃"，才能提高听的能力，听的质量。

引导学生进入有意知觉的轨道，不能空讲原则，要依托具体的人、事、景、物进行具体指导，学生看得见、摸得着，就会逐步养成认真观察、仔细观察的良好习惯。

二、激励学生练就一双敏锐的眼睛

观察重在发现，要发现，就要练就一双敏锐的眼睛。要经常激励学生观察时要讲究准确度、细密度，尤其要讲究敏锐度，能作出快速反应；要启发学生见到别人之所未见，学会从平凡的事物中看出不平凡的东西，自觉地去探求和发现事物的因果关系。

杜甫的《观公孙大娘弟子舞剑器行》诗的序中就说道："往者吴人张旭，善草书书帖，数常于邺县见公孙大娘舞西河剑器，自此草书长进，豪荡感激，即公孙可知矣。"张旭，是唐代书法家、诗人，苏州吴人，自称看了公孙大娘的剑器舞，草书书法受到启发，豪放飞动。这是古人善于发现的极其生动的一例。要学写作文，就要练好观察的真本领。

1. 见人之所未见。能在最短时间内抓住事物的主要特征。特征是这一事物区别于类似事物的关键所在，有时它是显露的，有时它是隐藏的，不具备洞悉它的眼力就不可能有观察的质量。一名画家，只要盯住某棵树、某个人的面孔注视几分钟，就能用线条迅速地勾勒出形象。什么道理呢？有眼力，能抓特征。学生平时常做观察洞悉力、穿透力的训练，下笔写作，生动的语言就会涌到纸上。如："青菜炒得真好，碧绿，细胞还活着呢！"显然，"细胞还活着呢"这一句非常精彩，不仅刻画出菜的诱人的"碧绿"，而且显示出菜的生命气息，给人的感觉是有趣的、灵动的。

又比如，有的学生写课堂小景，只疏疏几笔，就绘出多人的生动形态。以下是片段：

> 从清晨到傍晚，只有上课的时候是宁静的。一到课间和放学以后，各色人物一齐出场，各显神通。集邮家们大呼小叫，大肆拍卖自己的"狗皮膏药"；"打手们"我推你绊，鏖战一场，然后便是亲热地抱成一团儿。
> 课堂上大家盯着老师看，竖着耳朵听。虽然举手的人不多，但看得出"机器"早已开动。你看孙栋听到出神的地方，张着嘴，拿着一条手绢塞在嘴里，生怕"啊"出声来。再看，张浩双手托着眼镜脚，身子前倾，紧盯着黑板，脸都不由得由白变红了。

细节是生活的露水，学生观察周围的人和事，能把握住细节，摄入眼帘，说明观察的能力由粗疏向细密转化。观察不仅可以汲取知识、积累素材，而且观察中思维可以活跃起来。知识借助观察而"进入周转"，提高使用的效率。知识储备越丰富，观察越能深入，进入周转的知识越多，观察就越深入。"本子"是学生学习生活中每天都要接触到的东西，许多人对它们熟视无睹或睹得不多，而精于观察的学生却能从这"小天地"中发现"大世界"。

本子里的世界

> 书本，书本，本子总是被委屈地挤在后面。但比起书来，我们对它却更为亲切：在这里，"编者"是我们；"印刷"也是我们。每个人的本子上，流淌出各种不同的旋律。翻开本子仔细看看，就会发现一片五彩斑斓……

高中生的本子，确实比在初中时整洁多了。让我吃惊的是，许多男生的字迹竟如此悦目，与以前取笑的"甲骨文"有着天壤之别。看来，须眉的确不可小觑呀！男生的字大都方方正正，笔画之间会有绵延不绝的连线，粗一看，还以为是个迷宫。而女生的字，总那么秀气，一个个密密地挨着。偶尔会冒出一两个极繁或极简的异体字，让人一怔。瞧，角落里淡淡地用铅笔打着的草稿，一定是哪个懒虫图方便忘了擦；整道题被重重地画叉，又补在最后。本子上最醒目的，要算红笔留下的痕迹。一个勾，一个叉，一个"优"，一个"重做"，便是对这篇"作品"最威严的评价。

在本子中最具特色的，不是哪门主课的作业本，也不是随笔本，而是平时谁也没放在眼里的——草稿本。因为没有了那威严的评价，"便觉是个自由人"，这里的世界由我主宰。于是，草稿本被当成了方向盘，360度随意旋转着留下痕迹。

里面，会漏出几句歌词，用钢笔认认真真地写着正楷，一面练字，一面记歌，如此美妙之事，定是上课"闲"得无聊的杰作。女生们另有解"闷"良方：仔仔细细勾勒出一张美女图，再添上几滴忧愁的泪水——郁郁寡欢也。男生呢，在草稿纸来源告急，考试即始的"危急"情况下，满教室地奔走借纸。这时候，是不是也会慨叹：自己怎么没想到准备草稿本呢？

草稿本不仅不可少，而且还是课堂上最好的通讯工具。同桌之间急需交流，而老师又在"努力"地寻找能"杀一儆百"的对象，便在本子上奋笔疾书。为了表达得简单而准确，常常会中文洋文一起上，结果意思是清楚了，字却龙飞凤舞，让人琢磨半天。唉，顾此失彼啊！

　　草稿本不需要统一的规格，它的组成也五花八门。最正宗的是用雪白的纸整整齐齐订成一本。而更多的是某某厂、某某公司的报表便笺，一人一个样，绝不雷同。正因为原料充足，大家打起草稿来便是真正的大手笔：一个算式便判了这张纸的"死刑"。有些报表的空格，则寄予我们极大的想象和希望。如一张评分表格，名字：填上自己的大名；分数：往往是"100"或在后面加上更多的"0"。

　　再仔细的学生也不会有一本别人看得懂的草稿本。因为里面藏着的，是一个个不为人知的故事。翻开自己曾写满了的作文本，除了一些高分能令我微笑，我更为一篇篇过于规则的文章而感到隐隐的失落。但如今翻开这从未注意过的草稿本，我会发现无处不在的闪光点，虽不能算太亮，却给我一次又一次的惊喜。嘀，原来无心插柳，柳却会成荫！

　　心，需要放飞，放飞的心才会翱翔得更高。随意和真实，也能组成另一道绮丽的风景。合上本子，我这样想。

　　对学生来说，草稿本是极其普通的东西，然而，对于善于观察的有心人来说，就可发现其中许多奥秘。这个"大世界"里充满了情趣，充满了个性，充满了多种多样的人际关系。正因为发现了本子中的种种珍宝，写的人充满了愉悦，写的文章也就成为佳作。

　　2. 要看到事物的总体和各部分之间的逻辑联系。学生在进行单体观察或进行多体观察时都会碰到总体和局部的问题。学生常常被鲜艳的色彩、事物主要的特征所吸引，而只见树木，不见森林，只见自己感兴趣的，而丢了许多必须看到也应该看到的东西。因而，指导学生观察，锻炼学生眼力，不能只局限于抓住事物的主要特征，还要引导他们把认识世界的窗户全部打开，不能有的开，有的闭，只把部分图像摄入脑内。为了锻炼这方面能力，可从一张小小的照片、小小的图片入手，指导学生观察，把观察所得写成文章，然后图文对照，文文对照。可一人一张图片，也可数名学生观察一张图片。例如，指导学生观察精致物品。一人一张或数人一张彩色明信片，上面拍摄的是各种各样的工艺品：各种玉雕、竹雕、瓷器等，线条清晰，轮廓分明，工艺品制作的技艺精妙绝伦，观赏它们就是艺术享受。

学生就观察所得，写了作文。于是，组织学生图文对照，文文对照，加以评析，从中体会到该怎样观察。下面是两篇《荷花鹭鸶》的习作：

（一）

中国的雕刻艺术是世界上首屈一指的。白玉雕刻也十分出色，荷花鹭鸶是其中杰作。因为白玉雕刻是比较珍贵的工艺品，所以我未能目睹其真容，实为婉惜，只能借图片观赏它的姿容。

整个工艺品可分为主体和基座两部分。主体是白玉雕成的，基座则是由红木雕成。

主体由荷花、绿叶、鹭鸶、石柱组成。主体中央是一个石柱，一只鹭鸶站在石柱上，花叶间露出它细细的长腿，它转回头，半张着嘴，好像在水中寻找着小鱼儿。右下方站着一只昂着头、张着嘴的鹭鸶，看它那高傲的样子，想必已美餐了一顿，而现在正嘲笑着那只想觅食的伙伴呢。最底下右侧有一只鹭鸶浮在水面，看它那模样，似乎是一个文静的小姑娘。左侧还有一只正回转头欣赏着荷花呢。这四只大小不等的鹭鸶各具神态。在石柱和鹭鸶的周围还长着一些荷花与绿叶，荷花那"出淤泥而不染，濯清涟而不妖"的气质无不毕现。它们是那样的纯洁,"中通外直""不蔓不枝""亭亭净植",看着它们,我似乎真的来到荷花池边,置身于美的包围之中。

底座呈深褐色,由于光线的关系未能辨清图案,但我通过凹凸面可以想象出在那"肥沃的土壤"中一定有许多蚯蚓、蜗牛……

从整个画面看,"荷花鹭鸶"这座玉雕不仅雕刻得精致,而且在光泽上颇有吸引力,能给人以美的享受。

（二）

玉石雕刻是我国传统工艺之一,历史悠久,技艺精湛,独具民族风格。我有幸看到上海的玉雕制品,心里真是高兴。

我尤为欣赏的是一尊"鹭鸶戏荷"的玉制品。它长约十二三厘米,宽三厘米。它分为两大部分,上为主体,下为基座。主体为白色和淡翠色,基座为赭红色,颜色素而明,风格清而新。基座线条挺拔柔和,中间刻有一展翅欲飞的蝴蝶。主体部分由初露芳华的荷花和悠闲自得的鹭鸶构成。朵朵荷花各具情趣：有的歪着头似与鹭鸶私语；有的昂着头仿佛要让人看个饱；有的低着头好像是个害羞的姑娘；更有那么几个,紧挨着头显得非常亲密。那两只小生灵呢？居然也挤在它们底下,俨然是卫士,守护着它们,可谓引人入胜。再看看雕刻的技艺,用四字概括：精妙绝伦。茎茎叶叶互不盘曲,中通外直。花骨朵上的茎丝,精工细琢,线条分外明快。花叶刻得惟妙惟肖,简直到了乱真的地步。作品透明而具有光泽,胜似黑龙江的冰雕。整个主题歌颂了荷花圣洁高尚的品质。

上海玉雕名不虚传，我赞赏它在工艺品中的佼佼者地位，我更赞叹精心雕塑它的工艺师。

不难看出，（一）（二）两篇习作写的是一张图片中的玉雕，与图片比较，文与文比较，就可发现其中遗漏和不妥之处。这座玉雕是鹭鸶戏荷，主体由鹭鸶和荷花构成。究竟有几只鹭鸶，各具什么神态，须仔细观看，总体把握稍一疏忽，就把藏身荷叶下半露出的头、身遗漏掉，或者误把鹭鸶的脚看成荷花的茎。习作（二）里少了两只鹭鸶，大概就是这个缘故。习作（一）中看出了大小不等的四只鹭鸶各具神态，总体把握较好。荷花也是这座玉雕中的重要形象，习作（二）看得精细，写得也活泼，荷花与荷花，荷花与鹭鸶之间有联系，有交流。习作（一）在这方面就比较缺乏，花归花，鸟归鸟，各部分之间缺少联系，就构不成艺术的整体。有的虽注意到部分与部分之间的关系，但与画面形象不符，与事理不符。习作（一）中的石柱上的鹭鸶"转回头"，"半张着嘴，好像在水中寻找着小鱼儿"，表达上有几个误差。石柱顶端是玉雕的最高点，鹭鸶站在上面，与荷花、荷叶有相当距离，怎么够得着水呢？再说，既然是"半张着嘴"，又怎么在"水中"寻找着小鱼儿？嘴没在水中，就看不见它"半张着"。至于"转回头"，与刚才说的连在一起，就更难理解了。观察要准确，要符合实际情况，不能凭想象。"蚯蚓""蜗牛"的想象也不合适。

对事物的总体把握其实不仅是形态，质量、光泽、色彩等都应仔细观察，准确把握。

观察一张图片不过是一个"点"，通过这个"点"的解剖，就会懂得：锻炼眼力，要反复观察，巨细不漏，既要看整体，又要看局部，细微处尤其要看真切。从"点"领悟到观察的要义，再扩展出去，观察自然风光，观察城乡风貌，观察人物，观察世事，一步一步深入，目光就会敏锐起来。

三、
指导学生弥补疏漏，纠正无序

学生随意性的观察，事物看不准确，看不周全，这是可以理解的。可为什么有目的地观看某些事物，仍然会出现丢三落四的情况呢？除漫不经心外，观察顺序的混乱也是重要的原因。老舍先生说过，观察事物，必须从头至尾，寻根究底，把他看全，找到他的"底"，不知全貌，不会概括。观察如只注意一鳞半爪，不按一定的顺序，留在记忆中的必然是破碎不全的印象，不可能形成质地优良的材料。观察细致，观察有序，笔下就会出现灵动的形象、生动的场景。冰心《观舞记》中写印度舞蹈家卡拉玛·拉克希曼舞蹈的场景就是生动的说明。

> 她用她的长眉，妙目，手指，腰肢，用她鬓上的花朵，腰间的褶裙，用她细碎的舞步，繁响的铃声，轻云般慢移，旋风般疾转，舞蹈出诗句里的离合悲欢。
> 我们虽然不晓得故事的内容，但是我们的情感，却能随着她的动作，起了共鸣！我们看她忽而双眉颦蹙，表现出无限的哀愁；忽而笑颊粲然，表现出无边的喜乐；忽而侧身垂睫，表现出低回婉转的娇羞；忽而张目嗔视，表现出叱咤风云的盛怒；忽而轻柔地点额抚臂，画眼描眉，表演着细腻妥帖的梳妆；忽而挺身屹立，按箭引弓，使人几乎听得见铮铮的弦响！像湿婆天一样，在舞蹈的狂欢中，她忘怀了观众，也忘怀了自己。她只顾使出浑身解数，用她灵活熟练的四肢五官，来讲述着印度古代的优美的诗歌故事！

显然，这里描绘的是飞动的美，而这种飞动的美如此活灵活现，除高超的语言修养外，基础是扎实的观察本领。(1)观察有序。从头部的长眉、妙目到手指到腰肢，自上而下。衣服、装饰，从髻上到腰间，也是自上而下。(2)正是由于观察有序，就不会遗漏，就看得全面。"双眉颦蹙""笑颊粲然""侧身垂睫""张目嗔视""点额抚臂""画眼描眉""挺身屹立""按箭引弓"，种种情态尽收眼底，而这些情态又在瞬息之间变化，六个"忽而"准确地传递了这方面的信息。如果没有敏锐的目光和敏捷的思维，要看得那么全面，辨别得那么细微，是不可能的。(3)观察有独特的发现，无丝毫疏漏。一般说，观看舞蹈，多注意舞姿、舞步，四肢的舞动是重点。而这儿不仅写四肢，更写五官，是"灵活熟练的四肢五官"讲说优美的诗歌故事。"无限的哀愁""无边的喜乐""低回婉转的娇羞""叱咤风云的盛怒"等都是通过面部表情的观察，作者独特的发现。而"花朵""褶裙""铃声"和"四肢五官"糅成为美妙的整体，刻画出诗句里的悲欢离合，构成了丰满的形象，飞动的美。

应该说描绘舞蹈的飞动的美，难度很大，对观察能力的要求特别高。如果不敏捷，不讲有序，不细致，写出来必然漏洞百出，乱了套。以此为范例，指导学生如何有序地观察，可使学生有所感悟。

事物本身是复杂的，尤其是对多体事物的观察特别要讲究顺序，有条不紊。须经常提醒学生，观察时要注意拉几条观察线：

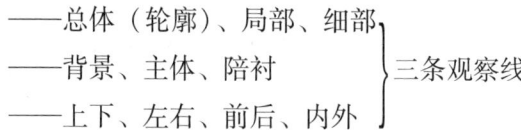

三条观察线组成观察视线网，依序观察，整体把握，就能克服观察时的跳跃性，克服杂乱，克服疏漏，把观察对象全面捕捉到眼帘。

学生习作中的疏漏及时评析，帮助学生重新认识所写客观事物，也是纠正无序、纠正杂乱的有效方法。如组织学生观赏菊展，要求学生写一篇《竹影赏菊》，写时弄清楚菊展的方位、布局。这类习作最容易犯的毛病就是疏漏与无序。教师选几篇加以剖析，可使学生从中获得启发。可请学生根据回忆简单地勾勒出"竹影赏菊"展览的平面图，包括草坪与房屋，房屋内包括前厅、回廊、院落、后厅。如图1：

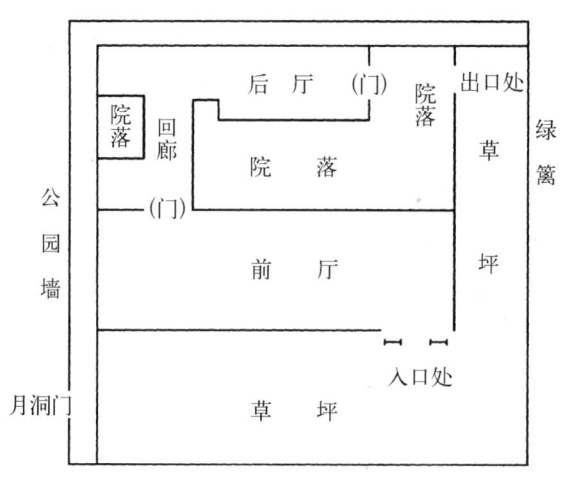

图1　菊展的平面图

平面图勾勒出来以后，图文对照，文中弄错的、遗漏的就一目了然了。如有的习作中写"穿过草坪的月亮门，来到一个宽敞的大厅"，显然与实际情况不符，因为穿过月洞门（不是月亮门）要经草坪向北走才到大厅的入口处。又如说"走过大厅，来到一个屋子"，什么屋子呢？使人费解，原来是在回廊的一侧布置了一个小小的院落，有假山有泉水，池中有睡莲，池边有菊花。再如说"在门前有一片大立菊"，是哪个门前？是入口的门，还是出口的门？未交代清楚。大立菊和成千盆菊花堆成的塔菊亭是布置在草坪上的，在草坪的东侧与西侧。弄清楚方位、布局，下笔才会清晰。

这次习作要求说明的重点是"竹"和"菊"，菊为主，竹为陪衬。要认清和抓准它们的表面特征。竹篱、竹架、竹丛、竹筒、竹筏、立菊、悬菊、盆菊、竹筒插菊等的色彩、形态要认识清楚。有的习作中写菊花花瓣"或呈蓬状，或如狭带，或似长须，或成匙状，或如托冠"等就抓住了菊花形态的特征，有的就写不清楚。竹子也好，菊花也好，展览的类别很多，形态各异，习作中充分反映的不多。有些只写立菊、盆菊、悬菊、竹筒插菊等不见了；有些只见竹架、竹丛、竹筒、竹筴等遗漏了。究其原因，是"背景、主体、陪衬"这根观察线没拉好。眼睛只盯着"菊"，壁上的字，所挂的对联都忽略了。如"秋菊有佳色，月地画霜花"，屈原的"朝饮木兰之坠露兮，夕餐菊之落英"，陈毅的"秋菊能傲霜，风霜重重恶。本性能耐寒，风霜其奈何"等未入其中，究其原因，不是一掠而过，未加注意，就是只顾下面，不看上面，没有有顺序地观察。

学生集体回忆菊展的情景，图文对照，你一言，我一语，找到毛病的症结所在，印象深刻。经常进行训练，疏漏、无序的毛病就大大减少。

第二节
启发学生探求生活中的独特感受

观察，就是要有所发现，在任何事物里，都蕴含着未曾被别人发现的、写过的东西，长时间地注意观察，就会把它发掘出来。也就是说，观察不能用别人的眼睛，更不能人云亦云，要用自己的眼睛去看别人见过的东西，摒弃司空见惯的泛泛之说，找到自己特有的感受。

有独特感受的文章，就有个性，就有可读性，因为这是写自己的思想、自己的感情，是"我"这一个，而不是"我们""你们""大家"。重视和培养学生探求生活中独特的感受，养成良好的习惯，就能从根本上杜绝写作上抄袭和照搬的弊病。

怎样启发学生探求生活中独特的感受呢？

一、
指导学生在身入生活的同时要心入生活

生活是无字书，这部书博大精深，要读懂它，身入生活远远不够,须心入生活才能尝到其中的甘甜。生活中的材料像空气中的水珠一样,似乎看不见,但经过雨后斜阳的照射就会显出美丽的彩虹。生活中可入习作的材料比比皆是,无论是自然景物,还是社会上的人和事,只要做有心人,细细观察,处处留意,就可吸取到丰富的养料。怎样做有心人,怎样心入生活呢?

观察时不仅用感觉器官,即不仅用眼看,用耳听,用鼻嗅,用手触摸,更重要的是用"心"。比如,对某一事物连续观察,追踪观察,用自己的经验和感受来解释它,一直到发现别人没有发现的或没有说过的东西。这种发现就是个人独特的感受、独特的体验。不用说校外的大千世界,就是学校生活的某一丁点,只要用眼用耳用心,也会取得极其有趣的生动素材。如:

燕子在我们教室门前做窝

一对燕子在我们教室的走廊里做窝。从侦察环境,到选择位置,到清理地基,到衔泥构筑,五天时间便告竣奏凯了。有人赞美窝儿精巧,有人赞美燕子勤奋,我更钦佩的却是这小小的一对竟在我们教室门前安家落户的勇敢、见识和自信。

试想,我们这些十四五岁的中学生,既好奇,又好动,还有出名的"弹弓手",一下课,便蜂拥到走廊上跑跳打闹,即使有个小粉蝶飞过来,也会掀起一阵扑捉的狂热,而这对小燕子却全然不怕,何等勇敢。

然而,它们也一定知道,我们这里虽然人多不安静,可都是有文化、讲文明、守纪律的中学生,对人类的"益友"岂肯加害?而且,正由于我们"不安静",在这里才没有猫的出没,蛇的暗算,各类天敌的威胁。这对小燕子之所以勇敢,正是因为有这个见识。

说它们自信，是说它们相信自己"行得正"。"爱人者，人恒爱之；害人者，人恒害之。"小燕子有益于人而无求于人，终生扑食蚊蝇，美化环境，能得万物之灵的人之爱，岂不是最大安全？和人做伴，与人为邻，便在情理之中了。

由此想到麻雀，麻雀自知"行不正"，所以只好偷偷摸摸住墙洞；鹦鹉虽"行不邪"，却又太过娇爱无大用。而燕子，在益己中益人，在益人中益己；于功无所恃，于利无所争，怎不深得人的喜爱而加倍尊重它们自由选择的生活呢？

这对小燕子在我们教室门前飞来飞去，虽然那矫健的身影，呢喃的话语常使我们在课堂上禁不住向外张望，却使我们受到不少启迪，学到了书本上没有的知识。我担心学校卫生大扫除时有人把它们的窝捅掉，便写了这篇小文，希望登在班报上，也希望有更多的同学能就"燕子为什么敢在我们教室门前做窝"这件事，写写自己的观感。

　　这篇短文写的是教室门前的小事，尽管出于十四五岁的中学生之手，但活泼生动，生活气息浓，又耐人寻味。究其原因，小作者心入生活，有自己独特体验。

　　别的学生看到燕窝的精巧，从燕窝看到燕子的勤奋，而小作者却看到了别人所未看到的燕子的"勇敢"。海燕，搏击暴风雨，勇敢是众所周知的；家燕，小燕子，说其勇敢，实为罕见。可小作者自有其看法，认为小燕子敢于在人声鼎沸的教室门前做窝，就是勇敢的表现。如果仅写这一点，感受仍比较单薄，为此，文章深入一层，再写自己的体验——燕子有识见，对敌对友均有认识，故而敢于在"闹"中安家，以求安全。这确实是在观察的基础上深入体会有所感悟的结果。接着再深入一步，从理性上讲述人与小生灵之间的关系，并与麻雀、鹦鹉作比较，刻画燕子的自信，从而把燕子做窝这件小事的内涵大大加深、大大扩展，给人以有益的启示。小作者之所以会有自己独特的体验和感受，是因为：

首先，他善于从生活中抓材料。发现一对燕子，便连续观察，于是燕子"从侦察环境，到选择位置，到清理地基，到衔泥构筑，五天时间便告竣奏凯了"的材料进入文章，过程清晰，要言不烦。

其次，善于把眼前从生活中的观察所得与往常在生活中的观察所得结合起来运用。下课时走廊里跑跳打闹及扑捉小粉蝶的狂热情景为日常学习生活中的常事，他看在眼里，记在心里，与眼前发生的事沟通、联系，眼前材料蕴含的深意极其自然地得到揭示。

再次，观察的对象不拘泥于某一点。既观察燕子如何做窝，又观察它们飞来飞去矫健的身影和呢喃的话语；既观察同学对燕子的赞美，又观察同学在课堂上禁不住向外张望的情景；既表露自己观燕子做窝的感受，又猜度燕子的心情与胆识。人与物，人与人，个体与群体，彼此之间的关系，均用"心"作了观察，进入文章，构成有机的整体，各自发挥作用。

善于调动知识储存为眼前的材料服务，从而深化材料的价值。燕子的"行得正"，"终生扑食蚊蝇，美化环境"，"麻雀自知'行不正'，所以只好偷偷摸摸住墙洞"，"鹦鹉虽'行不邪'，却又太过娇爱无大用"。这些知识都储存在小作者的脑海里。由眼前燕子做窝的事儿触发，这些知识从脑中小仓库里跳跃而出。通过比较，展开议论，赞美燕子勇敢、有见识和自信的主旨就突显在读者眼前。

由此可知，指导学生心入生活，不是在概念上兜圈子，而是须具体指导，如怎样反复观察，连续观察；怎样把眼前生活与往昔生活沟通、联系；怎样总体把握与突出个性；怎样物我双汇，知己知彼；怎样调动自己的知识储存等，经常结合作文实例引导、启发，学生就会逐步体会用眼观察重要，用心观察更为重要，就会逐步提高观察和体验的能力。

二、
启发学生学会多角度多层面的体验，注意捕捉灵感，捕捉思想火花

人、景、事、物是复杂的、多彩的、纷繁的，要真正认识它们的真相，浮光掠影不行，抓住一点，遗漏其余也不行。观察时注意力不能集中于某一点，也不能只局限于某个角度某个层面，要转换角度，看到事物的诸多方面，也就是要多角度多侧面地观察。为了让学生在这方面获得观察的经验，可有计划地启发他们做如下一些训练：

正面	背面	侧面		
形态	色彩			
质地	数量			可启发学生独自观察，独自体验；可数人一起观察同一件事、同一个人，进行讨论、交流，寻找观察的共同点及各人独有的发现。
俯视	仰视	平视	环视	
远观	近觑			
静态	动态			
定点	移步			
浅层	深层			
……				

训练观察能力，不能一股脑儿搅和在一起，要有重点，目的明确。

转换角度看，重在整体把握，对事物的认识不是平面的，而是立体的，避免认识的片面，避免挂一漏万；多层面观察，是把事物拆开来看，目的在洞悉底里，发现特征，把握特征。二者结合起来，观察的人、事、景、物就真实、灵动，个性鲜明。下面是一篇习作《泣血的雨花石》：

　　我爱雨花石。小小的石头里，竟蕴含着一个美丽的世界：有的隐隐约约似少女婀娜的身影；有的探头探脑，如刚出壳的小鸡，兀的突出一点儿

嫩黄……自然，我就特别想到南京去。

果然，南京的大街小巷到处都是兜售雨花石的小商贩们。雨花石乖巧地躺在小桶里，色彩缤纷，各式各样。我一路上兴致勃勃，大饱了眼福。不知不觉中，我已来到了江东门。在这里，有种雨花石特别漂亮，叫作血石。它晶莹剔透的身躯里有着星星点点、丝丝缕缕的鲜红，在乳白色的衬托下显得艳丽无比。我挑来选去，买了整整一包。抚摸着光滑的石面，我如获至宝似的兴奋。

就在此时，一座纪念馆矗立在我眼前。纪念馆以石砌成，显得凝重、肃穆。在我找到纪念馆大门的那一刹那，我呆住了。大门上，厚厚的石块把突兀出来的"30万"拥得触目惊心。"30万"，在惨绝人寰的日寇的暴行下，30万有血有肉无辜的南京市民被杀害。我定定望着那巨大的数字，眼睛发胀，心在抽搐。我不由得攥紧了血石。

纪念馆里有一片很大的广场。四周空荡荡的，没有纸牌，没有说明，只在广场四周，刻满了浮雕；在广场里，堆满了雨花石，而那最上面的一层，就是血石！

我的眼泪一下子涌了上来。那斑斑驳驳的鲜红就像血一样，淹没了整个广场，洋溢在我周围，浸泡着我。30万人啊，中国人屈辱的血液从他们身上喷射出来，飞溅着，愤怒却又无助地冲刷着本是洁白透明的雨花石，直至把它们染成血红。千万人被屠戮的场面仿佛出现在我的眼前：叫声、哭声、笑声，混乱而又肮脏……狞笑的、恐惧的、哭喊着的面庞在我面前交错出现，几乎使我窒息。四周，那深深突兀出来的浮雕更使我艰于呼吸视听：不满周岁的婴儿在自己撕心裂肺哭喊的母亲面前被砍成两半;银丝满头的老人紧紧抱住死去的黑发儿子;相拥着的恋人被一刀刺穿;衣衫褴褛的妇人们在淫笑中紧紧护住身体;大肚子的母亲被一刀刺穿了肠子;还有那不懂事的孩子们惊悸的眼睛;还有,那双独独伸出的痉挛的双臂,仿佛想要抓住什么,想要什么人的拯救……他们在我眼前晃动着,我心中充满了耻辱与恐惧,我也成了其中的一员,只想跑,只想逃,可却一动不动地站立在广场中央……

我喊不出叫不出,只攥着血石,眼中的血石渐渐模糊,它们似在呐喊,在哭泣,在凄厉地呼喊:不要忘记!不要忘记!不要忘记!!……

我蹲下去,把手中的血石放在石堆上。它们,本该属于这儿。

广场旁,一堆堆白森森的骨架,狰狞着,令人不寒而栗。我无法承受,生与死的界限,竟是裹挟着这样的耻辱与痛苦;一个个生灵,竟然就这样消失了!骨架旁,停栖着数万只鲜红的纸鹤。那是忏悔的日本人祝福平安的吉祥品。而放在这里,却只让我感到深深的哀痛!

我茫然走出纪念馆,依然战栗着,不能自已。

泣血的雨花石,我永远不会忘记你。

文章跌宕起伏,感情浓郁凝重。观察时采用了移步换景的办法,由南京的大街小巷到江东门,到纪念馆;由纪念馆大门到广场;由广场四周到广场里、广场旁。写雨花石,有形态,有色彩,有亮度;写时注意选择性,突出血石,淡出其他雨花石;观察浮雕,采用拆开来的方法。婴儿、老人、妇人、大肚子的母亲、孩子,他们本该有自己的生命、自己的生活,却惨遭日寇侵略者的屠戮。动作、神态的描写展现了一幕幕人间惨象,令人战栗,令人愤恨满腔。而这些描写是在环视的基础上再一个个正视后幻现在眼前。

　　这篇习作之所以能给人以震撼，是由于观察时情注其中，将自己的情感投射到被观察被描写的对象身上，产生了独特的体验。原本只觉得雨花石美丽，使自己尤为兴奋的是血石的艳丽无比，仅仅是观察所得的表象；参观纪念馆，对血石的来由洞悉底里——"30万人啊，中国人屈辱的血液从他们身上喷射出来，飞溅着，愤怒却又无助地冲刷着本是洁白透明的雨花石，直至把它染成血红"，震惊，愤懑，情溢纸上；一副副遭日寇屠戮的惨象，一堆堆白森森的骨架，堆满了广场的雨花石、血石，激起了小作者波涛般的感情，愤怒、哀痛，对侵略者刽子手的强烈控诉，对刀枪下屈死的冤魂寄予不尽的同情与哀思。文章情铸成，观察时情注其中，因而有"我心中充满了耻辱与恐惧，我也成了其中的一员，只想跑，只想逃，可却一动不动地站立在广场中央"的体验；因而有血石"似在呐喊，在哭泣，在凄厉地呼喊：不要忘记！不要忘记！不要忘记！！"的猜度；因而有"我蹲下去，把手中的血石放在石堆上。它们，本该属于这儿"的举动。对雨花石由表及里的认识，对血石的从挑选到放下，经历了感情的惊涛骇浪，而起关键作用的是纪念馆大门上突兀出来的触目惊心的"30万"。

　　从这个例子中，我们可领悟到指导学生多角度多层面观察，不仅是技能技巧问题，还要十分注意启发学生情感的体验。文章不是无情物，任何一篇佳作都是情动于中的产物。生活正是激起感情的源泉和基础，广泛地接触生活，心入生活，感受各种生活层面给予的不同的情感体验，笔下就会出现有真情实感的文章。

　　至于捕捉灵感，捕捉思想火花，不是脱离观察、脱离体验，另搞一套，而是与观察、体验紧密相连。观察得愈细致、愈周全，体验得愈深刻、愈真切，人就会进入超水平发挥的程度，就会闪现出思想的火花。这篇习作的小作者因观察时全身心投入，体验到被杀戮者的痛苦、无助、惊恐、愤恨，体验到被杀戮者对生的企求，对活的期盼。因而，超越了现实的"我"，成为被害者行列中的一员，这就是思想闪发的火花，捕捉住，就大大增添了文章的深度、文章的感染力。又如把血石放到石堆里的举动，看似轻轻一笔，实则颇有匠心，颇有灵气，原本只是赏物、爱物、玩物，而今是刽子手杀人的铁证，无辜者流血的永恒的纪念，放在该放的地方，使活着的人刻骨铭心。这一"放"，也可说是写作上的灵感表露。

值得注意的是：灵感、思想火花的产生往往在瞬间，在脑子里一闪而过。要敏锐地善于捕捉，在脑海里像放电影电视一样，及时地"回放"一下，再深入地想一想，咀嚼咀嚼，写入文章，就能使文章增彩生色。灵感往往不期而至，有突发的特点，它能神奇地把平时的感受突然贯通起来，使自己的思维如泉水般地涌动，达到不能自已的程度。灵感的出现植根于对事物的长期观察、潜心体验；观察的功夫深，体验的能力强，就会产生茅塞顿开的甜蜜的灵感。

观察是学习写作头等重要的基本功，要引导学生养成观察事物的良好习惯，把握正确的观察方法，努力从生活中汲取写好作文的源头活水。

【思考与探索】

1. 为什么说观察是学习写作头等重要的基本功？您在培养学生观察能力方面有哪些好的经验？

2. 观察中的疏漏与无序，是学生中常见的毛病，习作中的粗疏、笼统、缺乏个性，与这种毛病很有关系，您采用过哪些做法来弥补？您觉得还有哪些更为有效的方法？

3. 观察的效果往往在体验能力的强弱上反映出来。如何从不同学生的实际出发，培养与提高他们情感上的体验能力？您在这方面积累了哪些经验？积累与梳理这些经验，会发现其中的规律。

第三章
发展学生思维能力、想象能力，开发创新意识

指导学生写作要抓好"三思"，即思想、思维、思路。文章的光彩在于思想的发光。"人无志不立"，文章如没有明晰的思想见解，即使语言还可以，也是站立不起来的。怎样才会有思想见解，靠积极思维，靠深思熟虑。文章须言而有序，"序"靠的是思路清晰，开阔思路，思而有序，离不开积极思维，深思熟虑。因而，要提高学生的写作水平，培养和发展学生的思维能力至为重要。

第一节
开启学生思维的门扉

思维是认识活动的核心成分，是掌握知识的中心环节，也是提高写作能力的中心环节，其重要性早在两千多年前的孔子就说过"学而不思则罔，思而不学则殆"（《论语·为政》）。他认为光学习不思考就会迷惘无知；光思考，不学习，就会疑惑不解。学写作又何尝不是如此？从生活中选择材料要思考，从材料中提炼出观点要思考，如何安排结构层次要思考，怎样遣词造句要思考；命题作文审题要思考，材料作文蕴含什么要思考……总而言之，离开思考，离开积极思维，作文寸步难行。任何一篇文章都是语言和思维浇铸而成，千万不能只注意前者而忽视后者；思维能力不着力培养与发展，运用语言的

能力也往往是空中楼阁、窗上贴的纸花，无生命力。

一、
培养学生良好的思维习惯

写作教学的全过程应该是培养学生思维能力、发展学生思维能力的全过程。正因为如此，教学中须千方百计开启他们思维的门扉，让他们的脑子动起来，转起来，培养他们爱思、多思、善思、深思，逐步养成逢事问个"为什么"的习惯，注意纵向思维、横向思维，注意多向思维、发散性思维，注意发展形象思维，又发展逻辑思维。

例如写作中的审题问题，学生常因审不清题意而步入歧途，一步差错，全盘皆输。乍看起来，是理解错误，实际上是思维的定向、思维的严密性出了问题。所谓审题，就是审视题目的含义和要求。只有审清题意，才可根据题意去立意、构思，才会使文章做到文题相符，不偏题，不走线。作文题"这也是课堂"，有学生一看到"课堂"二字，脑中立刻浮现出平日在课堂上求学的情景，于是，立刻奋笔疾书，殊不知题目中所指的课堂，非平日朝夕相处的教室，此"课堂"非彼"课堂"，方向定错了，位置定错了，写得再妙笔生辉，也是文不对题。错误发生的原因在遗漏了一个"也"，遗漏了这个十分重要的词。乍看，是视线上的疏漏，实质是思维的不严密。因为不认真思考，所以会视而不见。审题时看到了"也"，仍然须积极思维。既然不是此课堂，彼课堂是什么呢？是哪些呢？思维要发散开来，可以是家庭，可以是社会，可以是体育场所、文化娱乐场所，可以是旅游胜地、车船码头，等等，但发散开去后，还要善于聚拢，不能一散万千里，而是须牢牢抓住"课堂"的特点，所选地方不是信手拈来，而是要与课堂所起的作用一样，是能教育人的场所。在积极思维的基础上审清题意，下笔就不会离谱走线了。比如，有学生这样写："每个同学听到'课堂'这个字眼，几乎立刻会联想到宽敞的教室，写满粉笔字的黑板，至于别的地方大概不会有这种气氛了。但在我家却不同，我家给我的感觉非常独特——这也是课堂。我家确实可称得上是个课堂,'班主任':我老爸;'副班主任':我妈;'学生':我。主修科目:'生活、道理'",下笔紧紧扣住题意,然后具体叙述,逐步展开,就顺理成章了。

再比如,命题作文《感人的一幕》,审题时须抓住"一幕"展开想象,充分运用形象思维,时间、地点、人物、景物,具体场景是静态的,还是动态的,声、光、色怎样,脑海里要有立体的图景。审题时还须抓"感人"。这一幕为什么感人?究竟其中哪些语言、哪些动作、哪些思想内涵能拨动人的心弦,能引起人的共鸣,能博得人的同情,能使人感情投入而不能自已。这就必须作理性的分析。选择怎样的材料,截取怎样的生活横断面,设置怎样的场景,才能感动人,打动人心,须分析,须判断,须推理,要充分运用逻辑思维。因而,在审题过程中,形象思维和逻辑思维常互相渗透,既要展开联想与想象,又要进行理性的分析,二者结合起来运用。

审题如此,立意更是须臾离不开思维。文章的"意",就是通常说的文章的主旨、文章的主题、文章的中心,也就是作者写文章的意图或宗旨。作者写文章总有一定的意图,无论是反映生活现象,说明纷繁的事物,还是议论种种问题,总想告诉人们什么,总有个目的意图,目的意图明确,文章就有了"主心骨",就能站立起来。

"意"确立得如何,对文章全局起很大作用。"意"犹帅也,"意"是一篇文章中的统帅。一支军队没有统帅,士兵再多,也不过是松散杂乱的乌合之众,缺乏战斗力。写文章道理相似。缺乏主旨的文章,即使材料丰富,也会杂乱无章,甚至不知所云。"意"要立得正确,立得深刻,立得新颖,非积极开动脑筋不可。要善于比较、辨别已经掌握的材料,在去伪存真、去粗取精上下一番功夫,然后从选取的材料中提取出观点,形成文章的主旨,再用主旨为统帅,使材料成为有机的整体,写成文章。如鲁迅的《从百草园到三味书屋》,材料十分丰富,单是百草园的景物就有碧绿的菜畦、光滑的石井栏、高大的皂荚树、紫红的桑葚,就有蝉、黄蜂、叫天子、油蛉、蟋蟀、蜈蚣、斑蝥,就有何首乌藤、木莲藤、覆盆子。三味书屋涉及的材料有匾、画、孔子牌位,有拜师情景;学生读先生指定的书,不准提书外的问题；打戒尺、罚跪、瞪眼；先生入神朗读，学生人声鼎沸；在指甲上做戏，描绘小说绣像，溜到书屋后面的小园里玩耍，等等。这些材料看来很散，有的几乎互不相干，但从中提炼出认识、观点，提炼出文章要表达的思想，材料就组合成有机的整体。文章的主旨在表现儿童热爱大自然、喜欢自由快乐生活的心理，表示对束缚儿童身心发展的封建教育的不满。正是由于作者思索自然，思索儿童，思索封建教育，文章才立了这样的"意"；而立了这样的"意"，百草园所有的景物就被统率起来，有声有色有趣，百草园才成了儿童的乐园；三味书屋的种种材料也被统率起来，充分反映了私塾学习生活的单调枯燥。两相对照，喜爱什么，不满什么，十分清楚。

足球比赛是中学生十分钟爱的事，谈起足球运动员常常如数家珍，名字背得很熟，谈起比赛场景，更是绘声绘色，赞扬、指责、埋怨、同情，五味俱全，然而，写到文章里，高下就十分明显。有的只停留在对场景的感觉上，有的则从现象深入事理本质的探寻，积极思维，提炼出自己独有的看法、独有的见解，下笔成文，文章就站立起来。如：

激情·自信

李金羽一举洞穿阿曼队大门之后，狂奔至场边，拔出"无影剑"，直刺青天，一派少年剑客英姿勃发的风采。是役，中国队以6∶1大胜阿曼队，李金羽独中两元。赛后，李金羽说，那个拔剑向天的庆贺动作，是模仿法国侠客佐罗的，是他为在法国赛场上进球专门设计的，可惜一直没机会表现，没想到在亚运会上先演练了一番。

在亚运足球比赛中，李金羽为中国队进了七个球，他先后展示过的庆贺动作还有弯弓射箭、自由泳、棒球本垒打……当李金羽"拉弓放箭"时，我们看到他想成为百步穿杨优秀射手的渴望；

当李金羽挥"棒"击出本垒打时,我们看到他"战必胜"的自信;当李金羽劈波斩浪引得其他队员击水相随时,我们看到他激情四射的感染力……此时,娃娃脸的李金羽展现给我们的更多的是惊喜——遭遇激情、自信和放纵的惊喜。

在国际足球赛场上,我们已司空见惯欧美球员进球后狂喜的表演:拥抱、空翻、舞蹈……乃至巴西球员贝贝托在1994年世界杯上演绎怀拥婴儿轻摇的经典动作。那种激情四溢的表现,不仅感染、激励着队友,也感染着观众——共同体验足球赛场上的欢乐和纵情。

但是,在中国足球场上,我们太少看到得意忘形极力张扬的狂喜场面。球员们那喜怒不形于色的沉闷,折射出中国足球屡遭挫败的沉重和无望。

略略计算一下,李金羽在法国南锡队总共才踢了五场比赛,不足两百分钟。坐了将近三个月的冷板凳,不仅没有消磨他的锐气和自信,相反激发了他更强的进取心和战斗欲。他有信心在南锡队打上主力,并且进很多很多的球。李金羽说:"回到法国,我会经常拔剑向天的!"

中国足坛太需要这样的激情和自信,中国球员太需要这样的进取心和战斗欲。我们唯愿这样的激情和自信不为足坛的沉闷所消磨,我们唯愿这样的激情和自信能持久地为中国足球注入冲天的希望和活力。

读罢这篇作文,不得不佩服小作者思维的活跃与开阔,形象思维和逻辑思维的交叉渗透。纵向思考了李金羽的现场表现,回顾他前前后后进球以后展示的种种庆贺动作,形象生动,有声有色;横向思考了中国足球运动员和欧美球员在球场上进球与否的喜怒表现，作理性的分析，审视中国足球停滞不前的症结所在，提出了呼唤激情、渴望自信的主题。历来评论中国足球，总跳不出球员身体条件不如欧美运动员，得过两三代才有可能提高，饮食结构不如人家等窠臼。小作者独立思考，不人云亦云，选择新角度作深入地剖析，就写出了颇有新意的文章。思考力不是凭空而来的，要锻炼。面对纷繁复杂的现象，要动脑筋鉴别、分析，上升到理性认识，这样就避开了"庸人思路"，就不致被现象所迷惑。有时审一些司空见惯的题目，看来简单，如不认真思考，也就会出差错。如《开卷有益》《知足常乐》，须弄清楚是什么"卷"，无聊的"卷"、黄色的"卷"、诲淫诲盗的"卷"也"有益"吗？因此，"有益"须有前提，是优秀读物，是无害无精神污染的读物。"知足"是指哪些方面？学习上能知足吗？工作上能知足吗？事业上能知足吗？这些要积极进取而不是知足。哪些该知足，哪些不该知足，要辨别得一清二楚，否则，写作的主旨不是欠正确，就是缺乏高度，不能成为佳作。

构思，顾名思义，更需要"思"。古人刘勰在《文心雕龙·构思》一篇中指出构思是"驭文之首术，谋篇之大端"，他认为构思是写文章头等重要的事。在写文章前作总体设计，切忌想到一点就动笔，或者边想边写，像挤牙膏一样。要构造好一篇文章，须对文章的方方面面通盘考虑，力求周到绵密。从确立写作意图，到材料的选择与剪裁；从主题的开掘，到表达方式、表现技巧的选定；从篇章结构的安排，到词句的遣造；从标题的确定，到标点符号的选用，等等，一系列的思维活动均须认真切实地进行。凡是有成就的作家，在这方面都有过人的做法。列夫·托尔斯泰是三大传世之作——《战争与和平》《安娜·卡列尼娜》《复活》的作者，他在创作小说时，为了结构情节，塑造人物，苦心构思，常常到废寝忘食的地步。他走路想着作品里的人物，说话时也想，睡觉到半夜，醒过来还想。可见构思到了何等的程度，真是殚思竭虑。构思的程度往往决定文章质量的高下，所以指导学生作文，必须重视培养思维的好习惯。

写作前的构思过程，一般说来有三个阶段。第一阶段抓住写作主旨和材料思考，究竟确立怎样的主旨，选择哪些材料，怎样表达，定方向，定规模，使文章在脑子里有个雏形。第二阶段反复酝酿，从内容到结构，从表现方法到语言运用，从文章整体到文章局部乃至细部，进行周密的思考，把一个个问题想仔细、想清楚。酝酿的过程是认识深化的过程，也是不断修改雏形、丰富雏形的过程。第三阶段瓜熟蒂落，水到渠成。反复酝酿时，思路要开阔，联想要丰富，要撒得开，但在广泛思考的基础上要勇于收拢，善于取舍，最终确立文章的主旨、框架、写法、语言，犹如瓜熟蒂落，百川归海。下面就是一篇有独特构思的佳作：

一盒磁带

1995年，我的弟弟斯郎多吉也考上了内地西藏班，来到我求学的沙市六中，和我在一起学习生活。他带来一盒磁带交给我，说："这里录的全是家里人对你说的话，也是我给你带来的礼物。"

亲人们在遥远的西藏，为我开了一个异乎寻常的家庭座谈会：先是全家人向我祝贺新年，而后是哥哥谆谆教诲，接着妹妹唱起了正在流行的《想念哥哥》，四岁的弟弟也不太清楚地喊起八句亚运的口号，后来听到有人风趣地说，"下面由母亲讲话"。这时我的心有些紧张，我怕阿妈哭起来。因为每次我出门，她总是眼泪汪汪地嘱咐许多，从远处回来，也是如此。此刻，录音机里除了轻微的沙沙声外什么也没有，阿妈终于没有开口。她知道自己说不出几句就会哭的，而我的眼眶早已含满了泪水。不一会儿，全家人又述说开了，有的说，叔叔家已盖了新房子；有的说，我们家准备盖新房子；还有的说，县里盖了百货大楼和影剧院；姑姑还告诉我，阿爸准备做胃病手术。最后的压轴戏留给了阿爸。全家人都知道,我最喜欢阿爸,阿爸也很疼我,不过阿爸肯不肯对着录音机说上几句,我是不敢肯定的。阿爸在学校教书。要知道几年前我到阿爸那里去度假时,说什么他也不相信有录音机这东西,他总是瞪着眼,"我说什么,那'怪物'就能像我一样说什么,能吗?怎么会有这样的'怪物'?"

后来阿爸的工资也增加了,哥哥做生意也赚了点钱,我家便买了一台这样的"怪物"。阿爸先是对它敬而远之。阿爸喜欢听《格萨尔王传》,而家里只有我和阿爸两个文化人,于是我一本本地给全家人读,时间一长我就烦了,让他们听录音机,他们不愿意。阿爸说:"那东西别扭。"有一天,阿爸给我讲故事,我偷偷地录了下来。过后阿爸对"怪物"里自己的声音总觉得很别扭,让我马上抹掉。想起这些,我自语道,"阿爸不会说"。可是,不一会儿,录音机里响起了阿爸的声音,我心里激动不已。录音就要结束了,大家一一向我道别,为我祈祷。最后以一曲悠悠的牧歌结束了这次家庭座谈会。

我趴在窗台上,向西南方向望去,微风迎面吹来,我好像闻到了一股浓浓的酥油茶香。

浓浓的乡情、亲情,由衷的祝福和希望,家乡日新月异的变化,分量都极沉极重,而小作者却把它们装载在一盒小小的磁带里,构思不谓不妙,把众多分散的材料集中在一个"点"上,在顺叙中不断插叙,增加了内容的开阔度。阿妈的纯朴和对孩子的牵肠挂肚尽在眼泪中。发散思维和集合思维结合,就成了纸短情长的佳作。

培养学生良好的思维习惯应贯串写作教学的全过程。上面仅就审题、立意、构思而言,其他方面就不一一赘述了。

二、
着力培养分析、
综合和推理能力

思维是认识事物的能动过程，是对外界事物概括的、间接的反映。人的认识总不能停留在感知的阶段，只认识个别事物或其个别特征，只认识客观事物的现象；要对客观事物有全面的、本质的认识，必须经过头脑的分析、综合。一般来说，学生写个别事物、个别现象比较容易，要对众多现象、众多事物加以概括，加以抽象，深入事物的本质，就有相当的难度。这方面如不认真锻炼，不重视培养，学生对事物的认识就往往停留在表层，停留在现象，看问题容易机械、片面，写出来的文章往往肤浅，不得要领。要促使学生的写作能力步步提高，须着力培养他们分析、综合和推理的能力。

分析和综合的能力可结合起来培养。事物总是统一性和多样性、整体和局部、系统和层次的统一体，它（某一事物）往往表现多方面的特征，体现多方面的意义，如不加分析，就会流于笼统，凭着感觉写。加以分析，就可探视到内部。分析，就是把事物分解为各个部分，考察它们各自的属性、各自的特点，把握其内部的结构。可纵向分析，如按时间的推进，按事物发展的进程，按前因后果的关系思考；可横向分析，从事物的各个层面，如主与次、正与反、局部与整体、内容与形式等逐一考察，认识其整体特征，了解其与外部事物的关系。在分析的基础上进行综合性考察。在认识事物一个个局部、一个个属性、一个个特征的基础上，组合成有机整体进行考察，寻求其本质特征。综合的方法是：可作共性研究，把事物中具有共同属性、共同特征的抽象概括出来；可作规律总结，排除偶然性，探寻事物发展的必然规律。

从写作上来说，分析和综合的过程，就是通过判断和推理的方式对客观事物进行间接的、概括的反映的思维过程，是从现象到本质、从具体到抽象地对写作材料进行由此及彼、由表及里、去伪存真地加工制作。对已占有的材料去粗取精,从中发掘其蕴含的深意。运用分析和综合的能力,学生就可学会从材料中如何提炼观点,确立文章主旨。

现在,中国运动员在奥运会上夺奖牌已举世瞩目,亿万人知晓,而第一次"零"的突破时,该怎样认识其意义,对初中生来说,不是一件易事。要写好这样内容的作文,先要求他们从报纸、电视台、电台的信息里搜集有关材料,然后要求他们一一分析这些材料,排列梳理,再归类集中;材料归类集中以后,作共性研究,剖析材料的意义;在众多材料中分清主次,提取最有意义的,抽象概括,提炼观点,确立文章主旨。这是一系列的思维过程,由此及彼,由表及里,分析、判断、推理、综合。文章的观点、文章的"意"确立以后,第二个系列的思维过程是根据观点再精选材料,安排文章结构,剖析事理。由此可知,写文章是一个复杂的思维过程。写什么,须作一系列的思考,研究写作对象;怎样写,怎样反映写作对象,又须作一系列的思考。整个过程,离不开分析、判断、推理、综合。用简图表示:

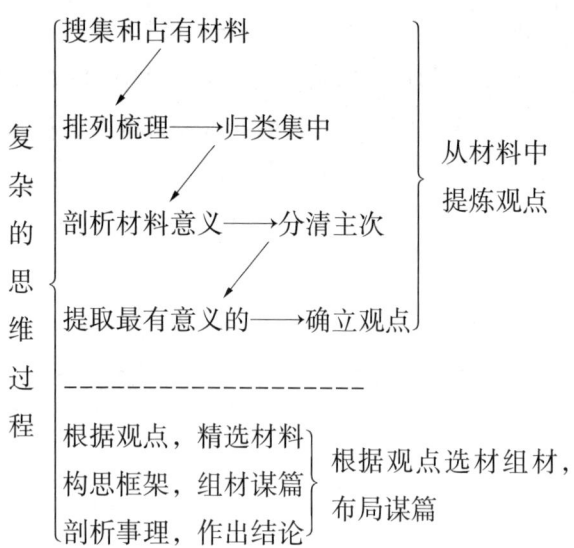

下面这篇习作从众多材料中提炼出体育实力强弱反映国力盛衰的

观点后，精选了 13 个材料来写，这些材料可划为四类：1932 年参加奥运会的中国运动员的人数与成绩；1984 年参加奥运会的中国运动员的人数与成绩；五个队跃入世界强队，跻身于强手之林；外界评论。

0 与 32 之比

盛况空前的第 23 届洛杉矶奥运会在万众瞩目下，缓缓落下了帷幕。但这帷幕遮不住亿万人民对运动健儿们的敬爱，人们仿佛还能看见：许海峰的神射中的、李宁的"托马斯全旋"、中国女排的飒爽英姿……就是他们，打破了 52 年来中国在奥运史上"0"的纪录，洗刷了半个多世纪的耻辱。

记得吗？1932 年，也是在这洛杉矶城，当时的中国派出第一位（也是唯一的一位）运动员参加奥运会，捧回的是"0"。那时候，谁会想到 1984 年 7 月 28 日（洛杉矶时间），由 225 名中国运动员组成的队伍，行进在第 23 届洛杉矶奥运会开幕式的入场式队伍中？其实人们看到的何止是人数的悬殊？那 15 枚金牌、8 枚银牌、9 枚铜牌在世界人民的眼前闪现光彩。0 与 32，震动人心的对比啊！

中国体育的成就，近年来已有所展现，中国女子排球队、体操队、跳水队都一跃成为世界强队。中国女子篮球、女子手球也跻身于强手之林。中国人不再是受人鄙视的"东亚病夫"。你看，当中国运动员步入体育场时，场外的合唱队全体起立表示欢迎，再也不会有人用漫画来取笑中国人是"鸭蛋冠军"。对 32 块奖牌的获得，外界评论说："中国以一个从长期睡梦中觉醒的巨人的姿态突然出现在奥运会上。""中国像一个神秘的巨人一样从帷幕后面走到人们面前。"

中国已被世界公认为"巨人","东方巨人"在世界人民的心目中站立起来了。

体育是一个国家的窗口。体育实力的强与弱,直接反映出一个国家政治、经济的盛衰。1932年的中国并非无体育人才,只因为当时政府腐败,不重视体育事业,加之经济力量薄弱,才遗留下"0"的纪录——这几十年的耻辱。而今,祖国建设事业飞速发展,党和国家对体育十分重视,人民支持体育事业的发展。正是有了这样的支持,健儿们才精神焕发,才得以展现雄姿。他们抱着为国争光的目的,凭着中国人特有的坚韧不拔的精神去拼搏,去为祖国争取光耀。如果说中国体育的落后反映了当时国力的衰败,那么,新中国体育的辉煌成就,正显示了社会主义祖国的兴旺发达。如今,中国运动员在奥运会上获得了32枚奖牌,我相信,随着我们伟大祖国的不断强大,国民经济的高度发展,运动员们得到的奖牌会越来越多,他们的成绩会越来越震惊世界。

愿我国的体育之窗开得更大些吧,让全世界更清楚地看到新中国的风貌。

文章从0与32两个数字现象入笔,剖析到今日取得胜利的原因,剖析到新中国兴旺发达的风貌,这就抓住了事物的实质,不停留在事物的表层。

在培养学生的分析、综合能力时,要引导他们正确运用归纳、演绎的推理方法。运用归纳方法,要指导学生认真研究每一个具体事实,科学地抽取这类事物的共同属性,推演出一般性结论,避免以个别代替一般,以局部代替整体。运用演绎方法,要指导学生把一般本质或规律的认识引申到个别事物中去，但所依据的认识、理论必须正确，否则，前提错了，所推演的"道理""结论"必然谬误。对高年级学生来说，在写文章的全过程中，不仅要多动脑筋，而且要善于动脑筋，掌握多种思维方法。

三、
引导学生在思维的敏捷上下功夫

一个班级中总有部分学生写文章速度特别慢，原因虽各不一样，但思维的敏捷程度不及写得快的学生往往是重要原因，然而，这一点又常被忽视，误认为是腹中无物或字写得不快。现代社会工作节奏、生活节奏与过去比不知快了多少倍，它要求人的思维也十分敏捷，对客观事物能作出迅速反应。

2000年10月举行的"西部论坛"首场全会的代表发言，就是对思维快速反应的生动说明。在"西部论坛"首场全会上，主持人赵启正首先宣布了会议纪律——"如果各位代表到齐，应该有六十位。每位代表发言限定在一百秒。如超出一百秒，我作为主持人，有权按下按钮，中断发言人的讲话。"如此"发言纪律"得到了广大发言者的一致响应。这精彩的"一百秒"要求发言者思维敏捷，作出快速反应。如四川省委副书记、省长说："外商到四川投资是开发，不是扶贫……我们将以最优惠的政策、最优质的服务、最优越的环境，为外来企业低成本扩张创造条件，真正做到你发财，我发展。"摩托罗拉公司副总裁说："在中国加入WTO之前，西部要有足够的心理准备。我们希望做中国的合作伙伴，而不是生意人。"英中贸易协会副主席说："以前不少金融机构在印度建立他们的远东地区中心，现在他们把中国作为中心，比如广东，就有不少机构将远东地区的中心迁了过来，希望西部也能把握住这个机遇。"国务院新闻办主任说："如果一个地区的产业定位出现同构性，将是非常危险的。比如要生产领带，全国一下出现一千多家领带厂，那必然是市场一片大乱，造成投资的浪费，财力的损失。"一个个发言者反应快速，一语中的，精彩纷呈。从这件事中，我们更可深刻地领悟到：学生将来要在社会上生存、竞争，从小就要注意培养良好的素质，而良好的思维品质不可小视。

为了培养学生思维的敏捷性，可针对不同学生的特点采用不同的方法。下棋、打球有助于思维的敏捷；走在街上，看到什么，脑中立刻出现相关的词句，作出反应等。如看到街边的商店招牌，脑子里立刻反应；看到道旁的树，是什么树，开怎样的花，立刻反应；看到对面骑自行车的，是什么表情、什么衣着打扮，立刻用语言反应；等等。看足球比赛、篮球比赛等，充当解说员（模拟的）。方法多种多样，在各种场景下皆可有意识地训练。注意两点：抓语言表达，促思维快速；抓思维快速，促语言表达。要持之以恒，不能三天打鱼两天晒网。学生的可塑性很大，只要认真去做，思维的敏捷度能有效地提高，下笔的速度也就随之而加快。

第二节
让学生思想插上双翅

根据近代脑生理的研究，人的大脑可分为四个功能部位，即感受部位、判断部位、储存部位和想象部位。就多数人而言，注意开发前三个部位，比较忽视想象部位。据研究测试，一般人只用了自身想象力的15%，潜力很大。指导学生学写作，就要重视学生想象力的发展。人们说，科学是从想象开始的，如果人们不幻想能像鸟一样飞，像鱼一样游，哪来今日的飞机、潜艇？写文章也一样，发挥想象力，让思想插上双翅飞翔，就能上下求索，神游八荒，获得十分丰富的写作材料。

一、
抓住想象的"触发点"，
引发学生绵绵思绪

首先要让学生充分认识想象在写作中的重要作用。对此，古人曾有许多精辟的论述。如陆机《文赋》中"其始也，皆收视反听，耽思傍讯，精骛八极，心游万仞……观古今于须臾，抚四海于一瞬"，意思是：开始写文章，往往是集中视线，不听其他，深入思考，广泛采集，心神可以飞驰在八方最远之处，遨游到极高极高的地方。运用想象一瞬间就能观察到古今，奔驰于四海。由此可体会到想象的巨大功能。人坐在屋内握笔，心神可在天地之间任意遨游，贯通古今，横越四海，突破时间和空间的界限，开辟了十分广阔的内心世界，也开发了无穷无尽的新鲜乃至奇特的写作材料。

写文章最怕干枯，三句两句就把话说完了，思路闭塞，脑子里空空的。会写文章、文思敏捷的人，往往想象十分丰富，脑子里宛如活水，涟漪波澜，层叠不穷。郭沫若的《天上的街市》这首诗，把街灯比作明星，又把明星比作街灯，由街灯—明星—街灯—天上的街市，上下驰骋，活泼自然。想象丰富多彩，用轻快流利的笔调尽情描绘天上街市的生活图景，用天上的美反衬当时人间的丑，用美好的理想之光照清黑暗的现实，表达作者强烈的爱与憎。如果诗中未展开联想与想象，天上乐园图就编织不成，神奇色彩难以显现，主题思想的表达就受影响。

大科学家爱因斯坦曾这样说，想象力比知识更重要，因为知识是有限的，而想象力概括世界的一切，推动着进步，并且是知识进化的源泉。想象如此重要，学生下笔写作文就要让自己的思想插上翅膀奋力翱翔。

怎样启发学生开展想象呢？要引导学生善于捉住想象的"触发点"。"触发点"常常是眼前的实景，即眼前的人、事、景、物。"触发点"选得好，想象的阀门打开，就如同童话中的魔棒一样，脑中会闪现出许多奇妙的事物，许多生动的形象。上面说的《天上的街市》，想象的"触发点"就是"街灯"，由眼前的实景"街灯"想到天上的"明星"，再由天上的"明星"想象开去，创造出天上街市的美景，人间，天上，回环互比，由于想象这面折光镜的作用，这首抒情小诗闪发出比现实更为奇幻的光辉。

莫奈是19世纪法国著名的印象派画家，他画的伦敦威斯敏斯特教堂这幅画十分有名。画上，教堂掩映在雾中，轮廓隐约可见，而雾是紫红色的。有人看了这幅画，思想立即在历史长河中飞腾，是什么缘故呢？原来是画上紫红色的雾触发了看画人。紫红色的雾就是看画人展开想象的"触发点"，由此他想到伦敦环境有污染，环境污染伴随着17世纪英国工业革命而产生。通常雾是灰蒙蒙的，画上却是紫红色，这一反常规的色彩具有新奇性、刺激性，而具有新奇性、刺激性的事物最能激发想象力，是比较理想的想象"触发点"。

选择想象的"触发点"，拉出想象的线头，就会思绪绵绵，浮想联翩。如低年级写《夏天的夜空》，学生抓住"星星"这个触发点，拉出想象的线头，浮想联翩，也能写出有趣的文章。如：

> 晚上，我摇着扇子，仰视夏日的夜空：皎洁的月亮一会儿钻进云层，一会儿露出笑脸；星星眨巴着眼睛；银河也显得那么明亮，我想那定然是清澈的河水。我看着看着进入了梦乡：自己正轻飘飘地在飞，一直飞向银河！
>
> 我飞到岸边，站住脚。呵，好清的河水啊，不甚宽广，清可见底。我想这里一定能游泳吧！我脱下衣服跳入河心，河水泛起晶莹的水波。多浅的河呀！我高兴极了，一会儿钻入河底，一会儿翻跟斗，一会儿仰游，一会儿用手把水拍得"扑通扑通"响。突然，我看见了牛郎和织女。他俩和民间故事中一样，正依偎在一起，我一下子惊醒了……
>
> 我仰望着天空，努力寻找牛郎星和织女星。啊！找到了，在银河旁那两颗星一闪一闪地向我招手，我越看越像两个人……
>
> 我相信刚才的梦将成为现实，将来科学发达了，我乘着火箭去银河痛痛快快地游泳，和牛郎织女聊聊天。
>
> 我再次仰望太空，夏日的夜空多美丽啊！

初一学生写的文章虽短，但想象的内容是合情合理的。想象的内容与眼前的实景要衔接得自然、巧妙，不能脱钩脱节。也就是说，此时此地的实景要与想象中彼时彼地的生活图景融汇、结合，不能互不相干。要注意眼前的实景与想象中的虚景的过渡与衔接。"我看着看着进入了梦乡：自己正轻飘飘地在飞，一直飞向银河"过渡到想象的图景，在银河里欢畅地游泳，看到牛郎织女；再用"我一下子惊醒了"过渡到眼前的实景。衔接、过渡，有个"渡过去"和"渡过来"的问题，如果只注意由眼前实景过渡到想象景，而忽视由想象景渡回来，文章就像断了线的风筝满天飞了。

二、
引导学生发散思维，
选择不定向的、跳跃式的、
自由自在的思维方式

谈到想象，人们常常想到联想，甚至把二者混为一谈。其实，二者既有联系，又有区别。二者都是从由此及彼开始，但联想基本在由此及彼的轨道上运行，比如由井冈山的竹子联想到老乡冒生命危险冲过白匪封锁线，用小竹筒给山上红军战士送饭的情景，联想到毛委员和朱军长用毛竹做的扁担带领队伍下山挑粮食的情景，联想红军北上抗日去了，井冈山的毛竹和井冈山人一样坚贞不屈，野火烧不尽，春风吹又生。联想的材料都是已有的生活经验，联想是已有生活经验的重新组合。

想象往往不是按部就班地思考，它是不定向的、跳跃式的、自由自在的，不受任何拘束放开来想，思维充分发散。引导学生发散思维，就是鼓励学生冲破狭隘的常规思维，多角度、多方向地思考，头脑中形成许多从未见过的事物形象，创造出前所未有的新形象。下面这篇习作是香港一名中学生所写。"假如我是……"是前几年一个流行的作文题，这一类作文题给习作者自由思考的余地很大，习作者能充分发挥想象，超越自身的条件，超越时空的限制，写出动人的文章。

假如我是一个可以同时生活在人间、仙境和地狱的人，那就好了。因为可以在不同的世界生活，看看不同世界的事物。

在人间可以过着繁华、热闹的生活，可以结交不同个性的人，可以去许多地方游览，又可以有很多消遣，例如：逛街、看电影、游泳、旅行等，自由自在。

当烦恼时，可以到仙境，那里不会有烦恼，生活宁静安逸，所以人也特别快乐。

当自己想做坏事时，可以到地狱看看，看那些做了坏事的人，死后要受到怎样痛苦的惩罚，警惕自己不要这样去做，否则就会遭受同样的痛苦。

当然，这些地方也有各自的缺点。在人间，虽然可过着多姿多彩的生活，但是和人相处久了，不免会发生摩擦，会弄得自己很不开心。在仙境住久了，慢慢会因为太安逸而感到厌倦。在地狱，虽然可警惕自己，但目睹那种恐怖场景，心中十分恐惧。所以，住在哪处都有缺点。

我更希望有一处地方能汇集它们三处的优点，三处的优点是繁华、安宁、有警惕性。虽则繁华，但不会有斗争；虽则安宁，但不会令人感到沉闷；虽则有警惕性，但不会令人惊慌。我想这样的地方会十分难找，因为没有一处地方是十全十美的。

人间、仙境和地狱，如真的要我选择，我当然会选人间，因为我居住在人间已十多年，对这里的环境已经适应。

不过以上只是一些幻想，我们应该要面对现实，不要只追求幻想，应当珍惜求学时光，勤奋学习，努力创造自己美好的理想。

文章写得平实，没有什么文采，结尾拖沓无力，与全文思维的活跃不相协调。但是，就开展想象而言，它却有独到之处。常见的"假如我是……"，往往把自己调换一个位置，或是教师，或是医生，或是营业员，等等，总是在人间，在地球上。这篇作文与众不同，习作者大胆想象，把自己设想为可以遨游于人间、仙境和地狱的人，既体会到这三处的特点，又看到它们的不足；既放开来大胆幻想，又收束到面对现实，落脚在及时努力的基点上，给人以新鲜感。文中除对人间生活有粗浅感受外，仙境与地狱的情况纯属想象所得。习作者上赴仙境，下入地狱，为文章蒙上奇异的色彩。"选择"是从幻想回到现实的关键词，想象的翅膀收缩得比较巧妙。

三、
想象力的提高靠生活材料的积累、知识的储存和运用

想象不是胡思乱想，要有实实在在的内容。想象的思维方式尽管是自由自在的、跳跃式的、不定向的，但想象的内容来自现实生活，想象是以生活和知识为基础的。

孙悟空三打白骨精的故事无人不知，生活中有猴子、猪，《西游记》的作家吴承恩发挥想象，就创造出孙悟空、猪八戒等形象。生活中有正气，有邪恶，而邪恶总是诡计多端，变换出种种伪善面目欺骗善良，源于对生活的深刻认识与理解，于是创造出白骨精的丑恶形象，创造出孙悟空以变化多端的神力与屡施诡计的妖精反复斗争的故事，以巨大的艺术魅力吸引千千万万读者。

1999年全国高考作文题，就是一个要求考生充分展开想象的题目，要求学生想得远，想得开，过去未来，人界畜界，尽可以张开想象的双翅在天地之间、古今之间、未来世界遨游。然而，要写得内容充实，合情合理，非有生活的底蕴、文化的底蕴不可。高考题是这样的：

随着人体器官移植获得越来越多的成功,科学家又对记忆移植进行了研究。据报载,国外有些科学家在动物身上移植记忆已获得成功。他们的研究表明:进入大脑的信息经过编码贮存在一种化学物质里,转移这种化学物质,记忆便也随之转移。当然,人的记忆移植要比动物复杂得多,也许永远不会成功,但也有科学家相信,将来是能够做到的。假如人的记忆可以移植的话,它将引发你想些什么呢?

请以"假如记忆可以移植"为作文内容的范围,写一篇文章。

注意:

1. 写作时可以大胆想象,内容只要与"假如记忆可以移植"有关就符合要求。具体的角度和写法也可以多种多样,比如编述故事,发表见解,展望前景等;

2. 题目自拟;

3. 除诗歌外,其他文体不限;

4. 不少于800字。

这道作文题要求非常明确,关键在想象什么,想象的基础又在哪儿。下面是一篇考场佳作:

我拒绝移植记忆

当我在赛场上为一个急需的数学论断而着急,我情愿运用自己的能力重新推导,但我拒绝在考试前接受老师的记忆移植;同样的,即使是最亲密的朋友急需我的记忆,以补充她(他)的"智慧"时,我也拒绝移植。

我拒绝，因为我虽渴望成功，但不屑于不劳而获；我拒绝，因为记忆是我的一笔财富，快乐的我将与朋友共享，痛苦的却不能也要求别人承担；我拒绝，不是拒绝"取人之长，补己之短"，不是拒绝"知识共享"，而是拒绝依赖和懒惰，拒绝自我的不独立存在。

我拒绝移植记忆，因为记忆不等于记忆的能力。"拥有了书籍，不等于拥有了知识。"拥有了爱因斯坦的记忆，不等于拥有了他的智慧。如果说金字塔是古代埃及的象征，巴黎圣母院是中世纪法国的象征，那么，知识和创造将成为我们这个时代最伟大的象征。但是，一旦我们接受记忆的移植，那也许是每个人知识量最大的时候，然而，那个时刻也许更是人类知识总量从此越来越缓慢增长，以至于最终停止增长的可怕结局的序曲，也许更是人类创造力从此衰竭的导言。原因很简单：我们常常为了大堆金子，而丢了点石成金的指头；我们又常常为了一根点石成金的指头，而忘了辛勤的劳动和更丰富的创造。

我拒绝移植记忆，也是为了让"废墟"真正地老去。就像余秋雨的《废墟》里所说："没有皱纹和白发的祖母是可怕的。"假如记忆的移植成为可能，而记忆内容的选择能力尚未跟上，那么，太多的记忆都将代代相传，只有增加却没有层次是毫无意义的。我们必须甩掉一些痛苦的记忆。倘若爱因斯坦的记忆被广泛地移植，那么他的关于战争的可怕阴影，也将留存于每个人的心灵深处，但由于太多的人还缺乏解读这种记忆的人生阅历基础和心灵意志，我们不是为自己、为社会背上了沉重的十字架吗？

> 我拒绝移植记忆，因为我更愿意尊重别人丰富的心灵，尊重我的秘密，尊重这个社会的伦理道德基础。
>
> 我拒绝，因为我相信我的能力。
>
> 我拒绝，是为了民族的创造力。

一般考生作文常就记忆移植的利弊编一个故事或论说一点道理。这篇文章独树一帜，拒绝移植记忆。拒绝的理由并不是当前的现实，而是想象中的情景，但那么有说服力，那么容易拨动人的心弦。因为这种推测、这种想象有扎实的知识基础、文化基础。其中涉及古埃及的金字塔、中世纪法国的巴黎圣母院、爱因斯坦关于战争的可怕阴影、余秋雨的《废墟》，涉及记忆与记忆能力、书籍与知识、记忆与智慧、金子与点金术、知识的增长与停滞、记忆的选择与相传，涉及十字架，涉及创造力，等等。如果对这些问题缺乏认识，缺乏底气，缺乏思考，要写出这样内容厚实、见解深刻的文章是不可能的。

由此可知，想象力的提高并不是空穴来风，坐在那儿苦思冥想就能奏效的，平时要注意生活材料的积累，注意知识的储存与运用，并经常进行一些想象力的训练。如培养学生的好奇心，因为好奇心是想象的起点；扩大学生的知识范围，因为没有知识经验为基础的想象是毫无价值的空想，扎根在知识经验上的想象，才能迸发出思维的火花；鼓励学生多作表象储备，阅读文学作品，参加社会实践，参观游览，看电影电视，脑中能浮现种种形象，并加以储备。经常就某一事物、某一问题进行不定向的、跳跃式的思考，有助于想象力的提高。想象力越丰富，写出来的文章越能闪发光彩。

第三节
注意开发创新意识

创新是一个民族进步的灵魂，是国家兴旺发达的不竭动力。我们在全面实施素质教育，促进学生健康发展的过程中，要注重培养学生的创新精神。创新精神在各个学科教学中都要有意识地培养,写作教学也不例外。

要培养创新精神,首先要开发创造性思维能力,如对问题的敏感能力,丰富的想象能力,直觉能力,综合与分析能力,观念的流畅性、灵活性和独创性,注意问题不同方面的能力,抗思维封闭能力等。

要培养创造性思维,开发创新意识,须做到:

一、鼓励学生摆脱传统的、常规的定式束缚,鼓励他们突破习惯性思维的羁绊

与创新意识相对的是常规性思维、习惯性思维。这种思维是在已知的领域进行的,是指用已掌握的知识经验来解决一般的实际问题。如文章应该有明确的主旨,应该层次清楚、条理分明,写作材料应怎样组织,先写什么,后写什么,这些都是常规性思维。常规性思维、习惯性思维的重要性在于它的"常规"和使用的普遍性。一个人如果连常规性思维都不会运用,那当然不行,常规性思维是创造性思维的基础。

但人不能事事按常规办事,不增添新的内容,没有新的发展。学生写作也是如此,如果所写文章都是人云亦云的话,那就没有丝毫意义,没有丝毫价值,对培养他们独立思考的能力毫无帮助。写作教学要立足于促进学生的发展,不仅要指导他们今日如何理解和运用祖国的语言文字来表情达意,而且要注意到在今日的培养中如何促进他们智力的发展,尤其是思维能力的发展,既打基础,又开发潜能,又促进他们个性的健康发展。认知能力的强弱,思维的深度、广度、敏捷度如何,会影响学生一辈子的生存能力和发展能力,因此,教学中立足于促进他们的发展,培养和开发他们的创新意识至关重要。正因为如此,教师在写作教学中既要认真地让学生懂得常规,更要解放思想,敢于、勇于、善于打破常规。

学生从不会写到逐步有点会写，在这个过程中，由于教师的指导，往往形成一定的模式。写作一旦模式化，思维就成定式，思考问题、谋篇布局，就在一定的框框里来回转悠，不能也不会越雷池一步。没有规矩，不能成方圆。开始学写作，一点规矩不懂，当然不行；但是，掌握了一些规矩后又不能凝固起来，不能模式化，须有新思维、新突破。比如，小学生作文脑子里往往有个模式，就是一篇作文"三段论"，第 1 段开头，第 2 段过程，第 3 段结尾，是叙事记人的话，结尾要拔高，拔出其中的"意义"。这种千篇一律的文章束缚了学生思维的发展、思维的活跃。要突破这种模式，要让学生逐步体会到"文无定法"，只要能表达自己的所见所闻所思所感，采用怎样的形式、怎样的结构都可以。

可以举生动的例子向学生阐述摆脱习惯性思维羁绊的重要性。如 18 世纪德国数学家高斯六岁初入学时，老师给全班出了一道算术题目：1+2+3+4+5+6+7+8+9+10＝？一般学生都采用传统的、按老师教过的累加方法计算，唯独高斯与众不同，他用的运算方式是：1+10＝11，9+2＝11，8+3＝11，7+4＝11，6+5＝11，然后将五个 11 加在一起，运算的结果与其他小朋友的一样。运算方式的不同反映了思维方法的不同，高斯的运算方式不是复制老师教的，而是有自己的独创性，闪现创造的火花。

可以就某一事物开展讨论，启发学生多角度、多方向探讨，并与常规的、传统的、习惯性的想法与做法进行比较分析，从中受到启发。比如"新概念"作文大赛复赛的赛题：一只苹果，一只被咬过一口的红苹果放在讲台上。没有任何文字说明和提示，限时限刻，完全是即兴之作。于是，参赛者全身心地投入，思想长上翅膀，对苹果作了形形色色的诠释和联想，有的从残缺的意象引发了一场美学对话，有的找到了个人电脑苹果 I 型发明者乔布斯，等等。于是，出现了《苹果的想象和我的作文观》《成佛的苹果》《可爱的苹果》《苹果的"心"》《20 世纪人类的聪明和愚蠢》《祝福你，受伤的苹果》《缺口》《苹果的幽默》等佳作，其中有晶莹耀眼的哲理，也有缠绵悱恻的故事。让学生将自己的思考与参赛学生的思考对照，可以开阔视野，从中受到有益的启迪。

有的文章可推荐给学生阅读，教师伴以讲析，师生共同讨论，对活跃学生思维，打破常规性的束缚很有裨益。如高一学生韩寒的《杯中窥人》是在怎样的情况下写成的呢？由于邮路的原因，他未能准时参加"新概念"作文大赛的复赛，但众多评委对他初赛作品中表现出的才华印象很深，因而同意补考。补考在一间办公室进行，负责出题的老师随手将韩寒面前的一团道林纸放入一只杯中，杯中有半杯水。老师说："这就是题目。"韩寒面对杯中纸团在水中浸泡、松展和沉降的现象，展开联想、想象，调动自己的知识储存，用了一小时写了这篇文章。文章是这样写的：

> 我想到的是人性，尤其是中国的民族劣根性。鲁迅先生阐之未尽。我有我的看法。
>
> 南宋《三字经》有"人之初，性本善"，说明人刚出生好比这团干布，可以严谨地律己；接触社会这水，哪怕是清水，也会不由自主如害羞草拢叶，本来的严谨也会慢慢被舒展开，渐渐被浸润透。思想便向列子靠近。
>
> 中国人向来品性如钢，所以也偶有洁身自好者，硬是撑到出生后好几十年还清纯得不得了，这些清纯得不得了的人未浸水，不为社会所容纳，"君子固穷"了。写杂文的就是如此。《杂文报》《文汇报》上诸多揭恶的杂文，读之甚爽，以为作者真是嫉恶如仇。其实不然，要细读，细读以后可以品出作者自身的郁愤——老子怎么就不是个官。倘若这些骂官的人忽得官位，弄不好就和李白一样了，要引官为荣。可惜现在的官位抢手，轮不到这些骂官又想当官的人，所以，他们只好越来越骂官。
>
> 写到这里，那布已经仿佛是个累极的人躺在

床上伸懒腰了,撑足了杯子。接触久了,不免展露无遗。我又想到中国人向来奉守的儒家中庸和谦虚之道。作为一个中国人,很不幸得先学会谦虚。一个人起先再狂傲,也要慢慢变谦虚。钱锺书起初够傲,可怜了他的导师吴宓、叶公超,被贬成"太笨"和"太懒"(见孔庆茂《钱锺书传》及《走出魔镜的钱锺书》),可惜后来不见有唯我独尊的傲语,也算是被水浸透了。李敖尚好,国民党暂时磨不平他,他对他看不顺眼的一一戮杀,对国民党也照戮不误。说要找个崇敬的人,他就照照镜子(见《李敖快意恩仇录》,中国友谊出版社)。但中国又能出几个这类为文和为人都在二十四品之外的叛才?

然而在中国做个直言自己水平的人实在不易。一些不谦虚的人的逸事都被收在《舌华录》里,《舌华录》是什么书?——笑话书啊!以后就有人这么教育儿子了:"吾儿乖,彼汝老时,纵有一身才华,切记断不可傲也,汝视《舌华录》之傲人,莫不作笑话也!"中国人便乖了,广与社会交融,谦虚为人。

中国看不起说大话的人。而在我看来大话并无甚。好比古代妇女缠惯了小脚,碰上正常的脚就称"大脚";中国人说惯了"小话",碰上正常的话,理所当然就叫"大话"了。

敢说大话的人得不到好下场,吓得后人从不说大话变成不说话。幸亏胡适病死了,否则看到这情景也会气死。结果不说话的人被社会接受了。

写到这里,布已经吸水吸得欲坠了。于是涉及了过分浸在社会里的结果——犯罪。美国的犯罪率雄踞世界首位,我也读过大量批评、赞扬美国的书,对美国印象不佳;但有一点值得肯定,一个美国孩子再有钱,他也不能被允许进播放黄带的影院。中国不行,在大力提倡性教育同时,这方面连禁也鲜闻禁。中国教育者是否知道,这和青少年犯罪是连在一起的,一个不到年龄的人太多沾染社会,便会……中国教育者把性和犯罪分得太清了。由文字可以看出,中国人造字就没古罗马人的先知,拉丁文里有个词叫"Corpus delicti",解释为"身体、肉体"与"犯罪条件"。可见罗马人早就认识到肉体即为犯罪条件。中国就没这词,在性教育时,又不禁学生看黄,让学生充分地投入这个社会,此举实属不明智也。由此一斑,可见矣。

写到这里,猛发现布已经沉到杯底了。

且不评价这篇参赛作文内容的丰富、语言的老到,单从思想的敏锐、构思的巧妙而言,就大大超越了常规。把杯中的白纸团看作布,这并没有什么新奇,新奇在把"布"与杯中"水"的关系看作人与社会的关系,人从出生到以后的种种变化与社会影响密切相关,实际上是杯中窥人生,而社会的浸染对人生道路起很大作用。一般说来,习惯于常规性思维的学生只看到杯子,看到杯中纸,就杯中纸发表议论,最后联想或引申出一些道理。而这篇文章的作者跳出习惯性思维的框框,"杯子"淡化了、虚化了,跳出杯的"小",纵论自己所理解的人生,跳出"纸团",跳出"水",纵论社会,古今中外,广为涉猎。正因为思维的发散、多向、开放,故而写出有自己个性的、有独创见解的佳作。

二、
**鼓励有新颖、独特的发现,
开发创新意识**

所谓创新,是能发现新颖的、独到的、有价值的东西;开发创新意识，就是鼓励学生思考问题能多方向、多角度、多层次，由已知导向未知，发现新事物，发现别人未觉察的、不易觉察的，求新、求异；与此同时，又要引导学生善于集中，对思维过程中取得的种种信息进行抽象、概括、推理、判断、比较，使之朝一个方向集中，取得最正确的最有价值的看法，在取舍、选择上下功夫，求同。发散思维和集中统一，对创新意识的培养和开发起重要作用。

由于传统的写作教学的影响，学生对事物的认识、看法，比较偏重于一种答案，因而，要花气力引导他们不满足于唯一的答案，要把思维扩散开来，辐射开来，寻求多种多样的答案，从而有所发现，有自己独特的看法。上面所述面向咬了一口的红苹果，参赛者就有各不相同的看法，他们从各自的生活经验、知识储存出发，从这只红苹果中发现了别人所没有发现的东西，因而，只要是佳作，思想总是比较新颖、独特；也只有在观察事物、剖析事物的过程中，见到别人之所未见，想到别人之所未思，才可能写出内容充实、新颖的佳作。

一次全国性作文比赛，命题组提供了一份材料《这条小鱼在乎》，佳作不少，其中有一篇更能使读者心都会颤抖起来，震撼力极大，为什么呢？作者写道：

第N次重复

暴风雨过后的清晨，一个男人来到海边散步。他注意到，许多卷上岸的小鱼被困在水洼里。用不了多久，这些小鱼都会干死的。

男人继续朝前走着，他忽然看见一个男孩不停地在浅水洼旁弯下腰去——他在捡起水洼里的小鱼，并且用力把它们扔回大海。

这个男人忍不住走过去："孩子，这水洼里有几百几千条小鱼，你救不过来的。"

"我知道。"男孩头也不抬地回答。

"哦？那你为什么还在扔？谁在乎呢？"

"这条小鱼在乎！"男孩儿一边回答，一边拾起一条小鱼扔进大海。

"这条在乎，这条也在乎！还有这一条，这一条，这一条……"

三天后的一个霓虹灯闪烁的夜晚，这男孩被请进了东方摄影公司的总裁办公室。三天前在海边邂逅的男人正笑容满面地坐在老板椅上。

这是一个大胆的构思。这家摄影公司打算拍一张有关拯救动物的宣传照片，而男孩儿三天前"英勇救鱼"被总裁所目睹，自然而然就幸运地成为照片的主角。

拍摄过程是在那个沙滩进行的。工作人员将满满一桶刚打捞上来的小鱼，一条条摆在沙滩上。小鱼艰难地挣扎着，跳跃着，将身体甩得噼里啪啦乱响。男孩儿心疼地跑过去，捞起一条小鱼，胳膊从后向前画了一个优美的弧，正要将小鱼扔向大海，却听到摄影师一声兴奋的叫喊："很好，就这样，不要动！"男孩怔住了，即将甩出去的胳臂，被这突来的叫喊僵在空中，男孩别扭的动作就被摄影师定格在相机中。

相片洗出来，经过镶边、放大等各种技术处理，被贴到马路的宣传栏上。相片拍摄得相当不错，在洒满余晖的沙滩上，一个男孩，被夕阳映红了头发，正将小鱼扔回大海，伸起的手臂立成一道黑黑的直线停在夕阳一侧，手里的小鱼在夕阳旁边闪着金光。

这张照片引起的反响十分强烈，达到了总裁预期的效果。男孩儿也就获得了一笔可观的酬金。但美中不足的是，由于暴风雨的缘故，照片一角的马路上还是一片狼藉，而且男孩的动作也有些僵硬，于是总裁决定再拍一张更优秀、更完美的照片。

第二次拍摄中男孩儿仿佛有些经验了。他挑了一条在夕阳下最闪亮的小鱼，做了一个优美的动作，使身体恰到好处地形成了一道圆滑的曲线。

第二张照片以神速飞遍了大街小巷，飞到了杂志的封面上、报纸的头版上、学校的黑板报上……一切都很顺利，男孩的酬金又涨了一倍。

男孩儿成了家喻户晓的明星。人人都在谈论着一个善良的男孩。男孩儿被一家家摄影公司、电视台邀请，一遍遍在沙滩上重复着几乎是同一个优美的动作。

当这拍摄工作第 N 次重复时，男孩儿漠然地看着一桶小鱼又一次被洒在沙滩上。他没有动，他说："我想再谈一下我的酬金问题。"

"可是，我们早已经谈妥了。"摄影师有些不快。

"但是要知道一个人一直重复同一个动作是很累的。而且我平时的时间安排是很紧的。明天上午还有一次采访……"

"但我们已经将酬金提得很高了，况且这本是一张公益照片。"

"我希望你们能再将酬金提高 5%。"

……

沙滩上的鱼儿挣扎着，嘴巴艰难地一张一合维持微弱的呼吸，银色的鳞片在夕阳下闪着点点金光。它们躺在沙滩上，静静地聆听着一场交易。

文章开头部分（"这一条，这一条……"以前）是命题提供的材料，小作者就这则材料写成《第 N 次重复》。男孩的善良，救小鱼的善举，洋溢纸上，一目了然。可是，当美德被包装、被推销，当荣誉和利益变成了善举的酬劳，良心被污染了，爱心泯灭了，道德被亵渎了。私利第一，金钱至上，在吞噬着一个善良孩子的心。看问题想得那么深、那么绝，怎不令人触目惊心？而这种吞噬，又是渐变的，在不知不觉当中。对小鱼的恻隐之心被"漠然"所替代，而酬金的获得又是以一桶桶小鱼干死在沙滩上为代价的！正因为作者对这则材料能多方向、多角度思考，又能聚焦在"良心被污染"这一点上，因而有震撼力，启人深思，经久难忘。

学生在写作中有创新意识是难能可贵的，但他们的认识、看法不可能都正确，都成熟，有这样那样的不足、缺点，乃至错误，也是很正常的。千万不能泼冷水，全盘否定。要细加分析，满腔热忱地帮助，保护他们探索的积极性。

【思考与探索】

1. 在写作教学中为什么要重视学生思维能力、想象能力的培养与发展？在这方面您有哪些行之有效的经验？曾碰到过哪些困难，您是怎样努力克服的？

2. 在写作教学中培养和开发学生的创新意识，是面临的新课题。您认为"常规"与"创新"之间是怎样的关系？怎样处理比较好？创新思维的培养有多种途径、多种方法，您认为写作教学中应主要抓住哪些方面来培养效果比较好？原因何在？

第四章
引导学生广泛阅读，
勤于积累

北京大学教授、哲学家贺麟曾这样说，人与禽兽的区别，虽有种种不同的说法，但根据科学的研究，却只有两点：第一，人能制造并利用工具，而禽兽不能；第二，人有文字，而禽兽没有文字。人是能读书著书的动物。读书是划分人与禽兽的界限，也是划分文明人与野蛮人的界限。读现代的书是与同时代的人作精神上的沟通交谈，读古人的书是承受古圣先贤的精神遗产。读书可以享受或吸取思想家多年心血的结晶，所以读书是人类特有的神圣权利。

这是贺麟先生1943年秋天为大学新生所作的"读书方法与思想方法"演讲中的一段话，对读书的实质、读书的重要意义剖析得鞭辟入里，对从事教育工作的人来说，启迪甚深。

学生到学校求学，重要任务是读书求知，塑造心灵，锻造能力，培养良好的思想道德素质和科学文化素质，作为语文教师，引导他们广泛阅读，勤于积累，当然就是义不容辞的责任了。阅读在人的成长中起举足轻重的作用，这是不言而喻的，那么，它和学生书面表达能力的提高又有怎样的关系呢？

第一节
广泛阅读对提高写作
能力的重要作用

读书与写作之间的关系，古人经验之谈甚多，而杜甫的"读书破万卷，下笔如有神"的名句更是脍炙人口，代代相传。读，是吸收；写，是表达。读得多，读得好，积累丰厚，下笔才会如汩汩泉水往外流淌。

一、
纠正认识上的偏差

阅读与写作虽有各自的培养要求，阅读教学与写作教学也有各自的编排体系、培养目标，但二者之间关系密切，应有分有合，有合有分，互相渗透，协调发展。眼下，在写作教学中往往就写论写，对阅读重视不够，未放在重要位置上。

写作上的"有米之炊"的"米"当然要靠从生活中汲取，然而，单靠在生活中观察、搜寻是远远不够的，还要勤于积累。尽管丰富多彩的生活是写作的不竭源泉，但一个人生活范围毕竟有限，要打开写好作文的广阔天地，须学习、掌握更多更广博的知识，了解古今中外天下事。为此，在青春年少之际，要广泛阅读，涉猎方方面面的知识，以开阔视野，实实在在下一点聚沙成塔、集腋成裘的细功夫。再说，人不可能事事都有直接经验，都亲目能睹、亲耳能闻、亲身实践，通过阅读，能懂得许许多多个人无法接触到的事物，冲破个人生活的局限，冲破时间空间的局限。阅读是吸收，吸收得越丰富，表达时笔下越有神。因而，从事写作教学，既要引导学生读无字书——身入生活，心入生活，眼看，耳听，心想；又要启发、带领学生读有字书——精读，博览，筛选，吸收，认识世界，品尝人生。二者忽视其一，就给写作能力的提高断了源头活水。

更有甚者，写作只盯着"模式化"，重文章形式的排列组合，内容淡化了，阅读忽略了，影响了学生写作能力的真正提高。阅读是学习语文的重中之重，题海操练的功能、作用无法与它相比，不重视阅读，阅读得少，对学习语文、学习写作而言，无疑是釜底抽薪，万万要不得。读、写是学语文的双翼，两者都要抓，抓紧，抓扎实，就能比翼双飞。

二、
精读、博览是提高写作能力的要径

写作是一种综合的智力活动，要写好一篇文章，须有一定的思想修养，一定的知识储存。《文心雕龙》的作者刘勰说得好，"积学以储宝，酌理以富才"。凡材料厚实的文章，或启人深思，或拓人视野，都可看到作者勤学、积累的功力。众所周知，马克思为写《资本论》，每天要到大不列颠博物院图书馆去翻阅书刊，他前后翻阅了 1 500 多种书籍，做了大量笔记。他在图书馆习惯坐同一个位置，有时一天在图书馆里坐十几个小时，他座位下的地板不知不觉被踩成了两个脚印。当然，中学生习作所要求的无法与如此的巨著相比，但写巨著的那种废寝忘食、苦苦积累的精神是我们学习的榜样。

古今大文章家，无一不是博览群书、饱学多识之士。欧阳修讲他"一生勤苦书千卷"；鲁迅写《狂人日记》，相当程度是依靠他学过的医学知识；列夫·托尔斯泰在《复活》中把审讯、法庭辩护、监狱、劳役等刻画得那么逼真，是因为他通晓法律。作家应该是无所不知的人，否则，他就不可能生动而深刻地反映五光十色的大千世界。写文章应通过阅读，丰富知识，使内容充实，言之有物，言之有情，言之成理。就以下面这篇短文为例吧：

柿叶满庭红颗秋

我家庭园正中偏东一口井的旁边，有一株年过花甲的柿树，高高地挺立着，虬枝粗壮，过于壮夫的臂膀，枝条特多，大叶四展，因此布荫很广。到了秋季，柿子由绿转黄，更由黄转为深红，一颗颗鲜艳夺目，真如苏东坡诗所谓"柿叶满庭红颗秋"了。

柿是落叶乔木，高可达二三丈。每年春末发叶，作卵形，色淡绿，有毛，叶柄很短。夏初开黄花，花瓣作冠状，有雌性和雄性的区别。雌性的花落后结实，大型而作扁圆形的，叫作铜盆柿；较小而作浑圆形的，叫作金钵柿。我家的那株柿树，就是结的铜盆柿，今秋产量共有五百多只。可惜未成熟时，就被大风吹落了不少，成熟以后，又被白头翁先来尝新，又损失了一部分；然而把剩余的采摘下来，除了分赠亲友外，也尽够我们一家大快朵颐了。在柿子未成熟的时候，皮色尚未转黄，而孩子们食指已动，那么我就先摘下一二十颗，浸在盛着鸳鸯水的钵子中（把沸水和冷水混合起来，叫作鸳鸯水），四面用棉絮包裹，过了十天至半月取出，扦起了皮吃，甘美爽脆，十分可口。至于皮色转黄而尚未转红的柿子，味涩不堪入口，必须用楝树叶捂熟，或放在米桶里过几天，也会成熟。柿子成熟之后，又酥又甜，实在是果中俊物。

古人对柿树有很高的评价，说是有七绝：一长寿，二多荫，三无鸟巢，四无虫蛀，五霜叶可玩，六嘉实，七落叶肥大。这七点柿树确兼而有之，为他树所不及。只因落叶肥大，曾有人利用它来练字。据说唐代郑虔任广文博士，工诗善画，家贫，学书而苦于没有纸张，因慈恩寺有大柿树，树叶可布满几间房子，他就借了僧房住下，天天取柿叶来写字，一年间几乎把整株树上的叶片全都写遍了；他的书法终于大有成就，被夸为"郑虔三绝"的一绝。

成熟的柿子称为烘柿，晒干而皮上生霜的称为白柿。据李时珍说：烘柿并不是用火烘熟的，只须将青绿的柿子收放在容器中，自然红熟，好像烘过一样，涩味尽去，其甜如蜜。白柿就是生霜的干柿，做法将大柿压扁，日晒夜露，等它干了以后，藏在陶瓮里，到了皮上生了白霜才取出来，这就是柿饼，那白霜称为柿霜。据说患痔病的常吃柿饼，可以减轻；将柿子和米粉做糕饼，可治小儿秋痢，那么食物也可作药用了。

这是从现代作家周瘦鹃的《花木丛中》一书中选取的一篇说明柿树、柿子的短文。仅从这篇短文中，我们就可清楚地感受到作者勤于读书、勤于积累的浓郁气息。

首先是园林知识的丰富。对柿树的枝、干、叶、果、生长情况、结实情况了如指掌，因而说明时具体、明白、准确、细致，特别是柿子转色的叙说，不仅具体，而且给人以美感。这是由于作者一边从事创作和翻译，一边以相当多的精力从事园艺工作，从亲身实践中积累了栽培花木、种植盆景的经验。

其次是文学知识的积累。柿树叶子肥大，可利用它来练字，非停留在一般性的叙述水平，而是举唐代画家郑虔的事例加以说明，更有说服力。举例又不拘于用叶写字，而是顺带介绍郑虔的官职——广文馆博士及三绝——诗、书、画（郑虔与杜甫为诗酒友，工诗善画，书法出众），使所举例子更为丰满生动。又如文章标题，引的是"柿叶满庭红颗秋"的诗句。全诗是"柿叶满庭红颗秋，薰炉沉水度春簪。松风梦与故人遇，自驾飞鸿跨九州"。诗题是《睡起》。该诗一般不为人引用，且作者一说苏东坡，一说黄庭坚。由此也可见周瘦鹃文学方面积累之深。

再次是古代科学知识、古代文化的积累。如古人对于柿树的"七绝"的评价；又如柿子未成熟时，孩子们食指已动的用典（《左传》记载，春秋时，楚国人送给郑灵公一只大甲鱼，公子宋见了，食指忽然自己摇动，以为一定可吃到好的东西），增添了情趣。

医药知识丰富，也是一特色。柿饼可减轻痔病，和米粉做糕饼，可治小儿秋痢等。

至于修辞手法的运用，如形容柿树"年过花甲"；用词的生动、准确，如"大快朵颐"（"朵"的动义，如手之捉物叫作"朵"，"朵颐"，就是动颐，嚼。"大快朵颐"形容吃得十分开心）等，真可谓用得得心应手。

从上述例子可领悟到：知识丰富，才能写出好文章；知识贫乏，既不能往深处开掘，又不能往广处延伸，说几句话，像在水面上漂，当然不会是佳作。

读书可以开阔视野，增长见识，提升思想，提升文章格调，对学生来说，确实至为重要，因为学生年纪轻、阅历少，对人类社会、自然风光，知之甚少甚浅，非要不断吸取文化养料方可有"意"可达，有"情"可表。即使是很有文化教养的作家，知识上稍有缺陷，在文章中也会表现出来。如叶圣陶的儿子叶至善，曾对父亲的童话代表作《稻草人》中的知识性错误提出批评。他在《不要放开科学》中说道："我的父亲写过一篇童话，叫《稻草人》，其中有一段写一位孤苦伶仃的老太太。老太太辛辛苦苦种的水稻已经抽穗，丰收在望，老太太心里稍稍感到一点安慰，哪知道来了一群蛾子，把水稻连叶带穗全吃掉了。这就写错了，因为世界上没有这样一种吃水稻的蛾子。拿水稻的大敌螟虫来说，糟踏水稻是在幼年时期，等到变成了蛾子，就不再咬水稻了，只是在水稻的叶子背面产卵，繁殖糟蹋水稻的后代。我对父亲说：'《稻草人》的小读者很多，把知识讲错了可不好。'父亲说：'那就一定改正。'上海教育出版社将要出版的《童话选》选了《稻草人》，我父亲已经把这个错误改正了。"这个事例十分生动，能给我们以多方面的启示。

有了知识，不一定会写出好文章；而没有知识，知识贫乏，孤陋寡闻，肯定写不出好文章。因而，在写作教学中要积极引导学生阅读古今中外读物中的佳品、精品，从中吸取精神养料；要积极引导他们对报纸杂志、种种不同类型的书籍广为涉猎，以开阔视野，了解并跟上时代前进的步伐，这是提高写作能力的重要途径。

三、
激发阅读兴趣，培养阅读习惯

在写作教学中，要经常注意激发学生阅读的兴趣。

通常我们说，"热爱是最好的老师"，这里的"热爱"，就是指充满积极情感的兴趣和爱好。有了兴趣这位"老师"，随时都会引导我们去选取那些自己最心爱的读物；而带着情感去读心爱的读物时，又往往使我们手不释卷，达到忘我的境界。一名学生饶有兴味地阅读，他就可以聚精会神较长的时间，并使记忆效果大大提高，而又不需付出很大的精力。

阅读兴趣并不是先天生成的，靠教育、靠启发、靠培养。首先要晓之以理。让学生逐步懂得广泛阅读是自身健康成长、成人、成才的需要。植物，没有阳光、雨露，难以茁壮成长；年轻的学生，离开了良好的读物，成不了社会需要的有用人才。莎士比亚有句名言生动而深刻，他说：书籍是全世界的营养品，生活里没有书籍，就好像没有阳光；智慧里没有书籍，就好像鸟儿没有翅膀。对阅读的爱好，不要说是学者、专家了，就是从事最平凡的工作的人，爱不爱读书，认不认真钻研，工作的质量、效果也会大相径庭。同是从事旅店服务工作，同是从事烹调，有些时光如流水，从指缝中流走了，而有些却在岗位上钻研，自学旅游行业的书，自学美学、色彩学、造型艺术等书籍，就写出了《旅店知识》《旅客心理》和二十多万字的有关烹调的书籍。有理，有据，学生认识上就会逐步重视起来。其次，要动之以情。经常向学生推荐优秀读物。推荐时不停留在一般地介绍书名、作者、故事梗概，而是选择其中精要、精彩部分，如哲理名言、刻画传神之处、妙语连珠的段落等，剖析、咀嚼，让学生动心、动情，使学生产生欲罢不能的阅读兴趣。再次，让学生自己推荐读物，自己谈阅读体会，造成"移趣"的氛围，让喜爱阅读的学生的兴趣传播到尚不大爱阅读的学生的身上，用"滚雪球"的办法，使阅读兴趣这个球越滚越大。当然，还有其他许多办法，如提倡学生跑图书馆、逛书店，提倡学生做阅读小统计，进行阅读长跑活动等。通过多种教育，多种活动，让学生感受到阅读是自己生活的一部分、生命的一部分，要主动探求，来不得半点马虎。

当前，科学技术飞速发展，电视基本普及，电脑网络上的信息多如牛毛，这给学生的读书带来很大的冲击。有些学生在有限的空隙时间，看电视，玩电脑来休闲、娱乐，不高兴再捧本书阅读了。这个问题该怎么看？书，还是要读的，缺了这一块，不要说写作能力不能长足发展，就是做人最基本的文化底蕴都没有了，影响学生今后的工作、继续学习、继续发展。学生由于年龄关系，不可能想得那么深、那么远，教师要做艰苦细致的工作，不断激发他们阅读的兴趣。与此同时，还须清醒地认识到，电视、电脑也是文化的传播者，看电视，在网络上看信息也是阅读，问题在读什么、怎样读、如何有节制、不影响读书，都是要认真探讨并正确加以指导的。

阅读往往是一种复杂、艰苦的智力活动，它需要有良好习惯的支撑。有位学者说，读书如登高山，没有勇气，绝不能登至山顶，接近云霄；读书如撑船上滩，不可一刻松懈。显然，读书不能三天打鱼两天晒网，不能凭一时的热情，要自觉，要坚持，要有百折不回、顽强奋斗、不达目的决不罢休的精神。

读书要用心，尤其是精读的读物，更要动脑筋思考。如果只是粗疏地一掠而过，读物中再深邃的思想、再精辟的见解、再生动的描写、再美妙的语言也不会在脑中留下痕迹。因而，学会阅读，就要和粗疏、漫不经心做斗争。博览，阅读面要宽，还要讲速度，眼睛尽管像扫描，速度很快，但仍然要用"心"，把自己所需要的信息、知识迅速地抓住。

阅读要订个大致的计划，定个阅读的量。计划不是一成不变，阅读量也不是不可更改，可以随着学生的学习情况、身体情况等上下浮动。但有计划比无计划好，规定阅读量比不规定的好，有个奋斗目标，就可减少随意性。否则，教师规定的各学科练习是硬任务，阅读课外读物是软任务，一挤就被挤掉了。其实，读一本好书对学生的熏陶感染恐怕比机械操练不知要好多少倍，就其意义与价值而言，硬任务并不硬，软任务也不软。

阅读要注意方法，提高阅读的效果。要指导学生合理分配时间，不能持续好几个小时盯着一本书读，使头脑发"木"、发"胀"，要注意各类书籍的搭配，如文学作品与科普读物，人物传记与社会读物等，有张有弛，有松有紧，学生就不会感到很累，就会经常处于兴趣盎然之中。

阅读要注意积累，不断增加自己的知识储存。否则，许多好思想、好见解、好语言就会从眼皮底下溜走。

每个学生在阅读方面有各自的认识、各自的习惯、各自的个性，要因材施教，绝不强求一律，只要喜爱阅读，读有效果，就达到我们期望的目的了。

第二节
激励学生以读促写，
以写促读

读书与写作之间密不可分的关系，古人阐述甚多，有的讲述得十分精彩。如元代程端礼《程氏家塾读书分年日程》中记载："果斋先生云：'读书如销铜，聚铜入炉，大鞴扇之，不销不止，极用费力。作文如铸器，铜既销矣，随模铸器，一冶即成，只要识模，全不费力。所谓劳于读书，逸于作文者此也。'"读书与写作的关系以"销铜"与"铸器"为喻，销得好，熔化了，才可能铸成器，如果不劳于前，又怎能逸于后呢？

冷静思考一下，语文教学实践中无数事例可证明：只重写，不重读，就写论写，捉襟见肘，学生写作水平难以明显提高；以读促写，以写促读，学生笔下活水常流淌，读写相得益彰。

一、
以典型引路，
给学生以熏陶感染

写作教学中强调多读书、读好书的重要性，光靠说道理是远远不够的，要让学生看得见、摸得着，具体、生动，他们就会信服。因而，选典型的文章引路，与学生一起讨论、评说，学生在感性上就会有所认识，讨论到精要之处，学生就会受到熏陶感染。且不说名家的佳作，就是高中生的用心之作，同样可资借鉴。

下面是摘录的《读〈三国演义〉杂记》。

（一）

"古今人才之聚，未有盛于三国者。"（毛宗岗《读〈三国志〉法》）这一人才盛会的形成原因要从历史大背景来考虑。

东汉离春秋战国不算太遥远，战争的烽烟已经散去，百家的学说却得以流传；经过连年的鏖战，军事艺术的宝库得到了极大的丰富；汉朝百年的兴盛，造就了政治、经济、科技、文化的高峰。东汉末年，朝政腐败，但学术界却呈现出勃勃生机，交友切磋很可能是当时治学的大气候。襄阳一带，就有石广元、崔州平、徐庶、孟公威、诸葛亮、庞统、鄞玖、庞德公、司马徽等数十位名流学者云屯雾集，共同研讨匡扶天下的深谋远计。另一值得注意的是，虽然经过汉武帝的罢黜百家，但东汉的思想政策还是比较宽松的。诸葛亮博览诸子，尤喜兵、法两家著作，并对腐儒学风嗤之以鼻，这若是在思想禁锢较严的宋明理学时期是不可思议的。你看朱熹不就批评诸葛亮

"所学不尽纯正"(《朱子语类》卷136)吗?强调"学以致用"是当时治学的又一特色,那些"坐谈立议,无人可及,临机应变,百无一能"的清谈之徒是吃不开的。这也是春秋以降一贯的风气,它在晋朝来了个急转变。三国不早不晚,上承文化集大成的汉朝,又赶在"清谈误国"的晋朝之前。三国之盛,宜也!

相观而善,思想自由,学以致用,当它们碰巧会合的时候就造就了令人叹为观止的三国人才。

(二)

韩信说刘邦能带兵十万,而自己带兵则是多多益善。刘邦听后很不高兴,说:多多益善,那你怎么又为我所擒呢?韩信于是说刘邦是"不能将兵,而善将将"(《史记·淮阴侯列传》)。

现在让我们来看刘备。这位大汉皇叔的DNA里颇有不少老祖宗刘邦的遗传基因(如果他们的确有血缘关系的话)。他卖草鞋出身(刘邦早先是小小亭长),自己带起兵来屡战屡败,简直如丧家之犬,可谓不善将兵;但极盛时,取荆州,下两川,称帝号,文有卧龙凤雏,武有关张赵马黄五虎上将,可谓善将将者。

但这实在不是刘备的功劳。你说人家曹操熟读兵法拥兵百万尚能集思广益,可谓不耻下问,你刘备连吃败仗疲于奔命,对大名鼎鼎的卧龙凤雏不言听计从又能怎样?但事情往往如此微妙,明明是自己没本事带兵打仗,碰巧遇上几个能人帮忙得了天下,他却因此赚了善于用人的美名。

刘备果真得了天下会如何?你看他刚当上皇帝没两天,就不顾孔明等一班开国功臣的劝阻,一意孤行地伐吴，当年的言听计从抛到哪里去了？考虑到他和刘邦的遗传关系，到时候会不会也来个兔死狗烹呢？难怪孔明未出草庐就想好了退路。"待我功成之日，即当归隐"（《三国演义》第三十八回），他说这话的时候，该是想起韩信，想起张良了吧。

（三）

庞统计取西川献有三策，其中的上策是设一鸿门宴，乘刘璋来迎时袭杀之。刘备不从。在后来的涪关宴上，刘备扮演了很像项羽的角色。

鸿门宴时，项羽的对手仅刘邦一人而已，杀掉刘邦能迅速平定天下。范增之计，颇有当机立断之风。而涪关宴时的情形则不同，夺取西川只是孔明隆中战略的一步，杀掉刘璋不但不能迅速战胜曹操和孙权，反而有四面树敌之嫌。就算迅速得到西川，也会把刘备苦心经营的一点仁义的老本卖个精光。庞统的计策失于浮躁。

刘备就要老练得多，他来了个"地盘人心，两手都要硬"的方针，采取怀柔政策，又适时严明军纪，不但入主西川，还要让百姓称颂他的仁义。表演可谓精彩。

这不禁让我们想到那个名声很坏的宋襄公。他所在的春秋时期，"犹尊礼重信"（顾炎武《日知录》），各诸侯或自愿或被迫都还被先秦道德制约着。宋襄公非要等对方渡河摆好了阵势之后才肯开战，或许是有一定见地的。因为如果这样还能打胜仗，那无疑将有利于在诸侯中树立威望，成就霸业。刘备不杀刘璋也能得到西川，我们必须称赞他"具有超越了军事的眼光"，可惜宋襄公却打了个大败仗，于是也就只能得到"妇人之仁"的骂名了。

许多时候，历史是相信"成者为王，败者为寇"的。

［(四)、(五)、(六)略去。］

(七)

北伐中，武侯多次看到了胜利的曙光，可又一次次地无功而返。最后，一场大雨，浇灭了上方谷的熊熊大火，放跑了司马懿，也浇灭了武侯心中的希望，浇灭了由希望支撑着的生命之火。

武侯早年，谈笑用兵，智取荆州，西征巴蜀，何等的意气风发，挥洒自如；转眼间，荆州失守，关张暴亡，孙刘反目，先帝驾崩。自己毕生的事业由极盛跌入极衰。晚年又要看着自己苦心经营的一次次转机从眼前溜走。同时，朝廷上下充斥了自保的声音，名为相父却要为宦官所排挤。有时位高权重了，不但体会不到"不畏浮云遮望眼"的惬意，反而还要感受"冥冥孤高多烈风"的悲凉。岳飞夜读《出师表》而痛哭，大约是有感于自己的处境，而与武侯产生了超越时空的共鸣吧？

白帝托孤的时候，武侯就知道，自己在《隆中对》里提出的"待天下有变，则命一上将将荆州之兵以向宛、洛，将军身率益州之众以出秦川"的夹击计划，现在是不可能实行了。他在《后出师表》里说："臣鞠躬尽瘁，死而后已；至于成败利钝，非臣之明所能逆睹也。"他哪里是不能"逆睹"啊，他早就明白，夷陵之战后的蜀国想要兴复汉室的愿望，不过是画饼罢了。狂澜既倒，远非自己"鞠躬尽瘁"所能力挽。说不能逆睹，是为了安慰后主，安慰蜀中君民，也安慰自己。

"先生未出草庐，已知三分天下，然则伐魏之无成，出师之不利，先生料之熟矣。"但武侯还是要伐魏，还是要六出祁山，还是要鞠躬尽瘁。他是忠于自己年轻时的梦想，忠于初出茅庐的豪言啊！一个为了信念而奋斗终生、矢志不渝的人，成功了，让人崇拜；失败了，令人敬佩。我一向敬佩武侯，主要倒不是敬佩一个多智的半神，而是敬佩一个失败的英雄，一个孤独的斗士。

六出祁山，可能在军事上是很不高明的行为，但的的确确为武侯的一生写下了最沉重、最感人的一笔。不是败笔，而是绝笔。

（八）

曹操一生东征西讨，统一了北方，但同时也被政敌攻击为有"不逊之志"。对此，他发布了《让县自明本志令》，申明了自己无意自立的政治主张。他很动感情地说："设使国家无有孤，不知当几人称帝，几人称王。"事实也的确如此，如果没有曹操控制局势，北方的军阀混战还将继续下去。综观曹操一生，不但他自己没有称帝，而且也没有任何一个军阀敢自立为君。歌德说人是"一个多方面的内在联系着的多种能力的统一体"。曹操就是这样一个统一体。

曹操究竟是忠是奸倒不是我所关心的重点，我真正感兴趣的是，曹操在中国历史中是怎样从一个"非常之人，超世之杰"（陈寿《三国志》）走向白脸奸臣的角色的。

中国的儒家有"内圣"和"外王"两种不同的倾向，前者强调"修身"，而后者强调"治国平天下"。儒家的鼻祖孔子在这两点上较好地掌握了平衡，他认为修身只是"治平"的前提条件。基于这种思想，他虽指责管仲僭礼，却又对他的功业给予很高的评价："霸诸侯，一匡天下，民到于今受其赐。微管仲，吾其被发左衽矣。"（《论语·宪问》）曹操的情况在很大程度上与管仲相似。受孔子思想的影响，从陈寿著《三国志》开始很长一段时间里，世人对曹操的评价不失公允。

到了宋儒时期，情况发生了突然的变化：追求自身道德修养的心性之学发展到极致，片面强调仁义的孟子一夜间被抬高到亚圣的位置（很巧的是，孟子本人就对管仲等人的霸业抱有成见）。在朱熹等人看来，像唐太宗和魏徵这样的明君良相，品行上尚且有可指摘之处（参看《贞观政要》），至于曹操那简直就是大逆不道了。终于，明朝人把他演义成一个奸诈之徒，而在毛宗岗的评注里，他已经成为古今奸雄第一了。（毛宗岗《读〈三国志〉法》："历稽载籍，奸雄接踵，而智足以揽人才而欺天下者，莫如曹操。……是古今来奸雄中第一奇人。"）

一个有趣的现象是，司马光在《资治通鉴》里，把曹氏魏政权作为正统来记述。我猜想，像司马光这样在实际政事方面扛过重担的人，知道世事的艰辛，恐怕更能体会曹操乱世治国的不易，而不忍心给他加上"僭国"的罪名吧。

显然，《读〈三国演义〉杂记》这篇文章很有文化气息。以这样的典型文章引路，至少可说明以下一些道理：

1. 写这样的文章，要有史学、文学、哲学等众多知识垫底。仅以摘录的几节为例，就涉及先秦史、汉史、三国史、晋史、唐史、宋史等。作品涉及之处，文中皆一一夹注。平日如不细水长流地阅读，吸收，熔化，写的时候，到哪儿去找书找文章都不知道，怎可能下笔千言，言之有物呢？因而，不能企求写作上突然出奇迹，关键全在平日功夫深。

2. 平日读书要在"销铜"上认真下功夫。写文章不是照搬照抄读过的书，不能食而不化。读书就要在"化"上下一番真功夫。这篇杂记实际上是对《三国演义》中的一些人物进行评说，但作者没有局限在对作品中的人物进行文学分析，而是放在历史大背景中来认识，或调侃嘲讽，或同情讴歌，或暗鸣不平，一个个人物个性鲜明，活灵活现。如果不在食而化上下功夫，就不可能用历史的眼光来认识，拎不出鲜明的观点，辞章也不可能如此佳妙。尤其是第八节对曹操的论述。很多人心中都有这样的疑问：为什么历史上的曹操和《三国演义》中的曹操、舞台上的曹操判若两人？作者从历史文化的视野下进行剖析，寻找曹操形象嬗变的轨迹，有理有据，给人以启迪。当然，随着历史进程，魏与蜀汉仍有谁是正统的争论，这里可以不说，只要心中有数就行了。

3. 读书要有所选择，不能平均使用力量。参考书只是写作时的参考。有的可快速浏览，粗知大意；有的可跳读，精彩部分重点阅读，深思品味；有的只作查阅，核对有关时间、地点、人物、事件等。怎样使用参考书，可根据写作意图、写作需要而定。至于有兴趣，选择其中几本认真读一读，也是常有的事。

对于高中生来说，文章的文化含量要高，引经据典，纵横起伏，文采飞扬，对阅读的要求当然比较高。即使是初中学生，要做到文章言之有物，内容充实，情理俱佳，也非加强阅读，消化吸收不可。

有种误解，认为写说明性文字，只要对说明对象有所了解，并不需要多少知识，并不需要读多少书。其实不然，乍看起来，文中并没有什么引经据典，似乎没有阅读多少参考书，但稍一推敲，就知道所读之书不少，从书中吸收的知识已"化"在文中，以《骚扰阿蚊的生物学特征及其防治》一文的"实验结果"部分进行剖析，就可体会一二。

三、实验结果

1. 骚扰阿蚊的各阶段虫态及有关的生理特点

卵：卵粒黑色，长近 1 mm。分散不结成块。卵粒黏附在棉花上，玻璃器皿的壁粘不住，脱离棉花的卵粒沉到水底并不再发育而死亡。

幼虫：孑孓米黄色，共 4 龄，到 4 龄时长达 1.3 cm 以上，栖息于水面下，身体与水面呈一角度。潜入水底觅食。在密度过高时尽管喂食充足，仍有互相残杀吞食的现象。

蛹：蛹浅黑色，逗点状，栖于水面下。腹部仍能运动，受震动后能逃窜。孵化时从背部裂开，幼蚊钻出，歇于蜕皮之上，不会飞行。待几小时才能飞行，刚孵化的幼蚊比老蚊小得多。

成虫：体形粗壮，平均体长 10 mm 左右，展翅 12 mm 左右，比普通家蚊（淡色库蚊）大 1 倍以上。它背部全黑，腹面有明显白带，在外观上易于与其他蚊种区别。骚扰阿蚊不论白天黑夜都有吸血行为，被其叮咬，痛痒难忍，肿块大，久久不褪，且有溃烂发生。成蚊喜产卵于敞口大、水浅的容器。容器口小而水又深的，成蚊无法垂直起落去产卵。

2. 骚扰阿蚊的生活史周期

在 27℃ 条件下，骚扰阿蚊在吸血后的第 4 天开始产卵，到第 7 天达到高峰。卵在产下 24 小时后即有孵化的，48 小时后出现孵化高峰。幼虫期 8~10 天，蛹期 3~5 天。成虫成活两个月左右（不包括过冬蛰伏的成虫），即从产卵到成虫危害约半个月左右。

3. 骚扰阿蚊成虫在一年中的消长规律曲线（图表略）

概括地说，它有"两个高峰""一个延续"，即6月小高峰，9到10月大高峰，一直延续到初冬。特别值得指出的是从调查中发现，该蚊是一种比较耐寒的蚊种，以成虫的虫态越冬不是不可能的。

4. 骚扰阿蚊成虫的活动范围

骚扰阿蚊的活动范围以滋生地为中心向四周扩散，离滋生地越远，密度越低。离中心距离400米处，密度降到25%左右；离中心600米处，密度还有15%左右，并有在离中心1 000米处捕到的记录。表明该蚊种有较强的飞行能力，危害范围可达半径1 000米。但雄蚊活动范围较小，100米以外不再发现成群婚飞现象。

5. 骚扰阿蚊滋生的几个条件

（1）蚊卵比水重，必须黏附于物体表面才不至于沉到水底窒息。所以阿蚊产卵的水中必有水草等悬浮物或者容器边缘不光滑易于附着。

（2）阿蚊体形大，不善垂直升降，产卵需有较宽敞的飞行空间，口小水低的树洞、瓶罐等不是适宜的产卵地。

（3）孑孓和蛹也是在稀的粪尿中生长发育最佳。

综合实验室饲养观察和野外生态考察，该蚊滋生的这几个条件是一致的。

此处摘引的是生物小论文的一部分，这篇小论文是科学小实验的记录并总结。实验的缘由是骚扰阿蚊过去在上海市区极为罕见，1986年以前在市区不形成危害。但近几年随着市区范围的扩大和公共卫生的不尽如人意，这种吸血蚊种已逐渐成为继中华按蚊、淡色库蚊、三带喙库蚊、白纹伊蚊之后的第五种危害很大的吸血蚊种，因而作者和生物课外小组的其他成员进行了接近两年时间的科研活动。在科学实验的基础上,写成了小论文。就实验方法、实验数据、实验结果、关于防治措施的建议——作了说明。

从摘引的这几段文字看,写得具体、翔实,是认真观察、坚持记录的结果。在占有大量资料的基础上加以概括,抽象出带有规律性的结论。这些规律性的结论稍加分析,就可知其中有生物学知识,有数学知识、物理知识,有实验的科学方法等,读过的有关书,学过的有关知识已经过"销铜",入自己脑海之中,运用起来十分自如,不见痕迹了。

从学生的思想和写作实际出发,可运用不同典型引路。

二、
加强阅读的有效性,
激励学生提高识见,广为采撷

阅读要讲究效果,要读有所得,吸取精华。古人在讲述读书方法时指出:"未见道理时,恰如数重物色包裹在里许,无缘可以便见得,须是今日去了一重,又见得一重,明日又去了一重,又见得一重。去尽皮,方见肉;去尽肉,方见骨;去尽骨,方见髓。使粗心大气不得。……圣人言语,一重又一重,须入深去看。若只要皮肤,便有差错,须深沉方有得。"(《朱子语类》卷第十《读书法上》)显然,读书时要层层剥笋,深入思考,得其精神,增长识见。比如俄国著名作家柯罗连科的小品《火光》,一层层深入读,就会咀嚼到其中的甘甜。

> 很久以前,在一个漆黑的秋天的夜晚,我泛舟在西伯利亚一条阴森森的河上。船到一个转弯处,只见前面黑魆魆的山峰下面,一星火光蓦地一闪。
>
> 火光又明又亮,好像就在眼前……
>
> "好啦,谢天谢地!"我高兴地说,"马上就到过夜的地方啦!"

> 船夫扭头朝身后的火光望了一眼,又不以为然地划起桨来。
>
> "远着呢!"
>
> 我不相信他的话,因为火光冲破朦胧的夜晚,明明在那儿闪烁。不过船夫是对的,事实上,火光的确还远着呢。
>
> 这些黑夜的火光的特点是:驱散黑暗,闪闪发亮,近在眼前,令人神往。乍一看,再划几下就到了……其实却还远着呢!……
>
> 我们在漆黑如墨的河上又划了很久。一个个峡谷和悬崖,迎面驶来,又向后移去,仿佛消失在茫茫的远方,而火光却依然停在前头,闪闪发亮,令人神往——依然是这么近,又依然是这么远……
>
> 现在,无论是这条被悬崖峭壁的阴影笼罩的漆黑的河流,还是那一星明亮的火光,都经常浮现在我的脑际,在这以前和在这以后,曾有许多火光,似乎近在咫尺,不止使我一人心驰神往。可是生活之河却仍然在那阴森森的两岸之间流着,而火光也依旧非常遥远。因此,必须加劲划桨……
>
> 然而,火光啊……毕竟……毕竟就在前头!……

初读,觉得文字很美,也很有意境,黑夜行舟在阴森森的河上,远处火光闪烁,乘船人期盼神往,画面是鲜活的、灵动的、有生机的。再读,深感其中蕴含哲理:远与近的问题,阴暗与光明的问题,理想与现实的问题。这哪里是河上泛舟,分明是生命之舟在艰难中行进。再深入钻研,你会发现这不是一般的生命之舟,既不是随波逐流,也不是任意游荡,而是有目标地、坚韧不拔地向前奋进的。理想,如黑夜中一星明亮的火光,那么诱人,那么令人神往,但要实现，需要走漫长的路。熟悉生活之河的"船夫"，才真正懂得理想与现实之间的距离，才有那不屈不挠、不骄不躁的毅力。理想照耀我们前进的道路，但它"毕竟就在前头"，因此，必须奋起，"必须加劲划桨"，必须坚持不懈。在阴沉的夜晚行舟的画面中，你不仅和作者一样看到闪闪发亮的火光，你还从中发现了生命的支柱、生活的真谛，从中悟到了人生的哲理，提升了思想，增长了见识。当然，写作中可借鉴之处也很多。如写的是生活中常见事，行船的人常有这样的经验，选材没有什么特别。难的是在材料中深入开掘，见人之所未见，就使极平常的材料闪发出智慧的光彩。又如描写的形象性，用词的对比度，都十分考究，既有诗情，又有画意。

读书，要学会真心实意地渴望得到作者的教诲，进入他们的思想。为了进入他们的思想，就要学会辨识，学会挑选佳作。如果写书的人不比你聪明，庸俗、扯淡、胡编乱造，读他的书干什么？有时反会受到污染、侵蚀，因而不必读。如果写书人比你聪明，思想深沉，见解精辟，学识渊博，就应该认认真真读他的书，从中吸取养料。孔子的"毋友不如己者"，就读书而言，也是同样道理。

精读，要善于撷取有价值的材料。有些佳作，不仅语言好、内容好，材料也很丰富，能增进知识，增长见识。指导学生阅读，要他们在理解、体会的基础上摘录备学备用的材料，对写作很有益处。例如唐弢的《作家要锤炼语言》一文以十分丰富的材料论证自己的观点，对学习语文的中学生来说，很有摘录的价值。

有的可直接摘录，如：

高尔基说："语言是文学的基本材料，文学是语言的艺术。"

"平字见奇，常字见险，陈字见新，朴字见实。"（引自清人沈德潜著的《说诗晬语》，全句是"古人不废炼字法，然以意胜，而不以字胜，故能平字见奇……"）

贾岛诗云："两句三年得，一吟双泪流。"（相传他在《送无可上人》诗"独行潭底影，数息树边身"句下注的一首小诗："两句三年得，一吟双泪流。知音如不赏，归卧故山秋。"）

卢延让说："吟安一个字，捻断数茎须。"（卢延让，唐朝范阳人，他的《苦吟》诗前四句是"莫话诗中事，诗中难更无。吟安一个字，拈断数茎须"。）

福楼拜对他的学生莫泊桑说："无论你所要讲的是什么，真正真够表现它的句子只有一句，真正适用的动词和形容词也只有一个，就是那最准确的一句、最准确的一个动词和形容词。其他类似的却很多。而你必须把这唯一的句子、唯一的动词、唯一的形容词找出来。"

有的自己作简要的概括，如：

文学语言同时要具备绘画和音乐的特点，有色彩、有音响地来描写生活和反映思想。

王安石的"春风又绿江南岸"的"绿"字多次更易，先后用过"到""过""入""满"，最后才选定"绿"字。

宋祁《玉楼春》中"红杏枝头春意闹"的"闹"字，也经过多次改动，著名学者王国维说："着一'闹'字，而境界全出。"

必须向生活汲取，从人民的口头采集语言。普希金跟奶奶学语言；列夫·托尔斯泰一接触到民间语言，就立即改变自己的文风和语法；契诃夫听到有趣的谚语立刻记下；阿·托尔斯泰从法院里审问犯人的一本记录中感受到活生生的俄罗斯语言，并依靠这个宝藏写出了小说《诱惑》；高尔基说："从16岁开始，我就是作为一个别人私语的旁听者，一直活到现在的。"

社会急遽变化时，新事物不断涌现，旧的关系不断改变，语言受到冲击，随着发生变化。此时语言会出现大矿藏。尽管这种语言显得幼稚、粗糙，乃至混乱，但其中确实埋藏着"语言的金子"。

博览，同样要注意积累。在现时代，科学技术飞速发展，更要博览群书，文史哲、数理化、科学技术、音体美等书籍均要涉猎。阅读面广，智力背景丰富，如蜜蜂采花，采过许多花，就能酿出蜜来。

积累的方法很多，常用的有：

摘录式笔记。如上文所举例子。可录名言佳句、精彩段落，可对书中、文中主要论点、主要内容摘其要记录下来。

做卡片。可摘录，可提要，可批注，可写心得。

索引。如果要记的内容多，可采用索引的方法，把文题、书名、作者、页码等记在笔记里或写在卡片上，备日后查用。

报刊剪贴。把报纸或杂志上具有价值的简短文章，剪下来贴在活页本上备阅读、运用。

如今，还可借用先进的电脑手段储存。

积累时可铺开一定的"面"，广为收集，也可先列若干专题，如理想、志向、道德、情操、学习方法、名言警句、科学天地等，定向积累。无论用哪种方法积累，有两点特别要注意。一是积累到一定阶段，要进行分类整理，千万不能糊成一锅粥，如果眉目不清，材料再好，也难以及时而充分地使用；二是忌烂，积累的材料确有意义，确有价值，评注、心得也是真有独特见地的，如果一般性的都捡到"仓库"里，拉杂不堪，把"宝贝"淹没，也就成不了写作的宝库。

积累要持之以恒，锲而不舍，否则，不可能有成效。明末清初大学者顾炎武、近代学者梁启超等都在读书积累方面下过大功夫。法国著名科幻小说家儒勒·凡尔纳为了积累写作材料，曾写了几百本读书笔记，摘录了两万数千张卡片。"厚积而薄发"，以读促写，写起来就顺手、顺心。

三、
以写促读，读写双进

写作要有后劲，一定要大量阅读。精读，博览，重视积累，有相当的文化积淀，下笔时众多精辟的思想、精彩的构思、精妙的语言就会纷至沓来，供你挑选、使用。

以阅读促进写作，这是众所周知的。其实，写作本身也可促进阅读。以写促读，同样可使读写双进步、双提高。

例如学生学习有关人物传记的课文时，教师要求学生听写《伟大科学家的生活传记》导言中的一段话，启发他们懂得阅读人物传记的益处。这段话是："阅读别人传记的人，他就度着不止是一个人的，而是很多人的生活。这是由于，通过在自己的生活经验之上添加旁人的经验，他就扩充了自己的生活经验。可以这么说，他是透过很多双眼睛来看世界的。"正因为人物传记能扩充自己的生活经验，从中受到教益，因而，要求学生学写一篇人物传记，介绍古今中外某一人物的卓越成就和巨大贡献，以写作促阅读，使读和写都得到训练。

学生要完成写作任务，就须查阅资料，比较分析，选取典型事例表现人物。学生查阅资料并非易事，高中生视野较宽，比较懂得多方寻找，初中生往往想得简单，就靠手头上一两本书或一两篇文章，写的文章不像传记，而像某某人的二三事。因而，要指导如何查阅资料，如何阅读。查阅资料是学习的基本功，一个人会不会自学，自学能力强不强，和会不会查阅资料关系密切。查阅资料不能茫无头绪，靠偶然性碰，应心中有谱，注意查阅的规律，掌握查阅的方法。查阅资料至少做到以下几点：

一是定向。查什么人，哪个时代的，哪个国家的，卓越成就是什么，事前要明确，才会选准资料。如郑板桥是画家、书法家，是清代人，要认识他，了解他，写他，要到《中国古代画家》《中国绘画史》等书籍中去寻找。

二是有序。查阅资料不能东一榔头西一棒子，要注意翻检的次序，从大范围查到较小范围，从类别、种别查到专著，越查越具体，越深入，越集中。如写"扬州八怪"之一郑板桥，根据学生能力与视野所限，至少可查：《辞海》艺术分册、《中国古代画家》、《中国绘画史》、《扬州八怪》、《扬州八怪全集》、《郑板桥》、《中国画家丛书》等专著，当然，还可到《中国人名大辞典》《中国文学家辞典》等书中查阅，也可查报刊上刊载的关于研究郑板桥的文章。要学会看图书目录，利用图书馆查资料。

德国柏林图书馆大门上有这样一句话："这里是人类知识的宝库，如果掌握它的钥匙的话，那么全部知识都是你的。"写人物传记首先对写的对象要熟悉、了解，因而单靠手头现成的一点资料是远远不够的，要进入知识宝库，多占有一些材料。

三是比较。把查阅到的材料进行比较，区别正确与谬误，区别价值的大小，区别确凿可靠的与道听途说的。在对材料的比较之中提高识别能力。

四是取舍。材料占有要多，要充分，如郑板桥的学习、为官、处世、待人、写诗、作画、书法等材料均应涉猎、占有，但动手写时应围绕写作意图大胆取舍。了解越全面越好，笔墨越集中越能突出主题。

总之，查阅资料的过程就是阅读的过程，学习的过程，开阔眼界的过程，积极思维的过程。这个过程思想上重视，功夫比较扎实，又为写打下良好的基础，达到读写双促进的目的。

下面两篇作文出于同一个学生之手，由于资料来源的数量不同，质量各异，文章的品位也就不一样了。

独辟蹊径的扬州八怪之一郑板桥

原作：

清代，在扬州书画界出现了一些现实主义的作品，这些画家所作的画独树一帜，形成流派，被称之为"扬州画派"。而"扬州画派"的八位创始人，却被人们讥为"扬州八怪"。郑燮便是"扬州八怪"中最杰出的一个。郑燮也叫郑板桥，江苏兴化人。他从小就立下了熔铸古今、自成一家的大志，学习十分勤奋、刻苦，对生活在社会底层的老百姓怀有深厚的感情。

郑板桥出身贫寒，但读书勤奋而且坚持不懈，记忆力极强。每读一本书都要逐字逐句地研究、推敲，直到心领神会。他读书还注重背诵，反复强调背诵的好处，每每读到精彩段落，就要大声朗读上百遍，倒背如流。这不仅加强了他对文章的理解，而且对他记忆力的发展起了很大的作用。不耻下问是郑板桥读书的诀窍。他常说："学问二字，须要拆开看，学是学，问是问。"郑板桥读书经常提出疑问，向别人请教，对于别人的解答他还能以理论理地提出反问。这为他以后多方面的发展打下了牢固的基础。

历代伟人都从小立下壮志，郑板桥也不例外。他长年累月地临帖摹写。据说有一次，他用簪子帮妻子分头发时，妙手偶得了一点书法要领，便用簪子在妻子背上比画起来，他妻子很有一点乐羊子妻的味道："你有你的体，我有我的体，你老是在别人体上纠缠什么？"郑板桥恍然大悟。经过努力，他集各家所长，终于形成了他那特有的瘦削古拙、错落有致的称"六分半书"的板桥体。郑板桥不但精于书法，画起兰、竹来也是胸有成竹。他的竹别具特色，清秀挺拔，亭亭玉立，耐人寻味。这是他四五十年来辛勤汗水的所得。鲁迅先生曾有这样一句话："静观默察，烂熟于心，然后凝神结想，一挥而就。"这句话是郑板桥书法绘画时的真实写照。

记得郑板桥曾有这样一句话："用以慰天下之劳人，非以供天下之安享人也。"这句话同样也是郑板桥不怕得罪富人的精神写照。早年，他未中举时，他的画无人问津，显得冷冷清清，而当他当上知县后，来索画的人不断拥来，面对这种情况，郑板桥愤恨之至，刻了"二十年前旧板桥"这几个字。这七个字深刻地揭示了封建社会中那种势利小人内心的丑恶。

郑板桥独具一格的书画对中国书画事业的发展起了积极的推动作用。他的性格、他的意志对我们后代来说无疑是伟大的榜样。

资料来源：
1.《名人轶事录》
2.《自学成才的故事》

重写稿：

  清代，在扬州书画界出现了一些现实主义的作品，这些画家所作的画独树一帜，形成流派，被称之为"扬州画派"。而"扬州画派"的八位创始人在当时却被人讥为"扬州八怪"。郑燮便是"扬州八怪"中最杰出的一个。郑燮是江苏兴化人。在他的家乡有许多美景，他唯独喜爱一座古板桥，因为喜欢这个怪名字，郑燮便自号为板桥道人，世人便叫他郑板桥，反而把他的真名给遗忘了。

  要说他怪，其实也不怪；而如果真的要说他不怪，又觉得有点怪。他的诗书画堪称三绝，闻名于世，其中以画为最佳，在他众多的绘画中，又以兰竹最为有名。

  在他所有的兰竹图中，虚实、浓淡、远近的结合最为明显。他大多把兰草和竹叶画得十分浓、十分细，并且浓中杂淡，细里有乱，显得十分清淡，若有若无。竹子仔细瞧瞧，又如远处的悬崖峭壁，仿佛兰草、竹就从悬崖上顽强地长出，这儿一丛，那儿一簇。思想与艺术的高度结合，构成了一幅幅独特的中国画。郑板桥的画之所以超人，原因主要在于他敢于突破当时所谓的恪守古法的原则。他的山水画表现出他那"倔强不驯之气"。他对当时大量临摹古人绘画的风气极为不满，强调画中要有魂，要自立门户。当时"正宗"画派大为流行，他们大多以线条是否工整来衡量一幅画的好坏，对郑板桥那种看上去似横涂竖抹的山水画当然要称之为怪画，称郑板桥为怪人了。

  郑板桥的绘画对中国文人画所起的作用主要在于它的思想性比当时的绘画要略高一等。他画的丛兰浓淡相宜，很富有中国画的特点，然而令人奇怪的是，在他所画的丛兰中，常常有一些荆棘。如把丛兰和荆棘相比较的话，就又可发现荆棘往往被画得很小，丛兰虽不很大，却显得十分倔强、豪迈；再结合当时的时代背景来看，不难看出，他这种别具一格的画法正表现出他对当时种种社会弊病的不满，然而同时又表现了他那种大丈夫不记小人之过，无小人，亦无君子的豪迈而倔强的性格。从这种意义上看，郑板桥似乎又不怪了！

不但是绘画，他那自成一家的板桥体也常常为后人所称颂；也有人称他的书法为"乱石铺街"体，即大大小小，方方正正，歪歪斜斜。郑板桥把书与画融为一体，用绘画来补充书法的不足，因此他的书法最为明显的特点就是粗细分明、下笔有神。同一个"清"字，在同一篇文章中，写法各有所长。第一个"清"写得粗而浓，一顿一挫十分明显，矮矮扁扁很像隶书；第二个"清"字，粗细相结合，颇像楷书；第三个"清"字则是又细又淡，与它的上下两字都有微妙的衔接，极似行书。然而，再把这三个"清"字综合起来看时，又会发现这三个不同的"清"字似乎都杂有篆、隶、行、楷的影子。这就是瘦硬古拙、错落有致的称"六分半书"的板桥体。

总而言之，郑板桥独具一格的书画对于中国书画事业的发展起了积极的推动作用。

资料来源：
1.《扬州八怪全集》
2.《扬州八怪》

3.《郑板桥》

4.《中国绘画史》

5.《自学成才的故事》

前后两文比较，就可明显感到第一篇写的文章虽材料具体，语句通顺，但有以下不足：① 材料与标题不切合。标题强调的要点是"独辟蹊径"和"怪"，而选用的材料却未能扣紧这个特点；② 材料与主题不切合。文章主题显然是想对郑板桥书画的三个"独"——"独辟蹊径""独树一帜""独具一格"来写郑板桥的性格和意志，然而，选用的有些材料与这个主题是游离的；③ 资料来源不对口。《名人轶事录》与《自学成才的故事》两本书中显然没有足够的材料说明郑板桥书画的特点，因而，从这方面说，书是选得不大恰当的。写人物传记可集中写人物突出的贡献，不能把人物传记写成某某人的故事或某某人二三事。第二篇文章由于资料来源比较恰当，文章的质量就大不相同。

以上仅是一例，其实，读后感、对书报杂志的评论等，无不是以写促读。以写帮助学生选择书籍，帮助学生提高阅读水平。谈写作教学，不充分重视阅读，是一种失策。

【思考与探索】

1. 阅读对提高写作能力有怎样的重要作用？在这方面您有哪些经验与教训，请举一二例说明。

2. 作文模式化堵住了学生进入阅读宝库的大门，您对这个问题是怎样看的？在作文模式化"流行"时，您是怎样激励学生勤于阅读，养成良好的阅读习惯的？

3. 您在教学中有无以写促读的例子？如有，请述说一二。

第五章
指导学生提高运用语言表情达意的能力

写文章是给人看的,别人要看得懂,知其意。从这个意义上说,"辞,达而已矣"(《论语·卫灵公》),文章的语言要能够准确地表情达意。学生写作文,当然要在"达"上下功夫,努力提高运用语言表情达意的能力。

有人说,"一切诗文总须字立纸上,不可字卧纸上。人活则立,人死则卧,用笔亦然"。话说得十分精彩,比喻也很生动。它告诉我们文章的语言必须"立"在纸上,必须有鲜活的生命力,读者从语言中能观赏"景",识别"人",能感受"情",领悟"意"。如唐代王维的诗句有"大漠孤烟直,长河落日圆"。稍加想象,脑中就会浮现大漠、孤烟、长河、落日的壮景,何以会如此?因为诗中"字"是"立"在纸上的。大漠、孤烟、长河、落日四个景物传出北方景象的旷远苍凉。"孤烟"后加个"直",写出沙漠里空气干燥,没有一丝风,人烟稀少,更显荒凉、静寂;"落日"后加个"圆",落日挂在地平线时,更显得"圆",圆圆落日不声不响地衬托在长河的背后,境界又是多么静寂。极简单平实的语言刻画出辽阔苍茫的沙漠景象。这样的语言绝非拼凑所能奏效,而是认真锤炼的结果。"百炼为字,千炼为句",坚持不懈地锤炼字句,下笔就会如行云流水,笔端就会涌出精彩纷呈的语言。

第一节
语言能力的培养应贯串学生写作全过程

一篇合乎要求的文章应解决四个问题：言之有物，言之有理，言之有序，言之有文。"文"的问题不认真解决，即使材料丰富、内容具体、观点正确、结构清晰，也仍然难成为好文章。因为语言欠准确，文句不通顺，缺乏文采，要畅达地表达思想是不可能的。早在两千多年前孔子就说过："志有之：'言以足志，文以足言。'不言，谁知其志？言之无文，行而不远。"（《左传·襄公二十五年》）第一个"志"指古书；第二个"志"是意志的意思。语言要充分表示意志，文字要能充分表示语言，不用语言表达，谁知道他的志向，语言没有文采，流传也就不会广泛。学生学写作文，目的虽不在流传，但文从字顺，准确而生动地表达情意，是必须做到的。

一、语言清晰与思想清晰

不少人认为语句不通顺，意思纠缠不清，只是语言的问题，是语言文字掌握得不好。这种看法有一定道理，但不完全对。语言是思想的直接现实，思想是语言的内核，语言是思想的外衣，语言和思想互为表里，相得益彰，不能分割。苏东坡说："求物之妙，如系风捕影，能使是物了然于心者，盖千万人而不一遇也；而况能使了然于口与手者乎！是之谓辞达。辞至于能达，则文不可胜用矣。"（《答谢民师书》）意思是：要把握事物的微妙处，真像捕风捉影那么难。心中能把事物彻底弄清楚的，大概在千万人中也找不到一个，何况是要用口说和用手写把事物表达清楚。表达清楚的，这就叫"辞达"。言辞能做到达意，那么文采也就运用不尽了。显然，写文章要辞达，要"了然于口与手"，首先是对物要"了然于心"。对事物的本相认识不清楚、不真切，思想不清晰，怎么可能表达得好呢？因而，"了然于心"是准确表达的前提。对事物的本质、事物的外貌有真切的认识，脑子里一清如水，下笔就文从字顺，听人使唤。"辞从意生"，就是这个道理，思想十分明确、十分清晰，语言也就清楚明白了。

因此，写作教学中进行语言训练不能只停留在遣词造句方面，须同时进行思想的磨炼。也就是要思想、语言双锤炼。想得清楚，才说得清楚，写得清楚；想得正确周到，才说得准确、周密。认识事物的能力越强，越能用恰当的语言表达。对事物的特征把握得一清二楚，语言表达就能要言不烦。语言的深刻来源于思想的深刻。对事物的本质能够知晓，对事物的精髓能一眼见底，语言表达就能入木三分。思想与语言的锻炼可以双促进。思想模糊，语言就含糊不清；要使思想清晰起来，除对事物再认识、再仔细想之外，可以用语言说，用文字写，说出来、写出来之后再琢磨、推敲，可以促使思想清晰。有人说"写文章，总是在自己头脑里已经有了一些值得写出来的东西；把头脑里的思想用文章表达出来，是一个使思想逐步成熟、逐步完善的过程"，写文章是"整理思想和经验，使之明确化、条理化"，说的也是这个道理。

学习语言，"炼词炼意，词意综合"外，用词造句还须多加训练，对初学写作的人来说，尤其如此。如贾祖璋的《南州六月荔枝丹》一文中对荔枝的说明：

> 荔枝呈心脏形、卵圆形或圆形，通常蒂部大，顶端稍小。蒂部周围微微突起，称为果肩；有的一边高，一边低。顶端叫果顶，浑圆或尖圆。两侧从果顶到蒂部有一条沟，叫作缝合线，显隐随品种而不同。旧记载中还有一些稀奇的品种，如细长如指形的"龙牙"、圆小如珠的"珍珠"，因为缺少经济价值，现在已经绝种了。
>
> 荔枝大小，通常是直径三四厘米，重十多克到二十多克。六十年代，广东调查得知，有鹅蛋

荔和丁香大荔，重达四五十克。还有四川合江产的"楠木叶"，《四川果树良种图谱》说它重十九克左右，《中国果树栽培学》则说大的重六十克。

两段文字只有短短几句话，就介绍了荔枝的外形、常见品种与稀奇品种、荔枝的大小重量，以及对同一品种记载的出入，语言准确，层次清晰。写荔枝外形，由整体而局部，顺序井然。对荔枝的形态、品种、大小如不"了然于心"，认识得不真切，了解得不透彻，就不可能"了然于手"，准确地加以表达。

事物认识得真切，下笔能达意，文采也就随之而生。如白居易的《〈荔枝图〉序》中：

荔枝生巴峡间，树形团团如帷盖。叶如桂，冬青。华如橘，春荣。实如丹，夏熟。朵如葡萄，核如枇杷，壳如红缯，膜如紫绡，瓤肉莹白如冰雪，浆液甘酸如醴酪。

白居易介绍荔枝，用了一连串的比喻，把荔枝的树形、叶、花、果的形状、颜色、味道——具体形象地告诉读者，使人有目睹、亲口品尝的感觉。如果认识得不透彻，就无法打比方，即使打比方，也很难贴切。因而，思想和语言关系密切，不能分割。当然，以今日的科学知识来剖析，有的比喻不尽恰当。缯是丝织的，丝织物滑润，荔枝壳却是粗糙的。荔枝壳表面有细小的块状裂片，好像龟甲，特称龟裂片。所谓"膜如紫绡"，是指壳内紧贴壳的内壁的白色薄膜。说它"如紫绡"，是把壳内壁的花纹误作膜的花纹了。由此，我们更可领会到白居易介绍荔枝在用喻方面，并不是会不会运用语言的问题，而是认识不到一定的程度，语言就不能做到"达"。"了然于心"确实是"了然于手"的前提。下面是一篇习作，看后加以评析，研究问题出在哪里。

春天也是读书天

　　帘外雨潺潺，春意阑珊。<u>一直以来，我有偏爱雨之癖，而雨之中以这种朦朦胧胧的春雨，最为酷爱。</u>在绵绵洒着春雨的天气下，一个人静悄悄地跑到山岗上，<u>看看大自然的微妙变化——花草树木在严酷的寒冬里醒过来，在春天里抖擞着精神，向上爬，欣欣向上生长。</u>我此刻真想化作一只蝶儿飞出窗外。噢，不，我不要化作蝶儿，我要化作一只春雁，<u>一只最早知道春来的雁飞出窗外，投入春的怀抱中，惊叹春之幽、春之美、春之雅、春之淡……</u>

　　春，委实太美，用尽所有的形容词，<u>也不可能把它称赞得恰如其分。</u>我爱春，我渴望能投入春之怀抱，欣赏它的美。但——我不能，手中的书本，心中的志愿，<u>这一切一切像一把枷锁，紧紧地把我拴着。</u>墙上的日历纸在春风中起舞，像提醒我时间一分一秒地过去，<u>它像一条鞭子抽到我身上，迫使我把思潮收回来，命令我去了解春天也是读书天。</u>窗外的风和雨像对我说："趁着美好的春天，好好读书吧！"

　　是的，我要趁着美好的春天，好好读书。<u>我曾经败过一次，我这次不许再败，我要向自己证实自己的力量，我要赢一场漂漂亮亮的仗。</u>我尝试过失败，我了解失败的痛苦。现在我爬起来了，要如春一般，充满生气和活力。

　　春天令万物欣欣向荣地生长。地上的小草由枯黄一变而为翠绿；<u>草旁的树上的枯枝，也一变而为嫩芽；攀附树干的藤蔓，也努力向上爬。一直以来，我都满以为是春天，它施展魔法令他们</u>

转变。现在，<u>我深切地了解到它们不是受春天魔法所影响，而是它们先知先觉，早已明白春天暗地里的意思：叫我们褪下那腐朽的过去的外衣，穿上那充满生气的嫩绿外衣</u>。在春天里努力奋斗，实现自己的愿望。<u>我不能败在那些小草、嫩芽和藤蔓手下，它们不停地向上爬，我也要不停地努力，向着自己的目标爬上去</u>。我要做一只先知先觉的春雁，在春天里干一番大业。

春，<u>在我生命中悠悠地过了十数个寒暑，愚昧的我一直只以为春是给人欣赏的</u>。总没想到，它给了我一个重大的启示，它提醒我应把握时光，努力向上。<u>读书就是我应该努力的事</u>，在春天里我要努力读书，<u>这才不辜负春天那语重深长的意义</u>。

显然，这位初中小作者自由作文时力求把景物描写和自己的心愿糅合起来，使文章主旨有一定的深度。遗憾的是，文章究竟想写什么，事先没有想清楚。中心不明确，牵扯方面很多，给人以混乱的感觉。文章开头着力赞颂春雨，旋即扩大到赞颂春光；接着提出要趁大好春光好好读书，旋即又转到自己失败过，要打赢漂漂亮亮的仗，要如春天一般充满生气和活力；然后又转到小草、嫩芽、藤蔓先知先觉，明白"春天暗地里的意思"，要努力奋斗，实现目标；最后表达自己要努力读书的愿望。"春天也是读书天"究竟要确立怎样的主旨，想表达什么意愿，没有想清楚。立意不集中，文章就头绪繁多，旁出斜逸，有时给人以不知所云的感觉。

从整篇看，由于思想不清晰，语言也就糊成一片，写作意图不明；从局部看，好些句子意思纠缠，用词不当，也反映了思想的不清晰。文中凡画线的地方全有毛病，这里不一一具体剖析，但只要稍加思索，就可知晓：① 对事物认识不清楚，如"花草树木"怎么在"寒冬里醒过来"？"枯枝"怎么会"一变而为嫩芽"？② 意思颠三倒四,说不清楚。如"我曾经败过一次……我了解失败的痛苦";又如春天施展魔法的有关句子,春天"暗地里的意思"的句子,均意思不明。③ 比喻不当,"枷锁""鞭子"用得都不恰当。④ 首句"帘外雨潺潺,春意阑珊"出自南唐李后主的《浪淘沙》,意思是帘外潺潺的雨声惊醒了作者,他觉得春天即将衰残消逝。这篇作文写的是大地刚刚春回,万物刚刚苏醒,故而引用不贴切。至于用错词语更是理解上的问题了。

上面例文生动地告诉我们:思想的模糊,必然导致语言的朦胧、混乱,只有想得正确、想得清楚,语言才会准确、流畅。而想得正确、清楚,不是指对事物只有一个笼统的大致的轮廓的认识,而是指能确切地把握事物的特征、事物的形象,与此同时,又考虑到运用怎样的语言材料、语言结构能清楚地表达。炼词、炼意,词意综合,才能写出好文章。

二、把握不同表达方式对语言的基本要求

学生写作文常用的表达方式是记叙、描写、说明、议论、抒情。一篇作文不可能只用某一种表达方式,往往是两种或多种表达方式的综合运用。各种表达方式对语言有共同的要求,如准确、明白、流畅,但又有各自的不同要求。指导学生写作,让学生理解和把握各种表达方式对语言的基本要求,并引导学生在写作实践中逐步加深体会,下笔时就比较能得心应手。

1. 记叙

记叙是指对人物、事件和环境所作的概括的形象说明和交代。记叙的语言要恰当、生动、晓畅、不啰唆、不拖泥带水,更不能疙疙瘩瘩,佶屈聱牙。

清人刘熙载在《艺概·文概》中说:"左氏叙事,纷者整之,孤

者辅之，板者活之，直者婉之，俗者雅之，枯者腴之，剪裁运化之方，斯为大备。"这是对《左传》作者左丘明叙事本领的高度赞扬。记叙有种种技巧，头绪再乱也能整理得井然有序，孤零零的事可想办法辅助、支撑，呆板的能够让它活起来，直白的可使它曲折起伏，俗气的能使它典雅，干枯的可使它丰满，运用的奥妙存乎一心。这里虽然着重说的是叙事的技巧，然而，这种技巧离不开语言。没有准确、简明的语言，达不到这种高妙的境界。

鲁迅先生《风筝》一文的开头仅用了一句话记述，就把事情发生的背景和长期压抑的沉重心情交代得一清二楚。

> 北京的冬季，地上还有积雪，灰黑色的秃树枝丫叉于晴朗的天空中，而远处有一二风筝浮动，在我是一种惊异和悲哀。

用词的准确、简洁、明白，表达情意的深刻，令人钦佩。在文章中，无论是概括叙述还是详细叙述，都要清楚明白，语言简练。再如记叙闻一多先生的生平，根据闻先生在文学创作、古典文学研究上的卓越贡献和参加民主运动反对国民党反动统治的业绩，可书写洋洋数十万言，而朱自清以极其准确、精练的语言，高度概括了闻先生的生平，仅用了四百字。他是这样说的：

> 在成都召开的追悼李、闻大会上，由我报告闻先生的生平事略。我与闻先生有十多年的交游，对闻先生的学问、为人极为推崇，对闻先生的死甚为愤慨！并曾经为此写了两篇文章在成都发表。我把闻先生的一生分为三个阶段：第一，是他在山东大学时代，这时他的著作如《死水》，在表面上虽是阴暗的，但是里面却孕育着希望。闻先生这一时期是中国优秀的新诗人，他爱国，他肯帮助青年。闻先生第二阶段是从民国二十一年到死前

两年，这一阶段里，他伏首研究《楚辞》《诗经》《易经》等古书，他好像是脱离了现实，实际上他还是在现实中。他依然肯帮助青年，与青年常在一起生活。第三个阶段是最近两年，闻先生积极参加了民主运动，为中国的民主而奋斗。他没有政治野心，不想升官发财，仅仅为了民主，而遭惨死。暴徒们这种卑鄙无耻的手段，没有一个人不愤慨！闻先生的思想转变是因为政治上的黑暗与实际生活的逼迫。他教育青年，又为青年所鼓舞！闻先生一生中，有一个一贯的精神，这就是他的爱国精神。

十几句话就概括了闻先生的生平。他的为人、他的学术、他的著作、他的精神，都作了实实在在的具体的介绍，语言明晰，条理井然；对闻先生的推崇、敬佩，对暴徒们的愤慨、斥责，溢于纸上，爱憎分明。这种要言不烦概括记述的本领令人惊叹。如果对所记对象缺乏深刻了解，运用记叙语言的能力不高强，是难以做到的。

学生习作中记人、叙事、写景时语言拖沓的毛病经常见到，要及时指出，具体指导。如有篇学生作文开头这样写："我自从中学二年级开始，便代表自己班级或学校参加各种类型的比赛，包括校际朗诵节及辩论比赛。并多次幸运地为本校、班级以至个人夺取奖项。但这一次我所参加的演讲比赛却最令我难忘，并把我带入参与校际比赛的新历程。"读一读，就可知语言啰唆，语意不明，毛病不少。一是啰唆，有些词应删除。如"自""自己"。二是用词不当，理解上欠缺。如"校际朗诵节"应为"校际朗诵比赛"，"夺取奖项"应为"获奖"，"以至"也用得不妥，"为本校、班级以至个人"应删除。三是语意纠缠。如"但这一次我所参加的演讲比赛却最令我难忘，并把我带入参与校际比赛的新历程"应改为"但在所有的比赛中，这一次演讲比赛最难以忘怀"。"辩论比赛"后句号应改为逗号。记叙是一种十分活泼的表达方式，它几乎遍及各种文体的文章，是写好作文的基础，因而学生在记叙的语言要求上须下功夫。

2. 描写

描写是指对人物、事件和环境所作的具体描绘和刻画。描写的语言要生动、形象，活泼而不呆板，有节奏，富于波澜。

叙事、记人、写景的文章当然用叙述的语言，然而，全靠叙述，形象性、生动性就大受影响。因此，记叙与描写在文章中常常交织在一起使用。巴尔扎克在《欧也妮·葛朗台》中对葛朗台肖像描写的语言就十分传神。

> 至于体格，他身高五尺，臃肿，横阔，腿肚子的圆周有一尺，多节的膝盖骨，宽大的肩膀；脸是圆的，乌油油的，有痘瘢；下巴笔直，嘴唇没有一点儿曲线，牙齿雪白；冷静的眼睛好像要吃人，是一般所谓的蛇眼；脑门上布满皱裥，一块块隆起的肉颇有些奥妙；青年人不知轻重，背后开葛朗台玩笑，把他黄黄而灰白的头发叫作金子里搀白银。鼻尖肥大，顶着一颗满着血筋的肉瘤，一般人不无理由地说，这颗瘤里全是刁钻促狭的玩意儿。这副脸相显出他那种阴险的狡猾，显出他有计划的诚实，显出他的自私自利，所有的感情都集中在吝啬的乐趣，和他唯一真正关切的独养女儿欧也妮身上。而且姿势、举动、走路的功架，他身上的一切都表示他只相信他自己，这是生意上左右逢源养成的习惯。所以表面上虽然性情和易，很好对付，骨子里他却硬似铁石。
>
> 他老是同样的装束，从 1791 年以来始终是那副模样。笨重的鞋子，鞋带也是皮做的；四季都穿一双呢袜，一条栗色的粗呢短裤，用银箍在膝盖下面扣紧。上身穿一件方襟的闪光丝绒背心，

颜色一忽儿黄一忽儿古铜色,外面罩一件衣裾宽大的栗色外套,戴一条黑领带,一顶阔边帽子。他的手套跟警察的一样扎实,要用到一年零八个月。为保持清洁起见,他有一个一定的手势,把手套放在帽子边缘上一定的位置。

描写细致入微,语言美妙绝伦,把葛朗台这个吝啬鬼的形象刻画得入木三分。描绘外形,从眼睛写到嘴唇、牙齿,写到脑门、头发,写到鼻尖、肉瘤、下巴、肩膀、膝盖骨,以及衣着、装束等。有些词语用得极其生动,如鼻尖上"顶着"一颗肉瘤的"顶",又如肉瘤里装的"全是刁钻促狭的玩意儿",生动、形象、诙谐。有的比喻极其形象,如以"金子里搀白银"喻黄黄而灰白的头发,令人嗅到葛朗台的铜臭味儿。眼睛描绘得吓人,"好像要吃人,是一般所谓的蛇眼",使葛朗台的阴险劲儿溢于纸上。装束一直不变,从鞋子到帽子,一一描绘,再加上一副手套、一个手势,刻画了这个人从下到上无不吝啬。俗话说,"文似看山不喜平",文章内容、文章结构要有起有伏,曲折有致;语言也是如此,有波澜,有变化,就会情趣横生。葛朗台从外形到内心都丑陋不堪,偏偏作者描绘他"性情和易,很好对付",好像给人一点好印象,随即作者又写他骨子里却"硬似铁石"。这样一伏一起,揭露了葛朗台的表里不一,更显出了他的无比狡猾。"吝啬"是可憎、可恶的,葛朗台却作为"乐趣",而且"所有的感情"都集中在这种"乐趣"上,这种对词语的选择与运用,把吝啬鬼的心灵丑恶真是刻画活了。"青年人不知轻重""一般人不无理由地说",都蕴含深意,作者随手拈来,为刻画吝啬鬼的形象服务,恰到好处。

描写人物语言千万不能一个调儿,不能学生腔,应当鲜明地反映出人物的语气、神态、情貌,特别是人物的个性特征。言为心声,准确而逼真地写出人物的语言,能生动地表现人物的思想性格。语言描写要切合人物的身份,否则,就难以表现内心世界。"不多不多,多乎哉,不多也!"只能是孔乙己的话,阿Q、小D绝不可能有这样的语言。"对话就是人物的性格等的自我介绍"（老舍《我怎样学习语言》），对话巧妙，无须描写人物的模样，就能使读者好像目睹了说话的那些人。鲁迅的《聪明人和傻子和奴才》，通篇是对话描写，通过对话，聪明人、傻子、奴才这三种人的思想性格活脱脱地被端到读者面前。

该文前半部分是奴才和聪明人的对话。奴才寻聪明人诉苦，"你知道的。我所过的简直不是人的生活。吃的是一天未必有一餐，这一餐又不过是高粱皮，连猪狗都不要吃的，尚且只有一小碗……"聪明人听了惨然说"这实在令人同情"；听了奴才的继续诉苦，他"唉唉"叹息；听了奴才说敷衍不下去要另外想法子，聪明人说"我想，你总会好起来……"，似乎充满了理解与同情。中间部分奴才又寻人诉苦，说"我住的简直比猪窠还不如。主人并不将我当人；他对他的叭儿狗还要好到几万倍……"。

"混帐！"那人大叫起来，使他吃惊了。那人是一个傻子。

"先生，我住的只是一间破小屋，又湿，又阴，满是臭虫，睡下去就咬得真可以。秽气冲着鼻子，四面又没有一个窗……。"

"你不会要你的主人开一个窗的么？"

"这怎么行？……"

"那么，你带我去看去！"

傻子跟奴才到他屋外，动手就砸那泥墙。

"先生！你干什么？"他大惊地说。

"我给你打开一个窗洞来。"

"这不行！主人要骂的！"

"管他呢！"他仍然砸。

"人来呀，强盗在毁咱们的屋子了！快来呀！迟一点可要打出窟窿来了！……"他哭嚷着，在地上团团地打滚。

一群奴才都出来了，将傻子赶走。

听到了喊声，慢慢地最后出来的是主人。

"有强盗要来毁咱们的屋子，我首先叫喊起来，大家一同把他赶走了。"他恭敬而得胜地说。

"你不错。"主人这样夸奖他。

仔细品味一下，就可知奴才毕竟是奴才。既要诉苦，对自己的处境愤愤不平，又要对一贯虐待他的主人讨好邀功，还要对真心帮他摆脱困境的傻子大肆诬陷。奴性十足、灵魂卑琐的思想性格特征在语言中充分表露出来。

结束部分奴才在炫耀受到主人夸奖并恭维聪明人有先见之明时，聪明人说："可不是么……"纵观聪明人前后说的话，就可发现这些话都是空洞的、不着边际的、含含糊糊的，而这些语言正生动而形象地反映了这个人物圆滑、不负责任、与世浮沉的卑陋庸俗的思想性格。

人物对话一定要少而精，有时一句话一个词就能刻画出人的思想面貌。《红楼梦》中林黛玉与世诀别前只说了半句话："宝玉！宝玉！你好……"但千般愁、万般情均倾注其中，充分反映了林黛玉遗恨终天的悲剧性格。

描写人物、景物，语言都不能堆砌，不能华而不实，与实际不符。最基本的要求仍然是准确，离开了准确，当然无生动、形象可言。如学生习作中有这样描写的语言：

远处，一片无际的汪洋，一直伸展到天的尽头，和亮蓝的晴空连接着，那就是深蓝的居所。他是一切深海里的生物的好朋友，他时常跟海里的鱼群嬉戏玩耍，有时候，大海也耐不住的，跟他们一起嬉戏，而奏出一些最美妙的乐章，也是世界上最动听的乐曲。

这一段中语言的毛病不难看出。作者的本意是要描写自己喜欢的颜色——蓝，为了描写蓝，以海水为依托。然而，海洋既然"无际"，又怎能用"一片"来修饰形容呢？"汪洋"是形容水势大的样子，与"海洋"是两个概念，不可混淆。"一片汪洋""汪洋大海"皆可以，"一片无际的汪洋"就不通了，应改为"一望无际的海洋"。"他"指代"深蓝"，上文中用"它"，这儿也应用"它"，以求一致。"一切深海里的生物"，什么是"一切"深海呢？实际上修饰语用得不是地方，应该是"深海里的一切生物"。奏乐的是"海水"不是"大海"，因而应改为"海水也耐不住"。"而""一些"、第一个"最"均应删除，使语意顺妥。"乐章"与"乐曲"是两个概念，不可混同。"乐曲"，音乐作品；"乐章"，成套的乐曲中具有一定主题的独立组成部分。段尾的"乐曲"应改为"乐章"。由此可知，对事物认识真切，用词才能做到确切，才不至于乱形容，乱描写。

3. 说明

说明的目的在使人有所知。说明，说明，关键在"明"，要说明确，说明白，别人一看就理解，就懂，能了然于心。对具体事物介绍、解说，对抽象事理进行阐述、解说，均要在"明"上下功夫。为此，说明的语言要准确、简明、概括、精练。忌含混不清，忌叠床架屋，重复累赘，忌夹七夹八，旁枝斜逸。不注意克服这些毛病，就达不到"明"的目的。

说明这种表达方式应用十分广泛，在日常学习、工作和生活中，可说是无处不碰到。当你查阅《新华词典》时，"凡例"就向你解说这本词典收单字多少个，收词多少条，正编中多少，附录中多少，怎样编排的，附有哪些检字表，条目如何安排，字形、注音、释义如何安排，等等，分条说明，一清二楚。平时，师生用的教科书、购物的产品使用说明书、读物介绍、科普小品、电影电视解说词等，无不用说明的方法写成。它实用性很强，是传递信息的重要手段，掌握它在语言运用上的基本要求，有利于学生正确使用这种表达方式。

语言准确是说明有科学性的重要标志，它包括用词恰当、修饰语恰当、上下句配合严密。语言简明、概括，是指不蔓不枝，平实，洁净，无外敷的脂粉。如对"地震"的部分说明：

> "地震"，顾名思义就是大地的震动。地震时，地壳内某处岩石的破裂和错位会产生强烈的震动，同时有弹性波形式的能量传播出去，在地面各处引起强烈震动。地壳中产生初始震动的地方叫震源，它垂直投影到地面上的点称为震中，从震源到震中的距离称为震源深度。震源深度为0~70千米的地震称为浅源地震，70~300千米的称为中源地震，300~700千米的称为深源地震。地震破坏最严重的地区称为极震区，地震时产生的弹性波称为地震波。建筑物倒塌、地面出现裂缝等现象，都是由于地震波的强烈冲击、颠簸和摇晃产生的。

什么是地震？什么是震源？什么是震中？什么是极震区？什么是地震波？都用准确、简明的语言界定得清清楚楚、明明白白。什么是震源深度，浅源、中源、深源地震如何辨识，用简明的语言，用数字说明，真正做到要言不烦。最后一句"建筑物倒塌、地面出现裂缝等现象，都是由于地震波的强烈冲击、颠簸和摇晃产生的"，以"强烈"修饰"冲击、颠簸和摇晃"，准确反映了客观实际，"都"说明种种现象产生的原因无一例外。由此可体会到：写说明文字须字斟句酌，来不得半点马虎。

介绍自然科学知识如此，人文知识的介绍又何尝不是如此呢？下面是一段介绍《诗经》的文字，可说是文句精练，言简意赅。

> 《诗经》是我国最早的诗歌总集，也是儒家"六艺"之一。相传为孔子所编定。本只称《诗》，后世才称为《诗经》。现存诗三百五篇，分为《风》《雅》《颂》三大类，大抵皆是周初至春秋

中叶五百多年间的作品。它们从各个方面表现了当时的社会生活，对于周人的建国经过、周初的经济制度和生产情况，某些重大的政治历史事件，都有直接或间接的反映；对于人民所遭受的痛苦、西周后期以迄春秋的政治混乱局面、统治者的残暴和丑恶行为，尤有深刻的揭露。句式以四言为主。根据不同内容的需要，分别采用赋、比、兴的艺术手法。语言朴素优美，韵律和谐。写景抒情都富于艺术感染力。对后代文学有很深远的影响。

这是《中国历代文学作品选》中介绍《诗经》的一段文字，内容十分完备，语言准确、简明、精练。先说明《诗经》在我国文学史特别是诗歌史上的地位，然后说明它反映的时代内容、社会内容，再说明它的语言特色和艺术特色，最后说明它对后代文学的影响。凡史料证实的，就说得肯定、精确，如"现存诗三百五篇，分为《风》《雅》《颂》三大类"；由于史料的限制，目前只能认识到什么程度就介绍到什么程度。如"编定者"是谁，未作斩钉截铁的说明，而是用"相传"为孔子所编定来表达；又如是什么年代的作品，也未用确数来表达，而是说"大抵皆是周初至春秋中叶五百多年间的作品"，因为用约数、用大概情况能更准确地反映认识的实际。用词高度概括，如《诗经》中对一些重大的政治事件有种种不同形式、不同角度、不同程度的反映，作者用"直接"和"间接"两个词就加以囊括；又如"句式以四言为主"，概括介绍了《诗经》的语言特色，就不一一铺开来说了。语言上的准确、精练在于下笔前对所说明的事物了解得清晰、深入，否则，就会失去分寸，有悖于事物的本来面貌。

学生习作中说明文字语言的毛病屡见不鲜，影响意思的表达。如：

（1）我领着爸爸走进校门，指着正前方那幢楼房介绍道：

"你看，这就是我们吸收知识营养的地方——教室，三楼最当中那个房间便是我班的教室。"

（2）绕过荷花池，就是大操场。里面有跑道、沙坑、双杠、单杠等体育器械，是同学们锻炼身体的主要场所。操场四周有冬青树和杨柳围绕。

（3）我又向爸爸描述了第 13 届运动会的比赛情况。

第 1 句介绍教室还是介绍楼房，听的人不易弄明白。因为"那幢楼房"里除教室外，还有实验室、图书馆，怎能用"这"来说明？怎能把"那幢楼房"和"教室"等同起来？语言不准确。第 2 句介绍大操场。"跑道""沙坑"不是体育器械，怎能与"双杠""单杠"并列？怎能说是"体育器械"？应分开说，不能把不同类别的混在一起。第 3 句"第 13 届运动会"也不明确，因为缺少限制语。加上"学校"二字就可以了，否则，可理解为这个单位的，也可理解为那个单位的。由上面所举的极少的例子中，可以知晓，学生习作中语言的毛病看似对说明的语言基本要求不掌握，而实质往往是认识事物的能力、理解问题的能力有欠缺，因而，抓语言能力培养的同时，要抓认识能力、思考能力的提高。

4. 议论

议论是指说理论辩，直接阐述对客观事物的观点，直接表明自己的主张和见解，以达到以理服人的目的。在日常学习、工作、生活中，人们总要明是非，辨曲直，比较异同，发表自己的看法，因而，经常要运用议论这种表达方式。议论的语言要确切、形象、活泼、幽默。有一种错觉，认为既然是说道理，那应该是板着面孔，冷冰冰，一味地严肃。其实不然，如若说道理皆如此，听者岂不要毛骨悚然，避而远之？剖析事物的道理，讲述自己的主张，目的在使人接受、使人信服，因而，别人愿听、爱听是前提。议论的语言就应具有这样的魔力，它确切地反映事物的本质和规律，形象生动地把道理说得头头是道，令人折服。如《晏子春秋·外篇》中的寓言《烛邹亡鸟》，晏子的语言就十分精彩。

> 景公好弋，使烛邹主鸟而亡之。公怒，诏吏杀之。晏子曰："烛邹有罪三，请数之以其罪而杀之。"公曰："可。"于是召而数之公前，曰："烛邹，汝为吾君主鸟而亡之，是罪一也；使吾君以鸟之故杀人，是罪二也；使诸侯闻之，以吾君重鸟以轻士，是罪三也。数烛邹罪已毕，请杀之。"公曰："勿杀，寡人闻命矣。"

齐景公喜爱猎鸟，叫烛邹掌管鸟，可是鸟飞走了。齐景公大怒，要杀烛邹。晏子说："烛邹有三样罪，请允许我列举他的罪状后再杀。"景公同意了。于是晏子把烛邹召到景公面前，列举烛邹的罪状。说："烛邹，你为我的君主掌管鸟，而鸟飞走了，这是一条罪状；你使得我的君主因为鸟的缘故而杀人，这是第二条罪状；这件事让诸侯听到，以为我的君主重鸟轻人，这是第三条罪状。烛邹罪状已列举完毕，公可以杀了。"景公说："不杀了，我听你的意见。"齐景公从要怒杀烛邹到不杀烛邹，是一个极大的转变，而态度转变的关键就在于听了晏子的一番议论。晏子的本意是规劝景公不要杀烛邹，但他偏偏说要"杀"，要列举罪状后再杀。列举罪状第一条是烛邹的，第二、第三条责任就不在烛邹身上，而在景公身上了。景公听了心中明白，当然也就不杀烛邹。如果晏子不讲究议论的艺术，直言劝景公，列数景公的不是，那结果就可想而知。

深奥的事理也可用形象的语言来表达，说得通俗易懂。例如，有人问爱因斯坦："什么叫相对论？你能三言两语向我说一说吗？"爱因斯坦毫不犹豫地立即回答："如果你在一个漂亮的姑娘身旁坐一个小时，你觉得坐了片刻；反之，你如果坐在热火炉上，片刻就是一小时，这就是相对的意义。"相对论是深奥的抽象的科学理论，经爱因斯坦用形象化的语言来阐释，非常通俗，非常易懂。

语言的幽默、诙谐，会给议论带来力度，启人思考，给人回味。下面是萧伯纳和神父的一段对话：

> 有一次，英国著名文学家萧伯纳遇到一个长得肥头胖脑的神父。
> 在谈话时，神父用目光上下打量着瘦骨伶仃的萧伯纳，阴阳怪气地说："萧伯纳先生，看到你这副模样，真叫人以为英国人都在挨饿呢？"
> 萧伯纳反驳说："但是，看到你这副模样，人们一下就明白了，这苦难的根源，就在你们这种人的身上。"

这虽然是一则作家逸闻，但从萧伯纳的反驳词中可充分体会到幽默的威力。话很简单，但一语中的，刺入神父要害处，比说一大篇道理要强得多。

运用议论这种表达方式，语言准确、确切仍然是第一位的。如瞿秋白《儿时》中的一段话：

> 生命没有寄托的人，青年时代和"儿时"对他格外宝贵。这种浪漫谛克的回忆其实并不是发现了"儿时"的真正了不得，而是感觉到"中年"以后的衰退。本来，生命只有一次，对于谁都是宝贵的。但是，假使他的生命溶化在大众的里面，假使他天天在为这世界干些什么，那末，他总在生长，虽然衰老病死仍旧是逃避不了，然而他的事业——大众的事业是不死的，他会领略到"永久的青年"。而"浮生如梦"的人，从这世界里拿去的很多，而给这世界的却很少，——他总有一

天会觉得疲乏的死亡；他连拿都没有力量了。衰老和无能的悲哀，像铅一样的沉重，压在他的心头。青春是多么短呵！

作者对不同类型的人对人生态度的差别进行剖析，言简意深，给人以深深的启迪。生命对谁来说，都是宝贵的；而对生命没有寄托的人来说，青年时代和"儿时"对他就"格外"宝贵。这个"格外"起了强调的作用，用得十分确切。为什么"格外宝贵"？用肯定否定的语言加以阐述：不是"发现"了"儿时"的"真正了不得"，而是"感觉"到"中年"以后的"衰退"。剖析一针见血！"发现""感觉""真正了不得""衰退"，均对事物的本质作了真实的反映，用词准确，实事求是。正因为儿时没有什么真正了不得，故而这种回忆也只能是"浪漫谛克"的。用"浪漫谛克"修饰"回忆"，也是十分确切的。将两类人作对比，议论的语言精当。"溶化""干""逃避不了""领略""拿去""压"等动词的运用准确、清晰，没有一丝含糊。只有认识事物的真相，对事理能透彻地准确无误地把握，议论才会得心应手。

学生写议论的文字，最易犯的毛病是大而空，用词欠贴切，说话欠分寸。如阐述遵守秩序的重要性，这样发表议论："遵守秩序非常重要。一个人，一个社会，或是一个国家，要是没有秩序，必会带来祸患。假如某个国家破坏了和平的秩序而去攻占其他国家，那就会导致世界大战了。"显然，这样说理不恰当。秩序，一般指社会秩序、生活秩序、工作秩序、学习秩序，不守秩序的后果可能带来战争，"导致世界大战"的判断是不够恰当的。说理要符合逻辑，恰如其分，语言上突然拔高，扩大到不恰当的地步，说理的可信度就大受影响。对事物、事理发表议论，一定要尊重客观实际，实事求是，千万不能捕风捉影，夸大其词。议论语言的准确、确切，是语言能力问题，也是认识问题、文风问题。在这方面，要对学生积极进行引导，戒浮夸，戒吓唬人，戒"轰动效应"。

5. 抒情

抒情是指作者和文章中的人物主观感情的表现和抒发。诗，情是根，当然要抒发情感；叙事记人、写景状物要做到情意交融，情景交融，离不开抒情；议论、说理，要做到妙语连珠，谈笑风生，同样离不开抒情。唐代诗人白居易说过："感人心者，莫先乎情。"（《白氏长庆集·与元九书》）古今中外以深情感人的文字往往流传千古。有人说："读《出师表》而不痛哭的人，不是忠臣；读《陈情表》而不流泪的人，不是孝子。"可见这些佳作的感人力量。抒情的语言要贴切、真实、健康、自然，千万不能无病呻吟，矫揉造作。《庄子·渔父》中说："不精不诚，不能动人，故强哭者虽悲不哀，强怒者虽严不威。"运用抒情这种表达方式最为重要的是要表达真情实感，切不可虚假。如果是虚情、假情、浮情，不管选用怎样的词，设计怎样的句，也会令人作呕。

用真情凝铸的语言，无论是强烈地直陈肺腑，还是融情于物、融情于事、融情于景，都会极其感人，拨动读者的心弦，引起读者共鸣的。如《为了忘却的记念》一文的开头与第四节：

> 我早已想写一点文字，来记念几个青年的作家。这并非为了别的，只因为两年以来，悲愤总时时来袭击我的心，至今没有停止，我很想借此算是竦身一摇，将悲哀摆脱，给自己轻松一下，照直说，就是我倒要将他们忘却了。
>
> ……
>
> 在一个深夜里，我站在客栈的院子中，周围是堆着的破烂的什物；人们都睡觉了，连我的女人和孩子。我沉重的感到我失掉了很好的朋友，中国失掉了很好的青年，我在悲愤中沉静下去了，然而积习却从沉静中抬起头来，凑成了这样的几句：
>
> 惯于长夜过春时，挈妇将雏鬓有丝。梦里依

> 稀慈母泪，城头变幻大王旗。忍看朋辈成新鬼，怒向刀丛觅小诗。吟罢低眉无写处，月光如水照缁衣。

1931年2月7日夜或8日晨，柔石等五位青年作家惨遭国民党反动派杀害，1933年2月7日深夜，鲁迅为纪念他们，写下了这篇文章。从摘引的这两段中，可感受到作者的满腔悲愤溢于纸上。对被害青年的挚爱，对残暴的反动势力的痛恨直接倾泻出来。想将悲哀"摆脱"，摆脱不了；似乎想在悲愤中"沉静下去"，沉静不了，"积习却从沉静中抬起头来"，回环起落又十分强烈地表达内心的感情波涛。因为"真"，所以能打动人。"忍看朋辈成新鬼，怒向刀丛觅小诗"更是情感的迸射，成为不朽的名句。

有的抒情语言看似平淡实浓郁，作者往往托物言情，托事言情，借景抒情。乍看，是在记物、叙事、写景，稍事体味，就可领悟到真情在字里行间流淌。如我国台湾作家余光中写的《亲情伞》：

> 最难忘记是江南
> 孩时的一阵大雷雨
> 下面是漫漫的水乡
> 上面是闪闪的迅电
> 和天地一咤的重雷
> 我瑟缩的肩膀，是谁
> 一手抱过来护卫
> 一手更挺着油纸伞
> 负担雨势和风声
>
> 多少江湖又多少海
> 一生已度过大半
> 惊雷与骇电早惯了
> 只是台风的夜晚

却遥念母亲的孤坟
是怎样的雨势和风声
轮到该我送伞去
却不见油纸伞
更不见那孩子

诗中表现的是血浓于水的亲情，作者对母亲的思念是借托油纸伞这个物来抒发的。思念、感恩、哀悼、遗憾等种种复杂的感情均寄寓于平淡的文字之中，欲哭无泪，欲呼无言，大半生的惊雷骇电，才真正体味到母亲的呵护与保卫的赤诚挚爱。而这样的亲情又和思念故土、思念孩时的江南紧紧联系在一起。余光中的《乡愁》一诗就是借托多种物抒发对故乡的思念。

小时候
乡愁是一枚小小的邮票
我在这头
母亲在那头

长大后
乡愁是一张窄窄的船票
我在这头
新娘在那头

后来啊
乡愁是一方矮矮的坟墓
我在外头
母亲在里头

而现在
乡愁是一湾浅浅的海峡

我在这头
　　大陆在那头

　　生离,死别,自小时候到长大到大半生,其中悲苦之情谁能言?"这头""那头",反复回荡,表达了亲子之离,夫妻之离,游子离故乡之"离",然而,再"离"再"隔",也隔不断缠绵悱恻的亲情。读到"外头""里头"时,真是肝肠寸断,泪水夺眶而出。

　　抒情,千万不能滥,不能硬造。胸有真情,发而为文,才感人至深。学生习作中,常会见类似这样的句子:"故乡啊!你太容易触动我的绪思!""天哪,你这个同学欺软怕硬,我恨,恨,天地不容你。"显然,语言不当,没分寸。"绪思"费解,是自己造的词语;同学有这样那样的缺点,应好言相劝,怎能"恨"?怎能"天地不容"?

　　经常引导学生推敲语言,品尝不同表达方式中语言运用的范例,使学生看得见、摸得着,受准确、生动、流畅、优美语言的熏陶,学生语言素质就会在潜移默化中提高。

　　语言能力的培养应贯串学生写作的全过程。从审题、立意、谋篇,到完稿、修改,无不要在语言方面琢磨,这里不一一赘述。

第二节
文章的语言应有活泼的生命力

　　文章的内容要用语言来表达,作者的思想感情要用语言来表达,文章中的形象要用语言来表现,因而,指导学生写作,重视语言的学习与运用,就成为非常重要的事。

　　文章的语言要能准确地表达情意,除在提高思想、丰富生活等方面多加锻炼外,在遣词造句上要下大功夫。讲究语言的技巧,才会有活泼的生命力。句子是表达思想的基本单位,词是构造语言的建筑材料。句子残缺不全,意思纠缠,词不达意,文章就面目可憎。汉语词汇十分丰富,词义有轻重,使用范围有大小,有普通意义、引申意义，有感情上的褒贬等，同义词、近义词有时只有极细微的差别，运用时如不慎加选择，就会犯语言上的毛病。

一、
让学生懂得遣词造句须力求规范

语言是最重要的交际工具，要达到交际的目的，须考虑它的质量、正确性和清晰程度，须讲究规范。

1. 规范化语言要求干净利落

没有规矩不能成方圆。文章中的语言不能拖拖沓沓，病句丛生，不能"这个""那么""但是""因此"等乱用。社会上有些不规范的语言乃至对语言的污染，不能用到文章中，更不能以猎奇的心态去乱引乱用。对一些低级的、庸俗的乃至黄色的语言要识别、抵制。语言上的污染实质上也就是思想上感情上受到侵蚀。故而要努力清除杂质，防患于未然。文章中可以用一些方言土语，但要尽量少用或不用，如用，要看具体的语言环境，要看对情意的表达是否起积极作用。我们用的是民族共同语，要按普通话语音、词汇、语法标准严加规范。

2. 用词要贴切、鲜明、生动

词用来表达概念，串联起来表达意思，如果词不达意，就无法保持语言的可信度。要善于选用贴切、准确的词语表情达意。词与物与事相符就贴切，就准确。事物是怎样的面貌，词语就表达出怎样的面貌。例如：

> 中国有一句古话："百炼成字，千炼成句。"
> 中国有一句谚语："百炼成字，千炼成句。"

后一句话中"谚语"这个词用得不恰当。"谚语"是指在群众中间流传的固定语句，用简单通俗的话反映出深刻的道理，如"三百六十行，行行出状元"。而"百炼成字，千炼成句"是唐朝诗人皮日休在《皮子文薮》一书中所说，称它古话可以，称它为谚语就不贴切。词语要用得贴切，首先对事物的认识要准确无误，其次要区别词义的大小、轻重和感情色彩。

鲜明。意思十分明白，别人一目了然。不用似是而非、意思含混不清的词，不用容易产生歧义的词。如鲁迅的《拿来主义》结尾一段："总之，我们要拿来。我们要或使用，或存放，或毁灭。那么，主人是新主人，宅子也就会成为新宅子。然而首先要这人沉着，勇猛，有辨别，不自私。没有拿来的，人不能自成为新人，没有拿来的，文艺不能自成为新文艺。"这段话表达了对文化遗产非常鲜明的态度，毫不含糊。总的原则是"拿来"。拿来以后怎么办？选用"使用""存放""毁灭"三个词鲜明地表达区别对待的态度，表明怎样取其精华，去其糟粕。具体而明确。要实现"拿来"的目的，人必须具备怎样的条件，用词也毫不含糊。选用了"沉着，勇猛，有辨别，不自私"等分量较重的词语（有的是短语）加以表达，清楚明白。

学生习作中大词小用、意思含混不清的词常会见到。如："大观园在上海的西南角，春天来临，原野铺绿，河水清清。""原野"指一望无际的平原。句子是指"郊野"，用"原野"词义就大了。又如："我曾经是个理想主义者——一个可笑的'理想'主义者，对什么都爱'理想'一番。"句中的"理想"究竟什么含义？三个"理想"含义相同，还是不相同？不明确，有歧义。一个人有"理想"是好的，句中用的"理想"似乎是不切实际的幻想，甚至是乱想，这就犯了用词不当的毛病。

生动。生活丰富多彩，事物千姿百态，情意多种多样，要如实地再现它们，就须选用新鲜的、具有形象性的、绘声绘色的词语，给人如闻其声、如见其形、如历其境的生动感觉。用词切忌陈词滥调，拾人牙慧，用别人用滥了的词。例如《我的空中楼阁》描写远观小屋的一段：

这个角度是远远地站在山下看。首先看到的是小屋前面的树，那些树把小屋遮掩了，只在树与树之间露出一些建筑的线条，一角活泼翘起的屋檐，一排整齐的图案式的屋瓦。一片蓝，那是墙；一片白，那是窗。我的小屋在树与树之间若隐若现，凌空而起，姿态翩然。本质上，它是一幢房屋；形式上，却像鸟一样，蝶一样，憩于枝头，轻灵而自由！

小屋被描写得十分生动，与精选词语有密切关系。有绘形的，如"活泼翘起""凌空而起""姿态翩然"等；有绘色的，如"蓝""白"等；表现树与屋的关系，用了"遮掩""若隐若现"等词。再加上比喻的运用，如"图案式""像鸟一样，蝶一样，憩于枝头，轻灵而自由"，小屋的美姿如在眼前。如果没有选用绘形绘色的词，只写"美丽"啊，"漂亮"啊，读起来就味同嚼蜡，脑子里形不成小屋别致的形象。

选词是需要动脑筋、花功夫的。"僧推月下门""僧敲月下门"在用词上的"推敲"已成如何用词的佳话。因为"一字之失，一句为之蹉跎"。

3. 句子要明晰、流畅

要写好文章，不仅要讲求选词，而且要讲求炼句。要完整地表达情意，状物写景记事绘人，就得按一定的规律把词组成句子。句子是文章的基本部件，写好每一个句子，文章才可能通顺流畅。

把客观事物、主观情意用恰当的句式明晰无误地表达出来，有两个基本条件须掌握：对客观事物要细致观察，了如指掌，意思要明确，有分寸；对各类句式，如长句、短句、散句、整句、完全句、省略句，主动句、被动句，肯定句、否定句，正常句、倒装句，陈述句、疑问句、祈使句、感叹句等要熟练地掌握，二者结合起来，就可把意思表达清楚。如《简笔与繁笔》中有这样几句："字面上的简不等于精练，艺术表现上的繁笔，也有别于通常所说的啰唆。鲁迅是很讲究精练的，但他有时却有意采用繁笔，甚而至于借重'啰唆'。"这两个句子说明"简"不等同"精练"，"繁笔"与"啰唆"不同，主要是说明后一个问题。为了阐说后一个问题，以鲁迅语言运用为例。"很讲究精练"表明总体情况，然后用"但"转折，阐说也"采用繁笔"，不过是"有时"，而不是"一直"，是"有意"，而不是"无意"，这就准确地表达了鲁迅运用语言的状况。再接着用"甚而至于"进一步述说，采用繁笔时"借重'啰唆'"。不是真正的啰唆，是加引号的，在特定环境中特定的表达方法，借重它来表达思想感情。这个句子既表达了"繁笔"与"啰唆"有区别的意思，又表达了鲁迅艺术表现手法不凡的意思，十分清晰。

如果句子不符合造句的法则，成分残缺，词语之间搭配不当，词序混乱，意思就表达不清或发生错误。例如："他学习缺少信心，通过教师的教育，使他鼓起了勇气，增强学习。"这个句子有两个毛病。一是用了"使"，主语残缺；二是"增强"与"学习"不能搭配。怎么修改呢？删"使"；再修改为"增强了学习积极性"，或者修改为"增强信心"。

句子不是硬造的，应"如风行水上，自然成文"，生动流畅。好的语言，并不是稀奇古怪的语言，不是鲁迅所说的形容词之类，而是平常普通的语言，不过是注意加工提炼，去除其中杂质，如重复的、累赘的、不规范的等，并注入新意，写出"人人心中所有，而笔下所无"的语句。作家汪曾祺很为自己写的一个句子而高兴，这个句子是："车窗蜜黄色的灯光连续地映在果园东边的树墙子上，一方块，一方块，川流不息地追赶着……"他说他曾经在一个果园劳动，每天下工，天已昏暗，总有一列火车从果园的"树墙子"外面驰过，他一直想写下这个印象。有一天，终于抓住了，那就是"川流不息地追赶着"。显然，这生动的语言是长期观察、思索而捕捉到印象的结果。

生动流畅的语言是写作者的思想的流淌，思想如行云流水，笔下就汩汩滔滔；思想阻塞不通，笔下就疙疙瘩瘩。因而，语言、思想要双锤炼。注意句式的变化，也能增强语言的生动、优美。如短句、长句相间，整句、散句并用，选择不同的句式表达不同的语气。如散文《山》中的句子：

> 抬头，是山；回首，还是山。左边，是山；右面，也是山。
>
> 我在山的怀抱中，山环抱着我。
>
> 晨，持一怀清爽，倚着傲松，看山。
>
> 雾生腾于山中，鸟声回荡在山中。偶尔，一缕白烟从林中小屋冒出，与雾溶流，于是便分不清是烟耶？雾耶？蓦然红光一闪，太阳悄悄地从山后露出半个脸来，偷窥外面的动静，云经过，遮住了它的额头，它惬意地像一弯小船，泊于山尖。顷刻，又像被火烫了一下，蹦得天高，竟被云托着，下不来了。于是，只有扯一片云彩，掩住了羞红的脸。

显然，开头几句全是短句，短句结构简单，使语言明快、有力；"雾生腾于山中"这一段句子比较长，修饰语多，使意思更精确。文中短句排列整齐，有整齐美；散句参差，表意洒脱，结合起来用，给人以优美流畅之感。如果把"烟耶？雾耶？"半文不白的改掉，句子的气势就更畅达。

语句的明晰、流畅与简洁有关。刘勰在《文心雕龙·议对》中说："文以辨洁为能，不以繁缛为巧。"就是说：写文章的本领在于意思明确，造句简洁，文字上枝蔓华美不是真本领。简洁还须精练，要以少胜多，言简而意丰。关于这一点，作家老舍有极深刻的体会。他说："简练须要概括，须要多知多懂，知道一百个人，而写一个人；知道一百件事，而写一件事，才能写得简练。心有余力，有所选择，才能简练。"又说："世界上最好的文字，也是最精练的文字，哪怕只有几个字，别人可是说不出来。简单、经济、亲切的文字，才是有生命的文字。"

鲁迅的文句，无论是叙事、绘景、议论，常常是精练过人，可说是以少许文字表多许情意的典型。如《记念刘和珍君》中一些语句：

然而即日证明是事实了，作证的便是她自己的尸骸。还有一具，是杨德群君的。而且又证明着这不但是杀害，简直是虐杀，因为身体上还有棍棒的伤痕。

　　但段政府就有令，说她们是"暴徒"！

　　但接着就有流言，说她们是受人利用的。

　　惨象，已使我目不忍视了；流言，尤使我耳不忍闻。我还有什么话可说呢？我懂得衰亡民族之所以默无声息的缘由了。沉默呵，沉默呵！不在沉默中爆发，就在沉默中灭亡。

短短一些文句，把刘、杨二君被害的事实、反动政府的卑劣行径和作者极端悲愤的感情，以及对黑暗统治的抨击、对民族觉醒的召唤等十分丰富的内容都包蕴其中了。简洁精练来自对事物的深刻理解，来自目光的锐利、思路的清晰。比如反动政府及其帮凶对刘、杨二君散布的流言不少，鲁迅从中拎出"受人利用"这一点，抓住要害，进行深刻的揭露，把敌人的险恶用心暴露在光天化日之下。

精练的语言往往是含而不露，不把自己的思想感情赤裸裸地宣示出来，而是留给人思索的余地，使读的人"望表而知里，扪毛而辨骨，睹一事于句中，反三隅于字外"（刘知幾《史通·叙事》）。鲁迅《故乡》结尾的句子是："我想：希望是本无所谓有，无所谓无的。这正如地上的路；其实地上本没有路，走的人多了，也便成了路。"语言是含蓄的，含不尽之意于言外。

二、
引导学生努力丰富语言宝库，区别细微，慎加选择

语言是写文章的工具和手段，任何精辟的思想、生动的形象、感人的材料，离开语言都一筹莫展。因此，古今中外的学问家、文章家

无不十分重视语言的学习与修养。唐代大诗人杜甫的名言是："为人性僻耽佳句，语不惊人死不休"。列夫·托尔斯泰认为："语言艺术家的技巧，就在于寻找唯一需要的词和唯一需要的位置。"语言大师老舍对语言技巧的掌握是这样剖析的："既然搞写作，就必须掌握语言技巧。这并非偏重，而是应当的。一个画家而不会用颜色，一个木匠而不会用刨子，都是不可想象的。"这些名言警句是从事大量写作实践的经验总结，学习写作的青少年学生可从中获取教益，深刻领悟到学习语言、积累语言、锤炼语言的重要，要有效地提高语言素养，不可有丝毫懈怠。

毛泽东说："语言这东西，不是随便可以学好的，非下苦功不可。"就拿积累词汇来说，如果是作家，那积累的功夫是惊人的。据说，英国著名诗人拜伦、雪莱的词汇有八九千，莎士比亚多达一万六七千。怎么积累的呢？以美国著名小说家杰克·伦敦为例，他经常把词典和书里的词句抄在小纸上，然后把这些词片挂在窗帘上、柜橱上、衣架上、床帐上，洗脸、穿衣、睡觉前后都能看一看，记一记。外出时也带上几片，抽空读一读。正因为这些作家在语言上如此下功夫，所以笔下的人物、景物，多姿多彩，栩栩如生。

要引导学生积极主动地丰富自己的语言宝库，须反复强调学习语言的重要性，以古今中外语言运用上有成就的学问家、文学家等具体、生动的事例激励学生学习语言；不断启发学生多读古今中外的佳作，从中吸收有生命的语言养料；要向人民中活泼的口语学习，特别在表达情意的简练、干脆、恰当、亲切方面，更应多多体会，认真吸收。

积累语言要重视语感的培养，所谓语感，就是对语言的感受力、鉴赏力。也就是说，凭自己直接的感受，敏锐地判别别人的或者是自己的语言的正误优劣。阅读作品也好，向群众学习语言也好，要在判别的基础上加以吸收，择精华来积累。首先是语言的精确度、敏锐度，表情达意要有分量，不能飘忽。如："当运动员们在起点脱下外面的罩衣，露出紧凑而富有弹性的筋肉，先略事活动臂膊腿脚腰肢，再渐渐弹跳着、抖擞着，准备进入比赛，那神情，那体态，那气氛，就已非常之优雅；等到运动员们在起跑线上找准自己的道位，在裁判员一声威严而悠长的'预备——'声中，各自凝聚起他们灵魂的注意力拼搏进取，并透过他们的每一块肌肉每一根筋腱显现出他们肉体所蕴藏的爆发力弹射力承受力，那他们简直就是一列力与美的活雕像。"（刘心武《起点之美》）作者把运动员的起点之美描述得井然有序。用词精确，长短句结合，形成气势。文章结尾的"终点之美，属于优胜者。起点之美，属于每一个人"，更是言简意深，有分量。学生在感受的基础上可作一点积累。

其次是感受语言的形象性。阅读佳作，要学会看到文字描绘的人物、景物，脑子里就能立刻浮现出立体的图景，领悟作者是怎样运用语言艺术使生活图景再现出来的。这些语言往往是具体的、生动的、形象的、丰富的。学会鉴赏，也就会有意无意地吸收语言养料。如法国作家小仲马在《茶花女》中对玛格丽特美丽的描写："这天晚上她真是惊人的美。……她出现的时候，一个个脑袋此起彼伏，连舞台上的演员也对着她望，她仅仅一露面就使观众这样骚动。"作者没有正面描写玛格丽特的非凡美丽，而是通过她"一露面"，观众就"一个个脑袋此起彼伏"和演员们"对着她望"的侧面描写，就形象而深刻地表现出她与众不同的美貌。阅读时，应充分展开想象和联想，脑中浮现剧院里观众骚动的景象，浮现玛格丽特的诱人魅力。记忆中留下一个个生动的各具特色的画面，下笔时也就有相关的语言纷至沓来。

再次是感受语言的情调趣味。仔细咀嚼，会体味到语言背后丰富的内涵和无穷的情趣。康·帕乌斯托夫斯基在《金蔷薇》中说到"雨"这个词时说："我当然知道有毛毛雨、晴天雨、淫雨、梅雨、疾雨、牛背雨、斜雨、骤雨，最后还有暴雨（倾盆大雨）。但抽象地理解是一码事，而亲身体验这些雨，弄清楚每一种雨都包含着独特的诗意，独有的不同特征，却是另一回事。"他曾在一年夏天，"用感觉、味觉、嗅觉重新认识了很多词儿"，于是它们"获得了活力，稳定了，充满了表现力。这时候，从每一个词儿里你都能看到、感到你说的东西，而不是机械地单凭习惯说出它的声音来"。这就告诉我们对语言的理解不能只停留在理性思考，而要触摸它，感受它，体验它,否则,情味品尝不出。即使是一份起警示作用的告示,也会写得情趣横溢。如报上登载的马来西亚柔佛州交通部门张贴的一份告示,语言就十分幽默,兼有理趣美和情趣美。告示是这样写的:

> 阁下驾驶汽车,时速不超过 30 英里,您可以饱览本地的美丽景色;超过 60 英里,请到法院作客;超过 80 英里,欢迎光顾本市设备最新的急救医院;上了 100 英里,请您安息吧!

这样的表达别出心裁,驾驶汽车的人容易接受,效果与命令式的、警告式的语言相比,不会差。幽默不是耍嘴皮子,不是故意制造笑料,不是庸俗、油滑,而是为了表现生活的真实。得体的幽默是语言运用上有智慧的表现。

积词积句,要引导学生学会辨别,在"精"上下功夫。有些学生对书上词句的摘录,一抄一大片,往往劳而无功,用不上。精彩的、一般的,乃至不够妥当的,都搅和在一起,这就失去了积累的作用。有些应记在心里,成为自己语言宝库里的语言,有些可记在本子上,供翻阅,备查检,使用时区别细微,慎加选择。

三、
激励学生坚持不懈地锤炼字句,鼓励学生语言的个性美

锤炼,就是通过反复的观察和思考,寻求最恰当的词句来表情达意。把炼字与炼意结合起来,就会"一经锤炼,便成警绝",就能以最精当的字句表达出丰满的思想内容。

王安石锤炼"春风又绿江南岸"的"绿"字,一直是锤炼字句的佳话。据宋人洪迈《容斋随笔》卷八中记载:"王荆公绝句云:'京口瓜洲一水间,钟山只隔数重山。春风又绿江南岸,明月何时照我还?'吴中士人家藏其草,初云'又到江南岸',圈去'到'字,

注曰不好，改为'过'，复圈去而改为'入'，旋改为'满'，凡如是十许字，始定为'绿'。"为了准确地表达情意，耗费心血去寻觅词语中的唯一一个，这种严肃认真的态度，令人钦佩。古人曾说，"一字之失，一句为之蹉跎"，其实，受影响的何止是一句？有时，整段、整篇均受影响。就以这首绝句来说，一个"绿"字，就使整首诗生意盎然，读者眼前绿满视野。

要让学生懂得诗文中、作品中精彩的语言无不是作者用心锤炼的结果。所谓"炼"，不是涂脂粉，耍花腔，而是为了达意。刘熙载《艺概·诗概》中说："炼篇、炼章、炼句、炼字，总之所贵乎炼者，是往活处炼，非往死处炼也。夫活，亦在乎认取诗眼而已。"所谓"诗眼"，指诗句中最精练最传神的字。文章也是如此。真正把握住要表达的情意，选用字词时，就能平字见奇，常字见险，陈字见新，朴字见色。比如，杨朔《茶花赋》中有这样一句："原以为茶花一定很少见，不想在游历当中，时时望见竹篱茅屋旁边会闪出一枝猩红的花来。"这个句子中的"闪"用得好，给人以动感，给人以亮度，显然是斟酌、推敲过的。如果用"露出""伸出"来表达，就缺少活脱脱的生气，也难以动人。

对学生锤炼字句方面的指导，要注意两点。一是纠正不规范的、不贴切的，乃至错误的；二是求好，求新，给人以启迪，给人以美感。比如，学生书面表达中常有"拆词"的毛病，什么"宣了一次传""跑了一次步"。非动宾式的双音合成词按照语法规则不能随意拆散，"宣传""跑步"是不能拆散的，拆散了用，就不规范。当然，特例除外。如台湾诗人商禽的《咳嗽》诗：

坐在
图书馆
的
一室
的
一角

忍住
直到
有人把一本书
历史吧
掉在地上
我才
咳了一声
嗽

这首诗在意象的变形中透射出思想，说出了很新鲜、很尖锐，也很深刻的道理。把"咳嗽"这个词拆开来用，使读者能深深地体味历史书掉在地上影射的社会现实。特例就是特例，平时不可随便乱用。学生习作中用词不贴切，词句上的错误当然应在修改之列。

学生注意炼字炼句，文中也会出现精彩之笔，使文章闪亮起来。如《如歌人生》的起句是："有一句话说得极美：音乐是一种心境。"结尾处写：

于是我想：这人生如歌。

不是吗？都由沉默开始，由沉默结束，都会有过渡，都会有高潮，或平淡，或华贵，或淡雅，或激昂。人生就是一首歌。

感激音乐，它注释了人生。

只是会不会由于生活的苦难，由于被骗得太多，自己会对音乐无动于衷，无法被打动，如同见惯了病人的苦痛的医生不会再真实地去体会病人的苦痛一样呢？我想不会的，因为我这如歌的人生刚刚奏响了第一个音符，而我明白以后的旋律要由自己来弹唱。

闭上眼睛，会有如水的歌声从你的心灵深处响起……

文章起句"音乐是一种心境",显然是经过习作者炼词炼意、反复锤炼的佳句,是习作者独有的见解、独有的语言,新颖、别致,全文由此而展开。从爱音乐、体验音乐,进而升华为感悟人生——人生如歌。结尾处的"感激音乐"的"感激","注释了人生"的"注释",都用得贴切,蕴含情意。如歌的人生旋律是向上的、昂扬的、激情满怀的,以"如水"喻心灵深处响起的歌声,也是恰当的、情意绵绵的。

学生习作的语言一般尚未能形成风格,但喜爱写作的学生下笔往往有自己的个性。教师要善于发现他们语言上的个性,要爱护,激励,因材施教,因势利导,千万不能以一个模式限制。如果以一个模式要求,随意改动,会无意间抑制学生的潜能,抑制学生的创造性。

学生习作中有的语言很平实,如:"一个秋日的早晨,天灰蒙蒙的,乌云慢慢地移动着。雨像决了堤的河水从天上泼了下来,打在屋檐上,水珠四溅,地上坑坑洼洼,积满了水,路泥泞不堪。"有的语言很活泼,如:"天天天蓝,真好!愿所有生活在蓝天下的朋友,天天都拥有一片如蓝天般的心境,活得清新、活得潇洒、活得坦然、活得愉悦、活得可心。因为,天天天蓝,意味着心中拥有一片永远的晴朗,心境天天如蓝天般蓝盈盈、欣欣然,充满阳光与微笑。"有的语言比较凝重,如:"当所有野生动物彻底灭绝之日,就是人类走向毁灭之际。正如一个有良知的作者所说的:与滥伐森林,污染河流、大气一样,人类在毁灭别的生物并破坏了赖以生存的环境之后,正走在日益艰难的孤独之路上。人类对大自然征伐的每一次成功,都不是胜利,而是失败,是一步一步走向毁灭。在这之前,抢救一切野生动物就是为了抢救人类自己。人啊,你应该悔改!"学生的语言多种多样,教师精细一点,会从中发现不少有趣的东西。

不断激励和指导学生在语言上下功夫,学生在写作实践中就会自觉锻炼,努力提高运用语言表情达意的能力。

【思考与探索】

1. 您认为语言与思想是怎样的关系?要提高学生的语言表达能

力，应从哪些方面入手？

2. 您在引导学生丰富语言宝库方面有哪些行之有效的经验？如果有个案的话，可撰文与同行交流。

3. 有兴趣的话，您不妨研究学生语言的个性。尽管他们的语言是稚嫩的，但如能洞悉他们的特点，引导他们在这方面发展，也是很有意义的。

第六章
总体把握写作教学诸多环节

写作教学是一项系统工程，从教师命题到进行指导，从学生写作到教师批改、学生自改互改，从教师讲评到学生总结，自始至终是师生的双向活动。要讲究有计划有目的，但又不为预先制订的计划所局囿。要因时因事因人而调整，加强针对性；要尊重学生，强调学生是写作的主人，不能把他们作为机械操练的工具；要充分调动他们写作的积极性，发挥他们的聪明才智，在启发上下功夫；要讲究写作整体素质的提高，包括思想、情感、认知能力、语言能力等，不搞支离破碎的练习，在提高实效方面努力。写作教学也是育人教学，促进学生表达能力提高的同时，发展学生智力，提升学生的思想情操，培养高尚的审美情趣。

第一节
写作教学诸环节巡视

语文教师都熟知写作教学的诸多环节，并认真实践。然而，在实践过程中往往会自觉或不自觉地重此轻彼，乃至对某些环节有所忽略。如何整体把握，并充分认识每个环节的意义与作用甚为重要。

一、
发挥各个环节在提高学生素质、培养写作能力中的积极作用

教师命题，学生审题；教师指导，学生构思，学生写作；教师批改，学生自改互改；教师讲评，学生自评互评，师生总结。写作教学过程与学生写作过程是一致的。

1. 命题环节

学生作文训练有多种方式，但概括起来说不外乎两类：一是教师出题目，学生按题意写作；二是学生自由写作。教师出题目又有多种。有的是命题作文；有的是材料作文，教师给学生提供适当的材料，学生按要求写；有的是话题作文，教师提供写作的话题，学生以此确定文体，选择角度、展开独具特色的想象发挥，进行有限定性但有自由度的写作活动；有的是情景作文，教师设计并提供生活中的具体情境，让学生置身于特定情境中进行写作。学生自由写作可自己命题，发展个性。日记、随笔也属于自由写作。现在有些学生学写诗歌、学写小说，学写散文，当然也在自由写作之列。

命题作文题型多样，侧重点也不同。有的是一个词，如《榜样》《竹》；有的是短语，如《谈团队精神》《可爱的小生灵》；有的是句子，如《生命的价值在于奉献》《人间自有真情在》《我渴望拥有草地》等。命题作文有的侧重记叙，有的侧重说明，有的侧重议论，有的侧重抒情，视教学要求而决定侧重点。命题作文所命之题要从学生的实际出发，学生有话可说，有内容可写，不能大而无当，非学生能力所及。题目本身就蕴含要求，要求应明确，不含糊。如记叙文，是记人还是叙事，是写景还是状物，题目本身就应很明确。《学校运动会花絮》，显然侧重于叙事；《同窗众生相》，显然以记人为主。题目力求新颖，激发学生写作的兴趣；陈词滥调，学生会产生厌倦感。比如，介绍自己所用的文具，可设计多个题目，比较，权衡，择其优

而采用。《我的文具自述》《文具家族展示》《随身伙伴风采》《文具园简介》等，推敲后选用，让学生喜爱。命题作文又可一题多作，一个题材写多种体裁的文章，引导学生从不同角度思考，用不同表达方式表达。如《菊花展览参观记》（记叙文）、《菊花礼赞》（散文、抒情文）、《菊花简介》（说明文）、《小议菊花精神》（议论文）。适当地一题多作，能活跃学生思维，使学生学习多种表达方法。

提供材料给学生作文是当前作文教学中最常见的一种方式。材料性作文可分为若干类型。一是文字类型。这些材料可以是几句话、一段话、几段话、一篇文章乃至几篇文章。要求学生利用这些提供的材料写作文，有的须根据材料展开联想与想象，有的须"聚焦"，从提供的不同材料中提炼出"共同点"，有的须自拟题目等。二是图画类型。提供图画，要求根据画意作文。可提供单幅画，也可提供连环画；画可配文字说明，也可不配文字说明。图表也在此列。如根据学校平面图写导游词。三是实物类型。提供实物，要求根据实物写作文。其中一种是实物写生，培养观察能力，用文字把所观察的实物详细地描述出来；一种是把实物作为由头，习作者看到这个实物可以海阔天空展开想象，写自己领悟最深的。如"新概念"作文大奖赛的命题是：桌子上，放着一个被咬过一口的苹果。没有任何文字说明和提示，参赛者限时限刻写出作文。于是，便有了关于苹果的形形色色的诠释和联想，如《苹果的想象和我的作文观》《成佛的苹果》《苹果的心》《20世纪人类的聪明和愚蠢》《祝福你，受伤的苹果》《缺口》《苹果的幽默》等，这些参赛作文中不乏晶莹耀眼的哲理，也有缠绵悱恻的故事。材料性作文中还有给影视材料的、声音材料的等。教师出材料作文的题目，材料一定要反复斟酌，讲究质量。材料本身一定要蕴含深意，经得起咬嚼。文字也好，图画也好，一眼见底，学生就无话可说，更不可能思潮翻滚。材料既要切合学生阅读水平，又能促进学生思维力、想象力、观察力的发展，让学生感受到攀登的兴奋和乐趣。

话题作文是教师给学生提供话题材料，学生可以根据材料所提供的内容，或联系实际，或发挥想象，说自己想说的话，写自己想写的事；可以自由选择文体，或议论，或记叙，叙谈自己对事物的认识，表达自己真实的情感。这类作文更具开放性，学生在写作上有自由驰骋的空间，但话题的确立不能不着边际，不能大而无当，要合乎情理，合乎生活的逻辑，学生如果乱发挥，就进入了"绝对自由"的误区。

情境作文是教师提供生活中的具体情境，如值得关注的热点，某件事发展的进程，一个需要解答的问题……要求学生设身处地去听去想去说，最后用文字表达出来。这类作文情境设计要合理，要富于生活气息，不能编造。如果脱离生活实际、学生实际，学生就难以下笔，训练的效果就适得其反。

命题环节看起来主动权在教师手中，但不管以怎样的方式命题，都要从学生的实际出发，从引导他们关心生活、认识社会、认识自然、认识人生出发，提高他们的认识能力、辨别能力、审美能力，提高他们运用语言文字表达自己思想情感的能力。学生积极性高涨，对写作也就把握了主动权。

2. 指导环节

写作指导一般地说应解决三个问题：为什么写，写什么和怎样写。每次作文都是整个写作训练中的有机组成部分，因而每次写作有每次特定的目的要求。学生动笔前明确写作的目的要求，就不会茫无头绪。学生自由作文，自有其写作目的，无须教师去规定。写什么与怎样写的指导，实际上由两个部分组成。一是阅读教学中指导学生积累，指导学生阅读美文佳作时懂得文中写什么和怎样写，这就有意无意地为学生写作做了写前准备。平时注意指导学生观察生活，积累写作素材，也是写前的准备。而且这种指导细水长流，不着痕迹，功夫愈下得深，效果愈好。二是写作时指导，作文题出了以后对学生作一点指导。这里所讨论的是后者。

学生写作时的作文指导，既有内容方面的，又有表达形式方面的；既有普遍的，又有个别的。作文指导切不可包办代替学生的思考，切不可越俎代庖，要适度，要重在启发、点拨、引导。指导也是个系统工程，与学生写作过程相一致，但每次指导无须面面俱到，应根据写作目的要求与学生的具体情况，有的放矢地作重点指导，使学生觉得有所帮助，充满信心去写作。指导的方面有：

（1）审题

文不对题，全盘皆输。因而指导学生掌握审题的本领至关重要。审题，就是审清题意，对作文题目作分析研究，弄清命题者的主要意图与基本要求。题面要仔细推敲，一字一字咀嚼，弄清写作的对象，弄清时间、空间、数量的范围，弄清写成什么题材的文章。比如《老外上课记》与《一堂法国老师上的英语课》，乍看，要求差不多，仔细辨别，后者是写一堂课，前者可一堂课，可几堂课。后者记一堂课的情景，记老师，记学生；前者显然"老外"就是描述的重点了。课不是一般性的，应有外国老师的特色，给人以新鲜感。又如《校园绿化设计》，不是描述或说明校园绿化的情况，而是重在"设计"，把校园绿化规划一番，已有的哪些可用，哪些须调整，哪些须新栽种，规划的原则是哪些，为什么要如此设计等，均须思考、推敲。如果泛泛谈绿化，就不合要求，因为范围是"校园"。再如《由一则广告想起》，提出了论述的问题，论述的对象，须自己确立论点。是哪一则广告，自己要精选；由这则广告想起什么，要发表自己的看法，展开议论。重点在发表议论，不在说明广告，不能与说明型的题目混淆。审题要学会分析、比较、探求、揣摩，从思想内容，从语法结构，从暗示的体裁、人称等多方面认识、体会，力求准确无误。

有些题目有正题，有副题，审题时都要注意，不可掉以轻心。副题往往规定文章的内容。如《拼搏——考场上的众生相》，副标题明确规定是"考场"里众人的奋斗情景，不是球场，不是歌场，不是拳击场中的情状。不是写考场中的自己，不是写一两个人，而是"众生"，亦即好些人的"相"，好些人的情状，全面把握，下笔就准了。

学生自由作文，自由命题，天地十分广阔，大至世界、国家，小至一人一事一物，皆可确立题目。教师也可指导，帮助他们写作时注意切合实际，有生活的基础。

(2) 立意

文章的"意"，就是通常说的文章的主旨、文章的主题、文章的中心，也就是作者写文章的意图或宗旨。作者写文章总有一定的意图，无论是反映生活现象，说明纷繁的事物，还是议论种种问题，总想告诉人们什么，总有个目的意图。目的意图明确，文章就有了"主心骨"，就能站立起来。

"意"确立得如何，对文章全局起很大作用。明末清初大学问家王夫之曾这样说："无论诗歌与长行文字，俱以意为主。意犹帅也；无帅之兵，谓之乌合。"话很简短，但极其深刻地阐述了"意"在诗文中的地位和作用。"意"是一篇文章中的统帅，缺少主旨的文章，即使材料丰富，也会杂乱无章，甚至不知所云。

学生拿到作文题后，常犯的毛病就是想到什么就写什么，有什么材料就用什么材料，因而"意"不明。要让学生懂得"意"统率材料，决定材料的取舍。生活中、书本知识中可入文章的材料极多，选用什么，舍弃什么，哪些多选，哪些少选，哪些不选，唯一的依据就是文章的"意"。文章的主旨需要哪些材料来表达，就选取哪些材料。选入文章的材料一经"意"来统率，就变得有生命力，形成完整、有机的统一体。要指导学生认真立意，审清题意后要确立文章的主旨、文章的中心思想。让学生懂得确立主旨或中心思想时应符合以下基本要求：第一要正确。写文章是件严肃的事，无论写给谁看，都要正确地反映客观事物。要正确，就要锻炼自己的观察力、思考力，面对纷繁复杂的社会现象，要能鉴别，要会分析，要能区别正误，分清美丑。认识正确，文章"意"才能立得正确。青少年学生由于年龄、知识水平及生活经验等种种原因，写作时立意常有偏颇与考虑不周情况，要多加注意。第二要力求深刻，有自己的见解。写文章切忌"庸人思路"，大家都能描写的现象，大家都能说的肤浅的道理，作为文章的"意"，文章就等于不写，成了多余之物。要锻炼自己的眼力，对所写的事物认真观察，反复研究，力求自己有独特的感受、独特的见解。见别人之所未见，别人浅见我深见，别人少见我多见，这样立的"意"，就能切中事物的要害，醒人耳目。第三要新颖。文章主旨要有新意，要有时代气息，给人以新鲜感。时代在前进，社会在发展，新人新事层出不穷，人的认识也随之有发展。反映在文章里，主旨应新颖不俗，不因循守旧，有时代气息。第四要集中。无论写多复杂的事物，主旨不能分散。一篇文章如果又想说明这个问题，又想阐述那个观点，必然目的不明确，中心思想不突出。俗话说，意多文必乱。一篇文章包含多种写作意图，就会形成大杂烩，读了使人有不知所云的感觉。古人说的"作文之事，贵于专一。专则生巧，散乃入愚。专则易于奏工，散者难于责效"，就是这个道理。

主旨专一，还要学会用精辟的话来显示，来表达。"立片言而居要"，就是用一两句或三五句十分精彩的话概括文章的中心思想，使文章高高耸立。如《岳阳楼记》的"先天下之忧而忧，后天下之乐而乐"。文天祥《过零丁洋》的"人生自古谁无死，留取丹心照汗青"虽是诗句，道理相通。

立意的四个要求相互联系，不可割裂。确立文章的中心思想时，应全面考虑。对初学写作的青年学生来说，"正确"是前提，在"正确"的基础上，力求意深、意新，做到立意专一，中心突出。

文章要在"意"上取胜，还有两点须注意。一是意在笔先。不能动笔时边写边考虑文章的主旨，如果这样，就会出现"变调"的状况，想到哪里写到哪里，主旨飘忽。应该在动笔之前认真考虑写作的目的，从掌握的材料中提炼观点，再以提炼出来的观点统率材料。据鲁迅夫人许广平的记述，鲁迅先生写"三五百字的短评，也不是摊开纸就动手，那张躺椅，是他构思的好所在，那早晚饭前饭后的休息，就是他一语不发，在躺椅上先把所要写的大纲起腹稿的时候"。二是平时注意锻炼思想，增添见识，增添认识生活的能力。客观事物林林总总，蕴含无穷奥秘，平时要注意观察，积极思考，认识和领悟其中真谛。生活狭窄，认识肤浅，面对再感人的材料，也难以立出好"意"。学生很喜爱"至理名言"，须知至理名言的根基在生活底子极厚实，思想深刻，反复思考，不断提炼。炼文章的"意"也应该如此。

（3）选材

"着意原资妙选材。"学写文章就要用心地根据自己的写作意图选择材料，材料选得恰当，选得巧妙，文章就精美得体。积累材料要充分、丰富，使用时要取舍、剪裁，做到少而精。材料选择一应紧扣主题。材料是文章中心思想的支柱，选择材料须紧扣文章主题，紧扣中心思想。俗话说"量体裁衣"，如果说文章的"体"是中心思想，那么就要选择与中心思想关系密切的材料。关系不密切的须严格筛选，没有关系的应坚决删去，毫不可惜。学生掌握的材料尽管不够丰富，但仍要遵循严于选材、善于酌取的原则，千万不能舍不得割爱。如果把凡是沾一点边的材料，不分主次，事无巨细，一股脑儿都塞到文章里，那就会芜杂不堪，不可能清晰地表达写作意图。写时间跨度比较大的文章，尤易犯这种毛病，记流水账，拖泥带水，不得要领。

二应选有代表性的、能反映事物本质的。与主题有密切关系的材料并不都能入文章，有时类似的材料比较多，如果都入文章，仍会出现堆砌的毛病，从而影响主题的表达。因而，在有关的材料中还须精选，精选最典型、最有代表性、最能反映事物本质的。有时材料很细小，是生活中的细节，选择时同样要精心，选最为典型的。越典型，越有代表性，越能闪发光彩。《儒林外史》中作者吴敬梓对严监生临死前的描写，所选用的材料绝妙，可算是匠心独运。文中是这样写的：

> 自此，严监生的病，一日重似一日，再不回头。诸亲六眷都来问候。……晚间挤了一屋的人，桌上点着一盏灯。严监生喉咙里痰响得一进一出，一声不倒一声的，总不得断气，还把手从被单里拿出来，伸着两个指头。大侄子走上前来问道："二叔，你莫不是还有两个亲人不曾见面？"他就

把头摇了两三摇。二侄子走上前来问道："二叔，莫不是还有两笔银子在那里，不曾吩咐明白？"他把两眼睁的溜圆，把头又狠狠摇了几摇，越发指得紧了。奶妈抱着哥子插口道："老爷想是因为两位舅爷不在跟前，故此记念。"他听了这话，把眼闭着摇头，那手只是指着不动。赵氏慌忙揩揩眼泪，走近上前道："爷，别人都说的不相干，只有我晓得你的意思！你是为那灯盏里点的是两茎灯草，不放心，恐费了油。我如今挑掉一茎就是了。"说罢，忙走去挑掉一茎。众人看严监生时，点一点头，把手垂下，登时就没了气。

严监生是吝啬到极点的人，临死前因家里点"两茎灯草"而"不得断气"，死不瞑目。选这样的材料入木三分地刻画了这个吝啬鬼的可悲的灵魂，"两个指头"更是这个材料中的传神之笔。

三应选新颖的、生动的、富于时代气息的。社会进步，科技迅猛发展，新事物层出不穷。电视、电台、报纸、杂志传递大量新信息，这些为写作提供了许许多多生动而新颖的材料。要引导学生懂得，自己不仅要具有敏锐的目光，善于发现，善于积累，而且要根据写作意图善于从中挑选出富于时代气息的、曲折而有情趣的材料。例如：改革开放中的新气象，教学改革新篇章，城市建设新面貌，科学技术新成果，文化体育新秀谱，环保新举措，等等。生动的材料数不胜数，选入文章，就虎虎有生气，有贴切感，可读性强。如果文章中用的多是陈芝麻烂谷子，那就死水一潭，毫无意义。那么，别人用过的材料是不是就绝对不能再用呢？不是。有些材料确实典型，确实有价值，只要能选好角度，推出新意，选入文章，仍然会起积极的作用。

（4）结构

文章不仅要言之有物，有充实的内容；而且要言之有理，有令人信服的道理，开人心窍的思想；还要言之有序，按照一定的规律连缀组合，织成美好的篇章。

　　文章的结构是指文章的布局，文章里材料的安排，文章各部分的相互联系。布局谋篇要按照一定的顺序，不能想到哪儿写到哪儿，不能东拉一把，西拽一把。先写什么，后写什么，怎么展开，怎么过渡，怎么结尾，要通盘考虑，成竹在胸，这样才能有条不紊地组成完整的篇章。古代文章家认为"章有章法"，认真按章法办事，能使文章"首尾开阖，繁简奇正，各极其度"。清人唐彪在《读书作文谱》中说得更明确："文章大法有四：一曰章法，二曰股法，三曰句法，四曰字法。四法明，而文始有规矩矣。四法之中，章法最重，股法次之，句法、字法又次之。重者固宜极意经营，次者亦宜尽心斟酌也。"显然，四法均重要，均要用心思考斟酌。但章法因关系到文章的全局，与段落的安排（股法）、字句的运用比较，更应"极意经营"，花精力谋划。朱光潜在《选择与安排》一文中说："一篇文章中每一个意思或字句就是一个兵，你在调用之前，须加一番检阅，不能作战的，须一律淘汰，只留下精锐，让他们各站各的岗位，各发挥各的效能。排定岗位就是摆阵势，在文章上叫作'布局'。在调兵布阵时，步、骑、炮、工、辎须有联络照顾，将、校、尉、士、卒须按部就班，全战线的中坚与侧翼，前锋与后备，尤须有条不紊。虽是精锐，如果摆布不周密，纪律不严明，那也就成为乌合之众，打不来胜仗。"一个生动的比喻，就把文章中谋篇布局的重要性及如何谋篇布局说得具体、生动，不仅使人懂得其中道理，而且领悟到如何去做。

　　文章的结构组织最为重要的准则是要突出文章的主题。复杂的文章更要注意突出中心，犹如一棵大树，枝叶十分繁茂，如果不按一定的脉理组合，势必连主干也不清楚了。材料十分丰富的文章，空间转换多、时间跨度大的，更要精工细作。丝丝线线都要梳理清楚，把每个材料放在合适的位置上，安排得井然有序，千万不能材料凌乱或随意堆砌，以致淹没主题。文章组织结构要遵循的另一准则是要符合客观事物的内在规律和人的思维的逻辑规律。文章是客观事物的反映。任何事物有它发生、发展的规律，有内在因素，有外在条件，反映这些事物，在篇章布局方面要力求准确无误。

文章结构须有清晰的线索。要把众多的材料连缀组合成有机的整体，须用一条线索贯串。如果说，材料是散落在地的一颗颗珠子，线索的作用就是把这一颗颗珠子穿起来，构成一个完整的饰物。不同体裁的文章贯串材料的线索各有自己的特点。就记叙类文章说，常以景、物、人、事、时间、空间、感情等为线索结构材料。有些记叙类文章内容比较繁杂，要把材料组织得井然有序，可采用两条线索。有的可一明一暗，有的可一主一副。明暗也好，主副也好，都为了突出主题。作家张抗抗曾这样说："单线条的结构，使人一目了然，像一片小树林，优美、恬静，然而双线条、多线条的结构可以组成气势宏大的森林。"学生写作要学会用各种单线结构材料。学习用双线结构文章时，要十分注意两条线索之间的内在联系，不能是毫不相干的或有矛盾的、不协调的。多线条往往是大部头著作，初学写作的学生力所不能及，但阅读时多加注意，能从中受启发。议论类文章线索主要抓合乎逻辑。论证某一观点时，要提出问题、分析问题、解决问题，在论证过程中，有一线索联结各部分材料。不论用什么方法论述，循着最初提出问题围绕中心论证的线索不变。如吴晗的《谈骨气》，这篇短文开宗明义提出"我们中国人是有骨气的"，以此为红线，把富贵不能淫、贫贱不能移、威武不能屈的有关材料连缀起来，环环相扣，有说服力地论证观点。

文章布局必须条理清楚，层次分明，切不可一团乱麻，眉目不清。要做到这一点，首先对文章的整体须进行谋划，也就是先搭好文章的架子，处理好先后、主次、详略的关系。先写什么，后写什么，哪些材料为主，哪些材料比较次要，详细写什么，简略写什么，都要紧扣主旨通盘考虑。通盘考虑布局，可采用横式的方法结构材料，可采用纵式，也可纵横交错。其次对文章的段落层次要精心安排。段落是构成文章的基本单位，也叫自然段，它的明显标志是换行另起。一篇文章分几段，每一段表达怎样的意思，段与段之间怎样连贯，都要妥善安排。段落分得太大，包含的内容庞杂，读起来不易理清头绪，效果不好；也不能分得过碎，两句一段，三句一段，把完整的意思割裂开，影响条理的清晰。划分段落要注意内容的单一性和完整性。文章要有中心，不能多中心。段落也如此，一个段落可说清一个意思，把众多的意思、众多的问题塞在一个段落里，就会段意不明。

要做到条理清楚，层次分明，过渡、照应也要巧做安排。过渡自然，前后照应，就能给人以一气呵成的感觉。开头结尾也要讲究。讲究开头结尾，目的在更好地表达内容。古人对文章有个十分形象的说法，即文章要"凤头、猪肚、豹尾"。文章除内容要充实外，开头要漂亮，"首句标其目"，结尾要有力，"卒章显其志"。开头最忌绕弯子，说不到点子上。结尾最忌虎头蛇尾，尾细而弱，与"虎头"不相称，使文章趴下，站不起来。当然，更不能没有结尾，使文章残缺不全。

文章结构是否条理清楚、线索分明、详略得当，看起来是文字表达的问题，实质上是作者思路的问题。文字上纠缠不清，杂乱无章，反映了写作的人思路不清，缺乏逻辑性。学生的文章要写得有条有理，层次井然，须启发他们认真地自觉地锻炼思路。思路，就是思考问题的路子。一要锻炼思考问题的条理性。考虑问题不能东一榔头西一棒子，要顺着一定的"序"思考，或顺向，或逆向，或横向，或纵向。二要锻炼思考问题的严密性。对要表达的某个事物、某个问题，应该从不同角度、不同方面多观察、多思考，只有对它们自身内在的本质以及与其他事物之间的关系认识清楚，表达上才不会漏洞百出。三要锻炼思考问题的逻辑性。概念、判断要准确无误，推理要合乎情理。

文章的遣词造句、表达方式除在阅读教学中加以指点，学生平日留心掌握外，习作时教师也可有重点有针对性地进行指导。学生在写作过程中教师可巡视，因需要而适当指点。

3. 评改环节

学生作文写完以后，教师要引导学生参加作文的评改活动，通过修改与讲评，认识自己作文的优缺点，领会这类作文的写法，从而获得提高。批改与讲评的环节，尤其是讲评的环节，在写作教学中常常未受到应有的重视，因而下文专门列题进行讨论。

二、纠正认识上的误区和行动上的错位

由于应试教育的影响，写作教学在诸多环节中也出现了误区和错位的现象，这与培养的目标相左，应努力纠正。

认识上的最大误区是错把手段当目标。考试仅是一种检测手段、选拔手段，检测教师教和学生学的情况与质量，并在一定的范围内对学生进行选拔。写作教学的目的是提高学生理解和运用祖国语言文字的能力，致力于语文素养的整体提高。二者不能等同。如果一切为了应试，就会把"手段"的作用扩大到无穷大，教学的所有环节都围着考试指挥棒，尤其是围着高考指挥棒转。

命题本有命题的原则、命题的规律，而今却在"猜"和"压"上下功夫。把历届招考作文题或各地区作文考题汇总起来琢磨，让学生进行大运动量的训练，至于脱不脱离学生生活实际、能力实际，极少考虑。指导在模式化上下功夫，怎么开头，怎么结尾，几段论，几段式，背哪些论据，怎么拼凑；选什么材料，立什么"意"，准绳是得分不失分，得分少失分；什么真情实感，什么自主写作，什么个人见解、独特感受，淡化了，乃至忘却了。模式，模式，画地为牢，让学生的笔和思想情感就在这些框框里转。认真批改已少见，讲评还是指导怎么应考。作文教学成了考试的敲门砖，变味了。

应该说，写作教学教得有成效，学生是不怕考的。研究考试，并不是不可。在我们这样学生人口数量极大的国家，以考试选拔，在当今社会仍然是最公正最公平的手段与做法。问题在于不能一切围着考试转，而忽视了从根本上提高学生的写作能力。立竿见影，影子毕竟只是瘦瘦的一条，不利于学生语文整体素质的提高。指导模式化的最大弊病是束缚学生思维的发展，压抑学生表情达意的主动性、积极性，抑制他们写作个性的发挥。这就违背了写作教学促进学生发展的

重要原则。其次，压题、猜题，说言不由衷的话，用假材料等，对学生的成长只会起负面作用。正因为如此，就须纠正时弊，端正教育思想，使学生在写作水平的提高方面受到良好的培养。

第二节
指导学生反复推敲，不厌修改

修改是文章写作过程中的重要环节，它关系到文章的优劣与成败，"文不改不工"，说的就是这个道理。

一、文章得失不由天

鲁迅诗中有这样一句名言："我有一言应记取，文章得失不由天。"这是他从自己写作实践中总结出来的经验之谈。文章的得与失、好与坏、优与劣不是上天决定的，而是靠自己的努力。动笔之前要仔细观察，凝思苦想；写好以后，要反复推敲，认真修改。文章不厌百回改，有人说"好文章是改出来的"，其中确有值得深思的道理。

学生对修改这一道必不可缺的工序往往不重视，认为重要的是写，写好了改不改无足轻重，甚至认为修改是老师的事。而有的教师对批改也不够重视，认为这个活儿费时费力，不如让学生多写多训练。因而，批改在写作教学中就成了薄弱环节。

要让学生懂得"文章得失不由天"，要对自己写的文章抱有一种负责的态度，认真修改成佳作，养成自我修改的良好习惯。让学生懂得：玉不琢，不成器，再好的材料，再好的构思，写成文章后总会瑕瑜兼有，修改，润色，才能成为佳作。

事物曲折复杂，文章要准确无误地反映有难度。因此，人们要反复认识，反复思考，不断深化正确的看法，修正不妥的乃至错误的认识。修改文章也就是修改认识、完善认识，使认识符合客观事物的实际。古今中外，凡是文章写得好的人，没有不在这方面下功夫的。

1. 以修改的典型事例教育学生

唐宋八大家之一的欧阳修是怎样对待修改的呢？根据清代唐彪的《读书作文谱》记载："欧阳永叔为文，即成，书而粘之于壁，朝夕观览，有改而仅存其半者，有改而复改，与原本无一字存者。"列夫·托尔斯泰是大文学家，《战争与和平》是巨著，据说改过7遍。《安娜·卡列尼娜》写了5年，开头部分修改了12次。《复活》写了10年，其中玛丝洛娃的肖像描写就修改了20次，肖像描写用的字不过只120个左右。郭沫若写文章是快手，人们往往误以为他的文章都是一挥而就的。其实不然。有人问他什么是剧本创作，他回答说："改、改、改、改、改、改、改，写剧本最重要的是多改。"显然，他写的《南冠草》《蔡文姬》《屈原》等历史剧剧本也是改出来的。由此，我们可领悟到这样一个道理：文章必须修改，修改才会出佳作。文学家长篇巨著都舍得花时间花精力精心修改，学生学写短文更应在这方面多实践，多从中体会写作的道理。

有时，由于作者主观或客观上的原因，要对原作作大修改，甚至推倒重来，重新写作。如《安娜·卡列尼娜》初稿题名为"两段婚姻"，写的是家庭悲剧，是"一个不忠实的妻子以及由此而发生的全部悲剧"。写完以后，作者很不满意，作品缺乏深度，于是对人物、结构、故事情节重新构思，作了很大改动，写成了社会悲剧。由于大幅度修改，主题大大深化，终于成为脍炙人口的传世之作。何为的《第二次考试》原是三千字的散文，由于发表时篇幅上的限制，《人民日报》文艺部要求将该文缩到两千字以内。这样，作者就重新构思，用最经济的手法勾勒出两次考试的场面，设置了一系列的悬念，引人入胜。修改的效果良好。何为在《散文与我》的文章中深有体会地说："文章有时候确实是改出来的。"

2. 体会自我修改的作用

自我修改对学生来说，比写作指导更为具体，更有针对性。针对性越强，效果越好。写完作文，自己仔细阅读，鉴别正误，有利于提高写作能力。要修改，就要动脑筋，这就锻炼了思维能力、联想能力、想象能力，把思维不严密、判断欠准确的地方改过来，把观察欠细致欠深入之处弥补过来，智力就获得发展。至于思想内容、文章观点的改动关系到对社会对自然对人生的认识，误者正之，偏者全之，浅者深之，这就有利于思想道德修养的加强。

改文章实质上是改思想，思想明确，有条理，文章才可能通顺、流畅。修改是一种综合能力，要提高这种能力，须丰富知识，扩大视野，锤炼思想，锤炼语言。

二、指导修改，讲究实效

文章修改要讲究实效。学生初涉修改，往往不知改什么，而且又常常看不出毛病，为此，教师应作指导。

文章修改包括哪些内容呢？清代唐彪在《读书作文谱》中说道："如文章草创已定，便从头至尾一一检点。气有不顺处，须疏之使顺；机有不圆处，须炼之使圆；血脉有不贯处，须融之使贯；音节有不叶处，须调之使叶。如此仔细推敲，自然疵病稀少。"文章初稿完成，须从头至尾检点、修改，要顺气，圆机，贯血脉，叶音韵。也就是在文章的主旨、材料、结构、语言上要下功夫。

主旨的修改，上文已举《安娜·卡列尼娜》一书说明。材料方面的修改往往有两种方法，一是"增添"，二是"删减"。材料影响到文章的质地，材料空泛，不具体，不充实，再好的观点、思想也不可能有效地表达。材料庞杂，淹没主题或冲淡主题，那就须去除水分，删枝剪叶，使主干清晰、鲜明。有一篇谈语文学习的文章，其中有一段这么写：

> 为了提高阅读能力，一则靠多读，二则靠细读。读一本书，读一篇文章都必须一字一句去细读，必须去考究一字一词一句的含义。细读，才能读一本书，一本书就有收获；读一篇文章，一篇文章就有收获。

语文学家吕叔湘认为这段话缺乏具体事例，说的都是抽象原则，所以内容空洞。修改为：

> 我认为要提高阅读能力，第一要细读，第二要多读。我觉得读文章要先粗读一遍，先了解它的大意。然后一字一句读下去，遇到不懂的词语要查词典，遇到不清楚的事实要查参考书，一定要把它弄懂，弄清楚。有些地方还要琢磨琢磨为什么要这样说而不那样说，为什么要用这个字而不用那个字。最后再通读一遍，找出文章的要点，把它记住。整本的书应该先看序言、凡例、目录，了解作者的意图，本书的性质和体例，然后分章分节细读。这样阅读，既能学习文章的内容，又能学习表达的技巧。这样阅读，才能读一篇文章有一篇文章的收获，读一本书有一本书的收获。

让学生懂得：经过修改和增添，内容具体了，充实了，言之有物了。

结构上的修改重在理清脉络，先说什么，后说什么，须井然有序。有的文章乍看似乎还可以，稍加推敲，有些段落层次安排得不妥当，就应加以调整，调整得好，表情达意就准确得多。

修改文句、润色语言更是必不可少的工序。鲁迅说："写完后至少看两遍，竭力将可有可无的字、句、段删去，毫不可惜。"文中凡不合事理、不贴切、不简洁、不顺畅的语句都应修改，润色则是艺术加工，使情意表达得更准确、更生动、更有表现力。把文字改通顺是修改文章的起码要求，要反复推敲，多次修改，润色加工，就可淘沙得金。

如《中国石拱桥》第1段中有这样一句："我国的诗人爱把拱桥比作虹，说拱桥是'卧虹''飞虹'，把水上拱桥形容为'长虹卧波'。"原文中这一句是这样写的："虹和拱桥是这样的不可分，以致我国诗人总爱把拱桥比作虹，说它是'卧虹''垂虹''飞虹''长虹'等，甚至把它形容为'长虹卧波，鳌背连云'。拱桥更有'新月''眉桥''弓桥''花桥'等美丽的名字。"把原文中这一句与修改后的这一句比较，不难看出，修改后的句子要规范得多。原句中"以致"是表示因果关系的连词，用于表结果分句的开头，以表示下文是上述原因所形成的结果，但引出的多指不良的后果，用在这里不妥帖。句中引述的诗人的比喻，有些并不妥帖。"甚至"是表示递进关系的连词。"卧虹""垂虹"等与"长虹卧波"是并列关系，无须用"甚至"。"更"表示程度上又深一层的副词，用来关联并列事物也不妥当。修改以后，这些毛病没有了，且简明得多。

修改的方式有多种，学生自改，学生互改，教师批改，教师批改中又可面批面改。批改的方法有眉批和总批。眉批用来指出作文中局部的优缺点，总批写在全文的最后，对学生本次作文作出总的评价。改的方法是：增、删、调、换。字、词、句、段、标点等均可改动。不管采取什么方式方法，都要讲究实效，不搞形式主义，敷衍了事。学生互改时往往分小组，班级各小组一起活动，看似热热闹闹，有时收效却甚微。改什么，怎么改，是个综合能力的问题，要扎扎实实培养，不可能一蹴而就。教师的批改要力求起示范作用，要多讲少改，多批少改，尊重学生的原意，保护学生积极性，但错误的一定要改，要纠正。多写批语，让学生对自己文章中的优缺点知其然，又知其所以然，从中获得启发和提高。

下面对一篇习作进行评改：

悟

人们常说愈容易得到的东西，便愈容易失去。不知你可会有①这样的感觉，但我不觉得这句话真的能够万试万灵②。它之所以能够受到一般人的赞同，其箇中原因③是人们往往没有重视，甚或轻视自己所拥有的东西，从没有注意它的重要性，对那些轻易得到的东西，根本不懂得珍惜。一旦它们蓦然在你身旁失去踪影，你才惊觉到它们曾停留在你的四周，明白到它们存在的重要，令自己后悔不已④。这些东西在性质上大致可分为两大类，物质上的和精神上的。论其重要性，则以⑤后者较前者更重要。

若失去的东西只属于前者，那么便用不着再眷恋它，因这类东西很多时⑥可以找到别的代替，何必困扰自己，为自己增添烦恼呢？

至于在精神上，而又⑦常被轻视的东西可算是父母对子女的爱心。有多少子女能够领会父母那份无微不至的心意呢？很多时我们对父母的忠告只感到噜苏，吵耳⑧。但只要我们愿意细心地思想一下⑨，就不难发觉他们的苦心了。纵使我们犯了多少次过错令他们一次又一次地伤心、失望，他们可曾削减了对我们的那份由衷而生的感情，还不是在关怀呵护我们吗⑩？细数你周遭的，又有几个能够做到如此地步⑪？朋友之间，有时也会因一言不合，导致互不相让，继而⑫断绝来往。对比之下，父母对子女的爱是那么的难能可贵。可惜的是若我们失掉它后，便无法寻回，不能有别的东西可以代替⑬。

当然一个以真诚相交的朋友，也是相当难得

---

① 删"会"。

② 删除。

③ 删"其"或"箇中"，最好"其箇中"全删。"箇"是"个"的异体字，已不用。

④ 删"令自己"或改为"此时此刻，你会后悔不已"。

⑤ "以"删去。

⑥ 删"很多时"或改为"往往"。

⑦ "而又"删除。

⑧ 删"很多时"；"只"改为"常"；"吵"改为"聒"。

⑨ 改为"静下心来仔细想一想"。

⑩ 改为"他们对我们那份由衷而生的感情又何尝削减分毫？还不是百般地关怀爱护我们吗？"

⑪ "细数"改为"仔细看看"；"周遭"改为"周围"；"做"前加"对你"。

⑫ "继而"改为"甚至"。

⑬ 改为"如果失掉它，便无法寻回，任何别的东西都无法代替"。

的。⑭在此希望诸位能够珍惜一切属于自己而且又是可贵的事物，不过也别要时常怀念着已失去的东西⑮，因为过去只是用来吸收经验和教训的，然后再去实现今日的梦想⑯。

"已经失落的，不要去怀念它；捕捉不到的，也不要去苛求⑰它；留在手上的，紧紧握住它。"

⑭ 这一句应紧接在上一段。
⑮ 另起一段，删"在此"；"诸位"改"大家"；"别要"改为"不要"；删"着"。
⑯ 改为"重要的是从中吸取经验教训"。在这一句后增添"须懂得："。
⑰ "苛求"改为"强求"。

这篇议论短文中心思想集中、单一。从生活中习以为常的现象——"愈容易得到的东西，便愈容易失去"入笔，阐明人们对容易得到的东西应重视、珍惜，尤其是精神上的，否则将后悔不已。文章紧扣中心进行说理，层次清晰，重点突出。在说理的基础上，用一个复句作结，言简意明。三个分句看似并列，实质上前两个衬托后一个，突出文章"留在手上的，紧紧握住它"的主旨，强化中心思想。使用引号，可使读者加深印象，当然，不用也是可以的。标题醒目，能开启读者思维的门扉。

文字上有不少毛病，作了修改。

一是去除无着落的旁枝。如②的"但我不觉得这句话真的能够万试万灵"，如不删除，文章就应围绕"不万试万灵"进行论述，主旨也就变更了。实际上，下文并没有就这一点展开，没有着落，所以要删除。

二是调整段落层次。第4段开头一句应放到第3段的末尾，修改⑭在于使这个自然段层次更为清晰。如果作为一段的开头，会给人以要专门论述这个问题的错觉。放在第3段的末尾，既不影响论述的重点——父母对子女的爱心，又使论述严密，并不因突出重点而丢弃其他。

三是修改病句。如⑦，上下文无转折关系，不须用"而"；上文中未说到精神上某一被轻视的东西，这儿就不可用"又"，故删去"而又"。如⑨，词性不掌握，"思想"是名词，这里应该用"想"这个动词，二者不能混同。如⑩，属于润色，把感情表达得更充分、更流畅。承接上文，把"对我们"提到动词"削减"前面好。单有

"削减"分量不够,加"分毫",语意就重了。"关怀"前加"百般地"也是这个意思。如⑪,须在"做到"前加"对你"作限制,否则句子就有歧义。如⑫,上文如用"始而",这儿就可用"继而",用这类关联词含有先后顺序的因素。这个句子上半句说朋友之间"互不相让",下半句说"断绝来往",二者之间的关系是进一层,不能用"继而",应改为"甚至"。如⑯,表达意思不确切,"过去"有"过去"的价值,不能说"只是用来吸收经验和教训","今日"也不都是"梦想",故改为"重要的是从中吸取经验教训"。如⑰,"苛求"的意思是过严地要求,用在句中不恰当,故改为"强求"。在"经验教训"句子后增添"须懂得",一可进一步引起读者注意,二可与标题"悟"遥相呼应。

以上只是粗粗修改,要细细推敲,从内容到形式都有所提高,可斟酌、润色处还不少。如⑮中用"诸位",似乎是演讲稿的写法;改为"大家",略好一些,仍不能令人满意。要修改得完善,须变换角度,把这一段重写。因此,文章不厌百回改。

第三节
发挥习作讲评的独特作用

习作讲评是写作教学中至关重要的环节,与命题、指导、批改共同构成了作文教学的全过程。它是作文批改的继续,但又不同于教师的批改,而是师生结合的全班性的面批面改;它是作文指导的继续,但又不停留在作文前指导的水平,而是以习作为依据,进行从实践到理论的概括。它在活跃学生思维、训练和提高学生表达能力方面发挥着独特的作用。

讲评的材料来自学生的笔底,习作者尝过笔耕的艰辛,讲评课上点拨剖析容易心领神会,吸收消化;同窗者感到文在眼前,人在身边,讲优点,评不足,看得见,摸得着,倍感亲切。充分重视习作讲评这个环节,抓牢、抓实、抓活,能激励学生写作的上进心,调动他们练笔的积极性,有效地培养和提高他们的分析能力、鉴赏能力和运用语言文字表情达意的能力。

怎样把握这个环节，并努力提高质量呢？

一、讲评要有计划性

写作教学与阅读教学一样，应该讲究计划性，应该根据语文教学大纲的要求，在一定的年级重点培养某些方面的表达能力。作文讲评是写作教学的有机组成部分，当然必须有计划。就某种意义上说，讲评比批改更为重要，它能抓习作的"点"，带习作的"面"，抓学生中"点"的问题，促进学生"面"上的提高。因此，教师要努力掌握讲评的主动权，不能无目的无计划地随着学生习作"飘"，不能东拉西扯说几句，老一套，更不能尽说习作中的缺点、不足，用棍棒扫一扫。要把每一年级每一学期写作教学的目的要求和学生习作中的情况进行有机的结合，制订切合学生实际的讲评计划。

下面是初一年级习作讲评计划表，为说明方便，分为四张小表。

学生初进中学，就材料言，写作常感无"米"之苦；就表达说，框框不少，结构程式化，"三段式"文章比比皆是，文章末尾还常常硬装一个"点题"的尾巴。为此，第一阶段四篇作文着重在开拓思路，启发引导学生到生活中寻找材料、发现材料。与此同时，以开拓思路、活跃思维来冲击一些框框的束缚。习作讲评的课题由写作训练的要求所决定，每次讲评就是具体地落实每篇作文的要求。下面试就表一中讲评课题与作文题之间的关系作些说明。

表一

次数	作文题	讲评课题
一	夏日的夜空	让思想长上翅膀飞翔
二	夜（看图作文）	再谈插翅飞翔

续　表

次数	作文题	讲评课题
三	记一个最熟悉的人	打开认识的窗户
四	听践耳同志谈音乐	再谈打开认识的窗户

　　根据读写迁移的原则，读《天上的街市》课文以后，要求学生写《夏日的夜空》，培养他们联想和想象的能力，因而确定了第一个讲评的课题。怎样捉住想象的触发点，由眼前的"实景"写起，拉出想象的"线头"。一次讲评学生不易领悟，故而安排了看图作文的内容，进一步引导学生在观察的基础上开展联想与想象。为此，从杂志上选了一幅构思巧妙的彩色的夜读图，要求学生认真读画，然后写一篇《夜》的习作，第二次讲评的课题就是据此而定。写生活中熟悉的人和事是写作的一项基本功，读了几篇叙事记人的范文以后，布置他们记一个最熟悉的人，检验他们观察的能力，讲评时指导他们如何到生活中用眼睛去寻找材料。听是接受外界信息的重要途径之一，学生常常忽视，组织学生听作曲家朱践耳同志的报告，既能激发学生的兴趣，增长音乐知识，提高识别能力，又能引起他们对听的能力的重视。学生习作后，讲评的重点放在"用耳朵听"这一点上。这一阶段教学目的在于通过讲评学生习作使学生初步理解生活是写作的源泉。生活中有无穷无尽的写作材料，须做有心人，注意观察，注意去认识。这一阶段的教学目的还在于激发学生的写作兴趣，培养联想与想象的能力。

　　表二

次数	作文题	讲评课题
一	秋色图	"着意原资妙选材"
二	童年忆趣	犹如百川归大海

续 表

次数	作文题	讲评课题
三	榜样	看仔细与写具体
四	杨浦中学导游	先说与后说

学生写作思路初步打开以后，第二阶段就着重在材料的选择、记叙的中心和条理方面进行训练，并穿插少量说明文字的练习，为培养说明事物的能力做铺垫。同时对观察、想象等能力的培养抓住不放。表二中讲评的课题的拟定就是为了落实上述一些要求。

表三

次数	作文题	讲评课题
一	一颗闪光的心灵	文无"意"不立
二	难忘的一课	再谈文以"意"为主
三	一件小事	平凡之中见深意
四	某某电影片段	笔先和笔后（指立意而言）

表三反映的是初一习作训练第三个阶段。这个阶段反复抓文章的中心与立意。通过连续四次的讲评，目的在改变学生习作内容平、浅、散的情况，使文章的骨架硬起来。

表四

次数	作文题	讲评课题
一	运动会一角	怎样把材料组合成有机的整体
二	观画（题目自拟）	详写和略写
三	可爱的小生灵	描形·绘状·摹声
四	学语文一得（题目自拟）	学会说点道理

第四个阶段讲评是往记叙的"深""细"方面发展。学生经过十多篇记叙文习作的训练,对这类文章的作法心中多少有点谱。针对这种情况,讲评着眼于组材布局,呼应过渡,详略安排与细致地描写。这个阶段也穿插点说明与议论的文字的训练。

上述四张表格合起来就是初一年级上下两个学期的写作计划。该计划体现初一年级语文教学大纲中规定的写作要求,即着重培养学生的记叙能力,力求做到中心明确,内容具体,条理清楚,前后一贯,首尾一致。除平时小练笔外,对两个学期 16 篇作文作通盘的考虑,训练什么,怎么训练,要求是什么,如何循序渐进,如何环环相扣,学期初就应成竹在胸。

尽管上述安排还不够完善周到,在教学实践中因情况变化作了一点调整和修改,但讲评有无计划,效果确实迥然不同。就文评文,零打碎敲,既失之于肤浅,又难免零乱,学生脑中似乎受到马蹄杂沓,不可能理出写作规律性的印痕。知识杂乱,不成系统,使用的效率就很低。更为重要的,讲评是开发学生智力的极好时机,凭借学生自己的材料培养他们观察、想象、思维、记忆等能力,学生有贴肉之感,效果有时比学范文还强。讲评计划切合实际,从学生习作的感性材料出发,上升到理性的知识,知识穿成了线,再以它指导写作实践,学生就会从写作盲目的境地中逐步走出来,自觉地学会运用语言文字准确地表达自己的思想感情。

二、
树立几个基本观点

过去有一种错觉,认为讲评就是跟着学生习作跑,习作中有什么问题就讲什么问题;讲评时又来个"一分为二",先笼统地总述该次作文的优点,然后说一通缺点,而说缺点时,又多着重于病句、错别字,琐碎,不成"篇章"。这样的习作讲评,效果往往不理想。要使讲评发挥作用,指导思想必须明确,头脑中必须树立几个基本观点。

1. 要站在育人的高度

讲评不能只就词句篇章作技术性的处理，要站在时代的高度、育人的高度来认识，评文育人。以育人的观点指导评文，想得远，想得深，能敏锐地洞悉习作中的思想潜流，及时引导，发挥讲评的教育作用。

育人是教师的光荣职责。教语文课，讲评学生习作，不仅要看到课堂里的学生，更要为学生的未来着想。21世纪，目前在校的学生都将陆续走上工作岗位，成为两个文明建设的主力军。那时，我国现代化建设的情况如何？世界科技发展的形势又怎样？具备怎样素质的人才能够适应，才能跟时代同步前进，为祖国伟大事业做出贡献？这些问题教师都应考虑，尽最大努力帮助他们今日把基础打得扎实些，准备得充分些。干在今天，想着明天，提高今天的学习质量，是为明天能成才做铺垫。

学生习作是学生思想、情操、品格、意志的反映，是学生自己生活和周围情况的部分写照。言为心声，通过习作能窥见学生的心灵，摸到他们思想深处的脉搏。教师要有发现的本领，察微见幽，并把习作中所反映出来的活思想、活情况，及时地加以分析，进行引导，在带领学生推敲如何运用语言文字表达情意的同时，启发他们明辨是非，区分美丑，褒善贬恶，奋发向上。不仅如此，就是讲评中的语言设计，也要对学生有教育感染作用。如"课余"习作讲评课的开头与结尾，就是这样考虑后设计的。课一开头，我说："在我们国家，欢乐是生活中的主旋律。同学们这次写课余生活，笔底下涌现的都是欢和乐。"这两句话，乍一看来，似乎是在语言的优美上着力，其实是通过语言信息以热爱祖国、热爱社会主义生活的感情细流滋润着学生的心田，用含而不露的方法进行熏陶。课的末尾，我先指出"文体活动固然是课余生活的一个方面，但是面临科学技术迅猛发展的今天，我们的课余生活就不能仅止于此，一定要开拓新领域"。然后抓住班级有学生课余学电脑的事点一点，再进而明确"生活是写作的源泉"，希望学生在课余生活方面进一步开拓，一年之后，再写一篇，汇报交流。虽仅三言两语，时间仅用了一两分钟，看起来是学生习作内容的小结，实质上起了开阔学生视野，鼓励他们课余发挥聪明才智，紧跟时代步伐前进的作用。

2. 要指导在学生未思、误思之处

习作讲评不能形成固化的程式，教师对讲评材料的评论剖析不能与学生的理解在同一个平面上移动。如果二者之间基本可画等号，学生就不易激发起浓厚的兴趣和旺盛的求知欲。即使在讲评的过程中课堂上有时也会出现笑的浪花，但由于缺乏深究底蕴的探讨，时过境迁，脑中往往就留不下痕迹。

一般地说，学生对习作的优劣是有分辨能力的，问题在于对怎样优怎样劣，为何优为何劣说不出所以然，尤其是思想的深度、篇章的运筹、细微之处的处理等更不能评出个道道儿。学生未思未发的地方正是教师要挑明、点拨、阐发的所在。地下丰富的宝藏要开采才能显现光辉，语言文字的内涵要深掘才能显露出运用的奥妙。有一定深度的讲评能促进学生思维的活跃，促使他们在较大幅度的智力区域内施展才智。

要"发"在学生误断之处，提高他们的识别能力。有些习作写得比较含蓄委婉，有些地方用曲笔来表达自己的情意，有的词语比较生僻，再夹以用笔不周到的缺点，学生评论时虽思索了，发表了意见，但往往误思误发。对此，教师须往深处剖析，步步诱导，培养他们透视语言，掌握思想精髓的能力。习作《花的心愿》里有这样的语句："——青年，是正在凋谢的春花！"有些学生惊愕了，认为这样打比方是错误的，甚至是大逆不道的，往青年脸上抹黑。抓住这种误断和心理状态，须深入地剖析文章的思路。"儿时的我，只知道贪受母亲的深恩，却不知道报答母亲的深恩。"——"现在，闪光的团徽代替了鲜红的领巾，步入了青春的大门。"——"没有花谢，哪会结籽？花儿的消失，无不在孕育果实。我渴望我的凋谢，不怕夏天的烈日暴雨，把自己的一切一点一滴地累积起来，注入我的花魂，强健我的花魂。"——"我盼着秋天的来临……我依偎着慈爱的母亲，恭敬地献上充实的硕果。"——"我不愿做飞鸟，离开自己的母亲，到他乡栖落，我只有一个信念结我的果，扎根在祖国母亲的大地上。"理清文章的线索，主题就毕现。以春花喻儿童，以正在孕育果实的凋谢的花喻青年，正是为了倾诉"我的母亲！我知道你爱我，从今而后我要报答你的深恩，我要学着你劳动，永久不停"的衷情。主题是积极的，感情是健康的。不仅剖析，还要帮助学生寻找误断的原因。人们思考问题往往沿着习惯的轨道。连打比喻也不例外，故而对不落窠臼带有新意的比喻一下子接受不了。其实，习作者用凋谢的花为喻，目的在突出孕育果实的主题，而这也正是这篇习作构思另辟蹊径、耐人寻味之处。

"发"学生未思之处要有坡度，有层次，给学生以多方面的训练和启发。德国大文豪歌德有句名言："经验丰富的人读书用两只眼睛，一只眼睛看到纸面上的话，另一只眼睛看到纸的背后。"教师讲评学生习作，首先要阅读学生的习作，对习作的中心、结构、语言、方法了如指掌。看纸面，思纸外，思纸后。指导时就可根据学生情况生发，不只是就词评词，就句论句，而是从语言到思想，有层次、有坡度地评析。如有学生在《竹影赏菊》习作中写了这样的句子："进了菊展的大门，但见竹径通幽，翠绿的竹篱、竹架使得整个展览馆显得更加幽静雅致。片片的竹叶丛中，陈列着许多名菊，群相争艳。"讲评时学生扫视而过，没有提出问题。教师请他们视线暂时止步：(1)思考如此叙述描写对不对；(2)什么地方不对；(3)不对的原因；(4)在描写不恰当的背后有无积极因素；(5)思考怎样修改。对于前两个问题，学生容易解答：展览馆显然由三间厅堂组成，屋前一块大草坪，怎么"竹径通幽"呢？第三个问题让学生思索原因，难度就稍大一些，学生往往只考虑一个方面，而忽略其他方面。如只认为是观察不仔细，或认为是用词不当，不该用"竹径通幽"，往往不深思展览厅里确实是竹影扶疏，以青竹为背景，衬托美丽的菊花，习作者隐约感觉到这个特点，但未能选择恰当的词句表达出来。引导学生多方面思考，可训练他们思维的严密性。第四个问题启发学生延伸到课外，新旧联系，从失误中寻找积极因素，这就促使思考更深入一层。学生学过常建的《题破山寺后禅院》诗，中有"竹径通幽处，禅房花木深"的诗句。习作者写《竹影赏菊》，能联想到学过的诗句，并尽量把阅读所得迁移到写作中，意图是积极的，学写文章的学生应该有意识地从阅读中吸取语言养料。最后一个台阶是修改能力的锻炼。一堂讲评课选择几个学生未思之处逐层深入地进行点拨，不仅使课的容量充实，而且对学生思维的广度、深度、准确度、灵敏度都进行了有益的训练。

3. 重要的在于正面激励

习作讲评切不可用"不能这样""不能那样"的绳索束缚学生。讲评中说一百个不能这样写，学生也不一定就会写。重要的在于正面具体指导，输送养料，教学生应该怎样写。只要正确的写法讲得深，评得透，不该怎样写一点拨就明白了。

一篇文章该怎么写，不是抽象地讲几个写作方法，而是要充分发挥写得较好的习作的作用。学生习作往往是照实写来，有一定表达能力的学生，情思虽会朝笔端流淌，但对文章佳处并不自知或知之不深不确，这是由于并不熟谙写作中的规律。教师须据此把他们从无意识的境地中逐步引出来，提高他们运用语言表达思想情意的自觉性，提高书面表达的能力。下面摘录的是学生谈习作体会的一段话，从中也可窥见上述的道理。

> 有了好文章，老师就讲评。在讲评时，我常发现有些美词佳句自己用时往往糊里糊涂，根本没想到评讲时所分析的效果。开始有点吃惊，然后又觉得好笑，稀里糊涂写，哪会有那么些优点？课后，特别是成语、引文我就尽量去找它的出处，看看它在原文中是怎样写的，再看看自己作文中又是如何用的，为什么要用，用了有哪些好处，今后可以怎样再用。解决了这些问题，自己就有了收获，以后也就比较自觉地按文章的需要去寻觅去组织恰当的语句了……

讲评要立足于爱护、鼓励学生写作的积极性，着重在发扬优点，肯定进步。但这并不是任意拔高，"吹捧"一番；离开实事求是，任何表扬都是空虚的、没有力量的。讲评习作不能集中在几个写得较好的学生身上，要力求把面拓宽，尤其是平时写作水平较低的学生，如果在习作的局部出现明显的优点，也要极其真诚地予以表扬鼓励，增强他们写好作文的信心。评讲课要评得热气腾腾，评得作者心里热乎乎，评得听者心里很羡慕，评出学生的写作劲头，评得欲罢不能。讲评课上应该自始至终有笑的潜流在起伏行进，就在这起伏行进之中师生感情不断交流，和谐融洽。

讲评课切忌抓消极的东西大加渲染。把学生习作中的缺点罗列一大堆，万弩齐发，其结果只能是使学生难堪，心里凉了大半截。

习作讲评坚持正面指导，坚持输送养料，就能充分发挥讲评材料的作用。一篇好作文在其他学生身上可产生连锁反应，无论是思想、态度、观察、想象、立意、谋篇、炼词、造句，都会有或大或小的冲击波，时隔一年半载，有时还可透过某学生的习作看到那篇好作文的雪泥鸿爪。渗透的力量不可小视。

4. 突出重点，兼及其余

任何一篇习作都是思想内容和语言文字的结合体，涉及的方面很多，如果讲评时面面俱到，那就讲不胜讲，评不胜评。再说，学生处于练笔阶段，写出来的文章必然有这样那样的毛病，如果胡子眉毛一把抓，岂不像一把芝麻撒在地上，黑乎乎的，叫学生捡哪颗？叫他们克服用笔的哪些缺点呢？为效果着想，每次讲评必须有明确的重点。重点突出，学生可获得实实在在的启迪。

讲评的重点不能随心所欲地确定，须有依据。一是该次习作的具体要求，二是该次习作的具体情况，二者碰拢，吃准倾向性问题，就能明确讲评重点。以一次习作为例。初一学生学了《人民的勤务员》等一组课文后，要求他们到生活中，到自己身边寻找学习的榜样，认识、描写、颂扬这些榜样，于是出了"榜样"这个作文题。写作要求是：(1) 写一个看到的或听到的为祖国"四化"建设做出贡献的人；（2）注意描写人物的外貌和言行，表现他们的思想精神；（3）安排好记叙的顺序，突出文章的中心思想。

　　生活中确实有许多学习的榜样，但到了学生的笔底，大多已不成榜样。一般化的多，笼统叙述一番，再加上几句赞语。写不像或不大像的原因很多，而观察粗疏肤浅是最根本的原因。从习作的具体情况看，就写人评写人，抓不到要害，就写人谈观察，可在关键处给学生以指导。因此，讲评的重点放在第一个要求的"看"和"听"，把第二个要求糅合其中。至于记叙的顺序、材料的安排和描写人物的方法等暂时舍弃，不搞"大杂烩"。讲评课上选择几篇学生习作评析，在三个要点上敲打，即一准二细三深。准，就是用心发现所观察的对象独有的特征；细，就是体察入微，不遗漏有意义的细节；深，就是深入底里，识得神气，要寻找观察对象内心闪光的东西。从习作的材料出发评析，进行具体指导，学生对观察该怎样和不该怎样可加深体会。

　　强调讲评有重点不是单打一。课堂教学须十分注意容量和效率。一节讲评课有知识的传授，智能的培养，处理恰当，学生可多方受益。《榜样》讲评的重点虽在"看"和"听"，但思想情操的感染教育、概括分析能力的培养、遣词造句基本功的训练等均可结合起来进行。讲评一开始，先用三五分钟时间请学生简要地用一两句话说明自己写的是怎样的人。这一教学活动的作用是：进行面上的交流，开拓学生思路，活跃课堂气氛；教育学生懂得，在我们国家，男女老少、各行各业中都有值得学习的榜样，都有思想情操高尚的人；训练学生概括的能力和口头表达的能力。重点讨论研究观察的某些要领时，也不是就观察讲观察，而是把词句的理解和推敲贯串其中，就文论观察；就观察角度看遣词造句是否准确，优劣如何，这样处理可收相得益彰之效。

　　重点讲评某一个问题，不能企求毕其功于一役。知识的掌握尚且不能一下子印入脑中，更何况是能力的培养。同一个问题可作为多次讲评的重点，尤其是写作训练中的一些基本法则，须反反复复使学生加深理解，加强印象。为了不炒冷饭，不让学生有嚼蜡之厌，同一个内容可结合不同类型的习作，选取不同的角度，采用不同的方法进行，让学生始终有新鲜感。就上述的观察而言，可结合习作中游记的写法，讨论观察的角度，观察点的移动；可结合说明文的习作，训练观察的顺序；可结合散文的习作，理解观察与想象的结合等。

教师脑中具备上述一些基本观点，讲评时不大会离谱走线，可望取得较好的教学效果。

三、
采用灵活多样的方法

讲评无定法。方法是为目的服务的，只要能收到开发学生智力、提高表达能力的效果，方法尽可以灵活多样。

不管采用怎样的方法，都要立足于发展学生的聪明才智。要使每一个学生学会在课堂内同时接受多方面的信息，来自教师的、来自同学的，而大量的是同学的。如果只是教师讲述，教师发出信息，学生即使恭听，也难以活泼生动，更不用说爆发出智慧的火花。

不管采用怎样的方法，都要为学生发表意见创造条件。好比走路，学生是行路人，教师或在前"引"，或在旁"扶"；引也罢，扶也罢，都是为了让学生自己走路。学生发表意见不可能一下子就准确、周到、精当，训练多了，学生之间相互启发，情况就会逐步改变。教师要有耐心，要耐着性子给学生多方启发，铺路搭桥，切不能越俎代庖。

方法多种多样，下面简述常用的几种：

1. 对照与比较

运用对照和比较的方法，正误、好差显露，学生鉴别起来清楚明白。讲评中可比较对照的方面很多，运用时须根据习作的具体情况，慎加选择讲评要达到的具体目的。如习作《树根》托物寓意，赞颂美的创造者，主题积极，但事例不贴切，语言毛病较多。把习作者自行修改前后的两篇作文同时印发，组织学生讨论它们的异同，辨别正误，剖析原因，再请习作者自己谈谈修改前后的思想认识。通过对照比较，弄清这样一个道理：文章不厌百回改，修改语言实质上是修改思想，认识模糊，语言必然含混不清，事例必然不贴切、不典型。这是就一个学生的习作前后对照比较。又如以习作与范文进行对照比较。学生读了《事事关心》以后，仿范文中论述的思想写《金玉其外，败絮其中》。由于是仿作，相似之处颇多，但似中又有差别，仿中能见高低，运用对照比较，目的就是显示高低差别，引导学生悟出食必须化，"仿"不是机械模拟，模仿中应有创造的道理。对照比较分两步，先择几篇习作进行比较，判别同异与高下，再择模仿中有创造的与课文相应部分对照，辨别细微之处。让学生懂得新学写一种体裁的文章，从模仿入手是为了学会某种技能技巧的规矩法度，为了有样子可依，但更重要的是注入自己的思想认识，离开自己的创造，文章是立不起来的。

2. 归纳与演绎

运用这两种方法的目的在于把习作中零散的优点上升到规律性的知识，运用写作中规律性的知识评析写作，加深对规律性知识的理解。把习作材料同写作的基本原则、基本方法挂上钩，从活泼的习作材料中抽出某些写作要旨，又可以某些写作要旨为指导，评说具体的习作材料。一篇习作涉及的写作要旨不少，一节讲评课只能根据习作具体实际提炼几点。归纳与演绎可在讲评时分别用，也可在一节课内套起来用。如《童年忆趣》是学生写得比较好的习作，我选择了九篇让学生阅读，请他们大谈文中的优点，学生积极性甚高，从内容到表达，从细节到构思，举了许多条。在学生畅所欲言的基础上归纳出符合写作规律的要领：要写好这类文章，须在"趣"上下功夫；材料要有趣，要精选带着"花朵"芳香的趣事；笔墨要绘趣，既要注意下笔点"趣"，引人入胜，更要注意充满童真的生动场景的描绘，使妙趣横生；收笔可添"趣"，使清音有余，增添色彩。从九篇习作中归纳出上述这些写作道理以后，再要求学生以此为尺子，衡量自己的习作，寻"得"找"失"，推断出写得较好、中等或较差的缘由。

3. 赏析与评改

讲评课上组织学生赏析习作是学生喜爱的一种做法。习作当然不会很成熟，不可能完美无瑕。但只要确有见地，确有新意，确有高于其他学生之笔，即使带有稚嫩之气，也是值得欣赏评析的。这对锻炼学生眼力，对提高学生习作水平很有益处。眼高才能手高，眼不高，手也高不了，认识低下，不可能写出质地好的文章。赏析习作就是锻炼学生眼力的方法之一。如学生春游之后，要求学生就自己最感兴趣的二三小景用语言进行素描，勾勒形象。习作讲评时请学生析文赏景，忆景品文，领略佳妙。赏析时不停留在一般性的说是道非的水平，要析得入情入理，并佐以表情朗读。以《月洞映景》为例，习作者是这样勾勒的：

> 突然，眼前一亮，我们看到了水，看到了红檐，高兴地一步跃出小径。
> 这里是长廊的进口处，我举起照相机，对准了那个月洞门。只见门洞右边又套着一个门洞，那里面树枝摇曳，左边映出长廊的一角，闪出一丛血红的花朵，生气勃勃。我和张静笑眯眯地走近月洞门，陆恩铭举起相机，"咔嚓"一声我们便成了"画中人"！

学生赏析时读读讲讲，读出画意，讲出笔锋运行的妙处。"写景须在人耳目"，"跃出小径"后所见之景，三言两语就勾勒得如在眼前。洞门中有门洞，景中又套景，照相机中映画面，增添诗意，人步入画中留影，增添无限生机。长廊一角有情趣，花朵血红仅一丛，给画面点染亮色，更显精神。

讲评课也可运用集体评改的方法进行。特别是看图作文，使用同一个图，讲评时可选择一两篇作文集体评改。由于每人在这方面都有过实践，都尝过一点读画写文的甘苦，都有话可说，因而评得特别细致，改得也比较贴切。这类评改实质上是以一两篇中等或中下的习作为依据，修补改造，进行集体创作。

4. 引进与延伸

讲评课应有容量。就习作评习作容易呆板，如果根据讲评要求引进课外的有关内容，或扩展，或加深，或增加直观，或引申发挥，课堂里气氛就会更加活跃。源头有活水，学生不断品尝到甘甜，领悟到知识如浩瀚的海洋，就会孜孜不倦地求索、进取。

引进的方法很多，有的是为了加强教学的直观性。如讲评《听践耳同志谈音乐》时，用三五分钟时间听践耳同志报告中一段话的录音。引进部分录音可使讲话的语调、语气、内容在学生面前再现，以此来衡量习作中写这部分内容的准确程度，学生可发现第一次听报告时听的能力方面的问题。而大量引进的则是学过的课文和课外阅读的报纸杂志上的词句、写作方法。采用这样的方法，目的是加强新旧联系，加强读写联系。重复是学习的母亲，在不同的场合，从不同的角度，用不同的方法联系学生学过的接触到的有关知识，不仅能温故，而且可知新，学生思维的广度、思维的敏捷性也得到开拓和锻炼。结合讲评的要求和内容，引进一些中外有关写作方面的名言警句，不仅可开拓学生视野，而且可增加课的深度。如讲评上述的《树根》习作时，为了突出修改的重要性，就先后引进了清代郑燮和宋代黄庭坚的材料。郑燮说："为文须千斟万酌，以求一是，再三更改，无伤也。"《东京梦华录注》中记载："黄鲁直于相国寺得宋子京《唐史》稿一册，归而熟观之，自是文章日进。此无他也，见其窜易句字与初造意不同，而识其用意所起故也。"引入课内，用于讲评，有一学生略知该事，很为得意，其他学生立刻笔记下来。

讲评课可把课外的引进课内，也可把课内的延伸到课外。课结束，而寻求有关知识的愿望和活动继续着。如一学生的习作《歌声》中评述了斯特劳斯的乐曲《蓝色的多瑙河》和女高音歌唱家丽莲·彭斯演唱的《春天来了》。讲评时肯定了她的语言优美，行文流畅，感情真挚，同时指出对《蓝色的多瑙河》基调的理解欠妥当，与其他乐曲混淆，请学生课余寻找解答。问题是这样的：《蓝色的多瑙河》

给予听者的感觉是多瑙河的旖旎风光，不宜使用"浑厚""雄壮"等词语加以描写。文中对此乐曲的论述如用于贝多芬《第九交响乐》，就更合适些。《第九交响乐》境界开阔，气势宏伟。是不是如此，课后可请教音乐老师，或设法亲自听一听，比较鉴别。

以上所述种种方法可单独使用，可多种结合，怎样使用得当，须从效果考虑。讲评时可重点评一篇，一篇带几篇，多篇综合评论，也可自评、互评、集体评。

习作讲评常被人视为软档课，其实，软档不软，它的质量如何直接影响写作教学的质量，影响学生智能的开发，影响素质的培养和书面表达能力的提高。正因为如此，作文讲评必须十分注意提高质量。

【思考与探索】

1. 写作教学是一项系统工程。您认为在写作教学诸环节中有无最重要的环节？原因何在？

2. 您在指导学生写作方面有哪些行之有效的经验？有哪些成功的案例？请述说一二。

3. 您是怎样锻炼批改作文的基本功的？有哪些心得体会？

4. 有兴趣的话，上一堂作文讲评公开课，请同教研组语文教师参与讨论，交流经验。

第七章
关键在教师自身综合素质与书面表达能力的提高

教育质量说到底就是教师的质量,要提高学生的写作总体素质和写作能力,教师就须着力提高自身的综合素质和书面表达能力。俗话说,打铁要靠自身硬。世界上没有人能将自己没有的东西献给别人;要学生做到的,教师应力求先做到,做学生眼中可资效仿的榜样。在当今社会做教师,机遇多,挑战更多,难度更大,更须坚韧不拔地努力。

第一节
现代教育向教师素质提出新挑战

时代发展到21世纪,社会的物质文明和精神文明已发展到了前所未有的高度,我们的现代教育必须适应21世纪的挑战,适应21世纪社会发展的需要。教师,作为现代教育的主力军,当然须接受挑战,适应现时代社会发展的需要。今日的教育,明日的科技,后日的经济,教育的战略地位越来越被人们接受,与此同时,人们对教师素质的要求也越来越高。联合国教科文组织国际21世纪教育委员会强调,"教育质量和教师素质的重要性无论怎么强调都不过分。提高教师的素质和动力应该是所有国家优先考虑的问题"。确实如此,谈教育,谈学科质量,须把教师素质放在至关重要的地位。

一、
教育观念的更新

教育的本质是以未来社会的发展要求教师，要求学生。不了解、不研究时代特征，离开了时代大背景，离开了具体的历史条件，从事学科教学，必然会不自觉地陷入刻舟求剑的尴尬境地，不合时宜，徒劳无功。社会已进入新的世纪，新时代对建设者的要求与过去比，更高、更全面。比如工业社会对人的培养自上而下，创新意识、创新精神只是少数人的事；信息社会新信息、新科学、新技术如潮涌，创新不再是少数人或个别人的事，而是人人都应该有创新意识，在自己的岗位上努力创新。必须清醒地看到，人类已经跨越了18、19世纪蒸汽机动力时代，又跨越了20世纪初叶中叶内燃机动力时代，电子计算机在各个领域广泛运用，知识经济已见端倪。所谓知识经济是以知识为基础的经济，它是建立在知识的生产、知识的交换、知识的分配、知识的使用和知识的消费基础上的一种新的经济类型。从工业经济到知识经济，作为一场深刻的系统的社会变革，必将带来教育思想、教育理论和教育观念的根本转变，也要求教师有一种全新的教育观。

1. 教育多功能价值观

传统教育只强调教育依赖于经济的发展，看不到经济发展对教育的依赖。讲到资源开发就是物质资源，看不到人力资源开发。教育投资、服务与依靠关系不明确。科技的迅速发展要求人们对教育有多功能的价值观。

第一次工业革命前，人们把照相术原理付诸实践用了112年，电动机从发明到应用经过65年，电话机从发明到应用经过56年。20世纪中叶，晶体管从发明到应用是13年，太阳能电池从发明到应用2年，发明激光到制造激光器不到1年。在科学技术向现实生产力迅速转化的过程中，教育是重要的中介环节。在知识经济的发展中，知识是最重要的生产力，而教育是生产知识的生产力。因而，要充分认识教育在我国社会主义建设中的重要地位，树立教育的经济价值观、政治价值观和文化价值观。

以往，教育个体发展过分注重谋生、谋取利益等浅层次价值的知识，而忽视或轻视个性的充分发展和高尚精神境界形成的深层次价值。二者应结合，发挥多功能作用。

2. 全面发展质量观

在实施素质教育的今天，教师应深刻理解全面发展对于学生成长的重要性。国际 21 世纪教育委员会提出，21 世纪的学生必须学会认知、学会做事、学会生存、学会共同生活，以适应 21 世纪的社会变革和知识经济与信息社会的需要，而不以获取传统的知识体系为唯一目的。也就是说不能持片面质量观，只讲知识传授或只以考试分数论智等。现代社会要求学生在德、智、体、美等方面全面发展，以提高自身的综合素质。素质教育的本质是让学生全面发展，只有全面发展，学生才懂得在未来社会怎样求知，怎样发展，怎样创新，怎样与他人合作，怎样保持身心健康。

新时代要求的人才不是简单的操作工、熟练工，更不是书口袋、书橱，而是能独立思考、思维敏捷、素质良好、有合作精神、有创新精神的建设者，能适应社会的发展，自身更能不断地发展。

3. 终身教育观

社会的发展要求人不断更新知识，职业活动的变化也要求人不断补充知识。因而，在现在和未来的社会里，人的整个一生都在学习。一个人在学校学习的有限知识，远远不能满足日后工作的需要，必须终身学习，接受终身教育。正因为如此，培养学生的学习能力至关重要。如果一个人缺乏学习能力，很可能在社会发展中被淘汰。教师应把教会学生学习作为一项重要的教育目标。"授之以鱼不如授之以渔"，教师不仅传授知识，更要指点学生科学的学习方法，不仅让学生学会，更让学生会学。

当今的学校教育切不可企望毕其功于一役，奉分数为神灵，而是要为学生的明日考虑，要考虑今日他们学什么，怎么学，打怎样的基础，才能在日后的工作中、日后的竞争中立于不败之地。也就是说要教在今天，想到明天，以明日建设者的要求指导今日的教育教学工作。

教师一定要站在时代的高度、战略的高度，面向现代化、面向世界、面向未来，才会对语文学科写作教学的意义和价值看得深，看得透，不为种种杂乱看法所左右。教育观念的转变在教学实践中的重要性居于首位，认识高了，有深度，有广度，人就会聪明起来，办法也多了。

二、
人格魅力的塑造

人格是人的性格、气质、能力等特征的总和。从心理学角度说，人格是个体的一种"格式"，个体所固有的特质，或称之为"个性"。人格是以人的素质为基础，通过对自然环境和社会环境的相互作用产生的。

教师有特定的职业要求，在教学生的事业中，形成独特的鲜明的人格。教师人格是思想、道德、行为、举止，气质、风度，知识、能力，心理的、生理的众多因素的综合。"智如泉源，行可以为表仪者，人师也。"（韩婴《韩诗外传》）教师人格高尚、完美，对学生就有感染力、辐射力，教育效果就良好。俄国教育家乌申斯基也说过，在教育工作中，一切都应以教师的人格为依据，因为教育力量只能从人格的活的源泉中产生出来，任何规章制度，任何人为的机关，无论设想得如何巧妙，都不能代替教育事业中教师人格的作用。

教师对学生的作用不可能是"零"，不管你自觉或不自觉，都在对学生发生影响，都在起作用。不是正面作用，就是负面作用。教师的工作就是"随风潜入夜，润物细无声"的，教师的一言一行影响学生成长、成人、成才，故而，教师要自我教育，自我修炼，塑造完善的人格，发挥榜样作用。

　　教师人格魅力往往展现在四个方面：德、才、识、能。第一是德行。德行在教师人格中起灵魂作用，它是教师努力进步的内驱动力的源泉。教师的活儿是良心的活儿，教师生涯中最大的事就是一个心眼为学生，对学生满腔热情满腔爱，忠诚于教育事业。学生在基础教育阶段学习的知识、能力，学习的做人的道理，往往陪伴人的终生；学习的写作知识与能力，理解和运用祖国语言文字的能力，不管将来从事什么工作，总要用到。因而，教师要有高度的责任感和事业心，要满腔热忱地教育好学生。在传统的计划经济向社会主义市场经济转换的过程中，各种观念碰撞，各种正确的错误的思想与做法交错。教师要眼明心亮，坚持一身正气，为人师表，抗诱惑，拒腐蚀，弘扬社会的主旋律。学生有向师性，尤其重视教师的德行。教师师德良好，情操高尚，学生就信服。孔子在《论语·子路》中说："其身正，不令而行；其身不正，虽令不从。"同样的话，同样的传授知识，出于不同教师的口，教育教学效果有时就不一样，学生心目中的好教师教育效果就良好。可见教师身教的重要。

　　第二是才学。教师要有真才实学，要有育人的真本领。"教过"不等于"教会"。教师要好学不倦，开阔视野，要追求真知，使自己业务纯熟，业务精湛。教师与学生，从知识从能力等诸多方面来说，都不能在一个平面上移动。居高才能临下，业务上游刃有余，才能教到关键处，教到点子上，使学生开窍，使学生豁然贯通。迷信分数，做押考题的操作工，是难以锻炼成优秀的教师的。

　　第三是识见。教师要勇于思考，善于思考，对教育教学有自己独特的见解。教师的学历水平不等于岗位水平。学历水平只说明职前受教育的水平，能不能成为合格的优秀的教师要在教育教学实践中锻炼，在实践中尤其要锻炼自己认识事物、认识生活、认识问题的本领。要独立思考，善于发现，要见人之所未见，不人云亦云，要从学生的实际出发，在教育教学中勇于创新。比如，课堂教学中教师和学生的关系究竟该怎样认识。长期以来，教师讲，学生听，教师是绝对权威。这个认识显然不符合教育内在的规律。学生是学习的主人，教师不能统治"学",代替"学",更不能画地为牢或越俎代庖。教育要以学生为本,课堂教学同样要以学生为本,教师的教要从学生的"学"出发,施教之功在于引导、点拨、开窍。师生之间的关系是伙伴关系、合作关系、平等关系。教师切不可把自己放在绝对权威的地位,而是应该充分发挥学生学习的主动性、积极性,促进他们的发展。有无这个认识,在教学实践中做法就会大不一样,教学效果也就会大相径庭。

第四是能力。能力不是先天生成的,而是在岗位上自觉锻炼出来的。教师教育学生、教课非常需要综合能力。要善于观察,敏于综合,判断推理,应付自如。既要面对全体学生,又要因材施教,发挥每个学生的潜能。处理学生的事情,要公平、公正,满腔热情,循循善诱。

德、才、识、能不是割裂开来的,而是有机组合的整体。教师德才兼备,语文课、写作教学课上得十分精彩,学生有如沐春风之感,学生在思想、情操、知识、能力等诸多方面均深受其益。教师人格高尚,对学生言传身教,影响着学生的品格形成和人格塑造。教师的个性魅力在于自我塑造,在于对完美的自我的不懈追求。

三、
综合素质的提高

写作教学与阅读教学一样,教师要教得有成效,必须提高自身的综合素质。

除上文所说须树立适应时代要求的教育理念外,在知识背景、教学能力、人际关系等方面均要认真研究,努力提高。教师要有宽广深厚的学识。为了满足和激发学生的求知欲与好奇心,能指导他们积极学习、自主学习,教师必须具有广泛的知识储备。大部分学生都崇拜"什么都懂,什么都会"的教师,教师知识广博,对学生能直接间接地具有教育和感染的能量。语文教师不仅要拥有广博的文科知识,也要拥有相应的理科知识。写作教学是综合性很强的教学,就写作内容而言，社会的、自然的，古今中外均可涉及。教师有广泛深厚的文化科学基础知识，才能适应现时代教育改革教育发展的需要。教师要有扎实精深的专业学科知识。对本学科的知识技能要深刻理解，熟练掌握。语文教师对语文学科的性质、任务、教学目的、教学内容、评价体系，以及必须注意的问题要了如指掌。有人说："只有当教师的知识视野比学校教学大纲更宽广得无可比拟时，教师才能成为教育过程的真正的能手、艺术家和诗人。"这是有相当道理的。教师要了解本学科产生和发展的历史脉络及将来发展的趋势，探讨与研究当前教学中倾向性的问题，寻求克服困难、提高质量的途径与方法。要做到业务精湛，不仅要锲而不舍地学习，而且要潜心研究，获得真知。教师还得了解和掌握教育科学知识和心理科学知识。也就是说，教师不仅要认真解决"教什么"的问题，而且要研究"怎么教"的问题，教到学生身上，教到学生心中。用正确的教育理论指导自己的教学实践，提高驾驭教材的能力和驾驭课堂的能力。教师对所教的内容成竹在胸，又熟练地掌握教学的技能技巧，指导学生学习，指导学生写作，就能得心应手，左右逢源。

教师还要学会处理人际关系，处理与学生的关系，与家长的关系，与同事的关系；要学会平等、宽容、大度，要学会和谐，学会合作，创造良好的育人氛围，保持健康、良好的心态，始终振奋精神，投入工作。

总而言之，现代教育向教师素质提出新挑战，对教师的要求比以往任何时候都要高。为了肩负起培育一代新人的神圣历史使命，教师应满怀激情地接受挑战，创造新业绩，谱写教育新篇章。

第二节
教师写作长流水，
促进写作教学质量的提高

教师们在谈起教书育人时，常常说要给学生"一杯水"，自己得先有"一桶水"。这个比喻不尽妥当，原因在以静止的观点看问题。

当今时代，新信息新知识如潮水般涌来，新事物如雨后春笋，层出不穷，教师在学习上如不重视源头活水，怎能教好当代学生？更何况这是一桶什么样的水？是一桶自然水，一桶纯净水，还是有污染的水？这是值得深思的。

《文汇报》2001年2月1日载文《一桶什么水》中写了这样一件事：

> 语文老师布置了一篇作文："假如我是语文老师。"有同学感到犯难了，当场向老师进言，能不能不写这个题目？老师杏眼圆睁：如果高考出这样的题目，你也不写？你们对我有什么意见，尽管写！
>
> 老师一番鼓励，学生立即跃跃欲试。邻家的女生在作文里以婉转的口气，呼唤老师能平等地对待每一位学生。不管他（她）成绩如何，不管他（她）家庭背景如何，也不管他（她）相貌如何。
>
> 哪知祸从口出，邻家女生得到了这样的"批语"："你是不是心理有障碍？建议你端正学习态度，做一个品格高尚的人！"孩子看到这段评语和老师那咄咄逼人的眼神，那一堂作文讲评课她的心一直揪着，感觉像是犯了什么罪。一下课，她便和另外两个同学哭成一团。
> ……

事情确实很典型。像这样典型的事语文教学中应该说并不多见。但从中我们可领悟到教师那桶水里的师德师风受到了污染，因而不尊重学生，伤害了学生的心灵。其实，何止是师德、师风？传授知识、培养能力，同样有这样的问题。讲不到点子上，讲不到要害，错把谬误当正确，教给学生，无疑是在学生心中撒一把稗子，影响他们的求知,影响他们的成长。教师对学生成长的影响极大,因而,教师必须知识长流水,有拼命吸取养料的素质与本领,就好像树根伸入泥土中一样,吸取氮、磷、钾,乃至微量元素。教师只有自己知识富有,才可能不断激发学生求知的欲望。朱熹在《观书有感》中写道:"半亩方塘一鉴开,天光云影共徘徊。问渠那得清如许?为有源头活水来。"教师要使自己心智澄明灵通,教学有活泼泼的生命力,就须好学深思,不懈努力。写作教学质量要提高,教师不仅要勤于学习,而且在写作上要长流水。

一、
教师须学会学习、学会写作

科技的进步、时代的发展要求社会从"追求高学历的社会"走向"终身学习的社会"。"学习社会"的内涵在确认人在一生的不同阶段、不同环境下都有学习机会的同时,也确认现代传播媒体、文化机构(如博物馆、图书馆)乃至休闲娱乐都有教育功能。教育应包括三类:正规教育(即学校教育)、多样化的非正规教育和无形教育。三类形式的教育互为补充,相辅相成。

"学习社会"要求教育应为人的发展提供四大支柱,即学会认知、学会做事、学会生存和学会共同生活。学会认知即学会学习,这种学习能力包括理解力,消化吸收能力,知识系统化能力,自如地掌握具体和抽象的关系、整体和个体关系的能力,把知识和行动联系起来的能力等。今日,无论是文科的教师,还是理科的教师,都要以教学生"学会学习"为最重要的职责。我国古代《学记》中早有论述:"君子既知教之所由兴,又知教之所由废,然后可以为人师也。"意思是君子既懂得促使教育兴盛的方法,又知道导致教育失败的原因,然后可以做人的老师。因此,君子教育学生,要"道而弗牵,强而弗抑,开而弗达",即教育学生要加以诱导而不强牵着他们走,加以鼓励而不抑制他们的进取精神,加以开导而不把话说透。一句话,启发诱导,让他们学会学习。著名的教育家卢梭曾提出,教育的问题不在于告诉他人一个道理，而在于教他怎样去发现真理。素质教育，就是要致力于培养现时代所需要的人才，迎接即将来临的知识经济时代的挑战。只有具备"学会学习，善于学习"的能力，善于及时更新自己知识结构的人，才能适应这一时代发展的要求。

要教学生"学会学习"，教师自己就必须"学会学习"，具备较强的学习能力。不懂，不会，知之甚少甚浅，皆不可怕，可怕的在于不重视学习，不会学习，不善于学习。教师学习往往有两大障碍，一是无时间，二是广泛阅读，效果不理想。要想有大块时间，在工作繁忙的情况下，除了脱产进修外，一般是不可能的。重要的在于挤时间，锲而不舍。时间巧安排，只要"挤"，总是挤得出的，关键在要有学习的积极性，要有一股韧劲。每天挤半小时、一小时总是挤得出的，一日不少，十日许多，几年下来，学的东西就可观了。《后汉书·列女传》中说："一丝而累，以至于寸；累寸不已，遂成丈匹。"我们语文教师，就是要用这种累寸累丈的精神艰辛地积累，步入知识的大门。

读书要会读，要读得有滋味，读得有效果，关键在一个"思"字。思，才会咀嚼，才会鉴别，才会品味，才会消化、吸收，才会有个人独特的见解，才会有创见。如果学而不思，即使终日读书，也不过是"对书"而已，面孔对着书本而已。冯至给茅盾的杂诗第十二首中有这么两句："愧我半生劳倦眼，为人为己两蹉跎。""劳倦眼"，指把眼睛看酸了，而结果却对别人对自己都无收益，不过是蹉跎岁月而已。这仅是冯至先生的谦词，他是有成就的。但从这两句诗句中可得到启发。如果我们读书只是"对书"，不深思，不明辨，就只会劳倦眼睛，收效甚微。

要潜下心来摸索、创造一套适合自己个性、自己水平的学习方法，并不断总结经验，提高学习效率，提高学习质量。比如，重要的理论要反复学，力求正确理解，既能深入，又能浅出。教育理论也好，语文学科理论也好，写作教学理论也好，均应反复学习，得其精髓，用以指导自己的教育教学。

文章千古事，得失寸心知。要教会学生写作文，教师自己必须有真切的体会，有写文章的实践经验。鲁迅先生历来反对讲"文章作法"，讲了一大堆名词术语，学生还是不会写。因为那些是空洞的、抽象的，乃至不着边际的。如果抱着文章作法就能写好文章，那就往里"套"好了，何必还要"得失寸心知"？文章是社会生活在作者头脑中反映的产物，社会生活纷繁复杂，反映正确、得体、有可读性、有说服力感染力，不是一件容易的事。文章是思想内容和语言形式的结合体，有血有肉，有主干有枝叶，无写作实践经验的人很难洞悉其中的奥妙；如果指导别人写作，往往在表面飘，不能深入底里，点到要害。实践出真知，语文教师善于写作才能给学生以巨大的激励，能对学生的写作起榜样作用。有实践经验，对学生写作的指导就能得心应手。

按理说，语文教师都有相当的学历，写文章应该是无问题的。其实不尽然。写，在教师队伍中有相当的障碍，语文教师也不例外。一是思想上不重视，认为自己的职责是教学生，写不写无所谓；二是畏难，觉得拿起笔写篇有理论有深度的高质量文章不容易；三是惰性，懒于思考，懒于动笔。这些障碍应该逐一扫除。写，是一种综合能力的运用与提高。写，就要锻炼认识事物、认识生活的能力，就要锻炼敏锐的目光、敏捷的思维，就要锻炼判断、推理、分析、综合的能力，就要锻炼审美的能力，锻炼运用语言文字表情达意的能力。写，对自己思想水平的提高、综合素质的提高，以及理解与运用文字能力的提高大有裨益。写，对业务水平的提高大有帮助，它促使你理清思路，认清问题，总结经验，大大深化对本学科的认识。写与不写，大不一样。

解决"难"的问题，开始不必要求过高，只要动笔写，实践，认识，再实践，再认识，持之以恒，笔就由重变轻，写也就由"难"而"易"了。俗话说，眼怕手不怕。看起来难的事，动起手来认真做，"难"就攻克了。再说，写不写得好也不单纯是掌握语言文字技巧的问题，而在于实践得怎样，是否认真，是否深入，在实践中是否真有心得、真有体会。真正做得好，写也就不难了。这是就写教育教学方面的文章而言。至于创作，写文学作品，那就更要深入生活，提炼材料，提炼语言了。认识到学会写作的重要，排除畏难情绪，惰性就会逐步消失。

总之，学会学习，学会写作对教师自身的发展，对学生写作水平的提高均有实实在在的帮助，应努力去做。

二、体验写作甘苦，取得鲜活的经验

众人皆知，要想知道梨子的滋味，必须亲口尝一尝。要真正体会游泳的味道，单架空讲几条游泳知识是无济于事的。要真正体会写文章是怎么一回事，就得真正动笔写，体验其中的甘苦。

一种是"下水"作文或"半下水"作文。

学生写什么，自己先写，体验体验。命题合不合适，材料作文提供的材料有无模糊之处，会不会发生歧义；选择材料范围如何，学生的知识背景、生活经验能否适应；材料剪裁的关键何在，有否需要割爱之处；如何构思，怎么安排就老生常谈，毫无新意，怎样安排就匠心独运，别有洞天；有哪些精彩的思想，精彩的语言，等等。涉猎的问题很多，深入下去思考，具体，灵动，简直如万花筒，写下来，就会笔趣横溢。自己下水和观看学生下水是两码事，写一写，推敲推敲，写作教学的空泛无味就会大大减少。

当然，语文教师不必篇篇作文自己"下水"，还可以来个"半下水"。所谓"半下水"，指的是教师出了作文题以后，积极调动思维器官，根据题目要求打腹稿。要仔细审题，一字一词推敲；要考虑选择材料，从程度不等的各类学生的角度思考，考虑学生是否有"米"下锅，"米"的质量如何；要考虑怎样提炼主题，确定中心，根据题意可提炼出哪些不同的主题，确定哪些不同的中心；怎样写是浮游无根，怎样写就可入室一步，略胜一筹，采用怎样的结构，选用哪几种开头方法，结尾怎样处理比较妥帖……多角度多层次地思考，心中有清晰的文章框架，而且有多篇的文章框架。自己心中有底，心中文思涌动，指导学生就能灵活主动，开阔学生思路，指点学生迷津。

纸上作文、腹中作文各有千秋。前者"实"，硬是要把一篇篇作文写出来，其中得失甘苦真是只有"寸心知"；后者"活"，可训练思维的广度深度，把教师储存在脑中的读写知识及其他知识综合起来运用，提高知识利用率，探求写作奥秘。"半下水"的功夫深，"下水"的难度就大减；"下水"的实践多了，"半下水"时就能添翅加翼。一"思"一"写"，"思""写"并重，相辅相成，相得益彰。

学生是青少年，教师是成年人，教师写的作文乃至"半下水"作文，无论从认识的深度广度，从生活经验的积累与体悟，从语言的选择与运用来讲，都不在一个层面上，每位教师应写出有自己个性的文章，而不是迁就学生，与学生写的雷同。在写作海洋中，教师是"导游"，师生同游，享受搏水之乐。

一种是自由作文，随笔、杂感、教学点滴、教育探索、文学创作，等等，想写什么就写什么，只要坚持笔耕，必能尝到其中甘甜。

可以有计划地打写作的底子。如人物写生，景物写生。文章要写景状物记人，怎样把它们写得像，写得具体，写得生动，写得有个性，不概念化、抽象化，这就要打功底。犹如学美术，素描的功底要打好。绘画上的写生，总是用呈现在眼前的物象作为描摹的模特，写作上的写生也是如此。呈现在眼前的人物、景物是客观存在，要能正确反映，就得把握它的形体、它的特征，甲就是甲，乙就是乙，马虎不得。首先要在"形似"上下功夫，树就是树，房子就是房子，雨就是雨，雪就是雪。什么树，什么房子，大雨还是连绵细雨，春雨还是秋雨，鹅毛大雪还是小雪，是什么，写下来，描绘下来，就要像什么。笔能听从眼睛的使唤，眼前与笔下展现的物象一致，写生就有了功底。写生，要工笔细绘。事物总是发生在一定的时间与空间，物的形状、大小、厚薄、色彩，所处的空间位置，事情发生的前因后果、过程进展，都应写得一清二楚。不仅有静态描绘，且有动的叙述，给人以栩栩如生的感觉。"形似"的功夫下得深，"神似"也就跃然纸上。画家徐悲鸿几笔就挥洒出奔腾的骏马，那气势，那神威，真是活灵活现。要有如此的形神俱备，功夫在基础。徐悲鸿画了多少素描，多少速写，写生下了怎样的苦功夫啊！语文教师有计划地进行写作写生，做有心人，做细心人，用文字画各种各样的人像、景物，简单的、复杂的，粗笔勾勒的、细笔描绘的，黑白的、彩色的，静止的、动态的，平面的、立体的，个体的、群体的，等等。笔用得勤，用得多，笔就活了，有灵气了。

事前并无计划，但勤于观察，勤于记录。碰到精彩的语言，记下来；碰到新鲜的事记几笔；碰到突发的事，自己思想顿悟、闪发出火花，立即捕捉，写几句。看来平常事，一日不少，十日许多，时间一久，积累就丰厚。对这些材料加以分析、研究，遇到合适的机会写文章，就有用武之地。

写作，体验其中甘苦，就能取得文章作法中难以看到的鲜活经验。取得鲜活经验，不仅教师自身语文能力、语文整体素质获得提高，而且可大大提高写作教学的生动性、趣味性和实效性。

比如写作兴趣问题。自己动笔以后，深刻体会到对写有兴趣，就能知难而进，不以为苦，钻进去后，觉得趣味无穷；无兴趣，拿起笔来冥思苦想，搜索枯肠，确实苦不堪言。为此，在写作教学中就会十分注意写作兴趣的培养与激发。如学生课外练笔，有的常感到困难，练什么？哪些内容可练？一味要学生写、写、写，收效不大。如果从学生有兴趣的事入手，学生就会全神贯注，趣味盎然。比如，可以这样指导：

> 前些时候，大型电视剧《水浒传》播放后，观众反响很强烈。褒扬的、批评的、指责的，众说纷纭。你们当中也一样，争论不小。这且不说。奇怪的是对其中的主题曲看法相近、相同。主题曲是谁唱的？歌名是什么？你觉得成功在哪里？有无不足之处？请大家放开手脚来点评，吐露心声。
>
> 顿时，学生兴趣高涨，争相发言。"《水浒传》的主题曲是《好汉歌》，这首歌粗犷、豪放，听起

来荡气回肠。"俨然是懂音乐的架势。"主要是刘欢唱得好，他是实力歌手，那嗓子就别说了，音量大，又送得远，再加上那慷慨激昂的情绪，所以特别出色。"点评者显然是刘欢的崇拜者。"你们说的只是浮面，如果仔细咀嚼，就会体悟到歌词是多么的朴素，多么的耐人寻味。'大河向东流'这一句使人联想到苏轼的名句'大江东去，浪淘尽，千古风流人物'，联想到水泊梁山的气势。'路见不平一声吼'更是梁山好汉的真实写照。'吼'字掷地有声，行侠仗义，无助的百姓得救……"学生都认为自己的点评是真知灼见。教师趁势鼓励，指出只要对生活有浓厚的兴趣，各种有趣的材料就会纷至沓来。

再比如，学生对身边的事常听到了、看到了，但往往不知如何选择，捡到篮里就是菜，不会筛选。教师自己写师生都熟悉的身边事，让学生来评论，具体、生动，学生得益就大。下文是教师写的片段：

眼睛，心灵的窗户。课是不是教到学生心中，一双双眼睛会告诉你。我执着追求的是这样的目光：发亮、惊喜、渴求、自信。京剧讲究脸谱、颜色、线条，均有学问。如红脸表示赤胆忠心，黑脸表示憨直无私，白脸表示内心奸险。观众一看舞台上人物的脸，就能猜测其好坏，猜测其思想性格。这说明肖像描写是为人物性格服务的。小说《孔乙己》的主人公，这个被社会凉薄的清末下层知识分子的苦人儿形象的树立，十分得益于出神入化的外貌描写。然而，艺术高手有时不用外貌描写，只用人物语言的表达方法，也同样能深刻地揭示人物思想性格，塑造出鲜明的形象。

鲁迅先生《聪明人和傻子和奴才》这篇散文诗就有此妙处……学生的眼睛放出光彩，对扩展阅读的文章产生浓厚的兴趣。

我最赞赏的是自信的目光。"明明楠木比白杨树有价值，白杨树不成材，为什么作者偏偏褒杨贬楠？是不是言过其实了？我人微言轻，你也许不相信，屠格涅夫是个大田园作家，你看他是怎样写的。"说着从课桌内拿出一本《猎人笔记》，翻到有关描写的字句有声有色地朗读起来，随着声浪的传播，一室惊讶。且不说理解的正误，单是那咄咄逼人的语气，充满自信的目光，就使我满心喜悦。智慧的光芒来自对知识的渴求、思维的积极。学生确实可爱。

眼睛，又是多么富于变化。有时我为此而自责，而焦心，又有时为此而喜悦，而欢乐。课中，学生目光突然出现迷茫，显然，学得卡壳了，立即反躬自省，弥补不足；课中，有的学生目光时聚时散，走神了，赶紧寻觅激发兴趣的突破口，悄悄地暗示，不着痕迹地提醒；有的学生恍惚的目光凝聚了，集中了，稳定了，流露出追求与欣喜……几十双眼睛，几十扇各具特色的"窗户"，几十道富于变化、蕴含深意的目光，是对教的方法、教的质量最生动最及时的检测。教师要练就一双敏锐的眼睛，通过"窗户"洞悉学生心灵的秘密，敏捷地捕捉他们在课堂上瞬息之间的变化，适时适量地撒播智慧的种子，开启求知的欲望。

这篇文章的片段是写学生的"眼睛"。眼睛是心灵的窗户，从学生几十双不同的眼睛中看到学生心理的变化，从而交流思想，交流感情，不断改进教学，提高教学质量。教师每天上课，教学中可写的材料丰富得很，为什么只选择这些来写？是为了突出要表现的主题。与学生目光关系不大的材料，毫不可惜地舍弃了。学生评教师的文章，不仅觉得这些事口熟耳详，而且忙于自己对号入座，"对"到了，哈哈大笑，得意非凡。

总之，教师的指导要善于在学生的心中弹奏，用语言，用文字，只要音调对准，心弦一拨动，就可引起共鸣。

由上可知，教师在语文教学中可写的内容甚多。经常写课后心得，有计划地积累资料，开展教学专题研究，长此以往，不仅能写出一篇篇科研论文，而且能写出语文教学的种种专著。

【思考与探索】

1. 为什么说在迎接新时代的挑战中，教师必须树立全新的教育观？全新的教育观主要有哪些内容？过去是怎样认识的？现在又是怎样认识的？

2. 教师人格魅力在当今教育教学中起怎样的作用？教师怎样自我塑造完善的人格？您在这方面有何做法和经验？

3. 教师为什么要写作长流水？您在这方面有何经验与教训？您认为提高学生写作能力重要的途径有哪些？教师在其中起怎样的作用？

结语

中学生作文世界五彩斑斓，耀人耳目。它，蕴含着世情、亲情、师情、友情；它，抒写理想的追求，生活道路的选择；它，探讨人生的哲理，事物的奥秘；它，洋溢着青春的气息，透露出初生牛犊不怕虎的锐气。在相当数量的优秀习作中，时或闪现智慧的火花，令人惊喜，令人欣慰。

中学生作文世界又是稚嫩的、不成熟的，乃至粗糙的、残缺不全的。有时柔弱得缺少脊梁骨，站立不起来；有时东纠缠，西拉扯，说来说去说不清；有时红花忘了绿叶衬，有时画龙忘了点睛笔。在学习运用祖国语言文字表达情意、倾吐心声的过程中，有这样那样的缺陷和不足是极其自然的，也是不可避免的。认识它，扎扎实实地进行训练，跨越过去，就取得自由。柔弱的会健壮起来，稚嫩的会成熟起来，毛病清除，文章就精神焕发，活泼生动。

面对学生的作文世界，教师教学大有可为。这本小书所阐述的写作教学中的一些认识与做法，与语文教师在教学实践中所创造的丰富的经验比较，粗疏得很，浅薄得很，充其量是抛砖引玉而已。从事写作教学的语文教师，只要明确培养学生的宗旨，只要解放思想，以真情投入，必能充分发挥主动性、创造性，谱写提高学生写作整体素质的新篇章。

图书在版编目（CIP）数据

于漪全集.9,写作教学/于漪著.—修订版.—上海：上海教育出版社，2023.8
（于漪全集）
ISBN 978-7-5720-2211-1

Ⅰ.①于… Ⅱ.①于… Ⅲ.①写作－教学研究－文集 Ⅳ.①G4-53

中国国家版本馆CIP数据核字(2023)第150910号

上海教育出版社
官方微信平台

官方网站：
www.seph.com.cn

总 策 划　缪宏才
执行策划　何　勇
统　　筹　易英华
责任编辑　陈晓琼
书籍设计　张国樑　董　伟

YUYI QUANJI
于漪全集　9　写作教学（修订版）
于　漪　著

出版发行	上海教育出版社有限公司
官　　网	www.seph.com.cn
地　　址	上海市闵行区号景路159弄C座
邮　　编	201101
印　　刷	上海雅昌艺术印刷有限公司
开　　本	640×965　1/16　印张50　插页4
字　　数	720千字
版　　次	2023年8月第1版
印　　次	2023年8月第1次印刷
书　　号	ISBN 978-7-5720-2211-1/G·1970
定　　价	220.00元

如发现质量问题，读者可向本社调换　电话：021-64373213